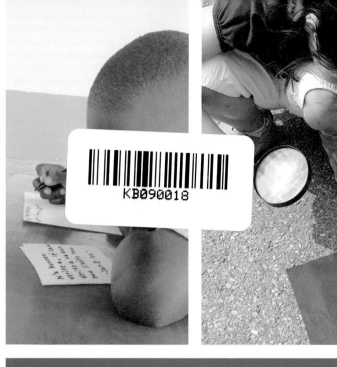

KB090018

기독교
세계관으로
가르치는
유아교육과정

Teaching Young Children through
a Christian Worldview

허계형 · 손병덕 · 김남임 · 김소희 · 마은희 공저
신국원 감수

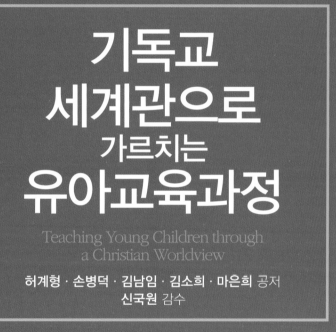

학지사

그의 나라와 그의 의를 위하여

온 세상의 유아를 하나님 말씀의 빛으로

✝

추천의 말씀

기독교 유아교육기관이 국가수준 교육과정인 누리과정을 동시에 실행해야 하는 상황에서 성경을 중심축으로 하여 기독교교육-유아교육과정(누리과정)을 통합적으로 실행할 수 있는 유아교육 교재 개발이 요청되는 상황이었습니다. 이러한 때에 『기독교 세계관으로 가르치는 유아교육과정』은 현장의 요구를 충족할 뿐만 아니라 질적으로도 뛰어난 기독교유아교육을 수행할 수 있도록 저술된 특별한 연구 결과물이라고 사료됩니다.

– 서현교회 담임목사 · 교갱협이사장/한목협대표회장 역임, 김경원 목사

『기독교 세계관으로 가르치는 유아교육과정』을 열면 세상을 사랑하시고 절대 희망이 되시는 예수님의 놀라운 이야기가 펼쳐집니다. 일반 교육과정만 접하는 유아들도 예수님에 대하여 쉽게 가르침을 받을 수 있고, 예수 그리스도를 통해 우리 하나님을 만나고 세상에서 빛과 소금이 되는 길을 잘 제시하고 있습니다.

– 여의도순복음교회 담임목사 · 한기총대표회장, 이영훈 목사

『기독교 세계관으로 가르치는 유아교육과정』은 칼빈주의에 입각한 개혁파 신학(Reformed Theology)을 근본 신앙으로 하여 유아교육과 사회복지 분야에서 애쓰시는 허계형 교수님과 손병덕 교수님이 각고의 노력으로 내놓으신 옥고입니다. 이 책은 기독교 유아교육의 실제적 적용을 위해 개발된 안내서로서, 유아들에게 바른 신앙을 정립시키고 미래 한국교회의 주역들로 가르치는 데 지침이 될 것입니다.

– 대한예수교장로회총회(합동) 총회장, 김선규 목사

『기독교 세계관으로 가르치는 유아교육과정』은 하나님과의 만남을 통해 하나님의 뜻을 알고 삶과 가치관이 변화된 사람들의 이야기를 교육과정 속에 잘 담아내고 있습니다. 이 책으로 가르침을 받는 유아들은 하나님을 경험한 성경 인물들과의 만남 속으로 초대될 것입니다. 이 귀한 책을 기독교유아교육

기관과 주일 성경학교 교사들에게 적극 추천합니다.

— 기독교대한감리회 총감독회장, 전명구 목사

〈기독교 유아교육 현장 전문가들의 추천〉

복음으로 다음 세대를 세우고자 하는 마음은 있으나 '그러면, 어떻게?'라는 실천과제가 늘 고민이었습니다.『기독교 세계관으로 가르치는 유아교육과정』은 바로 그 어려움을 단번에 해결하여 성경적 통합과정으로 기독교 유아교육을 실현해 나갈 수 있게 할 것입니다.

— 서울 영암유치원 원장, 전국기독교유아교육협회 회장, 황금옥

일반 유아교육과정과 성경적 교육이라는 힘든 과제를 함께 다룬 실제적이면서 구체적인 놀라운 책입니다. 성경적 통합유아교육을 어떻게 실현할까를 고민하는 기관과 교사들에게 이 책은 가장 적절한 해답을 줄 것입니다. 또한 이 책을 초석으로 하여 기관 특성에 맞는 기독교 통합 교육과정이 더욱 활발하게 연구될 수 있기를 바랍니다.

— 전국기독교유아교육협회 전임회장, 김신재

인성이 무너져 가는 이 시대 유아교육현장에서 누리과정과 연계하여 다음 세대 우리 아이에게 인성을 길러 주기 위한 실천지침이 바로 이 책 속에 있어 특별합니다.

— 구립 인왕어린이집 원장, 기독교유아교육협회 서울지회장, 이화숙

이 책에는 유치원 교육과정과 연계한 실제적인 기독교 교육방법들이 소개되어 있어 기독교 유아교육을 원하는 유아교육 현장에서 교사들이 어렵지 않게 적용할 수 있으리라 생각합니다. 많은 기독교유치원들이 이 책을 통해 하나님이 기뻐하시는 교육을 할 수 있길 기대합니다.

— 신촌(교회부속)유치원 원장, 최병기

이 책은 성경적 기초에 의해 국가수준 '누리과정'을 통합한 것으로서 교실현장에서 쉽게 적용할 수 있도록 돕는 내용으로 가득합니다. 하나님을 향한 열정과 유아들을 하나님의 사람으로 세우기 위한 꿈이 있는 교육자라면 그냥 지나칠 수 없는 교사의 지침서가 될 것입니다.

—전 강남유치원 원장, 서미정

✝

감수 추천사

이 책은 유아교육과정의 기초를 성경의 근본진리인 창조, 타락, 구속의 관점에서 조망해 정립한 귀한 연구서입니다. 제도화된 교육의 출발점인 유아교육은 진정한 의미의 인간 형성의 토대입니다. 그 과정이 지혜의 근본인 성경적 진리에 기초해 이루어질 수 있어야 교육을 통한 하나님 나라 확장의 교두보를 마련할 수 있습니다. 그렇기에 이 책은 너무도 소중합니다. 특히 기독교적 유아교육과정의 필요성은 근래에 들어 국가적인 유아교육의 틀인 이른바 누리과정이 도입되면서 더욱 절실히 요청되었습니다. 이 책은 바로 그 필요를 채워 줄 수 있는 귀중한 자원이 될 것이라는 점에서 시의적으로도 매우 적절합니다.

이 책의 우수성과 적절성은 몇 가지 사실만 생각해도 잘 드러납니다. 우선 유아교육과정을 철저히 성경적 진리에 입각한 세계관에서 조망하여 기독교 신앙의 진리를 유아교육의 내용과 통합시키고 있다는 점을 높이 평가할 수 있습니다. 많은 기독교 교육과정이 일반 교육계에서 개발된 교육과정에 신앙적 요소를 덧붙이거나 병립시키는 데 그치곤 합니다. 그에 비하면 이 책은 시도 자체만으로도 한국 기독교 유아교육의 발전에 크게 기여할 것이 분명합니다. 더욱이 신앙과 교육과정의 통합이 교육과정뿐 아니라 교사의 신앙인격적 차원에서 이루어져야 할 것과 실제 교육과정에서 어떻게 나타나야 할지를 다룬 점은 정말 훌륭합니다.

무엇보다도 기독교 세계관에 기초한 유아교육과정의 전반을 다룬 이후에 그것을 실제로 실행하는 방안을 제시한 점에서도 탁월합니다. 교육은 이론이 아니라 실천입니다. 누군가의 말처럼 "삶으로 가르쳐진 것만이 남습니다." 이 책이 유아교육과정을 오랜 연구와 실제 교육 경험에 입각해서 구체적 실용성을 중시한 것은 정말 감사한 일입니다. 이런 점에서 이 책은 단지 기독교 유아교육뿐 아니라 다른 분야의 교사와 학자들에게 좋은 모범을 보여 준 것입니다. 이런 책이 우리 학자들에 의해서 쓰였다는 사실은 우리의 기독교 세계관 논의의 수준이 높아지고 있다는 뜻이라고 생각합니다.

끝으로, 이 책 저술에 관여한 이들의 수고에 감사드립니다. 오랫동안 총신대학교에서 기독교 세계관에 입각해 유아교육을 연구하고 가르쳐 온 허계형 교수와 이를 뒤에서 도운 손병덕 교수가 그분들입니다. 이 소중한 책이 한국 유아교육 교사들과 일반 독자들에게 기독교 교육의 중요성을 다시금 각인시키고 논의의 수준을 높이는 데 계속 기여할 것을 믿어 감사드립니다.

총신대학교 신학과
신국원 교수

머리말

오늘날은 다양한 가치관과 세계관이 공존한다. 이른바, 포스트모더니즘이 범람하는 세상을 바로 보는 건강하고 올바른 기준이 없으면 시류에 쉽게 휩쓸릴 수밖에 없다. 모든 그리스도인은 하나님께 받은 소명이 있다. 이것을 수행하기 위한 기본적인 조건은, 바로 기독교 세계관으로 세상을 바라보는 것에 있다. 세상을 시작하는 유아가 경험하는 세상은 매우 중요하다. 유아기에 이루어지는 세상에 대한 이해가 이후의 삶을 해석하는 데 기초가 되기 때문이다. 가장 어린 유아기부터 하나님의 말씀을 기준으로 세상을 분별하는 힘을 길러 주는 것은 다음 세대를 키우는 기독 교사 모두의 소명일 것이다.

『기독교 세계관으로 가르치는 유아교육과정』은 궁극적으로 하나님 나라의 비전을 갖고 유아를 가르치고자 하는 마음을 담았다. 예수 그리스도의 복음이 교육 현장부터 삶의 현장에 이르기까지 생동감 있게 파고들어 세상 가운데 하나님 나라의 비전이 실현될 수 있기를 소망한다. 많은 기독교 유아교육기관이 기독교의 복음의 기치를 따라 세워졌으며, 오래전부터 각고의 노력을 기울여 오고 있다. 그 과정에서 기독교 유아교육 수행을 위한 다양한 요구가 있었다. 『기독교 세계관으로 가르치는 유아교육과정』은 기독교 유아교육 현장을 통해 이루어 나가야 할 하나님 나라의 꿈을 함께 나누고, 이로써 기독교 유아교육 현장의 요구에 부응하기 위한 목적을 가지고 집필이 시작되었다.

저자들은 기독교 세계관으로 가르치는 교육과정 저술을 소명으로 알고 각자가 가진 최상의 역량을 이끌어 내어 이 책에 담고자 하였다. 여전히 많은 부분에서 미흡할 것이나, 신앙교육과 유아교육과정의 동시 수행이 불가피한 기독교 유아교육기관의 유아들이 미래 우리 사회의 주역들로 바람직한 가치관을 갖고 건강하게 성장하는 데 기여할 수 있기를 바란다. 나아가 기관 교사를 포함한 양육자들에게는 유아의 신앙교육을 위한 훈련을 통해 자신의 신앙적인 성장에도 기여할 수 있기를 소망한다.

이 책은 기독교교육—유아교육과정(누리과정)을 성경적 세계관으로 통합한 교육과정이다. 유아교사들이 적절하고 편리하게 사용할 수 있도록 구성하여 현장에서 '실행'하는 것에 중점을 두었다. 이를 위하여 다음과 같은 사항을 고려하였다.

첫째, 기독교유아교육기관이 현행 누리과정 내에서 기독교 세계관으로 가르치고자 하는 비전을 가진 경우, 기독교 통합의 경험과 역량이 부족해도 필요에 따라 쉽게 적용할 수 있도록 기획하였다. 즉, 기독교 유아교육기관과 교사의 실정에 따라 전체 혹은 부분을 적용할 수 있다. 가장 추천하는 방식은 사용 지침에 따라 전체적으로 적용하는 것이지만, 현실적으로 어려운 경우, 현 위치에서 가능한 실행방법을 찾아서 기관의 장단기 계획에 맞게 사용할 수 있다.

둘째, 성경을 중심축으로 기독교교육-유아교육과정(누리과정)을 통합하여, 교사와 기독교 유아교육기관이 통합된 하나의 프레임 안에서 신앙교육을 할 수 있도록 설계하였다. 특히 기독교 세계관으로 가르치는 유아교육과정에서 중요한 부분은 일반 교육과정을 기독교적으로 통합하는 교사의 통합적 역량과 영적 준비라고 할 수 있다. 기독교 교사로서의 준비와 자세는 통합교육과정의 질을 결정하는 매우 중요한 요소이다. 이 과정은 기관 차원에서 전체 모임을 통해서 할 수 있고 혹은 교사 개인 차원에서 하나님 앞에서 준비하는 시간으로 가질 수 있다. 이를 위하여 성경 본문에 대한 상세한 해설과 교사큐티, 성경과 교육과정이 연계되는 흐름도와 해설, 실제 교실 현장에서 실천할 수 있는 유아 수준의 성경이야기, 그리고 유아교육과정(누리과정)을 통합하여 교육 현장에서 내면화할 수 있는 다양한 활동들을 제시한다.

셋째, 이 책에서 제시하는 교육과정은 기독교 유아교육 현장에서 수년간 유아와 교사가 함께한 연구를 바탕으로 유아교육, 기독교 교육 및 신학 전문가의 통합적 접근을 통하여 실행 연구한 결과이다. 유아기는 이후 생애주기의 심리 · 정서 · 사회적 행동에 중요한 영향을 미치는 결정적 시기이므로, 하나님 말씀의 빛으로 유아를 가르침으로써 이후 신앙적 발달을 위한 토대를 구축하였다. 국가와 지방자치단체로부터 보조금을 받는 보육 및 유아교육 기관과 같은 경우, 이 책에 입각한 통합교과과정 반을 따로 편성하여 자연스럽게 운영할 수 있다. 나아가 지역의 교회와 선교 현장의 유아들을 위한 교육 자료로도 효과적으로 사용할 수 있다.

이 책은 총 3부로 구성되어 있다. 제1부는 기독교 세계관으로 가르치는 교육과정에 기반이 되는 이론으로서의 기독교 세계관에 대한 이해, 기독교 유아교사에 대한 이해, 기독교 유아교육과정의 이해를 포함한다. 기독교 교사로서 통합교육과정 수행을 위해 기독교 세계관에 대해서 인지해야 할 핵심 내용과, 이를 위해 갖추어야 할 기독교 교사로서의 자질과 기술, 그리고 이러한 사항을 교육과정에 통합하기 위한 기초적인 이론과 방법론을 제시한다.

제2부는 기독교 세계관으로 가르치는 교육과정의 사용 지침으로서, 기독교 세계관으로 가르치는 유아교육과정의 개발 필요성, 개별 구성요소에 대한 설명, 그리고 사용 절차를 포함하였다. 개발 필요성을 통해 이 교육과정의 집필 의도와 목적을 나타내고, 개별 구성요소에 대한 설명에서는 해당 예시를 활용하여 명확한 이해를 도모하였으며, 사용 절차는 기관에서 실제 적용한 사례를 중심으로 제시하였다. 처음에 전체적으로 읽어 보며 교재에 대한 사용방법을 숙지하고, 월별로 전개할 때 해당 부분별로 찾아보며 좀 더 자세히 세부 사용방법을 익힐 수 있다.

제3부는 기독교 세계관으로 가르치는 유아교육과정의 실제이다. 누리과정의 생활주제에 따라 3월

부터 이듬해 2월까지 순서대로 다루었으며, 각각의 주제는 성경적 통합을 위한 기초 다지기, 성경적 통합과정 이해하기, 성경적 통합교육 실행하기 순서로 진행된다. 이러한 순서는 성경과 교육과정을 이어 주는 다리 역할로서, 교사가 자신이 묵상한 성경을 바탕으로 교육 현장을 연계하는 세부적인 절차이다. 성경에 대한 충분한 묵상을 바탕으로 각 단계를 의미 있게 밟아 갈 때, 이 모든 과정은 '기독교적 수업'을 통해 완성될 수 있다. 마지막으로, 사용자의 편의를 위하여 성경이야기 파워포인트를 함께 제시하였다.

『기독교 세계관으로 가르치는 유아교육과정』이 출간되기까지 도움을 주신 분들에게 감사를 드린다. 특별히 연구의 중요성을 인지하고 사명으로 삼아 가교 역할을 한 전 강남유치원 서미정 원장님과 교사 연구팀(교사 반다혜, 신수진, 김솔아, 조미선)에게 감사한다. 개발 단계에서 교육과정에 대하여 적극적인 피드백을 제공하여 현장의 요구에 맞는 교육과정이 가능하도록 하였고, 항상 무한한 신뢰와 기도로 헌신하여 주신 나의 사랑하는 어머니 예랑유치원 이영자 원장님께 사랑과 존경의 마음을 드린다. 이 책이 나오기까지 물심양면으로 지원해 주신 서현교회 김경원 목사님, 수원북부교회 고창덕 목사님께 감사드린다. 기독교 세계관으로 일반 학문하기를 애쓰시면서 이 책에 대한 감수와 격려를 아끼지 않으신 신국원 교수님께도 감사드린다. 끝으로, 이 책의 출판을 흔쾌히 허락해 주신 학지사 김진환 대표님과 편집 담당 선생님들의 노고에 감사드린다.

2017년 5월
대표 저자 허계형

차 례

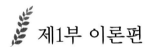 제1부 이론편

제2부 사용 지침

제3부 활동의 실제

제 1 부

이론편

제1장

기독교 세계관이란 무엇인가

세계관을 보여 주는 두 아이의 대화를 들어보자.

> 지민: 하나님이 더 쎄!
> 도영: 아니야, 티라노사우르스가 더 쎄!
> 지민: 하나님은 이 세상에 모든 것을 다 만들었어.
>   티라노사우르스도 만들었어.
>   그러니까 하나님이 힘이 더 쎈 거지.
> 도영: 에이~ 하나님이 어디 있냐? 눈에 보이지도 않잖아.
>   티라노사우르스는 원래부터 있었다구.
>   그러니까 티라노사우르스가 더 쎄!

지민이와 도영이의 대화 속에는 세계관이 담겨 있다. 이 세계관에 따라 유아의 신념과 대화의 내용이 완전히 달라지는 것을 볼 수 있다. 이를테면, 지민이는 이 세상은 하나님이 창조하셨다는 것을 믿지만, 도영이는 이 세상은 원래 있었던 것이라고 믿는다. 지민이는 보이지 않지만 영의 세계가 있음을 안다. 창조주 하나님이 이 모든 만물을 만드셨다는 것을 전제한다. 하지만 아직 하나님을 믿지 않는 도영이는 보이지 않는 영의 세계를 인정하기 어렵다. 창조주 하나님에 대한 지식과 이해가 없기 때문에 티라노사우르스의 존재 자체도 스스로 있었다는 믿음에 기반하고 있다. 지민이에게는 하나님이 가장 크신 분이지만, 도영이에게는 티라노사우르스가 가장 큰 존재이다. 이러한 세계관의 차이는 삶의 다양한 부분에 영향을 미친다.

사람들은 저마다 세상을 보는 창을 가지고 있다. 이 세계에 대해 생각하고 이해하는 관점을 갖고 있으며 그에 따라 행동하고 살아간다. 개인의 삶의 원천으로 뿌리 깊게 작용하는 세계에 대해 갖는 인식 혹은 세상을 바라보는 관점을 '세계관(世界觀)'이라고 한다. 월터스(Wolters, 1992)는 세계관이란 "한 사람이 사물들에 대해 갖고 있는 기본적 신념들의 포괄적인 틀"이라고 제시하였다.

올바른 세계관은 세상을 바르게 이해하게 하여 책임 있는 선택과 행동을 할 수 있도록 도와준다(최용준, 2008). 만약 그리스도인이 바른 세계관을 가진다면 하나님이 주신 소명을 삶 속에서 실천할 수 있게 될 것이다. 거듭난 신앙인에게는 바른 세계관을 가지고 삶에서 실천할 사명, 곧 하나님을 영화롭게 할 사명이 있다. 따라서 예수 그리스도 안으로 들어와 예수님을 따라 살기를 작정한 신앙인은 "성경의 진리에 따라 세상을 보는"(신국원, 2005) 기독교 세계관(Christian Worldview)을 가져야 한다. 왜냐하면 성경의 체계화된 진리를 기초한 안목이 이 세상에서 그리스도인의 삶의 방향을 이끌어 주는 나침반과 같은 역할을 하여 최종 목적지인 하나님 나라로 안내할 것이기 때문이다(최용준, 2008).

1. 기독교 세계관의 내용

기독교 세계관은 성경의 기본 진리인 창조, 타락, 구속 등의 세 가지 요소로 이루어진다. 이는 기독교의 복음을 이루는 핵심 주제로 정리되기도 한다. 세상과 인간에 대한 하나님의 창조 이야기, 인간의 죄로 인한 창조 세계의 타락 이야기, 그리고 이 모든 것이 예수 그리스도로 회복되는 구속 이야기이다. 이 세 가지 진리가 맞물려 인간을 이해하고 세상을 보는 눈을 밝혀 준다(신국원, 2005). 창조, 타락, 구속에 대하여 잘 이해한다면 하나님 나라의 관점에서 세상을 보는 시각을 올바르게 가질 수 있다. 또한 하나님 나라 역사와 그 분의 계획 안에 있는 인간의 의미와 위치를 발견할 수 있다.

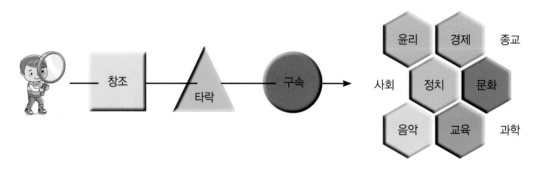

[그림 1-1] 기독교 세계관

1) 창조

태초에 하나님이 천지를 창조하시니라(창세기 1:1).

성경의 진리를 따르는 기독교 세계관은 하나님의 창조 선언과 함께 시작한다. 하나님의 창조를 명확히 이해하지 않고는 타락과 구속, 그리고 이 세상의 역사에 대해 왜곡된 시각을 가질 수 있다(Middleton

& Walsh, 1987). 그리스도인은 성경을 통하여 살아 역사하시는 하나님의 말씀으로 천지가 창조되었고 (창세기 1장) 창조하신 세상에 부여하신 하나님의 지혜로 질서와 구조를 완전하게 부여하셨으므로 모든 피조세계는 하나님의 말씀과 지혜로 유지된다(Wolters, 1992)는 사실을 안다. 따라서 그 존재를 하나님 께 의존할 수밖에 없는 우주만물은 존재 자체로 하나님을 찬송하고 경배하여 영광을 돌린다.

하나님께서 인간을 창조하실 때 다른 피조물과 달리 매우 특별하게 지으셨다. 인격, 지정의와 같은 성품적 특성들을 하나님을 닮게 창조하셔서(최용준, 2008), 하나님과 친밀한 교제가 가능하게 하셨을 뿐 만 아니라 창조하신 하나님의 뜻을 따라 삶으로 찬양과 영광을 돌릴 수 있도록 하신 것이다.

하나님은 인간으로 하여금 땅에 충만하여 모든 피조물을 하나님의 말씀과 지혜로 다스리도록 하셨 다. 곧, 인간이 피조세계에 담겨 있는 하나님의 지혜, 그 무한한 가능성들과 잠재성을 개발하도록 하셨 다(창세기 1:26-28). 아브라함 카이퍼는 이것을 하나님의 말씀과 지혜로 땅을 정복하고 다스리는 동역자 적 사역, 즉 하나님의 '문화명령(The Cultural Mandate)'으로 이해하였다. 이처럼 인간은 하나님의 문화명 령을 받드는 하나님의 동역자적 사역을 감당하는 직임을 부여받았다(Wolters, 1992).

2) 타락

그러나 아담과 하와는 하나님이 명하신 문화명령을 받드는 창조명령의 동역자적 사명을 거역하는 불순종의 길, 즉 타락을 선택하였다(창세기 3장). 타락이란 하나님의 뜻을 따라 사는 범위 내에서 허락 하신 자유를 하나님의 뜻을 벗어나 죄 된 선택을 한 것이다. 피조물이 하나님의 선하고, 의로우신 뜻 을 거스르고 결정하고 행동하는 것은 창조질서에 어긋난다(신국원, 2005). 생명을 창조하신 하나님과 의 단절을 의미하며, 그 필연적인 결과는 하나님과 영원히 함께할 수 있는 생명을 잃는 것을 의미한다 (Middleton & Walsh, 1987). 이처럼, 인류의 대표자 아담의 범죄로 인해 세상에 죄가 들어와 아담 안에 있 는 모든 인류도 죄를 범하게 되었다(로마서 5:12). 인간은 타락으로 인해 하나님이 하나님의 형상을 따 라 인간에게 주신 능력을 바르게 행사할 수 있는 의지와 능력을 상실하였다(신국원, 2005).

모든 피조물의 대표로서 하나님의 형상을 따라 창조된 인간의 타락은 '창조계 전체의 대재난'으로서 '우주적 영향(cosmic effects)'을 가져왔다. 타락한 인간이 자연 만물을 맡아 다스리는 가운데 그의 죄성 과 타락한 심성이 그대로 드러나기 때문이다. 아담의 실패에 연루된 창조세계에는 처음의 질서와 조화 가 깨지게 되고 모든 피조세계는 죄의 저주 아래로 떨어지고 말았다. 문화명령의 수행을 위한 노동과 출산은 고역과 고통이 되었다. 땅은 저주를 받아 가시덤불과 엉겅퀴를 내어 삶을 더욱 고단하게 하였 다(신국원, 2005). 이후 하나님과의 관계, 자연과의 관계, 인간과 인간의 관계도 크게 변질되었다(양승훈, 1999).

3) 구속

그러나 하나님은 예수 그리스도를 통한 구속을 계획하셨다. 이것은 예수 그리스도의 대속의 죽음을 믿는 모든 사람을 용서하시고, 그 속에 하나님의 영원한 생명이 있게 하시는 놀라운 사역이다. 예수 그리스도의 역사적 죽음과 부활에 의해 믿음의 사람들을 통하여 이 땅을 정결하게 하는 하나님의 나라의 확장이 다시 시작되었다. 그러므로 예수 그리스도 안에서 거듭난 그리스도인은, 하나님의 창조계획과 인간의 타락을 조명하여 주신 성령의 인도하심으로 예수 앞에 나아와 죄 사함의 은총을 받아야만 한다는 사실을 믿음으로 고백하고 하나님의 나라를 회복하는 사명을 감당하기 위하여 성경적 세계관으로 무장하여야 한다. 바로 그리스도인이 서 있는 그곳, 자신이 위치한 삶의 현장에서부터 기독교적 조망과 실천이 시작되어야 한다. 그곳에 하나님의 창조질서가 회복되며 하나님의 말씀이 존귀하게 드러나도록 하여야 한다. 그리스도께서 십자가의 죽으심과 부활하심으로 이 세상의 권세 잡은 사탄에 대하여 이미 승리하셨다. 이제 성령의 도우심을 힘입어 기독교 세계관으로 무장하고 기독교 문화변혁을 실천함으로써 이 땅에 하나님 나라를 확장해 나가야 할 것이다.

2. 기독교 세계관으로 보는 교육

1) 위기의 교육

오늘날 문화의 위기는 교육의 위기와 불가분의 관계에 있다. 어떤 사회의 구조 속에서 만들어지는 문화와 가치관은 사회적 현상의 하나인 교육에도 영향을 미치기 때문에 기독교 세계관에 기초한 비판적인 성찰이 반드시 요구된다. 교육 현장에서 행해지는 제각기 상대적인 가치관 속에서 파편화되고 분절된 지식들을 하나로 회복시킬 수 있는 유일한 기준으로 기독교 세계관을 견지하는 것이 필요하다. 이는 학습자들이 성경에 기반하며 분명한 기준과 폭넓은 세계관에 의해 사고하도록 가르치는 것에서부터 시작될 수 있다. 기독교 세계관은 기독교 신앙에 적대적인 세계관에 영향을 받고 있는 교육자와 학습자를 기독교적 시각으로 정화시켜 준다. 나아가 기독교 세계관을 이해한 바대로 삶 속에서 구현하는 '행동하는 기독교 지성'으로 살 수 있도록 동력을 제공해 준다(Volt, 2006). 결국, 바람직한 교육 문화 형성은 그리스도인이 사물과 세계에 대하여 기독교 세계관으로 조망할 수 있도록 하는 교육을 통하여 가속화될 수 있을 것이다. 그것이 바로 그리스도인의 소임으로서 교육의 영역에서 이루어야 할 문화명령인 것이다.

2) 기독교 세계관과 교육

그리스도인의 사명은 타락으로 왜곡된 세상을 하나님이 아름답게 창조하신 뜻과 질서대로 회복하는 것이다. 교육 현장에서 기독교 세계관으로 가르친다는 것은 인간의 타락으로 왜곡되고 변질된 교육의 영역에 하나님의 말씀과 지혜로 통치되는 하나님의 나라를 되찾고자 하는 실천적 의지를 표명하는 것이다(신국원, 2005). 그렇다면 유아교육 현장에서 어떻게 기독교 세계관으로 교육할 수 있을까?

(1) 문화명령과 교육

그리스도 안에서 문화명령을 수행하기 위하여 교육은 매우 중요한 역할을 한다. 기독교 세계관을 통한 교육은 세상의 실상을 살피고 이해할 수 있는 명확한 틀을 제공하기 때문이다. 이것은 유아들에게 세상을 성경의 진리로 해석하는 바람직한 안목을 가지도록 돕는 것을 의미한다(Volt, 2006). 기독교 세계관으로 가르치는 모든 내용을 통해 유아는 하나님이 창조세계의 주인이라는 사실과 하나님이 만드신 창조세계에서 나타나는 하나님의 통치에 대하여 알아갈 수 있다. 그 과정에서 유아가 문화명령의 어린 수행자로서 자신의 사명과 구체적인 실현방법을 발견할 수 있도록 돕는 것이 교육의 가장 중요한 역할이다.

따라서 기독교 세계관으로 가르치는 교육은 예배시간에 단순히 성경이야기를 들려주고 찬송을 부르는 것에만 국한되지 않는다. 교회 안에서뿐만 아니라 유아교육 현장에서 유아들에게 가르치는 모든 내용에서도 그리스도의 주권을 인정하고, 왜곡되고 비틀어진 부분들을 성경적으로 조명해야 한다. 하나님의 훼손된 주권을 회복시키고 그곳에 하나님의 진리가 바르게 서도록 해야 한다. 이것이 모든 피조세계가 하나님의 이름을 찬양하고 존귀하게 여기도록 문화명령을 수행하는 교육의 목적이자 실천이다.

(2) 복음전파와 교육

기독교적으로 가르친다는 것은 또한 복음 전파의 역할을 수행하는 것이다. 이것은 주님이 내리신 선교적 사명과 밀접한 관련이 있다(Volt, 2006).

> 그러므로 너희는 가서 모든 민족을 제자로 삼아 아버지와 아들과 성령의 이름으로 세례를 베풀고 내가 너희에게 분부한 모든 것을 가르쳐 지키게 하라 볼지어다 내가 세상 끝 날까지 너희와 항상 함께 있으리라 하시니라(마태복음 28:19-20).

예수님이 요구하시는 제자의 모습은 가서 복음을 전하고 세례를 베푸는 것과 함께, 예수님의 말씀을 가르쳐 지키게 하는 것까지 담당하는 것이다. 교육은 예수 그리스도의 말씀대로 살아가는 그리스도인들을 양성하는 데까지 나아가야 한다.

(3) 일반은총과 교육

일반교육의 영역에서 발견하고 개발한 지식들은 하나님이 베푸신 일반은총에 해당한다. 그리스도는 이 모든 것의 주인이시다(로마서 11:36). 하나님의 문화명령 수행을 위하여 우리는 하나님이 창조세계에 베푸신 자원들을 최대한 활용해야 한다. 출애굽한 이스라엘 백성의 성막공사를 예를 들어보자(출애굽기 36:1-7). 하나님은 성막 짓는 장인으로 브살렐과 오홀리압의 지혜를 사용하신다. 성막과 기구를 만들 때에도 백성들이 지니고 있는 각종 예물과 재료들을 사용하셨다. 기독교 세계관으로 교육을 수행할 때도 마찬가지이다.

그러나 일반은총을 활용할 때 성경적 분별력이 필요하다. 하나님이 베푸신 일반은총은 선한 것이지만 그 가운데 타락으로 인해 왜곡된 부분이 있다(Wolters, 1992). 하나님의 말씀은 완전하고 선하지만, 그것을 담을 가르침의 도구가 왜곡되어 있다면 잘못 해석하고 적용할 가능성이 있다. 따라서 일반은총의 다양한 내용들을 성경의 진리로 조명하여 적합하게 사용할 수 있는지를 선별하는 과정이 요청된다.

3) 샬롬을 위한 교육

성경에서 말하는 샬롬은 정의가 실현된 온전한 평화를 말한다. 샬롬을 위한 교육은 하나님 나라의 대리 통치자로서 소임을 다하는 문화명령과 더불어 고통받는 자들에게 정의가 실현될 수 있도록 돕는 교육을 함께 추구한다.

기독교 철학자 볼터스토프(Wolterstorff, 2014)는 교육의 목표로 '샬롬을 위한 교육'을 제시하였다. 샬롬은 사람들이 하나님과 인간, 자연이 올바른 관계 속에서 살아가며 그 속에서 기쁨을 누리는 것을 의미한다. 그것은 하나님과 인간, 피조세계와의 관계에서 하나님의 정의가 실현된 하나님 나라를 이루는 것과 같다. 개인뿐만 아니라 공동체의 화목을 위한 실천으로서 이웃과 소외된 자들에게 샬롬을 전해야 한다.

따라서 기독교 세계관으로 조망하는 교육은 학습자가 소외된 이웃으로 하여금 샬롬을 이루는 삶을 살아갈 수 있도록 용기를 북돋아 주는 것이다. 샬롬을 위한 교육은 세상 속의 그리스도인에 초점을 맞춘 새로운 시도이다. 단지 '세상을 이해하는 것이 아니라 그것을 변화시키는 것'을 목적으로 한다. '세상 속에서 기독교적으로 존재하고 행동하는 방식을 구비시키고 동기화'하는 데까지 나아가도록 하는 것이다(Wolterstorff, 2014).

(1) 교육현장을 변혁시키는 것

유아교육현장에서 샬롬을 위한 교육을 실천하는 것은 유아가 기독교 세계관을 이해하고 기독교 세계관에 근거한 삶을 살도록 가르치는 것이다. 곧 하나님이 인간에게 명령하신 문화명령을 수행하는 것이다.

하나님이 그들에게 복을 주시며 하나님이 그들에게 이르시되 생육하고 번성하여 땅에 충만 하라, 땅을 정복하라, 바다의 물고기와 하늘의 새와 땅에 움직이는 모든 생물을 다스리라 하시니라(창세기 1:28).

문화명령의 수행은 하나님의 창조세계를 이해하고 발전시키는 신실한 청지기를 길러 내는 것과 같다. 예를 들어, 4월에 보통 전개하는 '봄'이라는 누리과정의 전체 주제 안에서 환경오염, 자연보호를 성경의 주제와 관련지어 진행할 수 있다. 하나님의 창조하신 아름다운 봄이 어떻게 펼쳐졌는지, 그 창조세계에 죄가 들어와 어떻게 오염되었는지, 그리고 자연의 회복을 위해서 우리가 청지기로서 실천할 수 있는 것에는 어떤 것이 있는지 통합적으로 전개하는 것이다. 이런 과정을 통하여 유아에게 단순히 새로운 지식을 전달하는 것에 머무르지 않고 누리과정의 내용을 성경적 관점으로 이해하고, 만물을 창조하신 하나님의 뜻과 질서, 인간의 역할을 깨닫도록 한다. 나아가 삶에서 아름다운 자연을 허락하신 하나님을 찬미하고 자연을 실제로 보존하고 아끼는 청지기의 역할을 담당하게 하여 실제 삶의 변화를 가져오게 할 수 있다.

(2) 교육현장에 샬롬을 가져오는 것

교육현장의 상처받고 고통받는 곳마다 하나님의 평화, 곧 샬롬이 오게 하는 것이다. 대표적으로 누가복음 4장에는 예수님의 치유와 돌봄의 사역이 기록되어 있다.

주의 성령이 내게 임하셨으니 이는 가난한 자에게 복음을 전하게 하시려고 내게 기름을 부으시고 나를 보내사 포로 된 자에게 자유를, 눈먼 자에게 다시 보게 함을 전파하며 눌린 자를 자유롭게 하고 주의 은혜의 해를 전파하게 하려 하심이라 하였더라(누가복음 4:18-19).

유아교육현장에서 예수님의 본받아 샬롬을 이루는 교육을 실천할 수 있다. 학급에 장애를 가진 유아가 있을 경우를 예로 들어보자. 교사가 학급 공동체 안에서 그 아이를 인정해 주고 포용하는 모습을 보일 때, 아이는 사랑과 신뢰를 회복할 수 있을 것이다. 교사의 실천적 모델링은 유아들에게 또래를 무심코 소외시키고 무시하는 태도의 문제점을 깨닫고 올바른 행동을 학습할 수 있는 기회를 준다. 장애를 가진 유아처럼 소외환경에 노출될 가능성이 높은 대상을 사회적 관계 안에서 사랑으로 대하고, 자신이 가진 잠재력을 극대화할 수 있도록 적극적으로 돕는 분위기를 조성하여 주는 것이 샬롬을 위한 교육의 좋은 예가 된다.

(3) 변혁과 샬롬의 통합

변혁과 샬롬을 동시에 실현할 수 있는 방법은 이 두 가지를 모두 기독교 세계관 통합교육과정 속에 포함하는 것이다(소진희, 2007). 즉, 기독교 세계관으로 교육한다는 것은 교사가 자신의 믿음에 입각해 창조, 타락, 구속이라는 성경적 진리를 내면화하여 교육활동과 통합하여 수행하는 것이다. 그리고 삶으로 실천하는 것이다.

4) 기독교 유아교사라는 부르심

(1) 변혁과 샬롬의 교육자

하나님은 변혁과 샬롬의 실천을 위해 우리를 유아교사로 부르셨다. 그것은 단순한 직업을 넘어서 하나님의 부르심에 응답하고 겸손히 순종하는 것이다. 하나님은 교육의 변혁과 샬롬이 실현될 수 있도록 동역하기를 원하신다(소진희, 2007). 우리는 교육의 영역에 변혁과 샬롬이 실현될 수 있도록 그리스도인의 사명인 하나님의 통치와 그분의 주권을 선포해야 한다.

(2) 영적으로 승리하는 교육자

기독교 세계관으로 무장되어야 할 뿐 아니라 삶으로 살아 내야 하는 치열한 자기부인과 영적싸움도 필요하다. 교육 현장의 위기를 가져오는 고질적인 문제들이 우리를 낙담하게 할 수 있다. 뿐만 아니라 깊숙이 침투해 있는 합리주의와 상대주의, 포스트모더니즘과 같은 현대사회의 가치관들과 맞서며 유연하게 대처해야 한다. 유아가 이러한 세계관을 분별하고 대응할 수 있는 절대 진리의 기독교 세계관을 심어 주는 것이 우리가 끝까지 완수해야 할 본분이다.

(3) 성령의 인도를 받는 겸손의 교육자

기독교 세계관으로 교육을 하는 최종 목적은 하나님을 드러내는 데 있다. 기독교 교사는 피조물로서 갖는 한계를 인식하며 하나님 앞에 겸손의 교육자가 되어야 한다. 최선의 준비를 다하지만, 변화시키고 역사하시는 분은 하나님이다. 그러므로 하나님 앞에 인간의 존재를 아는 교육자라면 성령님께 모든 것을 의뢰하며 맡겨야 한다. 또한 교사는 아이들을 가르치면서 성령의 역사와 그리스도의 마음을 담은 사랑이 없으면 이 모든 것이 아무것도 아니라는 겸허한 진리와 마주해야 한다. 우리의 생각을 뛰어넘는 성령님의 역사를 가장 우선순위에 두고 모든 가르침도 성령님의 통치에 맡겨드려야 한다(Gangel & Hendricks, 1990). 더불어 하나님의 사랑이 우리에게 어떻게 나타났는지를 기억하며(요한일서 4:9), 예수 그리스도께서 보여 주신 전인격적이고 무조건적인 관심과 사랑이 교육적 동기가 되도록 해야 할 것이다.

요약

이 장에서는 거듭난 그리스도인의 사명과 세계에 대한 기독교 세계관 조망의 필요성을 제기하였다. 또한 유아교육현장에서 샬롬과 변혁의 교육을 수행할 때 지속적인 성령의 인도하심이 필요하다는 사실을 강조하였다. 하나님의 창조에 대한 이해, 하나님의 형상을 따라 창조된 인간의 타락, 예수 그리스도를 통한 구속, 문화명령과 유아교사의 사명, 성령의 인도하심을 따르는 유아교사의 사명과 역할에 대해 알아보았다. 이것을 교육 현장에서 실천한다면 세속 문화에 노출된 유아교육현장을 하나님의 주권 아래로 회복하는 데 기여할 수 있을 것이다.

제2장

기독교 세계관으로 가르치는 유아교사

질문 1. 선생님은 왜 유아교사가 되셨나요?

김 교사: 저는 어렸을 때부터 아이들이 좋아서 유치원 선생님이 되고 싶었어요.
　　　　지금도 아이들과 함께 있으면 정말 행복해요.

질문 2. 선생님은 기독교 유아교사라고 생각하시나요?

김 교사: 저는 신앙을 가지고 있기 때문에 기독교인이기는 하지만, 기독교적으로 가르쳐 본 적이 없기 때문에 기독
　　　　교 유아교사라고 생각하지는 않아요. 기독교 교사는 단순히 신앙만 가지고 있다고 되는 건 아닌 것 같아요.

　많은 현직 유아교사들은 유아가 좋아서 유아교사가 되었고, 예비 교사들도 유아를 좋아하기 때문에 유아교사 직업을 선택한다. 유아교사는 현장에서 유아들과 함께 지내면서 교사로서의 보람을 느끼고, 더 나은 교사가 되고자 노력한다. 유능한 유아교사란 유아를 사랑하고 이해하는 사람으로서, 유아발달에 관한 지식과 실천 능력을 고르게 겸비한 전문가여야 한다.

　그렇다면 기독교 유아교사는 어떠한 소양을 갖추어야 할까? 일반교사와 마찬가지로 기독교 유아교사도 유아를 사랑하고 이해하는 마음을 가지고 있어야 하고, 유아교육에 대한 전문적인 지식과 실천 능력을 갖추어야 하는 것은 기본이다. 뿐만 아니라 기독교 유아교사는 기독교 세계관에 기초하여 유아가 기독교 세계관을 이해하고 실천할 수 있도록 도울 수 있는 역량을 갖추고 있어야 한다.

　기독교 유아교사는 유아를 장차 하나님 나라의 훌륭한 사람으로 양육할 교사로 부르심을 받은 자이다. 번(Byrne)은 "기독교 교육 교사는 하나님의 대변자로, 증인으로, 아이들을 교회와 사회에 기여할 수 있는 하나님의 사람으로 자라게 하는 교육과정에서 중요한 역할을 담당하고 있다. 교사는 하나님을 증거 하도록 소명을 받은 자이기에 언행을 일치하여 하나님을 드러낸다."고 하였다(김희자, 1998). 이처럼 기독교 유아교사는 하나님의 대변자로서 교육과정을 통해 하나님을 증거하고 선포하는 사람이므로 그

역할을 잘 감당하기 위하여 적절하게 준비되어야 한다. 무엇보다 기독교 세계관에 기초하여 유아를 교육할 수 있는 역량을 갖추는 것이 중요하다. 유아의 지성과 인성 발달을 비롯하여 유아기 때 필요한 모든 영역을 기독교 세계관의 관점에서 가르칠 수 있어야 하므로 기독교 교사로서 역할과 중요성을 인지하고 기독교적 가르침과 기독교 교육에 대한 분명한 이해를 가지고 있어야 한다(소진희, 2007).

기독교 유아교사가 가장 근본적이고 우선적으로 갖추어야 할 역량은 경건이다. 이는 일반교사로서 기본 역량을 갖출 것을 전제한 것으로서, 일반유아교사의 자질과 구분 짓는 역량이기도 하다. 기독교의 경건은 하나님의 뜻대로 살아가고, 가르치는 사역을 통하여 유아가 예수 그리스도를 닮도록 안내하며, 예수님의 사랑으로 한 영혼을 품고 기도하는(이규민 외, 2013) 역량이라고 할 수 있다. 기독교 유아교사가 경건을 갖추기 위한 실제적인 요인으로서는 영성, 기독교 세계관, 소명의식, 성경에 대한 이해를 들 수 있다.

기독교 유아교사에게는 요구되는 전문적 역량은 기독교적 가르침을 실현하는 데 요구되는 지식과 교수기술을 말한다. 지식의 영역에는 유아에 대한 성경적 관점, 유아 발달 관련 과제, 유아교육과정, 기독교 유아교육과정 그리고 교양상식이 있다. 교수기술 영역은 일반유아교육과정을 기독교 세계관으로 통합하는 기술, 기독교 유아교육 교수방법과 교수전략 수행기술, 기독교 유아교육을 촉진하는 물리적 환경을 구성하는 기술, 교재·교구를 제작하고 개발할 수 있는 능력, 교육과정 평가 및 유아 평가 기술, 유아와의 의사소통 능력, 부모관계 기술, 협력기술이 포함한다. 〈표 2-1〉은 기독교 유아교사에게 요구되는 역량에 포함되는 하위 요소들을 정리한 것이다. 각 문항을 자기평가 척도로 활용하여 자신의 현재 준비도를 점검하고, 향후 갖추어야 할 '전문적 역량 목표'를 설정해 볼 수 있다.

〈표 2-1〉 **전문적 역량 자기 평가 척도**

역량 구분	정의	① 전혀 그렇지 않다	② 그렇지 않은 편이다	③ 그런 편이다	④ 매우 그렇다
1. 지식	1) 유아에 대한 일반적 관점과 성경적 관점의 균형 잡힌 이해가 있다.	①	②	③	④
	2) 유아발달에 대한 전문적인 지식이 있다.	①	②	③	④
	3) 기독교적 교육과정 구성을 위해 유아교육과정의 전반적인 내용을 이해하고 있다.	①	②	③	④
	4) 기독교적 교육과정의 의미, 원리와 방법 등 전반적인 내용을 이해하고 있다.	①	②	③	④
	5) 사회 각 분야의 교양 지식을 갖춘 준비된 교사로서, 유아가 세상 속에 하나님의 진리를 발견하도록 도와준다.	①	②	③	④

역량 구분	정의	① 전혀 그렇지 않다	② 그렇지 않은 편이다	③ 그런 편이다	④ 매우 그렇다
2. 교수 기술	1) 일반유아교육과정을 기독교 세계관으로 통합하여 가르침으로 구체화한다.	①	②	③	④
	2) 기독교적 교수방법과 교수전략으로 유아교육을 수행한다.	①	②	③	④
	3) 기독교 유아교육을 촉진하는 물리적 환경을 구성한다.	①	②	③	④
	4) 기독교 교육과정을 수행할 수 있는 교재·교구를 제작하고 개발한다.	①	②	③	④
	5) 기독교적 기준에 따라 교육과정과 유아를 평가한다.	①	②	③	④
	6) 의사소통 과정을 통해 유아가 기독교적 사고를 확장할 수 있도록 돕는다.	①	②	③	④
	7) 부모와의 긍정적 관계 형성을 통해 기독교 교육과정을 원활하게 수행한다.	①	②	③	④
	8) 기독교 교육 프로그램의 계획과 실행에 있어 부모와 지역사회와 협력한다.	①	②	③	④

• 전문적 역량 목표 기술:

1. 지식

1) 유아에 대한 성경적 관점의 이해

유아기는 인간의 생애주기에서 초기 단계에 해당하며 모든 발달의 기초가 형성되는 시기로서 전 영역의 발달이 총체적으로 이루어진다. 성경은 유아는 하나님의 형상(창세기 1:27)으로 창조된 존재로서, 하나님을 예배하고 찬양할 수 있으며, 하나님이 창조하신 세계를 충분히 탐색할 수 있는 자율적인 존재로 본다(창세기 2:16, 19; 마가복음 10:14). 그러나 인간이 범죄 함으로 유아 또한 죄성을 가지고 태어났기 때문에 예수 그리스도를 믿음으로 대속의 은총을 힘입어 그리스도 안에서 새로운 피조물로 거듭나야 한다. 기독교 유아교사는 유아에게 하나님의 말씀을 전하여 구원과 하나님의 사람으로 살아가야 할 마땅한 길로 인도해야 한다. 또한 예수 그리스도를 본받아 예수님의 참된 제자로 성장해 나가도록 가르쳐야 한다.

2) 유아발달에 대한 전문적 지식

유아발달에 대한 지식은 효과적인 유아교육의 방향과 방법을 결정하도록 한다. 하나님이 창조하신 유아 개별의 발달적 특성을 이해하고 그 특성에 적합한 발달과제를 수립하여 교육을 실행하는 것이 필요하다. 발달심리학자들(예: 에릭슨, 피아제, 콜버그 등)의 이론들은 유아의 발달원리를 파악하고 실천하는 데 도움을 주지만, 기독교 유아 교사들은 단순하게 이와 같은 발달이론들을 그대로 사용하기보다 기독교적 관점에서 재조명하여 적용할 수 있어야 한다.

3) 유아교육과정에 대한 지식

유아교육과정은 유아교육기관의 교육을 위한 프로그램이나 유아교사의 계획에 의해 이루어지는 교육활동이다. 미국 유아교육협회(National Association for the Education Young Children: NAEYC)에 의하면 유아교육과정이란 "유아가 학습할 내용, 교육과정 목표를 성취해 나가는 과정, 유아가 학습할 내용, 교육과정 목표를 성취해 나가는 과정, 유아의 이러한 목표 성취를 돕기 위한 교사의 역할, 교수와 학습이 발생하는 상황에 대해 서술한 조직화된 틀"이다(이기숙, 2000).

우리나라의 경우, 2013년도부터 국가수준의 유아교육과정(누리과정)을 사용하도록 하고 있다. 누리과정은 2013년도부터 유치원과 어린이집에 공통적으로 적용할 수 있도록 개발된 교육과정으로서 양질의 교육ㆍ보육 경험을 제공하는 데 목적이 있다. 교육과정의 이론적 근거는 실용주의자 듀이의 아동중심ㆍ경험중심 이론, 심리학자 피아제와 비고츠키의 구성주의 이론 등에 뿌리를 두고 있다. 교육과정 구성 원리는 유아의 발달특성을 고려하여 연령별로 구성하여, 교육 내용 선정 시 유아의 연령별 발달수준에 따른 위계성, 계열성 및 연속성을 유지할 수 있도록 하였다.

기독교 유아교사가 현재의 교육 여건 안에서 기독교적 가르침을 실현하기 위해서는 현행 누리 유아교육과정에 대한 명확한 지식과 이해를 반드시 갖추고 있어야 한다.

4) 기독교 유아교육과정에 대한 지식

기독교 유아교육은 모든 유아가 하나님의 형상대로 지음받은 존재임을 알고, 진리의 근원이신 하나님의 말씀(성경)에 기초하여 교육의 목적, 내용, 방법, 운영, 평가가 진행되도록 한다.

유아교사가 기독교 유아교육과정에 대한 지식이 없다면 성경이야기를 제시하거나 일반교육과정에 성경구절을 단순하게 적용하는 것으로 이해할 수 있다. 기독교 유아교사는 기독교 유아교육과정의 목적, 목표 및 교육 내용에 관한 지식을 갖추고, 일반유아교육과정 내용을 성경과 통합하여 기독교 유아교육과정으로 재구성할 수 있어야 한다.

5) 교양지식

교양 교육은 전인적인 인간으로 성장하는 데 도움이 되는 폭넓은 사고가 가능하도록, 다양한 지식을 축적하는 것을 도와준다. 유아교사는 사회 여러 다양한 분야의 지식을 축적함으로써, 유아가 편협하지 않고 전인적으로 성장하도록 도울 수 있다(박은혜, 2015). 철학, 심리학, 사회학, 문학 등 폭넓은 교양 지식을 갖춤으로써 일반은총 안에서 발전하고 있는 하나님의 넓은 세계를 유아수준에 맞게 소개하고 증거할 수 있어야 한다.

유아는 자신이 경험하는 사물과 세계에 대하여 궁금한 것들이 많기 때문에 자주 질문을 제기할 것이다. 유아교사가 여러 분야에 대한 지식을 골고루 잘 갖추고 있다면 유아의 호기심을 충족시킬 수 있는 적절한 답을 제시할 수 있다. 또한 교양지식을 바탕으로 기독교 교육활동을 더욱 풍성하게 구성할 수 있다. 예를 들어, '바다의 생물'이라는 주제로 활동을 할 때, 유아교사는 유아들과 바다에 사는 여러 가지 생물을 조사할 수 있다. 이때 유아교사가 바다와 관련된 교양지식이 있다면 우리나라 바다의 삼면에 따라, 바다의 온도 차이에 따라 각각 다르게 서식하는 물고기 등 다양한 관점으로 접근할 수 있다.

2. 교수기술

1) 일반유아교육과정을 기독교 세계관으로 통합하는 기술

기독교 교사는 일반유아교육을 기독교 세계관을 바탕으로 조망하는 능력을 갖추어야 한다. 기독교 교사에게 교육과정은 문서화된 종이가 아니라 교사의 삶과 교육 현장에서 살아 움직이는 실체이다. 따라서 국가수준 유아교육과정을 기독교적으로 통합하고 이를 신앙에 기초하여 전문적으로 실천하는 교육과정으로 구성할 수 있어야 한다.

2) 기독교 유아교육 교수방법과 교수전략을 수행하는 기술

교사의 효과적인 교수-학습 방법은 유아의 흥미와 동기를 유발한다. 예수님도 제자들을 교육하실 때 다양한 교수전략을 사용하셨다. 비유법, 실물교육법, 은유법 등 학습자의 수준을 고려하여 친숙한 소재를 사용하셨으며, 듣는 사람의 생활과 끊임없이 연관시키셨다(김만형, 2013; Gangel & Hendricks, 2005). 예컨대, 마태복음 13장의 천국 비유는 씨앗과 땅의 상태(13:1-23), 곡식과 가라지(24-30), 겨자씨와 누룩(31-34), 감춰진 보화(44), 값진 진주(45-46), 집주인의 곳간(51-52) 등의 비유를 통해 일상생활 풍경을 소재로 천국의 특성을 다양하게 말씀하고 계신다(김만형, 2013; ESV스터디바이블, 2014). 또한 실물교육으로 진리를 가르치기 위해 직접 어린이를 세우기도 하시고(마태복음 18:2), 사마리아 여인에게

물을 구하기도 하셨다(요한복음 4:7-26). 예수님은 은유법을 사용하여 자신을 가리켜, "생명의 떡"(요한복음 6:48), "세상의 빛"(요한복음 8:12), "길"(요한복음 14:6)이라고 말씀하심으로 예수님이 어떤 분이신지 쉽게 이해할 수 있도록 하셨다. 이 외에도 시범, 예화, 역설, 질문과 침묵 등으로 사람들의 주의를 끌었다. 기독교 유아교사는 예수님이 보여 주신 모본을 따라 유아에게 적합한 교수—학습 방법을 끊임없이 연구하고 그것을 적재적소에서 사용함으로써 유아를 진리의 길로 이끌어야 한다.

3) 기독교 유아교육을 촉진하는 물리적 환경을 구성하는 기술

적절한 시설 및 설비 · 교구가 갖추어진 물리적 환경 속에서 질 높은 교육을 제공 할 수 있다. 기독교 유아교육을 촉진할 수 있는 물리적 환경은 기독교적인 형태로 최적의 환경을 구성해야한다(송영란, 오영희, 2004). 일반적인 유아교육 환경에서 기독교적으로 타당한 물리적 환경을 구축하기 위해 유아가 성경책을 읽고 기도하는 '신앙 환경'을 조성할 수 있다. 또한 게시판이나 알림판을 성경 주제가 드러날 수 있도록 꾸밀 수 있다. 실외 환경을 구성할 때, 유아가 창조세계를 탐색할 수 있도록 자연을 활용하여 구성할 수도 있다. 유아에게 성경에 관한 흥미를 유발할 수 있도록 실외 환경을 기독교 교육과정 주제에 따라 구성하고, 유아가 직접 체험해 볼 수 있도록 할 수 있어야 한다.

4) 교재 · 교구를 제작하고 개발할 수 있는 역량

기독교 교육에서도 교재 · 교구는 효과적인 수업과 다양하고 창의적인 자유선택활동 운영에 매우 중요하다. 교사는 기독교적 활동을 실행할 수 있는 교재 · 교구를 제시하여 하나님과 유아, 유아와 교사, 유아와 교구 간의 상호작용이 증진될 수 있도록 촉진한다(송영란, 오영희, 2004). 기독교 교재 · 교구는 일반적인 구입이 어려워 흥미를 유발할 수 있도록 하거나 수업 자료로 활용하기가 쉽지 않다. 따라서 기존의 교재 · 교구를 기독교적으로 활용할 수 있다. 기독교 유아 교사가 성경 본문의 주요 개념을 이해한다면 일반 교재 · 교구에 기독교적인 가치를 담아 활용할 수 있다. 예를 들어, 11월 생활주제 '빛과 우리생활'과 같은 경우, 일반적으로 지구본에 손전등을 비추고 지구본을 돌려가며 낮과 밤의 원리를 이해하도록 하고 있다. 이때, 하나님이 빛을 만드시고 빛을 낮이라 부르시고 어둠을 밤이라 부르신 성경이야기를 회상하며, 하나님이 만드신 빛은 우리가 살고 있는 지구에 낮과 밤이 생기게 한다는 내용을 실험방법과 연계해 볼 수 있다. 전문적 지식을 기반으로 하여 기독교적 교재 · 교구를 스스로 연구하고 개발하고자 하는 자세도 추가적으로 요구된다.

5) 교육과정 평가 및 유아 평가 기술

기독교 유아교사는 일반유아교육과정의 다양한 영역을 기독교 세계관에 따라 평가할 수 있어야 한다. 밀러(Miller, 1997)는 기독교적인 평가를 위해 다음과 같은 평가 기준을 제안하였다. 교육과정 주제와 신학의 연계, 성경에 기록된 시대의 반영과 오늘날의 적용여부, 예배 및 신앙공동체 삶과 기독교 유아교육과의 연계, 인격적 성장발달, 그리고 복음전도와 사회를 연결할 수 있어야 한다고 보았다.

6) 유아와의 의사소통 기술

기독교 유아교육에 있어서 교사와 유아 간의 의사소통은 매우 중요하다. 주입식이나 단답형의 질문보다는 사고를 이끌어 낼 수 있는 개방적인 질문을 통해 유아가 성경에 기초하여 사고하는 능력을 확장시킬 수 있도록 돕는다. 뿐만 아니라, 하나님의 자녀로서의 자존감을 높이는 칭찬과 격려, 성경의 세계에 대해 상상력과 창의력을 발휘할 수 있는 의사소통 기술을 갖추어야 한다. 하나님이 예수 그리스도를 통해 인간과 교제하듯이, 기독교 유아교사는 이와 같이 기독교 세계관에 기초한 발문을 통해 유아가 하나님을 느끼고 알아 가며 교제할 수 있도록 도와줄 수 있다.

7) 부모 관계 기술

기독교 유아교육에서 교사와 부모는 신앙 교육의 파트너로서 유아의 기독교 가치관을 결정하는 중요한 역할을 한다. 오늘날 많은 부모들이 부모로서 권위를 상실하고, 기독교적으로 어떻게 양육하여야 하는지 잘 알지 못한다. 그러므로 기독교 유아교사는 부모가 기독교 부모로서의 역할을 잘 수행할 수 있도록 정보를 제공하고 배운 것을 실천할 수 있도록 돕는 부모교육을 실시해야 한다. 기독교 유아교사는 부모에게 기독교 세계관 교육의 필요성에 대해 인식시켜 주어야 하고, 기독교 교육을 통해 긍정적으로 변화된 유아의 모습을 알려 줄 필요가 있다. 기독교 유아교육기관을 보내는 많은 부모들은 자녀의 신앙과 더불어 전인적 성장발달을 요구하므로 교사는 학부모의 교육관을 이해하고 수용해야 한다. 학부모 중에는 신앙이 없는 부모가 있을 수 있기 때문에 부모가 기독교적인 교육 활동에 반감을 갖지 않도록 긍정적인 관계를 형성하고 기독교교육과정 수행에 대해 이해할 수 있도록 해야 한다. 교사는 부모가 유아교육기관, 가정, 유아, 교사를 위해 기도해 주는 후원자라고 생각하고, 기독교 교육의 실현을 위해 부모와 서로 연합할 수 있어야 한다.

8) 협력 체계 구축

기독교 교육 프로그램의 계획과 실행에 있어 부모와 지역사회와 협력하는 기술을 갖추어야 한다. 교사가 혼자서 기독교 교육과정을 구성하기에는 많은 어려움이 따르기 때문에 협력 체계를 구축해야 한다. 가정, 기관, 지역사회가 모두 교육의 장이므로 교사는 다양한 협력 체계를 통해 기독교적인 교육 환경을 구성해야 한다.

요약

이 장에서는 기독교 세계관으로 가르치는 교사에게 요구되는 전문적 역량에 대하여 알아보았다. 기독교 교사의 전문적 역량으로는 지식의 측면에서 유아에 대한 성경적 관점의 이해, 유아발달과제에 대한 전문적 지식, 유아교육과정에 대한 지식, 기독교 유아교육과정에 대한 지식, 교양지식이 있다. 교수기술의 측면에서는 일반유아교육과정을 기독교 세계관으로 통합하는 기술, 기독교 유아교육 교수방법과 교수전략을 수행하는 기술, 기독교 유아교육을 촉진하는 물리적 환경을 구성하는 기술, 교재·교구를 제작하고 개발할 수 있는 능력, 교육과정 평가 및 유아 평가 기술, 유아와의 의사소통 기술, 부모 관계 기술, 협력 체계 구축이 있다.

기독교 세계관으로 가르치는
유아교육과정 이해하기

기독교적 가르침을 추구하는 다음 세 명의 유아교사들의 대화를 들어보자.

박 교사: 선생님, 이번 주제 '봄'은 어떻게 구상하셨어요?

서 교사: 네, 바깥으로 나가서 직접 봄을 체험하는 시간을 많이 가지려고 해요. 누리과정에서 강조하는 것처럼 계절과 관련된 생활주제는 산책이나 바깥놀이를 통해 직접 체험하는 그 자체가 가장 좋은 것 같아요.

박 교사: 저도 같은 생각이에요. 그래서 어제 봄동산에 나갔거든요. 아이들과 함께 동산에서 뛰어 놀며 즐겁게 보냈어요. 그리고 이 아름다운 자연을 하나님이 만드셨다고 가르쳐 주었어요.

서 교사: 누리과정의 '봄'은 '세상을 만드신 하나님'을 가르칠 수 있는 정말 좋은 주제인 것 같아요.

김 교사: 저희 원에서는 기독교 교육과정을 적용하기 어려운 상황이에요. 그 대신 교실에서 아이들과 함께 생활하며 기독교적인 가치관에 따라 말과 행실에 모범을 보이려고 많이 노력하고 있어요. 드러내고 성경을 가르칠 수는 없지만 제 모습을 통해 아이들이 기독교 세계관을 가지고 세상을 살아가도록 하는 데 도움을 주고 싶어요.

이 교사들의 대화 속에는 기독교적 가르침에 대한 두 가지 주요 논점이 함의되어 있다. 첫째, 유아교육과정을 운영하면서 그 가운데 기독교 세계관을 담는 것이다. 초반에 서 교사와 박 교사가 나눈 대화를 통해서 기독교 세계관으로 누리과정을 조망한 결과물이 통합의 기본 구조임을 알 수 있다. 즉, '천지를 창조하신 하나님'이라는 기독교 세계관으로 누리과정의 주요 주제인 '봄'을 조망하여 하나님의 주권, 하나님의 창조세계인 자연의 아름다움과 질서, 피조물로서 인간의 감사와 찬양, 보존의 역할에 대한 의미들을 새롭게 이해하는 것이다. 기독교 세계관으로 가르치는 교사라면, 자신의 수업에 이러한 통합의 구조를 명확하게 세우고 이에 따라 가르칠 수 있는 통합적 안목을 갖추고 있어야 한다.

둘째, 기독교 세계관에 따라 교사의 생활 속에서 실천하는 것이다. 이것이 기독교 세계관으로 가르치는 유아교육과정이 궁극적으로 지향하는 목적이다. 기독교적 가르침은 수업 시간에 전달하는 내용으로 끝내선 안 된다. 그것은 살아있는 교육과정인 유아교사의 삶에서 경험되어야 한다. 기독교 유아교사가 기독교 세계관으로 사물과 세계를 조망하여 경험한 만큼 기독교 교육과정의 생명력이 유아들에게 전달될 수 있을 것이다. 기독교 유아교사는 교사로서 완전한 모범이 되시는 예수님을 본받아, 기독교 세계관으로 조망하여 전달하는 수업 내용을 그대로 실천할 수 있어야 한다.

1. 일반유아교육과정의 이해

우리나라의 유아교육과정은 유치원이 설립되고 1969년 문교부령으로 최초로 유치원 교육과정이 제정·공포되면서 발전되기 시작하였다. 현재는 국가수준 교육과정인 누리과정이 전국적으로 시행되고 있다.

1) 국가수준 교육과정 누리과정

누리과정은 유치원과 어린이집으로 이원화되어 있던 유치원 교육과정과 어린이집 표준보육과정을 일원화한 국가수준의 교육과정이다. 영유아기 발달의 중요성이 부각되고 교육적 지원필요성에 대한 사회적 인식이 높아지면서 국가적 차원의 단일 교육과정 제정 분위기가 조성되었다. 이러한 배경하에서 누리과정은 만 3~5세 유아의 교육의 질을 제고하고, 생애 초기 출발점의 평등을 보장하는 발판을 마련하고자 하였다. 통합된 유아교육의 보편적 교육과정으로서 누리과정의 주요 구성 체계와 내용은 다음과 같다.

(1) 구성 방향
누리과정의 구성 방향은 다음과 같다.
① 질서, 배려, 협력 등 기본생활습관과 바른 인성을 기르는 데 중점을 두어 구성한다.
② 자율성과 창의성을 기르는 데 중점을 두고, 전인발달을 이루도록 구성한다.
③ 사람과 자연을 존중하고, 우리 문화를 이해하는 데 중점을 두어 구성한다.
④ 만 3~5세 유아의 발달특성을 고려하여 연령별로 구성한다.
⑤ 신체운동·건강, 의사소통, 사회관계, 예술경험, 자연탐구의 5개 영역을 중심으로 구성한다.
⑥ 초등학교 교육과정과 0~2세 표준보육과정과의 연계성을 고려하여 구성한다.

(2) 교육목적 및 교육목표
누리과정은 만 3~5세 유아의 심신의 건강과 조화로운 발달을 도와 민주시민의 기초를 형성하는 것을 목적으로 한다. 이를 실현하기 위하여 다음과 같이 다섯 가지의 교육목표를 제시하였다.
① 기본 운동 능력과 건강하고 안전한 생활습관을 기른다.
② 일상생활에 필요한 의사소통 능력과 바른 언어 사용 습관을 기른다.
③ 자신을 존중하고 다른 사람과 더불어 생활하는 능력과 태도를 기른다.
④ 아름다움에 관심을 가지고 예술 경험을 즐기며, 창의적으로 표현하는 능력을 기른다.
⑤ 호기심을 가지고 주변 세계를 탐구하며, 일상생활에서 수학적·과학적으로 생각하는 능력과 태

도를 기른다.

(3) 내용 체계

만 3~5세 누리과정의 내용체계는 신체운동 · 건강, 의사소통, 사회관계, 예술경험, 자연탐구 등 총 5개의 영역으로 구분된다. 각 영역별 내용 범주와 내용은 〈표 3-1〉과 같다.

〈표 3-1〉 **누리과정 영역별 내용 체계**

영역	내용 범주	내용	
신체운동 · 건강	신체 인식하기	• 감각능력 기르고 활용하기 • 신체를 인식하고 움직이기	
	신체 조절과 기본운동하기	• 신체 조절하기	• 기본운동하기
	신체 활동에 참여하기	• 자발적으로 신체 활동에 참여하기 • 바깥에서 신체 활동하기 • 기구를 이용하여 신체 활동하기	
	건강하게 생활하기	• 몸과 주변을 깨끗이 하기 • 건강한 일상생활하기	• 바른 식생활하기 • 질병 예방하기
	안전하게 생활하기	• 안전하게 놀이하기 • 비상시 적절히 대처하기	• 교통안전 규칙 지키기
의사소통	듣기	• 낱말과 문장 듣고 이해하기 • 이야기 듣고 이해하기 • 동요, 동시, 동화 듣고 이해하기 • 바른 태도로 듣기	
	말하기	• 낱말과 문장으로 말하기 • 느낌, 생각, 경험 말하기 • 상황에 맞게 바른 태도로 말하기	
	읽기	• 읽기에 흥미 가지기	• 책 읽기에 관심 가지기
	쓰기	• 쓰기에 관심 가지기	• 쓰기도구 사용하기
사회관계	나를 알고 존중하기	• 나를 알고 소중히 여기기	• 나의 일 스스로 하기
	나와 다른 사람의 감정 알고 조절하기	• 나와 다른 사람의 감정 알고 표현하기 • 나의 감정 조절하기	
	가족을 소중히 여기기	• 가족과 화목하게 지내기	• 가족과 협력하기
	다른 사람과 더불어 생활하기	• 친구와 사이좋게 지내기 • 공동체에서 화목하게 지내기 • 사회적 가치를 알고 지키기	
	사회에 관심 갖기	• 지역사회에 관심 갖고 이해하기 • 우리나라에 관심 갖고 이해하기 • 세계와 여러 문화에 관심 갖기	

영역	내용 범주	내용
예술경험	아름다움 찾아보기	• 음악적 요소 탐색하기 • 움직임과 춤 요소 탐색하기 • 미술적 요소 탐색하기
	예술적 표현하기	• 음악으로 표현하기　• 움직임과 춤으로 표현하기 • 미술 활동으로 표현하기 • 극놀이로 표현하기　• 통합적으로 표현하기
	예술 감상하기	• 다양한 예술 감상하기　• 전통예술 감상하기
자연탐구	탐구하는 태도 기르기	• 호기심을 유지하고 확장하기 • 탐구과정 즐기기　• 탐구기술 활용하기
	수학적 탐구하기	• 수와 연산의 기초개념 알아보기 • 공간과 도형의 기초개념 알아보기 • 기초적인 측정하기　• 규칙성 이해하기 • 기초적인 자료 수집과 결과 나타내기
	과학적 탐구하기	• 물체와 물질 알아보기 • 생명체와 자연환경 알아보기 • 자연현상 알아보기 • 간단한 도구와 기계 활용하기

출처: 교육과학기술부(2013), pp. 38-159.

(4) 교수-학습방법

유아를 위한 일반적인 교수-학습 원리에 따라 다음과 같이 교수-학습방법을 제시하였다.

① 놀이를 중심으로 교수-학습활동이 이루어지도록 한다.

② 유아의 흥미를 중심으로 활동을 선택하고 지속할 수 있도록 한다.

③ 유아의 생활 속 경험을 소재로 하여 지식, 기능, 태도 및 가치를 습득하도록 한다.

④ 유아와 교사, 유아와 유아, 유아와 환경 간에 능동적인 상호작용이 이루어지도록 한다.

⑤ 주제를 중심으로 여러 활동이 통합적으로 이루어지도록 한다.

⑥ 실내·실외활동, 정적·동적활동, 대·소집단활동 및 개별 활동, 휴식 등이 균형 있게 이루어지도록 한다.

⑦ 유아의 관심과 흥미, 발달이나 환경 특성 등을 고려하여 개별 유아에게 적합한 방식으로 학습하도록 한다.

(5) 평가

누리과정 운영에 따라 유아를 평가할 때, 다음과 같이 누리과정 운영에 따른 평가, 유아에 대한 평가가 함께 이루어지도록 한다.

• 누리과정 운영평가

① 운영 내용이 누리과정의 목표와 내용에 근거하여 편성·운영되었는지 평가한다.

② 운영 내용 및 활동이 유아의 발달수준과 흥미, 요구에 적합한지를 평가한다.

③ 교수-학습 방법이 유아의 흥미와 활동의 특성에 적합한지를 평가한다.

④ 운영 환경이 유아의 발달특성과 활동의 주제, 내용 및 효율성 등을 고려하여 구성되었는지를 평가한다.

⑤ 계획한 분석, 수업 참관 및 모니터링, 평가척도 등 다양한 방법을 활용하여 평가한다.

⑥ 운영 평가의 결과를 반영하여 운영계획을 수정·보완하거나 이후 누리과정 편성·운영에 활용한다.

• 유아평가

① 누리과정 목표와 내용에 근거하여 유아의 특성과 변화 정도를 평가한다.

② 유아의 지식, 기능, 태도를 포함하여 평가한다.

③ 유아의 일상생활과 누리과정 활동 전반에 걸쳐 평가한다.

④ 관찰, 활동 결과물 분석, 부모면담 등 다양한 방법을 사용하여 종합적으로 평가하고, 그 결과를 기록한다.

⑤ 유아평가 결과는 유아에 대한 이해와 누리과정 운영 개선 및 부모면담 자료로 활용할 수 있다.

2) 기독교 세계관으로 보는 누리과정

유치원 교육과정은 1차부터 7차에 걸쳐 개정이 이루어져 왔으며, 현재는 표준화된 공통과정인 누리과정에 이르고 있다. 또한 유아의 흥미와 요구, 발달수준 및 개별성을 존중하며 놀이, 경험, 생활 중심의 교육원리를 따라 전인교육을 추구하는 기본 구조를 계속 유지해 오고 있다. 그 철학적 기저에는 유아의 자발성과 자주성, 자유가 중심이 되는 경험의 논리로 흥미중심, 활동중심, 생활중심 교육사상을 주장한 듀이의 아동중심 철학이 자리하고 있음을 알 수 있다. 시대적 변화에 따른 요구로 학문중심, 인간중심 교육과정이 강조되고 상호작용주의나 생태주의 이론들도 조명을 받지만, 유아교육과정에서 추구해 온 아동중심 철학, 곧 인본주의 가치관에는 변함이 없다(이태영, 양은주, 2015; 정희영, 2014).

누리과정이 인간중심의 인본주의에 토대를 두고 있다는 것은 기독교 세계관의 하나님 중심의 신본주의와 대치된다는 것을 의미한다. 누리과정에는 하나님의 창조와 인간의 타락, 예수 그리스도를 통한 구속사역, 거듭난 그리스도인의 삶이 나타나지 않는다. 그러나 성경이 증거하는 인간은 '하나님의 형상'으로 지음받았기 때문에(창세기 1:27) 하나님과 관계를 맺으며 살아가야 하는 존재(Hoekema, 1990)이다. 하나님은 천지를 창조하시고 인간을 지으셔서 하나님의 거룩하시고 온전하신 뜻대로 살기를 원하셨다. 이를 통해 하나님의 형상으로 창조된 인간의 정체성과 창조 이후 전적으로 타락한 인간의 죄 성을 이해할 수 있다. 또한 그리스도의 구속이 주는 의미나 회복된 하나님의 형상으로 거듭난 인간의 삶을 설명할 수 있다. 무엇보다 인간의 삶의 가치를 개인의 안녕이 아닌 하나님 나라의 구현에 두고 이를 실행해 나갈 수 있다.

2. 유아교육에서의 통합교육과정

일반교육에서 교육과정의 통합에 대한 논의는 20세기 초 진보주의 교육사조에서 비롯되었다. 진보주의자들은 학습자의 성장은 학습자 내부에서 일어나는 경험의 누적적 재구성에 의하여 일어난다고 보았다. 학습자의 내부에서 새로운 경험이 구성될 때 교과지식이 사용·통합된다고 보고 통합에 대한 생각을 교육과정으로 구체화시켰다. 유아기 총체적 발달특성으로 인해 유아교육과정은 일반적으로 통합적인 구성 방식과 운영 체계를 지닌다. 우리나라의 유치원 교육과정도 여러 번 개정을 거치고 현재 누리과정에 이르기까지 통합교육과정을 계속해서 강조해 오고 있다.

1) 통합의 개념

유아기는 전 생애 중 성장 발달의 기반이 형성되는 시기이므로 모든 영역의 발달이 고르게 이루어지는 것이 바람직하다. 유아는 자신을 둘러싼 세상에 대해 배워 나갈 때 분리된 내용 영역이나 분절된 교과로 배우는 것이 아니라 통합된 전체 경험으로 배운다(교육과학기술부, 2013). 유아의 경험의 방식이 통합적으로 이루어지고 각 영역의 발달 또한 통합적으로 상호작용함으로써 하나의 활동에도 여러 영역의 지능이 골고루 작용한다. 따라서 유아기 학습의 성격은 통합적인 성격을 띤다고 할 수 있다.

통합은 교육과정 경험의 수평적 성격과 관계된다. 교육에서 통합의 개념은 학문이나 경험 또는 학습 등 모든 것의 전체성을 지향하는 접근이다. 즉, 각 부분을 전체에 관련시켜 하나의 완성을 지향하는 과정이다. 이는 학습자에게 일어나는 학습의 통합과 더불어 궁극적으로 학습자의 인격적 통합, 즉 전인적 발달을 도모하는 것을 목적으로 한다(이기숙, 2000).

교육에서 통합이란 개념을 적용할 때 교육과정 통합(curriculum integration) 혹은 통합 교육과정 (integrated curriculum) 이 두 용어가 같은 개념 체계에서 유사하게 사용된다. 이를 좀 더 명확히 구분해 보자면, 전자는 어떤 기준에 따라 분리·독립되어 있는 교육과정의 요소들을 상호 관련짓고 통합하여 하나의 의미 있는 체계로 발전시키는 과정 혹은 시도라고 볼 수 있다. 후자는 그러한 시도에 의해 산출된 결과로서 통칭되는 용어이다(교육과정개정연구위원회, 1996). 즉, 통합교육과정은 각 교과나 지식의 통합된 결과 혹은 산물로서 하나의 구조를 이룬다면, 교육과정 통합은 각 교과나 지식을 통합하는 과정으로서의 기능을 강조한다(우수경 외, 2009).

이상에서 살펴본 통합 및 교육과정의 개념에 기초하면 유아교육과정에서 통합의 개념은 아동중심적인 철학에 기초하며 전인적 성장을 돕기 위하여 유아에게 의미 있는 교육과정을 제공하는 것이다. 구체적으로, 전인적 발달과 효율적 학습을 위하여 유아의 경험, 흥미 및 요구와 교육내용을 통합하고, 유아와 유아 주변의 인적·물적 환경을 통합하며, 교과목들을 통합적으로 재조직하여 가르치는 방법으로 정의할 수 있다(교육부, 2000).

2) 통합교육방법

유아교육에서 가장 일반적인 통합의 형태는 포가티(Fogarty, 1991)가 제안한 거미줄 모형의 간학문적 통합방식이다. 거미줄 모형은 주제를 중심으로 개념이나 활동을 연결시킴으로써 교과 영역들은 물론 유아발달의 여러 영역들을 포괄하게 된다. 유아의 학습경험을 촉진시킴으로써 전인발달을 도모하는 거미줄 망을 만들어 보는 것은 매우 가치 있는 전략이다. 나아가 유아가 관심과 흥미를 갖도록 하여 그들이 배운 것을 의미 있는 문제해결에 적용하도록 도와준다(Bredkamp & Rosegrant, 1995). 포가티 모형에 기초한 통합적 교육과정의 운영방식은 교육내용선정, 교육내용조직, 교육과정운영의 세 가지 측면에서 살펴볼 수 있다.

(1) 교육내용 선정(교육내용 망)
생활주제 및 주제 간 통합이 어떻게 관련되는지를 보여 준다. 각각의 주제가 이전단계와 다음단계에 핵심 개념을 중심으로 유기적으로 조직되어 있다. 이 핵심 개념을 중심으로 주제 간, 개념 간, 그 날의 학습내용과 다음날의 학습내용 간 한 학기의 아이디어와 다음 학기의 아이디어 간에 통합을 이루는 유형이다(박혜경 외, 2014).

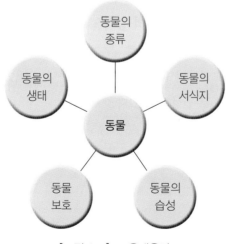

[그림 3-1] 교육내용망

(2) 교육내용 조직(교육과정망)

실제 교육과정 운영을 위한 계획안이다. 교육내용망을 실제 활동으로 전환하기 위해 교육과정망으로 재구성한 것이다. 하나의 개념, 지식, 소주제를 다양한 영역의 학습 내용들로 통합적으로 재구성한 형태가 된다. 각각의 활동들은 독립적으로 존재하지 않으며, 유아의 통합적 발달에 유기적으로 관련된다(이기숙, 김정원, 이현숙, 전선옥, 2008).

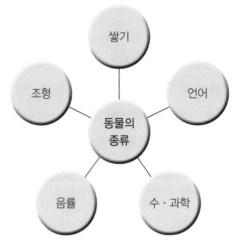

[그림 3-2] 교육과정망

(3) 교육과정의 운영(통합적 학습망)

교육과정의 모든 설계가 최종적으로는 통합적 학습망의 형태로 구현된다. 환경구성, 자유선택활동, 집단활동으로 운영되며, 각 활동의 목표 아래에 교육과정 관련 영역의 내용들이 통합적으로 포함되도록 한다. 각각 다른 형식 속에서 다양한 활동으로 전개된다. 이 과정에서 5개 영역의 발달이 통합적으로 이루어지며, 개념에 대한 다차원적인 지식과 능력을 두루 학습할 수 있다(이기숙, 김정원, 이현숙, 전선옥, 2008). 학습 내용과 경험을 주제 및 단원으로 구성하되, 이것이 유아에게 의미 있는 학습경험이 되도록 유아의 발달수준, 흥미를 고려하여 교육계획안을 조직한다. 교육계획안은 연간, 월간, 주간, 일일 교육계획안 및 단위활동계획안으로 구성할 수 있다.

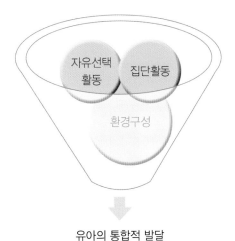

유아의 통합적 발달

[그림 3-3] 통합적 학습망

주제를 중심으로 구성된 거미줄은 전체를 관망할 수 있는 광범위한 시야를 제공해 주므로 다양한 활동과 아이디어들이 어떻게 관련되어 있는가를 쉽게 이해할 수 있도록 한다. 여러 교과로부터 주제를 학습할 수 있는 다양하고도 풍부한 활동들을 추출하여 재구성하는 통합적 유아교육과정의 특성을 잘 보여 준다. 선정된 주제로부터 하위 주제나 개념들을 추출할 때는 동위적인 차원인지를 고려해야 하며, 여러 영역의 지식들을 풍부하게 포함하는지가 중요하다(강현석, 2003).

통합교육과정에서 교육내용 조직의 일반원리

교육내용 조직의 일반원리는 계속성, 계열성, 통합성의 3요소로 구성되며, 이는 수직적·수평적으로 조직된다. 교과에서 중복되어 나타나는 주요 개념들이 여러 차례 반복되면서(계속성) 학습자들은 교육내용의 깊이와 넓이가 더해 갈수록 주요 개념들을 검토하고, 재개념화하고, 편집하고 동화시키며 전이를 촉진해 나가게 된다(계열성). 주제가 진행될수록 여러 영역에서 학습한 내용들이 학습자 내면에서 통합적으로 조직된다(통합성). 이 과정을 통해 학습자 속에 내면화된 핵심 개념, 즉 지식의 구조는 나선형적으로 확장되어 간다.

---

3) 기독교 세계관에 기초한 성경 통합유아교육과정

지금까지 살펴본 일반교육의 통합의 유형들은 모두 단일 차원의 개념을 중심으로 주제, 개념, 영역 간 통합을 이루는 수평적 통합이다. 이에 대해 기독교 세계관에 기초한 통합교육과정은 수평적 통합과 함께 수직적 통합이 이루어진다(정희영 외, 2000). 이것은 지식의 각 영역에 대해 수평적 차원에서만 다루는 통합뿐만 아니라 이들 통합의 모든 전제를 하나님과의 관계로 놓고 보는 수직적 차원의 통합이다. 이러한 통합성은 지식의 각 영역들이 하나님의 진리 안에서 하나로 통합되어야 한다는 것을 강조한다(De Jong,1985; Gaebelein, 1991).

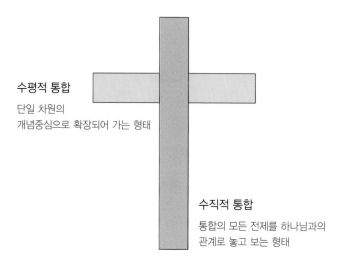

수평적 통합
단일 차원의
개념중심으로 확장되어 가는 형태

수직적 통합
통합의 모든 전제를 하나님과의
관계로 놓고 보는 형태

[그림 3-4] 성경적 통합

그 이유는 첫째, 하나님의 형상을 닮은 영적인 존재인 인간은 하나님과의 관계를 통해서만 온전히 이해할 수 있기 때문이다(창세기 1:27). 인간은 창조주 하나님과 인격적 관계를 통하여 자신을 향한 하나님의 뜻을 깨닫고, 하나님이 계획하신 뜻대로 살아갈 수 있다(정희영 외, 2000). 둘째, 수평적 통합에서 다루는 모든 피조세계와 지식의 근원도 하나님이므로 모든 진리는 '그리스도 중심의 통일성'을 기반해야 하기(Holmes, 1985) 때문이다. 하나님으로 말미암은 진리가 그리스도를 통해 다시 하나님께 속한 진리로 회복시키도록 하는 이 과정은 교육과정의 성경적 통합에도 그대로 적용된다(로마서 11:36)[1]. 진정

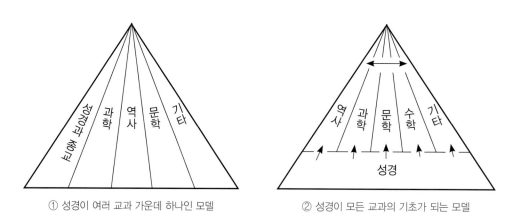

① 성경이 여러 교과 가운데 하나인 모델　　② 성경이 모든 교과의 기초가 되는 모델

[그림 3-5] 성경 통합교육과정의 모델

출처: Knight(2000), pp. 215-217.

---

1) 이는 만물이 주에게서 나오고 주로 말미암고 주에게로 돌아감이라(로마서 11:36).

[그림 3-6] 성경의 빛으로 조명하는 '기독교 세계관에 기초한 통합교육과정'

한 의미의 기독교적 교육과정은 성경의 세계관으로 교육과정을 재구성하여 가르침의 전 과정에 기독교적 가치를 구현하는 것이다.

Knight(2000)는 기독교 세계관에 기초한 교육과정에서 성경의 역할을 [그림 3-5]와 같이 제시하였다. ①과 같이 기존의 교육과정에 성경을 추가하는 방식이 아닌, ②의 기독교 세계관에 기초가 되고 해석의 근거가 되는 유형이 바람직하다고 주장한다. 이것은 성경과 교육과정을 대등한 관계에서 단순히 하나로 합치는 것이 아니다. 기독교 세계관에 기초한 통합교육과정이란, 하나님 주권에 대한 믿음과 고백 위에서 시작한다. 이러한 믿음을 근거로 일반통합교육과정 전반을 성경의 빛으로 집중적으로 조명하여 성경의 권위 아래에서 통합을 이루는 것, 그것이 바로 기독교 세계관에 기초한 통합교육과정이다.

기독교 세계관의 핵심 개념(main idea)은 '창조, 타락, 구속을 통한 하나님 나라 구현'이다. 기독교 세계관에 기초한 통합교육은 학습의 영역뿐만 아니라 유아가 하나님 나라를 이루어야 할 삶의 영역으로까지 확장된다. 따라서 기독교 세계관에 기초한 통합교육과정의 목표는 '창조, 타락, 구속'의 성경의 진리가 누리과정과 성경이 통합을 이루는 전 과정에서 주제와 주제 간, 개념과 개념 간, 그리고 모든 활동에 면면히 살아 있게 하여 교육의 전 과정에 하나님 나라의 회복을 이루는 것이다. 이 목표를 향하여 유아는 교육의 전 과정에서 계속성, 계열성, 통합성이라는 교육내용 조직 원리에 따라 이 핵심 개념들을 반복하고 삶으로 실천하는 가운데 점차 기독교 세계관에 대한 이해와 깊이를 더해 간다.

무엇보다 가장 중요한 통합의 원리는 '교사 자신과 말씀의 통합'이다. 말씀의 권위 아래 끊임없이 교사 자신을 복종하며, 모든 통합의 요소 안에 담은 회복의 의미들이 교사 안에서 먼저 체현되어야 한다. 유아에게 교사는 살아 숨 쉬는 교육과정이다(김재춘, 부재율, 소경희, 채선희, 2006). 아이들이 교육과정을 배웠다는 것은 결국 교사를 배웠다는 것과 다름 아니다. 아이들이 교육과정을 온전히 배웠다는 것은 그만큼 교육과정이 교사를 통해 역동적으로 살아난 것을 의미한다.

3. 기독교적 유아교육과정

우리나라에서 빈번하게 사용되는 기독교 교육과정은 그린(Greene, 2000)의 알타 비스타(Alta Vista) 교육과정과 오버만과 존슨(Overman & Johnson, 2007)의 성경적 통합수업(Biblical Worldview Integration: BWI)모형, 반 브루멜른(Van Brummelen, 1996)의 기독교적 교육과정 수업모형 등이다. 이들 교육과정은 모두 기독교 세계관에 기초한 교육과정으로서 기독교 교사가 주체가 되어 사용할 수 있도록 개발하였다. 교육과정을 교사 수준에서 개발할 때, 학습자의 발달수준과 학습 상황을 고려한 실제 적용이 가능하다. 또한, 그것은 일반적으로 수업을 염두에 둔 단원 계획의 성격을 띤다. 교사가 실제 수업 상황과 긴밀한 연관성을 가지고 교육목표를 설정하여 학습활동을 수행하고 평가하는 활동으로 계획한다. 따라서 단원 계획은 교사의 교육과정 수행에 있어서 가장 중요하고도 핵심이 되는 활동이라고 할 수 있다(이정미, 2008). 유아교육과정 또한 주제를 중심으로 주간교육계획, 일일교육계획, 단위활동계획에 따라 활동이 이루어지기 때문에 통합교육과정 수행에 가장 많이 사용되고 있다. 여기서는 각각의 교육과정들에 대해 간단히 살펴보고자 한다.

1) 알타비스타 교육과정

알타비스타(Alta Vista) 교육과정은 일반적인 주제를 기독교적으로 통합하여 전개하는 교육과정이다. 알타비스타 교육과정의 개발자인 그린(Greene)은 기독교 세계관이 삶의 모든 분야, 정치, 예술, 학문의 모든 면에서 성경의 원리가 중심이 되어야 한다는 신학자 아브라함 카이퍼의 영향을 크게 받았다. 따라서 그린은 인간이 경험하는 측면들은 창조세계를 돌보라는 하나님의 명령을 수행하는 것이라고 믿었다. 이러한 생각으로 도예베르트(Dooyeweerd)의 기독교 철학을 근간으로 하여 하나님의 창조세계를 경험하는 인간의 15가지 경험의 양상들을 기독교 학교의 교과목으로 발전시켰다. 그린의 수업모형은 강한 기독교 철학의 배경 위에서 의미 있는 가르침을 실천하기 주제중심 학습을 강조한 수업모형이라고 정리할 수 있다.

(1) 단원 및 주제 구성

알타비스타 교육과정은 자연과학과 사회과학의 주제들이 각 학과목을 통해 폭넓게 통합되어 있다. 각 학습 단원의 주제는 식물, 동물, 지구와 우주, 인종집단 속의 사람들, 개인으로서의 사람들 등이다. 각 단원은 논리, 자연과학, 수학 등 15개의 서로 다른 영역의 학과목으로 구성, 연결되어 있다. 이러한 특징은 하나님의 창조세계의 연관성을 인식하도록 돕는다.

(2) 내용의 구성

알타비스타 교육과정의 주제들은 개별적이지만 통합적인 성격으로 학습을 진행한다. 이러한 관점으로 주제를 다룰 때, 유아는 실재에 대한 다양하고 일관된 태도를 가질 수 있다. 또한 주요 내용을 성경적으로 정리함으로써 수업의 방향과 주제가 어느 곳을 향하는지 알게 해 준다. 알타비스타 교육과정은 전체 주제에 대한 성경적 해석을 포함하고 있어 전체 주제와 각 단원의 개념들을 통합적으로 이해할 수 있도록 돕는다. 이것을 '물'이라는 주제를 예로 들어 설명하면 〈표 3-1〉과 같다.

〈표 3-1〉 **물에 대한 여러 학과목의 관계**

주제	경험	학과목	알타 비스타 단원	
물	분석화학	논리	1과	개관
	H_2O	자연과학	2과	수학과 과학
	한 잔	수학	3과	
	얼음 덩어리	기하학	4과	
	갈증 해소	샘물	5과	
	수력	물리, 역학	6과	
	휴식, 상쾌함	심리학	7과	언어와 예술
	아름다운 폭포	예술	8과	
	졸졸 흐르는 개울	언어	9과	
	공용 컵	사회	10과	사회
	수도세	경제	11과	
	홍해	역사	12과	
	금주	도덕	13과	
	수도 사용법	정치, 공민	14과	
	세례	신학	15과	성경

출처: 정희영(2004), pp. 287-288.

(3) 4단계 구성

단원의 각 과는 〈표 3-2〉와 같이 4단계로 진행된다.

〈표 3-2〉 4단계 구성

	단계	목표
1단계	들어가기 (introduction)	• 사전 경험 위에 유아들의 동기 유발하기 • 유아들에게 개인적인 경험 제공하기
2단계	제시하기 (representation)	• 전문적인 지식 제공하기 • 유아들의 경험과 주어진 자료를 연결하는 것 돕기
3단계	실행하기 (practice)	• 배우고 있는 것 연습하기 • 유아들 스스로 주어진 정보를 여러 방법으로 탐색하고 적용하기
4단계	반응하기 (response)	• 새로 알게 된 것을 유아의 삶으로 적용하기 위한 계획 세우기와 유용성 평가하기 • 적용한 것을 나누기 위해 다른 유아에게 자신이 배운 것 가르치기

출처: 정희영(2004), pp. 286-287.

2) 오버만과 존슨의 교육과정

오버만과 존슨(Overman & Johnson)의 교육과정은 교실 현장에 구체적으로 적용할 수 있는 성경적 통합 수업을 제시한다. 기독교 교사들이 기독교적 가르침을 실현하기 위해 성경적 세계관을 분명히 정립하여 이를 자신의 수업에 연결할 것을 강조한다. 교사는 학생들이 교육과정을 통해 배우는 지식을 성경적 세계관과 연결하여 이해하도록 돕기 위해 교육과정을 안내하는 모델이 된다. 오버만과 존슨은 기독교 세계관의 핵심 내용을 하나님, 창조, 인간, 도덕적 질서, 목적에 대한 기독교적 이해라는 다섯 가지 요소로 분류하였다.

성경적 세계관 통합을 위해 오버만과 존슨은 기본 8단계의 수업 모형을 제안하였다. 교사는 성경적 통합수업(Biblical Worldview Integration: BWI) 모형의 계획서에 따라 수업을 개발한다. 전체 8단계이지만 크게 세 부분으로 구성된다. 첫째, 좌측 1~3단계는 수업에 대해 이해하는 부분으로 '활동 목표(수업)', '활동 계획(수업 계획)'을 세울 수 있도록 도와준다. 교사들은 자신이 가르쳐야 할 목표와 방향을 쉽고 정확하게 알 수 있으나 기독교적 인식론과 인간론은 부족한 편이다. 둘째, 우측 4~6단계로 성경적 통합 목표를 기술하는 부분이다. 다섯 가지 세계관 구성요소를 체크한 후 밀접한 성경적 진리를 발견하고 그것을 통합하는 과정으로 교과지식에 대한 성경적 해석을 강조한다. 여기서 교과지식과 성경적 해석이 외부적으로 연결되는 기독교 이원론에 빠지지 않도록 유의해야 한다. 마지막은 학습 내용과 성경적 통합 목표를 연결하는 통합 계획 부분으로 교실 현장에서 일어나는 실제적인 수업의 장이다. BWI 계획시의 양식은 〈표 3-3〉과 같다.

〈표 3-3〉 BWI 계획서

1. 활동명		참고한 책		반 명	
교사명		유치원명		연락처	
2. 활동목표/결과		7. 통합계획		4. 성경적 세계관 요소 □하나님 □창조 □인간 □도덕적 질서 □목적	
3. 활동계획 1) 도입				5. 구체적 성경 진리	
2) 전개		8. 활동 후 소감		6. 성경적 세계관 통합 목표 • 사고수준 • 구체적 성경진리 • 학습 내용	
3) 마무리					

출처: Overman & Johnson (2007), p. 63. 교육과정 용어 및 계획안 양식을 유아교육현장에 맞게 일부 수정하였음.

BWI 계획서는 교사가 성경적 세계관 통합의 기초 원리를 최우선으로 두며, '사고의 틀' 과정을 통해 제작한다. 통합은 교재에 의존하기보다는 교사 자신의 주도하에 통합적으로 사고하고 가르칠 것을 권장한다. 이 모형은 성경적 통합수업을 위한 매우 실제적인 제안이지만, 동시에 그 과정의 어려움을 보여 준다. 성경적 통합은 성령님이 열어 주시는 통찰을 의지하는 교사의 겸손이 선행되어야 한다. 또한, 이것을 수업에 구체적으로 적용하고자 하는 교사의 의지가 함께 할 때 온전한 기독교적 가르침으로 구현할 수 있다.

3) 반 브루멜른의 교육과정

반 브루멜른(Van Brummelen)은 교실 수업을 포함하는 교육과정 전체의 의미를 강조한다. 그는 바람직한 기독교적인 수업모형은 단순한 하나의 수업모형만이 아닌 전체 교육과정 속의 한 부분이라고 보았다. 따라서 전체 교육과정 자체가 얼마나 기독교적인 의미들을 담고 있는지가 중요하기 때문에 교사가 가장 결정적인 역할을 하게 된다. 교사는 교실과 학생, 학습목표 등을 고려하여 교육과정을 수행하는 자로서 교육과정 결정에 대한 합의점에 도달하기 위해 공통된 비전 또는 신념이 필요하다. 기독교 학교에서는 이러한 공통의 지지 기반이 기독교 세계관이 될 것이다. 즉, 기독교 세계관의 관점이 교육과정 각 요인들에 영향을 주어 교육과정 개발의 원리를 형성하고 그것이 교육과정 전체적으로 스며들어 가도록 하는 모델이다.

반 브루멜른은 교육목적을 책임 있는 그리스도의 제자를 양성하는 것이라고 보았다. 목적을 달성하기 위해 교사는 총체적 단원을 개발하여 현장에서 실행한다. 그는 교사가 교육과정을 개발할 수 있도록 하는 구체적인 수업 모델로서 9단계 절차를 개발하였다. 반 브루멜른의 교육과정 절차는 〈표 3-4〉와 같다.

〈표 3-4〉 **반 브루멜른의 교육과정 절차**

단계	내용
1단계	주제의 중요성과 적절성을 숙고한다.
2단계	아이디어를 거미망 그림을 사용하여 브레인스토밍하고, 주제에 대해 기독교 세계관으로 작업한다.
3단계	활동의 초점을 명확히 한다.
4단계	학습 활동을 고안하고 채택한다.
5단계	국가수준의 내용(정부표준)을 통합시킨다.
6단계	활동에 대한 일정표를 계획한다.
7단계	활동 자료들을 선택한다.
8단계	유아 평가를 계획한다.
9단계	활동의 효과성을 재고한다.

출처: Brummelen (2006), pp. 199-200. 교육과정 용어를 유아교육현장에 맞게 일부 수정하였음.

자칫 광범위하게 보이는 반 부르멜른의 교육과정 절차는 그 수행에 강점이자 단점으로 작용할 수 있다. 강점은 기독교 교사들이 당장 수업에서 활용할 수 있는 기독교적 가르침과 교수전략에만 편중하게 되는 한계를 넘는 계기가 될 수 있다. 반면, 교사가 학습단계나 교육과정에 대한 이해가 부족할 경우, 교육과정 수행에 어려움으로 작용할 수 있다. 이러한 부분을 보완하기 위해 학교 차원의 교육과정 연구 모임이나 교과 연구모임이 필요하다. 기독교 교사들은 이러한 모임에 참여함으로써 교육과정과 교과 전체에 대한 기독교적 시각을 갖고 기독교적 관점에서 기술할 능력을 갖추어 나갈 수 있다.

지금까지 기독교적 통합교육과정의 주요 모델인 알타 비스타 교육과정, 오버만과 존슨 교육과정, 반 브루멜른의 교육과정에 대해 알아보았다. 이들 교육과정은 공통적으로 ① 기독교 세계관에 기초하여, ② 단원중심(유아교육과정과 같은 경우는 주제중심)으로 구성하였으며, ③ 교사가 교실 현장에서 기독교적 수업을 실제로 적용할 수 있도록 안내한다는 특징을 지닌다. 본 교육과정은 통합적 교육과정을 구성하기 위하여 이 세 가지 차원의 주요 함의를 반영하였으며, 기독교 유아교사가 곧바로 현장에서 적용할 수 있도록 1년간의 프로그램으로 제시하였다.

요약

이 장에서는 기독교 세계관으로 하는 성경적 통합 유아교육과정을 이해하는 데 필요한 기본적 이론을 제시하였다. 먼저 유아교육과정의 개요와 유아교육에서 의미하는 일반적인 통합교육과정에 대하여 알아보았다. 이어서 실제 현장에서 자주 사용되고 있는 기독교 세계관에 기초한 통합교육과정을 소개하였다.

제 2 부

사용 지침

제4장

기독교 세계관으로 가르치는
유아교육과정 개발의 필요성

1. 성경적 통합유아교육과정 개발의 필요성

하나님은 유아교육 현장에서 하나님의 주권을 선포하여 그곳을 하나님의 나라가 되도록 다시 회복시키는 사명자로 기독교 유아교사를 부르셨다. 우리의 말과 행동은 자신이 가지고 있는 가치관이나 신념을 기초하여 표현되기 때문에, 신앙도 가르침과 행동 등 삶의 전반과 분리되어 나타날 수 없다. 따라서 유아교육 현장에 기독교 유아교사가 있다면 그의 모든 가르침과 활동은 성경에 대한 조망을 통하여 이해된 결과물들이 유아에게 전달될 것이다. 즉, 그 모든 가르침과 활동들이 하나님 보시기에 적절한 정도의 차이가 있을 뿐 기독교 세계관으로 걸러져 나타날 수밖에 없다. 따라서 기독교 신앙을 가진 유아교사라면, 기독교 세계관으로 가르치는 소명을 잘 감당하고 있는지 살펴보고 부르심에 합당하게 응답하여야 할 것이다.

기독교인 유아교사는 일반 유아교사와는 구별된 하나님의 부르심을 발견할 수 있어야 한다. 하나님께서 유아교육 현장의 무너진 부분들을 보수하여 하나님의 나라를 회복시키시려고 기독교 유아교사들에게 사명을 주셨다. 생애주기 초기에 위치하여 신앙발달의 기반이 형성되는 유아기 어린 영혼들을 기독교 유아교사들에게 맡기신 것이다. 유아기 경험은 이 후 삶에도 중요한 영향을 미치며 전 생애발달과정에 누적되어 지속적으로 영향력을 행사한다. 유아교사가 하나님이 구별하여 불러 주신 소명감 없이 단순히 노동으로 자신의 직업을 생각한다면, 가르치는 일은 경제적 수단일 뿐, 가르치는 어린 영혼들에게서 하나님 나라가 회복되는 능력은 나타날 수 없다.

현재, 기독교 유아교육기관에서 수행하는 국가수준 교육과정인 누리과정을 기독교 세계관으로 가르치는 것은 전문적 실천역량을 요구한다. 누리과정을 기독교 세계관으로 조망하여 가르치려면 누리과정과 성경을 통합한 교육과정이 그 기반이 되어야 한다. 누리과정과 성경을 통합한 교육과정은 일반 유아교육과정에 대한 전문지식과 함께, 성경 본문을 정확히 이해하고 일반교육과정에 통합하여 재구성할 수 있는 능력을 요구한다. 그러나 일반적으로 유아교육 현장 교육자들의 학문적 배경은 '유아교육 및 보육, 아동학'과 같은 사회과학 분야이다. 기독교 교육을 하고자 하는 열정이 있어도 사회과학적 지식과 성경을 통합하여 유아들이 사용하기 적절한 교육과정을 만들어 내는 데 필요한 전문성이 부족한 것은 사실일 것이다. 또한, 현실적인 여건상 교사직을 수행하면서 일반교육과정과 관련된 성경의 본문을 찾아서 연구하고 그것을 새로운 통합교육과정으로 탄생시키기는 것에도 물리적인 한계가 있을 수 있다.

이런 상황 속에서 이 책에서 제시하는 통합유아교육과정은 기독교 유아교사로서의 소명감을 일깨우고자 하였다. 현재 기독교 유아교육 현장 상황에 밀접하게 접근하여 누리과정을 기독교 세계관으로 조망함으로써 기독교적 가르침과 활동을 수행할 수 있도록 개발하였다.

2. 성경적 통합유아교육과정 개발의 의도 및 목적

1) 유아 신앙 교육의 본질적 목표를 달성하기 위하여

유아기 신앙교육의 목적은 유아가 예수 그리스도를 통하여 구원받은 새 피조물로서 하나님의 형상 대로 살아갈 수 있도록 성경과 경건한 신앙인의 모범을 가르치는 데 있다. 기독교 유아교육기관은 유아가 이러한 성경적 가치관을 가지고 성장하도록 돕는 것을 교육목적으로 한다. '기독교 세계관으로 가르치는 교육과정'은 기독교 유아교육기관에서 이루어지는 모든 교육과정을 기독교 세계관으로 조망하여 신앙교육의 목적에 맞게 가르칠 수 있도록 개발하였다.

2) 국가수준 유아교육과정의 질적 완성도를 갖춘 통합된 교육과정을 제공하기 위하여

누리과정을 기독교 교육과정으로 통합하기 위해서는 국가수준 교육과정의 준거와 요건을 충족할 뿐 아니라, 질적인 완성도를 갖추어야 한다. 현재는 기독교 유아교육기관이라 할지라도 교육과정을 기독교적으로 통합하지 않고 식사시간의 기도나 특별 행사 위주로 실행하는 기관이 많다. '기독교 세계관으로 가르치는 교육과정'은 국가수준의 교육과정을 기독교 세계관으로 조망하여 질적인 완성도를 갖춘 통합된 교육과정의 토대를 제공한다.

3) 자원과 지원 도구의 역할을 제공하기 위하여

기독교 세계관으로 가르치는 교육과정은 관련 분야 전공자들이 갖는 학문의 불균형에서 오는 어려움을 해소하는 데 기여할 수 있다. 교회교육 전공자들에게 유아의 특성에 대하여 바르게 이해할 수 있도록 하고, 기독교 유아교육 활동을 위한 실제적인 지침과 자료를 제공한다. 유아교육 전공자들에게는 기존의 유아교육과정을 기독교 세계관으로 가르치는 통합적 안목과 역량을 갖도록 함으로써 성경적으로 통합된 교육과정을 운영하도록 지원한다.

3. 기독교 세계관으로 가르치는 유아교육과정의 사용 대상

1) 전문인

기독교 세계관으로 유아교육을 하고자 하는 모든 유아 전문기관 및 전문가들을 포함한다.

- 기독교 유아교육기관: 유치원/어린이집
- 교회부설 선교원
- 교회학교 유아교사
- 기독교 유아교육과정 실행을 목표로 하는 단체/유아교사/유아교육전문인

2) 유아

3세에서 6세 유아의 발달에 적합하도록 구성하였다(*주 – 이외의 연령을 대상으로 사용할 경우, 대상의 발달적 특성을 고려하여 본 교육과정의 난이도 및 자료를 조정하여 사용해야 한다).

제5장

기독교 세계관으로 가르치는 유아교육
과정의 구성요소

'기독교 세계관으로 가르치는 유아교육과정'은 국가수준 유아교육과정인 누리과정을 기독교 세계관으로 조망하여 기독교 유아교육기관이 누리과정과 함께 사용할 수 있도록 한 성경적 통합 유아교육과정이다. '기독교 세계관으로 가르치는 유아교육과정'은 연간교육계획을 기조로 월간교육과정을 기관의 특성에 맞추어 실행하기에 용이하도록 '연간 성경적 통합유아교육계획안'과 월간 교육계획 구성요소인 '성경적 통합 유아교육과정 실행을 위한 기초 다지기' '성경적 통합과정 이해하기' '성경적 통합유아교육과정 실행하기'로 구성하였다. 〈표 5-1〉은 각각의 구성요소에 따른 내용을 요약하여 제시하고 있다.

〈표 5-1〉 **성경적 통합 유아교육과정의 구성요소 및 내용 요약**

구성요소		내용	세부 내용
연간 성경적 통합 유아교육계획안		• 유아교육과정(누리과정)과 연계된 성경통합 연간 교육과정을 제시함. • 연간 성경주제, 유아교육과정 주제 및 통합주제를 한눈에 볼 수 있어 연간 통합의 흐름을 파악할 수 있음.	• 유아교육과정(누리과정) 주제 • 성경주제 • 통합주제 • 개혁 신학적 개념 • 인성
월간 교육 계획 구성 요소	성경적 통합유아교육과정 실행을 위한 기초 다지기	• 성경본문의 주요 개념과 유아교육과정의 내용이 어떻게 통합되는지에 대하여 성경적으로 안내함. • 탄탄한 성경적 기초를 통하여 교사가 통합된 유아교육과정으로 충실하게 교육활동을 수행하고, 나아가 교사 스스로 심화 · 확장 활동으로 자유롭게 연계할 수 있도록 지원함.	• 주요개념 • 성경개관 • 교사큐티

월간 교육 계획 구성 요소	성경적 통합 유아교육과정 이해하기	• 성경본문과 유아교육과정 사이에 다리 놓기 작업으로서 유아교육과정이 성경적으로 통합되는 절차와 단계를 보여 줌. • 성경적 통합과정을 구조화함으로써 교사가 통합과정을 보다 쉽게 이해하고 성경적으로 통합할 수 있는 능력을 갖출 수 있도록 지원함.	• 월간 성경적 통합의 흐름도 • 월간 성경적 통합과정 해설 • 월간 통합교육 계획안
	성경적 통합 유아교육과정 실행하기	• 성경주제 및 목표가 반영된 성경이야기를 토대로 지금까지의 모든 통합과정을 활동 속에 집약한 교육의 실제를 다룸. • 교사가 성경에 근거한 통합교육활동을 안정된 성경적 기반 위에서 실제적이고 유능하게 수행할 수 있도록 지원함.	• 성경이야기 • 단위활동 계획안

1. 연간 성경적 통합유아교육계획안

일반적으로 유아교육과정은 1년 단위의 장기적인 계획을 수립한 후, 순차적으로 한 달이나 한 주 단위의 단기적인 계획을 세워 운영한다. 연간 통합교육계획안은 기존 연간교육계획이 학급의 1년 주기로 진행되는 교과과정 흐름에 따라 월 단위로 진행하고 있는 것을 고려하여 기획하였으므로(〈표 5-2〉 참조) 기관의 프로그램의 목적과 철학에 따라 통합교육과정을 운영할 수 있다.

1) 유아교육과정의 주제

첫 번째 범주 '유아교육과정의 주제'는 국가수준 교육과정인 누리과정의 생활주제를 의미한다. 통합교육과정 교육과정의 생활주제 전개 순서는 '유치원/어린이집과 친구' '봄/동식물과 자연' '나와 가족' '우리 동네' '건강과 안전/여름' '우리나라' '세계 여러 나라' '환경과 생활' '겨울' '한 살 더 자랐어요'의 총 10개 주제로 제시되었으며, 누리과정 만 4세용을 기반으로 작성하였다. 이를 대상유아의 연령 및 기관의 필요에 따라 수정·보완하여 사용할 수 있다.

생활주제는 구체적이며 직접적인 경험을 토대로 학습이 이루어지는 유아의 발달적 특성을 반영한다. 유아가 일상생활에서 가장 가깝게 경험할 수 있는 것에서부터 점차 주변 세계의 경험으로 확장할 수 있도록 구성한다. 누리과정의 생활주제가 '나'에서 '가족' '우리 동네'로 점차 확장되어 전개되는 것도 유아 경험의 심리적 발달원리를 따른다. 통합교육과정은 누리과정의 주제 전개 흐름과 목차를 따라 관련 성경주제들을 배치하여 통합적 적용이 가능하다. 일부 주제와 내용은 기관의 특성에 따라 심화·확장하여 사용할 수 있다.

예를 들어, 6월의 생활주제인 '우리 동네' 중 소주제 '우리 동네 사람들'은 성경의 중요한 가르침인 '이

〈표 5-2〉 연간 성경적 통합유아교육계획안 예시

월	(1) 유아교육과정 주제	(2) 성경주제	(3) 통합주제	(4) 신학적 개념	(5) 인성
3	즐거운 유치원 (어린이집) • 유치원/어린이집의 환경 • 유치원/어린이집에서의 하루 • 유치원/어린이집에서 만난 친구 • 함께 만드는 유치원/어린이집	성경에는 무슨 내용이 있을까요? (디모데후서 3:16; 요한복음 20:31)	하나님을 만나요 • 성경을 우리에게 주신 하나님 • 하나님이 함께 하시는 하루 일과 • 하나님이 주신 친구와 사이좋게 지내기 • 유치원/어린이집에서 내가 할 수 있는 일	• 종말론: 재림 • 신론: 삼위일체 하나님 • 성령론: 성령의 열매	존중 기쁨 정진 배려 사랑 절제
4	봄/동식물과 자연 • 봄의 날씨와 풍경 • 따뜻한 봄 지내기 • 봄에 흔히 볼 수 있는 동식물 • 자연과 더불어 사는 우리	세상을 만드신 하나님 (창세기 1:1-2:3)	봄을 만드신 하나님 • 봄의 날씨와 풍경 • 따뜻한 봄 지내기 • 봄에 흔히 볼 수 있는 동식물 • 자연과 더불어 사는 우리	• 신론: 창조주 하나님 • 인간론: 하나님의 형상	기쁨 존중 배려 협동
5	나와 가족 • 나의 몸 • 나의 마음 • 소중한 나 • 소중한 가족	나는 축복의 사람이에요. (창세기 1:26-27; 마가복음 10:13-16)	나는 축복의 사람 • 나의 몸 • 나의 마음 • 소중한 나 • 소중한 가족	• 인간론: 하나님의 형상 • 기독론: 그리스도의 사역 • 성령론: 성령의 열매	존중 절제 기쁨 책임 사랑

웃사랑'과 통합하기에 매우 적절한 주제이기 때문에 2주로 나누어 보다 심화 확장할 수 있도록 하였다. '우리 동네 사람들1'에서는 우리 동네 사람들에 대한 관심과 배려를 성경의 이웃사랑의 실천과 연계하였다. '우리 동네 사람들2'에서는 우리에게 재능을 주신 하나님께 감사하며 하나님이 주신 재능으로 이웃을 섬기는 일에 사용할 수 있도록 하였다.

2) 성경주제

두 번째 범주는 월 단위의 성경주제로, 두 가지 측면을 고려하였다. 첫째, 누리과정과 통합한 성경주제들이 유아의 발달과 전체 유아교육과정에 적합한지 검토하였다. 이를 위하여 유아교육전공 교수 2인, 기독교교육전공 교수 1인, 신학전공 교수 3인, 기독교 교사, 기독교 유아교사, 교회 및 유치원 현장 사역자들을 대상으로 델파이 조사(delphi survey) 및 포커스 그룹 인터뷰(focus group interview)를 하였다. 이를 통해 누리과정의 흐름에 적합한 성경의 핵심개념을 가장 정확하게 보여주는 성경본문을 찾고 (예: 봄 주제 진행 시, '창조주 하나님'의 핵심개념들을 잘 담고 있는 성경본문으로 창세기 1:1-2:3을 선정), 이를 토대로 성경주제(예: 세상을 만드신 하나님)를 선정하고 적용하는 절차를 거쳤다.

둘째, 누리과정에 통합하여 적용할 수 있도록 선정한 성경주제가 전체 교육과정의 흐름에 적합하고, 관련된 성경의 핵심개념들이 최적으로 반영되도록 하였다. 핵심개념에 근거한 성경주제는 교육과정 진행에 따라 점차 심화·확장해 갈 수 있도록 교육 내용을 조직화하였다. 예를 들어, 4월의 통합주제 '봄을 창조하신 하나님'과 같은 경우 '봄 날씨를 느껴요' '봄 풍경 그리기' '봄철 사람들의 생활' '봄 소풍을 가요' 등으로 전개되는 다양한 활동을 경험하며, 유아는 '창조주 하나님(유아수준: 하나님이 만드셨어요)'의 핵심개념들을 반복적으로 인지한다(계속성). 봄을 경험하는 활동의 깊이와 넓이가 더해 갈수록 '창조주 하나님'의 핵심개념들을 검토하고 개념화하여 누리과정에 대한 내용을 기독교적 관점으로 이해해 나갈 수 있도록 하였다(계열성). 또한, 봄과 관련된 활동을 진행할수록 신체, 언어, 사회정서, 인지 등 여러 영역에서 학습한 내용들을 유아가 내면에서부터 통합적으로 이해가 가능하도록 하였다(통합성). 이 과정을 통해 유아는 '창조주 하나님'의 핵심개념을 이해하고 적용할 수 있다. 즉, '창조주 하나님'의 핵심개념들을 중심으로 하여 하나님의 창조에 대하여 점차 풍성하고 다양한 지식을 갖추고, 적용한다.

3) 통합주제

통합주제는 유아교육과정 주제와 성경주제를 접목함으로써 통합이 직접적으로 이루어지는 단계이다. 성경본문의 핵심 내용을 유아교육과정의 교육내용과 관련짓도록 함으로써 성경과 유아교육과정의 주제 모두를 효과적으로 전달한다. 이때, Knight(2000)가 제시한 통합원리를 따라 통합교육과정은 기독교 세계관에 기초하여 해석한 결과물이 된다.

4) 개혁 신학적 개념

개혁 신학적 개념은 기독교 세계관에 기초한 연간통합교육계획이 기반하고 있는 신학적 통찰을 제시한다. 성경의 기본구조를 정리한 교의신학의 체계는 일반적으로 신론, 인간론, 기독론, 성령론(구원론), 교회론, 종말론의 순서를 따른다. 통합교육과정에서는 유아의 이해 수준을 고려하여 하나님(신론), 성경(신론), 하나님이 만드신 자연세계(신론), 나와 사람들[인간론, 성령론(구원론), 교회론], 예수님(기독론, 종말론), 죄(인간론)로 제시하였다. 이 책에서 사용한 신학적 개념들은 통합 활동이 생활주제에 편중되어 성경의 핵심 내용들을 빠뜨리거나 방향을 잃지 않도록 하여 균형을 유지하였다. 유아가 이해 가능한 신학적 개념과 내용으로 적용할 수 있도록 '신학적 개념'과 '유아 수준의 신학적 개념'에 '유아에게 가르칠 핵심개념'들을 추가적으로 선정하였다. 핵심개념은 신학적 개념으로부터 유아에게 가르칠 수 있는 주요 개념들을 세부적으로 정리한 것이다. '신학적 개념'에 따른 '유아 수준의 신학적 개념'의 '주제'와 '주제에 따른 주요 내용'은 〈표 5-3〉과 같다. '신학적 개념'이 '유아 수준의 신학적 개념'과 어떻게 관련을 맺고 전개되는지에 대한 전반적인 흐름은 〈표 5-4〉와 같다.

〈표 5-3〉 유아에게 가르칠 신학적 개념 정리

신학적 개념		유아 수준의 신학적 개념	
주제	주요 내용	주제	주요 내용
신론	삼위일체 하나님	하나님	하나님은 함께 하세요
		성경	하나님이 말씀하세요
	창조주 하나님	하나님이 만드신 자연세계	하나님이 만드셨어요
인간론	하나님의 형상	나와 사람들	하나님을 닮았어요
	죄	죄	우리는 죄를 지었어요
기독론	그리스도의 인격	예수님	예수님은 사람이 되셨어요
	그리스도의 사역		예수님은 죽으시고 다시 살아나셨어요
성령론 (구원론)	성령의 사역(구원사역)	나와 사람들	성령님이 구원하세요
	성령의 열매(성도의 삶)		성령님이 인도하세요
교회론	교회		예수님의 몸이에요
	교회의 사역		복음을 전파해요
종말론	재림	예수님	예수님은 다시 오세요
	하나님 나라		예수님과 함께 영원히 살아요

〈표 5-4〉 연간 성경적 통합유아교육계획안의 신학적 근거

신학적 개념		유아 수준의 신학적 개념		유아에게 가르칠 핵심개념	관련 통합주제
주제	주요 내용	주제	주요 내용		
신론	삼위일체 하나님	하나님	하나님은 함께 하세요	• 하나님은 우리를 사랑하신다. • 하나님은 살아계시다. • 하나님은 좋으신 분이다. • 하나님은 모든 것을 하신다. • 하나님은 모든 것을 아신다. • 하나님은 모든 곳에 계신다. • 하나님은 우리를 돌보신다. • 우리가 하나님께 기도하면 하나님께서는 들으신다.	7·8월. 하나님이 함께하는 여름 9월. 우리나라를 사랑해요 10월. 세계 여러 나라를 이루었어요
		성경	하나님이 말씀하세요	• 성경은 하나님의 말씀이다. • 하나님은 성경에서 우리에게 말씀하신다. • 성경은 하나님과 예수님에 대해 알려 준다. • 성경은 하나님을 기쁘게 해 드리는 방법을 가르쳐 준다. • 성경의 이야기들은 사실이다.	3월. 하나님을 만나요 11월. 하나님이 만들어 주신 환경과 우리의 생활
	창조주 하나님	하나님이 만드신 자연세계	하나님이 만드셨어요	• 하나님은 이 세상에 모든 것을 만드셨다. • 하나님은 자연세계, 식물들, 동물들 그리고 사람들을 만드셨다. • 하나님은 이 세상을 다스리고 돌보고 계신다. • 하나님은 이 세상을 만드신 세상을 사람들에게 맡기셨다.	4월. 봄을 만드신 하나님 7·8월. 하나님이 함께하는 여름 9월. 우리나라를 사랑해요 10월. 세계 여러 나라를 이루었어요 11월. 하나님이 만들어 주신 환경과 우리의 생활

신학적 개념		유아 수준의 신학적 개념		유아에게 가르칠 핵심개념	관련 통합주제
주제	주요 내용	주제	주요 내용		
기독론	그리스도의 인격	예수님	예수님은 사람이 되셨어요	• 예수님은 하나님의 아들이시다. • 예수님은 사람으로 태어나셨다.	3월. 하나님을 만나요 11월. 하나님이 만들어 주신 환경과 우리의 생활 12월. 복음으로 행복한 겨울 1·2월. 예수님처럼 자라요.
	그리스도의 사역		예수님은 죽으시고 다시 살아나셨어요	• 예수님은 우리를 사랑하신다. • 예수님은 우리를 구원하신다. • 예수님은 우리를 대신해서 십자가에 돌아가셨다. • 예수님은 다시 살아나셨다.	5월. 나는 축복의 사람 6월. 서로가 사랑하는 우리 동네 7·8월. 하나님이 함께하는 여름 12월. 복음으로 행복한 겨울
종말론	재림		예수님은 다시 오세요	• 예수님은 우리에게 다시 오신다.	3월. 하나님을 만나요
	하나님 나라		예수님과 함께 영원히 살아요	• 예수님을 믿으면 죽지 않고 영원히 산다.	12월. 복음으로 행복한 겨울
인간론	죄	죄	우리는 죄를 지었어요	• 죄는 하나님께 불순종하는 것이다. • 죄를 지으면 하나님은 슬퍼하신다. • 하나님은 우리가 죄를 지을 때도 변함없이 우리를 사랑하신다. • 우리에게 죄가 있으면 하나님을 만날 수 없다. • 하나님께 용서를 구하면 하나님은 우리를 다시 만나주신다.	10월. 세계 여러 나라들 이루어졌어요 12월. 복음으로 행복한 겨울

신학적 개념		유아 수준의 신학적 개념		유아에게 가르칠 핵심개념	관련 통합주제
주제	주요 내용	주제	주요 내용		
	하나님의 형상	나와 사람들	하나님을 닮았어요	• 하나님은 우리를 하나님을 닮게 지으셨다. • 우리는 하나님에게 가장 소중한 존재이다. • 우리는 주인이신 하나님께 순종해야 한다.	4월. 봄을 만드신 하나님 5월. 나는 축복의 사람 7·8월. 하나님이 함께하는 여름 11월. 하나님이 만들어 주신 환경과 우리의 생활
성령론	성령의 사역 (구원사역)		성령님이 구원하세요	• 성령님은 예수님을 믿는 우리와 늘 함께 하신다.	6월. 서로가 사랑하는 우리 동네
	성령의 열매 (성도의 삶)		성령님이 인도하세요	• 성령님은 하나님 말씀대로 살 수 있도록 도와주신다.	3월. 하나님을 만나요 5월. 나는 축복의 사람 1·2월. 예수님처럼 자라요
교회론	교회	나와 사람들	한 가족이이에요	• 예수님을 믿는 사람들은 한 가족이다. • 하나님은 사람들이 서로 돕고 사랑하기 원하신다.	6월. 서로가 사랑하는 우리 동네 9월. 하나님이 사랑하는 우리나라 1·2월. 예수님처럼 자라요
	교회의 사역		복음을 전파해요	• 하나님은 모든 사람들이 하나님을 받기 원하신다. • 우리의 친구와 이웃에게 예수님을 전한다. • 하나님은 우리 각자에게 재능을 주셨다. • 재능을 하나님과 이웃을 위해 사용한다.	6월. 하나님이 함께하는 우리 동네 10월. 세계를 만드신 하나님 12월. 복음으로 행복한 겨울

참고문헌: Berkhof(2006); Gangel(1999); Uland(1984); Richards & Bredfeldt(2010); Gangel & Hendricks(1990).

5) 인성주제

연간 성경적 통합유아교육계획안에서 제시하는 마지막 범주는 유아의 인성 영역이다. 인성교육은 최근 사회적으로 만연한 '인간성 상실'의 풍조에 대한 교육적 대안으로 더욱 강조되고 있다. 하나님을 닮은 영적인 존재로 지어진 인간은 영적인 측면을 포괄하여 가르칠 때 온전한 인간으로 성장할 수 있다.

유아기는 인성의 기본 바탕이 형성되는 시기라는 점에서 인성 함양을 위한 교육이 더욱 중요하다. 유아교육의 교육목적인 '올바른 인성에 기초한 전인적인 성장'은 누리과정 속에서도 일관성 있게 나타나고 있다. 2015년 7월 21일 「인성교육진흥법」이 통과된 이후 현재 유아교육 현장에서는 인성교육을 위한 다양한 프로그램들을 도입하였으며, 유아에게 인성 관련 덕목(virtue)과 의미를 외우고 가르치기 위한 노력들을 진행해 왔다. 그러나 인성에 대하여 배우고 실제로 실천할 수 있는 소양이 갖추어지지 않고, 단순히 인성 관련 덕목을 위주로만 교육받는 것은 큰 의미가 없다.

기독교에서 가르치고 실천력을 갖추도록 하는 인성은 예수님을 통하여 가능하다. 바른 세계관과 실천 능력을 상실한 인간이 대속의 은총을 허락하시는 예수 그리스도를 믿고 성령의 도우심을 힘입어 살아가기를 노력할 때 비로소 자신과 이웃을 덕스럽게 하는 인성적 역량을 발휘하며 살아갈 수 있다. 따라서 올바른 인성에 기초한 전인적인 성장을 도모하려 한다면 성경에서 예수 그리스도의 모범적인 삶을 배워 실천하려는 지속적인 노력이 필요하다.

'기독교 세계관으로 가르치는 유아교육과정'에 선정된 인성교육의 덕목들은 성경주제가 함의하고 있는 인성요인을 유아교육과정과의 통합 활동을 통해 자연스럽게 내면화할 수 있도록 하였다. 각각의 덕목들은 직접 교수하기보다는 성경말씀과 유아의 교육과정 관련 요소들과 자연스럽게 통합된다. 또한 특정 주제에서 단회적으로 다루는 데 그치지 않고 연중 전개되는 주제 속에서 계속적으로 반복하여 학습할 수 있도록 하였다. 통합유아교육과정에 채택된 주요 성경적 인성 관련 주제들은 경건, 절제, 화평, 정직, 협동, 기쁨, 양선, 인내, 책임, 사랑, 존중, 배려 등 총 12가지이다(정희영 외, 2014; 〈표 5-5〉 참조).

〈표 5-5〉 **기독교 인성의 정의 및 하위 개념**

	정의	핵심단어	하위 개념 요소
경건	하나님을 공경하고 말씀에 순종하며 절제하고 예배와 기도로 감사의 삶을 사는 것	예배, 말씀, 순종, 기도, 감사, 하나님 공경	① 하나님을 바르게 예배하기 ② 하나님의 말씀을 생활 속에서 순종하기 ③ 기도에 힘쓰고 감사하기
절제	자신의 마음과 감정, 욕구와 행동을 잘 조절하여 하나님 앞에 바르게 살아가는 것	마음 조절, 감정 조절, 자기 통제, 순결, 욕구 조절, 행동 조절	① 자신의 마음과 감정을 조절하기 ② 자신의 욕심을 따르지 않고 하나님의 말씀을 따라 생활하기 ③ 환경에 따라서 자신의 행동을 적절히 조절하기

	정의	핵심단어	하위개념요소
화평	예수님의 희생을 통해 주어진 힘으로 하나님, 이웃과 화목하게 지내는 것	조화, 관계, 온전함, 평화, 샬롬	① 하나님의 자녀로서 평화 누리기 ② 하나님, 이웃과 사이좋게 지내기 ③ 사이가 좋지 않을 때에도 좋은 관계를 만들기
정직	하나님과 이웃에게 거짓이 없고 바르게 행하는 것	거짓 없음, 올바름, 하나님과 이웃, 바르게 행함	① 정직은 하나님께서 기뻐하시는 것임을 알기 ② 하나님의 말씀에 따라 바른 선택하기 ③ 하나님과 이웃에게 거짓된 말과 행동을 하지 않기
협동	서로 같은 마음으로 힘을 합하여 하나님이 기뻐하시는 일을 이루어 가는 것	힘을 합함, 선한 일, 같은 마음	① 하나님이 우리와 협력하는 것을 기뻐하심을 알기 ② 이웃과 함께하여 선한 일을 실천하기 ③ 어려운 일이 있을 때 힘을 모아 해결하기
기쁨	하나님으로 인해 욕구가 충족되지 않아도 언제나 즐거워하고 만족하는 것	즐거움, 만족	① 예수님 때문에 하나님의 자녀가 된 것을 즐거워하기 ② 어떠한 상황에서도 긍정적인 마음과 태도를 가지기 ③ 즐겁고 감사한 마음을 잘 표현하기
양선	하나님의 자녀로서 남에 대해 착하고 너그러운 마음으로 선행을 하는 것	착함, 너그러움, 선행	① 어려운 이웃을 불쌍히 여기고 도와주려는 마음 갖기 ② 하나님을 믿음으로 이웃을 위해 내 것을 나누어 주기 ③ 너그러운 마음 갖기
인내	하나님께서 주시는 마음으로 어떤 상황에서도 오래 참고 견디는 것	오래 참음, 견딤, 기다림	① 힘들고 어려워도 선한 일을 이룰 때까지 불평하지 않기 ② 내 마음대로 되지 않아도 하나님의 기뻐하심을 바라며 참고 견디기 ③ 화가 날 때도 예수님의 사랑과 고난을 생각함으로써 화내지 않고 참기
책임	하나님께서 주신 달란트와 일을 나와 공동체를 위해 끝까지 하는 것	달란트, 일, 공동체, 끝까지 하기	① 자신의 잘하는 일이 무엇인지 알고 행하기 ② 이웃이나 공동체를 위해 자신의 달란트를 사용하기 ③ 자신의 잘못을 변명하기 않고 남에게 탓을 돌리지 않기
사랑	하나님과 이웃을 위해 자신보다 그들의 유익과 선을 위해 행동하는 것	친밀함, 타인의 유익 추구, 귀중히 여김	① 하나님의 사랑을 알고 기뻐하기 ② 하나님 사랑을 경험함으로 이웃과 교제하기 ③ 하나님과 이웃을 위한 일을 실천하기
존중	하나님을 높이고 상대방을 소중하고 귀하게 여기는 것	하나님을 높임, 소중히 여김, 귀하게 여김	① 최고의 존중 대상인 하나님 알기 ② 자신과 다름 사람의 생각, 느낌, 욕구, 심념, 태도를 중요하게 여기기 ③ 생명적 차이, 환경적 차이, 문화적 차이를 소중하게 여기고 긍정적으로 받아들이기
배려	하나님의 돌보심을 알아 사람들과 환경을 살펴 돌보고 친절하게 대하는 것	돌봄, 친절, 지켜주기	① 하나님의 보호하심과 돌보심 인식하기 ② 다른 사람과 환경에 대하여 친절하게 대하기 ③ 다른 사람과 환경을 돌보기

출처: 정희영 외(2014), pp. 52-80.

2. 월간 성경적 통합유아교육과정의 구성

성경적 통합유아교육과정은 월별로 실행하기에 용이하도록 '성경적 통합유아교육과정 실행을 위한 기초 다지기' '성경적 통합과정 이해하기' '성경적 통합교육 실행하기'의 세 영역으로 구성한다. 각 영역에 대한 세부 설명은 다음과 같다.

1) 성경적 통합유아교육과정 실행을 위한 기초 다지기

'성경적 통합유아교육과정 실행을 위한 기초 다지기'는 통합교육과정 수행을 위한 지침에 해당한다. 유아교육과정 내용과 성경적 맥락과 통합 근거를 다루었다. 또한, 통합교육과정의 수행을 위한 성경적 기반을 이해하고 내면화할 수 있도록 교사큐티를 추가하였다. 유아교육과정의 성경적 통합유아교육과정 실행을 위한 기초 다지기는 주요개념, 성경개관, 교사큐티로 구성되며 한 달 단위로 제시한다.

(1) 주요개념

주요개념은 한 달의 통합교육과정 실천을 위한 이론적 기초로서, 성경본문과 유아교육과정의 주제가 어떤 개념을 근거로 통합될 수 있는지에 대한 정보를 제공한다. 전체 내용에 대한 요약, 성경/유아교육과정/성경적 통합과정으로 구성되며, 성경과 유아교육과정이 개념적으로 통합되는 과정을 설명한다. 예를 들어, 4월 통합과정의 주제는 '봄을 만드신 하나님'이다. 성경말씀은 창세기 1장 천지창조 이야기로, 하나님께서 인간에게 맡기신 완벽하고 아름다운 세계를 다룬다. 관련 유아교육과정 주제는 '봄'으로, 봄의 날씨와 자연의 변화, 봄을 맞이하는 사람들의 생활에 대한 내용을 알아본다. 성경과 유아교육과정과의 통합 활동에서는 하나님이 창조한 세계인 봄을 느껴 보고 다양하게 알아보는 활동들로 구성된다.

사용자는 이 과정을 통하여 통합교육활동 수행을 위한 개념적인 이해와 이론적인 기초를 다질 수 있다. 나아가 통합교육활동 수행에 있어 주제와 목표를 분명히 드러나게 하고 심화 · 확장 활동과 자유롭게 연계할 수 있도록 도와준다.

주요개념은 매월 통합교육과정을 준비하는 시간에(예: 전달의 마지막 주 혹은 매월 초) 미리 읽어 예습하도록 한다. 이후 진행될 한 달 간 교육과정의 흐름과 맥락을 미리 이해하여 교육과정과 연계한 성경 배경과 내용을 개관하기에 용이할 것이다. 구체적인 예시는 4월의 통합교육과정에서 발췌하였으며, [그림 5-1]과 같다.

주요개념

요약

대조에 하나님께서 천지를 창조하셨고, 하나님께서는 아름답고 완벽한 하나님의 세상을 인간에게 맡기셨다. 유아교육과정의 예를 하나님이 만드신 창조세계의 한 면을 보여 준다. 나이가 오랜 세월마다 환경안에 위기 속에서 이 세상에 대해 책임 있게 반응해야 하는 인간이 위기의 위치에 책임을 돌아낼 수 있다.

1) 성경: 세상을 만드신 하나님

창세기는 하나님의 천지창조 이야기로 시작된다. 이 이야기가 기록될 당시, 하나님이 세운 이스라엘 백성을 예로 열방 속에서 오랜 세월 동안 남고 총감사를 겪였다. 그들은 온 세상을 창조하신 하나님의 백성이라는 것을 이해하기 쉬웠다. 따라서 창세기는 이스라엘 백성을 통해 하나님의 창조성을 회복하는 것을 이도하는 것으로, 창세기는 최초 나무, 창세기는 인류를 구원하고자 하는 하나님 역사의 시두이면서 동시에 출애굽으로 이어지는 이스라엘 역사의 서두라고 볼 수 있다.

모든 창조는 하나님의 영광을 위해 창조된 것이다. 따라서 하나님의 창조세계는 그 존재 자체로 하나님의 영광을 선포하는 것이다. 이와 마찬가지로 인간도 하나님의 영광을 드러내는 방식이다. 특별히 인간에게서는 인간을 향하신 하나님의 창조세계를 마스터라다.

2) 유아교육과정: 봄 / 동식물과 자연

유아들은 날씨의 변화를 체험하고 탐구하며, 계절마다 달라지는 생활이 모습을 자연스럽게 이해하게 된다. 따라서 날씨 변화에 따른 사람들의 작동 방식과 생활 및 자연의 변화에 대해 관심을 갖게 된다.

봄의 경험하는 과정에서 유아는 봄이 '동식물과 자연'에 대해 관심을 갖게 된다. 또한 인간은 자연의 일부라는 것을 알게 된다.

봄을 경험하는 과정에서 유아가 창조의 봄은 유아가 창조를 경험하는 첫 계절인 봄은 우리가 자연을 경험한다.

3) 성경적 통합: 봄을 만드신 하나님

새로운 탄생가 시작의 계절인 봄에 맞이하는 첫 계절인 봄은 유아가 창조를 경험하는 시기이다.

[그림 5-1] '주요개념' 예시

(2) 성경개관

성경개관은 각 주의 주제와 연계된 성경본문의 전체 흐름을 개괄적으로 살펴보는 단계이다. 성경개관에는 성경말씀, 신학적 개념, 핵심개념, 성경이해가 포함된다. 구체적인 예시는 4월 통합교육과정에서 발췌하였으며, [그림 5-2]와 같다.

① 성경말씀

'성경말씀' 영역은 본문제목, 성경본문, 중심말씀, 내용 요약으로 구성한다. 본문제목은 성경본문의 주제를 함축적으로 제시한다. 예를 들어, 4월 성경말씀의 경우, 본문제목은 '창조, 하나님이 하신 일'로 하나님이 세상을 창조하셨으며, 세상 만물은 하나님의 창조물임을 나타낸다. 성경본문은 한 달간 통합교육과정을 이끌어 갈 성경주제의 본문이 되는 말씀으로, 4월의 성경본문은 창세기 1:1~2:3의 하나님의 천지창조 이야기를 다룬다. 중심말씀은 성경본문 말씀 가운데 성경주제를 가장 명확히 보여 주는 핵심적인 말씀을 발췌하였다. 예를 들어, 4월 교육과정의 중심말씀은 창세기 1:1 "태초에 하나님이 천지를 창조하시니라"이다. 마지막으로, 내용 요약은 성경본문의 주요 내용을 압축하여 정리한 것으로, 4월 교육과정의 경우 만물의 주되신 하나님과 그분의 계획안에 우리의 위치를 주요 내용으로 다룬다.

② 신학적 개념

해당 월 교육과정과 연관하여 제시된 성경본문의 이해를 위한 신학적 근거들을 두세 가지로 제시하여, 유아들이 배워야 할 성경의 기초개념을 파악할 수 있도록 하였다. 4월 통합교육과정 성경본문에서는 '신론-창조주 하나님'과 '인간론-하나님의 형상'이 성경본문의 주요 신학적 개념에 해당한다.

③ 핵심개념

핵심개념은 신학적 개념들 중 유아에게 가르칠 주요 개념들을 보다 세부적으로 정리한 것이다. 신학적 개념과 핵심개념은 앞서 '연간 성경적 통합 유아교육계획안의 신학적 근거(〈표 5-4〉 참조)'에 목록화하여 소개하였다.

④ 성경이해

성경이해는 성경 본문의 전후 맥락과 시대적 배경 및 신학적 이해를 제시한다. 예를 들어, 4월 통합교육과정에 나타나는 성경본문에 대한 성경이해는 하나님의 말씀에 의한 창조, 하나님의 창조 안의 인간의 위치에 대하여 설명한다.

성경개관

| 성 경 말 씀 |
본문제목

창조, 하나님이 하신 일

성경본문

창세기 1:1–2:3

중심말씀

태초에 하나님이 천지를 창조하시니라(창세기 1:1)

내용요약

하나님은 모든 만물을 말씀으로 창조하셨다. 우리는 창조 이야기를 통해 모든 만물의 주되신 하나님과 그 분의 계획안에 있는 우리의 위치를 발견할 수 있다.

| 신학적 개념 |
신 론–창조주 하나님(유아수준: 하나님이 만드신 자연세계–하나님이 만드셨어요)

인간론–하나님의 형상(유아수준: 나와 사람들–하나님을 닮았어요)

| 핵 심 개 념 |
하나님은 이 세상의 모든 것을 만드셨다.

하나님은 자연세계, 식물들, 동물들 그리고 사람들을 만드셨다.

하나님은 이 세상을 다스리고 돌보고 계신다.

하나님은 만드신 세상을 사람이 잘 다스리고 번성하도록 하였다.

| 성 경 이 해 |
하나님은 세상 모든 만물, 즉 시간과 공간, 하늘과 땅 및 그 안에 있는 모든 것을 창조하셨다. 하나님이 태초에 천지를 창조하셨다는 것은 하나님이 시간과 공간의 주인이시며 자연만물과 인간의 주인이심을 보여 준다. 이 모든 것을 다스릴 인간을 지으시고 사랑의 관계를 맺으셨다. 창세기 1장에는 하나님의 이러한 창조에 대한 이야기가 나타난다. 우리에게 전하는 핵심 메시지는 바로 하나님이 말씀으로 이 세상을 창조하셨다는 것과 인간을 만드신 하나님의 뜻을 알고 순종하는 것이 인간인 우리가 피조물로서 마땅히 해야 할 도리라는 것이다.

[그림 5-2] '성경개관' 예시

(3) 교사큐티

교사큐티(Quiet Time: QT)는 이 통합교육과정과 연계된 성경 묵상 안내서이다. 교사가 월간 교육계획을 시작하기 전 교육과정 수행을 위한 첫 단계에 하나님과 개인적으로 교제하는 시간을 갖도록 한 것이다. 한 달 간 동일한 성경본문을 묵상하면서 매주 소주제가 바뀔 때마다 해당 소주제에 적절한 성경적 적용과 실천을 해 보도록 구성하였다. 성경말씀을 교실 현장에서 가르치는 내용과 활동에 지속적으로 적용해 보도록 함으로써 기독교 세계관으로 조망하는 생활이 일상화될 수 있도록 돕는다.

큐티는 성경읽기와 묵상 그리고 기도와 공동체적인 나눔을 통하여 경건을 지향해 가는 훈련이라고 할 수 있다. 이처럼 '순종'을 전제로 하는 '들음'의 정신인 큐티는 성경을 능동적으로 분석하고 해석하며 연구하는 성경공부와는 구분된다(김진홍, 2009). 큐티는 성경이 쓰였던 당시 본문의 의미를 파악하여, 오늘날에 적용하기 위한 다리 놓기 작업을 통해 현재 나의 삶에 어떻게 적용해야 할까를 파악하도록 안내한다(Richards & Bredfeldt, 1970).

유아교사의 경건생활은 기독교 유아교육 실천을 위한 기반이다. 유아의 성경적인 세계관은 교사의 가르침을 통하여 직간접적으로 형성된다. 기독교 세계관으로 가르치는 통합유아교육과정의 성과는 기독교 유아교사의 경건생활 정도가 좌우한다고 해도 과언은 아니다. 따라서 경건생활의 실천력을 강화시켜 주는 유아교사의 큐티는 기독교 세계관에 기초한 교육 전 과정에서 중요하게 다루어져야 할 부분이다. 성경적 통합유아교육과정 실천에 참여하는 모든 구성원들이 서로 지지하고 격려하면서 큐티를 지속해 나가도록 해야 한다.

교사큐티의 구성은 다음과 같다. 먼저, 성경본문 관련 내용은 내용요약, 이해를 위한 도움말, 요약과 해설로 구성하였다. 또한, 묵상을 돕기 위하여 찬양과 기도, 말씀읽기와 묵상의 순서로 안내하였다. 묵상을 돕기 위한 도움질문은 각 주별 주제와 관련해서 제시하였으며, 공동기도를 통해 기도와 결단으로 마무리한다. 구체적인 예시는 4월 통합교육과정에서 발췌하였으며, [그림 5-3]과 같다.

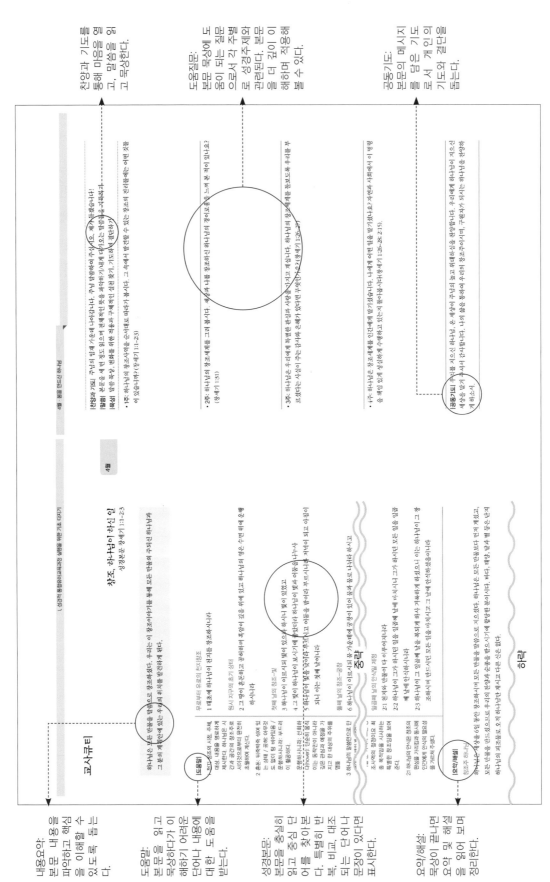

[그림 5-3] '교사큐티' 예시

2) 성경적 통합과정 이해하기

'성경적 통합과정 이해하기'는 성경본문과 유아교육과정 사이에 다리 놓기 작업으로서 유아교육과정이 성경적으로 통합되는 절차와 단계를 보여 준다. 성경적 통합유아교육과정을 구조화함으로써 유아교사로 하여금 성경적 통합유아교육과정을 보다 쉽게 이해하고 실천할 수 있는 능력을 갖출 수 있도록 지원한다.

(1) 월간 성경적 통합의 흐름도

월간 성경적 통합의 흐름도는 유아교육과정의 주제 및 목표를 성경본문의 주제 및 목표에 근거하여 통합하는 과정을 보여 주는 프레임(틀)이다. 성경의 주제 및 목표를 유아교육과정의 주제 및 주요 내용과 통합하는 과정을 보여 주며, 이어지는 주간 성경적 통합과정 해설을 요약한다. 보다 구체적으로 성경본문 핵심개념, 성경주제 및 목표와 유아교육과정 주제 및 목표, 이 두 가지 영역을 아우르는 통합주제 및 통합목표로 구성하였으며, 추가적으로 월간 교육과정 참여를 통하여 기대되는 인성 목표를 포함한다. 구체적 예시는 4월 통합교육과정에서 발췌하였으며, [그림 5-4]와 같다.

4월 · 봄을 만드신 하나님

월간 성경적 통합의 흐름도

성경주제	성경목표
세상을 만드신 하나님	• 하나님이 세상을 만드셨음을 안다. • 우리를 위해 세상을 만드신 하나님께 감사한다. • 세상을 돌보는 방법을 알아보고 실천한다.

유아교육과정 주제	유아교육과정 목표
봄/ 동식물과 자연	• 봄의 날씨와 풍경을 느끼고 즐긴다. • 봄철 생활에 관심을 갖고 따뜻하게 지낸다. • 봄에 흔히 볼 수 있는 동식물에 관심을 갖고 알아본다. • 자연과 더불어 살아가기 위해 우리가 해야 할 일을 알아본다.

월간 통합주제	월간 통합목표
봄을 만드신 하나님	• 하나님께서 만드신 봄의 날씨와 풍경을 느끼고 즐긴다. • 하나님이 만드신 봄철 생활에 관심을 갖고 따뜻하게 지낸다. • 하나님께서 만드신 봄에 흔히 볼 수 있는 동식물에 관심을 갖고 알아본다. • 자연을 돌보는 방법을 알아보고 실천한다.

인성요소

• 기쁨: 하나님이 만드신 자연 안에서 기쁨 누리기, 자연을 주신 하나님께 감사하는 마음 표현하기
• 존중: 자연을 창조하신 하나님 높이기, 환경적 차이를 소중하게 여기기, 하나님이 주신 생명을 존중하기
• 배려: 하나님의 보호하심과 돌보심 인식하기, 환경에 대하여 친절하게 대하기
• 협동: 이웃과 함께 선한 일 실천하기

[그림 5-4] '월간 성경적 통합의 흐름도' 예시

(2) 월간 성경적 통합과정 해설

'월간 성경적 통합과정 해설'은 성경적 통합의 절차에 대해 상세히 설명한다. 앞서 제시한 성경적 통합의 절차가 통합의 과정을 개요 수준에서 요약한 것이라면, 성경적 통합과정 해설은 절차에 함축되어 있는 주요 내용이나 예시들을 자세히 풀어서 서술한 것이다. 도입부에서는 성경적 통합과정을 통해 최종적으로 도출된 통합주제와 통합목표, 인성요소를 포함하고, 도출되기까지의 과정을 간략히 제시한다. 본격적인 해설을 위하여 먼저, 유아교육과정 주제와 성경주제의 주요개념들이 어떻게 성경적 통합을 이루는가를 보여 준다. 다음으로, 주제와 목표가 통합되는 과정을 설명함으로써 통합적 교육활동을 수행하는 데 필요한 직접적 근거 및 이해를 제공한다. 구체적 예시는 4월 통합교육과정에서 발췌하였으며, [그림 5-5]와 같다.

II. 성경적 통합과정 이해하기

월간 성경적 통합과정 해설

통합주제 | 봄을 만드신 하나님

통합목표 | 하나님께서 만드신 봄의 날씨와 풍경을 느끼고 즐긴다.
하나님이 만드신 봄을 생활에 관심을 갖고 따뜻하게 지낸다.
하나님께서 만드신 봄에 흔히 볼 수 있는 동식물에 관심을 갖고 알아본다.
자연을 돌보는 방법을 알아보고 실천한다.

인성요소 |
- 기쁨: 하나님이 만드신 자연 안에서 기쁨 누리기, 자연을 주신 하나님께 감사하는 마음 표현하기
- 존중: 자연을 창조하신 하나님 높이기, 환경의 차이를 소중하게 여기기, 하나님이 주신 생명을 존중하기
- 배려: 하나님의 보호하심과 돌보심 인식하기, 환경에 대하여 친절하게 대하기
- 협동: 이웃과 함께 선한 일 실천하기

> **요약**
>
> '봄을 만드신 하나님' 주제를 위한 성경적 기초로서 가장 중요한 개념은 성경 기초로서 진리를 아는 것이다. 우선 누리과정의 봄의 날씨와 봄의 풍경, 계절적 특징과 관련된 활동을 통해 유아들이 하나님의 창조하셨다는 봄을 마음껏 누리는 기쁨의 이 모든 세상을 만드신 분이 있다는 것을 인식하도록 하며, 나아가 하나님이신 그 분을 소개하며 우리를 위해 이 모든 세상을 창조하신 하나님께 감사드린다. 이와 함께 자연과 더불어 우리를 위해 하나님께서 만드신 세상을 잘 돌보자 실천하도록 한다. 이와 함께 여, 유아들이 할 수 있는 일을 찾아보고 실천하는 과정에서 기쁨, 존중, 협동, 배려 등의 인성 덕목을 경험하고 내면화할 수 있다.

---

1. 주요 성경개념

봄을 만드신 하나님은 아름다운 세상을 만드신 분이 바로 하나님이라는 것을 알고 하나님을 찬양하도록 하는데 주요 목적이 있다. 그런 점에서 '세상을 만드신 하나님'에 대한 성경이야기는 유아들이 당연하게 받아들이는 주변 세상을 바르게 보는 눈을 열어 준다. 모든 물건이 만들어진 목적이 있고 만든 사람이 있듯이, 세상도 만드신 분이 있고, 만들어진 이유가 있다는 것을 깨닫게 한다.

따라서 유아에게 전달할 성경적 주요 개념은 다음과 같다. 첫째, 천지창조 이야기를 통해 하나님이 세상을 말씀으로 지으셨다. 둘째, 창조의 마지막에 인간을 만드심으로 인간이 다스리도록 하셨다. 셋째, 하나님이 인간에게 세상을 맡기실 때 이 세상을 다스리고 지키고 보존해 나가는 것이 인간인 우리 모두에게 맡겨진 책임이다.

2. 성경적 통합 활동 및 방법

1) 봄의 날씨와 풍경 즐기기

유아교육과정은 봄의 날씨와 풍경들이 음악을 감상하면서 봄의 날씨의 특성을 알아본다. 봄이 되어 생긴 변화에 대해 알아보고 봄의 아름다움과 평화로움을 다양한 방법으로 느끼고 표현해 보도록 한다. 유아들이 직접 산책활동을 나가거나 바깥놀이를 통해 다양한 감각을 이용해 봄을 느껴 보도록 한다. 세상을 만드신 하나님에 대하여 성경이야기를 들려주고 하나님이 만드신 봄을 완성해 즐긴다. 이와 같은 감각적이고 계절적인 활동을 통해 유아들은 하나님께서 창조하신 아름다운 자연을 느껴 보고 봄을 만드신 하나님께 감사한다.

2) 따뜻한 봄 지내기

봄은 기후와 관련하여 사람들의 변화된 생활에 관심을 갖는다. 예를 들어, 여름, 씨앗 심기 등의 활동을 통해 씨앗이 자라기에 적당한 온도가 따뜻한 봄이 때문에도 나눠 본다. 또한, 봄철 옷차림이나 분비어 내 청소, 봄나들이 등의 사람들의 변화된 생활 모습을 알아본다. 이처럼 봄이라는 자연현상에 대해 알아보면서 하나님이 창조하신 봄의 다양한 모습을 경험해 본다. 세상을 만드신 하나님과 하나님이 자연에 대해 경외하는 마음을 인성의 덕목인 존중으로 표[1]

---

[1] '경외'라는 용어는 유아들에게는 어려운 용어이므로 존중의 범주에서 이해하려고 한다. 존중을 사랑이나 사물을 높이고 귀하게 여기는 것이라는 사전적인 의미가 있으므로 이를 하나님과의 관계에서 적용해 볼 수 있다.

[그림 5-5] '성경적 통합과정 해설' 예시

(3) 월간 통합교육계획안

월간 통합교육계획안은 한 달간 진행될 교육활동들을 요약한 월간교육 계획안이다.

① 월간 통합교육계획안의 전반부 구성

전반부에는 주제 및 목표 수준을 다룬다. 생활주제, 유아교육과정 주제, 성경주제, 통합주제를 다루고, 이어서 유아교육과정의 목표, 성경목표, 통합목표 및 성경적으로 통합한 인성교육의 강조점을 소개한다.

② 주별 교육활동 구성

교육목표를 수행하기 위해 소주제를 구분하여 해당되는 자유선택활동 및 대소집단활동을 계획한다. 이 외에도 바깥놀이활동, 기본생활습관, 주별 성경말씀, 기도를 함께 계획하여 한 주간 교육활동에 통합하여 실천한다. 이를 기초로 일일교육계획안[1]을 작성하여 진행한다.

월간 통합교육계획안의 활동명이 [그림 5-6]의 대소집단 활동 및 자유선택활동에 제시되어 있다. 작성되지 않은 빈칸은 의도적으로 유아교육기관 자체의 월간 통합교육계획을 용이하게 반영하고, 이 통합 교육과정에서 제시한 활동 계획서들을 명확하게 볼 수 있도록 돕기 위한 것이다. 교육활동은 유아의 일상생활 경험, 흥미, 발달 수준을 고려하여 놀이중심으로 구성한다. 대소집단활동 및 실내·실외 자유선택활동을 균형 있게 계획하며, 활동 간 연계 및 확장이 일어나는 통합적 학습경험을 강조한다. 통합교육활동은 이러한 원리에 따라 통합목표를 이룰 수 있는 활동들로 구성한다. 구체적 예시는 4월 통합교육과정에서 발췌하였으며, [그림 5-6]과 같다.

---

1) 성경통합 일일교육계획은 일반적인 운영원리를 따르되, 모든 하루 일과 속에 기독교 세계관이 통합되었는지에 대한 평가가 필수적이다. 우선, 하루일과 구성원리를 따라 정적/동적, 개별/집단, 실내/실외, 교사주도/유아주도 활동 등이 균형 있게 배치되도록 한다. 이러한 구성원리를 고려하여 구체적인 활동을 일일계획안으로 작성하고 이에 대한 평가를 기록한다. 각 활동의 활동목표, 활동방법, 교사와 유아 간에 예상되는 상호작용의 예시, 다른 활동과의 연계 사항 등을 계획한다. 일일교육계획을 실행한 후에는 반드시 평가를 하고, 다음 교육활동에 반영한다. 평가에는 교육활동 시간에 일어난 유아의 실제 반응과 교사의 반성적 사고를 기록한다. 이때 기독교 세계관에 따른 통합교육과정을 운영하는 교사는 통합교육과정을 수행하며 생긴 질문이나 새롭게 깨달은 것들을 함께 기록한다. 추후 교육과정 회의에서 이에 대해 함께 나누며 성경적 이해를 공유함으로써 점차 질적인 통합교육과정이 되도록 한다. 일일교육계획은 각 유아교육기관의 교육방침 및 개별 유아의 수준에 따라 교사가 작성하므로 이 통합교육과정에서는 생략한다.

월간 통합교육계획안

- 성경주제: 세상을 만드신 하나님
- 성경목표: 하나님이 세상을 만드셨음을 안다.
  우리를 위해 세상을 만드신 하나님께 감사한다.
  세상을 돌보는 방법을 알아보고 실천한다.

연관주제	봄/동식물과 자연			
통합주제	봄을 만드신 하나님			
통합목표	• 1주: 하나님께서 만드신 봄의 날씨와 풍경을 느끼고 즐긴다. • 2주: 하나님이 만드신 봄철 생활에 관심을 갖고 따뜻하게 지낸다. • 3주: 하나님께서 만드신 봄에 흔히 볼 수 있는 동식물에 관심을 갖고 알아본다. • 4주: 자연을 돌보는 방법을 알아보고 실천한다.			
인성요소	기쁨, 존중, 배려, 협동			

주		1주	2주	3주	4주
활동	주제	봄의 날씨와 풍경	따뜻한 봄 지내기	봄에 흔히 볼 수 있는 동식물	자연과 더불어 사는 우리
실내자유선택활동	쌓기		• 봄 소풍을 가요★		• 동물들이 사는 곳 만들기
	역할		• 봄맞이 대청소 • 봄 소풍을 가요★	• 봄에 볼 수 있는 동물 되어 보기	
	언어	• 동시) 봄에 대한 느낌			• 동물 관련 책 읽기 • 봄 동산을 보호해요★
	수·조작			• 봄꽃 패턴놀이	• 보드게임) 푸른산 만들기
	미술	• 봄 풍경을 그리기★ • 봄 동산 만들기	• 지점토로 봄의 곤충 만들기 • 색종이 봄 꽃 만들기	• 개구리 물갈퀴, 개구리 모자 만들기 • 나비 날개 만들기	• 봄 동산 지킴이 캠페인 포스터
	음률		• 봄노래 부르며 악기 연주하기	• 악기연주) 봄의 곤충과 동물소리 표현	
	과학	• 계절의 변화 알아보기	• 겨울생활과 봄생활 비교	• 모종 자라나는 과정 관찰 • 땅, 하늘, 바다에 사는 동물의 특징	• 동식물 관찰일지 • 교실에 있는 동식물 잘 보살피기
대소집단활동	이야기 나누기		• 봄철 사람들의 생활★	• 요리) 새싹 비빔밥	• 식물 기르기★
	동시·동화·동극	• 동화) 세상을 만드신 하나님		• 동화) 나무는 좋다	
	미술/음악		• 사계 '봄' 감상하기		
	신체/게임			• 봄의 곤충과 동물★	• 겨울잠에서 깨어난 동물들 신체 표현
바깥놀이활동		• 봄 날씨를 느껴요★ • 봄비가 오는 날 우산이나 우비 입고 봄비 느껴 보기	• 가까운 공원에 가서 봄의 동식물 관찰하기	• 모종심기★	• 봄동산 산책 • 자연보호 캠페인
성경 말씀		태초에 하나님이 천지를 창조하시니라(창세기 1:1)			
기도		하나님, 따뜻한 봄을 만들어 주셔서 감사합니다. 예수님 이름으로 기도드립니다. 아멘.			

★: 수록된 단위 활동

[그림 5-6] '월간 통합교육계획안' 예시

3) 성경적 통합교육 실행하기

'성경적 통합교육 실행하기'는 유아교육 현장에서 유아와의 실제적인 상호작용을 위한 계획과 실행을 의미하며, 구체적으로는 성경이야기와 주별 단위 활동계획안을 포함한다. 유아교사가 성경에 근거한 통합교육활동을 안정된 성경적 기반 위에서 실제적이고 유능감 있게 수행할 수 있는 있도록 지원한다.

(1) 성경이야기

성경이야기는 월별 성경주제의 성경 핵심내용을 유아에게 소개할 수 있도록 유아의 발달수준에 적합하게 구성한 것이다. 파워포인트 매체로 구성되어 사용자가 용이하게 전달할 수 있다.

① 성경이야기의 구성

성경이야기는 성경본문에 대한 연구와 분석 과정을 거쳐 정리한 핵심개념과 성경목표를 주요 내용으로 구성한다.

- 성경이야기 제목과 본문말씀: 한 달의 통합주제 연계 말씀과 이를 표현하는 적합한 제목을 의미한다.

- 도입: 성경 동화의 시작 부분으로 일상생활에서 경험하는 친숙한 내용으로 접근하여 유아가 흥미와 호기심을 갖도록 하였다. 유아교육과정의 주제 및 목표와 관련하여 제시한다.

- 진개: 성경주제에 따른 성경이야기로 구성한다. 전달하고자 하는 성경의 핵심 내용을 유아의 발달수준에 적합하게 구성한다. 성경본문의 내용을 단위활동계획과 연계한다.

- 마무리: 유아들이 성경적 가치관을 유아교육과정으로 연계한 적용 혹은 실천을 제시한다.

② 성경이야기 들려주기

성경이야기 들려주기는 기관의 교육과정에 따라 다양하게 사용할 수 있다.

- 대집단 예배 형식으로 사용하기

매주 주제 시작 첫날 예배의 형식으로 사용할 수 있다. 예를 들어, 같은 연령의 유아들이 강당에 모여 대예배와 같은 형태로 성경이야기를 듣는 형식이다. 성경이야기 전달자는 기관 내에서 원장이나 유아교사가 될 수도 있고, 예배를 위해 외부의 기독교 전문인을 초빙하여 전달할 수도 있다. 이 방법은 기독교 교육을 실행한 경험이 없는 교사들에게 성경이야기 구연의 모델을 제시한다.

■ 교실에서 사용하기

유아교사가 학급 단위별로 사용할 수 있다. 이야기 나누기의 형태로 모여 앉아 그림동화를 들려주는 형식이다. PPT 형식뿐만 아니라 큰 그림책으로 제작하여 학급의 전체 유아에게 보여 주며 넘기면서 들려줄 수 있다. 통합활동 진행 시 필요할 때마다 해당 장면을 보여 주며 융통성 있게 연계할 수 있다.

■ 개별적으로 사용하기

유아들이 개별적으로 볼 수 있도록 칼라 출력해서 일반 그림책 크기로 제작한 후 언어 영역에 비치한다. 성경이야기에 대해 호기심이나 흥미를 나타내는 유아에게 개별적으로 그림책을 들려줄 수 있다. 그림책을 함께 보며 유아가 성경의 세계에 더 많은 관심을 갖도록 안내하며 자유롭게 상호작용할 수 있다.

③ 성경이야기 반복적으로 들려주기

성경이야기는 월별로 한 편을 제시한다. 매주 소주제가 바뀔 때마다 반복적으로 유아들에게 들려주어 유아가 자주 접하도록 하는 것이 효과적이다. 이는 유아가 성경적 통합활동을 통해 모든 교육과정에서 말씀의 인도를 따르는 생활을 할 수 있도록 하기 위해서이다. 매주 성경이야기 속으로 유아가 재방문함으로써 날마다 접하는 교육활동을 기독교적 세계관으로 생각하고 바라보는 훈련을 할 수 있다. 교사는 매주 성경 이야기를 들려주되 해당 소주제와 목표를 좀 더 강조하여 부연하고 확장할 수 있다. 구체적 예시는 4월 통합교육과정에서 발췌하였으며, [그림 5-7]과 같다.

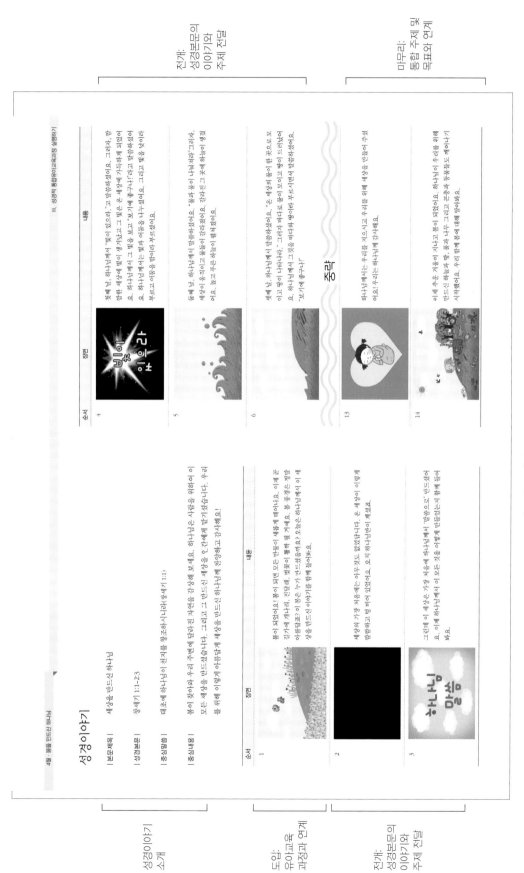

성경이야기

|본문제목| 세상을 만드신 하나님

|성경본문| 창세기 1:1-2:3

|중심말씀| 태초에 하나님이 천지를 창조하시니라(창세기 1:1)

|중심내용| 봄이 찾아와 우리 주변에 돋아진 자연을 감상해 보세요. 하나님은 사람을 위하여 이 모든 세상을 만드셨습니다. 그리고 그 만드신 세상을 우리에게 맡기셨습니다. 우리를 위해 이렇게 아름답게 세상을 만드신 하나님께 찬양하고 감사해요!

순서	장면	내용
1		봄이 되었어요! 봄이 되면서 모든 만물이 새롭게 태어나요. 이제 본 강가에 개나리, 진달래, 벚꽃이 활짝 필 거예요. 봄 풍경은 정말 아름답죠? 봄은 누가 만드셨을까요? 오늘은 하나님께서 이 세상을 만드신 이야기를 함께 들어봐요.
2		세상의 가장 처음에는 아무것도 없었답니다. 온 세상이 이렇게 깜깜하고 텅 비어 있었어요. 오직 하나님만이 계셨죠.
3		그런데 이 세상을 가장 처음에 하나님께서 '말씀으로' 만드셨어요. 이제 하나님께서 이 모든 것을 어떻게 만드셨는지 함께 들어봐요.

순서	장면	내용
4		첫째 날. 하나님께서 "빛이 있으라." 고 말씀하셨어요. 그러자, 한 순간 세상에 빛이 생기고 그 빛으로 온 세상이 가득하게 되었어요. 하나님께서 그 빛을 보고 "보기에 좋구나"라고 말씀하셨어요. 하나님께서는 빛과 어둠을 나누셨어요. 그리고 빛을 낮이라 부르고 어둠을 밤이라 부르셨어요.
5		둘째 날. 하나님께서 말씀하셨어요. "물과 물이 나뉘어라" 그러자, 세상의 물과 물이 갈라졌어요. 갈라진 그 곳에 하늘이 생겼어요. 높고 푸른 하늘이 펼쳐졌어요.
6		셋째 날. 하나님께서 말씀하셨어요. "온 세상의 물이 한 곳으로 모이고 많은 물이 한 곳으로 모이고 드러나라. 그러자 바다도 많이 있었어요. 하나님께서 그것을 바다와 땅이라 부르시면서 말씀하셨어요. "보기에 좋구나"
		중략
13		하나님께서 우리를 지으시고 우리를 위해 세상을 만들어 주셨어요. 우리는 하나님께 감사해요.
14		이제 추운 겨울이 지나가고 봄이 되었어요. 하나님이 우리를 위해 만드신 하늘과 땅, 꽃과 나무 그리고 곤충과 동물들도 깨어나기 시작했어요. 우리 함께 봄에 대해 이야기해봐요.

성경이야기 소개

도입: 유아교육 과정과 연계

전개: 성경본문의 이야기와 주제 전달

전개: 성경본문의 이야기와 주제 전달

마무리: 통합 주제 및 목표와 연계

[그림 5-7] '성경이야기' 예시

(2) 단위활동계획안

단위활동계획안이란 성경이야기를 토대로 구성된 개별 활동계획이다. 일반적으로 단위활동계획은 주간교육계획 및 일일교육계획의 소주제, 목표를 효과적으로 전달할 수 있는 활동으로 선정한다. 도입, 전개, 마무리의 활동 진행뿐만 아니라, 필요한 교재·교구 및 활동시간과 장소를 적절하게 계획한다. 단위활동계획은 이러한 일반적인 원리에 따라, 사용자가 기독교적인 적용을 할 수 있는 구체적인 아이디어를 제공한다.

① 월별 단위활동계획안 요약

월별 단위활동 계획안은 각 주 단위활동계획의 구성과 내용을 요약한 것이다. 구체적 예시는 4월 통합교육과정에서 발췌하였으며, [그림 5-8]과 같다.

단위활동계획안

단위활동은 월 단위 성경적 통합주제와 학습목표를 유아들이 쉽게 재학습하고 강화할 수 있도록 구성한 활동계획이다. 4월의 주별 단위활동은 다음과 같다. 첫 번째 주에는 하나님이 만드신 봄의 날씨와 풍경을 느끼고 즐기는 활동으로 구성한다. 두 번째 주에는 하나님이 만드신 봄철 사람들의 생활에 관심을 갖고 봄 소풍을 나가본다. 세 번째 주에는 하나님이 만드신 봄에 흔히 볼 수 있는 동식물에 대해 관심을 갖고 모종 심기를 해 보고, 곤충과 동물 등에 대해 알아본다. 네 번째 주에는 식물 기르기와 봄동산 보호를 통해 자연을 돌보는 방법을 알아보고 실천하도록 한다.

■ 주별 단위활동 안내 ■

주	성경적 기초	주제	활동명	활동유형 (영역)	누리과정 주요 관련 영역	인성 요소
1주		봄의 날씨와 풍경	봄 날씨를 느껴요 (180쪽)	실외활동	의사소통 자연탐구	기쁨 존중
			봄 풍경 그리기 (183쪽)	미술	예술경험 자연탐구	
2주	성경 이야기: 세상을 만드신 하나님 (창세기 1:1-2:3)	따뜻한 봄 지내기	봄철 사람들의 생활 (186쪽)	이야기 나누기	의사소통 자연탐구	존중 기쁨
			봄 소풍을 가요 (189쪽)	역할 쌓기	의사소통 예술경험 사회관계	
3주		봄에 흔히 볼 수 있는 동식물	모종 심기 (192쪽)	바깥놀이	자연탐구 의사소통	존중 배려
			봄의 곤충과 동물 (195쪽)	신체 음률	신체운동·건강 자연탐구	
4주		자연과 더불어 사는 우리	식물 기르기 (198쪽)	이야기 나누기	의사소통 자연탐구 사회관계	존중 배려 협동
			봄동산을 보호해요 (201쪽)	언어	자연탐구 의사소통	

[그림 5-8] '월별 단위활동 계획안' 예시

② 단위활동계획안

구체적인 활동계획안이다. 각 활동들은 집단활동 유형과 흥미 영역을 고려하여 다양한 활동을 균형 있게 제공하였다. 구체적 예시는 4월 통합교육과정에서 발췌하였으며, [그림 5-9]와 같다.

■ 단위활동계획의 전반부

포함된 세부 항목은 주제, 활동형태, 유형, 유아교육과정 목표, 성경목표, 통합목표, 유아교육과정 관련 요소, 인성, 활동자료이다. 각 요소가 의미하는 것은 앞서 연간교육계획안과 주간교육계획안을 통해 일관성 있게 설명하였으므로 생략한다.

■ 단위활동계획 중심부 '활동방법'

활동방법은 도입, 전개, 마무리로 구성한다.

• 도입: 유아들에게 들려준 성경이야기를 회상하거나, 소주제와 연계되는 유아의 일상생활 경험과 관련된 질문이나 소개로 시작한다.

• 전개: 활동목표를 달성하기 위해 선정한 내용을 순차적으로 제시한다. 교육 내용은 성경주제를 충실히 반영할 수 있도록 활동 내용과 긴밀하게 관련된다. 성경이야기의 해당 부분을 활동과 유기적으로 연계하고 활용해 봄으로써 통합활동으로 성실하게 담도록 하였다. 활동의 전개에 따라 의미 있는 기독교적 통합이 되도록 기독교 세계관으로 안내하는 교사의 발문을 제시한다. 성경이야기에 담겨진 기독교 세계관을 유아의 발달수준과 환경을 고려하여 의미 있게 이끌어 낼 수 있는 구체적인 발문을 제시한다. 유아가 반응할 수 있는 허용적인 분위기를 조성해 주어, 교사와 유아와의 상호작용뿐만 아니라 유아와 유아, 유아와 교수매체 간의 다양한 상호작용이 일어나도록 한다.

• 마무리: 유아들과 함께 활동을 돌아보고 평가하여, 자연스럽게 다음 활동으로 연계 · 확장 한다.

■ 단위 활동계획의 후반부

통합을 위한 활동의 유의점, 확장활동, 활동평가, 관련된 활동 사진이 있다.

• 활동의 유의점: 활동을 효율적으로 운영하기 위해 교사가 미리 파악해 두거나 유념해야 할 사항들이다. 통합활동과 관련하여 유아교육과정에서 참고힐 수 있는 부분, 개별 유아에 대한 지원, 자료 사용의 유의점, 활동에서 고려해야 할 부분들이다. 또한, 성경적 이해를 돕기 위한 tip이나 강조되어야 할 기독교 세계관에 대한 세부 내용을 명시하였다.

• 확장활동: 활동목표에 대해 계속성과 계열성을 유지하면서 연계·심화시킬 수 있는 활동을 제안한다. 본활동 및 확장활동에는 활동한 사진을 제시함으로써 사용자가 활동에 대한 밑그림을 그리고 현장감을 느낄 수 있도록 한다.

• 활동평가: 활동이 효과적으로 진행되었는지, 선정된 목표에 대한 개념을 습득하였는지 평가한다. 통합목표를 통해 성경적 개념을 이해하고 실천했는지에 대한 평가를 기반으로 한다.

4월 하나님을 만나는 계절

III. 성경적 통합유아교육과정 실행하기

봄 날씨를 느껴요
활동형태: 대소집단활동/영역: 실외활동

통합목표
• 봄 날씨 현상에 관심을 가진다.
• 하나님이 만드신 봄의 날씨의 특성을 알고 생활에 이용하는 유아이 있는지 한다.
• 하나님께서 자연을 창조하시고 인간에게 허락하셨다는 사실을 알고 감사하는 마음을 표현한다.

누리과정 관련요소
자연탐구: 과학적 탐구하기-자연현상 알아보기
의사소통: 말하기-느낌, 생각, 경험 말하기

인성요소
기쁨: 하나님이 만드신 자연 안에서 기쁨 누리기
기쁨: 자연을 주신 하나님께 감사하는 마음 표현하기

활동자료
'세상을 만드신 하나님' 성경이야기 그림책 자료, 돗자리

활동방법

도 입
1. 실외(공원, 봄 동산, 유원지 등)에서 날씨에 대해 이야기 나눈다.
 -오늘 날씨는 어떤가요?
 -따뜻하다는 것을 어떻게 느낄 수 있을까요?
2. 돗자리에 앉아서 그림책으로 만든 성경이야기를 듣는다.

전 개
3. 성경이야기를 들은 후, 주변 봄 풍경을 감상하면서 하나님이 창조하신 것들을 알아본다.
 -우리 주변에 하나님께서 만드신 것들은 어떤 것들이 있나요?
 -봄이 날씨를 느낄 수 있는 것들에는 어떤 것들이 있나요?
 -하나님께서 우리를 따뜻하게 해 주는 햇빛을 주셨어요.
 -하나님께서는 하늘을 만들면서 바람도 불게 하셨어요.
4. 성경이야기(창세기 8)에서 날씨 봄을 만드신 하나님에 대하여 이야기를 나눈다.

8

옛날 옛날, 하나님께서 말씀하셨어요. "하늘이 빛들이 있으라" 그러자, 해와 달과 별들이 그대로 나타났어요. "낮에는 해가 떠서 온 세상을 밝게 비추어 주었고요. 밤에는 달이 떠서 하늘을 환하게 비추어 주고 별빛이 밤하늘을 아름답게 수놓았어요. 하나님이 말씀하셨으요. "보기에 좋구나"

5. 하나님이 반드시 봄의 햇살과 바람을 느껴 본다.
 -하나님이 반드시 봄의 햇살과 바람을 어떻게 느낄 수 있을까요?
 -가만히 서서 느껴 보자.
 -달리면서 느껴 보자.
 -하늘 보면서 느껴 보자.
 -돗자리에 누워서 느껴 보자.

6. 봄을 느껴 본 소감을 나눈다.
 -봄을 느껴 본 기분이 어떤가요?
 -어떻게 봄을 느낄 때 봄을 더 잘 느낄 수 있나요?
 -봄을 느끼면서 생각난 것이 있나요?

마 무 리
7. 봄이 날씨를 통해 하나님을 생각해 본다.
 -하나님이 우리에게 이렇게 따뜻한 봄을 주셨구나.

활 동 유의점
• 봄에 대해서 유아가 느끼는 감정을 있는 그대로 수용해 준다.
• 공원 주변을 탐색하면서 하나님이 반드시 자연을 눈으로 보고, 손으로 만져 봄으로써 자연을 반드시 하나님을 느껴 보도록 한다.
• 봄 날씨 이외에도 봄의 꽃눈, 꽃, 봄에 볼 수 있는 곤충들을 관찰해 보면서 봄을 느껴 보도록 한다.

[확장활동]
• 바깥놀이: 봄비가 오는 날에 우산이나 우비를 입고 봄비를 느껴 보기
• 언어영역: 봄에 대한 느낌을 동시로 표현하기

[그림 5-6] '단위활동 계획안' 예시

제6장

기독교 세계관으로 가르치는 유아교육과정 사용하기

이 장에서는 '기독교 세계관으로 가르치는 유아교육과정'을 유아교육기관에서 실행하기 위해 계획하고 적용하는 방법에 대하여 자세히 설명한다.

1. 계획하고 준비하기

성경적 통합유아교육과정을 성공적으로 수행하기 위해서는 성경 통합유아교육과정 운영을 위한 기초적인 체계를 확립해야 한다. 교육과정 운영 이전에 기관의 교육철학에 맞는 실행계획을 세우고, 이를 각 교육 주체들과 공유하는 것이다. 이는 기관이 기독교 유아교육과정을 실시하기에 앞서, 우선적으로 요구되는 사항이다. 기관과 교사, 가정이 협력하는 안정적인 기틀이 만들어져야 성경적 통합유아교육과정 적용을 위한 노력이 최대의 효과를 거둘 수 있다.

1) 프로그램 참여를 위한 준거 설정과 목표 세우기

성경적 통합유아교육 관련 지표를 기관의 상황과 실태에 따라 수립하고 목표를 설정하는 것은 통합유아교육과정을 운영하는 데 필수적인 절차이다. 이를 통해 갖고 있는 자원을 파악해 볼 수 있으므로 성경적 통합유아교육 프로그램을 효율적이고 효과적으로 운영할 수 있게 한다.

준거란 성경적 통합의 정도를 결정하는 기준을 말한다. 많은 유아교육 현장에서는 기관의 설립목적(예, 교회, 유아교육 기관)과 사립기관의 설립자의 철학에 따라 성경적 통합유아교육을 실시하고자 한다. 그러나 현실적인 운영 면에서 통합과정 실행의 질은 그 외의 다른 요건들에 의해 결정될 수 있다(즉, 교사의 준비도, 참여 부모와 유아의 종교나 신념 등). 이에 따라 기관은 통합의 정도를 성경적 통합유아교육 과정에 따라 모든 단계를 수행하거나 혹은 상황에 따라 부분적으로 시도해 볼 수 있다.

성경적 통합유아교육과정 실시에 있어 가장 중요한 것은 교육과정에 참여하는 모든 구성원의 신념 이라고 할 수 있다. 교육과정의 효과는 단순히 기관의 철학 혹은 시설장의 신념과 함께, 교육과정을 운 영하는 주체인 기관의 철학, 원장 및 교사의 신념이 일치한다면 그 효과가 극대화될 수 있을 것이다. 또 한, 기독교 신앙을 가진 유아와 가족이 성경적 통합유아교육과정 실시기관의 교육철학을 신뢰하는 것 도 중요하다[1]. 결국, 기독교 세계관에 기초한 교육과정은 원장과 교사, 유아와 학부모 모두 기독교 유 아교육과정의 중요성을 인지하고 실행에 동의할 때, 최상의 효과가 나타날 수 있을 것이다.

프로그램 목표는 성경적 통합을 실시하기 전에 수립한다. 주요 구성원들(예: 부모대표, 교직원, 기관 설립자 등)은 효율적이고 실현 가능한 프로그램의 목표를 설립할 수 있다. 구성원이 일반적으로 받아들 일 수 있는 합리적인 목표를 수립하기 위해서는 수혜 기관에 속한 사람들이 자주 만날 필요가 있다. 이 과정에 시간을 투자할수록 프로그램의 효과 및 참여 유아의 만족도가 증가한다.

〈표 6-1〉은 기독교 유아교육을 위한 목표 수립의 예시이다. 목표를 그대로 사용하거나 기관의 필요 나 요구에 따라 수정하여 사용할 수 있다.

〈표 6-1〉 **가능한 목표의 수립 예시**

가능한 목표	준비물 및 문서(√)
• 양육자 및 지역사회를 대상으로 기독교 유아교육의 중요성과 효과를 강조하고 이해를 증진한다.	■ 기관의 오리엔테이션 시 성경적 통합교육과정의 중 요성과 운영방법에 대해 설명하기 ■ 성경적 통합유아교육의 필요성과 효과를 요약한 통 신문
• 기관의 기독교 유아교육과정에 부모를 참여시킨다.	■ 부모 통합 방안 전략 마련하기 ■ 성경적 통합 유아교육과정 운영에 동의하는 부모를 위한 전략 ■ 동의하지 않는 부모를 위한 전략
• 유아 및 가족을 위해 가능한 성경적 통합활동을 계획 한다.	■ 성경적 통합유아교육과정에 가족을 참여시키기 위한 전략 마련하기 ■ 연간 가족참여 계획안 마련하기
• 교사 및 기관은 성경적 통합유아교육과정을 위한 자 체 연구 모임을 갖는다. • 성경적 통합 유아교육과정 관련 연수에 참여한다.	■ 연구 모임의 중요성 및 운영을 위한 계획안 마련하기 ■ 자체 연수 실시 및 기관 연수 참여하기

---

[1] 특히 준거를 설정할 때 유아의 보호자(부모)를 최대한 존중하여 설정하여야 한다. 현실적으로 기관의 철학에 위배되지 않는 범위에서 부모가 희망하는 의견은 최대한 수용하여 조율하는 융통성이 필요하다.

Note:

본 교육과정에서 제시한 성경적 통합 프로그램 전체를 수행할 수 있는 기관이 있는 반면, 부분적인 실행만 가능한 기관이 있다. 적용을 위한 계획과 목표는 **기관이 갖고 있는 특성과 여건**에 따라 **전체 혹은 부분으로 순차적으로 수립**할 수 있다.

주요 구성원이 성경적 통합유아교육과정 적용에 대한 일치된 의견을 갖기 어려울 경우, 기관의 상황을 반영한 목표를 설정하는 것이 필요할 수 있다. 이렇게 설정된 목표를 기반으로 최소한의 적용에서부터 시작하여, 그 효과를 검증해 나가도록 한다. 이후, 구성원들의 동의와 신뢰가 조성된다면 점차적으로 확장 적용하는 것을 추천한다.

2) 부모에게 성경적 통합유아교육과정에 대하여 설명하기

프로그램의 성공을 위해 가족의 협조는 필수적이다. 유아를 위한 교육에 가장 중요한 요인으로서 부모와의 연합과 협력은 교육과정의 성공적 적용에 기본 요건이 된다. 유아를 둘러싼 주요 환경인 가정과 기관이 연계하고 상호 협력할 때 교육의 효과는 극대화할 수 있기 때문이다.

그러나 현장의 많은 기관이 기관 혹은 기관장의 철학과 신념에 따라 성경적 통합유아교육과정을 실시하기로 '결정'한 이후 이를 부모에게 설명하지 않고 적용하는 경우가 많다. 이렇게 사전 동의 없이 기독교 유아교육과정이 실행될 경우, 종교적 신념에 따른 역차별이 발생할 수 있으며, 장기적으로 기관의 교육에 어려움이 발생할 수 있다.

이는 법적 측면에서도 민감한 사안이라고 할 수 있다. 현행 「교육기본법」 제4조 1항에서는 종교, 신념 등을 이유로 교육에서 차별금지를 명시하여 학습자의 학습권을 보장해 주고 있다. 이와 함께 제5조 1항과 2항은 각각 교육의 자주성과 전문성 보장 및 학교 운영의 자율성 존중에 대해 나란히 밝히고 있다. 이에 대해 기독교 교육기관의 교육철학이 개인의 학습권을 존중하면서 적용될 수 있도록 하는 대책을 마련할 필요가 있다.

기독교적 이념으로 설립된 유아교육기관과 같은 경우, 기독교 교육철학의 기저 위에서 국가수준 교육과정인 누리과정을 실행하기 위해서는 부모와 유아가 종교적 신념을 이유로 차별받지 않도록 하는 추가적인 조치를 강구하여야 한다. 따라서 성경적 통합유아교육과정을 실행하는 기관은 부모에게 유아를 등록하기 전에 종교 관련 교육에 대한 기관의 철학과 입장을 분명히 밝히고 이에 동의할 수 있도록 하여야 한다. 통합유아교육과정 시행에 동의하지 않는 부모들에게도 효과적으로 설명하는 전략을 모색해 두는 것이 필요할 것이다. 이와 관련하여 다음과 같은 사항을 점검해 볼 수 있다.

부모에게 성경적 통합유아교육과정에 대하여 설명하기 전략

1) 기관의 교육철학과 설립 목적을 명확히 정립하기
기관은 운영을 위한 교육철학과 설립 목적을 명확히 정립하여, 이를 정확히 전달하기 위한 서류 및 양식을 체계적으로 준비하도록 한다.

2) 일반 교육과정과 성경적 통합유아교육과정의 차이점 설명하기
기관은 부모 면담 시 다음의 설명 예시를 참고하여 준비할 수 있다.

설명 예시

일반교육과정과 성경적 통합유아 교육과정의 차이

성경적 통합 유아교육과정은 내용 면에서 유아교육과정의 전반적인 사항들을 다루고 가치 면에서 기독교의 가르침을 개념화하여 통합하였다. 유아교육과정의 일반적인 내용에 성경적 사랑과 관계, 인성이라는 가치를 담고 있다. 그러므로 기관의 철학이 반영된 기독교 유아교육과정을 실행하는 것은 유아교육과정 실행에도 충실한 결과를 가져온다.

• 성경적 통합유아교육과정을 실행하는 기관의 일반유아교육과정은 일반 유아교육기관의 것보다 양질이 될 수 있는 기반이 마련된다.
성경적 통합유아교육과정은 성경의 가치관을 담을 그릇과도 같은 일반 교육과정이 탄탄하게 구성되어 있지 않거나 질적으로 준비되어 있지 않다면, 통합을 하는 것은 매우 어렵다. 따라서 성경 통합 교육을 함으로써 일반교육과정을 소홀히 하지 않으며, 오히려 일반교육과정에 대한 철저한 이해와 연구를 필요로 한다.
• 소명의식을 갖고 기독교 세계관으로 준비된 교사가 교육과정을 운영한다.
기독교의 근간은 인성 교육과 사랑을 바탕으로 한다. 이는 교육과정을 운영하는 교사의 인성이 기독교 신앙에 터하지 않으면 가르치기 어려운 부분이다. 성경적 통합유아교육과정 운영의 힘은 기독교 세계관으로 준비된 교사에게서 나오기 때문에 높은 수준의 교사의 질을 요구한다.

---

3) 부모 동의 구하기
성경적 통합 유아교육과정 실행에 주요 주체이자 동반자인 부모의 의견과 동의는 매우 중요하다. 유아교육기관에서는 부모의 의견을 존중해야 하며, 동의한 유아에게 통합유아교육과정을 시행하는 동시에, 동의하지 않은 유아에게 불이익이 가지 않도록 해야 한다. 다음은 동의서 양식의 예시이다.

양식 예시

성경적 통합교육과정 운영에 대한 부모 동의서

본 유치원이 실행하는 성경적 통합유아교육과정은 누리과정의 전반적인 내용에 성경적 가치를 담아 통합하여 운영하는 교육과정입니다. 유치원/어린이집의 철학이 반영된 기독교 유아교육과정을 실행하는 것은 유아교육과정의 질적인 실행에도 충실한 결과를 가져옵니다. 이를 위해 교육과정을 통합할 수 있는 통합적 역량과 함께 기독교적인 인성을 갖춘 전문성 있는 교사가 함께 합니다. 기독교적 인성의 탄탄한 기반 위에서

다음세대 창의적인 리더를 키우는 일에 저희 유치원/어린이집이 함께 합니다. 이를 토대로 모든 유아를 위한 질적인 교육과정을 운영하겠습니다.

이에 의견을 제시하여 주시면 감사하겠습니다.

성경적 통합유아교육과정 참여에 동의합니다. (　　)
성경적 통합유아교육과정 참여에 동의하지 않습니다. (　　)
※ 동의하지 않는 경우 유아의 교육에 차별이나 불이익은 없습니다.

OO유치원/어린이집

3) 성경적 통합유아교육과정 수행을 위한 교사의 준비도 파악 및 지원

성경적 통합유아교육과정 수행에 참여하는 교사는 대속의 은총을 허락하신 예수 그리스도를 신앙하고, 사물과 세계를 기독교 세계관으로 통찰하여 자신의 삶의 영역에서 하나님의 주권을 선포하고 하나님 나라를 확장하는 데 참여하도록 부르심을 받은 사명자들이다. 기독교 유아 교사는 유아들이 자신이 경험한 예수 그리스도를 통해 하나님을 경험할 수 있도록 돕고, 기독교 세계관을 가지고 살아갈 수 있는 그리스도의 신실한 제자로 성숙할 수 있도록 돕는 사람들이다. 이 직임을 잘 감당하기 위하여 거듭난 인성, 유아에 대한 사랑, 전문적 지식과 실천역량 그리고 바른 성경지식을 가지고 기독교 세계관으로 사물과 세계를 조망할 수 있는 능력을 잘 갖추어야 할 것이다.

이와 함께 기관의 운영자(원장) 혹은 센터의 장은 기독교 유아교사의 모든 실천역량이 향상될 수 있도록 교사의 개별적 특성을 파악하고 이에 따른 지원 방안을 수립해야 한다. 교사 간 신뢰와 긍정적 관계를 지원하는 환경 마련(예: 교사 MT, 멘토-멘티 구성 등), 교사의 역량 계발을 위한 연수 참여 독려 및 행정적 지원, 원내 자율장학을 통한 전문성 신장, 근무환경 여건 개선, 주기적 면담을 통한 교사 상담, 대학원 등의 학업 활동 지원 등 다양한 지원이 필요하다. 교사의 역량 계발을 위해 전문적 역량 자기평가 척도를 활용할 수 있다. 〈표 6-2〉의 각 항목을 자기평정 척도로 활용하여 교사가 현재 상태를 점검해 보고, 필요한 '전문적 역량 목표'를 빈칸에 써 보도록 한다. 기관장은 개별 교사의 필요한 부분을 파악하고 해당 부분을 중점으로 지속적으로 역량을 높이는 공동의 노력을 해 나가도록 한다.

〈표 6-2〉 **성경적 통합 유아교육과정 운영을 위한 전문적 역량 자기평가 척도**

역량 구분	정의	① 전혀 그렇지 않다	② 그렇지 않은 편이다	③ 그런 편이다	④ 매우 그렇다
1. 지식	1) 유아에 대한 일반적 관점과 성경적 관점의 균형 잡힌 이해가 있다.	①	②	③	④
	2) 유아발달에 대한 전문적인 지식이 있다.	①	②	③	④
	3) 기독교적 교육과정 구성을 위해 유아교육과정의 전반적인 내용을 이해하고 있다.	①	②	③	④
	4) 기독교 교육과정의 의미, 원리와 방법 등 전반적인 내용을 이해하고 있다.	①	②	③	④
	5) 사회 각 분야의 교양 지식을 갖춘 준비된 교사로서, 유아가 세상 속에 하나님의 진리를 발견하도록 도와준다.	①	②	③	④
2. 교수기술	1) 일반유아교육과정을 기독교 세계관으로 통합하여 가르침으로 구체화한다.	①	②	③	④
	2) 기독교적 교수방법과 교수전략으로 유아교육을 수행한다.	①	②	③	④
	3) 기독교 유아교육을 촉진하는 물리적 환경을 구성한다.	①	②	③	④
	4) 기독교 교육과정을 수행할 수 있는 교재 · 교구를 제작하고 개발한다.	①	②	③	④
	5) 기독교적 평가 기준에 따라 교육과정과 유아를 평가한다.	①	②	③	④
	6) 의사소통 과정을 통해 유아가 기독교적 사고를 확장할 수 있도록 돕는다.	①	②	③	④
	7) 부모와의 긍정적 관계 형성을 통해 기독교 교육과정을 원활하게 수행한다.	①	②	③	④
	8) 기독교 교육 프로그램의 계획과 실행에 있어 부모와 지역사회와 협력한다.	①	②	③	④

• 전문적 역량 목표 기술:

※관련내용 설명은 28쪽 〈표 2-1〉을 참고한다.

2. 실행하기

앞서 제시한 바와 같이 교사의 준비도 및 요건을 파악한 후, 성경적 통합교육과정 실행을 할 수 있다.

1) 연간 성경적 통합유아교육과정 운영 계획하기

기독교 세계관으로 유아교육과정을 실행하기로 결정한 원은 한 해가 시작하기 전 연간 교육계획안에서 성경적 통합 유아교육과정을 실시할 수 있도록 계획한다. 일반적으로 시간적 여건이 있는 겨울방학 동안 한 해의 계획을 실행해 보기로 한다. (제시한 성경적 통합 연간 교육계획안 참고)

회의 목록(예시)

1. 기관의 성경적 통합유아교육과정 실행 내용 결정하기

누리과정 주제와 성경적 주제를 선정 후, 연간 통합교육계획을 수립한다. 성경적 통합유아교육과정과 연계된 행사, 현장학습, 지역사회 연계활동, 부모행사 등을 계획한다. 기관의 실행에서 어느 정도 실시할 것인지, 전체인지 혹은 부분이라면 어느 정도인지를 결정하고, 결정한 사항에 대한 구체적인 실행 방안을 계획한다.

예:
−기독교 유아교육에 대한 기관의 철학에 따라
¤ 연간 성경적 통합유아교육계획안의 수립
¤ 연계된 행사의 내용과 방향 설정

2. 기관의 성경적 통합유아교육과정 실행방법 계획하기

기관의 성경적 통합 유아교육과정 실행을 위한 구체적인 안내, 방법과 일정을 계획한다.

예:
¤성경적 통합유아교육과정 실행에 대한 부모의 동의
¤성경적 통합유아교육과정 실행을 위한 월별 모임 요일과 시간의 결정
¤성경적 통합유아교육과정 관련 행사 및 일과 계획

3. 성경적 통합유아교육과정 실행을 위한 역할 결정하기

'실현 가능한' 역할을 구분하여 분장한다. 지원이 필요한 경우, 유아교사의 기독교 교육 실행 역량에 따른 지원을 함께 계획한다.

예:

◻리더 및 리더의 역할 결정:

교육과정의 구체적 구성요소와 활용방법을 설명하고, 교사로서 교육과정에 적용해 가는 절차를 성경에서부터 유아교육과정 통합에 이르기까지 단계적으로 설명

◻예배 (성경이야기) 인도자의 결정:

원장이나 기독교 교육과정을 맡은 리더 혹은 외부 기독교 인사 초청

◻성경적 통합유아교육과정의 실행자 결정:

원장 또는 주임교사가 일반적으로 담당하지만, 원의 환경과 상황에 따라 적절한 사람을 결정할 수 있다. 기독교 교육과정에 대한 이해를 가지고 있는 사람을 실행자로 선정할 수도 있다.

◻성경적 통합 유아교육과정의 지원자 결정:

필요한 교재·교구 제작이나 소집단 운영을 위한 보조교사 배정

원내 교사연수를 위해 기독교 관련 인사 초빙 및 특강

4. 평가 체계 결정하기

연초에 목표에 따른 평가 체계를 함께 계획한다. 평가는 유아의 전반적 발달 및 영적 역량에 대한 연간, 분기간, 주간 평가 체계를 어떻게 구성할 것인지 계획한다. 평가는 일반교육과정을 넘어서 성경적 통합 유아교육과정 수행에도 중요한 교육의 과정이다. 양질의 교육을 제공하기 위해서는 교육과정 노력을 평가하고 모니터링하는 것이 필수적이다. 이에 따라 교육과정을 실행하는 목적 달성 여부를 파악할 수 있는 체계적이고 객관적인 유아, 교사, 부모의 변화의 자료를 수집해야 한다. 평가의 장점은 다음과 같다.

• 정해진 시간에 유아의 상태, 변화, 진보를 파악할 수 있다.
• 효과적인 교수전략을 확인할 수 있다.
• 유아의 학습 유형을 발견할 수 있다.
• 교육과정을 효과적으로 수행하는 데 적합한 결정을 내릴 근거를 갖는다.
• 교육과정이 유아에 미치는 효과를 평가할 수 있다.
• 교육과정 수정 방안을 알 수 있다.
• 교사훈련 혹은 지원 분야에 대한 정보를 획득할 수 있다.
• 교육과정의 효과를 파악할 수 있다.

주요 평가 항목은 다음과 같다.

• 각 활동별 목표 평가
• 유아의 전반적 발달 및 영적 역량을 위한 목표
• 기관의 성경적 통합유아교육 목표

2) 월별 연구 모임 갖기

월별 연구 모임의 주목적은 성경적 통합유아교육과정을 효과적으로 실행하기 위한 준비에 있다. 월별 연구 모임은 정해 놓은 시간에 일관성 있게 모이고 마치도록 한다. 모임 시기는 다음 달 교육과정이 시작되기 전 월말에 갖도록 한다. 모임 시간은 약 2시간 정도로 하며, 리더는 교사와 구성원이 편안한 분위기 속에서 긍정적인 관계가 형성될 수 있도록 모임을 이끌어 나간다. 필요한 준비물로 성경책, 찬양악보, 통합교육과정 책자, 해당 월의 누리과정 해설서, 필기구, 기타 참고서적 등을 구비한다. 연구 내용은 월별 교육과정의 전개 순서를 따라, 성경적 통합유아교육과정 실행을 위한 기초 다지기, 성경적 통합과정 이해하기, 성경적 통합유아교육 실행하기 순서로 진행한다. 구체적인 진행 내용은 다음과 같다.

① 사전에 '성경적 통합유아교육 실행을 위한 기초 다지기'의 주요개념을 읽어 오거나 모여서 함께 읽는다. 이를 통해 다음 달의 성경적 통합유아교육과정을 이해하기 위한 개념적이고 이론적인 기초를 정립한다.

② 정시에 모여 기도와 찬양을 하고, 교사큐티를 하며 먼저 하나님과 관계를 맺는 시간을 갖는다. (큐티는 성경개관, 본문에 대한 묵상, 나눔, 기도의 시간으로 구성할 수 있다) 교사큐티를 통해 성경본문의 주제 및 통합의 방향성에 대해 정리해 본다.

③ 월간 성경적 통합의 흐름도와 해설, 계획안을 보고 성경본문의 주제, 통합교육과정의 방향성과 주요 내용을 이해한다.

④ 유아 수준의 성경이야기를 읽으며, 교사 수준에서 이해하고 있는 기독교 개념을 유아 수준으로 재구성한다.

⑤ 단위활동계획안을 바탕으로 통합교육활동을 위한 구체적인 토의 및 연구과정을 진행한다.

다음의 사례와 같이 성경적 통합활동 구성을 위해서는 구성원들이 친밀하고 자유로운 분위기 속에서 서로의 생각을 충분히 나누고 활발하게 브레인스토밍하는 시간을 갖도록 한다.

사례

연구 모임 중 인도자와 김 교사가 교육과정 통합에 대하여 이야기하고 있다.

김 교사: 5월은 '나와 가족' 주제인데 성경본문은 마가복음 10장에 예수님께서 아이들을 안고 축복해 주시는 내용을 다루고 있어요. 그러면, 어떻게 가족이라는 생활주제와 연계시킬 수 있을까요?
인도자: 선생님, 예수님께서 어린이를 축복해 주셨는데, 그 축복에는 어떤 것이 있을까요?

김 교사: 아아~ 그렇게 생각하니까 가족도 아이가 잘 자랄 수 있도록 하나님께서 주신 거군요.

인도자: 네. 실제로 본문에 부모가 아이들을 예수님께로 데리고 나오고 있죠. 부모님이 없으면, 아이는 축복받으며 건강하게 자라기 어렵죠. 부모는 하나님의 주신 자녀를 맡은 하나님의 청지기랍니다.

김 교사: 아, 그럼 통합활동에서 가족의 소중함을 다룰 때도 가정을 통해 나를 축복하시고 내가 잘 자랄 수 있도록 가족을 주신 하나님께 감사하는 시간을 갖도록 할 수 있을 것 같아요.

3) 주별 성경적 통합유아교육과정 실천 모임 갖기

주별 성경적 통합유아교육 실천 연구 모임의 목적은 월간 통합교육계획을 주별 단위로 효과적으로 실행하기 위한 준비에 있다. 필요한 준비물은 월별 연구 모임에서 제시한 것들을 기본으로 하되, 교육(보육)일지, 주간계획안 예시, 활동 진행 과정에서 나온 사진 및 동영상 자료, 유아의 활동 결과물 등을 포함한다. 구체적인 진행내용은 다음과 같다.

- 사전에 지난 주 활동평가 자료와 실행하는 주의 주간계획안을 준비한다.
- 정시에 모여 기도와 찬양을 하고, 교사큐티 시간을 갖는다. 주별 연구모임 시에는 해당하는 주의 묵상 내용을 함께 나눈다.
- 지난 주 성경적 통합유아교육과정에 대한 평가를 나눈다. 단위활동계획안, 교육(보육)일지, 사진 및 영상 자료, 유아의 활동 결과물 등을 공유하면서 교사 및 유아의 변화에 대해 이야기 나눈다.
- 다음 주 성경적 통합교육과정 계획을 위해 월간 성경적 통합교육과정의 해설에 나와 있는 해당하는 주의 해설 부분을 자세히 읽는다.

- 유아 수준의 성경이야기를 읽으며, 주간 통합교육을 수행하기 위해 중점이 되는 내용을 파악한다.
- 월간 통합교육계획안, 단위활동계획안을 바탕으로 주간 교육활동을 위한 구체적인 토의 및 연구 과정을 진행한다.
- 반별 또는 공통 교육활동을 선정한 후, 주간계획안에 반영한다.

다음의 사례와 같이 주간 성경적 모임 또한 친밀하고 자유로운 분위기 속에서 서로의 생각을 활발하게 나누는 시간을 가지도록 한다.

사례

연구모임 중 김 교사와 남 교사 그리고 반 교사의 대화이다.

김 교사: 5월은 '나는 축복의 사람'이라는 주제예요. 이번 3주의 주제가 '소중한 나'인데 지난번에 배웠던 '나의 몸' 주제와 연계하여 계획하면 좋을 것 같아요.

남 교사: '나의 몸' 주제에서 이야기나누기 활동에서 하나님을 닮은 나에 대해서 알아보는 내용이 있었어요. 유아들이 자신이 하나님과의 닮은 존재임을 알았지만 예수님께 축복받는 존재라는 것은 잘 인지하지 못하는 것 같아요. 나라는 존재가 작고 어리지만 예수님께서는 누구든 자기에게 나아오도록 하셨다는 것을 경험한다면 자신이 얼마나 소중한 존재인지 보다 깊이 깨달을 수 있을 거예요.

김 교사: 월간 주제와 잘 연계가 되는 것 같아요. 주간목표를 다시 한 번 확인하고 활동을 생각해볼까요?

반 교사: 그림 감상 활동을 해 보면 어떨까요? 그림 중에서는 예수님께서 어린아이를 사랑으로 바라보거나 안아 주는 그림들이 많이 있어요. 남 선생님께서 말씀하신 이번 달 성경이야기 내용의 일부이기도 하구요. 성경이야기를 그림 감상 활동을 통해 재구성하며 예수님 안에 있는 자신의 모습으로 그려 보는 거죠.

---

4) 교육성과의 평가

먼저 교사 개인이 수행할 수 있는 평가 준비 단계로 수업 활동 후 단위활동계획안에 포함된 활동평가를 작성해 둔다. 이 외에도 유아의 신앙성숙도, 활동 참여도, 반성적 저널, 일화 기록, 포트폴리오 등 일반적인 평가방법과 기독교 관련 도구들을 다양하게 활용할 수 있다. 수집된 평가 자료는 주별 모임에서 함께 모니터링한다. 주별 평가과정을 통해 변화된 정도를 알아보기 위하여 분기별 평가를 진행할 수 있다. 또한 전체 프로그램 평가를 위하여 기독교 교육과정 수행 사전–사후 검사를 통한 연간평가를 시행할 수 있다.

평가 체계는 구성원 및 교육과정이 설정한 목적에 맞게 계획해야 한다. 이를 위해서는 타당하고 신뢰성 있는 자료를 수집해야 한다. 자료 수집은 팀 구성원이 공동으로 수행해야 한다. 자료 수집을 위하여 시간, 기술, 물리적 자료 등이 적절하게 확보되어야 한다. 평가를 위한 준비물로는 교육(보육)일지, 활동계획안 및 실행평가서, 일화기록, 관찰기록일지, 반성적 저널, 학부모 상담자료, 필기구 등이 있다. 다음은 단위활동계획안에 대한 평가와 유아관찰기록의 예시이다.

• 단위활동계획안 평가(예시)

일시	2016년 5월 10일	활동명	나의 몸 만들기
활동 평가	유아들이 '나의 몸을 만들기' 활동을 하기 전, 자신의 몸을 탐색해 보는 시간을 가졌다. 몸을 탐색하면서 하나님이 우리의 몸을 얼마나 놀랍게 만드셨는지 경험할 수 있었다. 기어 보고, 뛰어 보고, 뒤로 걸어 보면서 하나님이 우리 몸의 관절을 만드셨기 때문에 다양한 자세가 가능할 수 있음을 알 수 있었다. 여러 가지 재료로 몸을 만들면서 유아들이 하나님이 우리를 만드셨을 때의 마음을 생각해 볼 수 있었다. 뼈대를 만들고 살을 붙이는 과정 속에서 유아들은 몸이 구성된 과학적인 원리도 생각해 볼 수 있었다. 완성된 작품을 소중히 여기는 유아에게 "하나님이 만드신 너의 몸에 대해서는 어떤 생각이 드니?"라고 교사가 질문하자, "소중해요."라고 이야기를 하였다. 이번 활동을 통해서 유아들이 하나님의 창조의 놀라운 능력을 경험하고, 움직이는 몸을 주신 하나님께 감사한 마음을 가질 수 있는 계기가 되었다.		

• 교육과정 평가: 유아 관찰기록(예시)

일시	2016년 5월 10일	이름	최다솜
장면	이야기나누기 시간		
내용	교사가 유아들에게 "우리는 누구를 닮았나요?"라고 묻자, 수현이가 "하나님을 닮았어요."라고 말한다. 나리가 "근데 왜 너랑 나랑 안 닮았어?"라고 묻자, 다솜이가 "눈, 코, 입 똑같잖아!"라고 말한다. 나리가 "아냐! 나 너랑 눈 다르게 생겼어!"라고 말하자, 다솜이가 "그건 하나님이 일부러 다르게 만든 거야. 기억하기 쉬우라고."라고 이야기한다.		
분석	다솜이는 친구와 자신의 겉모습은 다르지만 하나님의 형상을 닮아서 사람이 창조되었음을 알고 있다.		

요약

이 장에서는 성경적 통합유아교육과정 실행 구성요인을 성공적이고 효율적으로 사용하기 위해 필요한 요건을 살펴보고, 가능한 지침 사례를 제시하였다. 성경적 통합유아교육과정을 사용하는 기관의 상황과 필요에 따라 수정하여 사용할 수 있다.

제 3 부

활동의 실제

연간 성경적 통합유아교육계획안

월	(1) 유아교육과정 주제	(2) 성경 주제		(3) 통합 주제	(4) 신학적 개념	(5) 인성
3	즐거운 유치원 (어린이집) • 유치원/어린이집의 환경 • 유치원/어린이집에서의 하루 • 유치원/어린이집에서 만난 친구 • 함께 만드는 유치원 (어린이집)	성경에는 무슨 내용이 있을까요? (디모데후서 3:16; 요한복음 20:31)	하나님을 만나요	• 성경을 우리에게 주신 하나님 • 하나님이 함께 하시는 하루일과 • 하나님이 주신 친구와 사이좋게 지내기 • 유치원/어린이집에서 내가 할 수 있는 일	• 종말론: 계시 • 신론: 삼위일체 하나님 • 성령론: 성령의 열매	존중 기쁨 경건 배려 사랑 절제
4	봄/동식물과 자연 • 봄의 날씨와 풍경 • 따뜻한 봄 지내기 • 봄에 흔히 볼 수 있는 동식물 • 자연과 더불어 사는 우리	세상을 만드신 하나님 (창세기 1:1-2:3)	봄을 만드신 하나님	• 봄의 날씨와 풍경 • 따뜻한 봄 지내기 • 봄에 흔히 볼 수 있는 동식물 • 자연과 더불어 사는 우리	• 신론: 창조주 하나님 • 인간론: 하나님의 형상	기쁨 존중 배려 협동
5	나와 가족 • 나의 몸 • 나의 마음 • 소중한 나 • 소중한 가족	나는 축복의 사람이에요 (창세기1:26-27; 마가복음10:13-16)	나는 축복의 사람	• 나의 몸 • 나의 마음 • 소중한 나 • 소중한 가족	• 인간론: 하나님의 형상 • 기독론: 그리스도의 사역 • 성령론: 성령의 열매	존중 절제 기쁨 책임 사랑

월	(1) 유아교육과정 주제	(2) 성경주제	(3) 통합주제		(4) 신학적 개념	(5) 인성
6	우리 동네 • 우리 동네 모습 • 우리 동네 사람들 1 • 우리 동네 사람들 2 • 우리 동네 전통과 문화	서로 사랑한 처음 교회 (사도행전 4:32-37)	서로 사랑하는 우리 동네	• 우리 동네 모습 • 우리 동네 사람들 1 • 우리 동네 사람들 2 • 우리 동네 전통과 문화	• 기독론: 그리스도의 사역 • 교회론: 교회, 교회의 사역 • 성령론: 성령의 열매	화평 배려 협동 사랑 양선 책임
7·8	여름철 건강과 안전 • 여름 날씨 알기 • 더운 여름 나기 • 안전한 놀이와 생활 • 맛있는 음식과 영양	하나님이 우리와 함께 하세요 (출애굽기 40:36-38, 16:31-36)	하나님이 함께하시는 여름	• 여름 날씨 알기 • 더운 여름 나기 • 안전한 놀이와 생활 • 맛있는 음식과 영양	• 신론: 삼위일체 하나님 창조주 하나님 • 기독론: 그리스도의 사역 • 인간론: 하나님의 형상	존중 배려 인내 기쁨 사랑 절제
9	우리나라 • 우리나라 사람들의 생활 • 우리나라의 놀이와 예술 • 우리나라의 역사 • 우리나라의 자랑거리	나라를 사랑한 느헤미야 (느헤미야 2:1-20)	우리나라를 사랑해요	• 우리나라 사람들의 생활 • 우리나라의 놀이와 예술 • 우리나라의 역사 • 우리나라의 자랑거리	• 신론: 삼위일체 하나님 창조주 하나님 • 교회론: 교회	존중 협동 사랑 양선 인내 책임 절제

월	(1) 유아교육과정 주제		(2) 성경주제	(3) 통합주제		(4) 신학적 개념	(5) 인성
10	세계 여러 나라	• 세계 여러 나라 사람들의 생활 • 세계 여러 나라의 문화유산 • 세계 여러 나라와의 교류 • 세계 여러 나라의 자연과 사회 현상	온 땅에 흩으셨어요 (창세기 11:1-9)	세계 여러 나라를 이루었어요	• 세계 여러 나라 사람들의 생활 • 세계 여러 나라의 문화 유산 • 세계 여러 나라와의 교류 • 세계 여러 나라의 자연과 사회 현상	• 신론: 삼위일체 하나님 • 인간론: 죄 • 교회론: 교회의 사역	존중, 사랑, 배려, 화평, 협동, 절제, 경건, 기쁨, 정직, 책임, 양선,
11	환경과 생활	• 돌·흙과 우리 생활 • 공기·바람과 우리 생활 • 빛과 우리 생활 • 소리와 우리 생활	아름다운 세상을 만들어 주셨어요 (시편 8:1-9, 19:1-8)	하나님이 만들어 주신 환경과 우리의 생활	• 돌·흙과 우리 생활 • 공기·바람과 우리 생활 • 빛과 우리 생활 • 소리와 우리 생활	• 신론: 창조주 하나님, 섭리 • 인간론: 하나님의 형상	기쁨, 배려, 절제, 존중, 책임, 경건
12	겨울	• 추운 겨울 나기 • 크리스마스 • 이웃과 함께 보내는 겨울	우리를 위해 예수님이 태어나셨어요 (누가복음 2:1-14)	복음으로 행복한 겨울	• 추운 겨울 나기 • 크리스마스 • 예수님의 뜻에 따라 불우 이웃을 도와요	• 기독론: 그리스도의 인격, 그리스도의 사역 • 교회론: 교회의 사역 • 종말론: 하나님 나라	기쁨, 사랑, 협동, 화평, 양선
1 · 2	한 살 더 자랐어요	• 성장한 나 • 동생에게 전하는 이야기 • 형님이 될 준비를 해요 • 더불어 사랑해요	예수님처럼 자라요 (누가복음 2:52)	예수님처럼 자라요	• 자라가신 예수님 • 우리가 예수님처럼 자라려면 • 예수님을 닮은 우리 • 더불어 사랑해요	• 기독론: 그리스도의 인격	경건, 협동, 사랑, 기쁨, 배려, 양선, 인내, 절제, 화평

3월 통합유아교육과정

하나님을 만나요

3월 · 하나님을 만나요

I. 성경적 통합유아교육과정 실행을 위한 기초 다지기

'성경적 통합유아교육과정 실행을 위한 기초 다지기'는 3월 유아교육과정에 해당하는 성경본문 배경과 흐름에 따른 주요개념 이해, 교사큐티를 통한 이해 재확인 및 적용과 기도 과정을 순차적으로 제시한다. 이 과정을 통하여 기독교 유아교사는 유아교육과정의 성경적 통합과정 이해 및 성경적 통합교육을 실행하기 위한 역량기반을 다질 수 있다. 성경적 통합역량 기초 다지기 과정을 거치면서 통합된 교육활동 내용을 충실하게 수행할 뿐만 아니라 심화 · 확장 활동으로 자유롭게 연계할 수 있는 역량을 성취해 나갈 수 있다.

1. 주요개념

한 달의 통합유아교육과정에 대한 이론적 기초로서, 성경본문과 유아교육과정의 주제가 어떤 개념을 근거로 통합되는지에 대한 정보를 제공한다.

2. 성경개관

성경본문의 배경과 전체 흐름을 살펴보고 통합의 근거가 되는 성경의 요점을 개요 수준에서 간추린다.

3. 교사큐티

말씀을 통해 하나님과 개인적으로 교제하는 시간으로 한 달간의 성경본문을 각 주별 주제와 관련하여 매주 묵상한다.

주요개념

요 약

하나님이 자신을 드러내신 모든 말씀은 신약 · 구약 모두 66권으로 이루어진 성경에서 찾을 수 있다. 성경에는 하나님의 천지창조와 인간의 타락, 예수님을 통한 구원에 관하여 구체적으로 적혀 있다. 또한 하나님을 사랑하고 예수님을 믿는 사람들의 이야기가 있다. 3월은 유아교육기관의 교육과정이 시작된다. 유아들은 교육기관에서 새로운 친구들과 선생님 그리고 다양한 사람들을 만난다. 이와 같이 새로운 만남이 시작되는 시기에 유아가 예수 그리스도를 통해 하나님을 만나고 그 사랑에 대하여 깨달을 수 있도록 한다. 하나님이 자신을 드러내신 성경을 유아들에게 재미있게 소개하여 앞으로 펼쳐질 하나님을 만난 사람들에 관한 이야기에 기대감을 갖게 한다.

1) 성경: 성경에는 무슨 내용이 있을까요?

하나님은 천지를 창조하시고 지금까지 세상을 다스리고 계신다. 하나님은 하나님의 형상대로 창조하신 인간을 통하여 세상을 돌보도록 질서를 세우셨다. 그러나 인간의 죄로 말미암아 모든 피조물은 죄에 오염되어, 그리스도를 통한 구속을 기다리게 되었다. 하나님은 독생자이신 예수님을 이 세상에 보내시어 우리 죄를 위해 십자가에 달려 죽으심으로 죄의 대가를 치르게 하시고 우리를 구원하셨다. 죽은 자들의 첫 열매로 부활하신 예수님은 하나님의 보좌 우편에 계시다가 다시 오실 것이다.

하나님은 이 모든 것을 하나님의 말씀, 곧 성경을 통하여 말씀하시고 계시다. 성경은 구약 39권과 신약 27권으로 총 66권으로 이루어져 있으며, 하나의 맥락으로 메시아의 오심에 대한 예언과 성취를 다루고 있다. 이 성경을 기록한 목적은 예수께서 하나님의 아들 그리스도이심을 믿게 하려 하는 것(요한복음 20: 31)과 하나님의 아들의 이름을 믿는 우리에게 영생이 있음을 알게 하는 것(요한일서 5:13)이다. 이렇게 우리에게 선물로 주어진 모든 성경은 하나님의 감동으로 된 것으로 교훈과 책망과 바르게 함과 의로 교육하기에 유익(디모데후서 3:16)하여 기독교 교육의 목적을 잘 성취할 수 있다.

예수님을 인격적으로 만난다면 하나님의 몸된 교회와 하나님 나라에 기여할 하나님의 귀한 자녀로 성숙해 나갈 수 있다. 유아의 발달 특성과 과제를 알고 적합한 교육과 돌봄이 이루어진다면 하나님이 주신 잠재력을 나타낼 수 있을 것이다. 마찬가지로, 유아의 발달 특성을 고려한 성경교육과 지원이 이루어진다면 유아가 성경을 알고 경험하고 실천할 수 있도록 하는 데 긍정적 결과를 기대할 수 있을 것이다. 유아를 지도하는 기독교 유아교사에게는 하나님의 아들을 믿는 것과 아는 일에 하나가 되어 온전한 사람을 이루어 그리스도의 장성한 분량이 충만한 데 이르도록 성도를 온전케 하는 사명을 주셨으며, 하나님께서는 이들을 동역자로 삼아 주셨다(에베소서 4:11-13). 그러므로 자라게 하시는 하나님의 주권을 의지하면서 유아에게 하나님과 예수님을 소개하여야 한다.

2) 유아교육과정: 즐거운 유치원/어린이집

3월 첫 주는 입학식과 함께 새로운 만남이 시작된다. 선생님과 친구들 모두 반가운 인사를 나누며 서로를 소개하는 시간을 갖는다. 유아교육기관의 새로운 환경을 탐색하고 기관에 있는 사람들과 친구들에 대하여 알아보는 시간을 갖는다. 유아가 새로운 환경에 적응하는 3월은 교사 및 또래와 긍정적인 관계를 맺을 수 있는 중요하고도 민감한 시기이다. 이 시기에 구축된 긍정적 관계가 더 나은 사회적 상호작용으로 발전하는 기초가 된다.

3) 성경적 통합: 하나님을 만나요

기독교 유아교사는 유아들이 하나님을 만날 수 있도록 다양한 방법을 통하여 지원해야 한다. 학기 초는 다양한 사람들과 관계를 맺기 위하여 노력하는 시기이다. 선생님 및 친구들과 만날 수 있도록 인도해 주신 하나님께 감사드리며, 앞으로 알아갈 하나님, 예수님을 자연스럽게 소개하는 시간을 갖도록 한다. 첫 주에 성경을 소개하면서 성경의 중심주제인 하나님, 예수님에 대한 성경이야기를 들려준다. 또한, 눈으로 보이지 않아도 그리고 직접 만질 수는 없어도 우리와 항상 함께 하시는 하나님이라는 것을 인식할 수 있도록 일상생활 속에서 자주 언급해 준다. 하나님은 언제 어디서나 늘 우리와 함께 해 주시는 우리의 친구이자 보호자가 되신다는 것을 알려 줌으로써 유아들이 하나님과 예수님에 대해 친근감을 충분히 느낄 수 있도록 한다. 3월은 이와 관련된 성경이야기를 소개하고 연계할 수 있는 활동계획안을 제시하였다. 3월에 성경을 전반적으로 소개한 후 앞으로 1년 동안 자연스럽게 성경의 내용을 유아교육기관의 연간 주제와 관련하여 다루고자 한다.

성경개관

| 성경 말씀 | 본문제목

성경을 우리에게 주신 하나님

성경본문

디모데후서 3장 16절, 요한복음 20장 31절

중심말씀

모든 성경은 하나님의 감동으로 된 것으로 교훈과 책망과 바르게 함과 의로 교육하기에 유익하니(디모데후서 3:16)

내용요약

하나님은 우리에게 말씀을 통하여 자신을 드러내셨다. 우리가 알고 있는 성경에는 하나님이 하신 일과 예수님을 통한 구원의 진리가 담겨 있으며, 하나님을 사랑하고 예수님을 믿는 사람들의 이야기가 들어 있다. 하나님은 예수님을 믿는 우리가 성경을 통하여 하나님의 자녀로 성장하기를 기대하고 계신다.

| 신학적 개념 | 신론—삼위일체 하나님(유아수준: –하나님이 말씀하세요)

성령론—성령의 열매(성도의 삶)(유아수준: 성령님이 인도하세요)

종말론—재림(유아수준: 예수님—예수님은 다시 오세요)

| 핵심 개념 | 성경은 하나님의 말씀이다.

하나님은 성경을 통해서 우리에게 말씀하신다.

성경은 하나님과 예수님에 대해 알려 준다.

성경은 하나님을 기쁘게 해 드리는 방법을 가르쳐 준다.

성령님은 하나님 말씀대로 살 수 있도록 도와 주신다.

예수님은 우리에게 다시 오신다.

| 성경 이해 | 하나님은 성경을 통하여 자신을 드러내시고 말씀하셨다. 성경은 성령의 감동으로 오류 없이 정확하게 기록되었으며, 메시아의 오심에 대한 예언과 성취를 다루고 있다. 이 성경을 기록한 목적은 예수께서 하나님의 아들 그리스도이심을 믿게 하려 하는 것과 믿는 자에게 영생이 있음을 알게 하는 것이다. 이렇게 우리에게 선물로 주어진 성경의 말씀은 하나님의 감동으로 된 것으로 교훈과 책망과 바르게 함과 의로 교육하기에 유익하다. 하나님은 성경을 통하여 하나님의 아들을 믿는 것과 아는 일에 하나가 되어 온전한 사람을 이루어 그리스도의 장성한 분량이 충만한 데 이르도록 자라기를 원하고 계신다.

교사큐티

성경을 우리에게 주신 하나님

성경본문 디모데후서 3:14-17, 요한복음 20:30-31, 에베소서 4:11-14

하나님은 성경을 우리에게 주셨다. 그 이유는 ① 예수님이 하나님의 아들 그리스도이심을 믿고 영생이 있음을 알게 하기 위함이며, ② 교훈과 책망과 바르게 함과 의로 교육하기에 유익하여 하나님의 사람으로 온전하게 하기 위함이다.

|도움말|

15 또 어려서부터 성경을 알았나니: 어린 나이에 성경에 대하여 아는 것은 매우 중요한 일이다. 성경은 예수 그리스도로 말미암아 구원에 이르는 지혜를 제공한다.

16 모든 성경은 하나님의 감동으로 된 것으로: 성경이 하나님의 영감을 받았다는 것은 성경이 저자들에 의해 기록되는 동안에 뿐만이 아니라 성경이 읽히는 동안에도 영감을 주신다는 것이다.

16 교훈과 책망과 바르게 함과 의로 교육하기에 유익하니: 교훈은 무지한 자들을 가르친다. 책망은 오류와 편견을 가진 자들을 깨닫게 한다. 바르게 함은 사람이 잘못된 길에서 올바른 길로 가도록 상기시킨다.

17 하나님의 사람으로 온전하게 하며: 온전하게로 번역된 ἄρτιος(알티오스)는 '꼭 맞는, 완전한, 완벽한'의 의미이다(에베소서 4:13, 누가복음 2:52 참조).

요한복음 20:31 오직 이것을 기록함은 너희로 예수께서 하나님의 아들 그리스도이심을 믿게 하려 함이요: 성경이 기록된 목적을 말하고 있다(요한복음 21:25 참조). 두 구절은 요한복음의 결론으로 예수 그리스도를 믿고 생명을 얻게 하는 목적으로 성경이 기록되었음을 말하고 있다.

에베소서 4:11 목사와 교사로 삼으셨으니: 목사와 교사는 하나님이 주신 선물이다. 둘이 결합된 이유는 주로 가르침으로써 먹이고, 또한 훈계로써 책망하기 때문이다.

12 성도를 온전케 하며, 봉사의 일을 하며, 몸을 세우려 하심이라: 하나님이 은사를 선물로 주신 것은 교회와 성도의 유익을 위함이다.

13 하나님의 아들을 믿는 것과 아는 일에: 그리스도에 관한 지식에 있어서 가장 귀중한 점은 그가 하나님의 아들이라는 것이다. 아는 것과 믿는 것은 단순한 지식적인 의미가 아니며 더 완전한 무엇을 의미하기 때문이다.

성경을 주신 하나님(디모데후서 3:14-16)

14 그러나 너는 배우고 확신한 일에 거하라 너는 네가 누구에게서 배운 것을 알며

15 또 어려서부터 성경을 알았나니 성경은 능히 너로 하여금 그리스도 예수 안에 있는 믿음으로 말미암아 구원에 이르는 지혜가 있게 하느니라

16 모든 성경은 하나님의 감동으로 된 것으로 교훈과 책망과 바르게 함과 의로 교육하기에 유익하니

17 이는 하나님의 사람으로 온전하게 하며 모든 선한 일을 행할 능력을 갖추게 하려 함이라

성경을 기록하신 목적(요한복음 20:30-31)

30 예수께서 제자들 앞에서 이 책에 기록되지 아니한 다른 표적도 많이 행하셨으나

31 오직 이것을 기록함은 너희로 예수께서 하나님의 아들 그리스도이심을 믿게 하려 함이요 또 너희로 믿고 그 이름을 힘입어 생명을 얻게 하려 함이니라

목사와 교사를 세우심(에베소서 4:11-14)

11 그가 어떤 사람은 사도로, 어떤 사람은 선지자로, 어떤 사람은 복음 전하는 자로, 어떤 사람은 목사와 교사로 삼으셨으니

12 이는 성도를 온전하게 하여 봉사의 일을 하게 하며 그리스도의 몸을 세우려 하심이라

13 온전한 사람을 이루어: 추상 개념을 대신한 구체적 명사. 왜냐하면 하나가 되는 것과 분량은 추상 명사이기 때문이다. 온전한으로 번역된 해당하는 τέλειος(텔레이오스)는 '완전한, 완벽한'을 의미한다(빌립보서 3:15 참조).

13 장성한 분량이 충만한 데까지 이르리니: 이는 그리스도의 성숙이 충만함에서 나타나는 모든 은혜로 완전히 성숙한 그리스도인이 되어지는 것을 말하는 것이다(누가복음 2:52, 디모데후서 3:17 참조).

13 우리가 다 하나님의 아들을 믿는 것과 아는 일에 하나가 되어 온전한 사람을 이루어 그리스도의 장성한 분량이 충만한 데까지 이르리니

14 이는 우리가 이제부터 어린 아이가 되지 아니하여 사람의 속임수와 간사한 유혹에 빠져 온갖 교훈의 풍조에 밀려 요동하지 않게 하려 함이라

|요약/해설|

성경을 주신 목적

하나님은 말씀, 곧 성경을 통하여 우리에게 말씀하시고 자신을 드러내셨다. 성경은 성령의 감동으로 무오하게 기록되었으며, 메시아의 오심에 대한 예언과 성취를 다루고 있다. 이 성경을 기록한 목적은 너희로 예수께서 하나님의 아들 그리스도이심을 믿게 하려 하는 것(요한복음 20: 31)과 하나님의 아들의 이름을 믿는 우리에게 영생이 있음을 알게 하는 것(요한일서 5:13)이다. 이렇게 우리에게 선물로 주어진 모든 성경은 하나님의 감동으로 된 것으로 교훈과 책망과 바르게 함과 의로 교육하기에 유익(디모데후서 3:16)하여 기독교교육의 목적을 잘 성취할 수 있다.

기독교 유아교사

기독교 유아교사에게는 하나님의 아들을 믿는 것과 아는 일에 하나가 되어 온전한 사람을 이루어 그리스도의 장성한 분량이 충만한 데 이르도록 성도를 온전케 하는 사명과 은사를 주셨으며, 하나님의 자녀를 자라게 하시는 하나님의 일의 동역자로 삼아주셨다(에베소서 4:11-13).

|찬양과 기도| 주님의 임재 가운데 나아갑니다. 주님 말씀하여 주십시오. 제가 듣겠습니다!

|말씀| 본문을 3번 정도 읽으며 전체적인 뜻을 파악하기/내게 다가오는 말씀들을 기록하기

|묵상| 말씀 묵상, 변화를 위한 적용과 구체적인 실천 찾기, 기도하며 결단하기

- **1주:** 배우고 확신한 일에 거하는 것과 어려서부터 성경을 안다는 것은 무슨 의미일까요? 디모데의 어린 시절을 그려 보며, 내가 가르치는 유아에게 성경을 소개하는 의미를 생각해 봅시다(디모데후서 3:14-15).

- **2주:** 하나님이 성경을 우리에게 주신 이유는 무엇일까요? (디모데후서 3:16) 내가 성경을 통해 얻은 유익이 있다면 무엇이 있었나요?

- **3주:** 의심하는 도마에게 자신을 나타내신 예수님의 이야기 뒤에 성경의 기록 목적이 적혀 있습니다. 하나님이 성경을 우리에게 주신 진정한 목적이 무엇일까요? (디모데후서 3:16)

- **4주:** 목사와 교사라는 은사를 하나님이 주신 이유는 무엇일까요? (에베소서 4:11-14) 그렇다면 기독교 유아교사인 나에게 하나님이 주신 사명은 무엇이라고 생각하나요?

|공동기도| 성경을 주셔서 하나님을 알게 하시니 감사합니다. 성경을 통해서 하나님을 아는 지혜 안에서 자라게 하심을 감사드립니다. 유아들을 교육할 수 있는 교사로 불러 주신 은혜를 감사드립니다. 우리에게 맡겨 주신 유아들에게 하나님과 예수님을 잘 소개할 수 있는 지혜를 주시고, 유아들을 만나 주시고 항상 함께 해 주세요.

3월 · 하나님을 만나요

II. 성경적 통합과정 이해하기

'성경적 통합과정 이해하기'는 성경본문과 유아교육과정 사이에 다리 놓기 작업으로서 유아교육과정이 성경적으로 통합되는 절차와 단계를 보여 준다. 성경적 통합과정을 구조화함으로써 교사가 통합과정을 보다 쉽게 이해하고 성경적으로 통합할 수 있는 능력을 갖출 수 있도록 지원한다.

1. 월간 성경적 통합의 흐름도

유아교육과정의 주제 및 목표를 성경본문의 주제 및 목표에 근거하여 통합하는 과정을 보여주는 프레임(틀)이다.

2. 월간 성경적 통합과정 해설

개요 수준에서 요약한 성경적 통합의 흐름에 함축된 주요 내용이나 예시들을 자세히 풀어서 설명해 놓은 지침서이다.

3. 월간통합교육계획안

성경주제 및 목표에 근거하여 한 달간 진행되는 통합교육활동들과 그 흐름을 한눈에 볼 수 있도록 요약한 주요계획이다.

월간 성경적 통합의 흐름도

성경주제	성경목표
성경을 우리에게 주신 하나님	• 하나님은 우리에게 성경을 선물로 주셨음을 안다. • 성경이 쓰인 목적은 예수님을 믿음으로 영원히 살도록 하기 위해서임을 안다. • 하나님은 성경을 통해 하나님의 자녀로 성장하기를 원하신다.

유아교육과정 주제	유아교육과정 목표
즐거운 유치원 (어린이집)	• 우리 반의 이름과 교실의 특징을 알아본다. • 하루 일과를 알고 생활한다. • 친구들과 선생님에게 관심을 가진다. • 지켜야 할 약속을 함께 정하고 지킨다. • 행복한 원을 만들기 위해 우리가 할 수 있는 일을 알아본다.

월간 통합주제	월간 통합목표
하나님을 만나요	• 하나님이 성경을 우리에게 선물로 주셨음을 안다. • 하나님은 우리의 하루 일과에 함께 하신다는 것을 안다. • 하나님이 주신 친구들과 사이좋게 지낸다. • 원에서 내가 할 수 있는 하나님이 기뻐하시는 일을 알아본다.

인성요소

• 존중: 하나님과 예수님을 최고로 존중하기, 나와 항상 함께 하시는 하나님을 알기
• 기쁨: 예수님을 통해 하나님의 자녀가 된 것을 즐거워하기
• 경건: 하나님께 바르게 예배하기, 하나님의 말씀을 생활 속에서 순종하기
• 사랑: 하나님 사랑을 알고 친구와 교제하기
• 배려: 하나님이 주신 선생님과 친구들을 알고 친절하게 대하기
• 절제: 자신의 감정과 행동을 적절히 조절하기

월간 성경적 통합과정 해설

| 통합주제 | 하나님을 만나요

| 통합목표 | 하나님이 성경을 우리에게 선물로 주셨음을 안다.

하나님은 우리의 하루일과에 함께 하신다는 것을 안다.

하나님이 주신 친구와 사이좋게 지낸다.

성경말씀을 따라 원에서 내가 할 수 있는 일을 알아본다.

| 인성요소 | • 존중: 하나님과 예수님을 최고로 존중하기, 나와 항상 함께 하시는 하나님 알기

• 기쁨: 예수님을 통해 하나님의 자녀가 된 것을 즐거워하기

• 경건: 하나님께 바르게 예배하기, 하나님의 말씀을 생활 속에서 순종하기

• 사랑: 하나님 사랑을 알고 친구와 교제하기

• 배려: 하나님이 주신 선생님과 친구들을 알고 친절하게 대하기

• 절제: 자신의 감정과 행동을 적절히 조절하기

요약

'하나님을 만나요' 주제를 위한 성경적 기초는 하나님께서 성경을 통해 자신을 드러내심, 성경 말씀 속에 창조·타락·구속의 역사, 그리고 하나님을 사랑하고 예수님을 믿는 사람들의 이야기를 다룬다. 하나님은 이 성경을 통하여 예수님을 믿는 우리가 하나님의 자녀로 성장하기를 원하신다. 3월에는 유아교육기관의 입학과 동시에 유아들은 유아교육기관에서 새로운 친구들과 선생님 그리고 다양한 사람들을 만난다. 이 시기에 유아에게 성경에 대하여 소개함으로써 하나님과 예수님을 알고 앞으로 1년간 펼쳐질 성경이야기에 대하여 기대감을 갖도록 한다. 기독교 유아교사는 하나님이 자신을 교사로 부르신 사명을 점검하고, 유아가 하나님께 나아가도록 지속적으로 지원하는 역할을 감당한다. 유아는 유아교육기관에 적응하는 과정에서 존중, 기쁨, 사랑, 배려, 경건, 절제 등의 기독교 인성 덕목을 경험하고 내면화할 수 있다.

1. 주요 성경개념

'하나님을 만나요'는 하나님의 말씀이 기록된 성경을 통해 예수님을 믿음으로써 하나님의 자녀로 자라도록 하는 데 목적이 있다. 성경은 하나님이 하신 일과 성품, 인간의 타락과 죄의 오염, 하나님의 구원 계획과 예수님의 오심, 십자가의 죽으심과 부활, 하나님을 사랑하고 예수님을 믿는 사람들의 행적, 다시 오실 예수님에 대한 소망을 담고 있다. 이 성경을 기록한 목적은 예수께서 하나님의 아들 그리스도이심을 믿고 영생이 있음을 알게 하는 것(요한복음 20: 31, 요한일서 5:13)이며 교훈과 책망과 바르게 함과 의로 교육(디모데후서 3:16)하기 위한 것이다. 하나님은 예수님을 믿는 우리가 성경을 통하여 하나님의 자녀로 성장하기를 기대하고 계신다. 기독교 유아교사의 소명은 유아를 자라게 하시는 하나님의 주권(고린도전서 3:6-7)을 의지하고 그리스도의 장성한 분량이 충만한 데까지 이르는 성장을 지원하는 데 있다.

따라서 유아에게 전달할 성경적 주요 개념과 활동은 다음과 같다. 첫째, 하나님이 성경을 우리에게 선물로 주셨음을 알고 앞으로 펼쳐질 성경의 이야기에 관심과 기대를 갖는다. 둘째, 성경을 우리에게 주신 이유가 예수님을 믿음으로 영생을 얻고 하나님께 나아가기 위함이라는 것을 알고 하나님을 만나기 위해 예배하는 방법과 예배시간에 다 같이 지켜야 할 규칙을 정한다. 셋째, 유아교육기관에서 교사 및 또래와 관계를 맺고 사이좋게 지내는 것이 하나님이 기뻐하시는 것을 알고 실천한다. 넷째, 하나님은 유아가 속한 공동체에서 바르게 행동하기를 원하신다는 것을 알고 유치원/어린이집의 일상생활 속에서 기본생활습관을 지키고 스스로 할 수 있는 일을 찾아보고 실천한다.

2. 성경적 통합 활동 및 방법

1) 성경을 주신 하나님(어린이집/유치원의 환경)

3월 첫째주 입학을 한 유아가 자신이 속한 교실을 찾아가는 분주한 시기이다. 유아교육기관에서 교실은 유아가 일차적으로 생활하는 공간이다. 유아들은 등원부터 귀가까지 대부분의 시간을 교실에서 생활하며, 교사 및 또래와 관계를 맺는다. 그러므로 유아가 교실에 친근감을 가질 수 있도록 유아에게 교실의 환경을 돌아보고 환경에 익숙해질 수 있는 기회를 제공한다. 또한 자연스럽게 각 영역을 탐색하고 적응할 수 있도록 한다.

유아교육기관의 적응 과정에서 낯선 환경은 유아에게 스트레스가 될 수 있기도 하지만 반면에 새로운 것에 대한 호기심을 증진할 수 있는 기회이기도 하다. 입학식 예배를 통하여 자연스럽게 유치원/어린이집에서 함께 하시는 하나님과 우리를 사랑하시는 예수님을 소개 할 수 있다. 먼저 성경의 전반적인 내용을 간략하게 알려 주고, 자연스럽게 하나님과 예수님을 소개하는 시간을 갖도록 한다. 성경에 대한 소개를 통하여 앞으로 1년 동안 성경말씀을 알아 가는 것에 대한 기대를 갖도록 한다. 단위활동으로 유치원/어린이집에서 나와 함께 하시는 하나님과 관련할 활동들을 실행해 본다.

2) 하나님이 함께 하시는 하루 일과

유아교육과정에서 '유치원/어린이집과 하루'에서는 유아들이 새로운 교실에서의 하루 일과의 흐름과 순서를 파악하도록 한다. 자유선택활동, 대소집단활동, 점심시간, 간식시간 등 각각의 활동이 지니는 성격과 특징을 이해하고 즐겁게 참여하도록 한다. 또한 유아교육기관에 있는 각 영역은 그 나름대로의 의미가 있으며, 규칙을 지니고 있다. 놀이와 활동의 규칙 이해하기, 정리정돈과 전이 약속 등 적응에 필요한 기본생활습관과 자조기술 등을 익히는 기회를 제공하도록 한다.

유아들의 하루 일과 가운데 정기적으로 예배를 드리는 시간을 갖거나 하루 일과를 하나님께 맡기는 기도를 드릴 수 있다. 기독교 유아교육기관이나 처음 온 유아는 예배드리는 법이 생소할 수도 있으므로 하나님께 기도하는 법, 찬양하는 법, 말씀을 듣는 법 등을 알아보도록 한다. 교사나 성인의 일방적인 지시보다는 활동을 통해 자연스럽게 알아보고, 하나님이 기뻐하시고 유아들도 즐거운 예배가 되기 위해서 어떤 약속을 정할지 의논하고 결정해 본다. 유아들이 정한 예배의 약속을 지속적으로 지킬 수 있도록 교실의 환경으로 게시한다.

3) 하나님이 주신 친구와 사이좋게 지내기

3월에 유아교육기관에 처음 온 유아는 새로운 친구를 만나고 관계를 형성하게 되면서 친구와 함께 놀이하기 시작한다. 유아마다 친구와의 관계를 형성하는 데 걸리는 시간과 방법 그리고 그 관계를 유지하고 발전시키는 형태에서 다양한 차이를 보인다. 어떤 유아는 쉽게 관계를 맺고 많은 유아들과 친해지지만, 어떤 유아는 관계를 맺는 초기부터 어려움이 있어 공격성이나 위축 등 부적응 행동을 보이기도 한다.

친구와 사이좋게 지낸다는 것은 하나님에 대한 사랑을 전제로 한다. 하나님의 사랑이 있을 때 비록 친구의 생각과 표현이 자신과 다르더라도 존중할 수 있다. 나를 사랑하시는 하나님이 친구를 사랑하며 친구와 사이좋게 지내는 것을 원하신다는 관점에서 접근한다. 예를 들어, 하나님이 친구와 나를 서로 다르게 만들었지만, 하나님은 우리를 모두 사랑한다는 것을 알려 준다. 겉모습, 좋아하는 것, 생각이나 성격이 달라도 그 자체로 하나님이 만드신 친구를 존중하도록 한다. 친구와 생각이 다를 때, 친구의 생각을 인정해 주거나 함께 적절한 해결 방법을 찾아보도록 한다. 친구와 관계를 맺기 위한 다양한 활동을

119

통해 우리를 사랑하는 하나님의 마음을 느껴 본다.

4) 유치원/어린이집에서 내가 할 수 있는 일

유아교육과정을 함께 만드는 유치원/어린이집이라는 주제는 유치원과 어린이집에 대한 자긍심을 기르고 행복한 유치원/어린이집이 되기 위한 실천에 주안점을 두었다. 유치원의 모든 유아들이 행복하기 위해서는 유아교육기관의 질서가 유지되고 공평하게 존중받는 분위기가 조성되어야 한다. 이러한 환경에는 모두가 함께 지키기로 정한 약속인 규칙이 교실과 기관 전체에 마련된다. 또한 교사는 이를 지킬 수 있도록 환경을 구성하고 지속적으로 가르친다. 유아 자신뿐만 아니라 다른 유아들의 생활을 보호하고 존중해 줌으로써 질서 있고 조화로운 교실 환경과 기관 분위기를 만들어 나간다.

이를 위해, 기본생활습관 형성을 돕는 환경을 구성하여 유아가 자신이 할 수 있는 일을 스스로 하도록 지원한다. 또한, 성경을 앎으로 하나님이 원하시는 바른 행동을 책임감 있게 실천하도록 한다. 유아 입장에서 책임은 연령과 상황에 적합하게 자신이 맡은 역할을 수행하는 것이다. 예를 들면, 정리하기, 나눠 쓰기, 친구 도와주기, 기다려 주기, 신발 스스로 신고 벗기 등이 공동체를 위해 기여할 수 있는 부분이다.

월간 통합교육계획안

- 성경주제: 성경을 우리에게 주신 하나님
- 성경목표: 하나님은 우리에게 성경을 선물로 주셨음을 안다.

  성경이 쓰여진 목적은 예수님을 믿음으로 영원히 살도록 하기 위해서임을 안다.

  하나님은 성경을 통해 하나님의 자녀로 성장하기를 원하신다.

연관주제	즐거운 유치원/어린이집			
통합주제	하나님을 만나요			
통합목표	• 1주: 하나님이 성경을 우리에게 선물로 주셨음을 안다. • 2주: 하나님은 우리의 하루일과에 함께 하신다는 것을 안다. • 3주: 하나님이 주신 친구와 사이좋게 지낸다. • 4주: 성경말씀을 따라 원에서 내가 할 수 있는 일을 알아본다.			
인성요소	존중, 기쁨, 경건, 사랑, 배려, 절제			

주		1주	2주	3주	4주
활동	주제	성경을 주신 하나님	하나님이 함께 하시는 하루 일과	하나님이 주신 친구와 사이좋게 지내기	유치원/어린이집에서 내가 할 수 있는 일
실내자유선택활동	쌓 기		• 블록으로 우리 교실 만들기	• 친구와 함께 블록으로 놀이터 만들기	
	역 할			• 친구와 함께 맛있는 음식 차리기	• 선생님 놀이
	언 어	• 성경책 읽기 • 하나님과 예수님에 대한 질문 목록 만들기 • 성경말씀 빈곳 채우기	• 예배시간의 약속 • 성경 북아트 만들기	• 친구에게 사랑의 편지 쓰기	• 우리반이 행복해지는 약속 만들기
	수·조작	• 성경에 있는 보물을 찾아서	• 하루일과표 붙여보기	• 친구이름 빙고놀이	• 내가 실천한 약속 평가표
	미 술	• 내가 생각하는 하나님, 예수님 그려보기	• 성경 속 이야기 상상해서 그려보기 • 기도하는 손 만들기	• 내가 좋아하는 친구 얼굴 만들기 • 친구에게 줄 선물 만들기★	
	음 률		• 악기소리 탐색하기	• 〈친구야 친구야〉 노래부르며 악기 연주	
	과 학	• 돋보기로 '하나님, 예수님' 글자 찾기			• 우리반 화분에 물주기
대소집단활동	이야기나누기	• 하나님, 예수님은 누구실까?★	• 하나님이 함께 하시는 하루일과	• 친구와 사이좋게	• 내가 실천할 수 있는 일★
	동시·동화·동극	• 동화) 유치원/어린이집에 왔어요	• 동시) 즐거운 나의 하루		
	미술/음악			• 음악) 친구야 친구야	
	신체/게임		• 하나님이 함께 하시는 하루★	• 짝꿍쪽지 찾기 게임 • 친구와 포크댄스 추기	• 말씀 듣고 행동하기★
바깥놀이활동		유치원/어린이집 여러 장소에서 하나님 느껴 보기			
성 경 말 씀		모든 성경은 하나님의 감동으로 된 것으로 교훈과 책망과 바르게 함과 의로 교육하기에 유익하니(디모데후서 3:16)			
기 도		하나님, 저희가 성경을 통해서 하나님을 알고 하나님 안에서 자랄 수 있도록 도와주세요. 예수님 이름으로 기도드립니다. 아멘.			

★: 수록된 단위 활동

3월 · 하나님을 만나요

III. 성경적 통합유아교육과정 실행하기

'성경적 통합유아교육과정 실행하기'는 성경주제 및 목표가 반영된 성경이야기를 토대로 지금까지의 모든 통합과정을 활동 속에 집약한 교육 실제를 다룬다. 교사가 성경에 근거한 통합교육활동을 안정된 성경적 기반 위에서 수행할 수 있는 있도록 지원한다.

1. 성경이야기

성경이야기는 성경본문의 내용을 유아들이 쉽게 이해할 수 있는 한편의 이야기로 구성하였다. 특히, 월별 성경이야기는 단위활동과 통합되어, 유아들에게 흥미를 유발하고 성경본문의 전체 흐름과 맥락을 보다 쉽게 이해할 수 있도록 한다.

2. 단위활동계획안

단위활동계획안은 성경적 통합학습 내용을 강화하고 재학습할 수 있도록 제시한 구체적 활동방안이다. 교사는 단위활동계획안을 참고하여 활동방안에 대한 아이디어와 발문 정보를 얻을 수 있다.

성경이야기

| **본문제목** | 성경에는 무슨 내용이 있을까요?

| **성경본문** | 디모데후서 3:16, 요한복음 20:31

| **중심말씀** | 모든 성경은 하나님의 감동으로 된 것으로 교훈과 책망과 바르게 함과 의로 교육하기에 유익하니(디모데후서 3:16)

| **중심내용** | 하나님은 우리에게 말씀을 통하여 자신을 보여 주셨습니다. 성경에는 하나님이 하신 일과 예수님을 통한 구원의 이야기가 담겨 있습니다. 하나님을 사랑하고 예수님을 믿는 사람들의 이야기가 들어 있습니다. 하나님은 우리가 성경을 통하여 예수님을 믿고 하나님의 자녀로 성장하기를 원하고 계십니다.

순서	장면	내용
1	모든 성경은 하나님의 감동으로 된 것으로 교훈과 책망과 바르게 함과 의로 교육하기에 유익하니(디모데후서 3:16) 오직 이것을 기록함은 너희로 예수께서 하나님의 아들 그리스도 이심을 믿게 하려 함이요. 또 너희로 믿고 그 이름을 힘입어 영생을 얻게 하려 함이니라(요 20:31)	오늘은 특별한 책을 소개할 거예요. 그것은 바로 성경이랍니다. 성경에는 하나님과 예수님에 관한 놀라운 말씀이 담겨있어요. 우리는 그 말씀을 통해 하나님이 우리를 얼마나 사랑하는지 느낄 수 있어요.
2	하나님 예수님	하나님에 대해 들어본 적이 있나요? 하나님은 누구실까요? 예수님에 대해 들어본 적이 있나요? 예수님은 누구실까요? 이 성경책에는 하나님과 예수님에 대하여 적혀있어요
3	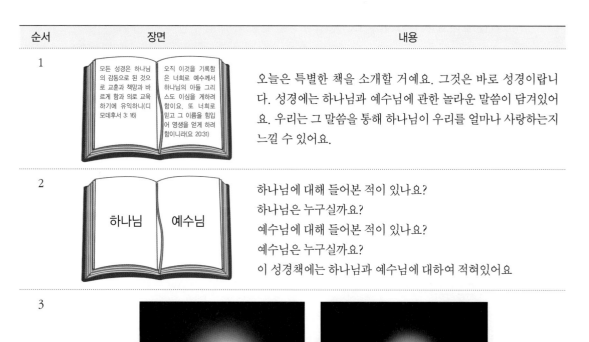	

세상의 처음에는 오직 하나님이 홀로 계셨어요.
하나님은 어둡고 깜깜하고 아무것도 없는 세상에 빛이 있으라고 말씀하시자 빛이 생겼어요.
빛은 온 세상을 비추었어요.

순서	장면	내용

4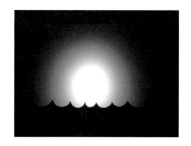

하나님은 땅 바다 하늘을 만드셨어요.
물고기, 꽃, 나무, 토끼, 기린 등 많은 동물과 식물을 만드셨어요.

5

그리고 마지막 날에 흙으로 하나님의 형상을 닮은 사람을 만드셨어요.
그리고는 코에 생기를 불어넣어 주셨어요.

6

하나님이 이 모든 것을 만드신 것은 우리를 사랑하기 때문이에요.

7

하나님과 하나님이 만든 인간은 하나님이 만든 세상에서 행복하게 살았어요.

8

그런데 하나님이 만드신 인간 마음속에 죄가 들어왔어요.
인간이 하나님이 말씀에 불순종했기 때문이에요! 죄는 하나님과 사람을 멀어지게 만들었어요.
하나님은 우리와 멀어짐을 슬퍼하셨어요.

순서	장면	내용
9		하나님은 우리를 너무도 사랑하셨어요. 우리를 죄에서 구원하시려고 하나님의 아들인 아기 예수님을 보내 주셨어요. 아기 예수님은 하나님과 함께 있다가 친히 이 땅에 내려오신 거예요.
10		아기 예수님은 자라서 사람들에게 천국 복음을 전하셨어요.
11		하나님을 보내신 예수님은 우리를 사랑하셨어요.
12		예수님은 하나님께 사람들의 죄를 용서해 달라고 기도했어요.
13		세상에 예수님을 믿는 사람이 많아지자 죄가 가득한 사람들은 예수님을 시기 질투했어요!
14		사람들은 예수님을 십자가에 못 박았어요. 예수님은 우리의 죄를 대신해서 돌아가셨어요. 예수님은 우리를 사랑하셔서 십자가에 못 박혀 죽으셨어요.

순서	장면	내용
15		하나님의 아들이신 예수님은 죽음에서 다시 살아나셨어요. 그리고 하늘로 올라가셨어요. 하나님과 예수님은 우리를 너무나 사랑하세요. 그래서 언제 어디든지 우리와 함께 계세요.
16		성경에는 하나님 이야기가 있어요. 예수님 이야기가 있어요. 하나님을 사랑하고 예수님을 믿었던 많은 사람들의 이야기들도 있어요.
17		성경에는 귀중한 보물들이 있어요. 앞으로 우리는 함께 성경에 대하여 알아볼 것이에요. 재미있는 이야기도 듣고, 놀이도 하고, 활동도 해요!

단위활동계획안

　단위활동은 월 단위 성경적 통합주제와 학습목표를 유아들이 쉽게 재학습하고 강화할 수 있도록 구성한 활동계획이다. 3월의 주별 단위 활동은 다음과 같다. 첫 번째 주에는 성경은 하나님이 주신 특별한 선물이라는 것에 대하여 이야기 나누고, 하나님과 예수님이 누구인지 알아본다. 두 번째 주에는 하루 일과 가운데 함께 하시는 하나님에 대해 알아보고, 하나님께 예배하는 방법과 태도와 규칙을 정하고 실천한다. 세 번째 주에는 하나님이 주신 친구와 사이좋게 지내는 방법을 알고 실천한다. 네 번째 주에는 하나님이 바른 행동을 하는 것을 기뻐하시는 것을 알고 기본생활습관과 연결하여 내가 스스로 할 수 있는 일을 찾고 실천하도록 한다.

■ 주별 단위활동 안내 ■

주	성경적 기초	주제	활 동 명	활동유형 (영역)	누리과정 주요 관련 영역	인성 요소
1주		성경을 주신 하나님	하나님, 예수님은 누구실까 (129쪽)	이야기 나누기	의사소통	존중 기쁨
			성경에 있는 보물을 찾아서 (133쪽)	수 · 조작	의사소통 자연탐구	
2주	성경 이야기: 성경에는 무슨 내용이 있을까요 (디모데후서 3:16; 요한복음 20:31)	하나님이 함께 하시는 하루 일과	하나님이 함께 하시는 하루 (137쪽)	신체 · 게임	자연탐구 신체운동 · 건강	경건 존중
			예배시간의 약속 (141쪽)	언어	의사소통 사회관계	
3주		하나님이 주신 친구와 사이 좋게 지내기	친구야 친구야 (144쪽)	음악	의사소통 예술경험 사회관계	배려 사랑
			친구에게 줄 선물 만들기 (147쪽)	미술	예술경험 사회관계	
4주		유치원/어린이집 에서 내가 할 수 있는 일	내가 실천할 수 있는 일 (150쪽)	이야기 나누기	의사소통 사회관계	경건 절제
			말씀 듣고 행동하기 (153쪽)	게임	신체운동 · 건강 의사소통 사회관계	

■1주 · 성경을 주신 하나님.

■주간통합목표: 하나님이 성경을 우리에게 선물로 주셨음을 안다.

하나님, 예수님은 누구실까

활동형태: 대소집단활동/영역: 이야기나누기

|통합목표|
- 성경은 '하나님의 말씀'임을 안다.
- 성경이 소개하는 하나님과 예수님에 대해 관심을 갖는다.

|누리과정 관련요소|
- 의사소통: 듣기−동요, 동시, 동화 듣고 이해하기
- 의사소통: 말하기−느낌, 생각, 경험 말하기

|인성요소|
- 존중: 최고의 존중 대상인 하나님과 예수님 알기
- 기쁨: 예수님 때문에 하나님의 자녀가 된 것을 즐거워하기

| 활동자료|
- 성경이야기 그림자 동화자료, 손전등, 동화책 세우는 틀, 성경

| 활동방법|

・도 입
1. 유치원/어린이집에서 만나는 사람들에 대해 이야기 나눈다.
   −유치원/어린이집에서는 누구를 만날 수 있나요?
   −원장님, 선생님, 조리사님, 친구들 등 많은 사람을 만나요.

・전 개
2. 새로운 반이 되어서 만난 친구들에게 자기소개를 한다.
   −친구들에게 나를 소개해 볼까요?
3. 하나님, 예수님을 소개한다.
   −아직 소개하지 않은 분이 있어요. 그분은 우리 눈에 보이지 않아요. 그렇지만 우리와 항상 함께 있어요.
   −그분은 누구실까요? 들려주는 이야기를 잘 들어보세요.

1. 세상을 만드셨어요.
2. 사람도 만드셨어요.
3. 사람을 사랑하세요.
4. 그래서 우리에게 하나뿐인 아들인 독생자를 보내 주셨어요.

1. 우리의 죄를 구원하시는 분이세요.
2. 하늘에 계시기다 사람의 모습으로 이 땅에 오셨어요.
3. 천국 복음을 전하셨어요.
4. 우리를 죄를 때문에 십자가에 못 박히셨어요.
5. 다시 살아나셨어요.

3. 하나님과 예수님에 대해 궁금한 점들에 대해 이야기 나눈다.

　－하나님과 예수님의 소개를 듣고, 궁금한 점이 있나요?

　－우리가 궁금해하는 것들을 어떻게 해결할 수 있을까요?

4. (성경을 보여 주며)성경을 통해서 하나님, 예수님을 만날 수 있다는 것에 대해 함께 이야기를 나눈다.

〈성경은 어떤 책일까요?〉

　－하나님과 예수님을 어떻게 하면 만날 수 있을까요?

　－성경에는 하나님과 예수님의 이야기가 있어요.

　－하나님이 우리에게 주신 성경을 통해서 우리는 하나님과 예수님에 대해 알아갈 수 있어요.

• 마무리	5. 성경을 통해 앞으로 하나님과 예수님을 알아가는 것에 대해 기대감을 갖도록 한다. 　－앞으로 성경에 대해 알아볼 거예요. 함께 재미난 이야기도 듣고, 즐거운 활동도 하면서 하나님과 예수님을 만나 봐요!
활 동 유 의 점	• 유아들에게 일반 성경과 함께 어린이 성경, 동화 성경 등 다양하게 제시하여 유아가 흥미를 갖도록 한다. • 교사가 하루 일과 중에 성경책에 관심을 갖고, 성경을 읽는 모범을 보여 준다. • 하나님과 예수님에 대하여 처음 듣거나 잘 모르는 유아들도 호기심을 갖고, 기대할 수 있도록 이야기 나눈다.
확장활동	• 언어영역: 성경책 읽기, 하나님과 예수님에 대한 질문 목록 만들기 　　　　　돋보기로 '하나님' '예수님' 글자 찾아보기 • 미술영역: 내가 생각하는 하나님, 예수님 그려보기

[그림자 동화 감상하기]

3월 성경이야기를 그림자 동화로 들려준다. 유아들은 그림자 동화를 통해 하나님과 예수님을 소개하는 성경의 내용에 호기심을 가진다. 그림자 동화는 정형화된 하나님과 예수님의 이미지를 유아들에게 심어 주지 않고, 하나님과 예수님의 모습을 상상해 볼 수 있도록 한다.

[성경책에서 '하나님' '예수님' 글자 찾기]

성경을 제시한 후, 성경에서 '하나님' '예수님' 글자 찾기 활동을 해 본다. 돋보기를 사용하면 유아들이 글자를 더 쉽게 찾을 수 있다. 성경에서 하나님, 예수님을 찾아봄으로써 성경의 중심주제가 하나님과 예수님이심을 자연스럽게 알 수 있다.

| 활동평가

• 성경이 하나님의 말씀이라고 이해하는지 평가한다.

• 하나님과 예수님에게 관심을 가지고 어떤 분이신지 알고 있는가를 평가한다.

■ 1주 · 성경을 주신 하나님.
■ 주간통합목표: 하나님이 우리에게 성경을 선물로 주셨음을 안다.

성경에 있는 보물을 찾아서

활동형태: 자유선택활동/영역: 수조작

|통합목표|
• 성경은 하나님과 예수님의 이야기임을 안다.

• 성경의 내용은 정확하다는 것을 안다.

• 보드 게임 규칙을 지키면서 친구와 함께 놀이할 수 있다.

|누리과정 관련요소|
• 의사소통: 말하기–느낌, 생각, 경험 말하기

• 자연탐구: 수학적 탐구하기–규칙성 이해하기

|인성요소|
• 존중: 최고의 존중 대상인 하나님과 예수님 알기

• 기쁨: 하나님과 예수님을 최고로 모시기

| 활동자료|
• 보드판(말이 이동할 수 있는 판), 말판 4개(남자아이 2개, 여자아이 2개), 성경카드(앞면: 성경책, 뒷면: 1년 간 다룰 성경이야기 10가지를 상징화한 그림), 주사위, 카드를 담을 보물 상자 모양의 바구니

| 활동방법|

• 도 입
1. 유아들에게 성경을 보여 주며, 성경에 대하여 이야기 나눈다.

–이 책은 무슨 책인가요?

–성경은 하나님께서 우리에게 주신 책이에요.

–성경을 우리에게 주신 이유는 무엇일까요?

–하나님은 사람들이 하나님이 어떤 분이신지 알기를 원하셨어요.

–성경은 누가 썼을까요?

–하나님은 하나님을 사랑하는 사람들에게 성경을 쓰게 하셨어요.

–성경은 사람이 썼지만 하나님의 특별히 도와주셨기 때문에 하나님이 우리에게 하시고 싶은 말씀이 정확하게 적혀 있어요.

–성경에는 어떤 내용들이 쓰여 있을까요?

–성경은 하나님과 예수님의 이야기가 있어요. 하나님을 사랑하고 예수님을 믿은 많은 사람들의 이야기들이 있어요.

· 전 개   2. '성경에 있는 보물을 찾아서' 게임을 소개한다.

  −성경에 보물이 숨겨져 있어요.

  −하나님과 예수님에 관한 아주 재미있는 이야기들이 보물이에요

  −게임을 통해서 성경에 있는 보물을 찾아봐요.

〈성경에 있는 보물을 찾아서 게임 자료〉

앞으로 1년 동안 펼쳐질 성경이야기를 예고한다. 유아가 게임을 하면서 보물을 찾듯이 성경이야기 카드를
모아 본다. 성경말씀은 하나님이 우리에게 주신 선물이고 보물창고이다.

3. 보드판과 성경그림카드를 소개한다.

  −(이동 칸을 보면서) 보드판에 어떤 그림이 그려져 있나요?

  −성경그림카드에는 어떤 그림들이 그려져 있나요?

  −(보드판과 성경그림카드를 보여 주면서) 보드판과 성경그림카드에 있는 그림 가운데 알
   고 있는 성경이야기가 있나요?

  −카드에는 재미있는 성경이야기가 그려져 있어요.

  −그림을 보면서 어떤 이야기일지 상상해 볼까요?

4. 게임 방법을 소개한다.

〈게임 방법〉

① 2명의 유아가 각각 말을 선택한 후, 시작 칸에 말을 놓는다.

② 성경그림카드 앞면의 성경이 보이도록 하고, 보드판 위에 자유롭게 올려놓는다(성경그림카드를 놓는 위치를 유아들이 상의하여 정할 수 있도록 한다)

③ 주사위를 던져서 나오는 숫자만큼 칸을 이동한다.

④ 성경그림카드가 놓인 곳에 말이 멈추면, 카드를 뒤집는다.

⑤ 카드를 뒤집은 후 그림을 보면서 어떤 이야기일지 이야기를 나누고, 보물 상자 모양의 바구니에 카드를 담는다.

⑥ 도착 칸에 이르면, 성경그림카드를 세어 본다.

⑦ 성경그림카드를 많이 모은 유아가 이긴다.

5. 유아와 함께 게임 규칙을 정한다.

　－게임을 할 때 어떤 규칙을 정할 수 있나요?

　－주사위는 1번씩만 던지고, 카드 위에 말이 멈춰야지만 카드를 가져갈 수 있어요.

6. 게임 방법에 따라 게임에 참여한다.

　－(말이 성경그림카드 위에 멈출 때) 카드를 뒤집어 보니 어떤 그림이 나왔어요? 제목이 무엇인가요? '세상을 만드신 하나님'이라고 적혀 있네요. 제목을 보니 어떤 이야기인 것 같나요?

〈친구와 함께 성경에 있는 보물을 찾아서 보드 게임하기〉

• 마무리　7. 게임 후, 활동을 평가한다.

　－어떤 점이 재미있었나요?

　－규칙을 잘 지켰나요?

8. 성경그림카드에 제시된 10개의 성경이야기를 회상한다.

　－앞으로 우리가 함께 들을 10개의 성경이야기예요.

　－성경그림카드의 어떤 이야기가 기대가 되나요?

|활 동|
|유 의 점|

• 성경그림카드 제작 시 뒷면에는 일 년간 유아들이 듣게 될 성경이야기 그림을 붙여놓는다. 교구를 지속적으로 제시해 주어 유아들이 활동으로 통해 매월 성경이야기를 회상할 수 있도록 한다.

• 성경그림카드 뒷면에 필요한 성경그림은 성경이야기 파워포인트 자료의 제목이 나와 있는 맨 앞장의 그림을 활용할 수 있다.

|확장활동|

• 미술영역: 성경 속 이야기 상상해서 그려 보기
• 언어영역: 성경말씀 빈 곳 채우기

 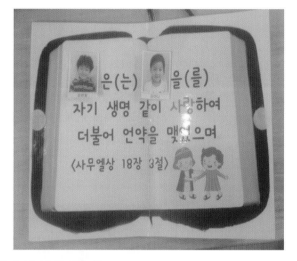

[성경말씀 빈 곳 채우기]

친숙한 성경말씀을 성경 모양의 틀에 써서 내준다. 일부분은 빈칸으로 만들고 단어카드를 찾아 붙이도록 할 수 있다. 또한 주제에 따라 그림카드나 유아 자신의 이름에 적용해서 붙여 보는 활동으로 응용할 수 있다. 유아는 말씀을 자신의 생활과 밀접하게 느끼며 친밀감을 갖게 된다. 앞으로 성경이야기에 많은 관심과 호기심을 가질 수 있다.

|활동평가|

• 성경은 하나님과 예수님의 이야기로 이루어져있다는 사실을 아는지 평가한다.
• 친구와 보드 게임을 할 때 게임 규칙을 잘 지키는지 평가한다.
• 활동을 통해 성경이야기에 흥미를 갖게 되었는지 평가한다.

■ 2주 · 하나님이 함께 하시는 하루 일과.

■ 주간통합목표: 하루일과에 함께 하시는 하나님을 안다.

하나님이 함께 하시는 하루

활동형태: 대소집단활동/영역: 신체 · 게임

|통합목표|
- 우리 반의 하루 일과를 안다.
- 하루 일과 안에서 하나님이 언제나 우리와 함께 하심을 안다.
- 게임 규칙을 지키며, 즐겁게 활동에 참여한다.

|누리과정 관련요소|
- 자연탐구: 수학적 탐구–규칙성 이해하기
- 신체운동 · 건강: 신체 조절과 기본 운동하기–신체 조절하기
- 신체운동 · 건강: 신체 조절과 기본 운동하기–기본 운동하기

|인성요소|
- 경건: 기도에 힘쓰고 감사하기
- 존중: 나와 항상 함께 하시는 하나님을 알기

| 활동자료|
- 마스킹 테이프, 하루 일과 그림 8장(A4용지 사이즈), '하나님이 함께 해요'가 쓰여 있는 목걸이 카드(활동사진 참조) 7개

| 활동방법|

• 도 입
1. 우리와 항상 함께 계시는 하나님에 대해 이야기 나눈다.
   – 눈에 보이지 않지만 하나님은 우리와 항상 함께 하세요.
   – 우리가 기쁠 때, 하나님도 함께 기뻐해 주세요.
   – 우리가 슬퍼할 때, 하나님 마음은 어떨까요?
   – 우리가 사이좋게 놀이할 때, 하나님 마음은 어떨까요?
2. 유치원/어린이집의 하루 일과에 대해 이야기 나눈다.
   – 유치원/어린이집에서 하루 동안 어떻게 보내나요?
   – 하루 동안 유치원/어린이집에서 생활하면서 누구와 함께 생활하나요?

• 전 개
3. 교실 바닥에 커다란 시계 모양의 원을 설명한다.
   – 바닥에 있는 커다란 동그라미를 보니 무엇이 생각나나요?
   – 이것은 우리의 하루 일과를 알려 주는 커다란 시계예요.

4. 신체활동 게임 방법에 대해 알아본 후, 놀이해 본다.

　　－하나님은 우리 일과에도 함께 계세요. 우리와 함께 하시는 하나님을 게임을 통해 느껴 봐요.

〈게임 방법 및 규칙〉

① 카드 8장에 그려져 있는 그림을 보면서 하루 일과에 대해 이야기 나눈다.(등원–자유선택활동–간식–이야기나누기–실외활동–점심시간–자유선택활동–귀가)

② 시계 모양의 커다란 원에 그림카드를 시간의 순서대로 놓는다. 등원은 출발이고, 귀가는 도착의 개념으로 활용한다.

③ 4~5명의 유아가 게임에 참여하고, '하나님이 함께해요' 목걸이 카드를 유아 개인별로 목에 건다.

④ 유아들은 등원 카드 앞에 한 줄 기차로 쓴다.

⑤ 유아들은 시계 방향으로 원을 따라 돈다.

⑥ 교사는 〈즐겁게 춤을 추다가 그대로 멈춰라〉 노래를 '즐겁게 하루 보내다 그대로 멈춰라'라고 개사하여 부른다.

⑦ 교사가 '그대로 멈춰라'라고 말하면 유아들은 카드 그림 위에 멈춘다.

⑧ 교사는 8개의 카드 중에서 하나의 카드 이름을 말하고 유아에게 질문한다.

　　－점심시간 카드에 멈춘 친구는 누구인가요? 점심시간에 누가 나와 함께 할까요? 왜 그렇게 생각하나요? 함께 한 기분이 어떤가요?

⑨ 반복해서 노래를 부른 후, 마무리는 유아들이 등원서부터 귀가까지 한 바퀴를 돌고 난 후 자기의 자리에 가서 앉도록 한다.

〈'그대로 멈춰라' 노래에 맞춰 내가 멈춘 일과는 어디인가요?〉

〈바닥에 붙인 하루일과 카드〉

・마 무 리   5. 게임 후, 활동 평가를 한다.

　　　　　　－어떤 점이 재미있었나요?

　　　　　　－기억에 남는 하루 일과는 무엇인가요?

　　　　　6. 하나님께서 나와 함께 하심을 느끼는지 이야기 나눈다.

　　　　　　－하나님이 나와 항상 함께 하신다고 생각하니 어떤 기분인가요?

　　　　　　－하나님은 눈에 보이지 않지만 언제나 우리와 함께 하세요.

활 동
유 의 점   ・『4세 누리과정 교사용 지도서 1』(교육과학기술부, 2013) 108쪽 참조

　　　　　・활동하기 전에 교사는 신체활동 공간에 마스킹 테이프로 4~5명 유아들이 활동할 수
　　　　　　있는 원을 그려 놓는다. 원은 시계 모양으로 구성하여 유아들이 시간에 따른 하루 일과
　　　　　　를 알 수 있도록 한다.

　　　　　・유아들이 게임을 하면서 하나님과 함께 계심을 느끼도록 교사가 강요하는 질문을 하거
　　　　　　나 대답을 강요하지 않는다.

　　　　　・유아가 하나님을 못 느낀다고 이야기를 할 경우, '그래 우리가 느끼지 못할 때도 있지
　　　　　　만, 하나님은 그래도 우리와 항상 함께 하신단다'라고 이야기해 주어 유아의 생각을 존
　　　　　　중해 주면서 하나님에 대한 긍정적인 생각을 할 수 있도록 한다.

| **확장활동 |
- 바깥놀이: 유치원에 여러 장소에서 하나님 느껴 보기
- 수 · 조작: 하루 일과표 붙여 보기

[하루 일과표 붙여 보기]

유아들이 하루 일과표를 직접 붙이고 활동이 끝날 때마다 하나씩 '끝났어요' 영역으로 옮겨 보도록 한다. 학기 초 적응이 필요한 유아의 경우, 직접 옮겨 보도록 한다. 귀가시간까지 얼마 남지 않음을 알고 차츰 활동에 적극적으로 참여할 수 있다. 또한 활동 시간, 활동 장소마다 나와 함께 하시는 하나님을 느껴 볼 수 있다.

[유치원 여러 장소에서 하나님 느껴 보기]

유치원의 여러 장소를 다니며 느껴 보도록 한 후 기도를 해 본다. 예를 들어, 화장실에 도착했을 때는 "하나님, 화장실에서 혼자 있어도 무섭지 않게 항상 함께 해 주세요!"라고 기도해 본다.

| **활동평가 |
- 우리 반의 하루 일과 흐름을 알고 있는지 평가한다.
- 게임의 규칙을 이해하고, 규칙을 잘 지키는지 평가한다.
- 하루 일과 안에서 우리와 항상 함께 하시는 하나님에 대하여 인지하는지 평가한다.

■ 2주 · 하나님이 함께 하시는 하루 일과.

■ 주간통합목표: 하루일과에 함께 하시는 하나님을 안다.

예배시간의 약속

활동형태: 자유선택활동/영역: 언어

| 통합목표 |
- 예배의 의미를 안다.
- 바르게 예배드리는 방법을 알고 예배시간에 지켜야 할 규칙을 정한다.

| 누리과정
관련요소 |
- 의사소통: 쓰기−느낌, 생각, 경험 말하기
- 사회관계: 다른 사람과 더불어 생활하기−사회적 가치를 알고 지키기

| 인성요소 |
- 경건: 하나님께 바르게 예배하기, 하나님의 말씀을 생활 속에서 순종하기

| 활동자료 |
- 하루 일과표, 약속판, 색연필 또는 매직, 예배시간의 유아 모습 사진, 화이트보드

| 활동방법 |

· 도 입
1. 유치원/어린이집의 하루 일과 중에 예배시간에 대해 이야기 나눈다.
   −하루 일과 카드에 '예배'라는 카드가 있어요.
   −유치원/어린이집에서 예배를 드려 본 적이 있어요. 예배시간에 우리는 무엇을 할까요?

· 전 개
2. 예배의 의미를 생각해 본다.
   −우리는 일 년 동안 예배를 드릴 거예요.
   −예배가 무엇일까요?
   −예배는 우리를 만드시고 구원하신 하나님을 높여 드리는 거예요. 하나님께 영광을
    돌리는 모든 것이 예배예요.
   −예배는 어떻게 드리는 걸까요?
   −찬양을 하며 하나님을 높이는 거예요.
   −기도를 통해 하나님과 대화하는 거예요.
   −예배시간에 하나님이 기뻐하시는 모습을 어떻게 지킬 수 있을까요?
3. 예배시간 규칙에 대해 이야기 나눈다.
   −예배 규칙을 정해 보기로 해요. 하나님이 기뻐하실 바른 모습은 무엇일까요? (교사는

유아들이 말한 내용을 화이트보드에 적는다)

예배 규칙

 · 말씀을 들을 때는 바른 자세로 앉아요.

· 하나님의 말씀을 전하는 선생님을 쳐다봐요.

 · 무슨 내용인지 생각하면서 들어요.

· 찬양할 때는 즐거운 마음으로 함께 찬양해요

 · 기도할 때는 손을 모으고 눈을 감아요.

· 선생님의 기도를 마음속으로 따라서 말해요.

· **마 무 리**　4. 예배시간 규칙을 함께 읽어 본다.

5. 함께 정한 규칙을 잘 지키기로 약속한다.

－우리가 정한 예배시간 규칙을 지키며 하나님이 기뻐하시는 예배를 바르게 드려요.

│활 동│
│유의점│
· 예배 시작 전에 예배시간 규칙을 상기시킨다.

· 교회를 다니지 않는 유아들이 찬양하기, 기도하기, 말씀 듣기 등 예배드리는 방법에 익숙하지 않으므로 학기 초에 예배시간에 대해 설명을 해준다.

· 유아가 예배를 지루하고 재미없는 시간으로 인식하지 않도록 예배시간을 구성한다. 유아의 발달수준을 고려하여 찬양을 선곡하고 기도한다. 말씀을 듣는 시간은 5~10분으

로 하여 유아가 예배에 집중할 수 있도록 한다.
- 필요에 따라 말씀 듣는 시간, 찬양하는 시간, 기도하는 시간 규칙 정하기 활동을 따로 계획하여 구성할 수 있다.

| 확장활동 |
- 미술영역: 기도하는 손 만들기
- 언어영역: 성경 북아트 만들기

[성경 북아트 만들기]

성경과 관련된 다양한 활동을 통해서 유아는 성경이 '하나님의 말씀을 써 놓은 책'임을 알게 된다. 활동 후, 성경이야기에 호기심을 갖게 되면서 예배시간에 들려주는 성경이야기에 더 집중하게 된다.

[기도하는 손 만들기]

예배시간에 기도하는 규칙을 잘 지킬 수 있기 위해 기도와 관련된 활동을 할 수 있다. 다양한 재료를 활용하여 기도하는 손을 만들어 본다. 기도하는 손 장갑에 손을 넣어 손을 모아 기도해 본다.

| 활동평가 |
- 예배의 의미와 예배를 드리는 방법을 알고 있는지 평가한다.
- 예배시간에 지켜야할 규칙 정하기 활동에 참여하는지 평가한다.
- 예배시간에 지켜야할 규칙을 이해하고 실천하려 노력하는지 평가한다.

마주이야기

다솜이: 선생님 왜 기도할 때 꼭 손을 모아야 하나요?

김 교사: 어~ 손을 꼭 모아야 하는 것은 아니에요. 하지만 우리가 손을 모으는 이유는 기도하면서 손으로 장난치지 않도록 도와주기 위해서예요. 그리고 '우리의 기도를 꼭 들어 주세요.'라고 마음을 간절하게 모으는 거예요.

다솜이: 기도할 때 눈은 꼭 감아야 하나요?

김 교사: 기도할 때 눈을 감는 이유는~ 눈을 뜨고 있으면 주변의 것들이 많이 보여서 하나님께 집중할 수 없기 때문이에요. 그래서 눈을 감기로 약속한 거지. 꼭 눈을 감아야만 하는 것은 아니에요.

■3주 · 하나님이 주신 친구와 사이좋게 지내기.

■주간통합목표: 하나님이 주신 친구와 사이좋게지낸다.

친구야, 친구야

활동형태: 대소집단활동/영역: 음악

|통합목표| • 친구를 주신 하나님께 감사한다.

• 노래 부르기에 즐겁게 참여한다.

• 친구와 함께 노래를 부르면서 긍정적인 관계를 형성한다.

|누리과정
관련요소| • 의사소통: 쓰기−느낌, 생각, 경험 말하기

• 예술경험: 예술로 표현하기−음악으로 표현하기

• 사회관계: 다른 사람과 더불어 생활하기−친구와 사이좋게 지내기

|인성요소| • 배려: 하나님이 주신 선생님과 친구들을 알고 친절하게 대하기

• 사랑: 하나님 사랑을 알고 친구와 교제하기

|활동자료| • 노래말판, 친구와 사이좋게 지내는 기술 카드, '무엇이 무엇이 똑같을까?' 반주음원

|활동방법|

• 도 입
1. '친구'란 무엇인지 이야기 나눈다.

−'친구'란 무슨 뜻일까요?

−친구는 기쁠 때도, 슬플 때도 언제나 함께 해요.

−친구는 사이좋게 함께 지내요.

−하나님은 우리에게 서로 사랑하도록 친구를 보내 주셨어요.

2. 친구와 사이좋게 지내는 방법에 대하여 이야기 나눈다.

−어떻게 하면 친구와 사이좋게 지낼 수 있을까요?

−친구에게 친절한 말을 해 줄 수 있어요. 어떤 말을 해 줄 수 있을까요?

−'좋아해' '고마워' '멋지구나'와 같이 칭찬을 해 줄 수 있어요.

−놀잇감을 빌려주고, 서로 양보해요.

• 전 개
3. 친구와 사이좋게 지내는 새노래를 소개한다.

─친구 노래를 들려줄게요. 잘 들어 보세요.

(〈무엇이 무엇이 똑같을까〉 노래 음을 사용)

─이 노래의 음을 들어 본 적이 있나요?

─이 노래를 듣고 난 느낌은 어떤가요?

─함께 노래를 불러 봅시다.

친구야, 친구야, 반갑구나.

나~는 나~는 ○○란다.

친구야, 친구야, 같이 놀자,

친구야, 친구야 사~랑 해

하나님, 예수님, 감사해요.

친구를 주셔서 감사해요.

4. 노랫말의 앞부분을 부르며 친구에게 나를 소개한다.

─노랫말의 ○○ 부분에 자신의 이름을 넣어서 친구에게 소개해 보자.

─나를 소개할 때, 인사를 함께 해 볼 수 있어요.

─손을 잡거나 안아 주면서 노래를 불러 봐요.

5. 유아들이 원하는 대로 표현해 볼 수 있도록 한다.

─손 율동을 사용해서 불러 본다.

─친구가 좋아할 것 같은 인사법을 해 본다(예: 윙크하기).

─손을 잡고 마주 보고 불러 본다.

· 마 무 리   6. 노래를 불러본 소감에 대해 이야기 나눈다.

　　　　　 −친구와 함께 노래를 보니 어떤가요?

　　　　　 −즐겁게 신나게 부를 수 있는 다른 방법에는 무엇이 있나요?

　　　　 7. 친구를 주신 하나님께 감사한다.

　　　　　 −친구와 함께 노래도 부르고, 놀이도 할 수 있게 해 주신 하나님께 감사의 기도를 드려요.

| 활 동 유 의 점 | · 유아들이 〈무엇이 무엇이 똑같을까?〉 노래를 알고 있는지 사전에 파악한다.

· 유아들과 함께 노랫말을 만들어서 음률영역에 제시해 준다.

| 확장활동 | · 게임: 짝꿍 쪽지 찾기 게임

· 미술영역: 내가 좋아하는 친구 얼굴 만들기

· 역할영역: 친구와 함께 맛있는 음식 차리기

| 활동사진 |

[친구와 함께 노래 부르기]
노래의 음과 가사가 간단하여 유아들이 노래를 쉽게 익힐 수 있다. 친구와 스킨십을 할 수 있는 활동과 연계한다. 유아들이 친구를 존중하는 언어나 행동을 노래로 표현해 본다.

[하나님이 맺어 준 짝꿍 친구 찾기 게임]
하트카드의 가운데를 여러 모양(지그재그나 곡선형태)으로 잘라서 교실에 숨겨놓는다. 유아들이 찾아서 서로 짝이 맞는 친구가 짝이 된다. 유아들은 친구와 즐거움을 경험하면서 긍정적인 관계를 형성한다.

| 활동평가 | · 친구를 주신 하나님께 감사하는 마음을 가지고 표현할 줄 아는지 평가한다.

· 노래 부르기 활동에 즐겁게 참여하는지 평가한다.

· 노래를 부르면서 친구와 긍정적인 관계를 형성할 수 있는지 평가한다.

■ 3주 · 하나님이 주신 친구와 사이좋게 지내기.

■ 주간통합목표: 하나님이 주신 친구와 사이좋게지낸다.

친구에게 줄 선물 만들기

활동형태: 자유선택활동/영역: 미술

| 통합목표 |
- 하나님이 주신 나의 친구를 사랑하는 마음을 갖는다.
- 친구에게 사랑하는 마음을 표현한다.
- 목걸이를 다양한 재료를 이용하여 창의적으로 만든다.

| 누리과정 관련요소 |
- 예술경험: 예술적 표현하기−미술 활동으로 표현하기
- 사회관계: 다른 사람과 더불어 생활하기−친구와 사이좋게 지내기

| 인성요소 |
- 배려: 하나님이 주신 선생님과 친구들에게 친절하게 대하기
- 사랑: 하나님 사랑을 알고 친구와 교제하기

| 활동자료 |
- 끼우는 도구: 짧은 색깔 빨대(2cm), PVC 끈, 펀치
- 끼우기 재료: 여러 가지 모양의 조각종이, 스팽글, 포장된 사탕 등

| 활동방법 |

• 도 입

1. 하나님이 우리를 어떻게 사랑하셨는지에 대해 이야기 나눈다.

 −하나님은 우리를 사랑하셨어요. 어떻게 사랑하셨나요?

 −하나님께서 소중한 하나님의 아들을 우리를 위해 보내 주셨어요.

 −하나님과 예수님에 대하여 알 수 있도록 성경책을 주셨어요.

2. 하나님이 사랑하는 친구를 어떻게 사랑할 수 있는지에 대해 이야기를 나눈다.

 −하나님은 친구를 사랑하라고 하셨어요.

 −어떻게 사랑을 표현할 수 있을까요?

• 전 개

3. 친구에게 사랑을 표현하는 방법에 대해 이야기 나눈다.

 −친구를 생각하면 어떤 마음이 드나요?

 −친구를 사랑하는 마음을 어떻게 표현할 수 있을까요?

 −나에게 소중한 것을 친구에게 줄 수 있나요?

4. 목걸이 만들기 활동을 소개한다.

　　　　　−재료를 가지고 무엇을 만들 수 있을까요?

　　　　　−친구를 사랑하는 마음을 갖고 선물할 목걸이를 만들어 보아요.

　　5. 다양한 재료를 이용해서 목걸이를 만든다.

　　　　　−어떤 재료를 사용했나요? 어떻게 꾸며 주었나요?

　　　　　−친구가 목걸이를 받으면 기분이 어떨까요?

　　　　　−친구에게 목걸이를 주면서 무슨 이야기를 하고 싶나요?

・ 마 무 리　　6. 완성된 목걸이를 주고받으면서, 선물을 줄 때와 받을 때의 마음에 대해 이야기 나눈다.

　　　　　−친구에게 목걸이를 선물받으니 기분이 어떠했나요?

　　　　　−목걸이를 선물해 준 친구에게 무슨 말을 하고 싶나요?

　　　　　−목걸이를 한 친구의 모습을 보니 기분이 어떤가요?

　　　　　−하나님은 우리를 차별 없이 사랑하셨어요. 우리도 우리 반 친구들을 사랑하고, 사랑
　　　　　　을 표현할 수 있어요.

| 활　동
| 유 의 점 |　・ 목걸이를 서로 선물해 줄 때 모든 유아가 받을 수 있도록 한다.

　　　　　・ 유아들이 친구를 생각하면서 만들 수 있도록 미리 어떤 친구에게 선물을 줄지 생각해
　　　　　　보도록 한다.

| 확장활동 |　・ 신체영역: 친구와 함께 포크댄스 추기

　　　　　・ 언어영역: 친구에게 사랑의 편지 쓰기

[친구에게 목걸이 걸어 주기]

유아들은 친구에게 목걸이를 만들어 선물하면서 나의 것을 다른 사람에게 주는 기쁨을 경험한다. 목걸이 이외의 다른 선물도 만들어 친구에게 선물로 주면서 긍정적인 관계를 맺는다.

[친구와 함께 포크댄스 추기]

스킨십은 관계를 친밀하게 하므로, 친구와 함께 할 수 있는 율동을 해 본다. 포크댄스는 여러 친구와 돌아가면서 춤을 출 수 있다. 찬양이나 동요 등 다양한 음악에 따라서 친구와 함께 춤을 춘다.

| 활동평가 |
- 예수님이 우리를 사랑하심 같이 친구를 사랑하는 것이 예수님 사랑을 실천하는 것이라는 사실을 아는지 평가한다.
- 자신이 만든 목걸이를 친구에게 기쁜 마음으로 주고 우정을 표현할 줄 아는지 평가한다.
- 다양한 재료로 목걸이를 창의적으로 만들었는지 평가한다.

■ 4주 · 유치원/어린이집에서 내가 할 수 있는 일.

■ 주간통합목표: 성경말씀을 따라 원에서 내가 할 수 있는 일을 알아본다.

내가 실천할 수 있는 일

활동형태: 대소집단활동/영역: 이야기나누기

|통합목표| • 서로 질서를 지키고 사랑을 실천하는 유아가 되기 위하여 규칙과 약속을 지키는 것이 중요하다는 사실을 안다.

• 하나님이 원하시는 바른 행동을 알고, 책임감 있게 실천한다.

|누리과정 관련요소| • 의사소통: 말하기-느낌, 생각, 경험 말하기

• 사회관계: 다른 사람과 더불어 생활하기-공동체에서 화목하게 지내기

• 사회관계: 다른 사람과 더불어 생활하기-사회적 가치를 알고 지키기

|인성요소| • 경건: 하나님의 말씀을 생활 속에서 순종하기

• 절제: 자신의 행동의 적절히 조절하기

| 활동자료| 지켜야 할 약속 그림카드(등원, 놀이 시, 놀이 후 상황별)

| 활동방법| 1. 성경이야기를 들려주며 서로 사랑하라고 하신 말씀을 회상해 본다.

• 도 입 　－하나님은 우리가 서로 사랑하며 살라고 하셨어요.

　　　　　－하나님이 기뻐하는 서로 사랑하는 모습은 무엇일까요?

16

성경에는 하나님 이야기가 있어요. 예수님 이야기가 있어요. 하나님을 사랑하고 예수님을 믿었던 많은 사람들의 이야기들도 있어요.

• 전 개   2. 서로 사랑하는 유치원/어린이집이 되기 위해서 지켜야 하는 약속이 있음을 이야기 나눈다.

   −서로 사랑하는 유치원/어린이집이 되기 위해서는 지켜야 할 약속이 있어요.

   −질서를 지키고 사랑을 실천하기 위해서는 어떤 약속이 있을까요?

   −우리가 실천할 수 있는 약속을 정해요.

3. 그림카드를 보면서 우리가 할 수 있는 일들에 대해 이야기 나눈다.

   −유치원/어린이집에 등원해서 우리가 할 수 있는 일은 무엇일까요?

   −반갑게 인사하기, 신발 정리하기, 가방 정리하기 등이 있어요.

   −친구와 놀이 할 때, 우리가 할 수 있는 일은 무엇일까요?

   −함께 놀기, 놀잇감 빌려주기, 차례 기다리기 등이 있어요.

   −놀이 후, 우리가 할 수 있는 일은 무엇일까요?

   −정리하기, 자리 정돈하기 등이 있어요.

• 마 무 리   4. 내가 할 수 있는 일들을 계획해 보고 '내가 실천한 약속 평가표'에 적어 본다.

   −사랑이 있는 우리 반이 되기 위해 두 가지를 골라서 '내가 실천한 약속 평가표'에 적어 보기로 해요.

| 활 동 |
| 유 의 점 |

• 유아가 공동체 의식을 갖고, 공평하고 질서 있는 공동체가 되기 위해서는 스스로 해야 하는 일들이 있음을 알도록 지도한다.

| 확장활동 |

• 언어영역: 우리 반이 행복해지는 약속 만들기

• 가정연계활동: 서로 사랑하고 평화로운 가정을 위한 약속 만들기

• 수 · 조작영역: 내가 실천한 약속 평가표

• 하루 평가: '내가 실천한 약속 평가표'를 보면서 실천한 경험을 이야기 나누기

   −약속을 실천하니까 어땠나요?

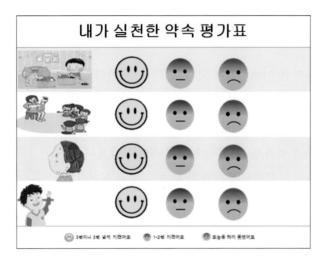

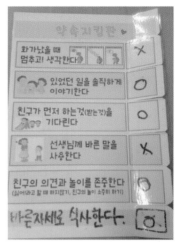

[약속을 지키는 하나님의 어린이]
유아가 약속을 스스로 실천하고 있는 사진을 찍어서 게시한다. 유아가 실천할 때마다 칭찬을 통해 긍정적인 행동을 격려한다.

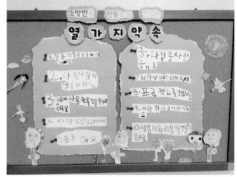

[우리 반이 행복해지는 약속]
반이 행복해지기 위해서는 서로 지켜야 하는 약속이 있음을 알고 규칙으로 정한다. 규칙을 정할 때는 유아들이 토의를 하여 스스로 정하고 직접 적어 본다. 교실에 게시해 두어 약속을 상기한다.

| 활동평가 | • 서로 질서를 지키고 사랑을 실천하는 유아가 되기 위하여 규칙과 약속을 지키는 것이 중요하다는 사실을 알고 있는지 평가한다.
• 하나님이 원하시는 바른 행동을 알아보고, 실천 가능한 규칙으로 정해 지키는지 평가한다.

- ■ 4주 · 유치원/어린이집에서 내가 할 수 있는 일.
- ■ 주간통합목표: 성경말씀을 따라 원에서 내가 할 수 있는 일을 알아본다.

말씀 듣고 행동하기

활동형태: 대소집단활동/영역: 게임

|통합목표| • 성경말씀을 듣고 생활 속에서 실천한다.

• 선생님과 주위 어른들의 말씀을 존중하는 태도를 가진다.

• 게임의 규칙을 이해하고 즐겁게 참여한다.

|누리과정 관련요소| • 신체운동 · 건강: 신체 조절과 기본 운동하기-신체조절하기

• 의사소통: 듣기-이야기 듣고 이해하기

• 사회관계: 다른 사람과 더불어 생활하기-사회적 가치를 알고 지키기

|인성요소| • 경건: 하나님의 말씀을 생활 속에서 순종하기

• 절제: 자신의 행동의 적절히 조절하기

| 활동자료| 카드 3장(예수님, 선생님, 부모님 카드)

| 활동방법|

• 도 입   1. 선생님에 대해 수수께끼를 낸다.

－제일 일찍 우리 교실에 들어오는 사람이에요. 동화책 읽어 주고 노래 부르기를 좋아

해요. 우리 반 친구들을 위해 하나님께 매일 기도해요. 우리 반 친구들을 정말 사랑하

는 사람이에요. 누구일까요?

• 전 개　2. 선생님이 말씀하실 때 듣는 자세에 대해서 이야기 나눈다.

－선생님이 말씀하실 때, 어떤 자세로 들어야 할까요?

－잘 듣고 순종해요.

3. 말씀에 순종하는 게임을 소개한다.

－선생님 말씀을 듣고, 행동으로 표현하는 게임을 해 볼 거예요.

〈게임 방법〉

① 대집단으로 동그랗게 앉는다.

② 하나님, 선생님, 부모님이 적혀 있는 카드를 보여 준다.

③ 하나님, 선생님, 부모님이라는 말을 넣어서 이야기하면 그대로 행동한다.

　T: 선생님, 인사하세요 / 하나님, 기도하세요 / 부모님, 옆 친구를 안아 주세요

④ '하나님, 선생님, 부모님' 단어가 아닌 다른 단어가 들어가면 움직이지 않는다. 단어는 유아들
　과 함께 정해 본다. 부정적인 언어를 제시할 경우에 유아의 의견을 수용하되, 올바른 언어로
　바꾸어서 들려준다.

⑤ 약속의 말대로 행동하지 못한 유아는 원 가운데로 와서 다른 친구들이 하는 것을 본다.

⑥ 끝까지 약속의 말대로 순종한 친구가 남으면 칭찬 박수를 해 준다.

⑦ 원 한 가운데 남은 친구들은 '순종할게요'라는 구호를 함께 외치고 자리로 돌아간다.

4. 교사가 게임 시범을 보인 후 유아가 말하는 차례를 갖도록 한다.

－게임에 잘 따르기 위해서는 어떻게 해야 할까요?

－말씀을 잘 들어야 무슨 행동을 할지 알게 되는 게임이에요.

| 마 무 리 | 5. 활동 후, 느낌 점을 이야기 나눈다.
  - 누구의 말씀에 순종해 보았나요?
  - 순종하기 위해서 어떻게 했나요?
  - 바로 듣고 행동으로 실천해 보았나요?
6. 하나님의 말씀인 성경을 대하는 자세에 대해서 이야기 나눈다.
  - 성경에서 하나님이 말씀하신 대로 순종하고 실천할 수 있나요?

| 활 동
유 의 점 |
- 유아들이 선생님의 권위는 하나님께서 세워 주심을 인정하고, 선생님 말씀에 순종할 수 있도록 한다. 유아들이 교사의 말에 순종할 때 질서 있게 교실 분위기가 형성된다.
- 교사는 본 활동을 하기 전에 하나님이 자신을 아이들을 책임지고 보호하는 권위자로 세우셨음을 묵상하며, 자기 자신을 돌아보는 시간을 갖도록 한다.
- 익숙해지면 유아가 직접 단어카드를 선택해보게 하거나, 유아들과 토의하여 새로운 단어로 약속을 정하고 게임을 한다.

| 확장활동 |
- 역할영역: 선생님 놀이하기

[선생님 말씀에 순종하기]

'미술활동 후 청소하기' '자기 자리에 떨어진 휴지 줍기' '놀이하던 놀잇감 정리하기' 등의 약속을 잘 지키는 것도 선생님의 말씀에 순종하는 일임을 알려준다. 유아가 순종할 때, 교사가 "선생님 말씀에 순종해 주어서 선생님 마음이 참 기뻐." "선생님을 도와줘서 고마워." 등 유아에게 칭찬해 준다.

| 활동평가 |
- 게임의 규칙을 이해하고, 즐겁게 참여하는지 평가한다.
- 선생님과 주위 어른들의 말씀에 대하여 존중하는 태도를 보이는지 평가한다.
- 성경말씀을 듣고 생활 속에서 적절하게 실천하는지 평가한다.

4월 통합유아교육과정

봄을 만드신 하나님

4월 · 봄을 만드신 하나님

I. 성경적 통합유아교육과정 실행을 위한 기초 다지기

'성경적 통합유아교육과정 실행을 위한 기초 다지기'는 4월 유아교육과정에 해당하는 성경본문 배경과 흐름에 따른 주요개념 이해, 교사큐티를 통한 이해 재확인 및 적용과 기도 과정을 순차적으로 제시한다. 이 과정을 통하여 기독교 유아교사는 유아교육과정의 성경적 통합과정 이해 및 성경적 통합교육을 실행하기 위한 역량기반을 다질 수 있다. 성경적 통합역량 기초 다지기 과정을 거치면서 통합된 교육활동 내용을 충실하게 수행할 뿐만 아니라 심화 · 확장 활동으로 자유롭게 연계할 수 있는 역량을 성취해 나갈 수 있다.

1. 주요개념

한 달의 통합교육과정에 대한 이론적 기초로서, 성경본문과 유아교육과정의 주제가 어떤 개념을 근거로 통합되는지에 대한 정보를 제공한다.

2. 성경개관

성경본문의 배경과 전체 흐름을 살펴보고 통합의 근거가 되는 성경의 요점을 개요 수준에서 간추린다.

3. 교사큐티

말씀을 통해 하나님과 개인적으로 교제하는 시간으로 한 달간의 성경본문을 각 주별 주제와 관련하여 매주 묵상한다.

주요개념

요약

태초에 하나님께서 천지를 창조하셨다. 하나님께서는 아름답고 완벽한 하나님의 세상을 인간에게 맡기셨다. 유아교육과정의 '봄'은 하나님의 창조세계의 한 면을 보여 준다. 봄을 통해 하나님의 창조세계를 들여다보고 그 속에서 발견하는 아름다움을 느껴 볼 수 있다. 나아가 오늘날 자연파괴와 환경오염의 위기 속에서 이 세상에 대해 책임 있게 반응해야 하는 인간의 위치와 책임을 돌아볼 수 있다.

1) 성경: 세상을 만드신 하나님

창세기는 하나님의 천지창조 이야기로 시작된다. 이 이야기가 기록될 당시, 하나님이 택한 이스라엘 백성은 애굽 땅에서 오랜 세월 종살이를 하며 우상숭배에 길들여져 있었다. 그들은 온 세상을 창조하신 하나님의 백성이라는 정체성을 회복해야 했다. 따라서 창세기는 이스라엘 백성을 인도하시는 하나님이 천지를 창조하신 하나님이라는 것을 확증시키기 위해 기록되었다. 창세기는 인류를 구원하시고자 하는 하나님 역사의 서두이면서 동시에 출애굽기로 이어지는 이스라엘 역사의 시작이라고 할 수 있다.

모든 창조는 하나님의 영광을 위해 창조된 것이다. 따라서 하나님이 창조하신 자연세계는 그 존재 자체로 창조주 하나님의 영광을 선포하는 것이며, 이와 마찬가지로 인간의 창조목적도 하나님의 영광을 드러내는 데 있다. 특별히 하나님께서는 인간을 하나님의 형상을 닮은 존재로서 만드셨다. 그리고 인간 창조에 앞서 마련해 놓은 삶의 터전에 인간을 두셨다. 인간은 땅을 정복하고 다스리라(창세기 1:28)는 하나님의 명령을 귀중한 책임으로 받았다. 인간의 창조는 권력의 남용을 의미하는 것이 아니다. 하나님이 우리를 위해 베풀어 주신 아름다운 창조세계에 감사하며, 우리에게 맡기신 자연을 잘 관리하고 보존해 나가야 한다는 사실을 말씀한다.

2) 유아교육과정: 봄 / 동식물과 자연

유아들은 날씨의 변화를 체험하고 탐구하며, 계절마다 달라지는 생활의 모습을 자연스럽게 이해하게 된다. 따라서 날씨 변화에 따른 사람들의 적응 방식과 생활 및 자연의 변화에 대해 관심을 갖고 알아볼 수 있는 기회를 제공한다. 유아들은 계절에 따라 순환적으로 나타나는 날씨와 기후 변화 등의 자연현상을 경험하고 자연스럽게 인간과 자연의 관계를 이해할 수 있다. 더불어 각 계절에 적합한 방식으로 적응하면서 보다 자연을 소중히 여기고 감사하는 마음을 가질 수 있다. 이에 '봄'에 대하여 알아볼 때, '봄의 날씨와 풍경' '따뜻한 봄 지내기'를 소주제로 선정하여 봄의 날씨와 자연의 변화, 봄을 맞이하는 사람들의 생활에 대한 내용을 교육과정으로 다룬다.

봄의 경험하는 과정에서 유아는 봄의 '동식물과 자연'에 대해 궁금한 점을 지속적으로 풀어 나가면서 탐구적인 성향을 계발할 수 있다. 또한 인간은 자연의 일부라는 자연의 섭리를 자연스럽게 깨닫고, 더불어 살아가는 삶을 이해할 수 있다. 이것을 통해 인간이 자연을 무분별하게 개발함에 따라 동식물과 자연은 점차 본래의 모습을 잃어 가고 환경오염이 날로 심화되고 있다는 것을 생각해 볼 수 있다. 이에 '봄의 동식물' '자연과 더불어 사는 우리'를 소주제로 선정하여, 동식물을 탐구하면서 느끼는 자연에 대한 소중함과 인간과 자연이 상호 공생하는 관계임을 깨닫고 자연을 보호하고 존중하는 태도 기르기에 중점을 두었다. 유아기부터 자연에 대한 올바른 인식과 태도를 갖도록 하여 이를 기초로 자연보호를 위해 할 수 있는 일들을 실천해 보도록 한다.

3) 성경적 통합: 봄을 만드신 하나님

새로운 학기가 시작이 되면서 맞이하는 첫 계절인 봄은 유아가 창조의 신비를 경험하기에 적절한 시기이다. 유아는 만물이 새롭게 태어나는 봄을 감각적으로 체험해 봄으로써 하나님의 아름다운 창조세계를 경험하게 된다. 봄의 새싹, 봄에 피는 꽃과 나무, 겨울잠에서 깨어나는 동물 등과 같이 식물과 동물들의 특성을 탐색하거나 직접 길러 보며 생명의 경이로움을 깨달을 수 있다. 이러한 경험을 통해 하나님의 창조세계에서 창조물을 관리하는 인간이 얼마나 중요한 위치에 있는지 알 수 있다. 인간은 이렇게 아름다운 세상을 돌보라고 맡기신 하나님께 감사하며, 하나님이 우리에게 주신 책임을 다해야 한다.

따라서 하나님이 만드신 봄의 날씨와 풍경, 계절적 특징에 따른 사람들의 생활 등에 대해 알아보며, 봄과 관련된 다양한 체험을 통해 온 세상을 창조하신 하나님께서 봄도 창조하셨다는 것을 깨닫도록 할 수 있다. 나아가 하나님이 창조하신 봄의 아름다움을 느껴 보고 하나님께 감사하고 찬양하는 시간이 되도록 한다. 이와 함께 하나님께서 인간에게 맡기신 아름다운 세상을 잘 돌보지 못해서 오염되고 더러워졌다는 것에 대해 함께 생각해 본다. 그리고 유아 수준에서 환경을 보호하고 자연을 깨끗이 할 수 있는 방법을 생각하고 실천하는 데까지 나아가도록 한다.

성경개관

| 성 경 말 씀 | 본문제목

창조, 하나님이 하신 일

성경본문

창세기 1:1-2:3

중심말씀

태초에 하나님이 천지를 창조하시니라(창세기 1:1)

내용요약

하나님은 모든 만물을 말씀으로 창조하셨다. 우리는 창조 이야기를 통해 모든 만물의 주되신 하나님과 그 분의 계획안에 있는 우리의 위치를 발견할 수 있다.

| 신학적 개념 | 신 론-창조주 하나님(유아수준: 하나님이 만드신 자연세계-하나님이 만드셨어요)

인간론-하나님의 형상(유아수준: 나와 사람들-하나님을 닮았어요)

| 핵 심 개 념 | 하나님은 이 세상의 모든 것을 만드셨다.

하나님은 자연세계, 식물들, 동물들 그리고 사람들을 만드셨다.

하나님은 이 세상을 다스리고 돌보고 계신다.

하나님은 만드신 세상을 사람이 잘 다스리고 번성하도록 하였다.

| 성 경 이 해 | 하나님은 세상 모든 만물, 즉 시간과 공간, 하늘과 땅 및 그 안에 있는 모든 것을 창조 하셨다. 하나님이 태초에 천지를 창조하셨다는 것은 하나님이 시간과 공간의 주인이 시며 자연만물과 인간의 주인이심을 보여 준다. 이 모든 것을 다스릴 인간을 지으시 고 사랑의 관계를 맺으셨다. 창세기 1장에는 하나님의 이러한 창조에 대한 이야기가 나타난다. 우리에게 전하는 핵심 메시지는 바로 하나님이 말씀으로 이 세상을 창조 하셨다는 것과 인간을 만드신 하나님의 뜻을 알고 순종하는 것이 인간인 우리가 피 조물로서 마땅히 해야 할 도리라는 것이다.

교사큐티

창조, 하나님이 하신 일
성경본문 창세기 1:1-2:3

하나님은 모든 만물을 말씀으로 창조하셨다. 우리는 이 창조이야기를 통해 모든 만물의 주되신 하나님과 그 분의 계획안에 있는 우리의 위치를 발견하게 된다.

|도움말|

1 천지 창조의 시점, 주체, 대상, 내용을 명료하게 제시한다. 하나님은 시간과 공간의 창조주로서 이것으로부터 완전히 초월하여 계신다.

2 혼돈: 뒤죽박죽 섞여 있는 상태 / 공허: 아무것도 없이 텅 비어있음 / 운행하시니라: 부드러이 활공하다.

운행하시니라: 선회하다(hover): 단순히 움직이는 동작만이 아니라 깊은 관심과 애정을 가지고 한 대상의 주위를 맴돔

3 하나님의 말씀만으로 만물이 존재하게 되었다. 하나님의 전능하심. 말씀의 권위와 창조력을 볼 수 있다 / 빛: 태양과 별이 창조되기 이전 하나님의 자연적이고도 직접적인 사역에 의해 비춰진 빛

4 보시기에: 지극한 관심을 가지고 세심하게 살펴보심

좋았더라: 선하다, 충실하다, 아름답다, 존귀하다, 복되다. 하나님의 선하심과 위대하심이 충실

무로부터 유로의 천지창조

1 태초에 하나님이 천지를 창조하시니라

원시 지구의 초기 상태

2 그 땅이 혼돈하고 공허하며 흑암이 깊음 위에 있고 하나님의 영은 수면 위에 운행하시니라

첫째 날의 창조–빛

3 하나님이 이르시되 빛이 있으라 하시니 빛이 있었고

4 그 빛이 하나님이 보시기에 좋았더라 하나님이 빛과 어둠을 나누사

5 하나님이 빛을 낮이라 부르시고 어둠을 밤이라 부르시니라 저녁이 되고 아침이 되니 이는 첫째 날이니라

둘째 날의 창조–궁창

6 하나님이 이르시되 물 가운데에 궁창이 있어 물과 물로 나뉘라 하시고

7 하나님이 궁창을 만드사 궁창 아래의 물과 궁창 위의 물로 나뉘게 하시니 그대로 되니라

8 하나님이 궁창을 하늘이라 부르시니라 저녁이 되고 아침이 되니 이는 둘째 날이니라

셋째 날의 창조–바다, 땅, 식물

9 하나님이 이르시되 천하의 물이 한 곳으로 모이고 뭍이 드러나라 하시니 그대로 되니라

10 하나님이 뭍을 땅이라 부르시고 모인 물을 바다라 부르시니 하나님이 보시기에 좋았더라

11 하나님이 이르시되 땅은 풀과 씨 맺는 채소와 각기 종류대로 씨 가진 열매 맺는

히 반영된 완벽하고 놀라운 창조물임을 의미

5 **부르시다**: 선언하다. 권위를 가지고 공적으로 그 이름을 선포하심(시편 74:16). 모든 것에 대한 절대 소유권과 절대 주권을 가지고 계심

저녁이 되고 아침이 되니: 원시 어둠의 상태에서 하나님께서 빛을 창조하셨으므로 낮이 있었고 낮후에 저녁이 찾아오게 되었으므로 저녁이 먼저 언급됨. 따라서 유대인들은 해가 질 때 하루가 시작된다고 생각하였다.

13 **각기 종류대로**: 각기 독특하게 구별된 종으로 만드셨으므로 본래의 종에서 다른 종으로 변천한다는 진화론의 허구를 드러낸다.

22 동물이 창조된 5일째, 처음으로 피조물에게 복을 주심: 생명이 있는 동물의 다산과 번성을 가져옴

26 **우리의 형상(image)을 따라 우리의 모양(likeness)대로**: 하나님의 성품을 강조. 인간의 영혼은 하나님의 성품을 담고 있는 존재임. 다른 피조물과 구별되는 증거이다.

27 **남자와 여자**: 인간의 창조는 아담만이 아닌 모든 인류를 가리킨다.

28 **정복하다**: 밟다, 삶의 터전으로 삼다 / **다스리다**: 절대 주권을 행사하다. 이 지상의 모든 권한이 본질적으로는 창조주 하나님께 있으나, 이것이 인간에게 위임됨

나무를 내라 하시니 그대로 되어

12 땅이 풀과 각기 종류대로 씨 맺는 채소와 각기 종류대로 씨 가진 열매 맺는 나무를 내니 하나님이 보시기에 좋았더라

13 저녁이 되고 아침이 되니 이는 셋째 날이니라

넷째 날의 창조—해, 달, 별

14 하나님이 이르시되 하늘의 궁창에 광명체들이 있어 낮과 밤을 나뉘게 하고 그것들로 징조와 계절과 날과 해를 이루게 하라

15 또 그 광명체들이 하늘의 궁창에 있어 땅을 비추라 하시니 그대로 되니라

16 하나님이 두 큰 광명체를 만드사 큰 광명체로 낮을 주관하게 하시고 작은 광명체로 밤을 주관하게 하시며 또 별들을 만드시고

17 하나님이 그것들을 하늘의 궁창에 두어 땅을 비추게 하시며

18 낮과 밤을 주관하게 하시고 빛과 어둠을 나뉘게 하시니 하나님이 보시기에 좋았더라

19 저녁이 되고 아침이 되니 이는 넷째 날이니라

다섯째 날의 창조—물고기와 새

20 하나님이 이르시되 물들은 생물을 번성하게 하라 땅 위 하늘의 궁창에는 새가 날으라 하시고

21 하나님이 큰 바다 짐승들과 물에서 번성하여 움직이는 모든 생물을 그 종류대로, 날개 있는 모든 새를 그 종류대로 창조하시니 하나님이 보시기에 좋았더라

22 하나님이 그들에게 복을 주시며 이르시되 생육하고 번성하여 여러 바닷물에 충만하라 새들도 땅에 번성하라 하시니라

23 저녁이 되고 아침이 되니 이는 다섯째 날이니라

여섯째 날의 창조—짐승과 사람

24 하나님이 이르시되 땅은 생물을 그 종류대로 내되 가축과 기는 것과 땅의 짐승을 종류대로 내라 하시니 그대로 되니라

25 하나님이 땅의 짐승을 그 종류대로, 가축을 그 종류대로, 땅에 기는 모든 것을 그 종류대로 만드시니 하나님이 보시기에 좋았더라

26 하나님이 이르시되 우리의 형상을 따라 우리의 모양대로 우리가 사람을 만들고 그들로 바다의 물고기와 하늘의 새와 가축과 온 땅과 땅에 기는 모든 것을 다스리게 하자 하시고

27 하나님이 자기 형상 곧 하나님의 형상대로 사람을 창조하시되 남자와 여자를 창조하시고

28 하나님이 그들에게 복을 주시며 하나님이 그들에게 이르시되 생육하고 번성하

29-30 타락 이전에 인간과 동물 모두 식물만을 먹이로 삼았으므로 약육강식의 피흘림이 없었음을 알 수 있다(이사야 11:6-9).

31 보시기에 심히 좋았더라: 단 하나의 모자람도 없음. 최종적 성취감. 극도의 만족감. 인간의 창조가 모든 사역의 마지막일 뿐 아니라 모든 창조사역의 절정이요 최종 목적임을 시사하는 특별한 창조임을 보여 준다.

2:1 하나님의 안식은 창조의 완성을 가리킴과 동시에 인간에게 안식의 필요성을 가르쳐 주셨다.

여 땅에 충만하라, 땅을 정복하라, 바다의 물고기와 하늘의 새와 땅에 움직이는 모든 생물을 다스리라 하시니라

29 하나님이 이르시되 내가 온 지면의 씨 맺는 모든 채소와 씨 가진 열매 맺는 모든 나무를 너희에게 주노니 너희의 먹을거리가 되리라

30 또 땅의 모든 짐승과 하늘의 모든 새와 생명이 있어 땅에 기는 모든 것에게는 내가 모든 푸른 풀을 먹을거리로 주노라 하시니 그대로 되니라

31 하나님이 지으신 그 모든 것을 보시니 보시기에 심히 좋았더라 저녁이 되고 아침이 되니 이는 여섯째 날이니라

일곱째 날의 안식일 제정

2:1 천지와 만물이 다 이루어지니라

2:2 하나님이 그가 하시던 일을 일곱째 날에 마치시니 그가 하시던 모든 일을 일곱째 날에 안식하시니라

2:3 하나님이 그 일곱째 날을 복되게 하사 거룩하게 하셨으니 이는 하나님이 그 창조하시며 만드시던 모든 일을 마치시고 그 날에 안식하셨음이니라

|요약/해설|

창조주 하나님

하나님은 세상을 6일 동안 창조하시며 모든 만물을 말씀으로 지으셨다. 하나님은 모든 만물보다 먼저 계셨고, 모든 만물을 만드셨으므로 우리의 찬양과 순종을 받으시기에 합당한 분이시다. 바다, 태양, 달과 별 등은 단지 하나님의 피조물로 오직 하나님만 계시고 다른 신은 없다.

창조세계

하나님의 창조세계는 하나님의 말씀대로 생겨나서 그의 뜻을 따라 질서와 조화를 이루어 간다. 첫 3일 동안 혼돈된 세상을 질서 있게 나누심으로써 공간을 만드시고, 다음 삼 일 동안 그 공간인 공허한 세상을 차례대로 활동적인 존재들로 채우셨다. 하나님은 엿새 동안 천하의 모든 것들을 조직적으로 창조하시고 일곱째 날에는 안식하셨다. 이처럼 세상은 자연 발생적으로 생겨나 오랜 기간에 걸쳐 지금의 상태로 진화된 것이 아니고, 하나님이 말씀으로 모든 것을 처음부터 완전하게 창조하셨다.

인간창조

하나님께서는 인간을 위해 천지의 모든 것을 베푸셨다. 그리고 나서 창조사역 마지막에 매우 독특하고 특별한 존재인 인간을 창조하셨다. 하나님은 인간에게 하나님의 형상을 입히시고 창조세계를 다스리도록 하셨다. 인간은 하나님의 창조세계를 돌보며 관리하는 특권을 부여받은 것이다. 이처럼 창조의 마지막 날 완성하신 인간의 창조는 인간을 향한 하나님의 특별한 사랑과 계획을 보여 준다.

|찬양과 기도| 주님의 임재 가운데 나아갑니다. 주님 말씀하여 주십시오. 제가 듣겠습니다!

|말씀| 본문을 세 번 정도 읽으며 전체적인 뜻을 파악하기/내게 다가오는 말씀들을 기록하기

|묵상| 말씀 묵상, 변화를 위한 적용과 구체적인 실천 찾기, 기도하며 결단하기

- 1주: 하나님의 창조사역을 순서대로 따라가 봅시다. 그 속에서 발견할 수 있는 창조의 진리들에는 어떤 것들이 있습니까? (창세기 1:1-2:3)

- 2주: 하나님의 창조세계를 그려 봅시다. 세상과 나를 창조하신 하나님의 경이로움을 느껴 본 적이 있나요? (창세기 1:31)

- 3주: 하나님은 우리에게 특별한 관심과 사랑을 가지고 계십니다. 하나님의 창조세계를 돌보도록 우리를 부르셨다는 사실이 주는 감사와 은혜가 있다면 무엇인가요? (창세기 1:26-27)

- 4주: 하나님은 창조세계를 인간에게 맡기셨습니다. 나에게 어떤 일을 맡기셨나요? 자연과 사회에서 이 명령을 책임 있게 성실하게 수행하고 있는지 돌아봅시다(창세기 1:26-28; 2:15).

|공동기도| 우리를 지으신 하나님, 온 세상이 주님의 높고 위대하심을 찬양합니다. 우리에게 하나님이 지으신 세상을 맡겨 주셔서 감사합니다. 나의 삶을 통하여 우리의 창조주이시며, 구원자가 되시는 하나님을 찬양하게 하소서.

4월 · 봄을 만드신 하나님

II. 성경적 통합과정 이해하기

'성경적 통합과정 이해하기'는 성경본문과 유아교육과정 사이에 다리 놓기 작업으로서 유아교육과정이 성경적으로 통합되는 절차와 단계를 보여 준다. 성경적 통합과정을 구조화함으로써 교사가 통합과정을 보다 쉽게 이해하고 성경적으로 통합할 수 있는 능력을 갖출 수 있도록 지원한다.

1. 월간 성경적 통합의 흐름도

유아교육과정의 주제 및 목표를 성경본문의 주제 및 목표에 근거하여 통합하는 과정을 보여주는 프레임(틀)이다.

2. 월간 성경적 통합과정 해설

개요 수준에서 요약한 성경적 통합의 흐름에 함축된 주요 내용이나 예시들을 자세히 풀어서 설명해 놓은 지침서이다.

3. 월간통합교육계획안

성경주제 및 목표에 근거하여 한 달간 진행되는 통합교육활동들과 그 흐름을 한눈에 볼 수 있도록 요약한 주요계획이다.

월간 성경적 통합의 흐름도

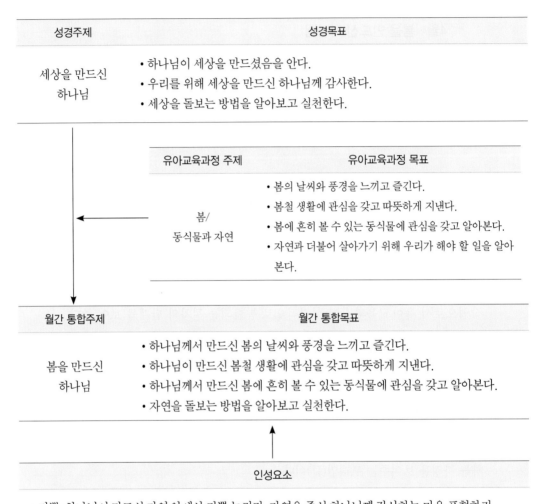

성경주제	성경목표
세상을 만드신 하나님	• 하나님이 세상을 만드셨음을 안다. • 우리를 위해 세상을 만드신 하나님께 감사한다. • 세상을 돌보는 방법을 알아보고 실천한다.

유아교육과정 주제	유아교육과정 목표
봄/ 동식물과 자연	• 봄의 날씨와 풍경을 느끼고 즐긴다. • 봄철 생활에 관심을 갖고 따뜻하게 지낸다. • 봄에 흔히 볼 수 있는 동식물에 관심을 갖고 알아본다. • 자연과 더불어 살아가기 위해 우리가 해야 할 일을 알아본다.

월간 통합주제	월간 통합목표
봄을 만드신 하나님	• 하나님께서 만드신 봄의 날씨와 풍경을 느끼고 즐긴다. • 하나님이 만드신 봄철 생활에 관심을 갖고 따뜻하게 지낸다. • 하나님께서 만드신 봄에 흔히 볼 수 있는 동식물에 관심을 갖고 알아본다. • 자연을 돌보는 방법을 알아보고 실천한다.

인성요소
• 기쁨: 하나님이 만드신 자연 안에서 기쁨 누리기, 자연을 주신 하나님께 감사하는 마음 표현하기 • 존중: 자연을 창조하신 하나님 높이기, 환경적 차이를 소중하게 여기기, 하나님이 주신 생명을 존중하기 • 배려: 하나님의 보호하심과 돌보심 인식하기, 환경에 대하여 친절하게 대하기 • 협동: 이웃과 함께 선한 일 실천하기

월간 성경적 통합과정 해설

| **통합주제** | 봄을 만드신 하나님

| **통합목표** | 하나님께서 만드신 봄의 날씨와 풍경을 느끼고 즐긴다.

하나님이 만드신 봄철 생활에 관심을 갖고 따뜻하게 지낸다.

하나님께서 만드신 봄에 흔히 볼 수 있는 동식물에 관심을 갖고 알아본다.

자연을 돌보는 방법을 알아보고 실천한다.

| **인성요소** |
- 기쁨: 하나님이 만드신 자연 안에서 기쁨 누리기, 자연을 주신 하나님께 감사하는 마음 표현하기
- 존중: 자연을 창조하신 하나님 높이기, 환경적 차이를 소중하게 여기기, 하나님이 주신 생명을 존중하기
- 배려: 하나님의 보호하심과 돌보심 인식하기, 환경에 대하여 친절하게 대하기
- 협동: 이웃과 함께 선한 일 실천하기

요 약

'봄을 만드신 하나님' 주제를 위한 성경적 기초로서 가장 중요한 개념은 이 세상은 하나님이 창조하셨다는 진리를 아는 것이다. 우선, 누리과정의 봄의 날씨와 풍경, 계절적 특징과 관련된 활동을 통해 유아들이 하나님이 지으신 봄을 마음껏 누리는 가운데 기뻐하며 이 모든 것을 만드신 분이 있다는 것을 인식하도록 한다. 나아가 하나님이신 그분을 소개하며 우리를 위해 이 모든 세상을 창조하신 하나님께 찬양하고 감사하는 시간이 되도록 한다. 이와 함께, 자연과 더불어 살아가면서 하나님께서 맡기신 세상을 잘 돌보지 못해 일어난 자연파괴와 환경오염 현상을 살펴보며, 유아들이 할 수 있는 일을 찾아보고 실천하도록 한다. 이와 함께 유아는 하나님이 주신 자연을 체험하는 과정에서 기쁨, 존중, 협동, 배려 등의 기독교 인성 덕목을 경험하고 내면화할 수 있다.

1. 주요 성경개념

'봄을 만드신 하나님'은 아름다운 세상을 만드신 분이 바로 하나님이라는 것을 알고 하나님을 찬양하도록 하는데 주요 목적이 있다. 그런 점에서 '세상을 만드신 하나님'에 대한 성경이야기는 유아들이 당연하게 받아들이는 주변 세상을 바르게 보는 눈을 열어 준다. 모든 물건이 만들어진 목적이 있고 만든 사람이 있듯이, 이 세상도 만드신 분이 있고, 만들어진 이유가 있다는 것을 깨닫게 한다.

따라서 유아에게 전달할 성경적 주요 개념은 다음과 같다. 첫째, 천지창조 이야기를 통해 하나님이 세상을 말씀으로 지으셨다. 둘째, 창조의 마지막에 인간을 만드심으로 인간이 다스리도록 하셨다. 셋째, 하나님이 인간에게 세상을 맡기실 때 이 세상을 다스리고 지키고 보존해 나가는 것이 인간인 우리 모두에게 맡겨진 책임이다.

2. 성경적 통합 활동 및 방법

1) 봄의 날씨와 풍경 즐기기

유아교육과정은 봄의 풍경이나 음악을 감상하면서 봄의 날씨의 특징을 알아본다. 봄이 되어 생긴 변화에 대해 알아보고 봄의 아름다움과 평화로움을 다양한 방법으로 느끼고 표현해 보도록 한다. 유아들이 직접 산책활동을 나가거나 바깥놀이를 통해 다양한 감각을 이용해 봄을 느껴 보도록 한다. 세상을 만드신 하나님에 대하여 성경이야기를 들려주고 하나님이 만드신 봄을 관찰하고 즐긴다. 이와 같은 감각적이고 체험적인 활동을 통해 유아들은 하나님께서 창조하신 아름다운 자연을 느껴 보고 봄을 만드신 하나님께 감사한다.

2) 따뜻한 봄 지내기

봄철 기후와 관련하여 사람들의 변화된 생활에 관심을 갖는다. 예를 들어, 씨앗 심기 등의 활동을 통해 씨앗이 자라기에 적당한 온도인 따뜻한 봄에 대해서도 나눠 본다. 또한, 봄철 옷차림이나 봄맞이 대청소, 봄나들이 등의 사람들의 변화된 생활 모습을 알아본다. 이처럼 봄이라는 자연현상에 대해 알아보면서 하나님이 창조하신 봄의 다양한 모습을 경험해 본다.

세상을 만드신 하나님과 하나님이 만드신 자연에 대해 경외[1]하는 마음은 인성의 덕목인 존중으로 표

---

1) '경외'라는 용어는 유아들에게는 어려운 용어이므로 존중의 범주에서 이해하려고 한다. 존중은 사람이나 사물을 높이고 귀하게 대하는 것이라는 사전적인 의미가 있으므로 이를 하나님과의 관계에서 적용해 볼 수 있다.

현된다. 유아들이 하나님의 창조질서에 순응하여 계절 및 자연물의 변화 모습과 사람들의 생활모습을 관찰하면서 창조의 질서에 순종하도록 만드신 하나님께 존중의 태도를 갖도록 돕는다.

3) 봄에 흔히 볼 수 있는 동식물

봄의 동식물과 관련된 경험은 봄에 흔히 볼 수 있는 곤충들과 동식물과 관련된 경험으로 구성하였다. 새롭게 싹을 틔우는 봄철 식물, 겨울잠을 자고 봄에 깨어나 움직이기 시작하는 동물, 따뜻해지면서 날아다니기 시작하는 각종 곤충들에 대해 알아본다. 이를 통해 봄에 흔히 볼 수 있는 동식물에 대해 좀 더 호기심을 갖고 구체적으로 탐색해 보거나 직접 기르는 경험으로 확장한다. 특별히, 성경이야기 중 천지창조의 다섯째 날과 여섯째 날 이루어진 식물과 동물의 창조를 다시 한 번 들려주고 '봄'이라는 주제와 연계하여 하나님께서 어떤 식물과 동물을 만들었는지 말해 보도록 한다. 이를 통해 유아는 하나님이 창조하신 봄의 날씨와 봄이 되어 더욱 활동적이 되는 동물의 생활방식, 식물의 변화, 인간, 유아들과의 관계에 관심을 가진다.

창조의 질서에서 중요한 부분으로 피조물들 간의 협동과 조화를 들 수 있다. 세상을 질서 있게 만드신 하나님은 창조물들이 협력하여 조화롭게 살도록 하셨다. 각자의 위치에서 공생관계를 유지하거나 집단생활을 하고 혹은 역할을 분담한다. 이 과정에서 각각의 자연물들은 자연스럽게 어우러지도록 하셨다. 이와 마찬가지로 사람도 서로 협력하고 도우며 살아가도록 하셨다. 그러므로 유아들이 자연을 탐색하며, 유아 상호 간에도 협동하는 것이 하나님이 원하시는 인성 덕목이라는 것을 이해하고 실천할 수 있는 기회를 제공한다.

4) 자연과 더불어 사는 우리

사람은 하나님이 창조하신 피조물의 일부이다. 봄의 자연과 봄에 흔히 볼 수 있는 동식물과 함께하는 경험을 통해 유아들은 동식물과 사람은 자연 속에서 서로 관계를 맺고 살아가는 존재들이라는 것으로 관심이 확장된다. 하나님은 창조의 가장 마지막에 하나님의 형상을 따라 창조하신 사람에게 '생육하고 번성하여 다스리라'는 사명을 주셨다. 그러므로 인간은 자연과 더불어 살아가는 가운데 하나님의 창조 세계를 잘 보존하고 하나님이 원하시는 방향으로 가꾸어야 할 책임이 있다.

자연은 하나님께서 창조하셨으므로 모두가 하나님의 소유이다. 성경은 '땅과 거기 충만한 것과 세계와 그 중에 거하는 자가 다 여호와의 것이로다(시편 24:1)' 라고 기록한다. 사람 또한 하나님이 만드신 피조세계의 한 부분으로서, 하나님이 마련해 주신 아름다운 자연을 소중히 여기는 자세가 필요하다. 봄에 볼 수 있는 생물들에 관심을 갖고 봄의 생명력을 마음껏 즐기며 함께 살아가는 존재라는 것을 깨닫는 것이 중요하다. 따라서 유아들이 봄과 더불어 생활하면서 자연과 하나 됨, 자연의 소중함을 충분히 경험할 필요가 있다.

이러한 과정을 통해 하나님의 창조원리에 어긋나는 무분별한 개발이나 파괴는 안 되며 자연을 잘 보존하고 관리하는 것이 하나님이 우리에게 맡기신 자연을 잘 돌보는 길이라는 사실을 알아가도록 한다. 구체적으로 하나님이 창조하신 자연이 파괴되고 오염되어 가는 현상들을 다루어 본다. 이를 통하여 우리에게는 자연을 돌볼 책임이 있으며, 자연이 훼손되는 것을 예방하거나 혹은 복구하기 위해 할 수 있는 것들을 찾아서 실천해 보는 시간을 가지도록 한다. 이 책임을 유아들이 이해할 수 있는 범주인 자연에 대한 돌봄으로 접근해 본다. 자연을 보호하기 위하여 유아들이 무엇을 할 수 있는지 알아보고 동식물들을 돌보는 과정을 경험해 봄으로써 하나님이 창조하신 자연 및 피조세계에 책임감을 느끼도록 한다.

교사는 이 모든 과정에서 유아의 체험을 따라가며 적절하게 확장시켜 나갈 수 있도록 적절한 발문을 하는 것이 매우 중요하다. 이 과정이 단순히 지식 전달로 끝나지 않고, 교사와 유아가 하나님의 창조원리를 발견하고 하나님께 감사하는 시간이 되도록 한다.

월간 통합교육계획안

- 성경주제: 세상을 만드신 하나님
- 성경목표: 하나님이 세상을 만드셨음을 안다.

  우리를 위해 세상을 만드신 하나님께 감사한다.

  세상을 돌보는 방법을 알아보고 실천한다.

연관주제	봄/동식물과 자연			
통합주제	봄을 만드신 하나님			
통합목표	• 1주: 하나님께서 만드신 봄의 날씨와 풍경을 느끼고 즐긴다. • 2주: 하나님이 만드신 봄철 생활에 관심을 갖고 따뜻하게 지낸다. • 3주: 하나님께서 만드신 봄에 흔히 볼 수 있는 동식물에 관심을 갖고 알아본다. • 4주: 자연을 돌보는 방법을 알아보고 실천한다.			
인성요소	기쁨, 존중, 배려, 협동			

주		1주	2주	3주	4주
활동	주제	봄의 날씨와 풍경	따뜻한 봄 지내기	봄에 흔히 볼 수 있는 동식물	자연과 더불어 사는 우리
실내자유선택활동	쌓 기		• 봄 소풍을 가요★		• 동물들이 사는 곳 만들기
	역 할		• 봄맞이 대청소 • 봄 소풍을 가요★	• 봄에 볼 수 있는 동물 되어 보기	
	언 어	• 동시) 봄에 대한 느낌			• 동물 관련 책 읽기 • 봄 동산을 보호해요★
	수·조작			• 봄꽃 패턴놀이	• 보드게임) 푸른산 만들기
	미 술	• 봄 풍경을 그리기★ • 봄 동산 만들기	• 시점도로 봄의 곤충 만들기 • 색종이 봄 꽃 만들기	• 개구리 물갈퀴, 개구리 모자 만들기 • 나비 날개 만들기	• 봄 동산 지킴이 캠페인 포스터
	음 률		• 봄노래 부르며 악기 연주하기	• 악기연주) 봄의 곤충과 동물소리 표현	
	과 학	• 계절의 변화 알아보기	• 겨울생활과 봄생활 비교	• 모종 자라나는 과정 관찰 • 땅, 하늘, 바다에 사는 동물의 특징	• 동식물 관찰일지 • 교실에 있는 동식물 잘 보살피기
대소집단활동	이야기나누기		• 봄철 사람들의 생활★	• 요리) 새싹 비빔밥	• 식물 기르기★
	동시·동화·동극	• 동화) 세상을 만드신 하나님		• 동화) 나무는 좋다	
	미술/음악		• 사계 '봄' 감상하기		
	신체/게임			• 봄의 곤충과 동물★	• 겨울잠에서 깨어난 동물들 신체 표현
바깥놀이활동		• 봄 날씨를 느껴요★ • 봄비가 오는 날 우산이나 우비 입고 봄비 느껴 보기	• 가까운 공원에 가서 봄의 동식물 관찰하기	• 모종심기★	• 봄동산 산책 • 자연보호 캠페인
성 경 말 씀		태초에 하나님이 천지를 창조하시니라(창세기 1:1)			
기 도		하나님, 따뜻한 봄을 만들어 주셔서 감사합니다. 예수님 이름으로 기도드립니다. 아멘.			

★: 수록된 단위 활동

4월 · 봄을 만드신 하나님

III. 성경적 통합유아교육과정 실행하기

'성경적 통합유아교육과정 실행하기'는 성경주제 및 목표가 반영된 성경이야기를 토대로 지금까지의 모든 통합과정을 활동 속에 집약한 교육 실제를 다룬다. 교사가 성경에 근거한 통합교육활동을 안정된 성경적 기반 위에서 수행할 수 있는 있도록 지원한다.

1. 성경이야기

성경이야기는 성경본문의 내용을 유아들이 쉽게 이해할 수 있는 한편의 이야기로 구성하였다. 특히, 월별 성경이야기는 단위활동과 통합되어, 유아들에게 흥미를 유발하고 성경본문의 전체 흐름과 맥락을 보다 쉽게 이해할 수 있도록 한다.

2. 단위활동계획안

단위활동계획안은 성경적 통합학습 내용을 강화하고 재학습할 수 있도록 제시한 구체적 활동방안이다. 교사는 단위활동계획안을 참고하여 활동 방안에 대한 아이디어와 발문 정보를 얻을 수 있다.

성경이야기

| 본문제목 | 세상을 만드신 하나님

| 성경본문 | 창세기 1:1-2:3

| 중심말씀 | 태초에 하나님이 천지를 창조하시니라(창세기 1:1)

| 중심내용 | 봄이 찾아와 우리 주변에 달라진 자연을 감상해 보세요. 하나님은 사람을 위하여 이 모든 세상을 만드셨습니다. 그리고 그 만드신 세상을 인간에게 맡기셨습니다. 우리를 위해 이렇게 아름답게 세상을 만드신 하나님께 찬양하고 감사해요!

순서	장면	내용
1		봄이 되었어요! 봄이 되면 모든 만물이 새롭게 태어나요. 이제 곧 길가에 개나리, 진달래, 벚꽃이 활짝 필 거예요. 봄 풍경은 정말 아름답죠? 이 봄은 누가 만드셨을까요? 오늘은 하나님께서 이 세상을 만드신 이야기를 함께 들어봐요.
2	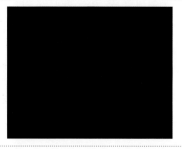	세상의 가장 처음에는 아무것도 없었답니다. 온 세상이 이렇게 깜깜하고 텅 비어 있었어요. 오직 하나님만이 계셨죠.
3		그런데 이 세상은 가장 처음에 하나님께서 '말씀으로' 만드셨어요. 이제 하나님께서 이 모든 것을 어떻게 만들었는지 함께 들어봐요.

순서	장면	내용
4		첫째 날, 하나님께서 "빛이 있으라."고 말씀하셨어요. 그러자, 깜깜한 세상에 빛이 생겨났고 그 빛은 온 세상에 가득하게 되었어요. 하나님께서 그 빛을 보고 "보기에 좋구나!"라고 말씀하셨어요. 하나님께서는 빛과 어둠을 나누셨어요. 그리고 빛을 낮이라 부르고 어둠을 밤이라 부르셨어요.
5		둘째 날, 하나님께서 말씀하셨어요. "물과 물이 나눠져라"그러자, 세상이 움직이고 물들이 갈라졌어요. 갈라진 그 곳에 하늘이 생겼어요. 높고 푸른 하늘이 펼쳐졌어요.
6		셋째 날, 하나님께서 말씀하셨어요. "온 세상의 물이 한 곳으로 모이고 땅이 나타나라." 그러자 바다로 물이 모이고 땅이 드러났어요. 하나님께서 그것을 바다와 땅이라 부르시면서 말씀하셨어요. "보기에 좋구나!"
7		하나님께서 땅을 보시고 말씀하셨어요. "땅은 풀과 채소와 각 종류대로 열매 맺는 나무를 내어라." 그러자, 땅이 그대로 했어요. 풀빛이 가득한 땅에 싱싱한 채소가 자라났어요. 나무에는 탐스러운 열매가 주렁주렁 열렸어요. 하나님이 말씀하셨어요. "보기에 좋구나!"
8		넷째 날, 하나님께서 말씀하셨어요. "하늘에 빛들이 있으라!" 그러자, 해와 달과 별들이 그대로 나타났어요. 낮에는 해가 떠서 온 세상을 밝게 비추어 주었어요. 밤에는 달이 떠서 하늘을 환하게 비추어 주고 별빛이 밤하늘을 아름답게 수놓았어요. 하나님이 말씀하셨어요. "보기에 좋구나!"

순서	장면	내용
9		다섯째 날, 하나님께서 말씀하셨어요. "물에는 물고기가 생겨나고 하늘에는 새가 날아다녀라." 그러자, 물속에 각기 종류대로 물고기가 신나게 헤엄을 치기 시작했어요. (어떤 물고기를 알고 있나요?)
10		하늘에도 각기 종류대로 새들이 훨훨 날아다니기 시작했어요. (어떤 새들을 알고 있나요?) 하나님께서 말씀하셨어요. "보기에 좋구나!"
11		여섯째 날, 하나님께서 말씀하셨어요. "땅에 동물이 생겨나라." 그러자, 땅에 짐승들, 기는 동물들, 가축들이 그 종류대로 생겨났어요. 하나님께서 말씀하셨어요. "보기에 좋구나!"
12		그러고 나서 하나님께서는 인간을 만드셨어요. 하나님은 인간을 만들 때, 특별히 하나님을 닮게 지으셨어요. 그것은 하나님이 만들어 놓은 이 모든 것들을 다스리도록 하기 위해서였어요. 하나님은 인간에게 이 세상을 잘 다스리라고 축복해 주셨어요. 그리고 말씀하셨어요. "보기에 심히 좋구나!"
13		하나님께서는 우리를 지으시고 우리를 위해 세상을 만들어 주셨어요! 우리는 하나님께 감사해요.
14		이제 추운 겨울이 지나고 봄이 되었어요. 하나님이 우리를 위해 만드신 하늘과 땅, 풀과 나무 그리고 곤충과 동물들도 깨어나기 시작했어요. 우리 함께 봄에 대해 알아봐요.

단위활동계획안

　단위활동은 월 단위 성경적 통합주제와 학습목표를 유아들이 쉽게 재학습하고 강화할 수 있도록 구성한 활동계획이다. 4월의 주별 단위활동은 다음과 같다. 첫 번째 주에는 하나님이 만드신 봄의 날씨와 풍경을 느끼고 즐기는 활동으로 구성한다. 두 번째 주에는 하나님이 만드신 봄철 사람들의 생활에 관심을 갖고 봄 소풍을 나가본다. 세 번째 주에는 하나님이 만드신 봄에 흔히 볼 수 있는 동식물에 대해 관심을 갖고 모종 심기를 해 보고, 곤충과 동물 등에 대해 알아본다. 네 번째 주에는 식물 기르기와 봄동산 보호를 통해 자연을 돌보는 방법을 알아보고 실천하도록 한다.

■ 주별 단위활동 안내 ■

주	성경적 기초	주제	활동명	활동유형 (영역)	누리과정 주요 관련 영역	인성 요소
1주	성경 이야기: 세상을 만드신 하나님 (창세기 1:1-2:3)	봄의 날씨와 풍경	봄 날씨를 느껴요 (180쪽)	실외활동	의사소통 자연탐구	기쁨 존중
			봄 풍경 그리기 (183쪽)	미술	예술경험 자연탐구	
2주		따뜻한 봄 지내기	봄철 사람들의 생활 (186쪽)	이야기 나누기	의사소통 자연탐구	존중 기쁨
			봄 소풍을 가요 (189쪽)	역할 쌓기	의사소통 예술경험 사회관계	
3주		봄에 흔히 볼 수 있는 동식물	모종 심기 (192쪽)	바깥놀이	자연탐구 의사소통	존중 배려
			봄의 곤충과 동물 (195쪽)	신체 음률	신체운동·건강 자연탐구	
4주		자연과 더불어 사는 우리	식물 기르기 (198쪽)	이야기 나누기	의사소통 자연탐구 사회관계	존중 배려 협동
			봄동산을 보호해요 (201쪽)	언어	자연탐구 의사소통	

■1주 · 봄의 날씨와 풍경.

■주간통합목표: 하나님께서 만드신 봄의 날씨와 풍경을 느끼고 즐긴다.

봄 날씨를 느껴요

활동형태: 대소집단활동/영역: 실외활동

|통합목표| • 봄 날씨 현상에 관심을 가진다.

• 하나님이 만드신 봄의 날씨와 풍경의 특징을 알고 생활에 어떤 유익이 있는지 안다.

• 하나님께서 자연을 창조하시고 인간에게 허락하셨다는 사실을 알고 감사하는 마음을 표현한다.

|누리과정 관련요소| • 자연탐구: 과학적 탐구하기–자연현상 알아보기

• 의사소통: 말하기–느낌, 생각, 경험 말하기

|인성요소| • 기쁨: 하나님이 만드신 자연 안에서 기쁨 누리기

• 기쁨: 자연을 주신 하나님께 감사하는 마음 표현하기

|활동자료| • '세상을 만드신 하나님' 성경이야기 그림책 자료, 돗자리

|활동방법|
• 도 입
1. 실외(공원, 봄 동산, 유원지 등)에서 날씨에 대해 이야기 나눈다.

–오늘 날씨는 어떤가요?

–따뜻하다는 것을 어떻게 느낄 수 있을까요?

2. 돗자리에 앉아서 그림책으로 만든 성경이야기를 듣는다.

• 전 개 3. 성경이야기를 들은 후, 주변 봄 풍경을 감상하면서 하나님이 창조하신 것들을 알아본다.

-우리 주변에 하나님께서 만드신 것들은 어떤 것들이 있나요?

-봄의 날씨를 느낄 수 있는 것들에는 어떤 것들이 있나요?

-하나님께서 우리를 따뜻하게 해 주는 햇빛을 주셨어요.

-하나님께서는 하늘을 만들면서 바람도 불게 하셨어요.

4. 성경이야기(장면 8) 해와 달과 별을 만드신 하나님에 대하여 이야기를 나눈다.

8

넷째 날. 하나님께서 말씀하셨어요. "하늘에 빛들이 있으라." 그러자, 해와 달과 별들이 그대로 나타났어요. 낮에는 해가 떠서 온 세상을 밝게 비추어 주었어요. 밤에는 달이 떠서 하늘을 환하게 비추어 주고 별빛이 밤하늘을 아름답게 수놓았어요. 하나님이 말씀하셨어요. "보기에 좋구나!"

5. 하나님이 만드신 봄의 햇살과 바람을 느껴 본다.

-하나님이 만드신 봄의 햇살과 바람을 어떻게 느낄 수 있을까요?

-가만히 서서 느껴 보자.

-달리면서 느껴 보자.

-하늘 보면서 느껴 보자.

-돗자리에 누워서 느껴 보자.

6. 봄을 느껴 본 소감을 나눈다.

-봄을 느껴 본 기분이 어떤가요?

-어떻게 했을 때 봄을 더 잘 느낄 수 있었나요?

-봄을 느끼면서 생각난 것이 있었나요?

• 마 무 리 7. 봄의 날씨를 통해 하나님을 생각해 본다.

-하나님이 우리에게 이렇게 따뜻한 봄을 주셨구나.

| 활 동
| 유 의 점 • 봄에 대해서 유아가 느끼는 감정을 있는 그대로 수용해 준다.

• 공원 주변을 탐색하면서 하나님이 만드신 자연을 눈으로 보고, 손으로 만져 봄으로써 자연을 만드신 하나님을 느껴 보도록 한다.

• 봄 날씨 외에도 봄의 피는 꽃, 봄에 볼 수 있는 곤충들을 관찰해 보면서 봄을 느껴 보도록 한다.

| 확장활동| • 바깥놀이: 봄비가 오는 날에 우산이나 우비를 입고 봄비를 느껴 보기

• 언어영역: 봄에 대한 느낌을 동시로 표현하기

• 과학영역: 계절의 변화를 알아보기

[야외에 누워서 햇빛 느끼기]

유아들이 누워서 봄 햇살을 느껴 보니 햇빛이 몸 전체에 따뜻하게 해 주는 것을 느낀다. 내리쬐는 봄 햇빛을 보면서 유아들이 하나님이 빛을 만드셨음을 경험한다.

[공원에서 봄 느끼기]

유아들이 서고, 앉고, 온 몸을 움직이면서 봄바람과 봄 햇살을 감각적으로 느낀다. 달릴 때 느껴지는 따뜻한 봄바람과 햇볕을 느끼면서 유아들은 하나님이 만드신 자연 안에서 기쁨을 경험한다.

| **활동평가** | • 봄 날씨 현상에 관심을 갖는지 평가한다.

• 하나님이 만드신 봄의 날씨와 풍경의 특징을 알고 생활에 어떤 유익이 있는지 알고 표현하는지 평가한다.

• 하나님께서 자연을 창조하시고 인간에게 허락하셨다는 사실을 알고 감사하는 마음을 표현하는지 평가한다.

■ 1주 · 봄의 날씨와 풍경.

■ 주간통합목표: 하나님께서 만드신 봄의 날씨와 풍경을 느끼고 즐긴다.

봄 풍경 그리기

활동형태: 자유선택활동/영역: 미술영역

|통합목표|
• 봄 풍경을 감상하면서 하나님이 창조하신 자연에 대해 관심을 가진다.
• 봄 풍경 감상, 봄 풍경 만들기 활동에 적극적으로 참여한다.

|누리과정
관련요소|
• 예술경험: 예술적 표현하기–미술활동으로 표현하기
• 자연탐구: 탐구하는 태도 기르기–탐구과정 즐기기

|인성요소|
• 존중: 자연을 창조하신 하나님 높이기
• 기쁨: 하나님이 만드신 자연 안에서 기쁨 누리기

|활동자료|
• '세상을 만드신 하나님' 성경이야기(장면 7, 8, 11), 봄 풍경 사진 자료, 그리기 재료(물감, 크레파스, 색연필 등), 실물 꽃 또는 봄에 볼 수 있는 동물 사진 혹은 스티커 자료
• 봄과 관련된 동영상 자료

|활동방법|

• 도 입
1. 사진 또는 동영상 자료를 보면서 다양한 봄의 풍경을 감상한다.
   –봄의 풍경을 감상해 보니 어떤 느낌이 들었나요?
   –봄 풍경에서 무엇을 볼 수 있었나요?

• 전 개
2. 성경이야기를 회상하면서 봄 풍경에 볼 수 있는 생물들이 어떻게 생겨났을지 생각해 본다.
   –나무, 풀, 꽃, 개구리 등은 어떻게 생겨났을까요?
   –햇살과 바람은 어떻게 생겨났을까요?

183

장면 7

장면 8

장면 11

3. 하나님이 만드신 봄의 풍경을 그림으로 그려 본다.

　－하나님이 만드신 봄에는 어떤 풍경들이 있나요?

　－노란색 작은 꽃이 함께 모여서 피어나는 개나리꽃을 그렸구나.

• 마 무 리　4. 세상을 만드신 하나님의 마음을 생각해 본다.

　－봄 풍경을 그려 본 기분이 어떤가요?

　－하나님이 세상을 만드시고 기분이 어떠했을까요?

　－하나님은 세상을 만드시고 보시기에 좋았더라고 말씀하셨단다.

5. 유아들이 그린 봄 풍경을 보면서 봄을 만드신 하나님께 감사한다.

　－봄바람을 주셔서 감사해요. 따뜻한 햇살을 주셔서 감사해요.
　　푸른 새싹과 나뭇잎을 주셔서 감사해요.

|활 　동|
|유 의 점|　• 봄 풍경을 사실적으로 표현할 수 있도록 봄에 볼 수 있는 식물을 붙여서 꾸며 볼 수 있다.

　• 『4세 누리과정지도서 1』(교육과학기술부, 2013), 54쪽의 '봄을 즐겨요' 활동 사전활동으로 계획하고 본 활동으로 전개할 수 있다.

|확장활동|　• 가정연계활동: 가족들과 함께 봄동산을 산책하며, 하나님이 만드신 아름다운 자연을 느껴 보기

　• 미술영역: 봄동산 만들기

[봄 풍경 감상]

하나님이 아름답게 만드신 봄 풍경을 감상한 후, 하나님이 '보시기 좋았더라' 라고 말씀하신 것이 어떤 의미일지 느껴 본다. 그리고 봄의 풍경을 그려 보면서 봄을 느낄 수 있는 꽃, 해, 비, 나무 등 모든 자연을 하나님이 창조하셨음을 안다.

[봄동산 만들기]

봄 풍경을 찰흙과 색종이 등 다양한 재료를 이용해서 꾸며 보는 활동으로 확장한다. 하나님이 세상을 만드신 순서대로 봄 동산을 만들어 보면서, 하나님이 세상을 만드실 때 질서 있게 만드셨다는 것을 안다.

|활동평가|
- 봄 풍경을 감상하면서 하나님이 창조하신 자연에 대해 관심을 갖는지 살펴본다.
- 봄 풍경 감상, 봄 풍경 만들기 활동에 적극적으로 참여하는지 평가한다.

마주이야기 1. 창조가 뭐예요?

은유: 선생님, 창조가 뭐예요?

선생님: 창조란~ 하나님이 만드신 것을 창조라고 한단다.

마주이야기 2. 하나님이 세상을 창조한 이유는 무엇일까요?

은유: 그럼, 하나님은 왜 이 세상을 창조하셨어요?

선생님: 그럼, 선생님이 궁금한 게 있는데 은유가 말해 줄 수 있겠니?

선생님: 은유야, 그 나무인형이 좋니?

은유: 그럼요, 제가 제일 아끼는 걸요!

선생님: 그렇구나! 놀이할 때, 가장 먼저 무엇을 만들어 주었니?

은유: 음~ 그 친구는 집이 없으니까 우선 종이블록으로 집을 만들어 주었어요. 레고 블록으로는 정원을 꾸며 주었구요. 그리고 나서 동물 장난감들은 그림으로 그려서 오려 주었구요.

선생님: 와! 친구들에게 꼭 필요한 것들을 만들어주었구나!

은유: 제가 생각하기에도 정말 살기 좋게 지어 준 것 같아요. 친구를 위해서라면!

선생님: 바로 그거야, 하나님도 은유가 나무인형을 아끼듯이, 우리 사람들을 정말 사랑하신단다. 그래서 사람이 잘 살 수 있도록 이렇게 멋진 세상을 만들어 주셨단다.

■ 2주 · 따뜻한 봄 지내기.

■ 주간통합목표: 하나님이 만드신 봄철 생활에 관심을 갖고 따뜻하게 지낸다.

봄철 사람들의 생활

활동형태: 대소집단활동/영역: 이야기나누기

|통합목표| • 하나님께서는 추운 겨울이 지나고 따뜻한 봄이 오도록 계절을 만드셨음을 안다.

• 봄의 환경에 따라 달라진 사람들의 생활에 대해 알아본다.

|누리과정 관련요소| • 자연탐구: 과학적 탐구하기–생명체와 자연환경 알아보기

• 의사소통: 말하기–느낌, 생각, 경험 말하기

|인성요소| • 존중: 봄을 만드신 하나님을 높이기

• 존중: 환경적 차이를 소중하게 여기기

| 활동자료| • 성경이야기(장면 7)

• 봄철의 모습과 생활과 관련된 파워포인트 자료(예: 봄철 사람들의 옷차림, 나무를 심는 그림, 나물을 캐는 그림 등)

| 활동방법|

• 도 입 1. 추운 날씨와 따뜻한 날씨의 특징에 대해 이야기를 나눈다.

–날씨가 추울 때 풍경은 어떤가요?

–날씨가 따뜻할 때 풍경은 어떤가요?

• 전 개 2. (성경이야기 장면 7을 보면서) 하나님께서 땅을 만드신 후, "땅은 풀과 채소와 각 종류대로 열매 맺는 나무를 내어라."라고 말씀하셨어요.

7  하나님께서 땅을 보시고 말씀하셨어요. "땅은 풀과 채소와 각 종류대로 열매 맺는 나무를 내어라." 그러자, 땅이 그대로 했어요. 풀빛이 가득한 땅에 싱싱한 채소가 자라났어요. 탐스러운 열매들은 나무에 주렁주렁 열렸어요. 하나님이 말씀하셨어요. "보기에 좋구나!"

3. 따뜻한 봄이 되면서 달라진 사람들의 모습(예: 봄철 사람들의 옷차림)에 대해서 이야기 나눈다.

–봄이 되면서 달라진 사람들의 모습은 무엇인가요?

-옷차림이 왜 달라졌을까요?

4. 나무를 심는 모습이나 나물을 캐는 모습을 보면서 사람들의 생활에 대해 이야기 나 눈다.

   -사람들이 무엇을 하고 있나요?

   -봄이 되면 사람들이 나무도 심고 나물도 캐는구나!

   -봄에 심은 식물이 잘 자라게 하려면 어떻게 키워야 할까요?

5. 봄나들이 사진을 보면서 사람들의 생활에 대해 이야기를 나눈다.

   -나들이를 가는 친구들을 보니까 어떤 생각이 드나요?

   -봄나들이 가면 무엇을 해 보고 싶나요?

• 마 무 리 6. 따뜻한 봄이 오면서 달라진 사람들의 생활에 대해 알아보며 느낀 것을 이야기 나눈다.

　　　　　　 −바뀐 계절에 맞추어 사람들의 생활도 변화되었어요.

　　　　　　 −계절에 따라 적응할 수 있는 지혜를 주신 하나님 감사합니다.

　　　　　　 −계절이 바뀌게 해주시고 따뜻한 봄을 주신 하나님 감사합니다.

|활　동|　• 유아들이 날씨 변화에 따라 사람들의 생활방식도 달라짐을 알 수 있도록 한다.
|유의점|

|확장활동|　• 과학영역: 겨울 생활과 봄 생활을 비교해 보기

　　　　　• 역할영역: 봄을 맞이해서 대청소 놀이해 보기

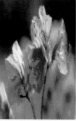

[봄의 날씨에 변화하는 식물들]

계절 변화에 따라 식물들의 모습도 변화되는 것을 보면서, 자연은 하나님이 주관하시는 날씨에 순종하며 살아간다는 것을 안다.

[봄에 모종을 심는 사람들]

하나님께서 추운 겨울 후에 따뜻한 봄이 오도록 세상을 지으셨다. 하나님이 만드신 각 계절의 특징에 따라 사람들이 지혜롭게 적응하고 생활해 온 것을 안다.

|활동평가|　• 겨울이 지나고 봄이 되었을 때 계절의 변화가 사람들의 생활에 어떤 영향을 주는지 이해하고 표현할 수 있는지 평가한다.

188

■ 2주 · 따뜻한 봄 지내기.

■ 주간통합목표: 하나님이 만드신 봄철 생활에 관심을 갖고 따뜻하게 지낸다.

4월

봄 소풍을 가요

활동형태: 자유선택활동/영역: 역할 및 쌓기

|통합목표|
- 봄의 특징을 이해하고 봄 동산에서 볼 수 있는 동식물에 대하여 안다.
- 봄 소풍 놀이를 통해 봄을 주신 하나님께 감사한 마음을 표현한다.

|누리과정
관련요소|
- 예술경험: 예술적 표현하기-통합적으로 표현하기
- 의사소통: 말하기-느낌, 생각, 경험 말하기
- 사회관계: 다른 사람과 더불어 생활하기-친구와 사이좋게 지내기

|인성요소|
- 존중: 자연을 창조하신 하나님 높이기
- 기쁨: 하나님이 만드신 자연 안에서 기쁨 누리기

|활동자료|
- 봄동산 배경, 봄 동산을 꾸밀 수 있는 소품(예: 조화 꽃, 곤충 소품 등), 소풍 가방, 돗자리 등
- 성경이야기(장면 7~11)

|활동방법|

· 도 입   1. 성경이야기(장면 7~11)를 들으며 하나님이 만드신 에덴동산에 대해 이야기 나눈다.

장면 7

장면 8

장면 11

−하나님이 세상을 만드실 때 무엇을 만드셨나요?

−에덴동산에서 볼 수 있었던 것은 무엇이었을까요?

−아담과 하와는 그곳에서 무엇을 하며 지냈을까요?

· 전 개   2. 봄 소풍을 다녀온 경험에 대해 이야기 나눈다.

-봄 소풍을 가 본 적이 있나요?

-어디로 가 보았나요?

-봄에 소풍을 갈 때의 기분은 어떨까요?

3. 봄 소풍에서 경험할 수 있는 것들에 대해 이야기를 나눈다.

-봄 소풍을 가서 무엇을 볼 수 있을까요?

-봄에 피는 꽃들과 여러 가지 곤충들과 동물을 볼 수 있어요

-봄 소풍을 가서 무엇을 할 수 있을까요?

-친구들과 즐겁게 놀이할 수 있어요.

4. 봄동산을 다양한 블록과 소품으로 구성해 보도록 한다.

-봄동산에 무엇을 꾸미고 싶나요?

-봄동산에서 무엇을 하고 싶나요?

-어떤 소품들이 필요할까요?

-맛있는 도시락을 사서 소풍을 가도 좋겠구나.

5. 유아들이 만든 봄동산으로 소풍을 가는 놀이를 한다.

• 마 무 리   6. 소풍 놀이 후, 활동을 평가한다.

-친구와 함께 소풍놀이를 해 본 느낌이 어떤가요?

-봄동산으로 직접 소풍을 간다면 기분이 어떨까요?

7. 하나님이 봄동산을 만드신 이유에 대해 생각해 본다.

-하나님은 왜 봄동산을 만드셨을까요?

-하나님은 우리를 위해 아름다운 세상을 만들어 주셨어요.

| 활 동
| 유 의 점 |
- 역할 및 쌓기 영역에 봄 풍경 사진 자료를 전시해 준다.
- 다양한 영역과 통합하여 봄 소풍을 활동을 진행할 수 있다. 쌓기영역에서 봄동산을 구성하기, 역할영역에서는 봄 소풍에 필요한 의상과 봄 도시락 만들기 활동, 미술영역에서는 봄에 볼 수 있는 꽃, 곤충 등을 만들어서 소품으로 활용할 수 있다.

| 확장활동 |
- 미술영역: 지점토로 봄의 곤충 만들기, 색종이 봄 꽃 만들기
- 바깥놀이: 가까운 공원에 가서 봄의 동식물 관찰하기

[봄 소풍 놀이]

여러 가지 소품으로 봄 풍경을 만든 후, 유아들은 봄 소풍 놀이를 즐길 수 있다. 유아들은 봄 소풍 놀이를 통해 하나님이 만드신 자연은 우리에게 기쁨을 준다는 것을 느낄 수 있다.

[봄 소풍 다녀오기]

봄을 느낄 수 있는 곳으로 소풍을 나가서 하나님이 만드신 자연을 감상한다. "하나님 따뜻한 봄바람을 불어 주셔서 감사해요." "예쁜 꽃이 있는 곳에서 밥을 먹어서 기분이 좋아요." 라고 하며 자연 속에서 행복과 감사를 느낀다.

| 활동평가 |
- 봄의 특징을 이해하고 봄동산에서 볼 수 있는 동식물에 대하여 표현하는지 평가한다.
- 봄 소풍 놀이를 통해 봄을 주신 하나님께 감사한 마음을 표현하는지 평가한다.

■ 3주 · 봄에 흔히 볼 수 있는 동식물.

■ 주간통합목표: 하나님께서 만드신 봄의 동식물에 관심을 갖고 알아본다.

모종 심기

활동형태: 대소집단활동/영역: 바깥놀이

|통합목표| • 식물이 자라기 위해서 하나님이 물, 땅, 햇빛, 비, 바람 등 좋은 환경을 만들어 주셨음을 안다.
• 하나님이 창조하신 모종을 잘 돌보는 것이 우리의 역할임을 안다.

|누리과정 관련요소| • 자연탐구: 과학적 탐구하기–생명체와 자연환경 알아보기
• 의사소통: 말하기–느낌, 생각, 경험 말하기

|인성요소| • 존중: 하나님이 주신 생명을 존중하기
• 배려: 하나님의 보호하심과 돌보심 인식하기

|활동자료| • 여러 가지 모종, 비료, 삽, 물 조리개, 모종을 심는 과정 순서도, 흙
• 성경이야기(장면 6~8)

|활동방법|

• 도 입　1. 〈씨앗〉 노래를 유아들과 함께 불러 본 후, 이야기를 나눈다.
　　　　　–씨를 뿌리고 하루 밤 이틀 밤이 지나면 무엇이 되었나요?
　　　　　–씨에서 싹이 나면 새싹이 나서 모종이 되어요.

192

• 전 개

2. 준비된 모종을 보면서 모종에 대해 이야기를 나눈다.

　－모종은 어떻게 생겼나요?

　－모종은 자라서 무엇이 될까요?

　－하나님께서 여러 종류의 채소와 나무들을 만드셨을 때 모종도 만드셨어요.

3. 모종 심기 방법에 대해 이야기 나눈다.

　－모종을 심기 위해서는 무엇이 필요할까요?

　－하나님은 모종이 흙 속에 있을 때 잘 자랄 수 있도록 해 주었어요.

　－화분에 모종삽으로 흙을 담은 후, 모종을 심어 봐요.

4. 모종 심기 활동을 한다.

5. 모종이 잘 자리기 위해서는 무엇이 필요한지 이야기 나눈다.

　－모종이 잘 자라기 위해서는 무엇이 필요할까요?

　－햇빛, 물, 공기들은 모종이 잘 자랄 수 있도록 도와준대요.

　－하나님이 세상을 만드신 셋째 날에 물을 한 곳으로 모이게 해서 땅을 만드셨어요. 그리고 그 땅 위에서 여러 종류의 채소와 열매 맺는 나무를 자라게 하셨어요. 넷째 날에는 해를 만드셔서 밝게 비추게 하셨어요. 하나님이 모종이 잘 자랄 수 있도록 모든 것을 준비하고 만드셨어요(성경이야기 장면 6~8).

장면 6　　　　　　장면 7　　　　　　장면 8

6. 모종을 잘 가꾸기 위해 우리가 할 수 있는 일들에 대해 이야기 나눈다.

　－하나님은 사람이 하나님이 만드신 세상을 잘 돌보라고 하셨어요. 모종을 잘 키우기 위해서는 어떤 일을 할 수 있을까요?

　－물도 자주 주고, 햇빛을 잘 받을 수 있도록 해 주어요.

• 마 무 리

7. 모종을 심어 보고 느낀 것에 대해 이야기 나눈다.

　－모종을 심어 본 기분이 어떤가요?

　－모종이 잘 자라면 우리의 마음은 어떨까요?

| 활　동 유 의 점 | • 모종이 자라기 위해서는 햇빛, 물, 흙이 필요하며, 하나님께서는 식물이 자라기에 적절한 환경을 만들어 주셨음을 상기시킨다. |

• 모종을 심은 후, 가꾸어 보며 자연을 만드시고 돌보시는 하나님의 마음을 느껴본다.

| **확장활동**| • 과학영역: 모종이 자라나는 과정 관찰하기

• 요리활동: 새싹 비빔밥 만들어 먹기

[모종이 자라나는 과정 관찰하기]

모종을 심고 키워 봄으로써 모종이 잘 잘라기 위해서는 햇빛, 흙, 물이 필요함을 안다. 유아들은 모종이 자라서 어떤 꽃이 피우게 될지 혹은 열매를 맺히게 될지 기대를 갖는다.

| **활동평가** | • 식물이 자라기 위해서 하나님이 물, 땅, 햇빛, 비, 바람 등 좋은 환경을 만들어 주셨음을 이해하는지 평가한다.

• 하나님이 창조하신 모종을 잘 돌보는 것이 우리의 역할임을 알고 있는지 평가한다.

■ 3주 · 봄에 흔히 볼 수 있는 동식물.
■ 주간통합목표: 하나님께서 만드신 봄의 동식물에 관심을 갖고 알아본다.

봄의 곤충과 동물

활동형태: 대소집단활동 / 영역: 신체 및 음률

|통합목표| • 봄에 볼 수 있는 동물과 곤충에 대하여 안다.
• 봄에 볼 수 있는 동물과 곤충의 특징을 신체활동으로 표현한다.
• 하나님께서는 인간을 사랑하실 뿐만 아니라, 동물과 곤충도 사랑하시므로 우리가 잘 돌보고 보존해야 한다는 사실을 깨닫고 실천한다.

|누리과정 관련요소| • 자연탐구: 과학적 탐구하기–생명체와 자연환경 알아보기
• 신체운동 · 건강: 신체활동에 참여하기–자발적으로 신체활동에 참여하기

|인성요소| • 존중: 하나님이 주신 생명을 존중하기
• 배려: 하나님의 보호하심과 돌보심 인식하기
• 성경이야기(장면 5~7)

|활동자료| • 음악(비발디 〈사계〉 중 '봄' 1악장), 나비나 개구리를 표현할 수 있는 소도구(나비 날개, 개구리 물갈퀴, 개구리 모자 등)

| 활동방법 |

- **도 입**　1. 봄에 흔히 볼 수 있는 동물에 대해 이야기 나눈다.
　　　　　　－봄에 어떤 동물을 많이 볼 수 있나요?

- **전 개**　2. 봄에 흔히 볼 수 있는 동물의 특징에 대해 이야기 나눈다.
　　　　　　－나비/개구리는 어떻게 생겼나요?
　　　　　　－나비/개구리는 어디서 사나요?

　　　　　3. 하나님께서 나비/개구리를 만들기 이전에 살 수 있는 환경을 만들어 주셨음을 이야기
　　　　　　나눈다(성경이야기 장면 5~7).
　　　　　　－하나님은 나비/개구리가 살 수 있도록 하늘, 물, 꽃 등을 만드셨어요.
　　　　　　－하나님은 왜 이런 환경을 나비/개구리에게 만들어 주셨을까요?

장면 5　　　　　　　　　　장면 6　　　　　　　　　　장면 7

　　　　　4. 나비/개구리를 신체로 표현해 본다.
　　　　　　－하나님이 만들어 주신 봄동산에 사는 나비/개구리를 표현해 봐요.
　　　　　　－나비/개구리가 봄동산에서 무엇을 하며 놀까요?
　　　　　　－나비/개구리가 봄동산에서 무엇을 먹고 자랄까요?

　　　　　5. 비발디 〈사계〉 중 '봄' 1악장을 감상한 후 이야기를 나눈다.
　　　　　　－(음악을 감상한 후) 무엇을 표현한 음악인 것 같나요?
　　　　　　－봄의 어떤 모습을 표현한 것 같나요?
　　　　　　－음악에 맞추어 나비/개구리가 되어 본다면 어떤 모습을 표현하고 싶나요?

　　　　　6. 비발디 〈사계〉 중 '봄'에 맞추어서 나비/개구리를 신체로 표현한다.
　　　　　　－하얀 나비가 노란 개나리와 분홍 진달래 사이를 오가며 춤추고 있구나!
　　　　　　－개구리가 유치원 끝나고 징검다리를 폴짝폴짝 뛰어다니며 집으로 가고 있구나!
　　　　　　－나비와 개구리가 아름다운 봄동산에서 날아다니고 뛰어다닐 수 있게 해 주신 하나님
　　　　　　　께 찬양하고 있어요. 어떻게 표현할 수 있을까요?

- **마무리**　7. 신체활동 후, 활동에 대해 평가한다.
　　　　　　－나비/개구리를 신체를 활용해서 어떻게 표현했나요?

—나비/개구리가 되어서 움직여보니 기분이 어떤가요?

—나비/개구리가 하나님을 찬양했을 때 어떤 마음이 들었나요?

|활 동 유 의 점|

• 나비와 개구리를 표현하기 위한 소품은 사전활동으로 미리 만들어 볼 수 있다.

• 하나님께서 동물을 만드시기 전에 잘 살 수 있는 환경을 먼저 마련해 주셨음을 알 수 있도록 한다.

• 동물도 하나님의 창조물로서 하나님을 찬양하기 위해 만들어졌음을 느껴 볼 수 있도록 한다.

|확장활동|

• 미술영역(사전활동): 개구리 물갈퀴 · 개구리 모자 만들기, 나비 날개 만들기

• 과학영역: 땅, 하늘, 바다에 사는 동물들의 특징 알아보기

[봄의 곤충과 동물 되어 보기]

활동 시, 교사가 유아들의 활동하는 모습을 보고, "하나님이 나비가 꿀을 먹을 수 있도록 예쁜 꽃을 만들어 주셨네." "따뜻한 햇살과 꽃을 주신 하나님께 어떤 마음이 드니, 나비야?"라고 발문을 하면서 활동을 이끌어 나갔다. 유아들은 하나님께서 동식물도 사랑하심을 느낄 수 있다.

[동물이 사는 곳 분류하기]

동물 주제와 연계하여 하나님이 창조하신 동물들을 땅, 하늘, 바다에 사는 동물로 분류해 보는 게임을 해 볼 수 있다. 하나님께서는 동물이 각각 장소에 따라서 살아갈 수 있도록 동물을 창조하셨고, 환경을 만들어 놓으셨음을 알 수 있다.

|활동평가|

• 봄에 볼 수 있는 동물과 곤충에 대하여 알고 있는지 평가한다.

• 봄에 볼 수 있는 동물과 곤충의 특징을 신체활동으로 표현하는지 평가한다.

• 하나님께서는 인간을 사랑하실 뿐만 아니라, 동물과 곤충도 사랑하시므로 우리가 잘 돌보고 보존해야 한다는 사실을 깨닫고 실천하는지 평가한다.

■ 4주 · 자연과 더불어 사는 우리.

■ 주간통합목표: 하나님께서 만드신 봄의 동식물에 관심을 갖고 알아본다.

식물 기르기

활동형태: 대소집단활동/영역: 이야기 나누기

|통합목표| • 동식물을 기르면서 느끼는 감정을 알고 표현한다.

• 하나님이 자연을 우리에게 맡기심을 알고 책임감을 느끼고 지속적으로 소중하게 돌본다.

|누리과정 관련요소| • 의사소통: 말하기-느낌, 생각, 경험 말하기

• 자연탐구: 과학적 탐구하기-생명체와 자연환경 알아보기

• 사회관계: 나와 다른 사람의 감정알고 조절하기-나와 다른 사람의 감정 알고 표현하기

|인성요소| • 배려: 환경에 대하여 친절하게 대하기

• 존중: 생명적 차이를 알고 소중하게 여기기

|활동자료| • 모종 화분, 유아들이 모종을 심는 사진

• 성경이야기(장면 12)

|활동방법|

• 도 입   1. 모종을 심어 본 경험에 대해 이야기 나눈다.

　　　-모종을 심었을 때 필요한 것은 무엇이었나요?

　　　-모종을 어떻게 심었나요?

• 전 개   2. 유아들이 모종을 심는 사진을 보면서 이야기를 나눈다.

　　　-내가 심은 모종은 어떻게 되었나요?

　　　-내가 심은 화분을 바라볼 때 내 마음은 어떤가요?

　　　-화분을 친구에게 맡긴다면 어떤 부탁을 할까요?

　　　3. (성경이야기 장면 12를 듣고) 모종을 잘 키우기 위해서 내가 할 수 있는 일들에 대해 알아본다.

12  하나님은 인간을 만들 때, 특별히 하나님을 닮게 지으셨어요. 그것은 하나님이 만들어 놓은 이 모든 것들을 다스리도록 하기 위해서였어요. 하나님은 인간에게 이 세상을 잘 다스리라고 축복해 주셨어요. 그러고 말씀하셨어요. "보기에 심히 좋구나!"인간은 그만큼 하나님에게 가장 소중하고 특별한 존재였어요.

－하나님이 사람에게 무엇을 부탁하셨나요?

－하나님이 우리에게 맡기신 모종을 잘 보살피려면 어떻게 해야 할까요?

4. 모종이 잘 자라서 꽃과 열매를 맺을 때의 모습을 생각해 본다.

－우리가 잘 보살핀 모종이 자라서 꽃과 열매를 맺는면 어떨까요?

－하나님께서는 모종이 잘 자라는 모습을 보고 어떤 마음이 드실까요?

• 마 무 리   5. 모종을 지속적으로 돌볼 수 있도록 이야기 나눈다.

－모종이 잘 자랄 수 있도록 매일 관심을 가져 주면서, 어떻게 자라는지 관찰을 해요.

| 활 동 유 의 점 |
• 유아들이 심은 모종이 잘 자라지 않을 수도 있다. 이유가 무엇인지 생각해 보고 잘 자랄 수 있는 방법을 찾아보고 실행해 본다. 식물이 자라나는 데 필요한 환경을 살펴보고, 잘 가꾸기 위해서는 관심과 돌봄이 필요하다는 것을 제시한다.

• 다스리고 정복하라(창 1:26-28; 2:15)의 의미는 하나님이 원래 만드신 좋은 모습대로 가꾸는 것을 의미함을 알려 준다.

• 동식물이 잘 자랄 때의 기쁜 마음이 하나님이 세상과 우리를 향한 마음인 것을 생각해 보도록 지원한다.

| 확장활동 |
• 언어영역: 동물을 돌보는 법과 동물이 성장하는 데 필요한 것을 책에서 찾아보기

• 바깥놀이: 봄동산을 산책하면서 하나님께서 식물에게 필요한 햇빛과 공기, 비를 주셨음을 이야기 나누기

• 과학영역: 동식물을 지속적으로 보살피고 관찰일지를 쓰기

[텃밭 가꾸기]

식물 기르기를 통하여 식물이 자라기에 적절한 환경을 제공하는 것의 중요성을 알 수 있다. 유아는 이러한 경험을 통하여 하나님께서 사람이 살 수 있는 적합한 환경을 만들어 사람이 살 수 있도록 했음을 이해할 수 있다.

[모종 키우기]

자신이 직접 심은 모종에 대하여 유아들은 더욱 애착을 가지게 되며, 세상을 직접 창조하시고 사랑으로 돌보고 계시는 하나님에 대하여 알 수 있다. 하나님이 사람이 살 수 있는 환경을 만들어 주신 것처럼, 모종과 텃밭을 가꾸는 우리들은 식물이 잘 자랄 수 있도록 환경을 만들어 주어야 한다.

| 활동평가 |　• 동식물을 기르면서 느끼는 감정을 표현하는지 평가한다.

　　　　　• 하나님이 자연을 우리에게 맡기심을 알고 책임감을 느끼고 지속적으로 소중하게 돌보
　　　　　 는지 평가한다.

마주이야기 3. 세상을 만들어 주신 하나님께 감사해요.

선생님: 만약, 은유가 그 나무인형 친구라면 기분이 어땠을 것 같아?

은유: 저에게 무척 고마워할 걸요?

선생님: 맞아! 하나님이 우리를 위해서 이렇게 멋있는 세상을 지어 준 것을 아는 친구라면, 그냥 지나칠
　　　　수 없을 거야.

은유: 아, 그렇구나! 하나님! 이렇게 멋진 세상을 지어 주셔서 감사해요!

■ 4주 · 자연과 더불어 사는 우리.

■ 주간통합목표: 자연을 돌보는 방법을 알아보고 실천한다.

봄동산을 보호해요

활동형태: 대소집단활동/영역: 언어

|통합목표|
- 하나님이 만드신 자연과 사람들이 버린 쓰레기로 인해 더러워진 자연 풍경을 비교하여 자신의 생각을 표현한다.
- 하나님이 우리에게 맡기신 자연을 지키기 위해 우리들이 해야 하는 일들이 있음을 안다.
- 하나님이 만드신 자연의 아름다움과 소중함을 느낀다.

|누리과정 관련요소|
- 의사소통: 말하기─느낌, 생각, 경험 말하기
- 자연탐구: 과학적 탐구하기─생명체와 자연환경 알아보기

|인성요소|
- 배려: 환경에 대하여 친절하게 대하기
- 존중: 생명적 차이를 알고 소중하게 여기기
- 협동: 이웃과 함께 선한 일 실천하기

|활동자료|
- 봄 풍경 사진, 쓰레기 사진, 여러 가지 폐품
- 성경이야기(장면 1, 7)

|활동방법|
- 도 입
  1. 봄동산이나 공원에 간 경험에 대해 이야기 나눈다.
     - 공원에 갔을 때 어떠했나요?
     - 무엇을 볼 수 있었나요?

- 전 개
  2. 쓰레기가 있는 봄 풍경 그림을 보면서 이야기 나눈다.
     - 이 그림은 어떤 모습인가요?

3. 봄 풍경 그림 위에 쓰레기를 붙인다.

　－나무 옆에 과자 봉지 쓰레기가 있구나.

　－봄 풍경에 쓰레기가 생기니 어떤가요?

　－쓰레기가 생기기 전후의 풍경은 어떤 점이 다른가요?

4. 더러워진 봄 풍경을 보면서 세상을 아름답게 만드신 하나님의 마음에서 생각해 본다.

　－(성경이야기 장면 1, 7을 보면서) 하나님이 세상을 창조하실 때 봄동산을 어땠을까요?

장면 1　　　　　　　　　　　　　　　　장면 7

　－(더러워진 봄 풍경 그림을 보면서) 더러워진 봄 동산을 보는 하나님의 마음이 어떠실
　　까요?

5. 봄동산이 더러워지는 이유에 대해 생각해 본다.

　－왜 봄동산이 더러워지고 있는 걸까요?

　－사람들이 쓰레기를 봄동산에 버렸어요.

　－꽃과 나무를 함부로 꺾었어요.

6. 하나님이 만드신 자연과 우리가 더불어 살아갈 수 있는 방법에 대해 이야기 나눈다.

　－하나님은 아름다운 자연과 사람을 만드셨어요.

　－사람에게 사람이 자연을 잘 돌보라고 맡기셨어요.

　－봄동산을 어떻게 돌볼 수 있을까요?

• 마 무 리	7. 활동을 해 본 소감을 나눈다.
	―하나님이 맡기신 자연을 잘 가꾼다면 하나님 마음이 어떨까요?
	―오늘부터 내가 할 수 있는 것을 한 가지씩 실천해 보아요.

활 동 유 의 점	• 봄 풍경 그림 위에 흔히 버리기 쉬운 쓰레기를 붙이고 자신들이 버린 쓰레기로 자연이 망가질 수 있음을 느낄 수 있도록 한다.

|확장활동|
- 미술영역: 봄동산 지킴이 캠페인 포스터 그리기
- 현장학습: 봄동산 견학을 통해 주변에 떨어진 쓰레기를 줍거나, 캠페인 활동해보기
- 과학영역: 교실에 있는 동식물 잘 보살피기

[더러워진 봄 동산 모습]

유아들이 직접 그린 아름다운 봄 동산의 모습 위에 흔히 버리기 쉬운 쓰레기를 붙여 봄으로써 자신의 창작물이 사람들이 버린 쓰레기로 더러워지는 것을 경험해 본다. 이를 통해 자연이 훼손되는 것을 안타까워하시는 하나님이 맡기신 자연에 대해 책임의식을 갖도록 한다.

[자연보호 캠페인]

하나님이 우리에게 주신 '자연을 돌보자'는 메시지를 담은 캠페인 또는 쓰레기 줍기 활동을 유아들이 직접 실천할 수 있는 활동으로 제시한다. 이를 통해 유아는 하나님이 사람에게 부여하신 책임인 자연과 더불어 살아가는 삶을 구체적으로 경험할 수 있다.

|활동평가|
- 하나님이 만드신 자연과 사람들이 버린 쓰레기로 인해 더러워진 자연 풍경을 비교하여 자신의 생각을 표현하는지 평가한다.
- 하나님이 우리에게 맡기신 자연을 지키기 위해 우리가 해야 하는 일들이 있음을 알고 있는지 평가한다.
- 하나님이 만드신 자연에 대한 아름다움과 소중함을 느끼는지 평가한다.

5월 통합유아교육과정

나는 축복의 사람

5월 · 나는 축복의 사람

I. 성경적 통합유아교육과정 실행을 위한 기초 다지기

'성경적 통합유아교육과정 실행을 위한 기초 다지기'는 5월 유아교육과정에 해당하는 성경본문 배경과 흐름에 따른 주요개념 이해, 교사큐티를 통한 이해 재확인 및 적용과 기도 과정을 순차적으로 제시한다. 이 과정을 통하여 기독교 유아교사는 유아교육과정의 성경적 통합과정이해 및 성경적 통합교육을 실행하기 위한 역량기반을 다질 수 있다. 성경적 통합역량 기초 다지기 과정을 거치면서 통합된 교육활동 내용을 충실하게 수행할 뿐만 아니라 심화 · 확장 활동으로 자유롭게 연계할 수 있는 역량을 성취해 나갈 수 있다.

1. 주요개념

한 달의 통합교육과정에 대한 이론적 기초로서, 성경본문과 유아교육과정의 주제가 어떤 개념을 근거로 통합되는지에 대한 정보를 제공한다.

2. 성경개관

성경본문의 요점과 배경, 전체 흐름을 살펴보고 통합의 근거가 되는 신학적 개념 및 유아에게 가르칠 핵심개념을 간추린다.

3. 교사큐티

말씀을 통해 하나님과 개인적으로 교제하는 시간으로 한 달간의 성경본문을 각 주별 주제와 관련하여 매주 묵상한다.

주요개념

요 약

사람은 하나님의 형상을 따라 창조되었다. 예수님께서는 어린아이를 축복하시고 만나 주심으로 어린이 또한 하나님의 형상으로 지어진 소중한 존재임을 일깨워 주셨다. 유아교육과정에서 다루는 '나'에 대한 개념은 유아가 자신의 몸과 마음에 대한 이해를 토대로 긍정적인 자아개념을 갖도록 하는 것에 중점을 두고 있다. 이러한 자기 인식을 성경적 기초 위에서 세워 나가기 위해 자신을 만나 주시는 예수님께 나아가도록 이끌며, 그 과정을 통해 하나님이 자신을 소중히 여기고 축복하신다는 것을 깨달을 수 있도록 한다.

1) 성경: 어린아이들을 축복하시다

하나님은 사람을 자신의 형상을 닮은 존재로 창조하셨다. 사람이 삶을 영위해 나가는 데 필요한 지혜와 감정, 능력 등은 모두 하나님 형상의 일부이다. 사람은 이러한 하나님의 형상에 따라 창조된 영적인 존재이며, 그것은 유아에게도 동일하다.

유아의 존귀함을 다룰 때, 예수 그리스도가 그 중심이 되어야 한다. 예수님은 십자가에 죽으심과 부활을 통해 유아를 포함한 모든 믿는 자를 구원해 주신 분이다. 본문에서 예수님께서 어린이를 부르시고 축복하시며 자신의 삶과 가르침을 직접 말씀해 주시는 이야기를 소개하고 있다. 이 말씀을 통하여 예수님은 어린이가 구원받아야 할 존재라는 사실을 보여 주신다. 예수님은 어린이들이 자유롭게 나아오기를 원하셨고(누가복음 18:16), 제자들에게 어린이들이 오는 것을 막지 말라고 명령하셨다. 하나님 나라를 전하실 때 어린이를 세우시므로 어린이를 귀하게 여기셨다(마가복음 10:13-22; 마태복음 19:13-15; 누가복음 18:15-17). 뿐만 아니라 안으시고 축복하셨다(마가복음 10:16). 이처럼 예수님께서는 자신에게 나아오는 어린아이들을 통하여, 어린아이가 하나님의 귀한 자녀라는 사실을 구체적으로 나타내 주셨다.

예수님이 어린아이들을 안고 그들에게 안수하시고 축복하시는 모습에서 다음 세대로 복을 전할 때 자녀를 축복하는 이스라엘의 전통을 이해할 수 있다(창세기 27:26-27, 48:14-16; 민수기 27:18). 예수님께서는 자신의 자녀를 축복해 주시기를 바라는 마음에서 데리고 나온 부모들의 애틋한 마음을 아시고 친히 아이들을 사랑하며 복을 빌어 주시는 모범을 보여 주신 것이다.

어린아이는 하나님의 형상으로 창조된 존귀한 존재로서 마땅히 축복 속에서 자라야한다 그러나 어린아이들은 아직 연약하기 때문에 성인이 될 때까지 부모와 교회로부터 최상의 돌봄과 사랑의 우선권이 주어질 때야 비로소 자신이 가진 잠재력을 극대화할 수 있다. 하나님께서는 그런 어린아이들이 건강하고 안전하게 성장할 수 있는 환경으로 가족과 교회를 주신 것이다. 따라서 가정과 교회 안에서 하나님이 부여하신 양육자와 교사의 역할은 예수님처럼 자녀를 사랑하고 돌보아 믿음이 자라날 수 있도록 본이 되고 적절한 양육 환경을 조성하는 것에 있다.

2) 유아교육과정: 나와 가족

유아교육과정의 생활주제 '나와 가족'은 유아기에 호기심의 대상인 자신의 몸과 마음에 대해 이해할 수 있는 기회를 제공하며 자기 조절 및 긍정적인 자아개념을 발달시키고자 한다. 또한 '나와 가족' 생활주제는 유아가 태어나서 가장 처음 접하게 되는 인간관계인 가족 안에서 가족 구성원으로서의 자신을 이해하고, 가족의 다양한 문화와 생활에 대한 경험을 제공하기 위해 제시하였다.

유아기는 감각 기능, 운동능력, 협응력과 같은 신체능력이 발달함과 동시에 자신의 감정 변화, 감정 조절 및 표현 등을 구체적으로 경험하게 되는 시기이다. 이러한 발달 특성에 근거하여 유아로 하여금 자신의 몸과 마음에 대해 알아보고 '나의 몸과 마음'의 소중함을 인식하도록 하여, 자신의 감정을 조절하여 적절하게 표현할 수 있는 능력을 기를 수 있게 하는 것이 필요하다. 이 시기에는 가족 및 사회 구성원으로서의 자기 자신에 대한 인식이 형성되므로, 유아가 자신과 타인의 몸에 대한 인식을 근거로 자신을 소중히 여기고, 다른 사람들과 다르지만 자신에게서 발견되는 특별한 것들을 깨달아 사랑하며, 자신감을 가지도록 해야 한다.

뿐만 아니라, 자기 자신에 대한 인식과 정체성이 발달하는 과정에서 사회화의 일차 집단인 가족 안에서 각 구성원의 역할을 이해하고 가족과 원만한 관계를 유지하며 가족을 사랑하는 마음을 갖도록 하는 것이 중요하다. 특히 가족 유대감 약화와 불안정 애착이 발생으로 인한 사회정서 발달의 위기를 초래할 수 있으므로 유아기부터 가족의 소중함을 강조하는 가치관이 생활화되어야 할 것이다.

'나와 가족' 생활주제를 통해서 유아가 나와 가족에 대한 기본적인 지식과 이해를 기초로 나와 가족을 사랑하고 타인과 더불어 살아가는 민주시민으로서의 자질을 기를 수 있도록 돕고자 한다.

3) 성경적 통합: 나는 축복의 사람

앞서 밝힌 유아교육과정의 궁극적 목적을 통해 유아교육과정에서의 나에 대한 인식, 나의 변화와 성장이 가지는 의미는 원만한 사회생활을 위한 전제임을 알 수 있다. 4월의 창조 이야기에서 살펴보았듯이, 성경에서는 나에 대한 모든 것이 하나님의 창조로부터 시작되고 진행된다. 따라서 유아가 성경적 가치관에 기초한 자아개념을 갖기 위해서는 유아교육과정의 자기 인식과 함께 영적인 차원까지 통합적으로 다루어야 한다. 유아 자신이 하나님을 닮게 만들어진 특별하고 소중한 존재라는 것을 아는 것이 자신의 정체성을 이루는 가장 기초가 되기 때문이다. 따라서 유아가 자신에 대해 올바로 이해하기 위해서는 자신을 만드신 하나님을 먼저 알아야 한다. 유아는 하나님과의 관계 안에서 자신을 바라볼 때, 비로소 성경적 가치관에 근거하여 올바른 자아인식을 형성할 수 있다.

그러므로 나에 대한 성경적 통합 활동을 위하여 가장 먼저, 4월의 성경주제인 세상을 만드신 하나님과 연계하여, 창조주 하나님께서 나를 지으셨다는 분명한 인식을 갖도록 하는 것이 중요하다. 이러한 인식의 토대 위에서 하나님이 지으신 나의 몸과 마음, 감정과 의지 등에 대해 관심을 갖고 알아보는 경험을 하도록 한다. 다음으로, 어린아이를 안으시고 축복해 주신 예수님의 이야기를 보다 중점적으로 다루어 우리를 구원하심으로 잃어버린 하나님의 형상을 되찾게 해 주신 예수님을 소개하고 예수님을 만나는 경험으로 안내한다. 유아는 자신을 구원하신 예수님을 만날 때, 자신을 존귀하게 지으신 하나님을 만날 수 있으며(요한복음 14:6), 자신이 축복받은 소중한 사람이라는 진정한 의미를 알게 된다. 마지막으로, 부모님이 주시는 축복과 사랑을 느껴 보는 가운데 하나님이 나를 이처럼 사랑하시고 축복한다는 것을 알도록 한다. 이를 통해, 나를 사랑하고 축복하셔서 부모님과 가정을 주신 하나님께 감사한다. 또한, 가족을 사랑하고 소중히 여기는 마음을 갖고 감사를 표현하는 것을 통하여 바른 인성을 실천하도록 한다.

성경개관

| 성 경 말 씀 |

본문제목

어린 아이들을 축복하시다

성경본문

창세기 1:26-27

마가복음 10:13-16(관련 본문 마태복음 19:13-15; 누가복음 18:15-17)

중심말씀

그 어린 아이들을 안고 그들 위에 안수하시고 축복하시니라(마가복음 10:14)

내용요약

예수님께서는 자신의 만져 주심을 바라고 부모님들이 데리고 나온 어린아이를 축복하시며 만나 주셨다. 예수님은 하나님의 형상으로 지어진 어린아이들도 동일하게 사랑하시고 존귀하게 여기셨다.

| 신학적 개념 |

인간론−하나님의 형상(유아수준: 나와 사람들−하나님을 닮았어요)

기독론−그리스도의사역(유아수준: 예수님−예수님은 죽으시고 다시 살아나셨어요)

성령론−성령의 열매(성도의 삶)(유아수준: 성령님이 인도하세요)

| 핵 심 개 념 |

하나님은 우리를 하나님을 닮게 지으셨다.

우리는 하나님에게 가장 소중한 존재이다.

예수님은 우리를 구원하신다(만나 주신다).

예수님은 우리를 사랑하신다.

성령님은 하나님 말씀대로 살 수 있도록 도와주신다.

| 성 경 이 해 |

창세기 1장 26~27절은 하나님의 형상을 따라 창조된 사람을 향한 하나님의 특별한 관심과 사랑을 보여 준다. 마가복음 10장 본문은 그 가운데 어린아이를 향한 예수님의 관심과 사랑을 보여 준다. 예수님이 살던 시대에는 어린아이는 하나의 인격체로서 존중받지 못했다. 당시는 농경사회이자 전쟁과 기근이 잦았던 시대였기 때문에 어린아이는 약자이자 소외계층에 속할 수밖에 없었다. 하지만 예수님께서는 어린아이를 안으시고 축복하심으로 자신에게 나아온 어린아이들을 기꺼이 만나 주시고, 어린아이들도 소중한 하나님의 자녀라는 것을 몸소 보이셨다. 한편, 예수님이 어린 아이들을 안고 그들 위에 안수하시고 축복하시는 모습은 다음세대로 복을 전해 줄 때 아이를 축복하는 이스라엘의 전통을 잘 보여 준다(창세기 27:26-27, 48:14-16; 민수기 27:18).

교사큐티

어린아이들을 축복하시다
성경본문 창세기 1:26-27; 마가복음 10:13-16

예수님께서는 자신의 만져 주심을 바라고 부모들이 데리고 나온 어린아이를 축복하시며 만나 주셨다.
예수님은 하나님의 형상으로 지어진 어린아이들도 동일하게 사랑하시고 존귀하게 여기셨다.

|도움말|

26 우리의 형상(image)을 따라 우리의 모양(likeness)대로: 하나님의 성품을 강조하였다. 인간의 영혼은 하나님의 성품을 담고 있는 존재임. 다른 피조물과 구별되는 증거이다.

13 꾸짖거늘: 제자들이 예수님을 생각하지만 이면에 어린이를 성가시게 여기는 것을 알 수 있다.

14 노하시어: 부당한 대우에 대해 분개하는

16 다음세대로 복을 전해 줄 때 아이를 축복하는 이스라엘의 전통을 보여 준다(창세기 48:14; 민수기 27:18).

하나님의 형상으로 창조된 사람

창 1:26 하나님이 이르시되 우리의 형상을 따라 우리의 모양대로 우리가 사람을 만들고 그들로 바다의 물고기와 하늘의 새와 가축과 온 땅과 땅에 기는 모든 것을 다스리게 하자 하시고
27 하나님이 자기 형상 곧 하나님의 형상대로 사람을 창조하시되 남자와 여자를 창조하시고

어린아이들을 축복하시다(마태복음 19:13-15; 누가복음 18:15-17)

막 10:13 사람들이 예수께서 만져 주심을 바라고 어린아이들을 데리고 오매 제자들이 꾸짖거늘
14 예수께서 보시고 노하시어 이르시되 어린아이들이 내게 오는 것을 용납하고 금하지 말라 하나님의 나라가 이런 자의 것이니라
15 내가 진실로 너희에게 이르노니 누구든지 하나님의 나라를 어린아이와 같이 받들지 않는 자는 결단코 그 곳에 들어가지 못하리라 하시고
16 그 어린아이들을 안고 그들 위에 안수하시고 축복하시니라

|요약/해설|

하나님의 형상으로 창조된 사람

하나님은 창조의 마지막 날 사람을 창조하셨다. 사람은 하나님의 창조에서 매우 독특하고 특별한데, 그것은 하나님의 형상을 따라 하나님의 모양대로 하나님이 손수 만드셨기 때문이다. 이 말씀은 사람이 다른 모든 피조물과 구별되어 가장 으뜸이 되도록 창조된 하나님의 최고의 걸작품 임을 나타낸다. 이처럼 창조의 마지막 날 완성하신 사람의 창조는 사람을 향한 하나님의 특별한 사랑을 보여 준다.

어린아이들을 축복하시다

어린아이는 기성세대가 지니지 못한 순수함을 가지고 있다. 사랑으로 대하는 사람에게 의심하지 않고 동일한 기쁨과 감사 그리고 사랑을 표현한다. 우리는 어린이와 같이 순수한 믿음으로 하나님의 전적인 사랑을 신뢰하며 나아와야 한다. 예수께서는 그런 모습으로 나오는 어린아이를 사랑하셨다. 그리고 제자들이나 유대인들처럼 어린아이를 무가치하게 여기시지 않고 그들을 소중한 생명으로 여기시며 만나 주셨다.

|찬양과 기도| 주님의 임재 가운데 나아갑니다. 주님 말씀하여 주십시오. 제가 듣겠습니다!

|말씀| 본문을 3번 정도 읽으며 전체적인 뜻을 파악하기/내게 다가오는 말씀들을 기록하기

|묵상| 말씀 묵상, 변화를 위한 적용과 구체적인 실천 찾기, 기도하며 결단하기

5월

• 1주: 당신은 하나님의 형상으로 지어진 매우 특별한 피조물입니다. 나의 성품이나 성격 감정이나 강점 등을 돌아보며 내 안에 있는 하나님의 형상을 닮은 모습을 찾아 표현해 봅시다(창세기 1:26-27).

• 2주: 예수님은 우리의 약함과 관계없이 그분께 나오는 사람들 누구나 사랑과 은혜를 베풀고 만나 주셨습니다. 이 사실이 나에게 주는 힘과 위로는 무엇인가요? (마가복음 10: 13,14,16)

• 3주: 나는 하나님의 나라를 어린아이와 같은 심정으로 받들고 있는지, 내가 섬기는 가정, 교회, 일터에서 그러한 모습을 나타내고 있는지 묵상해 봅시다. 부족한 부분이 있다면 구체적으로 어떻게 고쳐 나갈 것인지 나누어 봅시다(마가복음 10:15).

• 4주: 예수님께서는 자신에게 오는 모든 어린아이들을 참된 사랑의 마음으로 축복하여 주셨습니다. 우리도 내가 돌보는 아이들 모두를 편견 없이, 편애하지 않고 축복하며 돌보고 있는지 돌아봅시다(마가복음 10:16) .

|공동기도| 하나님의 형상으로 우리에게 입히시고 존귀하게 지으신 하나님, 감사합니다. 아무도 소외시키지 않으시고 모든 사람이 주님 앞에 나아올 수 있게 하시는 사랑에 감사드립니다. 어린아이와 같은 순수한 믿음을 주셔서 하나님 나라의 기쁨을 누리며 살아가게 하여 주시옵소서. 아멘.

5월 · 나는 축복의 사람

II. 성경적 통합과정 이해하기

'성경적 통합과정 이해하기'는 성경본문과 유아교육과정 사이에 다리 놓기 작업으로서 유아교육과정이 성경적으로 통합되는 절차와 단계를 보여 준다. 성경적 통합과정을 구조화함으로써 교사가 통합과정을 보다 쉽게 이해하고 성경적으로 통합할 수 있는 능력을 갖출 수 있도록 지원한다.

1. 월간 성경적 통합의 흐름도

유아교육과정의 주제 및 목표를 성경본문의 주제 및 목표에 근거하여 통합하는 과정을 보여주는 프레임(틀)이다.

2. 월간 성경적 통합과정 해설

개요 수준에서 요약한 성경적 통합의 흐름에 함축된 주요 내용이나 예시들을 자세히 풀어서 설명해 놓은 지침서이다.

3. 월간통합교육계획안

성경주제 및 목표에 근거하여 한 달간 진행되는 통합교육 활동들과 그 흐름을 한눈에 볼 수 있도록 요약한 주요 계획이다.

월간 성경적 통합의 흐름도

성경주제	성경목표
예수님은 나를 사랑하세요	• 하나님이 나를 만드셨음을 안다. • 예수님은 나를 만나 주시는 분이심을 안다. • 축복의 사람인 나를 소중히 여긴다. • 하나님이 주신 가족을 소중히 여긴다.

유아교육과정 주제	유아교육과정 목표
나와 가족	• 내 몸의 구조와 성장에 관심을 갖는다. • 나의 감정을 알고 표현한다. • 나의 일을 스스로 한다. • 나의 특별함을 알고 나를 소중히 여긴다. • 가족의 의미를 안다. • 가족에게 감사한 마음을 갖고 표현한다.

월간통합주제	월간 통합목표
나는 축복의 사람	• 하나님이 만드신 내 몸의 구조와 성장에 관심을 갖는다. • 하나님이 주신 나의 감정을 알고 표현한다. • 예수님은 나를 만나 주시는 분임을 알고 나를 소중히 여긴다. • 하나님이 주신 능력으로 나의 일을 스스로 한다. • 하나님이 주신 가족의 의미를 안다. • 하나님이 주신 가족에게 감사한 마음을 갖고 표현한다.

인성요소
• 존중: 하나님의 형상을 닮은 나를 소중히 여기기 • 기쁨: 하나님의 자녀가 된 것을 즐거워하기, 즐겁고 감사한 마음을 잘 표현하기 • 절제: 하나님 안에서 마음과 감정을 조절하기 • 기쁨: 예수님으로 인해 하나님의 자녀가 된 것을 즐거워하기 • 책임: 자신이 잘하는 일이 무엇인지 알고 행하기 • 사랑: 하나님이 주신 가족을 사랑하기

월간 성경적 통합과정 해설

| 통합주제 | 나는 축복의 사람

| 통합목표 | 하나님이 만드신 내 몸의 구조와 성장에 관심을 갖는다.

                하나님이 주신 나의 감정을 알고 표현한다.

                예수님은 나를 만나 주시는 분임을 알고 나를 소중히 여긴다.

                하나님이 주신 능력으로 나의 일을 스스로 한다.

                가족의 의미를 안다.

                가족과 화목하게 지내는 것이 가족을 주신 하나님의 뜻이라는 사실을 안다.

| 인성요소 |
- 존중: 하나님의 형상을 닮은 나를 소중히 여기기
- 기쁨: 하나님의 자녀가 된 것을 즐거워하기
- 절제 : 하나님 안에서 마음과 감정을 조절하기
- 기쁨: 예수님으로 인해 하나님의 자녀가 된 것을 즐거워하기
- 책임: 자신이 잘하는 일이 무엇인지 알고 행하기
- 기쁨: 즐겁고 감사한 마음을 잘 표현하기
- 사랑: 하나님이 주신 가족을 사랑하기

요약

'나는 축복의 사람' 주제를 위한 성경적 기초로서 가장 중요한 개념은 '나는 하나님의 형상으로 창조된 존재'라는 사실이다. 이에 따라 유아교육과정의 나에 대한 하위 주제인 나의 신체, 출생과 성장, 감정과 의지 등은 하나님이 우리에게 주신 것이라는 개념을 중심으로 구성한다. 또한, 우리를 예수님이 만나 주시고 축복해 주셨다는 성경이야기와 연계된 활동을 통해 유아들이 자신을 만나 주시는 예수님을 알 수 있도록 한다. 이를 통해, 유아 스스로 자신이 축복 가운데서 지어졌으며 사랑받는 존재임을 알고 자신의 몸과 마음을 소중히 여기도록 한다. 관련하여 나를 사랑하여 하나님이 나에게 주신 가족의 소중함을 알고 가족에게 감사를 표현하도록 한다. 관련 기독교 인성주제로는 존중, 절제, 기쁨, 책임, 사랑이 있다.

1. 주요 성경개념

하나님은 모든 피조물 가운데 사람은 매우 특별하게 창조하셨다. 바로 하나님 형상을 따라 만드신 것이다. 육체뿐만 아니라, 생각과 감정, 의지와 같이 사람만이 지니고 있는 고유한 특징들은 모두 하나님의 형상을 반영한다. 이것은 인간의 창조에 대한 하나님의 특별한 사랑을 보여준다. 어린아이도 하나님의 형상을 따라 창조된 존귀한 존재이다. 예수님도 이렇게 하나님의 형상을 따라 지어진 어린아이를 사랑하셨다. 어린아이에게 보여 주시는 사랑과 축복은 소중한 존재로서 자아에 대한 인식을 더욱 견고하게 세워 준다.

2. 성경적 통합 활동 및 방법

유아교육과정에서 '나의 몸과 마음'에 대해 다루는 주제들은 심리적인 측면에서 사람을 설명하는 주요 개념인 신체적인 측면(몸의 구조와 성장), 정서적인 측면(감정 인식 및 조절) 그리고 의지적인 측면(나의 일 스스로 하기)를 전반적으로 다루고 있다. 또한, '소중한 나'와 '소중한 가족'에 대한 전제도 다른 사람과 더불어 살아가기 위한 태도 및 자질 함양에 초점을 맞추고 있다. 성경은 '나'에 대한 주제들을 다룰 때, 사람에게 이러한 고유한 속성을 부여하신 하나님과의 관계를 중심에 둔다. 하나님은 인간 안에 '지(知), 정(情), 의(意)'라는 특징을 총체적으로 입혀 하나님의 형상을 나타내 주셨기 때문이다(Hoekema, 1986).

1) 나의 몸과 마음

유아교육과정은 유아가 몸의 구조와 성장에 대한 기본적인 이해를 구성하고, 자신의 감정에 대한 인식과 함께 조절 능력을 기르는 것에 중점을 두었다. 이를 위해 '내 몸의 각 부분 특징 알기' '나의 출생과 성장에 관심 갖기' '나의 감정 알고 표현하기'를 소주제로 선정하였다.

유아교육과정과 통합할 때는 유아교육과정에서 풀어 쓴 소주제를 다루되, 나의 특징들은 하나님께서 나를 하나님을 닮은 존재로 만드셨기 때문이라는 전제를 반드시 밝혀 주어야 한다. 관련하여 성경이야기의 4월 창조이야기와 연계하여 창세기 1장 26~27절 말씀을 보다 상세하게 설명해 줄 수 있다. 나와 관련된 다양한 활동들 또한 이러한 개념이 반영된 기독교적 발문과 아이디어를 제공해 주어 활동에 통합된 성경적 자아개념들을 명확히 이해하도록 도와줄 수 있다.

관련된 인성개념으로 자존감을 들 수 있다. 자존감은 하나님의 형상을 닮은 나에 대한 존중, 즉 인간 창조의 특별함에서 온다. 인간은 같은 날 지어진 동물과는 본질적으로 다르다(창세기 2:7). 사람의 몸을 흙으로 만드시고 하나님의 성품과 속성인 하나님의 형상을 담으셨다. 하나님의 형상이라는 인식은 자기 자신에게 긍정적인 자아상을 갖게 할 뿐만 아니라 타인 또한 존중하게 해 준다. 그동안 유아교육현장에서는 나에 대해서 접근할 때 주로 키, 몸무게, 나이 등의 가시적인 측면에서 다루었고, 타인의 소중함에 대해서도 인본주의적 관점에서 지도해 왔다. 그러나 성경적 통합 유아교육과정에서는 하나님의 형상이라는 인간 기원에 대한 확신에서 출발하여 하나님이 우리에게 주신 하나님의 고유한 성품대로 살아가는 것이 바른 인성이라는 관점으로 접근한다.

2) 소중한 나

유아교육과정은 유아가 자신에 대한 소중함을 인식하고 긍정적인 자아개념을 형성하는 것에 중점을 두었다. 이를 위해서 '나의 몸 소중히 여기기'와 '나의 특별함 알기' '나의 일 스스로 하기'를 소주제로 선정하였다.

유아교육과정에서 다루는 이러한 개념들은 다른 사람과 더불어 살아가는 데 필요한 자질로서 긍정적 자아 개념을 형성 하는 것에 중점을 두고 있다. 이에 대해 성경에서는 근본적으로 특별하고 소중한 나의 근거를 하나님에 의해 창조된 피조물이라는 점에 두고 있다. 1주에는 하나님의 형상을 닮은 나에 대하여 알아본다. 2주 '소중한 나' 주제에서는 유아가 자신이 소중하다는 것을 어린아이를 만나 주시고 축복하시는 예수님의 이야기 안에서 발견할 수 있도록 도와준다. 유아들도 예수님을 느끼고 만나는 경험으로 확대될 수 있도록 한다. 유아는 예수님이 축복하는 자신을 더욱 소중하고 특별하게 여길 수 있다. 예수님이 함께 하심으로 자신에게 주어진 일도 자신감을 갖고 스스로 해 나갈 수 있도록 격려한다.

관련 인성개념으로 절제와 기쁨을 들 수 있다. 절제는 마음과 감정을 조절하는 능력이다. 하나님의 형상으로 창조된 인간은 다양한 정서적 특성을 가지나, 정서들이 나타날 수 있다. 자신의 분노를 조절하지 못하여 잘못된 형태의 분노를 표출하는 것이 그 예이다. 이것을 유아에게 설명하기는 어려우나, 하나님의 도우심으로 자신의 부적절한 감정과 정서를 조절할 수 있다는 것을 가르칠 수 있다. 억지로 자신의 감정을 통제하는 것이 아니라 자신과 타인의 다양한 감정을 들여다봄으로써 자신의 감정을 구체적으로 인식하고 적절하게 표현해 보도록 할 수 있다. 기쁨은 근원적인 의미로서 예수님으로 인해 하나님의 자녀가 된 것에 대한 기쁨을 말한다. 예수님은 어린이가 예수님께 오는 것을 용납하시고 축복해 주셨으며, 천국의 주인이라고 하셨다. 유아들도 예수님의 축복으로 인한 기쁨을 누리는 것이 필요하다. 성경에서의 기쁨은 물질적인 것이나 바라던 것의 실현 그 이상의 의미를 가진다. 상황에 관계없이 예수님께 나아가 그분을 만남으로서 얻는 참된 기쁨을 말한다.

3) 소중한 가족

유아교육과정은 유아가 가족의 의미와 가족 간의 예절을 이해하고, 가족 구성원으로서 협력하고 배려하는 태도를 기르는 것에 중점을 두었다. 본 주제에서는 하위 소주제 중 '가족의 소중함을 알고 표현하기'를 중심으로 성경적 통합활동을 전개한다.

'가족의 소중함을 알고 표현하기'는 가족의 의미 알기, 가족에게 감사하는 마음 갖기, 가족은 서로 사랑하고 협력해야 함을 알기, 감사를 표현하는 다양한 방법 등을 주요 내용으로 선정하였다. 이러한 내용에 대한 성경적 기초로서 부모님이 주시는 축복과 사랑을 느껴 보는 가운데 하나님이 나를 이처럼 사랑하시고 축복한다는 것을 알도록 한다. 하나님이 유아를 축복하여 주신 가족의 소중함을 알고, 가족에게 감사를 표현할 수 있도록 하는 성경주제와 통합하여 활동을 전개할 수 있다.

관련 인성개념으로 사랑은 하나님과 다른 사람을 위한 마음과 구체적인 실천을 포함한다. 유아가 사랑을 실천할 수 있는 생태학적 환경으로 가장 일차적인 집단은 가족이다. 유아가 가족 내에서 자신을 낳아 주신 부모에게 감사하고 형제와 가족을 섬길 수 있는 방법을 찾음으로 생활 속에서 하나님의 사랑을 실천해 보도록 한다.

월간 통합교육계획안

- 성경주제: 나는 축복의 사람
- 성경목표: 하나님이 나를 만드셨음을 안다.
  예수님은 나를 사랑하신다.
  축복의 사람인 나를 소중히 여긴다.
  하나님이 주신 가족을 소중히 한다.

연관주제	나와 가족			
통합주제	나는 축복의 사람			
통합목표	• 1주: 하나님이 만드신 내 몸의 구조와 성장에 관심을 갖는다. • 2주: 하나님이 주신 나의 감정을 알고 표현한다. • 3주: 예수님은 나를 만나 주시는 분이심을 알고 나를 소중히 여긴다. 　　　하나님이 주신 능력으로 나의 일을 스스로 한다. • 4주: 가족의 의미를 안다. 　　　가족과 화목하게 지내는 것이 가족을 주신 하나님의 뜻이라는 사실을 안다.			
인성요소	존중, 절제, 기쁨, 책임, 사랑			

주		1주	2주	3주	4주
활동	주제	나의 몸	나의 마음	소중한 나	소중한 가족
실내자유선택활동	쌓기	• 나의 몸 만들기			• 우리집 만들기
	역할		• 감정가면놀이	• 나의 모습 꾸며보기	• 가족역할놀이
	언어	• 부모님과 나의 닮은점 써보기	• 다양한 감정을 주신 하나님★ • 나만의 감정 표현카드	• 나의 장점 이야기하기 • '내가 할 수 있는 일' 그림카드	• 축복의 효도쿠폰★
	수·조작		• 하나님이 주신 감정 표현하기★		• 우리가족 수 세어보기
	미술	• 하나님이 만드신 나의 몸★ • 우리 몸 형동화 그리기	• 나의 기분 그림으로 표현하기	• 예수님이 사랑하는 나★	• 소중한 우리 가족 그려 보기
	음률		• 악기 연주로 감정 표현하기	• 가족 위한 노래 불러보기	
	과학	• 나의 몸 관찰하기 • 몸 속 여행	• 모형 뼈 탐색		
대소집단활동	이야기 나누기	• 나는 누구를 닮았을까요?★	• 나의 감정 알기		• 소중한 우리 가족★
	동시·동화·동극		• 동화) 기분을 말해봐	• 동화) 나는 스스로 할 수 있어요★	
	동극		• 음악) 소중한 나	• 음악) 넌 할 수 있어라고 말해주세요	• 생활계획표 만들기
	신체/게임	• '임산부' 체험활동 • 우리몸으로 만든 여러가지 모양	• 몸으로 다양한 포즈 만들기		• 게임) 가족을 위해 할 수 있는 일
바깥놀이활동			• 나의 그림자 관찰하기		• 우리집에 왜 왔니?
성경말씀	그 어린 아이들을 안고 그들 위에 안수하시고 축복하시니라(마가복음 10:14)				
기도	우리를 지으신 하나님 감사합니다. 우리를 축복하신 예수님 감사합니다. 저희도 예수님처럼 사랑을 실천하는 사람이 되게 해주세요. 예수님 이름으로 기도 드립니다. 아멘.				

★: 수록된 단위 활동

5월 · 나는 축복의 사람

III. 성경적 통합유아교육과정 실행하기

'성경적 통합유아교육과정 실행하기'는 성경주제 및 목표가 반영된 성경이야기를 토대로 지금까지의 모든 통합과정을 활동 속에 집약한 교육 실제를 다룬다. 교사가 성경에 근거한 통합교육활동을 안정된 성경적 기반 위에서 수행할 수 있는 있도록 지원한다.

1. 성경이야기

성경이야기는 성경본문의 내용을 유아들이 쉽게 이해할 수 있는 한편의 이야기로 구성하였다. 특히, 월별 성경이야기는 단위활동과 통합되어, 유아들에게 흥미를 유발하고 성경본문의 전체 흐름과 맥락을 보다 쉽게 이해할 수 있도록 한다.

2. 단위활동계획안

단위활동계획안은 성경적 통합학습 내용을 강화하고 재학습할 수 있도록 제시한 구체적 활동방안이다. 교사는 단위활동계획안을 참고하여 활동 방안에 대한 아이디어와 발문 정보를 얻을 수 있다.

성경이야기

| 본문제목 | 나는 축복의 사람이에요 |

| 성경본문 | 창세기 1:26-27; 마가복음 10:13-16 |

| 중심말씀 | 그 어린 아이들을 안고 그들 위에 안수하시고 축복하시니라(마가복음 10:14) |

| 중심내용 | 우리는 하나님을 닮게 지어졌어요. 하나님께서는 우리에게 지혜와 능력을 주셨어요. 감정도 느낄 수 있게 해 주셨답니다. 우리는 예수님을 통해 이러한 하나님의 사랑을 느낄 수 있게 되었어요. 하나님은 또한, 부모님과 가족을 주셔서 하나님의 축복을 느끼게 해 주셨어요. 이렇게 소중하게 지어진 우리는 축복 받은 하나님의 자녀라는 것을 잊지 마세요! |

순서	장면	내용
1		4월 성경이야기 마지막에 하나님이 사람을 만드신 이야기 생각나지요? 하나님께서는 인간을 만들 때, 특별히 하나님을 닮게 만드셨어요.
2		우리 모습을 통해서도 알 수 있어요. 하나님을 닮아서 지혜가 있고, 감정이 있어 느낄 수 있답니다. 그리고 무엇인가 할 수 있는 능력도 있어요. 겉모습은 모두 다르지만 하나님을 닮았지요.
3		예수님은 하나님의 아들이에요. 하나님은 우리를 사랑하셔서 그 아들이신 예수님을 이 땅에 보내 주셨어요. 예수님이 우리와 같은 어린 아이들을 어떻게 대하셨는지 함께 들어 보기로 해요.

순서	장면	내용
4		옛날 이스라엘에는 어른들이 아이들을 축복하는 전통이 있었어요. 그래서 예수님께서 축복해 주시길 바라고 아이들을 예수님 앞으로 데리고 왔어요. "예수님, 아이들을 만져 주세요. 축복해 주세요"
5		어린아이들이 신나게 예수님께로 달려갔어요. "예수님" 그런데 예수님의 제자들이 길을 막았어요. "안 돼요. 지금 예수님은 무척 피곤해요.", "예수님은 지금 무척 바빠요. 할 일이 많다고요."
6		그러자 예수님이 제자들에게 화를 내시며 말씀하셨어요. "어린아이들이 내게 오는 것을 막지 말아라." 그리고 아이들에게 말씀하셨어요. "얘들아, 이리 오려무나!"
7		예수님은 어린아이들을 안고 머리에 손을 얹으셨어요. "하나님 나라는 어린아이와 같은 자의 것이란다. 축복한다, 얘들아!" 예수님은 하나님 닮게 지어진 우리를 만나 주시고 축복해 주셨어요.
8		지금도 우리 모두가 예수님을 만나러 나오길 원하신답니다. 예수님은 한 사람 한 사람 모두 만나 주신답니다. 우리 모두는 예수님께 정말로 소중하답니다.

5월

225

순서	장면	내용
9		하나님께서는 이렇게 우리를 만드시고 마음껏 축복해 주셨어요. 그래서 우리에게 부모님과 가족들도 주셨어요. 우리가 부모님의 축복을 받으며 무럭무럭 자라게 해 주신 거죠. 그래서 하나님이 주신 부모님과 가족도 소중히 여기고 감사할 수 있어요.
10		우리는 이렇게 축복받은 하나님의 어린이라는 것을 기억해요.

단위활동계획안

　단위활동은 월 단위 성경적 통합주제와 학습목표를 유아들이 쉽게 재학습하고 강화할 수 있도록 구성한 활동계획이다. 5월의 주별 단위활동은 다음과 같다. 첫 번째 주에는 이야기나누기를 통해 하나님이 만드신 내 몸에 관심을 갖고, 미술활동을 통해 하나님이 만드신 나의 몸에 대하여 알아본다. 두 번째 주에는 하나님이 주신 다양한 감정을 소중히 여기고 표현해 보는 활동을 한다. 세 번째 주에는 나는 예수님이 사랑하는 소중한 존재라는 것을 알고, 이와 연계하여 명화감상 활동과 손인형 활동을 한다. 네 번째 주 활동은 하나님이 주신 가족의 의미와 소중함에 대해 알아보고, 축복의 쿠폰을 활용해 보도록 한다.

■ 주별 단위활동 안내 ■

주	성경적 기초	주제	활동명	활동유형 (영역)	누리과정 주요 관련 영역	인성 요소
1주		나의 몸	나는 누구를 닮았을까요? (228쪽)	이야기 나누기	자연탐구 사회관계	존중 기쁨
			하나님이 만드신 나의 몸 (231쪽)	미술	신체운동건강 자연탐구 예술경험	
2주	성경 이야기: 나는 축복의 사람이에요 (창세기 1:26-29; 마가복음 10:13-16)	나의 마음	다양한 감정을 주신 하나님 (234쪽)	언어	사회관계 의사소통	절제 기쁨
			하나님이 주신 감정 표현하기 (238쪽)	수·조작	의사소통 사회관계	
3주		소중한 나	예수님이 사랑하는 나 (241쪽)	미술	예술경험 사회관계	기쁨 사랑 책임
			나는 스스로 할 수 있어요 (244쪽)	동화	의사소통 사회관계	
4주		소중한 가족	소중한 우리 가족 (247쪽)	이야기 나누기	의사소통 사회관계	사랑 기쁨
			축복의 쿠폰 (249쪽)	언어	의사소통 사회관계	

- 1주 · 나의 몸.
- 주간통합목표: 하나님의 형상에 따라 창조된 나의 성장에 대하여 관심을 가진다.

나는 누구를 닮았을까요?

활동형태: 대소집단활동/영역: 이야기나누기

|통합목표|
- 하나님이 나를 부모님을 통하여 이 세상에 보내셨다는 사실을 안다.
- 하나님의 형상을 따라 창조되어 이 세상에 보내진 자신에 대하여 자신감을 가지고 하나님이 주신 지혜와 능력을 계발하고 선하게 사용해야 한다는 점을 알고 실천하는 태도를 가진다.

|누리과정 관련요소|
- 자연탐구: 과학적 탐구하기−생명체와 자연환경 알아보기
- 사회관계: 나를 알고 존중하기−나를 알고, 소중히 여기기

|인성요소|
- 존중: 하나님의 형상을 닮은 나를 소중히 여기기
- 기쁨: 하나님의 자녀가 된 것을 즐거워하기

| 활동자료|
- 가족 사진, 성경이야기(장면 1, 2)

| 활동방법|

- 도 입
1. 유아들의 가족 사진을 보여 주고 누구의 부모님인지 맞춰 본다.

〈우리 가족 사진〉

2. 나의 모습과 부모님의 모습을 비교해 본다.

−부모님과 나는 어느 곳이 닮았나요?

−부모님과 내가 많이 닮은 이유가 무엇일까요?

· 전 개

3. 성경이야기를 회상하면서 하나님께서 나를 어떻게 만들었는지 이야기를 나눈다.

　－하나님께서 세상을 지으시고, 마지막에 무엇을 만드셨나요?

　－하나님께서는 사람을 어떻게 만드셨나요?

　－하나님은 사람을 만드실 때, 특별히 하나님을 닮게 만드셨어요.

　－하나님을 닮은 나는 엄마, 아빠를 통해 이 세상에 태어났어요.

5월

1

4월 성경이야기 마지막에 하나님이 사람을 만드신 이야기 생각나지요? 하나님께서는 인간을 만들 때, 특별히 하나님을 닮게 만드셨어요.

4. 하나님과 우리가 닮은 점에 대해 이야기 나눈다.

　－하나님과 우리는 무엇이 닮았을까요?

　－하나님을 닮아서 우리는 지혜가 있고, 감정을 느낄 수 있어요.

　－무엇인가 할 수 있는 능력도 있어요.

　－어떤 능력이 있는지 생각해 볼까요?

2

우리 모습을 통해서도 알 수 있어요. 하나님을 닮아서 지혜가 있고, 감정이 있어 느낄 수 있답니다. 그리고 무엇인가 할 수 있는 능력도 있어요. 겉모습은 모두 다르지만 하나님을 닮았어요.

· 마 무 리

5. 활동을 돌아보며 마무리한다.

　－하나님을 닮은 나에게 어떤 말을 해 주고 싶은가요?

　－나는 하나님이 사랑하는 특별하고 소중한 존재예요.

| 활　동
유 의 점 |

· 교사는 유아들이 자신과 하나님의 닮은 점을 다양하게 생각해 볼 수 있도록 이끌어 준다.

· 가족 사진을 미리 교실에 전시하여 가족을 관찰해 보도록 한다.

| 확장활동 |
- 과학영역: 나의 몸 관찰하기
- 언어영역: 부모님과 나의 닮은 점 써 보기
- 미술영역: 우리 몸 협동화 그리기
- 신체영역: '임산부 체험' 활동

[임산부 체험 활동–아기를 만드신 하나님]
하나님께서는 자신의 형상대로 만드신 사람을 어머니의 몸을 통해 아기로 태어나게 하셨다. '임산부 체험' 활동을 통해 뱃속에 있을 때부터 하나님께서 만드시고 돌보고 계셨다는 것을 경험할 수 있다.

[우리 몸 협동화 그리기]
광폭 도배지 뒷면을 펼쳐서 한 명의 유아가 눕고 친구들이 협동하여 유아의 몸의 모양을 따라 그린다. 다 그린 후 누웠 있는 친구를 일으켜 주고 세부적인 그림을 협동하여 그려 본다.

| 활동평가 |
- 하나님이 나를 부모님을 통하여 이 세상에 보내셨다는 사실을 알고 있는지 평가한다.
- 하나님의 형상을 따라 창조되어 이 세상에 보내진 자신에 대하여 자신감을 가지고 하나님이 주신 지혜와 능력을 계발하고 선하게 사용해야 한다는 점을 알고 실천하는 태도를 나타내는지 평가한다.

■ 1주 · 나의 몸.
■ 주간통합목표: 하나님이 만드신 내 몸의 구조와 성장에 관심을 갖는다.

하나님이 만드신 나의 몸

활동형태: 자유선택활동/영역: 미술

5월

|통합목표|

- 하나님께서 특별한 계획과 사랑을 가지고 나를 만드셨음을 안다.
- 나의 몸 구조에 관심을 갖고 만들어 본다.

|누리과정
관련요소|

- 신체운동 · 건강: 신체 인식하기−신체를 인식하고 움직이기
- 자연탐구: 과학적 탐구하기−생명체와 자연환경 알아보기
- 예술경험: 예술적 표현하기−미술활동으로 표현하기

|인성요소|

- 존중: 하나님의 형상을 닮은 나를 소중히 여기기
- 기쁨: 하나님의 자녀가 된 것을 즐거워하기

|활동자료|

- 찰흙, 고무찰흙, 천사점토, 찰흙 만들기용 도구 및 점토용 도구

|활동방법|

· 도 입

1. 우리 몸을 살펴본다.
   −우리 몸에는 어떤 기관들이 있나요?
   −우리 몸은 머리, 몸통, 팔, 다리 등으로 이루어져 있어요.
   −우리 몸을 만져 보세요. 무엇이 느껴지나요?
   −우리 몸은 부드러운 살로 채워져 있어요.

· 전 개

2. 하나님께서 우리의 몸을 어떻게 만드셨는지 생각해 보고 준비된 재료를 활용해서 몸을
   만들어 본다.
   −하나님이 사람은 흙으로 만드셨어요.
   −흙으로 만드신 이유는 무엇일까요?
   −우리 몸의 각 부분들을 만드실 때 어떤 생각을 하셨을까요?
   −하나님이 하신 것처럼 흙으로 나의 몸을 만들어 보아요.
3. 찰흙을 탐색한 후 만들어 본다.

　　　　－찰흙을 만져 보니 느낌이 어떤가요?

　　　　－나의 어떤 모습을 만들고 싶나요? (예: 잠자는 모습, 춤추고 있는 모습, 앉아 있는 모습 등)

　　　　－머리와 몸통은 어떻게 만들어야 할까요?

　　　　－팔과 다리는 어떻게 만들어야 할까요?

　　　　－망가지지 않고 튼튼하게 만들려면 어떻게 해야 할까요?

• 마 무 리　　4. 완성된 작품을 보면서 평가한다.

　　　　－완성된 작품을 보니 기분이 어떤가요?

　　　　－내가 원하는 모습대로 만들어졌나요?

　　　　－모형이 말은 한다면 어떤 말을 듣고 싶나요?

　　　　－우리를 만드신 하나님은 나를 만드시고 기분이 어떠셨을까요?

| 활 동
유 의 점 | • 재료를 반죽해 보며 질감을 충분히 탐색해 보도록 한다.
　　　　• 만들기 전 어떻게 만들 것인가 생각해 보도록 함으로써 하나님이 자신의 형상을 따라 지은 사람에게 특별한 애정과 계획을 가지고 만드셨음을 느껴 보도록 한다.
　　　　• 우리가 만든 작품을 소중히 다룸으로써 하나님도 하나님의 특별한 작품인 사람을 귀히 여기신다는 것을 느끼도록 한다.

| 확장활동 | • 과학영역: 몸 속 여행(뼈와 관절의 기능)
　　　　• 신체활동: 우리 몸으로 만든 여러 가지 모양들

[우리 몸으로 만드는 여러 가지 모양들]

우리 몸은 독립적으로도 여러 가지 모양을 만들 수 있지만, 여러 명이 함께 모여서도 다양한 모양을 만들어 본다. 친구들과 함께 모여 기본 모양에서부터 다양하고 창의적인 모양까지 만들어 보도록 한다. 유아들이 협력하여 몸을 구성해 보면서 세상을 만드신 하나님께서는 하나님의 형상을 따라 만드신 사람에게 창조의 지혜를 주셨음을 안다.

| **활동평가** | • 하나님이 특별한 계획을 가지고 나를 만드셨음을 아는지 평가한다.
• 몸에 대하여 알고 소중히 여겨야 함을 인식하는지 평가한다.

■ 2주 · 나의 마음.

■ 주간통합목표: 하나님이 주신 나의 감정을 알고 표현한다.

다양한 감정을 주신 하나님

활동형태: 자유선택활동 / 영역: 언어

|통합목표|
- 다양한 감정이 있음을 안다.
- 하나님은 우리에게 다양한 감정을 주셨음을 안다.
- 하나님이 주신 감정을 상황과 대상에 따라 적절하게 표현한다.

|누리과정 관련요소|
- 의사소통: 말하기–느낌, 생각, 경험 말하기
- 의사소통: 말하기–상황에 맞게 바른 태도로 말하기
- 사회관계: 나를 알고 존중하기–나를 알고 소중히 여기기

|인성요소|
- 절제: 하나님 안에서 마음과 감정을 조절하기
- 기쁨: 즐겁고 감사한 마음을 잘 표현하기

|활동자료|
- 성경이야기(장면 2)
- 상황 그림카드 4장(친구가 장난감을 빼앗는 장면, 맛있는 과자를 혼자만 먹는 장면, 놀잇감을 가지고 사이좋게 놀이하는 장면, 친구가 슬퍼서 우는 것을 위로해 주는 장면)

|활동방법|

• 도 입

1. 나와 친구의 모습을 비교해 본다.
    –나와 친구는 어떤 점이 닮았나요?
    –우리는 모두 하나님을 닮았어요.

2

우리 모습을 통해서도 알 수 있어요. 하나님을 닮아서 지혜가 있고, 감정이 있어 느낄 수 있답니다. 그리고 무엇인가 할 수 있는 능력도 있어요. 겉모습은 모두 다르지만 하나님을 닮았지요.

2. 나와 다른 사람이 느끼는 감정이 비슷함을 이야기 나눈다.
    –친구가 나를 놀린다면 기분이 어떤가요?
    –선생님이 나를 안아 주면 기분이 어떤가요?
    –우리는 모두 하나님을 닮았기 때문에 감정을 느끼는 것도 서로 닮았어요.

• 전 개 　3. 4장의 상황그림 카드를 보면서 상황에 대해 이야기 나눈다.

1. 친구의 장난감을 빼앗아갔어요.

2. 맛있는 과자를 혼자만 먹어요.

3. 놀잇감을 가지고 사이좋게 놀이해요.

4. 친구가 슬퍼서 울고 있어요.

–(예: 1번 그림카드를 보며) 어떤 상황인가요?

–장난감을 빼앗긴 친구의 표정은 어떤 것 같나요? 기분이 어떤 것 같나요?

–이럴 때 친구에게 나의 감정을 어떻게 표현할까요?

–장난감을 빼앗아간 친구의 표정은 어떤 것 같나요? 기분이 어떤 것 같나요?

–친구에게 왜 이런 행동을 했을까요?

–친구의 놀잇감을 갖고 싶을 때는 어떻게 해야 할까요?

–놀잇감을 빌려 달라고 말로 표현할 수 있어요.

–우리는 얼굴표정을 보고 친구의 감정을 이해할 수 있어요. 그리고 상황에 적절하게

　나의 감정을 표현할 수 있어요.

4. 하나님은 감정을 적절하게 표현하는 것을 원하신다는 것에 대해 함께 이야기를 나눈다.

　–하나님은 우리에게 다양한 감정을 주셨어요. 상황에 따라 적절한 감정을 표현할 수

　있게 해 주셨어요. 나의 마음을 알리고 나를 보호할 수 있게 해 주기 위해서지요.

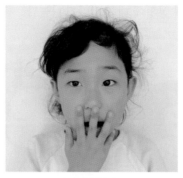
1. 놀랐어요.

2. 기뻐요

3. 슬퍼요.

4. 화났어요.

5. 상황 그림카드를 역할극으로 표현해 본다.

　－나에게 이런 상황과 같은 일들이 생긴다면 어떻게 감정을 표현할 것 같나요?

　－친구가 나의 장난감을 빼앗아 간다면 기분이 어떨까요?

　－각 상황에서 적절한 말을 표현할 수 있나요?

　－친구와 역할극으로 표현해 볼게요.

• 마 무 리　6. 역할극 활동 후, 활동에 대해 평가한다.

　－어떤 상황이 기억이 남나요?

　－어떤 상황에서 가장 속상했나요?

　－내가 화가 났을 때, 친구가 어떻게 해 주었나요?

　－우리는 모두 하나님을 닮았어요. 내 감정이 소중하듯이 친구의 감정이 소중히 생각
　　해 주세요.

활 동
유 의 점　• 좋은 감정과 나쁜 감정이 있는 것이라 아니라 하나님이 우리에게 주신 다양한 감정을
　　상황에 따라 적절하게 표현하는 것이 중요함을 알 수 있도록 한다.

236

| 확장활동| • 동화: 『기분을 말해봐』(앤서니 브라운 글·그림, 웅진주니어)

　　　　• 언어영역: 나만의 감정 표현카드

　　　　• 역할영역: 감정가면놀이

[나만의 감정 표현카드]

유아가 개별적으로 자신만의 감정카드를 만들어 보도록 한다. 교사는 유아가 문제 상황에 있을 때, 자신의 그림카드를 가지고 오도록 한다. 그림카드 안의 유아의 얼굴표정을 넘겨 보면서 현재 유아의 기분이 어떤 것인지 짚어 보도록 한다. 유아의 감정을 인식해 주는 대화를 시작으로 마음을 열고 문제를 차분히 해결해 나가도록 한다.

[감정가면놀이]

다양한 감정을 표현할 수 있는 가면을 역할영역에 제시해 준다. 유아가 감정가면을 쓰고, 감정을 마음껏 표현해 볼 수 있다. 하나님이 우리에게 감정을 주셨지만 사람마다 감정을 표현하는 방법이 다름을 알고, 바르게 감정을 표현할 수 있도록 활동을 통해 지도해 줄 수 있다.

| 활동평가| • 상황에 적절한 다양한 감정을 표현하는지 평가한다.

　　　　• 하나님은 우리에게 다양한 감정을 주셨고 상황에 적절하게 표현해야 한다는 사실을 아는지 평가한다.

　　　　• 하나님이 주신 감정을 상황과 대상에 따라 상대방의 인격을 고려하여 적절하게 표현하는지 평가한다.

■ 2주 · 나의 마음.

■ 주간통합목표: 하나님이 주신 나의 감정을 알고 표현한다.

하나님이 주신 감정 표현하기

활동형태: 자유선택활동/영역: 수 · 조작

| 통합목표 |
- 하나님은 우리에게 다양한 감정을 주셨음을 안다.
- 감정을 다양한 방법을 통해 표현해 본다.
- 감정을 표현하는 활동에 즐겁게 참여한다.

| 누리과정 관련요소 |
- 사회관계: 나와 다른 사람의 감정 알고 조절하기–나와 다른 사람의 감정 알고 표현하기
- 의사소통: 말하기–느낌, 생각, 경험 말하기

| 인성요소 |
- 절제: 마음과 감정을 조절하기
- 기쁨: 즐겁고 감사한 마음을 잘 표현하기

| 활동자료 |
- 성경이야기(장면 6), 감정돌림판, 상황 그림카드

| 활동방법 |

• 도 입
1. (성경이야기 장면 6을 보며) 하나님은 우리를 만들 때 감정을 가진 사람으로 만드셨음을 이야기 나눈다.

(제자들이 어린아이들이 예수님 앞으로 나오는 것을 막자) 예수님이 제자들에게 화를 내시며 말씀하셨어요. "어린아이들이 내게 오는 것을 막지 말아라."그리고 아이들에게 말씀하셨어요. "얘들아, 이리 오려무나!"

–어린아이들이 오는 것을 제자들이 막자 예수님께서는 어떻게 하셨나요?

–예수님께서는 어린아이들을 어떤 마음으로 축복해 주셨을까요?

–하나님과 예수님은 감정을 갖고 계셨어요.

–우리는 하나님의 형상을 닮아서 감정을 갖고 있어요.

• 전 개   2. 감정돌림판을 보여주면서 유아들과 이야기 나눈다.

　　　　　－우리가 느끼는 다양한 감정에는 어떤 것들이 있을까요?

　　　　　－이 표정(슬픈 표정, 기쁜 표정, 화난 표정 등)은 어떤 감정일까요?

　　　　　－우리는 언제 슬픈 감정을 느끼나요?

　　　　　－슬픈 감정을 얼굴표정/목소리/몸으로 표현해 볼까요?

　　　　3. 활동 방법을 소개한다.

〈활동 방법〉

1. 감정돌림판의 화살표 바늘을 돌린다.
2. 화살표가 가리키는 표정이 어떤 감정인지 말로 표현해 본다.
3. 상황에 해당하는 그림카드를 선택하여 어떤 상황인지 표현해 본다.
4. 그림카드 없이 해당하는 감정을 느낀 자신의 경험을 이야기해 줄 수 있다.

　　　　4. 활동 방법에 따라 다양한 감정과 상황을 표현해 본다.

〈감정돌림판〉　　　　　〈상황 그림카드〉

〈기뻤던 이야기를 나누며 함께 웃는 아이들〉

• 마무리   5. 하나님에 대한 우리의 감정을 느끼고 표현해 본다.

　　　　　－하나님이 우리에게 주신 다양한 감정으로 하나님을 느껴 보세요. 어떤 감정인가요?

　　　　　－우리에게 감정을 주셔서 기쁨과 놀람, 슬픔과 화를 느낄 수 있게 해 주신 하나님께 감
　　　　　　사해요.

활 동 유의점	• 감정돌림판에 제시된 기본 감정 외에 다양한 감정을 표현해 보도록 한다.

• 감정 표현을 얼굴표정 외에 목소리, 몸으로도 표현할 수 있도록 한다.

• 교재 · 교구는 게임을 위한 용도가 아니라, 유아들이 자유롭게 감정을 표현하고 대화하는 것을 돕기 위한 목적으로 사용한다.

• 감정돌림판 대신 감정주사위를 사용할 수 있다.

확장활동	• 미술영역: 나의 기분을 그림으로 표현해 보기

• 음률영역: 악기를 통해 다양한 감정 표현하기

• 수 · 조작영역: 네 가지 감정판을 제시하고, 유아가 현재 자신이 느끼는 감정을 붙여 보기

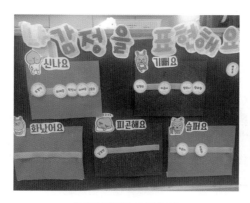

[나의 기분을 표현해요]

유아가 원에서 생활하면서 느끼는 감정을 표현해 볼 수 있다. 등원, 놀이, 식사시간 등 여러 상황 속에서 자신의 감정을 느껴 보고, 해당하는 곳에 자신의 이름표를 붙여 본다. 유아는 자신과 친구의 감정이 모두 소중하며, 감정은 변화된다는 것을 알게 된다. 교사는 감정판에 유아의 변화된 감정을 보면서 하나님이 우리에게 주시는 감정이 다양함을 이야기 한다.

[악기로 감정 표현하기]

악기를 탐색하고 다양한 소리를 내어 보며 유아들이 흥미를 갖도록 한다. 감정에 따라 악기 소리의 세기를 다르게 표현해 본다. 악기 연주를 통해 자신의 감정을 자유롭게 표현해 본다. 연주 후 하나님을 찬양하고 악기를 연주하면서 느끼는 감정에 대해 이야기해 본다.

활동평가	• 하나님이 우리에게 자신을 표현할 수 있도록 다양한 감정을 주셨다는 사실을 아는지 평가한다.

• 감정을 다양한 방법을 통해 표현하는지 평가한다.

• 감정을 표현하는 게임에 즐겁게 참여하는지 평가한다.

■3주 · 소중한 나.
■주간통합목표: 하나님이 주신 능력으로 나의 일을 스스로 한다.
　　　　　　　　예수님은 나를 만나 주시는 분이심을 알고 소중히 여긴다.

5월

예수님이 사랑하는 나

활동형태: 자유선택활동 / 영역: 미술

|통합목표| • 나는 예수님이 사랑하는 소중한 존재임을 안다.
　　　　　 • 그림 감상을 통해 예수님이 나를 사랑하는 마음을 느껴본다.

|누리과정
관련요소| • 예술경험: 예술적 표현하기–미술로 표현하기
　　　　　 • 예술경험: 아름다움 찾아보기–미술적 요소 탐색하기
　　　　　 • 사회관계: 나를 알고 존중하기–나를 알고 소중히 여기기

|인성요소| • 기쁨: 예수님으로 인해 하나님의 자녀가 된 것을 즐거워하기
　　　　　 • 사랑: 하나님의 사랑알고 기뻐하기

| 활동자료| • 성경이야기(장면 7)
　　　　　 • 예수님과 어린아이 그림 감상 자료(예: 성화 달력에서 어린아이를 안고 계신 예수님 그림,
　　　　　　 구글 검색창 '예수님과 어린아이'로 검색하여 나오는 성화 그림)
　　　　　 • 그리기 도구: 색연필, 사인펜, 크레파스 등
　　　　　 • 그림감상 활동지

| 활동방법|
• 도 입　　1. 예수님과 어린아이들이 함께 있는 그림을 보면서 이야기 나눈다.

〈어린아이를 부르시는 예수님〉

출처: 구글 이미지 검색.

─이 그림에는 누가 있나요?

─사람들은 무엇을 하고 있나요?

─남자 어른이 아이를 안고 있어요. 아이를 어떻게 바라보나요?

─아이의 기분은 어떨까요?

2. 교사가 그림 속에 나온 그림처럼 유아를 안아 준다.

　─선생님이 안아 주니 기분이 어떤가요?

· 전　개　3. 그림에 대해 소개한다.

　─이 그림을 보니 기억나는 이야기가 있나요?

　─이 그림은 우리가 알고 있는 이야기를 표현한 것이에요.

7  예수님은 어린아이들을 안고 머리에 손을 얹으셨어요. "하나님 나라는 어린아이와 같은 자의 것이란다. 축복한다. 얘들아!" 예수님은 하나님 닮게 지어진 우리를 만나 주시고 축복해 주셨어요.

4. 예수님은 어린아이를 어떻게 대하시는지 이야기 나눈다.

　─예수님은 어린이를 축복하시고 사랑해 주세요.

　─예수님은 어린이가 예수님께 나오는 것을 금하지 않으셨어요.

　─예수님이 나를 안아 주시고 축복해 주신다면 기분이 어떨까요?

5. 그림 재구성 활동을 제시한다.

　─이 그림 속에 나의 모습을 그린다면 어디에 그려 보고 싶나요?

　─어린아이의 그림이 있는 곳에 나의 모습을 그려 봐요.

　─예수님이 나를 안아 주시는 모습을 생각해 보면서 그려 봐요.

〈나를 사랑하시는 예수님〉

• 마 무 리	6. 유아들이 그린 그림을 보면서 이야기 나눈다.

　　　　　－예수님이 ○○를 따뜻하게 안고 계시는구나.

　　　　　－나를 안고 계시는 예수님의 마음은 어떨까요?

　　　　　－예수님 품에서 어떤 이야기를 나누고 싶나요?

　　　　　－예수님을 우리 모두를 사랑하세요.

│활 동 유 의 점│

• 그림들은 후대 사람들이 성경의 내용을 상상하여 그린 것이라고 알려 주어 예수님에 대한 고정관념이 생기지 않도록 한다.

• 글씨를 쓸 수 있는 유아는 명화를 완성한 후, 예수님과 어떤 이야기를 나누고 싶은지 대화 글을 작성해 보도록 한다.

│확장활동│

• 언어영역: 나의 장점 이야기 나누기

• 음률영역: 〈넌 할 수 있어! 라고 말해 주세요〉 노래 배우기

│활동평가│

• 그림 감상을 통해 예수님이 나를 사랑하는 마음을 느끼고 언어로 표현하는지 평가한다.

• 나는 예수님에게 소중한 존재라는 사실을 그림으로 표현할 수 있는지 평가한다.

■3주 · 소중한 나.

■주간통합목표: 하나님이 주신 능력으로 나의 일을 스스로 한다.

　　　　　　　예수님은 나를 소중히 여긴다.

나는 스스로 할 수 있어요

활동형태: 대소집단활동 / 영역: 동화

|통합목표| • 하나님을 닮은 나는 스스로 할 수 있는 일들이 있음을 안다.

　　　　• 나의 일을 스스로 실천하여 예수님을 기쁘게 해드린다.

|누리과정
관련요소| • 의사소통 : 듣기–바른 자세로 듣기

　　　　• 사회관계 : 나를 알고 존중하기–나의 일 스스로 하기

|인성요소| • 기쁨: 예수님으로 인해 하나님의 자녀가 된 것을 즐거워하기

　　　　• 책임: 자신이 잘하는 일이 무엇인지 알고 행하기

| 활동자료| • 동화자료, 손인형

| 활동방법| 1. 여섯 살(만 4세)이 되어서 내가 할 수 있는 일들에 대해 이야기 나눈다.

・도 입　　 –여섯 살이 된 나는 무엇을 할 수 있나요?

・전 개　 2. 바른 자세로 앉아서 손인형 동화를 듣는다.

안녕?
나는 다솜이야.
애들아, 너희는 누구를 닮았니?
나는 엄마, 아빠도 닮았고, 나를 만드신 하나님도 닮았어.
나는 하나님을 닮아서 지혜도 있고, 무엇이든지 할 수 있는 능력
도 있어.
또 하나님의 마음도 닮았어.
그래서 난 하나님을 닮았기 때문에 스스로 할 수 있는 일들이 많아.
너희도 하나님을 닮아서 스스로 할 수 있는 일들이 있니?
나는 스스로 밥도 먹고, 세수도 하고, 나의 물건을 정리할 수도 있어.
또 선생님과 친구들, 부모님과 지킨 약속도 잘 지킬 수 있어.
우리는 하나님을 닮아서 하나님이 기뻐하시는 모습대로 행동할
수 있어.
그리고 예수님께서는 하나님을 닮은 우리를 아주 많이 사랑하시
고, 우리를 축복해 주셨어.

〈다솜이 인형〉

3. 동화 이야기를 들은 후, 동화 내용을 회상해 본다.

　－다솜이는 누구를 닮았나요?

　－다솜이는 하나님을 닮아서 무엇을 할 수 있었나요?

4. 하나님과 닮은 우리의 모습을 생각해 보면서 우리가 할 수 있는 일들에 대해 이야기 나눈다.

　－하나님을 닮았기 때문에 우리는 지혜롭고, 감정이 있으며, 바르게 행동할 수도 있어요.

　－우리는 하나님을 닮아서 어떤 일들을 할 수 있을까요?

5월

・마무리　5. 우리는 하나님을 닮아 만들어지고, 예수님의 사랑을 받는 존재임을 알고, 스스로 할 수 있음을 이야기 나눈다.

　－우리는 하나님의 닮아 지혜도 있고, 능력도 있어요. 하나님이 우리에게 주신 지혜와 능력으로 우리는 스스로 할 수 있어요.

|활　동
유의점|
・하나님의 형상을 닮은 우리는 하나님의 성품대로 살아가야 함을 알 수 있도록 한다.

・손인형을 활용해서 유아가 일상생활 속에서 스스로 하는 행동은 상황에 따라 적절하게 칭찬하여 기본생활습관을 익히도록 지원한다.

[다솜이 인형으로 격려하기]

유아들이 스스로 자신의 일을 하면 교사는 다솜이의 인형을 활용해서 격려를 한다. 교사가 "하나님을 닮은 ○○(이)는 스스로 잘하는구나!" "스스로 해 볼 수 있겠니? 예수님이 함께 하시니 할 수 있단다!"라고 격려한다.

|확장활동|
・언어영역 : '내가 할 수 있는 일' 그림카드로 만들어 보기

・가정연계활동: 가정에서 스스로 할 수 있는 일들을 실천해 보기

[가정에서도 스스로 하기]

가정에서 유아가 스스로 할 수 있는 일들을 실천할 수 있도록 가정연계활동을 한다. 유아는 가족을 위해 스스로 할 수 있는 일을 찾아보고, 쓰레기 분리수거를 하기도 한다. 하나님을 닮은 존재로서 하나님의 품성대로 살아갈 수 있도록 유아가 실천할 수 있는 일들을 가정과 연계해서 계획해 본다.

| **활동평가** | • 스스로 해야 하는 일을 알고 있는지 평가한다.
            | • 나의 일을 스스로 하려는 태도와 행동이 예수님을 기쁘시게 한다는 점을 알고 있는지
            | 평가한다.

유아가 가정에서 지킬 수 있는 규칙

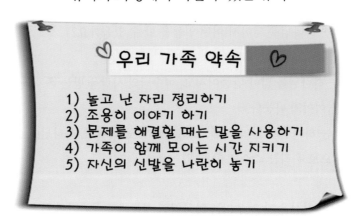

■ 4주 · 소중한 가족.
■ 주간통합목표: 가족의 의미를 안다.
　　　　　　가족과 화목하게 지내는 것이 가족을 주신 하나님의 뜻이라는 사실을 안다.

소중한 우리 가족

활동형태: 대소집단활동 / 영역: 이야기나누기

| 통합목표 | • 하나님이 우리에게 주신 가족의 의미를 안다.
　　　　　　• 부모님의 사랑을 통해 하나님이 나를 사랑하신다는 것을 느낀다.

| 누리과정
관련요소 | • 의사소통: 말하기–느낌, 생각, 경험 말하기
　　　　　　• 사회관계: 가족을 소중히 여기기–가족과 화목하게 지내기

| 인성요소 | • 사랑: 하나님이 주신 가족을 사랑하기
　　　　　　• 기쁨: 즐겁고 감사한 마음 잘 표현하기

| 활동자료 | • 성경이야기(장면 6)
　　　　　　• 앞치마, 넥타이, 큰옷, 가방, 손수건, 여러 가지 역할 소품

| 활동방법 |

• 도 입　1. 가족 구성원에 대해 이야기 나눈다.
　　　　　　–누구와 함께 살고 있나요?

• 전 개　2. 성경이야기(장면 6)를 보여 주면서 이야기 나눈다.
　　　　　　–부모님들이 어린아이를 예수님께 왜 데리고 갔을까요?
　　　　　　–부모님들은 어린 자녀들에게 예수님이 축복해 주시길 바랐어요.
　　　　　　–예수님께 축복받는 아이들의 모습을 보면서 부모님들의 마음은 어떠했을까요?

6

그러자 예수님이 제자들에게 화를 내시며 말씀하셨어요. "어린아이들이 내게 오는 것을 막지 마라." 그리고 아이들에게 말씀하셨어요. "얘들아, 이리 오려 무나!"

3. 하나님이 우리에게 소중한 가족을 주셨음을 이야기한다.
　　　　–하나님은 우리가 부모님의 축복을 받으며 무럭무럭 자랄 수 있도록 가족을 주셨어요.

247

4. 가족의 사랑을 통해서 하나님이 나를 사랑하신다는 것을 생각해 본다.

   – 가족이 나를 사랑한다고 느꼈던 경험이 있나요?

   – 우리 가족이 나를 사랑하시는 것만큼 하나님도 우리를 사랑하세요.

· 마 무 리   5. 가족을 주신 하나님께 감사한 마음을 갖는다.

   – 우리에게 가족을 주신 하나님께 어떠한 마음이 드나요?

   – 우리는 축복받는 하나님의 어린이이기 때문에 하나님이 우리에게 가족을 주셨음을
    알고, 감사한 마음을 가져요.

| 활 동
유 의 점 | • 다양한 가족 유형(다문화가정, 한부모가정, 조손가정 등)이 있으므로 유아가 자신이 가족
에 대해 긍정적인 인식을 가질 수 있도록 한다.

| 확장활동 | • 미술영역: 하나님이 사랑하는 우리 가족 모습 그리기

   • 역할영역: 서로 사랑하는 가족의 모습 역할극으로 표현하기

[하나님이 사랑하는 우리 가족 모습 그리기]
가족 그림을 통해 친구와 나의 가족을 비교하면서 다양한 가족이 있음을 알고, 하나님이 우리 모두를 사랑하셔서 가족을 주셨음을 알 수 있다.

[서로 사랑하는 가족의 모습 역할극으로 표현하기]
가족역할놀이를 통해 다양한 가족역할을 경험할 수 있다. 엄마, 아빠의 역할을 통해 나를 사랑하는 부모님의 마음을 느껴 볼 수 있다. 다양한 가족역할을 경험함으로써 하나님이 나를 축복하셔서 나를 사랑하는 가족을 주셨음을 느낄 수 있다.

| 활동평가 | • 가족의 의미를 알고 소중히 여기는 마음을 가지는지 평가한다.

   • 가족을 주신 하나님께 감사하는 마음을 표현하는지 평가한다.

   • 활동에 적극적으로 참여하여 하나님이 기뻐하시는 가족의 역할에 대하여 이야기할 수
있는지 평가한다.

■ 4주 · 소중한 가족.
■ 주간통합목표: 가족의 의미를 안다.
　　　　　　가족과 화목하게 지내는 것이 가족을 주신 하나님의 뜻이라는 사실을 안다.

축복의 쿠폰

활동형태: 자유선택활동/영역: 언어

|통합목표|
- 가족을 소중히 여기는 마음을 가진다.
- 하나님이 주신 가족을 위해 내가 할 수 있는 일이 있음을 알고 실천한다.
- 하나님이 함께 하시는 가족은 서로 사랑한다는 점을 안다.

|누리과정 관련요소|
- 의사소통: 말하기-느낌, 생각, 경험 말하기
- 의사소통: 쓰기-쓰기 도구 사용하기
- 사회관계: 가족을 소중히 여기기-가족과 화목하게 지내기

|인성요소|
- 사랑: 하나님이 주신 가족에 대한 사랑
- 기쁨: 즐겁고 감사한 마음 잘 표현하기

|활동자료|　쿠폰 활동지, 쓰기 도구(색연필, 사인펜 등)

|활동방법|

• 도 입
1. 하나님이 나에게 주신 가족들을 기쁘게 해 줄 수 있는 방법에 대해 생각해 본다.
　　－하나님은 우리에게 가족을 왜 주셨나요?
　　－하나님이 나에게 주신 가족을 기쁘게 해 줄 수 있는 방법에는 어떤 것들이 있을까요?

• 전 개
2. 축복의 쿠폰을 보면서 이야기 나눈다.
　　－쿠폰을 사용해 본 적이 있나요?
　　－축복의 쿠폰은 어떤 쿠폰일까요?
　　－쿠폰에 그려져 있는 그림은 어떤 그림들인가요?
3. 축복의 쿠폰의 사용 방법에 대해 이야기 나눈다.
　　－우리가 가족을 위해 할 수 있는 일들을 축복의 쿠폰으로 선생님이 준비했어요.
　　－이 쿠폰을 누구에게 사용하고 싶나요?

4. 축복의 쿠폰 뒷장에 쿠폰을 주고 싶은 가족의 이름을 적어 본다.

　–어떤 가족에게 위해 이 일을 실천할 수 있을까요?

　–가족이 쿠폰을 받으면 어떤 기분일까요?

5. 축복의 쿠폰 내용 외에 가족을 위해 할 수 있는 일들을 생각해 보고, 새로운 쿠폰을 만들어 본다.

　–가족을 위해 어떤 일을 또 실천할 수 있을까요?

　–우리 가족만을 위해 할 수 있는 일을 그림이나 글로 표현해 봐요.

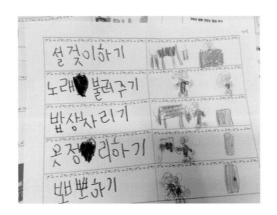

[축복의 쿠폰]

유아가 가정에서 실천할 수 있는 쿠폰을 통해 조부모님, 부모님, 형제 · 자매 등 가족을 위하여 유아가 실천할 수 있는 일을 제시해 준다.

· 마무리　6. 축복의 쿠폰을 실천할 수 있는 방법에 대해 이야기 나눈다.

　–축복의 쿠폰을 집에 가서 어떻게 사용할 수 있을까요?

　–가족에게 쿠폰을 주고, 실천해 보세요.

7. 가족을 소중히 여기는 마음을 갖도록 이야기 나눈다.

　–서로 사랑하는 우리 가족을 하나님은 어떻게 보실까요?

　–하나님과 가족이 기뻐할 수 있도록 우리 가족을 소중히 여겨요.

| 활　동
유의점 | · 축복의 쿠폰 활동을 일회성으로 하는 것이 아니라 꾸준히 할 수 있도록 지원한다. |

| 확장활동 | · 가정연계활동: ① 가정에서 축복의 효도 쿠폰을 사용하기 |

　　　　　　　　　② 가족 사랑 쿠폰: 가족이 모두 사용할 수 있는 쿠폰으로 서로 사랑을 표현하고 실천하기

· 게임영역: 가족들을 위해 할 수 있는 일 게임으로 표현하기

[축복의 효도 쿠폰 사용하기]

쿠폰의 내용(예: 팩 붙여 드리기, 사랑의 세족식 등)을 실천한 후, 부모님이 알림장이나 카페, 스마트알림장 APP 등을 통해 사진과 느낌을 적어 본다. 일회적인 이벤트가 되기보다는 부모님을 기쁘시게 해 드리기 위해 꾸준히 실천할 수 있도록 격려와 칭찬해 준다. 가족을 기쁘게 하는 것을 하나님도 기뻐하고 계심을 알려 준다.

| 활동평가|
- 가족의 의미를 알고 소중히 여기는 마음을 가지는지 평가한다.
- 하나님이 주신 가족을 위해 내가 할 수 있는 일이 있음을 알고 실천하고 있는지 평가한다.
- 하나님이 주신 가족을 사랑하고 표현하는지 평가한다.

6월 통합유아교육과정

서로가 사랑하는 우리 동네

6월 · 서로가 사랑하는 우리 동네

I. 성경적 통합유아교육과정 실행을 위한 기초 다지기

'성경적 통합유아교육과정 실행을 위한 기초 다지기'는 6월 유아교육과정에 해당하는 성경본문 배경과 흐름에 따른 주요개념 이해, 교사큐티를 통한 이해 재확인 및 적용과 기도 과정을 순차적으로 제시한다. 이 과정을 통하여 기독교 유아교사는 유아교육과정의 성경적 통합과정 이해 및 성경적 통합교육을 실행하기 위한 역량기반을 다질 수 있다. 성경적 통합역량 기초 다지기 과정을 거치면서 통합된 교육활동 내용을 충실하게 할 뿐만 아니라 심화 · 확장 활동으로 자유롭게 연계할 수 있는 역량을 성취해 나갈 수 있다.

1. 주요개념

한 달의 통합교육과정에 대한 이론적 기초로서, 성경본문과 유아교육과정의 주제가 어떤 개념을 근거로 통합되는지에 대한 정보를 제공한다.

2. 성경개관

성경본문의 요점과 배경, 전체 흐름을 살펴보고 통합의 근거가 되는 신학적 개념 및 유아에게 가르칠 핵심개념을 간추린다.

3. 교사큐티

말씀을 통해 하나님과 개인적으로 교제하는 시간으로 한 달간의 성경본문을 각 주별 주제와 관련하여 매주 묵상한다.

주요개념

요약

삼위일체가 되신 하나님은 공동체 안에서 상호 관계를 이루어 서로를 섬기며 사랑하셨다. 삼위일체 하나님의 특성을 따라 우리도 공동체 안에서 사랑을 실현하기 위해서는 사랑의 근원인 하나님과의 관계를 바르게 세워야 한다. 예수님의 복음은 하나님과 우리의 관계를 이어 준다. 공동체로서의 부르심에 합당한 삶이란, 예수님을 통해 경험한 하나님의 사랑을 가지고, 예수님의 삶을 본받아 우리 주변의 사람들을 사랑하고 섬기는 삶으로 구현된다. 우리와 항상 함께 하시는 성령님께서 이러한 사랑의 삶으로 우리를 인도하신다.

1) 성경: 공동체

하나님은 그분의 존재 안에서 항상 성부 하나님, 성자 하나님, 성령 하나님 세 가지 위격(person)으로 존재하신다. 기독교 교리의 핵심인 삼위일체는 '셋의 연합' 혹은 '하나됨 안에 있는 셋'을 의미한다. 하나님께서 삼위로 계시지만 한 하나님이시라는 뜻이다(Grudem, 2010). 삼위일체에서 세 위격은 서로에게 전적으로 헌신하며 신실하게 섬기며 일하신다. 삼위일체적 관계는 서로의 관계 안으로 들어가서 돌보고 책임 있게 행동하는 인격적인 관계이다. 이러한 공동체적 모델을 따라 우리도 하나님을 사랑하고 그리스도 안에서 이웃을 사랑하는 것을 소명으로 부여받았다.

예수님은 공동체적인 사랑을 보여 주신 대표적인 모델이시다. 우리가 하나님과 관계를 맺을 수 있도록 우리를 구원하심으로 하나님과 공동체를 이루게 하셨다. 또한, 몸소 하나님의 사랑과 가르침을 실천하며 공동체를 섬기셨다. 따라서 공동체로의 부르심에 합당한 삶이란, 예수님을 통해 경험한 하나님의 사랑을 가지고, 예수님의 삶을 본받아 우리 주변의 사람들을 사랑하고 섬기는 삶으로 나타난다. 이것은 하나님의 말씀인 하나님 사랑과 이웃사랑으로 요약할 수 있다. 성령님께서는 우리와 항상 함께 하시고(마태복음 28:20), 우리를 위해 기도하심으로(로마서 8:27) 이러한 사랑의 삶으로 인도하신다.

2) 유아교육과정: 우리 동네

유아는 가족으로부터 생활 범위를 점차 넓혀 가면서 자신이 살고 있는 동네를 접하고 관심을 갖는다. 동네의 여러 장소를 가 보고 다양한 일을 하는 사람들을 만나는 경험을 하면서 가족뿐 아니라 주변 사람들이 하는 일이나 역할, 기관의 기능 등에 대해 알게 된다. 이와 같은 관심과 경험을 통해서 유아는 자신이 사회의 구성원인 동시에 다른 사람들과 함께 살아가는 존재라는 것을 느낀다. 또한 유아들은 우리 동네를 돌아보면서 사람들을 만나고 방문해 보는 경험을 통해 그 사회에서 필요한 지식과 기술 및 능력을 갖춘 구성원으로 성장할 수 있다.

생활주제 '우리 동네'는 변화하는 사회문화적 상황 속에서 유아 자신이 살고 있는 동네의 모습은 어떻게 생겼는지 알아본다. 우리 동네에 살고 있는 외국인, 장애인 등을 포함한 다양한 사람들은 누구인지 또한 이웃이 어떻게 살아가는지를 살펴보고, 공동체의 한 구성원으로 함께 살아가는 것에 대한 교육적 가치를 알 수 있도록 한다. '우리 동네'의 생활주제를 진행하기 위해 '우리 동네 모습' '우리 동네 생활' '우리 동네 사람들' '우리 동네 전통과 문화'라는 영역으로 구분하였다. 동네의 친근한 모습에 대한 관심을 갖는 것부터 시작하여 동네의 생활공간을 알고 활용하는 것, 그리고 이웃을 배려하고 나아가 동네의 전통과 문화를 아끼고 사랑할 수 있는 내용으로 구성된다.

유아교육과정 '우리 동네'에서는 공동체적인 존재로서 살아가는 유아에 대한 개념을 강조한다. 유아교육과정에서 다루는 공동체 개념은 앞서 '나와 가족'과 연계하여 이웃과 사회로 확대되는 동심원적 접근을 취한다. 먼저, 유아가 자신을 알고 소중하게 생각하며 가족의 역할과 소중함에 대해 알아본다. 이를 토대로 공동체에서 함께 살아가는 방법을 익히고 주변 세계에 관심을 가지고 적응해 나갈 수 있는 기초 능력과 인성을 기르도록 한다. 이때 공동체의 생활과 문화, 공동체 안에서 지켜야 할 질서나 규칙, 서로 배려하고 아끼고 사랑하는 태도 등은 모두 사회의 구성원으로서 유아 자신이 다른 사람과 더불어 생활하기 위해 필요하다는 것에 초점을 맞추고 있다.

3) 성경적 통합: 서로가 사랑하는 우리 동네

지금까지 살펴보았듯이, 성경과 유아교육과정은 동일하게 공동체성을 강조하지만 그 방향이 각기 상반되는 것을 알 수 있다. 유아교육과정에서 강조하는 공동체성은 더불어 살아야 할 필요성에서 출발하여 유아의 심리적 발달 원리를 따른다. 하지만 성경적인 공동체의 개념은 삼위일체 하나님께서 세 위격이 서로 전적으로 헌신하며 신실하게 섬기며 일하시는 것처럼, 하나님의 형상을 따라 창조하신 뜻을 따라 사랑과 나눔이 본질적인 가치를 가지고 실천할 때 의미가 있다는 사실을 발견하도록 한다.

공동체 안에서 서로를 사랑하고 돌보라고 하는 유아교육과정의 내용을 성경적으로 실현하도록 하려면 그 사랑은 근본적으로 하나님의 사랑에 근거해야 한다. 이를 위해 하나님의 사랑을 깨닫고 실천할 수 있는 기회를 자주 제공해 주어야 한다. 유아는 하나님과의 관계 안에서 그 사랑의 힘을 반복적으로 깨달아 실천하므로 자기중심에서 조금씩 벗어나 이타적인 사고와 실천을 할 수 있기 때문이다.

하나님의 아들이지만 인간으로 이 땅에 오신 예수님은 성경의 말씀인 하나님 사랑, 이웃 사랑을 실천하신 대표적인 모범이시다. 뿐만 아니라 우리를 구원하심으로 예수님과 하나님과 맺으신 공동체적인 관계에 참여할 수 있는 길을 열어 주셨다(요한복음 17:11). 예수님께서 그러하셨듯이, 하나님과의 관계에서 경험된 사랑의 힘은 나를 넘어서서 이웃사랑으로 확장된다. 그 사랑의 실천은 하나님이 우리에게 보여 주신 공동체적인 관계 안에서만 가능하다. 유아가 예수님을 만나고 사랑을 실천하며 하나님의 뜻대로 살도록 돕는 데 교사의 역할이 중요하다. 교사는 사회적 관계 안에서 다른 사람을 사랑하고 돌봄으로써 예수님의 사랑을 실천하는 모델이 될 뿐만 아니라, 예수님을 만나도록 도와주시는 성령님의 역할을 간접적으로 보여 줄 수 있기 때문이다(요한복음 16:13; 로마서 8:26).

따라서 기독교 세계관에 기초한 통합교육과정에서 다루는 공동체는 그 중심에 예수 그리스도의 복음이 있어야 한다. 복음의 생명력이 상호 조력하며 공동체적으로 확산되도록 하는 것에 교육활동과 교사로서의 삶이 초점을 맞추어야 한다. 이는 하나님과의 관계를 기반으로 공동체적인 삶의 참여를 돕는 교육으로 실현될 수 있을 것이다. 결국, 유아가 '우리 동네'에 대해서 단순한 지역 개념을 넘어서서 생활의 터전이요, 사랑으로 섬겨야 할 곳으로 인식하기 위해서는 그 중심에 예수님의 사랑에 대한 인식, 체험이 바탕이 된다. 이것이 곧 하나님의 말씀인 하나님 사랑, 이웃사랑의 실천 원리이다.

성경개관

| 성 경 말 씀 | 본문제목

서로가 사랑하는 교회

성경본문

사도행전 4:32-37 (관련 본문 2:43-47)

중심말씀

믿는 무리가 한마음과 한 뜻이 되어 모든 물건을 서로 통용하고 자기 재물을 조금이라도 작 것이라 하는 이가 하나도 없더라(사도행전 4:32)

내용요약

초대교회는 외적으로는 복음을 전파하는 가운데 내적으로는 예수님의 사랑 안에서 한마음과 한뜻이 되었다. 자신이 가진 모든 것을 나누었고 가난한 성도들을 구제하였다.

| 신학적 개념 | 기독론—그리스도의 사역(유아수준: 예수님—예수님은 죽으시고 다시 살아나셨어요)

교회론—교회(유아수준: 나와 사람들—예수님의 몸이에요)

　　　　　교회의 사역(유아수준: 나와 사람들—복음을 전파해요)

성령론—성령의 열매(성도의 삶)(유아수준: 성령님이 인도하세요)

| 핵 심 개 념 | • 예수님은 우리를 구원하신다.

• 성령님은 하나님 말씀대로 살 수 있도록 도와주신다.

• 예수님을 믿는 사람들은 서로 함께 한다.

• 하나님은 사람들이 서로 돕고 사랑하기 원하신다.

• 우리의 친구와 이웃에게 예수님을 전한다.

• 하나님은 우리 각자에게 재능을 주셨다.

• 재능은 하나님과 이웃을 위해 사용한다.

| 성 경 이 해 | 복음을 땅 끝까지 전하기 위해 일하시는 하나님의 열심 가운데 2-6장은 급속도로 성장하는 교회의 이야기를 다루고 있다. 그 과정에 교회 안팎으로 갖가지 환난이 닥치지만, 이러한 어려움을 헤쳐 나가면서 힘 있게 성장해 가는 모습을 보여 주고 있다. 교회 외적으로는 사도들이 복음을 전하다 두 차례나 체포되어 위협받고, 교회 내부에서는 불순함으로부터 도전받고(아나니아와 삽비라의 사건), 성도들 간에 갈등이 생기면서 원망하는 일(구제에 대해서 헬라파 유대인과 히브리파 유대인들 간에 생긴 갈등: 사도행전 6:1)이 있었지만, 이 모든 어려움에도 불구하고 성령님의 도우심을 의지할 때 오히려 교회는 합력하여 교회를 정결케 하고 단합하는 놀라운 경험을 하게 된다. 거침없이 전진하는 복음의 능력으로 초대교회 성도들은 은혜가 충만하여 어려운 생활에도 가진 것을 서로 나누고 물건을 통용하는 아름다운 공동체적 모습을 나타내고 있다.

교사큐티

서로가 사랑하는 교회
성경본문 사도행전 4:32-37

초대교회는 외적으로는 복음을 전파하는 가운데 내적으로는 예수님의 사랑 안에서 한마음과 한뜻이 되었다. 자신이 가진 모든 것을 나누었고 가난한 성도들을 구제하였다.

|도움말|

35 **사도들의 발 앞에**: 돈을 관리하고 사용할 곳을 결정하는 권한이 사도들에게 있었다. 후일 초대교회 성도가 늘어나자 사도들은 말씀과 기도하는 일에만 전념하고 집사를 선출하여 행정과 재정, 구제의 업무를 맡게 한다(사도행전 6:1-7).

35 **각 사람의 필요에 따라**: 꼭 필요한 자에게 차별 없이 필요한 만큼 공정하게 분배되었다.

36 **구브로**: 지중해상의 큰 섬이다.

37 **그 값을 가지고**: 밭을 판 총액. 순전한 마음으로 자신의 힘을 다한 구제로서 5장에 이어지는 아나니아와 삽비라 부부의 공명심과는 대조된다(사도행전 5:1-11).

32 믿는 무리가 한마음과 한 뜻이 되어 모든 물건을 서로 통용하고 자기 재물을 조금이라도 자기 것이라 하는 이가 하나도 없더라

33 사도들이 큰 권능으로 주 예수의 부활을 증언하니 무리가 큰 은혜를 받아

34 그 중에 가난한 사람이 없으니 이는 밭과 집 있는 자는 팔아 그 판 것의 값을 가져다가

35 사도들의 발 앞에 두매 그들이 각 사람의 필요를 따라 나누어 줌이라

36 구브로에서 난 레위족 사람이 있으니 이름은 요셉이라 사도들이 일컬어 바나바라(번역하면 위로의 아들이라)하니

37 그가 밭이 있으매 팔아 그 값을 가지고 사도들의 발 앞에 두니라

|요약/해설|

서로가 사랑하는 교회

유대인으로서 복음을 받아들인 예루살렘 성도들은 상황이 바뀌었다. 부자들은 자신의 소유에 애착을 덜 느낀 한편 가난한 사람들은 더욱 어려운 형편이 되었다. 그동안 이들을 도와주던 유대인 회당에서 출교되어 도움을 끊었기 때문이다. 이러한 상황 속에서 성령에 사로잡힌 예루살렘 초대교회에 자발적 나눔과 구제가 일어났다. 이처럼, 초대교회는 외적으로 복음전파의 사명을 다하며 내적으로는 말씀 위에서 사랑으로 뜨겁게 결속되어 있었다. 그리스도 안에서 하나되어 성령의 능력을 힘입은 교회를 통해 예수 그리스도의 진리의 복음은 왕성하게 퍼져 나갔다(사도행전 6:7).

서로가 섬기는 교회

초대교회는 서로를 섬기는 가운데 하나님께서 각자에게 주신 은사와 재능을 적절하게 사용했다(사도행전 6:1-7, 9:36, 10:2, 16:14-15). 그 중에 바나바는 디아스포라된 유대인이었다. 예루살렘교회에 예배처소를 제공한 마가의 삼촌(골로새서 4:10)으로서 상당한 부의 소유자였다. 바나바는 초대교회 역사에 주요 인물로 등장하여 바울의 1차 선교여행에 동역한다. 또한 위로의 아들이라는 별명은 나눔과 선행에 모범이 된 그의 따뜻한 성품을 잘 표현해 준다(사도행전 11:24). 바나바는 모든 그리스도인이 회심한 바울을 의심하고 있을 때 사도들 앞에서 그를 변호해 주었다(사도행전 9:27). 또 안디옥으로 바울을 데려가 함께 이방인들을 가르쳤다(사도행전 11: 25-26). 그리고 바울이 마가의 미숙함을 들어 동행을 거부했을 때 마가의 입장을 옹호해 주었다.

|찬양과 기도| 주님의 임재 가운데 나아갑니다. 주님 말씀하여 주십시오. 제가 듣겠습니다!

|말씀| 본문을 3번 정도 읽으며 전체적인 뜻을 파악하기/내게 다가오는 말씀들을 기록하기

|묵상| 말씀 묵상, 변화를 위한 적용과 구체적인 실천 찾기, 기도하며 결단하기

- 1주: 초대교회 공동체가 하나님 사랑과 이웃사랑을 어떻게 실천하고 있나요? (사도행전 4:32-35) 이에 비추어 오늘날 내가 속한 공동체의 모습에서 이런 모습을 찾을 수 있나요?

- 2주: 바나바는 공동체 안에서 다른 사람들을 세우고 격려했습니다(사도행전 4:36). 하나님이 나에게 주신 성품이나 은사에는 어떤 것이 있나요? 그것을 가지고 공동체를 어떻게 섬길 수 있을까요?

- 3주: 내가 속한 공동체 안에 어려운 상황에 놓인 사람들이 있습니까? 그들을 도와준 경험이나 공동체로부터 도움을 받았던 경험이 있다면 나누어 봅시다.

- 4주: 나는 이웃사랑을 실천할 때, 공동체가 가지고 있는 관습적 행동이나 나의 편견 때문에 이웃사랑의 실천이 이루어지기 어려웠던 일이 있었는지 돌아봅시다.

|공동기도| 하나님, 주님의 부활을 증거하며 하나님 사랑과 이웃사랑을 실천하는 초대교회를 본받게 하소서. 주님께서 제게 주신 성품과 은사를 발견하여 이것을 하나님나라와 공동체를 위해 사용할 수 있게 하소서.

6월 · 서로가 사랑하는 우리 동네

II. 성경적 통합과정 이해하기

'성경적 통합과정 이해하기'는 성경본문과 유아교육과정 사이에 다리 놓기 작업으로서 유아교육과정이 성경적으로 통합되는 절차와 단계를 보여 준다. 성경적 통합과정을 구조화함으로써 교사가 통합과정을 보다 쉽게 이해하고 성경적으로 통합할 수 있는 능력을 갖출 수 있도록 지원한다.

1. 월간 성경적 통합의 흐름도

유아교육과정의 주제 및 목표를 성경본문의 주제 및 목표에 근거하여 통합하는 과정을 보여주는 프레임(틀)이다.

2. 월간 성경적 통합과정 해설

개요 수준에서 요약한 성경적 통합의 흐름에 함축된 주요 내용이나 예시들을 자세히 풀어서 설명해 놓은 지침서이다.

3. 월간통합교육계획안

성경주제 및 목표에 근거하여 한 달간 진행되는 통합교육활동들과 그 흐름을 한눈에 볼 수 있도록 요약한 주요 계획이다.

월간 성경적 통합의 흐름도

성경주제	성경목표
서로가 사랑하는 교회	• 하나님은 우리가 공동체에 속하도록 만드셨음을 안다. • 예수님을 통해 나타난 하나님의 사랑을 경험한다. • 하나님이 주신 재능을 이웃을 위해 사용한다. • 내가 속한 공동체에서 하나님의 사랑을 실천한다.

유아교육과정 주제	유아교육과정 목표
우리 동네	• 우리 동네의 모습에 관심을 갖고 알아본다. • 우리 동네 사람들이 하는 일을 알아본다. • 배려가 필요한 이웃에게 관심을 갖는다. • 우리 동네 전통과 문화에 관심을 갖는다. • 우리 동네를 아끼고 사랑한다.

월간 통합주제	월간 통합목표
서로가 사랑하는 우리 동네	• 하나님이 주신 공동체인 우리 동네의 모습에 관심을 갖고 알아본다. • 우리 동네 사람들이 하는 일을 알아보며, 하나님이 나에게 주신 재능에 대해 생각해 본다. • 하나님이 주신 재능을 이웃을 위해 어떻게 사용할 수 있을지 알아본다. • 배려가 필요한 이웃에게 관심을 갖고 하나님의 사랑을 실천한다. • 하나님이 주신 공동체인 우리 동네 전통과 문화에 관심을 갖는다. • 하나님이 주신 공동체인 우리 동네를 아끼고 사랑한다.

인성요소
• 화평: 하나님이 주신 이웃과 사이좋게 지내기 • 배려: 다른 사람에 대하여 친절하게 대하기 • 협동: 힘을 모아 해결하기, 이웃과 함께 선한 일을 실천하기 • 사랑: 하나님과 이웃을 위한 일 실천하기 • 양선: 이웃을 위해 내 것을 나누어 주기 • 책임: 하나님께서 주신 달란트를 이웃을 위해 사용하기

월간 성경적 통합과정 해설

6월

| **통합주제** | 서로가 사랑하는 우리 동네

| **통합목표** | 하나님이 주신 공동체인 우리 동네의 모습에 관심을 갖고 알아본다.
배려가 필요한 이웃에게 관심을 갖고 하나님의 사랑을 실천한다.
우리 동네 사람들이 하는 일을 알아보며, 하나님이 나에게 주신 재능에 대해 생각해본다.
하나님이 주신 재능을 이웃을 위해 어떻게 사용할 수 있을지 알아본다.
하나님이 주신 공동체인 우리 동네 전통과 문화에 관심을 갖는다.
하나님이 주신 공동체인 우리 동네를 아끼고 사랑한다.

| **인성요소** | • 화평: 하나님이 주신 이웃과 사이좋게 지내기
• 배려: 다른 사람에 대하여 친절하게 대하기
• 협동: 힘을 모아 해결하기, 이웃과 함께 선한 일을 실천하기
• 사랑: 하나님과 이웃을 위한 일 실천하기
• 양선: 이웃을 위해 내 것을 나누어 주기
• 책임: 하나님께서 주신 달란트를 이웃을 위해 사용하기

요약

'서로가 사랑하는 우리 동네' 주제를 위한 성경적 기초로서 가장 중요한 개념은 '사람은 삼위일체 하나님이 존재하는 방식을 따라 공동체에 속한 존재로 창조되었다'라는 것이다. 이에 따라 유아교육과정의 '우리 동네'에 대한 하위 주제를 '우리 동네 모습' '우리 동네 사람들 1' '우리 동네 사람들 2' '우리 동네 전통과 문화'로 구성하였다. 하나님이 우리에게 주신 공동체인 우리 동네에 대하여 알아보고 우리 동네에서 서로 돕고 섬기며 하나님의 사랑을 실천하는 것을 중심개념으로 한다. 이를 위해, 우리 동네의 모습을 알아본 후, 유아가 먼저 예수님을 통해 나타난 하나님의 사랑을 알고 경험해 보도록 한다. 또한, 유아 수준에서 어려움에 처한 이웃에게 도움을 주고 하나님이 주신 재능으로 어떻게 이웃을 섬길지 생각해 봄으로써 초대교회가 보여 준 하나님 사랑, 이웃사랑을 실천해 본다. 화평, 배려, 협동, 책임, 사랑, 양선 등의 기독교 인성 덕목을 경험하고 내면화하여 유아들이 실천할 수 있도록 안내한다.

1. 주요 성경개념

공동체로 더불어 살아가며 서로 사랑하는 성경적인 사랑의 원리가 초대교회 성도들의 삶 속에 나타난다. 초대교회 성도들은 하나님이 이루게 하신 공동체 안에서 서로 돕고 필요한 것들을 나누며 섬기는 삶을 살았다. 공동체적인 섬김 안에서 저마다 하나님이 주신 개인의 은사와 재능이 어우러지는 것도 보여주었다. 이렇게 초대교회 성도들은 예수님을 통해서 하나님의 사랑을 경험했고 그 사랑을 실천했다.

2. 성경적 통합 활동 및 방법

유아는 새로운 것을 배울 때 경험을 인식하고 탐색 · 탐구하며, 다음에 학습한 것을 활용하는 단계를 따른다(Bredekamp & Rosegrant, 1992). 우리 동네를 성경적인 공동체의 개념으로 접근할 때도 친숙한 경험을 바탕으로 학습을 심화 · 확장시켜 나가는 유아들의 학습방식을 따른다. 이에 따라 먼저 공동체를 구성하는 친숙한 물리적인 환경에 대해 살펴보며 우리 동네에 관심을 갖는 것에서부터 시작한다. 나아가 우리 동네의 사회문화적인 상황 속으로 들어가 공동체의 사람들, 전통과 문화 등을 알아보며, 성경적 원리를 따르는 사랑을 실천할 수 있도록 돕는다.

1) 우리 동네의 모습

'우리 동네의 모습' 생활 주제에서는 유아가 살고 있는 동네 주변에 관심을 갖고, 동네의 이름과 위치를 알며 동네의 여러 건물과 장소를 알아보는 경험을 통해 안전한 곳과 위험한 곳을 알도록 하는 내용들을 소주제로 선정하고 있다. 성경이야기 도입부에 소망이네 동네를 살펴보며, 이와 비교하여 우리 동네의 다양한 모습에 대해 알아볼 수 있다. 우리 동네를 둘러보고 다양한 건물과 장소를 알아보며 동네 이름이나 위치 등에 얽힌 이야기들을 찾아보면서, 유아들은 우리 동네만이 지니고 있는 특징과 그에 따른 고유의 모습과 생활이 있다는 것을 이해한다. 이러한 과정을 통해 우리가 함께 어울려 살아가기에 가장 적합한 환경을 주신 하나님께 감사할 수 있다.

2) 우리 동네 사람들

'우리 동네 사람들' 주제에서는 유아가 다양한 사람들과 함께 살고 있으며, 자신의 동네에서 서로 도움을 주고받을 수 있는 다양한 사람들의 직업이 소중하다는 것을 알아감과 동시에 배려가 필요한 이웃에 대해 관심을 갖고 배려하는 방법을 찾아보도록 소주제를 선정하였다. 이를 '우리 동네 사람들에 관심 가지기' '우리 동네 사람들이 하는 일 알아보기' '배려가 필요한 이웃에게 관심 가지기' 라는 세 가지 소주제로 구분하였다. 성경적 통합유아교육과정에서는 이를 '우리 동네 사람들 1' '우리 동네 사람들 2'로 나누어 2주동안 알아본다.

'우리 동네 사람들 1'에서는 '배려가 필요한 이웃에게 관심 가지기'를 소주제로 선정하여 배려가 필요한 이웃에게 관심을 갖고 하나님의 사랑을 실천하도록 돕는다. 이 주제에서 우선적으로 다루어야 할 것은 초대교회 사람들이 어떻게 해서 이렇게까지 서로를 사랑할 수 있었는지에 관한 내용이다. 초대교회 사람들은 예수님을 믿음으로 하나님의 사랑을 알게 됨으로써 그 사랑을 실천할 수 있었다는 것을 다루어 줄 수 있다. 이를 위해 유아들에게 예수님을 소개함으로써 유아가 자주 예수님의 사랑을 생각하고 느껴 볼 수 있는 기회를 주어야 한다. 이 과정을 통해 유아는 이전 주제인 우리 동네의 모습에 대해 단순한 지역 개념을 넘어설 수 있다. 즉, 우리 동네는 사랑으로 서로를 섬겨야 할 곳이라는 성경적인 공동체성의 기초를 형성할 수 있도록 도와줄 수 있다.

본격적인 활동으로서, 성경이야기에서 소망이네 동네 사람들이나 초대교회 사람들의 사랑과 나눔의 실천을 통해 어떻게 이웃사랑을 실천할 수 있을지 생각해 볼 수 있다. 이러한 모습은 이웃사랑을 유아교육기관에서 실제적이고 구체적으로 실천할 수 있는 성경적 모델이 된다. 마니또와 같은 비밀친구나 도우미 제도, 혹은 교실에서 생활하면서 친구에게 줄 수 있는 작은 도움(떨어진 물건 주워 주기, 가위질하는 것 도와주기, 놀잇감 함께 정리하기 등)까지 학급 차원에서 실시하고 있는 기존의 내용들 위에 이러한 성경적인 정신을 반영할 수 있다. 기관 차원에서 아나바다 행사나 우리 동네 양로원 방문 행사, 거리에서 펼칠 수 있는 이웃사랑 캠페인 등도 같은 차원으로 실시해 볼 수 있다.

'우리 동네 사람들 2'에서는 우리 동네 사람들이 하는 일을 알아보며 하나님이 나에게 주신 재능에 대해 생각해 본다. 나아가, 초대교회 성도들이 각자가 다양한 모습으로 여러 가지 상황에 처한 이웃을 섬겼듯이, 하나님이 주신 재능을 이웃을 위해 어떻게 사용할 수 있을지 알아본다.

유아들이 생활하는 동네 사람들에게 관심을 갖고 둘러보면 다양한 사람들이 함께 산다는 것을 알 수 있다. 우리 동네 사람들은 유치원의 선생님, 약국의 약사, 소아과의 의사와 간호사, 슈퍼 아저씨나 아주머니들, 버스 기사 아저씨까지 매우 다양하다. 경찰관, 소방관, 우체부 등은 공공기관의 유형으로서 유아들이 자주 접하고 자주 다루는 분야이기도 하다. 우리 동네에서 이렇게 다양하게 일하는 사람들을 보면서 유아들은 동네 사람들이 하는 일에 관심을 갖고 직업의 세계에도 많은 호기심을 나타낸다. 또한, 유아들이 자신이 하고 싶은 일에 대해 생각해 보고 관련된 분야에 더욱 많은 관심을 가질 수 있다.

관련하여, 하나님께서 우리 각자에게도 재능을 주셨다는 것과 유아 각자에게 주신 재능이 무엇인지 생각해 수 있다. 유아들과 함께 나눈 내용을 신체나 그림 등의 다양한 방법으로 표현해 보며 하나님이 주신 재능에 감사하는 시간으로 보낼 수 있다. 나아가 하나님이 우리에게 이렇게 재능을 주신 것은 그

6월

것을 하나님을 위해 그리고 이웃을 사랑하고 섬기기 위해 주셨다는 것을 잊지 않도록 한다. 이를 위해 구체적으로 자신의 재능으로 이웃을 섬길 수 있는 방법을 생각해 보는 활동도 사랑의 실천을 준비하는 의미 있는 시간이 될 수 있다.

3) 우리 동네 전통과 문화

'우리 동네 전통과 문화' 주제에서는 유아가 살고 있는 동네의 자랑거리에 자부심을 갖고, 우리 동네의 지역 축제를 경험해 보며, 우리 동네를 아끼고 사랑하는 방법을 구체적으로 실천해 볼 수 있도록 소주제를 선정하였다. 이 과정을 통해 유아는 우리 동네에 대한 소속감과 더불어 깊은 공동체 의식을 형성할 수 있다. 우리 동네 전통과 문화를 다루며 조상들의 지혜와 슬기는 배우도록 하여야 하지만 만약 그 속에 주술적이고 미신적인 요소들이 담겨 있다면, 이러한 것들은 하나님이 기뻐하지 않는다는 것을 알고 구분 할 수 있도록 도와주어야 한다. 또한, 하나님이 우리에게 이웃사랑의 터전으로 주신 우리 동네를 소중히 여기는 마음을 갖고, 우리 동네 주변을 깨끗이 하며 우리 동네를 아끼고 사랑하는 방법을 찾아볼 수 있다.

월간 통합교육계획안

- 성경주제: 서로가 사랑하는 우리 동네
- 성경목표: 하나님은 우리가 공동체에 속하도록 만드셨음을 안다.
  예수님을 통해 나타난 하나님의 사랑을 경험한다.
  내가 속한 공동체에서 하나님의 사랑을 실천한다.
  하나님이 주신 재능을 이웃을 위해 사용한다.

6월

연관주제	우리 동네
통합주제	서로가 사랑하는 우리 동네
통합목표	• 1주: 하나님이 주신 공동체인 우리 동네의 모습에 관심을 갖고 알아본다. • 2주: 배려가 필요한 이웃에게 관심을 갖고 하나님의 사랑을 실천한다. • 3주: 우리 동네 사람들이 하는 일을 알아보며 하나님이 나에게 주신 재능에 대해 생각해본다. 　하나님이 주신 재능을 이웃을 위해 어떻게 사용할 수 있을지 알아본다. • 4주: 하나님이 주신 공동체인 우리 동네 전통과 문화에 관심을 갖는다. 　하나님이 주신 공동체인 우리 동네를 아끼고 사랑한다.
인성요소	화평, 협동, 배려, 사랑, 양선, 책임

주		1주	2주	3주	4주
활동	주제	우리 동네 모습	우리 동네 사람들 1	우리 동네 사람들 2	우리 동네 전통과 문화
실내자유선택활동	쌓기	• 우리동네 길 구성하기		• 공공기관 구성하기	
	역할		• 미용실놀이 • 경찰서놀이	• 이웃을 섬기는 사람들★	
	언어	• 우리집 동네 이름과 주소 알아보기	• 섬김을 실천하는 기관과 사람들★ • 도움이 필요한 사람에게 편지쓰기	• 다양한 직업 조사하기 • 이웃을 섬기는 직업★	• 이웃을 위해 수고하시는 분께 감사편지 쓰기
	수 · 조작	• 우리 동네에 있는 것 오려 붙이기		• 공공기관과 직업 연결하기	• 동네 퍼즐 맞추기
	미술	• 우리 동네 꾸미기★	• 섬김이 목걸이 만들기	• 친구에게 목걸이 만들어 선물하기	• 이웃사랑을 실천하는 나의 모습 그리기
	음률	• 〈동네 한 바퀴〉 노래 부르기		• 우리 동네 소리 탐색하기	
	과학		• 공공기관마크 탐색하기		• 사랑의 전류★ • 전류가 흐르는 물건 탐색하기
대소집단활동	이야기 나누기		• 섬김이 친구★		• 이웃사랑 실천북★
	동시 · 동화 · 동극	• 동화) 동네가 생기게 된 이야기★		• 동시) 고마운 사람들	
	동극	• 명화감상: 샤갈의 '와와마을'			• 미술) 우리 동네 마스코트 만들기
	신체/게임		• 게임) 편지배달놀이	• 게임) 징검다리건너기	
바깥놀이활동		• 동네 주변 산책하기	• 동네나눔 실천기관 방문하기	• 수고하시는분들 찾아가서 인사하기 • 현장체험) 직업박물관	• 현장체험) 지역사회문화 축제참여하기
성 경 말 씀		믿는 무리가 한마음과 한 뜻이 되어 모든 물건을 서로 통용하고 자기 재물을 조금이라도 자기 것이라 하는 이가 하나도 없더라(사도행전4:32).			
기 도		하나님 저희에게 이웃을 주셔서 감사합니다. 처음교회 사람들처럼 서로 사랑하게 도와주시옵소서. 예수님 이름으로 기도드립니다. 아멘.			

★: 수록된 단위활동

6월 · 서로가 사랑하는 우리 동네

III. 성경적 통합유아교육과정 실행하기

'성경적 통합유아교육과정 실행하기'는 성경주제 및 목표가 반영된 성경이야기를 토대로 지금까지의 모든 통합과정을 활동 속에 집약한 교육 실제를 다룬다. 교사가 성경에 근거한 통합교육활동을 안정된 성경적 기반 위에서 수행할 수 있는 있도록 지원한다.

1. 성경이야기

성경이야기는 성경본문의 내용을 유아들이 쉽게 이해할 수 있는 한편의 이야기로 구성하였다. 특히, 월별 성경이야기는 단위활동과 통합되어, 유아들에게 흥미를 유발하고 성경본문의 전체 흐름과 맥락을 보다 쉽게 이해할 수 있도록 한다.

2. 단위활동계획안

단위활동계획안은 성경적 통합학습 내용을 강화하고 재학습할 수 있도록 제시한 구체적 활동방안이다. 교사는 단위활동계획안을 참고하여 활동 방안에 대한 아이디어와 발문 정보를 얻을 수 있다.

성경이야기

| 본문제목 | 서로가 사랑하는 교회

| 성경본문 | 사도행전 4:32-36

| 중심말씀 | 믿는 무리가 한마음과 한 뜻이 되어 모든 물건을 서로 통용하고 자기 재물을 조금이라도 자기 것이라 하는 이가 하나도 없더라(사도행전 4:32)

| 중심내용 | 처음교회 사람들은 예수님을 통해서 하나님의 사랑을 알게 되었어요. 처음교회 사람들은 예수님의 말씀을 따라 하나님 사랑과 이웃사랑을 실천했습니다. 자신의 것을 나누고 서로 돕고 사랑했어요. 우리도 처음교회 사람들처럼 내가 가진 것을 나누고 나의 재능으로 다른 사람을 도와줄 수 있어요. 예수님이 우리를 사랑하신 것처럼 우리도 어려운 사람들을 사랑하고 도우며 살아가요.

순서	장면	내용
1		여기는 소망이가 살고 있는 동네예요. 자세히 들여다볼까요? 어떤 것이 보이나요? 거리에 여러 가지 가게들과 건물들이 있네요. 소망이네 엄마가 하시는 피아노 학원도 있어요.
2		이 동네의 친구들은 어떻게 지낼까요? 만날 때 이렇게 싸우면서 지낸다면 어떨까요? 아마 다음에는 같이 놀고 싶지 않을 거예요.
3		이렇게 사이좋게 지내는 친구들도 있어요. 맛있는 음식도 나누어 먹고, 서로 돕고 만나면 기뻐해요.

순서	장면	내용
4		이스라엘이라는 나라에서 처음으로 예수님을 믿은 사람들은 어떻게 지냈을까요? 서로 사랑했답니다. 이스라엘 사람들이 믿었던 예수님은 어떤 분일까요?
5		그분은 하나님이 우리를 구원하시기 위해 이 땅에 보내 주신 하나님의 아들이세요. 예수님은 우리를 사랑하셔서 죄가 없는데도 우리가 지은 죄를 대신해서 십자가에 달려 돌아가셨어요.
6		처음교회의 사람들은 예수님을 알게 되고 예수님을 믿게 되면서, 하나님의 사랑을 알게 되었어요. 그 사랑에 감동하고 감사하여서 하나님이 말씀하신 대로 살아갔어요.
7		하나님은 하나님을 사랑하고 이웃을 사랑하라고 말씀하셨어요. 그래서 날마다 모여서 하나님의 말씀을 배우고 하나님을 찬양했어요.주변에 예수님을 모르는 사람들에게 예수님을 전했어요.
8		처음교회 사람들은 하나님 말씀하신대로 이웃사랑을 실천했어요. 어려운 상황 속에 있는 사람들을 도와주었어요. 이렇게 배고프고 추위에 떨고 몸이 아프고, 홀로된 사람들을 어떻게 도와주었는지 함께 보세요.

6월

순서	장면	내용
9		"아이고~ 배고파." 언덕 위 작은 집에 배고픈 사람들이 있네요. 그러면, "많이 배고프셨죠? 저희가 맛있는 음식을 만들었어요." 하고 찾아가서 함께 나누어 먹었어요.
10		"덜덜덜~ 아이고 추워라." 길 건너에는 배고픈 사람들이 추위에 떨고 있어요. 그러면, "많이 추우셨죠. 저희가 따뜻한 옷을 만들었어요."하고 정성껏 만든 옷을 나누어 주었어요.
11		"아야야~ 너무 아파." 이웃집에는 다친 사람이 있어요. 그러면, "많이 아프셨죠. 저희가 상처에 좋은 약을 구해 왔어요." 하고 상처에 약을 발라 주고 상처를 치료해 주었어요.
12		"나는 너무 외로워!" 남편 없이 홀로 사는 할머니가 있어요. 그러면 모여들어 할머니의 친구가 되어 주었어요.
13		자신이 가진 재능을 이용하여 필요한 도움을 주었어요. 처음교회 사람들은 하나님을 사랑하고 이웃을 사랑했답니다. 서로 사랑하는 처음교회 사람들의 모습을 본 주위 사람들은 그들을 칭찬했어요. 그리고 하나님도 기뻐하셨어요.

단위활동계획안

　　단위활동은 월 단위 성경적 통합주제와 학습목표를 유아들이 쉽게 재학습하고 강화할 수 있도록 구성한 활동계획이다. 6월의 주별 단위활동은 다음과 같다. 첫 번째 주에는 하나님이 주신 공동체인 우리 동네의 모습에 관심 갖고 '동네가 생기게 된 이야기' '우리 동네 꾸미기' 등의 활동을 한다. 두 번째 주에는 배려가 필요한 이웃에게 관심을 갖고 하나님의 사랑을 실천하는 '섬김이 친구' '섬김을 실천하는 기관과 사람들'에 대해 알아본다. 세 번째 주에는 우리 동네 사람들이 하는 일을 알아보며, '이웃을 섬기는 사람들'과 '이웃을 섬기는 재능'에 대해서 알아본다. 네 번째 주에는 하나님이 주신 공동체인 우리 동네 전통과 문화에 관심을 갖고, '사랑의 전류' '이웃 사랑 실천북' 활동을 통해 우리 동네를 아끼고 사랑하는 마음을 갖도록 한다.

■ 주별 단위활동 안내 ■

주	성경적 기초	주제	활동명	활동유형 (영역)	누리과정 주요 관련 영역	인성 요소
1주	성경 이야기: 서로가 사랑하는 교회 (사도행전 4:32-36)	우리 동네 모습	동네가 생기게 된 이야기 (276쪽)	동화	의사소통 사회관계	화평 배려 협동
			우리 동네 꾸미기 (279쪽)	미술	예술경험 사회관계	
2주		우리 동네 사람들 1	섬김이 친구 (282쪽)	이야기 나누기	의사소통 사회관계	화평 협동 배려 사랑 양선
			섬김을 실천하는 기관과 사람들 (285쪽)	인어	의사소통 사회관계	
3주		우리 동네 사람들 2	이웃을 섬기는 사람들 (288쪽)	역할	예술경험 사회관계	책임 사랑
			이웃을 섬기는 직업 (291쪽)	언어	의사소통 사회관계	
4주		우리 동네 전통과 문화	사랑의 전류 (294쪽)	과학	사회관계 자연탐구	사랑 협동
			이웃사랑 실천북 (298쪽)	이야기 나누기	사회관계 의사소통	

275

■1주 · 우리 동네 모습.

■주간통합목표: 하나님이 주신 공동체인 우리 동네의 모습에 관심을 갖고 알아본다.

동네가 생기게 된 이야기

활동형태: 자유선택활동/영역: 동화

|통합목표| • 동네와 여러 시설에 대해 관심을 갖는다.

• 동네가 생기게 된 이야기에 관심을 갖고 동화를 주의 깊게 듣는다.

• 동네의 기관과 사람들이 서로 돕고 살아가며 하나님이 기뻐하시는 공동체가 될 수 있음을 안다.

|누리과정 관련요소| • 의사소통: 듣기-이야기 듣고 이해하기

• 사회관계: 사회에 관심 갖기 -지역사회에 관심 갖고 이해하기

|인성요소| • 화평: 하나님이 주신 이웃과 사이좋게 지내기

• 배려: 다른 사람에 대하여 친절하게 대하기

|활동자료| • 성경이야기(장면 8)

• 우리 동네 꾸미기 활동지, 색연필

• '동네가 생기기 된 이야기' 파워포인트(출처: 충청북도충주교육지원청 홈페이지

http://www.cbchje.go.kr/sub.php?menukey=55&mod=view&no=100204)

|활동방법|

• 도 입 1. 성경이야기 장면 8을 보면서 성경이야기를 회상해 본다.

-사람들은 서로 어떻게 지냈나요?

8  처음교회 사람들은 하나님 말씀하신대로 이웃사랑을 실천했어요. 어려운 상황 속에 있는 사람들을 도와주었어요. 이렇게 배고프고 추위에 떨고 몸이 아프고, 홀로된 사람들을 어떻게 도와주었는지 함께 보세요.

2. 사람들은 서로 모여 공동체를 이루는 것에 대해 이야기한다.

-우리가 혼자 살고 있다면 어떨까요?

-사람들은 함께 살아가면서, 서로에게 도움을 줄 수 있어요.

・전 개   3. '동네가 생기게 된 이야기' 동화를 들려준다.

-사람들이 모여서 함께 생활할 수 있는 곳을 동네라고 불러요.

-동네는 어떻게 생겨났을까요?

| 아무도 살고 있지 않는 곳에 집 한 채가 세워 졌어요. | 영희네 집 옆에는 다른 집들이 하나, 둘 세워지기 시작했어요. 사람들도 이사 와서 영희네는 외롭지 않았어요. 친구가 생겼으니까요. | 마을에는 커다란 시장이 생겼어요. 마을에는 병원이 생겼어요. |

| 영희네 마을 아이들은 매일 밖에서 뛰어 놀기만 했어요. "우리 아이들도 여러 가지를 배울 수 있는 곳이 필요해요." "맞아요. 그런데. 누가 아이들을 가르치죠?" 그래서 선생님을 모셔 오고, 유치원과 학교도 세웠어요. | 사람들의 돈을 안전하게 맡아 줄 은행도 세웠어요. 마을에는 경찰서가 세워졌어요. | 동네에는 점점 더 많은 가게들이 생기고, 소방서, 우체국이 생겼어요. 이제 영희네 동네는 살기 좋은 마을을 만들려고 의논도 했어요. 사람들이 쉴 수 있는 공원도 만들었어요. |

출처: 충청북도충주교육지원청 홈페이지.

4. 동화 내용을 회상하면서 동네가 생겨난 이유와 동네의 모습에 대해 이야기 나눈다.

-동네는 어떻게 해서 생겨나게 되었나요?

-동네에는 어떤 시설들이 생겼나요?

-동네에 시설과 이웃이 많아지면서 동네 사람들은 어떻게 되었나요?

・마 무 리   5. 살기 좋은 동네에 대해 이야기 나눈다.

-살기 좋은 동네는 어떤 동네일까요?

-동네는 사람들이 모여 서로 도우며 살아가는 곳이에요.

-하나님은 우리에게 동네를 만들어 주시고 이웃을 보내 주셨어요.

-우리는 서로 도우며 함께 살아가요.

┃활 동
┃유의점   ・'동네가 생기게 된 이야기' 동화 자료를 활용하여 유아들이 현재 살고 있는 동네의 모습과 연관시켜 보도록 한다.

• '공동체'의 사전적 의미는 '생활이나 행동 또는 목적 따위를 같이하는 집단'이다. 유아들은 공동체라는 단어가 생소할 수 있으므로 직접 설명하기보다는 다양한 활동을 통해 그 의미에 익숙해지도록 한다.

| 확장활동 |
• 음률영역: 〈동네 한 바퀴〉 노래 불러보기
• 언어영역: 내가 살고 있는 동네 이름과 주소 알아보기
• 수 · 조작영역: 우리 동네에 있는 것 오려 붙이기

[우리 동네에 있는 것]
동네는 사람들이 모여서 생활하는 곳임을 알고 우리 동네에 있는 것들을 찾아보고 활동지에 붙인다. 동네의 모습에 관심을 가지고 하나님이 우리에게 사람들과 어울려 살 수 있는 다양한 환경들을 주셨음을 안다.

[내가 살고 있는 동네 이름과 주소 알아보기]
내가 살고 있는 동네의 이름과 주소를 알아보는 활동을 해 본다. 유아들은 사는 곳이나 모든 건물은 '주소'로 표기될 수 있음을 이해할 수 있다. 주소가 있어 편리한 점들에 대해서도 알아본다.

| 활동평가 |
• 동화의 내용을 바르게 이해하고 있는지 평가한다.
• 동네는 서로 도우며 함께 살아가도록 하나님이 우리에게 주신 공동체임을 알고 있는지 평가한다.

■ 1주 · 우리 동네 모습.
■ 주간통합목표: 하나님이 주신 공동체인 우리 동네의 모습에 관심을 갖고 알아본다.

우리 동네 꾸미기

활동형태: 대소집단활동/영역: 미술

|통합목표| • 하나님이 주신 공동체인 우리 동네의 모습에 관심을 갖는다.

• 우리 동네의 모습을 다양한 방법으로 표현한다.

|누리과정
관련요소| • 예술경험: 예술적 표현하기−미술활동으로 표현하기

• 사회관계: 사회에 관심 갖기−지역사회에 관심 갖고 이해하기

• 사회관계: 다른 사람과 더불어 생활하기−공동체에서 화목하게 지내기

|인성요소| • 화평: 하나님이 주신 이웃과 사이좋게 지내기

• 배려: 다른 사람에 대하여 친절하게 대하기

• 협동: 힘을 모아 해결하기

|활동자료| • 크레파스, 색연필, 전지, 동네 사진

• 성경이야기(장면 10~11)

|활동방법|

• 도 입　1. 동네와 대한 수수께끼를 낸다.

−우리가 살고 있는 집을 중심으로 사람들이 많이 모여 사는 곳은 무엇일까요?

−우리는 동네에 모여서 살고 있어요.

• 전 개　2. 우리 동네 모습을 다양한 활동재료를 통해 꾸며 보는 활동을 제안한다.

−유치원/어린이집을 중심으로 하여 주변에 있는 동네의 모습을 꾸며 보는 활동을 해 볼게요.

3. 다양한 방법으로 우리 동네를 꾸며 본다.

−어떤 방법으로 우리 동네를 꾸며 볼까요?

−그림으로 그려서 동네를 꾸며 볼 수 있어요.

−서로 협력해서 함께 마을을 만들어 갈 수 있어요.

−재활용품을 이용해서 동네에 있는 건물을 꾸며 볼 수 있어요.

• **마 무 리**　4. 완성된 작품을 보며 이야기 나눈다.

　　　　　 －동네 주변에 어떤 건물과 장소들이 있는지 살펴볼까요?

　　　　　 －자동차가 다니는 도로도 있고, 길가에 나무도 있네요.

　　　　　 －미용실과 병원도 있어요.

　　　 5. 성경이야기 장면 10, 11를 회상하면서 살기 좋은 동네 환경을 생각해 본다.

　　　　　 －동네에는 왜 다양한 건물과 장소들이 있을까요?

　　　　　 －성경이야기에 나오는 사람들은 서로 어떻게 도왔나요?

　　　　　 －동네에 있는 여러 시설 중 성경이야기 사람들처럼 우리에게 도움을 주는 시설은 어떤

　　　　　　 시설일까요?

　　　　　 －하나님은 우리가 살기 좋은 환경 속에서 서로 도우며 살아가라고 말씀해 주셨어요.

10  "덜덜덜~ 아이고 추워라." 길 건너에는 배고픈 사람들이 추위에 떨고 있어요. 그러면, "많이 추우셨죠. 저희가 따뜻한 옷을 만들었어요." 하고 정성껏 만든 옷을 나누어 주었어요.

11

"아야야~ 너무 아파." 이웃집에는 다친 사람이 있어요. 그러면, "많이 아프셨죠. 저희가 상처에 좋은 약을 구해 왔어요." 하고 상처에 약을 발라 주고 상처를 치료해 주었어요.

| 활 동 유 의 점 |
- 사전활동으로 미리 우리 동네 주변을 산책하도록 한다. 산책 시 동네 주변을 사진으로 찍어서 동네 꾸미기 도움 자료로 활용할 수 있다.
- 인터넷 검색 지도에서 동네 거리 모습을 탐색할 수 있다.
- 유아들이 동네에 있는 건물이나 장소를 1명씩 정해서 그려 보거나, 소집단으로 유아가 사는 동네를 꾸며볼 수 있다.
- 우리 동네 꾸미기 작품을 전시해 주어 유아들이 동네 여러 건물과 지역 환경에 대해 상호작용할 수 있도록 한다.

| 확장활동 |
- 쌓기영역: 블록과 소품으로 우리 동네 구성해 보기
- 바깥놀이: 동네 주변 산책하기

[우리 동네 꾸미기]

동네에서 볼 수 있는 건물을 그려서 동네를 꾸며 보는 협동 작품을 구성한다. 유아들은 게시된 작품을 보고 동네에 다양한 기관들이 있음을 안다. 유아들의 개인 사진을 같이 붙여 주어 동네의 구성원으로의 소속감을 느끼도록 한다.

[우리 동네 만들기]

재활용품을 이용하여 입체적인 협동 작품으로 동네를 구성한다. 빈 상자로 건물을 만들면서 건물의 크기를 비교해 보고, 건물의 위치도 배치해 본다. 동네가 완성되면 동네의 구성원에 관심을 갖고, 동네에서 일하는 여러 사람들에 대해 알아본다.

| 활동평가 |
- 하나님이 주신 공동체인 우리 동네의 모습에 관심을 갖고 건물과 장소를 알고 있는지 평가한다.
- 우리 동네의 모습을 친구와 함께 다양한 방법으로 표현하는지 평가한다.

■ 2주 · 우리 동네 사람들 1.
■ 주간통합목표: 배려가 필요한 이웃에게 관심을 갖고, 하나님의 사랑을 실천한다.

섬김이 친구

활동형태: 대소집단활동/영역: 이야기나누기

|통합목표| • 친구는 배려가 필요한 나의 이웃임을 안다.

• 배려가 필요한 친구에게 관심을 갖고, 하나님의 사랑을 실천한다.

|누리과정 관련요소| • 사회관계: 다른 사람과 더불어 생활하기−공동체에서 화목하게 지내기

• 사회관계: 사회에 관심 갖기−지역사회에 관심 갖고 이해하기

• 의사소통: 말하기−느낌, 생각, 경험 말하기

|인성요소| • 화평: 이웃과 사이좋게 지내기

• 협동: 힘을 모아 해결하기

• 배려: 친구에게 친절하게 대하기

|활동자료| • 성경이야기 자료, 섬김이 친구 그림자료(크레파스 빌려주기, 가위질 도와주기, 함께 정리하기, 물건 같이 나르기 등), 섬김이 친구 목걸이

|활동방법|

• 도 입   1. 성경이야기 '서로가 사랑하는 교회'를 회상한다.

−'서로가 사랑하는 교회' 성경이야기 중에서 기억에 남는 장면은 어떤 장면인가요?

• 전 개   2. 성경이야기 장면 4를 보면서 하나님과 예수님의 사랑에 대해 이야기 나눈다.

−예수님을 믿는 사람들은 어떻게 지냈나요?

4

이스라엘이라는 나라에서 처음으로 예수님을 믿은 사람들은 어떻게 지냈을까요? 서로 사랑했답니다. 이스라엘 사람들이 믿었던 예수님은 어떤 분일까요?

−사람들은 어떻게 사랑하면서 서로 지낼 수 있었을까요?

−사람들은 예수님을 믿고 예수님의 사랑을 알게 되었어요.

- 예수님은 우리에게 서로 사랑하라고 하셨어요.

- 예수님이 우리를 사랑하신 것처럼 사람들도 이웃을 사랑했어요.

3. 예수님의 사랑을 어떤 이웃에게 실천할 수 있는 지 생각해 본다.

- 처음교회 사람들이 예수님께 받은 사랑으로 이웃을 사랑한 것처럼 우리도 예수님의 사랑을 느낄 수 있고, 그 사랑을 이웃들에게 표현할 수 있어요.

- 우리는 주변의 친구들에게 어떻게 이웃이 되어 줄 수 있을까요? 어떻게 예수님의 사랑을 전할 수 있을까요?

6월

4. 나와 가장 가까운 우리 반 친구에게 사랑을 표현할 수 있는 방법에 대해 이야기 나눈다 (실천 카드 제시).

- 우리 반 친구를 위해 사랑을 실천할 수 있는 방법에는 무엇이 있을까요?

〈실천 카드〉

5. 예수님과 같은 마음으로 친구를 도와주는 역할인 '섬김이 친구'에 대해 소개한다.

- '섬김이 친구'는 친구를 도와주는 역할을 하는 친구예요. 예수님의 사랑을 실천하기 위해 '섬김이 친구'가 할 수 있는 일이 무엇이 있을까요?

- 친구가 속상할 때 위로해 줄 수도 있어요. 내 것을 나누어 쓸 수 있어요. 정리를 함께 할 수도 있어요. 같이 놀 수 있어요. 기다려 줄 수도 있어요. 친구가 기쁜 일이 있을 때 함께 기뻐하기도 해요.

- 우리가 '섬김이 친구'가 되어서 다른 사람에게 예수님의 사랑을 실천한다면 기분이 어떨까요?

· 마 무 리	6. 섬김이 친구가 되어 친구에게 사랑과 나눔을 실천하도록 한다.

           – 친구가 나를 도와주고, 친구가 가진 것을 나에게 나누어준다면 기분이 어떨까요?

           – 우리 모두 섬김이 친구가 되어 친구에게 예수님의 사랑을 실천해요.

활 동 유 의 점	· 교사가 반 유아 중 5명 정도를 섬김이 친구로 정해 주고, 섬김이 친구들이 친구를 위해 할 수 있는 일들을 실천할 수 있도록 한다. 또는 마니또 활동처럼 각각 섬길 수 있는 친구를 정하여 친구를 위해 할 수 있는 일을 실천하도록 한다. · 어린 연령일수록 친구를 위해 사랑을 실천할 수 있는 방법을 구체적으로 제시해준다. · 유아들이 친구를 도와줄 때, 교사는 적극적으로 격려해 준다.

확장활동	· 미술영역: 섬김이 목걸이를 만들어서 친구에게 목걸이 선물하기 · 언어영역: 비밀친구, 나의 마니또는 누구일까?

[내가 도와줄 친구 뽑기]

유아들끼리 서로 짝을 정하여 친구를 돕는다. 뽑기 통에 친구의 이름을 적어 놓고, 유아가 뽑은 친구를 도와주도록 한다. 뽑은 친구를 밝히지 않고, 유아가 친구 모르게 도움을 줄 수 있도록 한다.

[섬김이 친구 실천]

섬김이 친구 목걸이를 한 유아는 우리반 이웃인 친구를 도와주는 섬김이 역할을 한다. 예수님의 사랑을 가까운 이웃인 친구에게 부터 실천해 본다.

활동평가	· 친구는 배려해야 하는 이웃임을 알고, 친구에게 사랑과 나눔을 어떤 상황에서 실천해야 할지 알고 표현할 수 있는지 평가한다. · 배려가 필요한 친구에게 관심을 갖고, 하나님의 사랑을 실천하는지 평가한다.

■ 2주 · 우리 동네 사람들 1.

■ 주간통합목표: 배려가 필요한 이웃에게 관심을 갖고 하나님의 사랑을 실천한다.

섬김을 실천하는 기관과 사람들

활동형태: 대소집단활동/영역: 언어

|통합목표| • 동네에는 도움이 필요한 이웃들이 있음을 알고, 도움을 줄 수 있는 방법을 안다.

• 나눔을 실천하는 기관의 의미와 역할을 안다.

• 유아가 직접 나눔을 실천할 수 있음을 알고, 사랑의 마음으로 나눔 활동에 참여한다.

|누리과정 관련요소| • 의사소통: 말하기–느낌, 생각, 경험 말하기

• 사회관계: 다른 사람과 더불어 생활하기–사회적 가치 알고 지키기

|인성요소| • 협동: 이웃과 함께 선한 일을 실천하기

• 사랑: 하나님과 이웃을 위한 일 실천하기

• 양선: 이웃을 위해 내 것을 나누어 주기

|활동자료| • 성경이야기 자료, 배려가 필요한 이웃의 사진, 나눔을 실천하는 기관 파워포인트 자료

(예: 굿네이버스, 나눔의 집, 사랑의 열매, 아름다운 가게 등)

|활동방법|

• 도 입　1. 우리 주변에 배려와 도움이 필요한 이웃에 대해 이야기 나눈다.

　　　　　–우리 주변에는 배려와 도움이 필요한 사람들이 있어요.

　　　　　–(배려가 필요한 이웃들의 사진을 보면서)어떤 사람들일까요?

• 전 개　2. 이웃을 위해서 도울 수 있는 방법에 대헤 생각해 본다.

　　　　　–예수님께서 그 사람들을 보신다면 어떻게 하셨을까요?

　　　　　–예수님은 우리가 어떻게 하기를 원하실까요?

　　　　　–우리가 예수님께 받은 사랑을 이웃들에게 나누어 줄 수 있는 방법에는 어떤 것들이

　　　　　　있을까요?

　　　　　–예수님은 도움이 필요한 사람들을 도와주고 배려하는 모습을 보시고 우리에게 무엇

　　　　　　이라고 하실 것 같나요?

　　　　　–섬김이 친구가 되어 우리 반 친구들을 도와주는 것처럼, 우리 동네 사람들도 도와줄

285

수 있어요.

3. 이웃을 도와주는 사람들과 기관에 대해 이야기 나눈다.

    −우리 동네 기관들을 통해 이웃을 섬기는 친구가 될 수 있어요.

    −(나눔의 집, 사랑의 열매 등 사진을 보면서) 어떤 일을 하는 기관일까요? 이곳 사람들은

      어떤 일을 할까요?

4. 나눔을 실천하는 기관을 통해서 이웃사랑을 실천하는 방법에 대해 이야기 나눈다.

    −아름다운 가게를 통해서 이웃을 어떻게 도와줄 수 있을까요?

5. 가정에서 쓰지 않지만, 다른 사람들이 사용할 수 있는 물건들을 기부하는 활동을 소개

    한다.

    −나와 우리 가족이 사용하지 않는 물건들 중에서 다른 사람들이 사용할 수 있는 물건

      들을 아름다운 가게에 전해 주기로 해요.

    −어떤 물건을 가져오고 싶은가요? 어떤 사람이 그 물건이 필요할까요?

[가정과 협력하여 기증받은 물건들 전달하기]

| · 마 무 리 | 6. 나눔을 실천했을 때 보람을 생각하며 이야기 나눈다. |

        −내가 아끼지만 필요하지 않은 물건을 다른 사람에게 나누어 줄 때 어떤 기분일까요?

        −필요한 물건을 받은 사람의 기분은 어떨까요?

        −우리는 서로 나눔을 실천함으로써 예수님의 사랑을 느낄 수 있어요.

6월

| 활 동 유 의 점 | · 기부를 위해 가정에 협조를 구한다. 가정에서 사용하지는 않지만, 깨끗하고 이용 가능한 물건을 기증받을 수 있도록 한다. |

        · 동네에서 도움이 필요한 사람들을 위하여 사전에 기관을 방문할 수 있다. 어떤 사람들이 도움이 필요하고, 어떤 방법으로 도움을 받고 있는지 어떤 도움이 추가로 필요한지 등에 대해 알아본다.

| 확장활동 | · 현장학습: 동네 나눔 실천 기관 방문 및 물건 전달해 보기 |

        · 언어영역: 잡지, 신문에서 나누어 주고 싶은 물건 찾아보기(NIE 활동)

              도움이 필요한 사람에게 편지쓰기

        · 가정연계활동: 나눔을 실천하는 기관에 가서 가족 봉사하기

[이웃을 돕기 위한 시장놀이]

가정에서 기부한 물건들을 판매하여 이웃돕기 성금을 모으는 시장놀이를 한다. 유아들은 자신이 기증한 물건이 다른 친구에게는 필요한 물건이 될 수 있음을 안다. 모은 성금은 유아들과 함께 동네의 기관에 전달한다.

| 활동평가 | · 동네에는 도움이 필요한 이웃들이 있음을 알고, 도움을 줄 수 있는 방법을 아는지 평가한다. |

        · 나눔을 실천하는 기관의 의미와 역할을 알고 있는지 평가한다.

        · 유아가 직접 나눔을 실천할 수 있음을 알고, 사랑의 마음으로 나눔 활동에 참여하는지 평가한다.

■ 3주 · 우리 동네 사람들 2.

■ 주간통합목표: 우리 동네 사람들이 하는 일을 알아보며, 하나님이 나에게 주신 재능에 대해 생각해 본다.
하나님이 주신 재능을 이웃을 위해 어떻게 사용할 수 있을지 알아본다.

이웃을 섬기는 사람들

활동형태: 자유선택활동/영역: 역할

|통합목표| • 우리 동네에 있는 다양한 사람들에게 관심을 갖는다.

• 하나님이 맡기신 일에 따라서 직업이 다름을 안다.

• 다양한 직업들에 대해 관심을 갖고, 역할극을 통해 경험해 본다.

|누리과정 관련요소| • 예술경험: 예술적 표현하기 – 극놀이로 표현하기

• 사회관계: 사회에 관심 가지기 – 지역사회에 관심 갖고 이해하기

|인성요소| • 책임: 하나님께서 주신 달란트를 이웃을 위해 사용하기

• 사랑: 하나님과 이웃을 위한 일 실천하기

|활동자료| • 역할 의상(예: 경찰관, 의사, 군인, 미용사), 역할과 관련된 그림카드

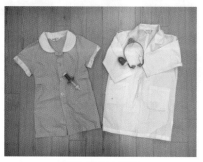
〈의사, 간호사 의상〉

〈판사 의상〉

〈우체부, 경찰관 의상〉

〈요리사 의상〉

| 활동방법 |

- **도 입**　1. 우리 동네에서 만날 수 있는 사람들에 대해 이야기 나눈다.

　　　　　　－우리 동네를 다니면서 어떤 사람들을 만날 수 있나요?

- **전 개**　2. 하나님이 주신 재능과 직업으로 이웃을 도와줄 수 있음을 이야기 나눈다.

　　　　　　－하나님이 우리에게 재능을 주신 이유는 무엇일까요?

　　　　　　－하나님이 주신 재능과 직업을 통해서 어떤 일을 할 수 있을까요?

　　　　　　－동네에서 재능과 직업으로 이웃을 위해 일하는 사람들은 누가 있을까요?

　　　　　3. 그림을 보면서 기관에서 일하는 사람들에 대해 이야기 나눈다.

　　　　　　－(경찰서 그림, 병원 그림 등을 보여 주며) 이곳은 어디인가요? 이곳에서는 어떤 사람이 일을 하나요? 어떤 일을 하나요?

　　　　　4. 소품(역할 의상)을 보면서 이야기 나눈다.

　　　　　　－우리 동네에 이웃을 도와주는 여러 사람들이 있어요. 직업과 관련된 옷을 입고, 이웃을 도와주는 사람이 되어 보아요.

　　　　　　－경찰 옷을 입고 경찰관이 되어 볼게요. 이웃을 위해 어떤 일을 할 수 있을까요?

　　　　　5. 경찰관, 미용사 등을 옷을 입고 이웃을 도와주는 놀이를 해 본다.

　　　　　　－경찰관이 되어서 이웃의 안전을 지켜 주는 놀이를 해 보아요.

- **마 무 리**　6. 놀이를 한 후, 여러 가지 직업 역할을 해 본 경험에 대해 이야기 나눈다.

　　　　　　－어떤 역할을 해 보았나요?

　　　　　　－미용사가 되기 위해서는 어떤 재능이 필요할까요?

　　　　　　－미용사가 되어서 이웃을 위해 어떤 일을 해보았나요?

　　　　　　－하나님이 재능을 주셨기 때문에 내가 이 직업을 가지게 되었다고 생각한다면 일을 할 때 마음이 어떠한가요?

| 활 동 |
| 유 의 점 |

- 사전 활동으로 각 직업에 대해 알아본다.
- 직업에 관련된 소품을 만들어서 유아들이 역할영역에서 활용하도록 한다.

| 확장활동 |

- 수·조작영역: 공공기관과 직업을 연결하는 퍼즐놀이하기
- 언어영역: 우리 동네를 위해 수고하시는 분들께 감사 편지 쓰기
- 바깥놀이: 우리 동네를 위해 수고하시는 분들께 감사 인사하기

〈치과 견학〉　　　〈은행 견학〉　　　〈우체국 견학〉

〈보건소 견학〉　　　〈소방서 견학〉　　　〈도서관 견학〉

[직업체험 역할놀이]
다양한 직업의 역할놀이를 하면서 유아들이 직업을 경험해 본다. 하나님이 주신 달란트인 재능을 가지고 다른 사람을 위해 봉사할 수 있음을 안다.

[감사 편지 쓰기]
우리 동네 여러 직업을 가진 분들께 감사편지를 써본다. 이웃을 위해 봉사하시는 분들에게 마음을 표현해 본다.

| **활동평가** | • 우리 동네에 있는 다양한 직업과 하는 일에 대해 알고 있는지 평가한다.

• 이웃을 도와주는 사람들의 직업에는 어떤 것들이 있는지 알아보는 활동에 즐겁게 참여하는지 평가한다.

• 하나님이 주신 재능을 이웃을 위해 다양하게 사용할 수 있음을 알고 실천하려 하는지 평가한다.

■ 3주 · 우리 동네 사람들 2.

■ 주간통합목표: 우리 동네 사람들이 하는 일을 알아보며, 하나님이 나에게 주신 재능에 대해 생각해 본다. 하나님이 주신 재능을 이웃을 위해 어떻게 사용할 수 있을지 알아본다.

이웃을 섬기는 직업

활동형태: 자유선택활동 / 영역: 언어

6월

|통합목표| • 하나님은 우리에게 재능을 주셨음을 알고, 나의 재능에 관심을 갖는다.

• 하나님이 내게 주신 재능이 하나님과 이웃을 위해 일할 수 있는 직업이 될 수 있음을 안다.

• 내가 자라서 가지게 될 직업에 관심을 갖는다.

|누리과정 관련요소| • 의사소통: 쓰기-쓰기 도구에 관심 가지기

• 사회관계: 사회에 관심 가지기-지역사회에 관심 갖고 이해하기

|인성요소| • 책임: 하나님께서 주신 달란트를 이웃을 위해 사용하기

• 사랑: 하나님과 이웃을 위한 일 실천하기

|활동자료| • 직업 소명 카드, 연필, 153커피가게 영상(CBS TV 방송 〈새롭게 하소서〉 '커피 한 잔의 섬김' 153커피 조민영 대표 편, https://www.youtube.com/watch?v=NhTGF6jtZaA), 직업 그림 카드

|활동방법|

• 도 입   1. 하나님이 나에게 주신 재능을 생각해 본다.

-어떤 일을 잘할 수 있나요?

-달리기가 빠르구나. 그림을 잘 그리는구나. 발레를 잘하는구나.

• 전 개   2. 나의 재능을 통해서 어떤 직업을 가질 수 있는지 생각해 본다.

-내가 가진 재능을 통해서 어떤 일을 해 보고 싶나요?

-발레를 잘해서 발레리나가 되고 싶구나.

-다른 사람을 돕기를 잘해서 사회복지사가 되고 싶구나!

3. 사람들이 직업을 갖는 이유에 대해 생각해 본다.

-우리는 왜 직업을 가질까요?

    −어릴 때 꿈을 이루기 위해서, 돈을 벌기 위해서, 행복하기 위해서 등 사람들은 저마다
     직업을 갖고 싶은 이유가 있어요.

  4. 직업을 통해서 이웃을 섬길 수 있음을 이야기 나눈다.

    −하나님은 우리가 직업을 통해 어떤 일을 하길 원하실까요?

    −성경이야기 속에 나온 사람들처럼 하나님은 우리가 이웃들에게 예수님의 사랑을 실
     천하기 원하신단다.

    −직업을 통해서도 이웃들에게 사랑을 실천할 수 있단다.

  5. 직업을 통해 이웃사랑을 실천하고 있는 사람들의 이야기를 소개한다.

    −153커피 사장님의 이야기를 들어보세요.

    −(153커피 영상을 본 후) 어떤 일을 하는 사람인가요?

    −직업을 통해 이웃에게 어떤 일을 하고 있나요?

  6. 내가 커서 갖고 싶은 직업과 이유를 그림이나 글로 표현해 본다.

    −자라서 어떤 직업을 갖고 싶나요?

    −그 직업을 생각한 이유는 무엇인가요?

    −그 직업을 통해서 어떻게 이웃사랑을 실천할 수 있을까요?

· 마무리 7. 갖고 싶은 직업에 대한 이야기를 나누어 본다.

    −친구들의 이야기를 들으니까 어떤 생각이 들었나요?

    −내가 실천하고자 했던 것과 같은 내용이 있었나요?

    −이것을 위해 지금부터 준비하거나 해 볼 수 있는 것이 있나요?

| 활 동 |
| 유 의 점 | · 사전 활동으로 직업을 통해서 이웃사랑을 실천한 사례들을 알아본다.

    · 직업을 통해서 이웃을 섬기는 기독교인의 사례는 CBS TV 〈새롭게 하소서〉 프로그램
     (153커피 조민영 대표 편)을 활용해 볼 수 있다.

| 확장활동 | · 언어영역: 다양한 직업 조사해 보기

    · 체험활동: 직업 박물관 현장학습 및 다양한 직업 체험

[나의 소명]

양팔을 벌리면, 직업(소명)을 적은 카드가 나온다. 유아가 자신의 재능이 무엇인지 생각해 보고, 재능과 관련된 직업을 가질 수 있음을 안다. 하나님이 나에게 주신 재능을 통해 이웃을 섬기는 것이 직업에서 얻을 수 있는 기쁨이라는 것을 안다.

[직업을 통해 이웃사랑을 실천하는 분 초대하기]

직업을 통해 이웃사랑을 실천하고 예수님을 전하는 그리스도인을 초대한다. 직업은 돈을 버는 경제적 수단뿐 아니라 다른 사람들을 섬기는 수단이라는 것을 안다.

| 활동평가 |
- 하나님이 나에게 재능을 주셨음을 알고, 나의 재능을 찾는 것에 관심을 갖는지 평가한다.
- 하나님이 내게 주신 재능을 노력하여 계발한다면 하나님과 이웃을 위해 일할 수 있는 직업이 될 수 있음을 아는지 평가한다.
- 다양한 직업에 관심을 갖고 자신의 직업에 대하여 탐색하는지 평가한다.

■ 4주 · 우리 동네 전통과 문화.

■ 주간통합목표: 하나님이 주신 공동체인 우리 동네 전통과 문화에 관심을 갖는다.

　　　　　　　하나님이 주신 공동체인 우리 동네를 아끼고 사랑한다.

사랑의 전류

활동형태: 자유선택활동/영역: 과학

|통합목표| • 우리 동네 이웃을 위해 내가 할 수 있는 일들을 실천할 수 있다.

　　　　 • 이웃끼리 서로 돕는 문화에 대해 안다.

　　　　 • 전기가 흐르는 물질과 흐르지 않는 물질을 구분할 수 있다.

|누리과정
관련요소| • 사회관계: 다른 사람과 더불어 생활하기 – 공동체에서 화목하게 지내기

　　　　 • 자연탐구: 과학적 탐구하기 – 물체와 물질 알아보기

|인성요소| • 사랑: 하나님과 이웃을 위한 일을 실천하기

　　　　 • 협동: 이웃과 함께하여 선한 일을 실천하기

|활동자료| • 성경이야기(장면 8, 9)

　　　　 • 사랑의 전류 교구상자, 그림카드, 전류가 흐르는 물건(예: 철사, 쇠 젓가락, 클립 등), 전류
　　　　 가 흐르지 않는 물건(예: 실, 나무젓가락, 플라스틱 고리 등)

|활동방법|

• 도 입　 1. 성경이야기(장면 8, 9)를 상기하며 행복한 우리 동네를 위하여 실천할 수 있는 일에 대
　　　　 하여 이야기 나눈다.

8  처음교회 사람들은 하나님 말씀하신대로 이웃사랑을 실천했어요. 어려운 상황 속에 있는 사람들을 도와주었어요. 이렇게 배고프고 추위에 떨고 몸이 아프고, 홀로된 사람들을 어떻게 도와주었는지 함께 보세요.

9  "아이고~ 배고파." 언덕 위 작은 집에 배고픈 사람들이 있네요. 그러면, "많이 배고프셨죠? 저희가 맛있는 음식을 만들었어요."하고 찾아가서 함께 나누어 먹었어요.

　　　 – 우리 동네가 행복한 되기 위해 내가 할 수 있는 일은 무엇이 있을까요?

• 전 개 2. '사랑의 전류' 교구를 소개한다.

　　　　－(장면 8을 보면서) 하나님은 '하나님을 사랑하고 이웃을 사랑하라.'고 말씀하셨어요.

　　　　－이것은 하나님께 순종하여 이웃사랑을 실천하면 교구의 가운데 하트에 불에 들어오는 교구예요.

　　　　－하나님 말씀에 순종하여 이웃 사랑을 실천하는 카드를 끼우면 사랑의 전류가 흘러서 불이 들어오고, 하나님 말씀에 순종하지 않는 모습의 카드를 끼우면 사랑의 전류가 흐르지 않아 불이 들어오지 않아요.

〈활동 방법〉

① '사랑의 전류' 교구를 탐색한다.
② 그림카드 5장을 탐색하면서 그림을 보면서 이야기 나눈다.
　　그림 1. 친구와 함께 장난감을 정리하는 사진
　　그림 2. 길거리에 떨어진 휴지를 줍는 사진
　　그림 3. 길거리에 휴지를 버리는 사진
　　그림 4. 친구의 장난감을 뺏고 있는 사진
　　그림 5. 공원에 있는 꽃을 꺾고 있는 사진
*그림카드 1~3에는 전류가 흐를 수 있도록 클립, 쇠젓가락, 철사를 붙이고, 그림카드 4~6에는 전류가 흐르지 않는 실, 플라스틱 링, 나무젓가락을 붙여 놓는다.

〈'사랑의 전류' 교구〉

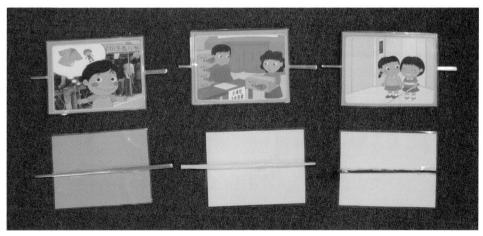

〈그림카드〉

3. 교구 양끝에 전선에 카드 양끝에 붙인 물체(전류가 흐르는 물체 또는 전류가 흐르지 않는 물체)와 연결시킨다.

〈'사랑의 전류' 교구 만드는 방법〉
① 상자 안에 건전지와 전선을 이어 전류가 흐르도록 만든 후, 전선을 밖으로 꺼낸다.
② 전류가 흐르는 물건들을 카드 뒤쪽에 붙인다.
③ 카드와 전선을 연결하면 상자 하트 부분에 불이 들어온다.

4. 전선과 그림카드 연결했을 때, 전류가 흘러서 불이 들어오는 경우와 불이 들어오지 않는 경우를 그림카드를 보면서 이야기 나눈다.
5. 그림카드를 보면서 이야기를 나누면서 교구활동을 한다.

• 마무리　　6. 교구활동 후, 활동 느낌을 나눈다.
　　　　　　　-어떤 카드와 전선을 연결하면 불이 들어오나요?
　　　　　　　-하트에 빨간 불이 들어온 것처럼 우리가 이웃사랑을 실천하여 하나님의 마음과 이웃 사람들의 마음에 사랑의 불이 들어오게 할 수 있어요.

|활　동|
|유의점|　• 전류를 이용한 교구이므로 유아들이 안전하게 사용할 수 있도록 사전에 지도한다.
　　　　　• 교구를 제작할 때 전선과 집게가 잘 연결될 수 있도록 제작하고, 집게에 잘 고정되는 물건을 준비하도록 한다.

|확장활동|　• 과학영역: 전류가 흐르는 물건과 흐르지 않는 물건 탐색하기
　　　　　　• 가정연계활동: 가족과 함께 이웃을 위해 내가 할 수 있는 실천해 보기(아파트에서 뛰지 않기, 이웃을 만나면 바르게 인사하기 등)

[친구와 함께 활동하기]

유아들이 카드와 전선을 연결했을 때, 불이 들어오면 활동에 대한 흥미가 높아진다. 교구의 구체적인 활동 카드를 활용하여 하나님의 마음에 대해 이야기 하며 유아들이 하나님이 기뻐하시는 행동이 무엇인지 알게 한다.

| **활동평가** | • 우리 동네의 아름다운 문화를 만들기 위하여 서로 돕고 사랑해야 함을 알고 있는지 평가한다.
• 이웃을 위해 실천할 수 있는 일들이 있음을 알고 있는지 평가한다.
• 이웃사랑을 실천하는 것은 하나님께 순종하는 것임을 알고 있는지 평가한다.
• 교구활동을 통해 전류가 흐르는 물건과 흐르지 않는 물건을 구분할 수 있는지 평가한다.

6월

■ 4주 · 우리 동네 전통과 문화.
■ 주간통합목표: 하나님이 주신 공동체인 우리 동네 전통과 문화에 관심을 갖는다.
　　　　　　　하나님이 주신 공동체인 우리 동네를 아끼고 사랑한다.

이웃사랑 실천북

활동형태: 대소집단활동/영역: 이야기나누기

|통합목표| • 하나님이 주신 공동체인 우리 동네를 아끼고 사랑한다.

• 우리 동네를 아끼고 사랑하는 방법을 알고 실천해 본다.

|누리과정 관련요소| • 사회관계: 다른 사람과 더불어 생활하기–공동체에서 화목하게 지내기

• 의사소통: 말하기–느낌, 생각, 경험 말하기

|인성요소| • 사랑: 하나님과 이웃을 위한 일을 실천하기

• 협동: 이웃과 함께하여 선한 일을 실천하기

|활동자료| • 성경이야기(장면 13), 이웃사랑 실천북 도안

|활동방법|

• 도 입　1. 성경이야기 장면 13을 보면서, 처음교회 사람들이 이웃들을 위해 어떤 일을 했는지 이야기 나눈다.

13 　자신이 가진 재능을 이용하여 필요한 도움을 주었어요. 처음교회 사람들은 하나님을 사랑하고 이웃을 사랑했답니다. 서로 사랑하는 처음교회 사람들의 모습을 본 주위 사람들은 그들을 칭찬했어요. 그리고 하나님도 기뻐하셨어요.

－처음교회 사람들은 이웃에게 어떻게 행동했나요? 왜 그렇게 행동했을까요?
－사람들은 처음교회 사람들의 모습을 보고 어떤 생각을 했을까요?
－하나님은 처음교회 사람들을 보시고 어떤 생각을 하셨을까요?

• 전 개　2. 동네를 아끼지 않는 행동에 대해 이야기 나눈다.
　　　　　－만약 동네 사람들끼리 인사도 하지 않고, 서로 미워한다면 어떨까요?

－가게 앞에 쓰레기를 버리거나 공원의 꽃을 꺾어 버린다면 어떨까요 ?

3. 우리가 처음교회 사람들처럼 이웃들에게 먼저 이웃사랑을 실천할 수 있는 방법을 이야
   기 나눈다.

   －예수님의 사랑을 받은 우리가 먼저 우리 동네 이웃을 아끼고 사랑할 수 있어요.

   －우리가 이웃에게 사랑을 실천해 보도록 해요.

   －어떤 방법으로 실천할 수 있을까요?

6월

4. 이웃사랑 실천북을 소개한다.

   －이웃사랑 실천북에는 서로 돕고 사랑하는 동네 문화를 만들기 위해서 우리가 할 수
     있는 일들이 적혀 있어요.

〈이웃사랑 실천북 내용〉

1. 이웃을 만나면 반갑게 인사해요.
   (예: 길거리, 가게, 아파트 엘리베이터 안)
2. 맛있는 음식은 이웃과 나누어먹어요.
   [예: 친구, 동생, 형, 누나, 이웃집 등]
3. 도움을 받으면 '감사합니다!'라고 인사해요.
   (예: 의사, 간호사, 경찰관, 미용사 등)
4. 집안에서 걸어 다니거나 적당한 소리로 이야기해요.
5. 애완동물과 산책 시, 대소변은 깨끗이 치워요.
6. 공원 시설물을 안전하게 이용하고, 쓰레기를 주워요.

• 마 무 리   5. 한 주 동안, 이웃사랑 실천북을 실천해 보도록 한다.

        −이웃을 사랑하는 마음으로 이웃사랑 실천북을 꾸준히 실천해 나가요.

        −우리는 어떤 마음을 갖고, 이웃사랑을 실천해야 할까요?

        −하나님이 우리에게 주신 우리 동네를 사랑하고 아껴요.

| 활   동 |
| 유 의 점 |

• 가정연계로 활동할 수 있도록 가정에 협조를 구한다. 유아가 이웃사랑을 실천하는 모습을 사진으로 찍어서 보내 달라고 요청하여 유아를 격려한다.

| 확장활동 |

• 미술영역: 이웃사랑을 실천했던 나의 모습 그려 보기

• 현장학습: 지역사회 문화축제 참여하기

[이웃사랑을 실천하는 모습]

동네 주변을 산책하면서 떨어져 있는 쓰레기를 줍는다. 깨끗한 동네가 되기 위해서는 쓰레기를 버리지 않아야 함을 알게 되었고, 깨끗해진 동네 거리를 보면서 유아들이 뿌듯함을 느낀다.

| 활동평가 |

• 이웃사랑하는 방법을 알고, 실천하고자 하는 의지가 있는지 평가한다.

• 하나님이 주신 우리 동네를 아끼고 사랑하는 마음을 갖고 있는지 평가한다.

7·8월 통합유아교육과정

하나님이 함께하는 여름

7 · 8월 · 하나님이 함께하는 여름

I. 성경적 통합유아교육과정 실행을 위한 기초 다지기

'성경적 통합유아교육과정 실행을 위한 기초 다지기'는 7 · 8월 유아교육과정에 해당하는 성경 배경과 흐름에 따른 주요개념 이해, 교사큐티를 통한 이해 재확인 및 적용과 기도 과정을 순차적으로 제시한다. 이 과정을 통하여 기독교 유아교사는 유아교육과정의 성경적 통합과정 이해 및 성경적 통합교육을 실행하기 위한 역량기반을 다질 수 있다. 성경적 통합역량 기초 다지기 과정을 거치면서 통합된 교육활동 내용을 충실하게 수행할 뿐만 아니라 심화 · 확장 활동으로 자유롭게 연계할 수 있는 역량을 성취해 나갈 수 있다.

1. 주요개념

한 달의 통합교육과정에 대한 이론적 기초로서, 성경본문과 유아교육과정의 주제가 어떤 개념을 근거로 통합되는지에 대한 정보를 제공한다.

2. 성경개관

성경본문의 요점과 배경, 전체 흐름을 살펴보고 통합의 근거가 되는 신학적 개념 및 유아에게 가르칠 핵심개념을 간추린다.

3. 교사큐티

말씀을 통해 하나님과 개인적으로 교제하는 시간으로 한 달간의 성경본문을 각 주별 주제와 관련하여 매주 묵상한다.

주요개념

요 약

유아교육과정에서는 여름철 날씨에 대해 알아보며 무더운 여름을 건강하고 안전하게 보낼 수 있는 방법에 대해 알아볼 것이다. 유아교육과정과 연계하여 성경본문은 이스라엘 백성이 출애굽한 이후 무덥고 추운 광야생활을 하는 여정에도 하나님께서 함께 하신다는 사실을 말해 준다. 하나님께서는 낮에는 구름기둥으로, 밤에는 불기둥으로 광야의 척박한 환경으로부터 이스라엘 백성들을 보호해 주셨다. 이스라엘 백성을 인도하신 하나님이 우리와 항상 함께 하신다는 것을 느껴 보며, 하나님이 만드신 여름을 건강하고 안전하게 보낼 수 있는 방법을 알아본다.

1) 유아교육과정: 여름철 건강과 안전

유아들은 날씨의 변화를 체험하고 탐구하며 계절마다 달라지는 생활의 모습을 자연스럽게 이해하게 된다. 따라서 날씨 변화에 따른 사람들의 적응 방식과 생활 및 자연의 변화에 대해 관심을 갖고 알아볼 수 있는 기회를 제공해 주어야 한다. 유아들은 계절에 따라 순환적으로 나타나는 날씨와 기후 변화 등의 자연현상을 경험하고 자연스럽게 인간과 자연의 관계를 이해한다. 더불어 각 계절에 적합한 방식으로 적응하면서 보다 자연을 소중히 여기고 감사하는 마음을 가질 수 있다.

생활주제 '여름'은 유아들이 이러한 날씨와 기후 현상을 직접적으로 경험하고 탐구해 보면서 여름철 날씨를 이해하고, 여름 풍경을 즐기며 더운 여름을 날 수 있도록 하였다. 특히, 우리나라의 여름은 고온 다습한 기후 특징과 더불어 장마와 무더위, 소나기와 태풍 등 다양한 기후 현상이 나타난다. 이에 따라 여름철 날씨 특징에 대한 이해와 더불어 적절한 운동과 휴식, 자신과 주변의 청결과 위생, 바람직한 식생활, 안전한 놀이와 생활과 같이 건강하고 안전한 생활습관을 강조한다. 따라서 생활주제 '여름'을 생활주제 '건강과 안전'과 연계하여 '여름철 건강과 안전'으로 통합하여 진행하였다. 특히, 여름철 무더위로 인해 여름철 위생 관리와 안전한 물놀이 및 건강한 여름 보내기가 주로 강조되므로 생활주제 '건강과 안전'에서는 '안전한 놀이와 생활' '맛있는 음식과 영양'을 소주제로 선정하였다.

2) 성경: 우리와 함께 하시는 하나님

하나님께서 택하신 백성인 이스라엘은 애굽 땅에서 큰 민족을 이루었다. 하나님은 노예생활을 하며 고통 중에 있는 그들을 약속의 땅으로 인도해 내실 것을 계획하셨다. 하나님은 모세를 지도자로 세워 열 가지 재앙과 홍해의 기적을 통해 이스라엘 백성을 바로와 애굽의 속박에서 구출하여 내셨다.

그러나 약속의 땅인 가나안으로 가기 위해 통과해야 하는 광야는 무척 험난한 땅이었다. 광야는 낮에는 불볕더위 속에서, 밤에는 기온이 뚝 떨어지는 추위 속에서 견뎌야 하는 곳이었다. 갈증을 해갈할 수 있는 물조차 구하기 어려운데다 주변에 무서운 불뱀과 전갈, 이방민족들의 위협이 끊이지 않는 땅이었다. 하나님은 이렇게 척박한 환경 속에서 이스라엘 백성의 가는 길을 인도하시고 예비하셨다.

하나님께서는 애굽을 나온 이스라엘 백성과 항상 함께 하셨다. 낮에는 구름기둥으로 광야의 불볕더위로부터 보호하시고, 밤에는 불이 그 구름 가운데서 나와 광야의 추위로부터 지켜 주셨다. 뿐만 아니라 하늘로부터 만나를 내려 주셔서 날마다 일용할 양식으로 먹이셨다. 하나님은 이렇게 보호하시고 먹이시는 손길을 광야 여정 40년 동안 한 번도 거두지 않으셨다. 이스라엘은 초자연적으로 역사하시는 하나님의 보호하심을 체험하면서 하나님만이 구원의 하나님이시고, 역사의 주인이시며, 자연의 주인이심을 믿게 되었다.

광야생활 동안 이스라엘 백성과 함께 하셨던 하나님은 오늘날에도 우리와 함께 하신다는 것을 알려 주신다. 우리는 예수님을 믿음으로 하나님을 경험하며 인도와 보호를 받을 수 있게 되었다.

3) 성경적 통합: 하나님이 함께 하시는 여름

유아교육과정의 여름철 건강과 안전은 유아들이 여름철 환경 변화에 대처하고 건강하고 안전한 생활습관과 태도를 형성하는 것에 주안점을 둔다. 이를 통해 여름철 건강하고 안전한 삶을 유지하기 위한 올바른 태도를 생활화함으로써 건강한 사회인으로서 성장하는 데 필수적인 요건들을 갖추도록 한다. 성경에 나타난 하나님은 자신의 백성을 돌보시고 지키시기 위해 자연현상마저도 의도하신 대로 사용하셨다. 이를 통해, 우리의 건강과 안전은 우리와 함께 하시는 하나님의 주권에 속해 있다는 것을 깨닫게 된다. 우리의 건강과 안전을 책임저 주시는 분은 궁극적으로 우리와 함께 하시는 하나님이시다.

이처럼, 여름철 더위 속에서도 우리를 건강하고 안전하게 인도하시는 하나님을 알기 위해서 먼저 하나님은 우리와 언제나 함께 하시는 분이라는 것을 안다. 광야라는 척박한 환경 속에서도 구름기둥과 불기둥으로 인도하셨으며, 만나를 먹이신 사건을 예로 들 수 있다. 그런 하나님께서 오늘날에도 우리와 함께 하시고 우리를 보호하신다는 것을 알려 준다. 그것은 바로, 하나님의 아들 예수님을 믿음으로 우리도 하나님을 만나고 그분의 인도하심을 받을 수 있게 되었다는 사실이다. 이렇게 함께 하시는 하나님에 대한 이해 위에서 하나님이 만드신 여름철 기후나 주변 환경 변화에 대해 알아보도록 한다. 유아는 하나님과 연결된 관계 안에서 하나님이 만드신 세계에 대한 기쁨과 호기심을 가질 수 있다. 동시에 이 여름에도 우리와 함께 하시는 하나님을 느끼는 시간이 될 수 있을 것이다.

　　우리나라의 뜨거운 여름철 날씨에 대해 알아보면서, 함께 하시는 하나님의 사랑을 성경의 이야기를 통해 보다 구체적으로 경험해 볼 수 있다. 이러한 경험을 통해서 유아가 하나님이 함께 하심으로 하나님과 함께 건강하고 즐거운 여름을 보내도록 할 수 있다. 한낮의 불볕더위와 한밤의 추위를 오가는 광야의 날씨 속에서도 하나님께서는 구름기둥과 불기둥으로 이스라엘 백성을 안전하게 인도하셨듯이, 우리나라의 여름철 더위 속에서도 자연을 통해 그리고 인간의 지혜를 사용하게 하셔서 우리를 지키시고 보호하시는 하나님의 손길을 찾아볼 수 있다. 하나님께서는 날씨의 위험으로부터 보호하실 뿐만 아니라 안전하게 먹을 수 있는 양식인 만나를 하늘로부터 내려주심으로 이스라엘 백성이 먹을 것까지 책임져 주셨다. 만나를 거두어들일 때 하나님이 명령하신 주의해야 할 지침들을 통해 여름철 날마다 일용할 양식을 주신 하나님께 감사하며 안전하고 위생적으로 먹을 수 있는 방법들까지 알아볼 수 있다. 이처럼 이스라엘의 상황을 통해 유아들은 오늘날에도 우리와 함께 하시며 여름을 건강하고 안전하게 보낼 수 있게 하시는 하나님께 감사할 수 있다.

성경개관

| 성 경 말 씀 |

본문제목

하나님이 우리와 함께 하세요

성경본문

출애굽기 14:21-22, 40:36-38, 16:31-36

중심말씀

낮에는 여호와의 구름이 성막 위에 있고 밤에는 불이 그 구름 가운데에 있음을 이스라엘의 온 족속이 그 모든 행진하는 길에서 그들의 눈으로 보았더라(출애굽기 40:38)

내용요약

하나님은 이스라엘 백성과 언제나 함께 해 주셨다. 구름기둥과 불기둥으로 이스라엘 백성을 안전하게 인도해 주시고, 하늘의 양식인 만나를 내려 주심으로 광야 생활 40년 동안 이스라엘 백성을 먹이시고 돌보셨다.

| 신학적 개념 |

신 론—삼위일체 하나님(유아수준: 하나님—하나님은 함께 하세요)

　　　—창조주 하나님(유아수준: 하나님이 만드신 자연 세계—하나님이 만드셨어요)

기독론—그리스도의 사역(유아수준: 예수님—예수님은 죽으시고 다시 살아나셨어요)

인간론—하나님의 형상(유아수준: 나와 사람들—하나님을 닮았어요)

| 핵 심 개 념 |

- 하나님은 우리를 돌보신다.
- 하나님은 이 세상에 모든 것을 만드셨다.
- 예수님은 우리를 구원하신다.
- 우리는 주인이신 하나님께 순종해야 한다.

| 성 경 이 해 |

출애굽 이후 하나님은 이스라엘 백성과 항상 함께 하셨다. 이스라엘 백성은 '구름이 성막 위에서 떠오를 때에는' 길을 떠나고, 그것이 '떠오르지 않을 때에는' 그곳에 계속 머물렀다. 구름기둥과 불기둥은 이스라엘이 친히 하나님의 인도를 받았다는 것을 보여 준다. 또한 하나님은 먹을 것이 없어 원망하는 이스라엘 백성에게 만나를 내려 주셨다. 본문을 통하여 우리는 하나님은 믿는 그리스도인과 함께 하시고 보호해 주시며 말씀으로 하나님의 뜻을 가르쳐 주신다는 사실을 알 수 있다.

7 · 8월

307

교사큐티

광야에서 함께 하시는 하나님

성경본문 출애굽기 14:21-22, 40:36-38, 16:31-36

하나님은 이스라엘 백성과 언제나 함께 해 주셨다. 구름기둥과 불기둥으로 이스라엘 백성을 안전하게 인도해 주시고, 하늘의 양식인 만나를 내려 주심으로 광야생활 40년 동안 이스라엘 백성을 먹이시고 돌보셨다.

|도움말|

40:38 불기둥과 구름기둥이 따로 존재하지 않았다. 구름 기둥 가운데 빛과 열을 내뿜는 불이 불기둥이 되었다.

38 그 모든 행진하는 길에서(during all their travels) 이스라엘 백성들이 광야생활하는 40년 기간 내내(출애굽기 14: 21-22).

16:38 친히 보았더라: 하나님의 보호하심을 이스라엘 백성 모두가 눈으로 직접 목격하고 체험하였다.

32 오멜: 곡식의 양을 측정하는 토기 사발. 에바 1/10에 해당하는 양

35 정확히 가나안 땅에서 유월절을 지내고 그 땅의 소산을 먹은 그 날까지 만나를 먹었다.

구름기둥과 불기둥

14:12 여호와께서 그들 앞에서 가시며 낮에는 구름기둥으로 그들의 길을 인도하시고 밤에는 불기둥을 그들에게 비추사 낮이나 밤이나 진행하게 하시니

22 낮에는 구름기둥, 밤에는 불기둥이 백성 앞에서 떠나지 아니하니라

40:36 구름이 성막 위에서 떠오를 때에는 이스라엘 자손이 그 모든 행진하는 길에 앞으로 나아갔고

37 구름이 떠오르지 않을 때에는 떠오르는 날까지 나아가지 아니하였으며

38 낮에는 여호와의 구름이 성막 위에 있고 밤에는 불이 그 구름 가운데에 있음을 이스라엘의 온 족속이 그 모든 행진하는 길에서 그들의 눈으로 보았더라

만나

16:31 이스라엘 족속이 그 이름을 만나라 하였으며 깟씨 같이 희고 맛은 꿀 섞은 과자 같았더라

32 모세가 이르되 여호와께서 이같이 명령하시기를 이것을 오멜에 채워서 너희의 대대 후손을 위하여 간수하라 이는 내가 너희를 애굽 땅에서 인도하여 낼 때에 광야에서 너희에게 먹인 양식을 그들에게 보이기 위함이니라 하셨다 하고

33 또 모세가 아론에게 이르되 항아리를 가져다가 그 속에 만나 한 오멜을 담아 여호와 앞에 두어 너희 대대로 간수하라

34 아론이 여호와께서 모세에게 명령하신 대로 그것을 증거판 앞에 두어 간수하게 하였고

35 사람이 사는 땅에 이르기까지 이스라엘 자손이 사십 년 동안 만나를 먹었으니 곧 가나안 땅 접경에 이르기까지 그들이 만나를 먹었더라

36 오멜은 십분의 일 에바이더라

|요약/해설|

구름기둥과 불기둥

여호와께서는 이스라엘 백성의 광야 여정 동안 낮에는 구름기둥으로 밤에는 불기둥으로 인도해 주셨다. 하나님은 40년 광야생활 동안 이스라엘 백성이 오직 하나님만을 의지하게 하셨다. 하나님은 광야의 낮의 불볕더위는 구름기둥으로 시원하게 해 주셨고, 밤의 추위는 그 구름기둥에서 나는 불로써 이스라엘 백성을 따뜻하게 보호해 주셨다.

만나

만나는 거두는 방법에 있어서 생겨난 모든 일들(출애굽기 16: 20, 21, 24, 27)을 통해 철저히 하나님 말씀에 순종해야 한다는 것과 이 모든 것은 전적으로 하나님의 능력에 의한 초자연적인 역사라는 것을 보여 준다. 하나님은 이 만나를 보관하게 하셨다. 그것은 가나안에 들어간 이후 만나를 보지 못한 세대들에게도 과거 조상들이 취하여 먹었던 만나를 보여 줌으로써 광야생활 가운데서 우리를 인도하신 하나님의 은혜를 잊지 않기 위한 것이다(신명기 8:3, 16).

|찬양과 기도| 주님의 임재 가운데 나아갑니다. 주님 말씀하여 주십시오. 제가 듣겠습니다!

|말씀| 본문을 3번 정도 읽으며 전체적인 뜻을 파악하기/내게 다가오는 말씀들을 기록하기

|묵상| 말씀 묵상, 변화를 위한 적용과 구체적인 실천 찾기, 기도하며 결단하기

- 1주: 하나님께서는 광야를 지나는 이스라엘 백성을 섬세하게 돌보셨습니다(출애굽기 13:21-22, 16:1-17:7). 하나님의 인도하시는 과정을 살펴보며 하나님의 도우심을 묵상해 봅시다.

7·8월

- 2주: 우리 나의 삶을 지키시고 보호하시는 하나님의 불기둥과 구름기둥과 같은 은혜는 어떤것들이 있었나요? 나누어 봅시다(출애굽기 40:38).

- 3주: 나는 구체적으로 어떻게 하나님께 하나님의 도우심을 구하고 있나요? 하나님의 도우심을 구하는 기도 내용에 합당하게 무엇을 하고 있는지 나누어 봅시다.

- 4주: 광야는 필요한 모든 것을 오직 하나님만이 제공하실 수 있는 곳입니다(출애굽기 40:38; 16:35). 이스라엘 백성의 육체적인 것, 정서적인 것, 지적인 것 그리고 영적인 측면의 필요를 하나님께서 어떻게 채우셨는지 생각해 봅시다.

|공동기도| 우리의 모든 상황을 아시고 안전하게 인도해 주시는 하나님 감사합니다. 지금도 내 삶에 구름기둥과 불기둥으로 함께 하시며 일용한 양식으로 채우시는 하나님의 은혜를 잊지 않고 오직 하나님만 의지하며 살아가게 하여 주소서.

---

7 · 8월 · 하나님이 함께하는 여름

II. 성경적 통합과정 이해하기

'성경적 통합과정 이해하기'는 성경본문과 유아교육과정 사이에 다리 놓기 작업으로서 유아교육과정이 성경적으로 통합되는 절차와 단계를 보여 준다. 성경적 통합과정을 구조화함으로써 교사가 통합과정을 보다 쉽게 이해하고 성경적으로 통합할 수 있는 능력을 갖출 수 있도록 지원한다.

1. 월간 성경적 통합의 흐름도

유아교육과정의 주제 및 목표를 성경본문의 주제 및 목표에 근거하여 통합하는 과정을 보여주는 프레임(틀)이다.

2. 월간 성경적 통합과정 해설

개요 수준에서 요약한 성경적 통합의 흐름에 함축된 주요 내용이나 예시들을 자세히 풀어서 설명해 놓은 지침서이다.

3. 월간통합교육계획안

성경주제 및 목표에 근거하여 한 달간 진행되는 통합교육활동들과 그 흐름을 한눈에 볼 수 있도록 요약한 주요 계획이다.

월간 성경적 통합의 흐름도

성경주제	성경목표
하나님이 우리와 함께 하세요	• 우리와 항상 함께 하시는 하나님을 느껴 본다. • 예수님을 믿음으로 하나님을 만날 수 있음을 안다. • 하나님은 우리를 안전하게 지켜 주시는 분이심을 안다. • 하나님은 우리에게 일용할 양식을 주시는 분이심을 안다.

유아교육과정 주제	유아교육과정 목표
여름	• 여름철 날씨 특징에 관심을 갖고 알아본다. • 여름을 시원하게 지낼 수 있는 방법에 대해 관심을 갖고 알아 본다.
건강과 안전	• 여름철에 안전하게 놀이하는 방법을 알아보고 지킨다. • 건강한 성장을 위해 음식과 영양이 필요함을 안다.

월간 통합주제	월간 통합목표
하나님이 함께하는 여름	• 우리와 함께 하시는 하나님을 느끼며 여름을 즐겁게 보낸다. • 하나님이 만드신 여름철 날씨 특징에 관심을 갖고 알아본다. • 하나님이 주신 지혜로 여름을 시원하게 지낼 수 있는 방법을 알아본다. • 하나님은 우리를 안전하게 지켜 주시는 분이심을 안다. • 하나님이 주신 지혜로 여름철에 안전하게 놀이하고 생활하기 위한 방법을 알아보고 지킨다. • 하나님은 우리에게 일용할 양식을 주시는 분이심을 안다. • 건강한 성장을 위해 하나님이 주신 음식을 안전하게 먹는다.

인성요소
• 존중: 생명을 만드신 하나님을 존중하기 • 배려: 하나님의 돌보심과 보호하심을 인식하기 • 인내: 하나님의 기뻐하심을 바라고 참고 견디기 • 기쁨: 어떠한 상황에서도 긍정적인 마음과 태도 가지기, 즐겁고 감사한 마음 잘 표현하기기 • 사랑: 하나님의 사랑 알고 기뻐하기 • 절제: 자신의 욕심을 따르지 않고 하나님의 말씀에 따르기

312

월간 성경적 통합과정 해설

| **통합주제** | 하나님이 함께하는 여름 |

| **통합목표** | 우리와 함께 하시는 하나님을 느끼며 여름을 즐겁게 보낸다. |

하나님이 만드신 여름철 날씨 특징에 관심을 갖고 알아본다.

하나님이 주신 지혜로 여름을 시원하게 지낼 수 있는 방법을 알아본다.

하나님은 우리를 안전하게 지켜 주시는 분이심을 안다.

하나님이 주신 지혜로 여름철에 안전하게 놀이하고 생활하기 위한 방법을 알아보고 지킨다.

하나님은 우리에게 일용할 양식을 주시는 분이심을 안다.

건강한 성장을 위해 하나님이 주신 음식을 안전하게 먹는다.

| **인성요소** | • 존중: 생명을 만드신 하나님을 존중하기 |

• 배려: 하나님의 돌보심과 보호하심을 인식하기

• 인내: 하나님의 기뻐하심을 바라고 참고 견디기

• 기쁨: 어떠한 상황에서도 긍정적인 마음과 태도 가지기, 즐겁고 감사한 마음 잘 표현하기

• 사랑: 하나님의 사랑 알고 기뻐하기

• 절제: 자신의 욕심을 따르지 않고 하나님의 말씀에 따르기

요약

'하나님이 함께하는 여름' 주제를 위한 성경적 기초로서 주된 개념은 '하나님은 우리와 함께 하시는 분'이라는 것이다. 이에 따라 유아교육과정 소주제를 '여름 날씨 알기' '더운 여름나기' '안전한 놀이와 생활' '맛있는 음식과 영양'으로 구성하였다. 이스라엘 백성과 함께 하시는 하나님은 오늘날에도 예수님을 통해서 우리를 만나 주신다. 예수님을 통해 우리와 함께 하시는 하나님께서 이 여름에도 건강하고 안전하게 인도해주신다는 것을 알고, 하나님과 함께 즐거운 여름으로 보내는 것이 주요 목적이다. 이를 위해, 먼저 유아가 성경이야기를 통해 우리와 함께 하시는 하나님을 느껴 보고 하나님이 만드신 여름에 대해 알아보는 시간을 갖는다. 또한, 하나님이 주신 지혜로 여름을 시원하게 보내고 안전하게 놀이하는 방법을 알아보고 건강한 성장을 위해 일용할 양식을 주시는 하나님께 감사하는 시간으로 보내도록 한다. 존중, 인내, 사랑, 기쁨, 절제, 배려 등의 기독교 인성 덕목을 경험하고 내면화하여 유아들이 실천할 수 있는 것들을 안내한다.

1. 주요 성경개념

광야생활 가운데 이스라엘과 함께 하셨던 하나님께서 오늘날 예수님을 통해 우리를 만나 주신다. 우리는 예수님을 믿음으로 언제 어디서나 하나님과 함께 하게 될 뿐만 아니라 하나님의 도우심과 인도하심을 받을 수 있게 되었다. 하나님께서는 우리가 어렵고 힘든 상황 속에서도 안전하게 지키시며 날마다 꼭 필요한 음식을 일용할 양식으로 공급해 주신다. 우리를 돌보시고 먹이시는 하나님의 따뜻한 사랑을 느끼며 하나님에 대한 감사한 마음을 표현해 본다.

2. 성경적 통합 활동 및 방법

출애굽 이후 광야의 어려운 환경 속에서 하나님은 초자연적인 능력으로 이스라엘의 건강과 안전을 지켜 주셨다. 이를 통해 우리의 건강과 안전을 책임져 주시는 분은 궁극적으로 하나님이시라는 사실이 여름철 건강과 안전에 대한 모든 통합활동의 핵심개념이 되도록 한다. 이를 위해서는 하나님이 우리를 돌보시기 위해 어떤 방법으로 우리와 함께 하실 수 있는지를 먼저 다루어야 한다. 하나님과 함께 하며 무더운 여름을 즐겁고 보람 있게 보내도록 통합활동을 구성할 수 있다.

1) 여름 날씨 알기

하나님이 이스라엘 백성과 함께 하셨기에 광야의 악조건 속에서도 40년간 광야생활을 해 나갈 수 있었다. 이를 통해 여름과 관련된 통합활동을 하면서 우선적으로 우리와 항상 함께 하시는 하나님을 유아들이 느끼고 만날 수 있도록 해야 한다. 하나님은 오늘날에도 예수님을 통해 자신을 만날 수 있는 길을 열어 주셨다. 그것은 하나님의 아들 예수님을 믿는 것이다. 그러므로 유아들에게 이스라엘 백성을 만나 주신 하나님과 함께 그 아들이신 예수님을 소개함으로써 통합 활동을 시작할 수 있다.

다음으로, 하나님이 만드신 여름 날씨에 대해서 유아들과 함께 알아본다. '여름 날씨 알기' 주제에서는 여름 날씨의 변화를 느끼고 장마, 태풍과 같은 기후 현상에 관심을 갖고 알아본다. 우리나라의 여름은 고온다습한 기후 특징을 갖고 있다. 뜨거운 태양빛이 내리쬐며 가뭄이 들기도 하지만, 장마가 지속되고 태풍이 불기도 한다. 인간은 여름철 기후 속에서 많은 혜택을 받기도 하고 안전의 위협에 대비하기도 한다. 여름철 햇빛과 높은 온도, 적당한 습기 덕분에 이 기간에 식물은 급속히 성장하고, 이것은 가을철 풍성한 수확으로 이어진다. 반면, 이러한 기후 특징으로 모기와 같이 건강을 해치는 벌레들도 기승한다. 유아는 여름과 여름철 날씨에 대해 알아보며, 하나님은 사계절을 다르게 만드셨지만 여름도 여러 가지 모습을 지니도록 만드셨음을 알 수 있다. 여름의 다양한 모습을 감상하며 세상을 창조하신 하나님을 새롭게 느껴 본다.

한편, 광야의 특징으로 한낮의 불볕더위나 불뱀과 전갈의 위협이 항상 있다는 점을 들 수 있다. 광야는 여름과 비교하기 어려울 정도로 훨씬 더 혹독한 환경이다. 여름철 날씨와 관련된 활동을 통해 유아들이 이스라엘 백성이 지나온 광야의 더위와 갈증, 위협들을 느껴 볼 수 있도록 한다. 그러한 환경 속에서 이스라엘 백성에게 하나님의 도우심과 인도하심이 얼마나 절실했을지 느껴 보는 시간도 가질 수 있다. 이스라엘의 생활 여건과는 달리 우리는 여름이 지나면 가을이 오는 사계절을 골고루 경험하면서 보다 안전하고 쾌적한 환경 속에서 생활하고 있다는 것도 새롭게 느껴 볼 수 있다.

7 · 8월

2) 더운 여름 나기

유아교육과정의 '더운 여름 나기'는 여름을 시원하고 안전하게 보낼 수 있는 방법을 중심으로 주요 내용을 선정하고 있다. 구체적으로 여름을 시원하게 지낼 수 있는 방법에 대해 관심을 갖고 알아본다. 또한, 여름철에 먹는 음식을 알아보고 여름에 할 수 있는 놀이를 소개함으로써 여름을 슬기롭게 즐길 수 있는 방법도 소개하고 있다. 마지막으로, 여름철 안전에 대비하는 방법에 관심을 갖고 알아보도록 하였다. '더운 여름 나기'에서는 이 가운데 여름을 시원하게 지낼 수 있는 방법을 중점적으로 알아보기로 한다. 음식과 놀이 및 여름철 안전과 관련된 부분은 유아교육과정 생활주제 '건강과 안전'과 연계하여 3주와 4주에 보다 심화해서 알아본다.

낮과 밤의 일교차가 매우 큰 광야는 인간의 힘으로는 극복하기가 매우 어려운 환경이다. 하나님은 그러한 이스라엘 백성에게 구름기둥과 불기둥을 사용하셔서 40년간의 광야생활을 무사히 마치도록 하셨다. 광야의 환경에서는 하나님의 초자연적인 역사만이 이스라엘 백성을 구원할 수 있는 유일한 방법이었기 때문이다. 이에 비해 우리나라 여름의 상황에 대해서는 또 다른 방법으로 지혜롭고 슬기롭게 보낼 수 있다. 광야와는 달리 주변에 이용할 수 있는 자원들과 도구들이 충분히 있으며, 우리는 그것으로 여름을 지혜롭게 보낼 수 있는 방법을 알 수 있다. 시원한 음식, 선풍기와 에어컨과 같은 냉방기구들을 이용할 수 있으며, 또한 피서지를 찾아 더위를 식히거나 여름을 즐길 수 있다. 이처럼 우리는 하나님이 만들어 주신 여름철 다양한 날씨를 경험하며, 여름을 안전하고 즐겁게 보낼 수 있다.

3) 안전한 놀이와 생활

유아교육과정은 안전한 놀이와 생활을 통해 유아가 일상생활에서 안전하게 놀이하고 생활하도록 하고 있다. 또한, 폭염이나 장마, 지진이나 홍수, 화재와 같은 다양한 종류의 재난 및 사고에 대처하는 방법을 알도록 하고 있다. 여름철 날씨와 관련하여 발생할 수 있는 재해는 주로 태풍이나 가뭄, 폭염, 장마 등이 있다. 평상시에 화재나 지진 대피 훈련은 정기적으로 하지만, 여름철 같은 경우는 여름철 기후를 고려한 재난이나 사고 대비 훈련이 필요하다. 이를 위해 외출 자제나 냉방병을 대비하는 생활습관

등에 대한 교육을 강조할 필요가 있다. 특히, 물놀이 안전과 같은 경우는 사전에 건강 상태를 조절하고 충분히 준비 운동을 할 수 있도록 한다. 이러한 훈련들은 평소에 소홀히 해서는 안 되는 매우 중요한 대처방법들이다.

이처럼, 유아가 하나님이 만들어 주신 여름철 날씨를 경험하고, 다양한 상황에서 안전하고 지혜롭게 대처할 수 있도록 한다. 이와 함께 이스라엘 백성이 40년 광야생활을 마치기까지 그들을 주권적으로 이끌어 오셨던 분이 하나님이셨듯이, 우리의 안전을 책임져 주시는 분도 궁극적으로 하나님이라는 사실을 강조한다. 1, 2주차의 교육과정에서 이미 접했지만, 3주차의 모든 활동을 통해서도 이를 지속적으로 가르치도록 한다. 이러한 과정은 우리의 삶을 안전하게 인도하시는 분은 하나님이시라는 것에 대한 성경적 인식이 먼저 자리 잡도록 도와줄 것이다. 이처럼 유아들을 하나님이 함께 하신다는 믿음 위에 먼저 견고히 세우는 과정이 필요하며, 이를 기반으로 실생활에서도 안전하게 생활 할 수 있는 생활 습관이 형성되도록 지도한다.

4) 맛있는 음식과 영양

유아교육과정은 '맛있는 음식과 영양'을 '즐겁게 먹기' '골고루 먹기' '바르게 먹기'라는 세 가지 소주제로 구성한다. '즐겁게 먹기'는 음식을 나누어 먹는 즐거움, 음식을 만드는 즐거움을 느끼며 음식을 먹을 때 감사한 마음을 갖도록 하였다. '골고루 먹기'는 우리 몸의 성장을 위해서는 음식과 영양분이 필요함을 알고, 음식을 골고루 먹는 습관을 강조하고 있다. 마지막으로 '바르게 먹기'는 음식을 바른 자세로 먹는 습관을 기르며 음식을 소중히 여기는 자세를 갖도록 하였다. 이 주제에서는 이 가운데 건강한 성장을 위해 음식과 영양이 필요하다는 것과 음식을 먹을 때 감사한 마음을 갖도록 하는 것에 중점을 두었다.

하나님께서는 이스라엘 백성의 안전뿐만 아니라 일용할 양식을 주심으로 그들의 생명까지 보존해 주신다. 40년 동안 만나를 먹이심으로 이스라엘 백성이 살아가는 데 필요한 음식과 영양을 공급해 주셨다. 하늘로부터 내려오는 양식인 만나는 먹을 것이 전혀 나지 않는 척박한 땅 광야에 유일한 양식이었다. 하나님께서는 광야에서 초자연적인 역사로 이스라엘 백성을 먹이셨듯이, 오늘날 우리의 상황에 맞게 먹을 것 또한 책임져 주신다. 우리를 부모나 교사의 보호 아래 두시고 아침과 점심, 저녁을 먹이시고 필요한 간식도 공급해 주셨다. 따라서 본 주제를 전개할 때 먼저, 부모와 교사를 통해 일용할 양식을 먹이심으로 우리 몸에 필요한 음식과 영양을 공급해 주시고 계시는 하나님께 감사하는 시간을 갖는다.

구체적인 활동에서는 식품 구성 자전거나 몸에 이로운 음식 등에 대해 살펴보면서 우리 몸의 성장을 위해서는 음식을 먹어야 한다는 것과 음식을 통해 공급되는 영양분으로 우리 몸의 각 기관이 제 기능을 하며 건강하게 성장한다는 내용을 다룰 수 있다. 이것을 실제로 기본생활습관이나 식사시간 확장활동으로 연계하여 유아들이 그날의 식단과 포함되는 영양분 그리고 그 효능에 대해 살펴보고 골고루 섭취하는 것까지 실천하도록 지도할 수 있다.

한편, 성경은 만나를 거두어들일 때 하나님이 명령하신 지침들을 기록하고 있다. 그날 먹을 양만큼만 거두라는 것과 만나를 보관하는 방법에 대한 내용들이다(출애굽기 16:13-30). 이것을 통해 하나님께서는 이스라엘 백성이 자신의 말에 순종하는지 그렇지 않은지를 보셨다. 만나를 거두는 지침은 음식은 꼭 필요한 양만큼 적당하게 먹어야 한다는 것과 안전하고 위생적인 방법으로 보관해야 한다는 점에 대한 모본이 되기도 한다. 특히, 먹는 것을 조절하기 어려워하는 유아들이나 음식이 상하기 쉬운 여름철과 관련하여 하나님께서는 우리의 건강을 위해 하나님이 주시는 양식을 적당량으로 안전하게 먹기를 원하신다는 것을 알 수 있다. 이것을 활동으로 연계하여 올바른 식습관이 형성될 수 있도록 일상생활 속에서 실천하도록 한다.

월간 통합교육계획안

- 성경주제: 하나님이 우리와 함께 하세요
- 성경목표: 우리와 항상 함께 하시는 하나님을 느껴 본다.
  예수님을 믿음으로 하나님을 만날 수 있음을 안다.
  하나님은 우리를 안전하게 지켜 주시는 분이심을 안다.
  하나님은 우리에게 일용할 양식을 주시는 분이심을 안다.

연관주제	여름, 건강과 안전			
통합주제	하나님이 함께하는 여름			
통합목표	• 1주: 우리와 함께 하시는 하나님을 느끼며 여름을 즐겁게 보낸다. 　　　 하나님이 만드신 여름철 날씨 특징에 관심을 갖고 알아본다. • 2주: 하나님이 주신 지혜로 여름을 시원하게 지낼 수 있는 방법을 알아본다. • 3주: 하나님은 우리를 안전하게 지켜 주시는 분이심을 안다. 　　　 하나님이 주신 지혜로 여름철에 안전하게 놀이하고 생활하기 위한 방법을 알아보고 지킨다. • 4주: 하나님은 우리에게 일용할 양식을 주시는 분이심을 안다. 　　　 건강한 성장을 위해 하나님이 주신 음식을 안전하게 먹는다.			
인성요소	존중, 인내, 사랑, 기쁨, 절제, 배려			

주		1주	2주	3주	4주
활동	주제	여름 날씨 알기	더운 여름 나기	안전한 놀이와 생활	맛있는 음식과 영양
실내자유선택활동	쌓 기	• 옷가게 만들기	• 수영장 만들기		• 식품 구성 탑 쌓기
	역 할	• 여름철 옷 가게 • 기상캐스터 놀이	• 수영장 놀이		• 건강한 밥상 차리기
	언 어		• 여름책 만들기	• 여름안전규칙	• 음식조절 다짐표
	수 · 조작	• 날씨에 알맞은 옷차림★		• 여름놀이퍼즐	
	미 술	• 사계절 그림으로 표현하기	• 햇빛을 가리는 도구★ • 바다에서 즐거웠던 경험 그리기		• 지점토로 음식 만들기
	음 률	• 여름 날씨 표현하기		• 마음에 안정을 주는 음악 감상하기	
	과 학	• 여름 옷 탐색 • 여름 날씨 조사하기	• 바람불어 포스트잇 떼기 • 밀물과 썰물 알아보기	• 온도 측정하기	• 5대 영양소
대소집단활동	이야기 나누기		• 요리) 여름에 먹는 음식만들기	• 안전한 생활을 위한 규칙 만들기 • 폭염에 지혜롭게 대처해요★	• 식품 구성 자전거 • 여름철에 음식을 보관하는 방법
	동시 · 동화 · 동극	• 동화) 여름		• 동시) 안전해요	
	미술/음악				• 음악) 식사기도의 노래★
	신체/게임	• 여름 날씨 표현하기★	• 신체) 바다 속으로★	• 구름기둥 불기둥 아래에서★	• 음식을 적당히 먹어요★
바깥놀이활동		• 비오는 날의 산책		• 물총놀이	
성 경 말 씀		낮에는 여호와의 구름이 성막 위에 있고 밤에는 불이 그 구름 가운데에 있음을 이스라엘의 온 족속이 그 모든 행진하는 길에서 그들의 눈으로 보았더라(출애굽기 40:38)			
기 도		하나님이 만드신 여름의 다양한 날씨를 경험하고 지혜롭게 보낼 수 있게 해 주셔서 감사합니다. 이 여름에도 우리를 안전하게 지켜 주시고, 돌보아 주세요. 예수님 이름으로 기도드립니다. 아멘.			

★: 수록된 단위 활동

7 · 8월 · 하나님이 함께하는 여름

III. 성경적 통합유아교육과정 실행하기

'성경적 통합유아교육과정 실행하기'는 성경주제 및 목표가 반영된 성경이야기를 토대로 지금까지의 모든 통합과정을 활동 속에 집약한 교육 실제를 다룬다. 교사가 성경에 근거한 통합교육활동을 안정된 성경적 기반 위에서 수행할 수 있도록 지원한다.

1. 성경이야기

성경이야기는 성경본문의 내용을 유아들이 쉽게 이해할 수 있는 한편의 이야기로 구성하였다. 특히, 월별 성경이야기는 단위활동과 통합되어, 유아들에게 흥미를 유발하고 성경본문의 전체 흐름과 맥락을 보다 쉽게 이해할 수 있도록 한다.

2. 단위활동계획안

단위활동계획안은 성경적 통합학습 내용을 강화하고 재학습할 수 있도록 제시한 구체적 활동 방안이다. 교사는 단위활동계획안을 참고하여 활동방안에 대한 아이디어와 발문 정보를 얻을 수 있다.

성경이야기

| **본문제목** | 하나님이 우리와 함께 하세요

| **성경본문** | 출애굽기 13:21-22, 40:36-38, 16:31-36

| **중심말씀** | 낮에는 여호와의 구름이 성막 위에 있고 밤에는 불이 그 구름 가운데에 있음을 이스라 엘의 온 족속이 그 모든 행진하는 길에서 그들의 눈으로 보았더라(출애굽기 40: 38)

| **중심내용** | 하나님께서는 이스라엘이 광야생활을 하는 동안 항상 함께 해주셨어요. 하나님은 우 리와도 함께 해 주세요. 우리는 예수님을 믿음으로 언제 어디서나 하나님과 함께 할 수 있게 되었어요. 하나님께서는 이스라엘 백성이 힘든 광야생활을 하는 동안 지키시 고 먹여 주셨어요. 하나님은 우리도 항상 안전하게 지키시며 날마다 꼭 필요한 음식 을 주신답니다. 우리를 돌보시고 먹이시는 하나님의 따뜻한 사랑 감사해요.

순서	장면	내용
1		불볕더위가 시작되는 여름이에요. 이렇게 더운 여름에 어떻게 더위를 피하나요? 뜨겁게 내리쬐는 태양을 피해 시원한 나무 그 늘에 들어가서 쉬어요. 시원하고 맛있는 아이스크림이나 과일 을 먹으며 더위를 잊기도 해요.
2		또 부모님과 함께 시원한 바다로 여행을 떠나기도 하죠.
3		오래전 광야의 더위속에서 생활한 이스라엘 백성이 있었어요. 하나님께서 광야에서 이스라엘 백성과 어떻게 함께 해 주셨는지 들어봐요.

순서	장면	내용
4		이스라엘 백성은 한때, 애굽이라고 하는 나라에서 노예생활을 하며 고통스럽게 살았어요. 하나님은 그런 이스라엘 백성을 불쌍히 여겨 구해 주셨어요.
5		홍해바다가 눈앞에 있어 가지 못할 때에는 바다를 가르시고 그 사이로 이스라엘 백성들이 걸어서 건널 수 있게 해 주셨어요. 홍해를 건넌 후 하나님께서 약속한 가나안 땅에 가기까지 오랫동안 광야생활을 했어요.
6		광야는 어떤 곳일까요? 광야는 사막이에요. 사막은 물을 찾기 어렵고 무서운 불뱀과 전갈이 있는 아주 위험한 곳이에요. 낮에는 불볕더위로 우리나라 여름보다 훨씬 뜨거운 곳이지요. 하지만 이스라엘 백성은 걱정할 필요가 없었어요. 하나님께서 함께 하셔서 광야의 뜨거운 태양을 가려 주는 구름기둥으로 이스라엘 백성을 시원하게 해 주시고 길을 인도해 주셨어요.
7		광야의 밤에는 어떠했을까요? 사막의 밤은 아주 춥고 깜깜했어요. 하지만 밤에도 이스라엘 백성은 무서워하지 않았어요. 하나님께서 밤에는 불기둥을 내려 주셨어요. 불기둥은 이스라엘 백성을 따뜻하게 보호해 주고 가야 할 길도 환하게 비춰 주었답니다.
8		거기다 광야는 먹을 것도 나지 않는 땅이었어요. 하나님은 그런 이스라엘 백성에게 날마다 만나라고 하는 양식을 내려 주셨어요.

순서	장면	내용
9		하나님께서는 만나를 거둘 때 먹을 수 있는 양만큼만 거두고 아침까지 남겨 두지 말라는 명령을 내리셨어요. 하나님 말씀을 듣지 않고 아침까지 남겨 둔 것은 어떻게 되었을까요? 벌레가 생기고 썩은 냄새가 나서 먹을 수 없게 되었어요.
10		이스라엘 백성을 지켜주셨듯이, 하나님은 우리도 안전하게 지켜주세요. 하나님이 함께 하시기에 우리는 무더운 여름에도 안전하고 즐겁게 생활할 수 있어요.
11		만나를 통해 일용할 양식을 주셨듯이, 하나님은 우리에게도 매일매일의 양식을 주세요.
12		하나님이 이스라엘 백성과 어떻게 함께 해 주셨는지 잘 보았나요? 좋으신 하나님께서는 우리와도 항상 함께 해 주신답니다. 하나님은 우리가 하나님을 만날 수 있도록 아들이신 예수님을 보내 주셨어요. 우리는 예수님을 믿음으로 하나님과 함께 할 수 있게 되었어요.

단위활동계획안

단위활동은 월 단위 성경적 통합주제와 학습목표를 유아들이 쉽게 재학습하고 강화할 수 있도록 구성한 활동계획이다. 7월과 8월의 주별 단위활동은 다음과 같다. 첫 번째 주에는 하나님이 만드신 여름철 날씨에 대하여 알아보며, 수·조작 영역 활동을 통해 날씨에 따른 옷차림에 대하여 알아보고, 보다 동적인 활동으로 더운 여름 날씨를 표현해 보는 신체·음률 활동을 한다. 두 번째 주에는 하나님이 주신 지혜로 여름을 시원하게 지낼 수 있는 방법을 알아보며, 햇빛을 가리는 도구를 만들어 보고, 바다 속을 표현하는 신체·음률 활동을 한다. 세 번째 주에는 하나님은 우리의 안전을 지켜 주시고 우리에게 지혜를 주시는 분이심을 알고, 구름기둥과 불기둥을 응용한 게임과 더운 여름에도 우리를 인도하시는 하나님에 대한 이야기나누기 활동을 한다. 네 번째 주에는 하나님은 우리에게 일용할 양식을 주시는 분이심을 알고, 음식을 주신 하나님께 감사하는 새노래를 부르고, 음식을 조절하여 적당히 먹을 수 있도록 게임을 한다.

7·8월

■ 주별 단위활동 안내 ■

주	성경적 기초	주제	활동명	활동유형 (영역)	누리과정 주요 관련 영역	인성 요소
1주		여름 날씨 알기	날씨에 알맞은 옷차림 (324쪽)	수·조작	자연탐구 신체운동·건강	존중 배려
			여름 날씨 표현하기 (327쪽)	신체	자연탐구 신체운동·건강 예술경험	
2주	성경 이야기: 하나님이 우리와 함께 하세요 (출애굽기 14:21-22, 40:36-38, 16:31-36)	더운 여름 나기	햇빛을 가리는 도구 (331쪽)	미술	신체운동·건강 예술경험	인내 기쁨 사랑
			바다 속으로 (334쪽)	신체	사회관계 예술경험	
3주		안전한 놀이와 생활	구름기둥 불기둥 아래에서 (338쪽)	게임	사회관계 신체운동·건강	기쁨 배려
			폭염에 지혜롭게 대처해요 (341쪽)	이야기 나누기	자연탐구 의사소통 신체운동·건강	
4주		맛있는 음식과 영양	식사기도의 노래 (345쪽)	음악	신체운동·건강 의사소통	절제 기쁨
			음식을 적당히 먹어요 (348쪽)	게임	신체운동·건강 사회관계	

■ 1주 · 여름 날씨 알기.

■ 주간통합목표: 우리와 함께 하시는 하나님을 느끼며 여름을 즐겁게 보낸다.

　　　　　　하나님이 만드신 여름철 날씨 특징에 관심 갖고 알아본다.

날씨에 알맞은 옷차림

활동형태: 자유선택활동/영역: 수 · 조작

|통합목표| • 하나님이 만드신 날씨의 특징에 관심 갖고 알아본다.

　　　　　 • 여름철 날씨에 알맞은 옷차림을 한다.

|누리과정 관련요소| • 자연탐구: 과학탐구−자연현상 알아보기

　　　　　　　　 • 신체운동 · 건강: 건강하게 생활하기−건강한 일상생활하기

|인성요소| • 존중: 생명을 만드신 하나님을 존중하기

　　　　　 • 배려: 하나님의 돌보심과 보호하심을 인식하기

|활동자료| • 옷을 갈아입힐 수 있는 인형, 긴팔 인형옷, 반팔 인형옷

　　　　　 • 성경이야기(장면 6, 7)

|활동방법|

• 도 입 1. 날씨에 대해 이야기 나눈다.

　　　　　 −창밖을 봐요. 오늘의 날씨는 어떤가요?

• 전 개 2. 성경이야기를 회상하면서 광야의 낮과 밤의 날씨에 대해 이야기 나눈다.

　　　　　 −이스라엘 백성이 지냈던 광야의 낮과 밤은 어떤 날씨였을까요?

　　　　 3. 광야의 낮과 밤으로부터 하나님께서 이스라엘 백성들을 지켜 주신 이야기 나눈다(성경 이야기 장면 6, 7을 더위와 추위에 초점을 맞추어 좀 더 자세히 들려준다).

6		광야는 어떤 곳일까요? 광야는 사막이에요. 낮의 온도는 43도~50도까지 올라가는 불볕더위로 우리나라 여름보다 훨씬 뜨거운 곳이지요. 거기다가 태양을 피할 나무도 없고, 마실 물도 구할 수 없어요. 이스라엘 백성은 더위를 피할 집이나 나무도 없이 텐트 생활을 해야만 했어요.
7		광야의 밤에는 어떠했을까요? 사막의 밤은 아주 춥고 깜깜했어요. 온도가 영하 8도 아래까지 내려가서 하루 사이에 우리나라의 아주 추운 겨울 날씨처럼 바뀝니다. 광야는 이스라엘 백성 스스로 더위와 추위에 대비할 수 없는 혹독한 땅이었어요.

－이스라엘 백성은 덥고, 추운 곳에서 어떻게 지낼 수 있었을까요?

－하나님께서는 더울 때는 구름기둥, 추울 때는 불기둥으로 이스라엘 백성을 보살펴 주
셨어요. 구름기둥과 불기둥이 없었더라면 이스라엘 백성은 살 수 없었을 거예요.

－우리는 더위와 추위를 어떻게 보내고 있나요?

－하나님께서는 우리도 더위와 추위에 대비할 수 있도록 돌보아 주세요. 여름에는 우
리를 시원하게 해 주는 반팔 옷과 부채, 선풍기, 에어컨 등으로, 겨울에는 우리를 따
뜻하게 해 주는 겉옷과 난로 같은 것들을 사용할 수 있게 지혜를 주시고 좋은 환경을
베풀어 주셨어요.

4. 우리나라 여름의 더운 날씨와 겨울의 추운 날씨에 대해 이야기 나눈다.

－광야(사막)의 뜨거운 날씨를 느낄 수 있는 계절은 언제일까요? 밤과 같이 추운 날씨를
느낄 수 있는 계절은 언제일까요?

－우리나라에서는 여름에 더운 날씨를 느낄 수 있고, 겨울에는 추운 날씨를 느낄 수 있
어요.

5. 우리나라 여름 날씨와 겨울 날씨에 우리 몸을 보호하기 위해서 입는 옷에 대해 이야기
나눈다.

－옷은 어떤 역할을 할까요?

－단정하고 예의바른 모습을 갖추게 도와주지만 몸을 보호하는 역할을 해요(예: 사막이
나 동남아지역처럼 태양빛이 아주 뜨거운 지역은 몸을 덮는 긴 옷차림을 해요. 태양으로부터
피부를 보호하기 위해서예요).

－더운 여름 날 우리의 몸이 시원하도록 어떤 옷을 입을 수 있을까요?

－추운 겨울 날 우리 몸을 따뜻하도록 어떤 옷을 입을 수 있을까요?

6. '날씨에 알맞은 옷차림' 교구를 유아들에게 소개한다.

－여름 날씨와 겨울 날씨에 알맞은 옷차림을 입혀 주세요.

－여름에 두꺼운 외투를 입으면 어떨까요?

－겨울에 반팔을 입고 생활하면 어떨까요?

－날씨에 따라 알맞은 옷차림으로 우리 몸을 지킬 수 있어요.

〈날씨에 알맞은 옷차림 교구〉

|·마 무 리| 7. 활동 후, 평가를 한다.

−여름과 겨울에 맞는 옷차림을 입혀 보면서 어떤 느낌이 들었나요?

−하나님께서는 우리에게 날씨에 대비할 수 있는 지혜를 주시고 환경을 마련해 주셨
  어요.

−우리는 하나님이 주신 지혜를 사용해서 추위와 더위에 대비할 수 있어요.

|활 동 유 의 점|
• 계절을 건강하게 보내기 위해서는 날씨에 따라 알맞은 옷차림을 입어야 함을 알도록
  한다.

|확장활동|
• 미술영역: 하나님이 만드신 사계절을 그림으로 표현해 보기
• 과학영역: 여름 옷 탐색하기, 여름 날씨 조사해 보기
• 역할영역: 여름 옷가게 놀이하기

[여름 옷 탐색하기]

사진출처: 충청북도 충주교육지원청 학습센터

여름에 입는 옷의 특징에 대해서 알아본다. 옷의 모양, 두께, 질감, 겨울철 입는 옷차림과의 차이 등을 알아보며 유아는 계절의 변화를 이해하게 된다.

[여름 옷가게 놀이하기]

여름 날씨에 맞는 다양한 옷과림과 소품을 제시하여 유아들이 날씨에 맞는 의상을 입어 볼 수 있도록 한다. 옷가게와 주변에 여름 분위기를 느낄 수 있도록 환경을 구성한다.

|활동평가|
• 하나님이 날씨와 계절을 다스리심을 알고 있는지 평가한다.
• 더운 날씨와 추운 날씨의 특징에 대해 알고 있는지 평가한다.
• 우리 몸을 보호하기 위하여 더운 날씨, 추운 날씨에 알맞은 옷차림을 할 수 있는지 평가
  한다.

■ 1주 · 여름 날씨 알기.

■ 주간통합목표: 우리와 함께 하시는 하나님을 느끼며 여름을 즐겁게 보낸다.
   하나님이 만드신 여름철 날씨 특징에 관심 갖고 알아본다.

여름철 날씨 표현하기

활동형태: 대소집단활동/영역: 신체

7 · 8월

| |통합목표| | • 하나님이 만드신 여름철 날씨 특징에 관심 갖고 알아본다.

• 여름 날씨로 인해 나타나는 소리에 관심을 갖는다.

• 여름철 날씨의 특징을 신체로 표현한다.

| |누리과정
관련요소| | • 자연탐구: 과학적 탐구하기−자연현상 알아보기

• 신체운동 · 건강: 신체활동에 참여하기−자발적으로 신체활동에 참여하기

• 예술경험: 예술적 표현하기−움직임과 춤으로 표현하기

| |인성요소| | • 존중: 생명을 만드신 하나님을 존중하기

• 배려: 하나님의 돌보심과 보호하심을 인식하기

| | 활동자료| | • 성경이야기(장면 6)

• 자료: 세계 여러 나라의 여름풍경 사진, 여름철 날씨 사진 자료(예: 뜨거운 태양, 장마, 태풍, 바람 부는 사진), 지구본,

• 음향: 여름철 날씨 소리(예: 천둥, 이슬비, 장대비, 소나기, 바람, 매미 우는 소리, 태풍소리), 쇼팽의 〈빗방울 전주곡〉, 비발디의 〈사계〉 중 '여름'

| | 활동방법|

• 도 입   1. 성경이야기(장면 6)의 배경인 광야(사막)의 날씨에 대해서 이야기한다.

−이스라엘 백성이 지나온 광야는 어떤 곳인가요?

6

광야는 어떤 곳일까요? 광야는 사막이에요. 사막은 물을 찾기 어렵고 무서운 불뱀과 전갈이 있는 아주 위험한 곳이에요. 낮에는 불볕더위로 우리나라 여름보다 훨씬 뜨거운 곳이지요.

2. 광야와 우리나라의 여름 날씨를 비교하며 이야기한다.

−광야는 우리나라 여름보다 훨씬 더 뜨거운 곳이지만 우리나라의 여름과 다른 점이 있

327

어요. 무엇이 다를까요?

−광야는 우리나라의 여름과 달리 비가 오지 않고 밤에는 무척 추워요.

3. 세계 여러 나라의 여름철 날씨에 대하여 이야기한다.

−(지구본과 세계 여러 나라의 여름철 사진을 보여 주며) 북극(또는 호주, 아프리카, 사막 등)의 여름철 날씨는 어떨까요?

−하나님은 여러 지역에 다양한 여름을 주셨어요. 동남아시아나 아프리카, 남아메리카 지역은 덥고 비가 많이 내려요. 이 지역의 빗소리는 우리나라와 어떻게 다를까요?

−우리가 지금 그곳에 있다면 어떤 느낌일까요?

−몸으로 느낌을 표현해 봐요.

−하나님은 여름도 다양한 모습으로 만드셨어요.

· **전 개** 4. (우리나라의 여름 풍경을 보여 주며) 이곳은 어디일까요?

−우리나라의 여름철 날씨는 어떤가요?

−하나님은 여러 나라에 다양한 여름철의 날씨를 주셨어요.

−여름철에 우리는 어떤 소리를 들을 수 있나요?

〈소나기〉 〈뜨거운 태양〉

〈천둥번개〉 〈가뭄〉

5. 여름철 날씨의 소리(예: 천둥, 이슬비, 장대비, 소나기, 바람, 매미 울음, 태풍 소리 등)를 듣고, 소리나 몸으로 표현해 보도록 한다.

−들은 소리를 몸이나 말로도 표현해 봐요.

6. 여름철 날씨 사진(예: 뜨거운 태양, 장마, 태풍, 바람 부는 사진 등)을 보고, 날씨를 소리나 몸으로 표현해 보도록 한다.

〈여름철 신체표현〉

－햇볕이 뜨겁게 내리쬐고 있어요.

－갑자기 소나기가 퍼붓고 있네요.

－천둥 번개가 우르르 쾅쾅!

－혼자 표현해 보자. 친구와 함께 표현해 보자.

· 마 무 리 7. 여름철 날씨를 표현한 후 느낀 소감을 나눈다.

－어떤 날씨를 표현해보았나요?

－날씨를 표현할 때 기분이 어땠나요?

| 활   동 |
| 유 의 점 |
• 사전 활동으로 여름철 날씨에 대해 이야기를 나눈다.

• 다양한 여름철 날씨를 보면서 하나님의 창조능력을 생각해 볼 수 있다.

• 사후 활동으로 여름철 날씨를 음악으로 표현한 것을 듣고 느낌을 말해 본다.

| 확장활동 |
• 바깥놀이: 비 오는 날 산책하기

• 역할영역: 기상캐스터 놀이

• 음률영역: 쇼팽의 〈빗방울 전주곡〉, 비발디의 〈사계〉 중 '여름'

[비오는 날의 산책]

비가 오는 날에는 바깥으로 나가 비오는 날의 다양한 특징을 체험해 본다. 우산과 땅에 떨어지는 빗방울의 모습을 관찰하고 비오는 날 공기의 냄새도 맡아본다. 빗물이 없는 길로 다녀 보기도 하고 빗물 웅덩이에서 발로 물장구를 쳐 보기도 한다. 장화를 신고 물웅덩이를 지나 갈 때와 맨 발로 다닐 때의 느낌을 비교해 본다. 우산을 돌려 보기도 하고 친구와 우산 속에 함께 들어가 걸어보기도 하며, 비오는 날 다양한 정취를 느껴본다.

| 활동평가 |
- 여름철 날씨를 나타내는 소리에 듣고 여름철 날씨를 유추할 수 있는지 평가한다.
- 여름철 날씨의 특징을 동작으로 표현하는지 평가한다.
- 다양한 날씨를 하나님이 주셨다는 것을 알고 있는지 평가한다.

■ 2주 · 더운 여름 나기.

■ 주간통합목표: 하나님이 주신 지혜로 여름을 시원하게 지낼 수 있는 방법을 알아본다.

햇빛을 가리는 도구

활동형태: 자유선택활동/영역: 미술

|통합목표|	• 하나님이 만드신 뜨거운 여름을 건강하고 지혜롭게 보내는 방법에 대해 안다.
	• 여름철 햇빛을 가려 주는 도구를 만들어 본다.

|누리과정 관련요소|

• 신체운동 · 건강: 건강하게 생활하기–질병 예방하기

• 예술경험: 예술적 표현하기–미술로 표현하기

|인성요소|

• 인내: 하나님의 기뻐하심을 바라고 참고 견디기

• 기쁨: 어떠한 상황에서도 긍정적인 마음과 태도 가지기

|활동자료|

• 성경이야기(장면 6), 유성매직, 스티커

• 선글라스 만들기 재료: 도화지, 셀로판지, 종이컵, 모루 등

• 모자 만들기 재료: EVA, 색연필, 가위, 풀 등

• 부채 만들기 재료: 코팅지, 색지, 손잡이, 꾸미기 재료 등

|활동방법|

• 도 입

1. 무더운 여름날에 대한 경험을 나눈다.

–햇볕이 쨍쨍 내리쬐는 여름날 바깥에 나가면 어떤가요?

–뜨거운 햇빛을 피하기 위한 방법에는 무엇이 있나요?

• 전 개

2. (광야의 더위에 초점을 맞춘 성경이야기 장면 6을 들려 주며) 더위를 이겨 낼 수 있는 방법에 대해 이야기 나눈다.

 6  광야는 어떤 곳일까요? 광야는 사막이에요. 낮의 온도는 43도~50도까지 올라가는 불볕더위로 우리나라 여름보다 훨씬 뜨거운 곳이지요. 하지만 이스라엘 백성은 걱정할 필요가 없었어요. 하나님께서 함께 하셔서 광야의 뜨거운 태양을 가려 주는 구름기둥으로 이스라엘 백성을 시원하게 해주시고 길을 인도해 주셨어요.

–광야의 불볕더위가 우리나라에 계속된다면 어떻게 될까요?

(너무 뜨거워서 나갈 수가 없어요. 밖에 나가면 일사병에 쉽게 걸려요.)

－이스라엘 백성들은 사막의 뜨거운 햇볕을 어떻게 피했나요?

－하나님께서 구름기둥을 만들어 뜨거운 태양을 가려 주셨어요.

－구름기둥과 불기둥은 이스라엘 백성의 생명을 지켜 주었어요.

－하나님께서 지금의 우리에게는 무더운 여름을 슬기롭게 보낼 수 있는 지혜와 환경을 주셨어요.

－어떤 방법으로 더위를 잘 이겨 낼 수 있을까요?

3. 뜨거운 햇빛을 가릴 수 있는 물건들에 대해 이야기 나눈다.

－구름 기둥같이 뜨거운 햇빛을 가려 줄 수 있는 물건에는 어떤 것들이 있을까요?

4. 햇빛을 가릴 수 있는 물건(예: 모자, 선글라스, 양산 등)을 만들어 보는 활동을 소개한다.

－뜨거운 햇빛을 가릴 수 있는 물건을 만들어 보기로 해요.

－어떤 재료가 있나요? 어떻게 만들어 볼 수 있을까요?

5. 다양한 미술재료로 햇빛을 가리는 도구를 만들어 본다.

－해를 더 잘 가리려면 어떤 모양으로 만들 수 있을까요?

－보다 시원하게 만들 수 있는 방법에는 어떤 방법이 있을까요?

－표현하고 싶은 무늬나 그림에는 어떤 것들이 있나요?

－어떤 재료를 사용하면 좋을까요?

• 마 무 리 6. 완성 후, 자신이 만든 물건을 친구들에게 소개한다.

－햇빛을 가리기 위해 무엇을 만들었나요?

－어떤 재료로 어떻게 만들었나요?

7. 무더운 여름을 잘 보낼 수 있게 해주신 하나님께 감사한 마음을 갖는다.

－하나님은 우리가 더운 여름을 지혜롭고 안전하게 보내길 원하세요.

－우리에게 지혜를 주시고, 언제나 우리와 함께 해 주시는 하나님께 감사한 마음을 가져요.

〈내가 만든 햇빛을 가리는 도구〉

| 활 동
유의점 | • 이스라엘 사람들을 하나님이 구름 기둥으로 지켜 주신 것처럼, 오늘날에는 다양한 자원과 도구들을 활용해 무더운 여름을 시원하게 보낼 수 있게 하셨음을 알도록 한다.
• 교사는 유아들이 창의적으로 다양한 물건들을 만들 수 있도록 지원한다. |

| 확장활동 | • 과학활동: 바람 불어 포스트잇 떼어내기
• 요리활동: 여름에 먹는 음식 만들기(팥빙수, 아이스크림 등) |

7·8월

[바람 불어 포스트 잇 떼기]

두 명의 친구가 짝이 되어 한 명은 얼굴에 포스트 잇을 붙이고 맞은편의 친구는 부채를 이용해 바람을 만들어 친구 얼굴에 붙인 포스트 잇을 떼어내는 놀이이다. 다양한 신체 움직임이 일어날 뿐만 아니라 바람의 원리나 기능을 이해할 수 있다.

[구름기둥 아이스크림 만들기]

더운 여름을 시원하기 보내기 위한 방법으로 시원한 음식 만들기 활동을 할 수 있다. 성경이야기 속에 나오는 구름기둥을 아이스크림으로 만들어 보고, 광야의 구름 기둥에 대해 느낀 것을 이야기 나누어 본다.

| 활동평가 | • 뜨거운 햇볕을 가려 주는 도구에 대해 알고 있는지 평가한다.
• 하나님이 주신 지혜로 뜨거운 햇볕을 가려 주는 도구 만들기 활동에 즐겁게 참여하는지 평가한다. |

■ 2주 · 더운 여름 나기.

■ 주간통합목표: 하나님이 주신 지혜로 여름을 시원하게 지낼 수 있는 방법을 알아본다.

바다 속으로

활동형태: 대소집단활동/영역: 신체

|통합목표|
- 하나님께서는 바다를 다스리시는 분이심을 안다.
- 바다의 특징과 다양한 변화에 대해 알아본다.
- 바다를 표현하는 신체활동에 참여한다.

|누리과정 관련요소|
- 사회관계: 다른 사람과 더불어 생활하기–친구와 사이좋게 지내기
- 예술영역: 예술적 표현하기–통합적으로 표현하기

|인성요소|
- 사랑: 하나님의 사랑 알고 기뻐하기
- 기쁨: 즐겁고 감사한 마음 잘 표현하기

|활동자료|
- 성경이야기(장면 5)
- 비닐로 만든 바다(바다를 표현할 수 있도록 파란색 분리수거용 비닐봉투를 길게 연결하여 붙인 것) 2장, 파란색 전지(바다), 물고기 머리띠, 수영용품

|활동방법|

• 도 입
1. 바다에 놀러가 본 경험에 대해 이야기 나눈다.

   –더운 여름에 시원하게 놀 수 있는 곳에는 어떤 곳이 있나요?

   –바다에서 가서 무엇을 하고 놀 수 있나요?

• 전 개
2. 성경이야기 홍해바다 이야기(장면 5)를 들려주며 바다의 특징에 대해 이야기 나눈다.

5

홍해바다가 눈앞에 있어 가지 못할 때에는 바다를 가르시고 그 사이로 이스라엘 백성들이 걸어서 건널 수 있게 해 주셨어요.

–바다는 어떤 곳일까요?

–하나님은 천지를 창조하실 때 바다도 만드셨어요.

–하나님은 바다를 다스리셔요.

3. 바다를 표현해 볼 수 있는 활동을 소개한다.

  −더운 여름날 바다에 가면 어떨까요?

  −우리 교실에 바다를 만들고 바다를 표현해 봅시다.

4. 유아들을 5~8명의 조로 나눈 후, 비닐 바다로 바다를 표현해 보도록 한다.

  −잔잔한 바다를 표현해 볼까요?

  −거친 파도를 표현해 볼까요?

  −홍해처럼 갈라진 바다를 표현해 볼까요?

  −갈라진 바다 사이로 걸어가 보니 기분이 어떤가요?

7 · 8월

〈파란 비닐로 바다를 표현해요〉

5. 바다를 움직이는 역할과 물고기 역할로 유아를 나누고 표현활동을 한다.

  −바다 속에는 어떤 생물이 사나요?

  −바다 속에는 물고기들이 살아요.

  −바다를 만드신 하나님은 바다 속에서 사는 여러 종류의 물고기들도 만드셨어요(어떤
   물고기가 있는지 이야기해 보기).

  −물고기가 되어서 바다 속에서 헤엄쳐 볼까요?

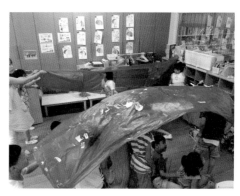

〈바다 속 물고기가 되어 보아요〉

6. 바다에서 수영하는 것을 표현해 본다.

　–바다에서 어떤 놀이를 할 수 있나요?

　–물속 깊이 잠수를 해 볼까요?

• 마 무 리　7. 바다 표현 활동 후, 평가한다.

　–바다에서 놀아 본 기분이 어떤가요?

　–파도를 어떻게 표현해 보았나요?

8. 하나님이 바다를 만드셨음을 알고, 감사한 마음을 갖는다.

　–바다에 가면 무엇을 하고 싶나요?

　–바다를 주셔서 여름을 시원하게 보낼 수 있도록 해 주신 하나님께 감사한 마음을 가
　　져요.

活 動
유 의 점　• 여름 휴가철에 유아들이 바다로 여행을 많이 가므로, 바다에서 여름을 시원하게 보낼
　수 있는 방법에 대해 함께 이야기 나눈다.

• 하나님이 창조하신 바다를 통해 하나님께서 기적을 일으키시기도 하고, 인간이 하나님
　을 경험할 수 있도록 하셨음을 알도록 한다.

| 확장활동 |　• 역할영역: 수영장 놀이하기

• 미술영역: 바다에서 즐거웠던 경험 그리기

• 과학영역: 밀물과 썰물 알아보기

• 가정연계활동: 가족과 함께 바다 여행하기

[홍해 환경판 꾸미기 활동]

성경이야기와 바다 주제를 통합하여 교실 환경을 구성할 수 있다. 유아들이 바다에 사는 다양한 물고기를 만들어서 바다를 창의적으로 꾸민다. 유아들의 사진을 갈라진 바다 사이에 붙여 이스라엘 백성을 인도하시는 하나님, 우리를 인도하시는 하나님을 시각적으로 느껴 보도록 한다.

[수영장 놀이]

파란 비닐을 여러 장 이어서 수영장의 물을 만들고 주변을 블록으로 두른다. 파란색 비닐 끈을 내어 주어 물살을 일으키거나 물장구를 치는 놀이로 확장되도록 한다. 바닥에서 하는 이색적인 수영놀이를 통해 호기심을 일으키며 보다 창의적이고 흥겨운 놀이로 발전할 수 있다.

| 활동평가 |
- 바다의 특성과 다양한 모습을 알고 표현하는지 평가한다.
- 바다를 표현하는 신체활동에 즐겁게 참여하는지 평가한다.
- 하나님은 바다를 다스리는 분이심을 아는지 평가한다.

7 · 8월

■ 3주 · 안전한 놀이와 생활.

■ 주간통합목표: 하나님은 우리를 안전하게 지켜 주시는 분이심을 안다.

　　　　　하나님이 주신 지혜로 여름철에 안전하게 놀이하고 생활하기 위한 방법을 알아보고 지킨다.

구름기둥, 불기둥 아래에서

활동형태: 대소집단활동/영역: 게임

|통합목표| • 우리를 더위와 추위에서 안전하게 지켜 주시는 하나님께 감사한 마음을 갖는다.

　　　　 • 게임 규칙에 따라 안전하게 활동할 수 있다.

|누리과정
관련요소| • 사회관계: 다른 사람과 더불어 생활하기−친구와 사이좋게 지내기

　　　　 • 신체운동 · 건강: 안전하게 생활하기−안전하게 놀이하기

|인성요소| • 기쁨: 즐겁고 감사한 마음 잘 표현하기

　　　　 • 배려: 하나님의 보호하심과 돌보심 인식하기

|활동자료| • 낮과 밤 카드, 풍선으로 만든 구름기둥, 불기둥

　　　　 • 성경이야기(장면 6, 7)

|활동방법|

• 도 입　1. 유치원/어린이집까지 안전하게 올 수 있는 방법에 대해서 이야기 나눈다.

　　　　　−집에서 유치원/어린이집까지 어떻게 왔나요?

　　　　　−유치원/어린이집 버스를 타고 선생님을 따라서 안전하게 왔어요.

• 전 개　2. (성경이야기 장면 6, 7을 보며) 광야의 낮과 밤에 하나님께서 안전하게 이스라엘 백성이

　　　　　이동할 수 있도록 지켜 주신 이야기를 나눈다.

－이스라엘 백성들은 광야에서 가나안 땅까지 어떻게 이동할 수 있었을까요?

－깜깜해서 길이 보이지 않을 때는 어떤 기둥이 필요할까요?

－구름기둥 아래에서 이스라엘 백성은 뜨거운 태양을 피하여 안전하게 광야 길을 갈 수 있었어요.

－불기둥 아래에서 이스라엘 백성은 따뜻하게 보호받으며, 깜깜한 길도 환하게 갈 수 있었어요.

3. '구름기둥, 불기둥 아래에서' 게임 활동을 소개한다.

7 · 8월

－낮에는 어떤 기둥이 필요할까요?

－낮과 밤 카드를 뽑은 후, 필요한 기둥을 따라서 안전하게 이동해 보는 게임이에요.

〈게임 방법〉

① 유아들을 6명씩 나누어서 조를 만든다.
② 조별로 나와서 낮과 밤 카드를 뽑는다.
③ 유아는 낮과 밤 카드를 보고 필요한 기둥을 외친다.
④ 교사는 상황에 맞는 기둥을 준비한다.
⑤ 6명씩 출발점에 서면 교사 2인이 양쪽 끝에서 해당하는 기둥을 유아들 머리 위로 든다.
⑥ 교사가 기둥을 움직이면 유아들은 교사가 인도하는 대로 움직인다.
⑦ 안전하게 반환점을 돌아온다.

4. 즐겁고 안전한 게임을 위해 규칙을 정한다.

－기둥을 따라서 안전하게 따라다니기 위해서는 어떤 규칙을 정할 수 있을까요?

〈지켜야 할 규칙〉

① 구름기둥과 불기둥 뒤에서 따라가기: 구름기둥과 불기둥이 앞서 가고 이스라엘 백성은 뒤에서 따라 갔어요.
② 질서를 지키기: 광야를 여행하는 이스라엘 백성은 아주 많은 인원이었기 때문에 질서 있게 이동했어요.
③ 천천히 걸어 보기: 아이들과 동물들도 있었기 때문에 천천히 따라갔어요.
④ 서로 도우며 따라기기: 짐이 아주 많았기 때문에 서로 도우며 따라갔어요.
⑤ 기둥이 멈추면 멈추기: 기둥이 멈추면 이스라엘 백성도 멈추었어요.

5. 교사는 느리게 움직이거나 빠르게 움직이면서 유아들이 잘 따라올 수 있도록 안내한다.

－구름기둥을 벗어나면 어떻게 될까요? 구름기둥을 잘 따라와요.

〈구름기둥으로 인도해 주세요〉

〈불기둥으로 인도해 주세요〉

· 마 무 리   6. 활동 후, 유아들과 평가한다.

　　　　　　 구름 기둥/불기둥을 따라서 잘 이동했나요?

　　　　　　 이스라엘 백성에게 구름기둥과 불기둥이 없었다면 어떠했을까요?

　　　　　　 구름기둥과 불기둥을 잘 따라가니 안전하게 이동할 수 있었어요.

　　　　　　 이스라엘 백성들도 하나님만 보고 따라갈 때, 무사히 가나안까지 도착할 수 있었어요.

　　　　　 7. 하나님이 우리 곁에도 언제나 함께 하신다는 것을 이야기 나눈다.

　　　　　　 하나님이 우리를 안전하게 인도해 주세요.

　　　　　　 광야에서 이스라엘 백성과 함께 하셨던 하나님은 오늘날 우리와도 함께 해 주시고 인
　　　　　　　 도해 주세요.

| 활 동
  유 의 점 |　• 6명의 유아가 풍선으로 만든 기둥 밑에 들어 갈 수 있도록 기둥을 제작한다.

　　　　　　 • 연령별로 이동과 흐름에 변화를 줄 수 있다. 만 3세는 걸어서 이동함으로서 안전한 활
　　　　　　　 동이 되도록 하고, 만 5세는 빠르게 이동함으로써 활발한 신체움직임이 일어나도록 할
　　　　　　　 수 있다.

　　　　　　 • 연령을 혼합하여 활동해 봄으로써 걸음이 느린 동생들을 배려하여 천천히 걸어보거나
　　　　　　　 손을 잡고 도움을 주면서 이동할 수 있다.

| 확장활동 |　• 이야기나누기: 안전한 생활을 위한 규칙 만들기

| 활동평가 |　• 신체활동에 즐겁게 참여하면서 게임의 규칙을 잘 지키는지 평가한다.

　　　　　　 • 하나님께서 이스라엘 백성을 안전하게 지켜 주신 것처럼, 우리도 지켜 주고 계심을 알
　　　　　　　 고 표현하는지 평가한다.

340

■ 3주 · 안전한 놀이와 생활.

■ 주간통합목표: 하나님은 우리를 안전하게 지켜 주시는 분이심을 안다.

　　　　　　하나님이 주신 지혜로 여름철에 안전하게 놀이하고 생활하기 위한 방법을 알아보고 지킨다.

폭염에 지혜롭게 대처해요

활동형태: 대소집단활동/영역: 이야기나누기

7 · 8월

|통합목표| 　• 여름의 특징인 폭염에 대해서 알아본다.

　　　　　• 하나님이 주신 지혜로 여름철 폭염에 대처하는 방법을 안다.

　　　　　• 바깥놀이를 안전하게 하는 방법을 알아보고 지킨다.

|누리과정 관련요소| 　• 자연탐구: 과학적 탐구하기–자연현상 알아보기

　　　　　• 의사소통: 말하기–느낌, 생각, 경험 말하기

　　　　　• 신체운동 · 건강: 건강하게 생활하기–건강한 일상생활하기

|인성요소| 　• 기쁨: 즐겁고 감사한 마음 잘 표현하기

　　　　　• 배려: 하나님의 보호하심과 돌보심 인식하기

|활동자료| 　• 성경이야기(장면 3, 10)

　　　　　• 폭염 뉴스 자료, 폭염 관련 파워포인트(날씨관련 기사에 실린 사진), 폭염에 대비하는 방

|활동방법| 　　법 그림 자료(보건복지부 질병관리본부 홈페이지)

　• 도 입

1. 여름 날씨에 대해 이야기 나눈다.

　　–오늘 날씨가 어떤가요?

　　–햇볕이 쨍쨍 내리쬐는 더운 날씨예요.

2. 성경이야기(장면 3, 10)를 보면서 이스라엘 백성이 지나온 광야의 더위에 대해 이야기
　　나눈다.

| 3 |  | 오래전 더위 속에서 광야생활을 지낸 이스라엘 백성이 있었어요. 오늘은 하나님께서 광야에서 이스라엘 백성과 어떻게 함께 해 주셨는지 들어봐요. |
| 10 |  | 이스라엘 백성을 구름기둥으로 지켜 주셨듯이, 하나님은 언제나 우리를 안전하게 지켜 주세요. 하나님이 함께 하시기에 우리는 무더운 여름도 안전하고 즐겁게 보낼 수 있어요. |

-이스라엘 백성이 지나온 광야는 어떤 곳일까요?

-광야는 낮에는 50도까지 올라가는 뜨거운 날씨예요.

·전 개 3. 폭염과 관련된 뉴스를 유아들과 함께 시청한다.

-우리나라도 광야와 같이 매우 더울 때가 있어요. 더운 날씨와 관련된 뉴스를 함께 봐요.

출처: MBC 뉴스

4. 뉴스를 본 후, 폭염에 대해 이야기 나눈다.

-폭염은 어떤 날씨인가요?

-낮 기온이 35도가 넘어가면, '폭염'이라고 해요. 숨을 쉬기 어려울 정도의 더위예요.

5. 폭염이 우리의 건강에 미치는 영향을 알아본다.

-폭염은 우리 몸에 어떤 영향을 줄까요?

-폭염이 있을 때 바깥에 오랜 시간 있거나 햇볕을 오랫동안 받으면 건강에 해로워요.

(일사병, 피부병, 체력 저하 등 증상에 대해 이야기 나누기).

6. 무더운 여름 더위 속에서 안전하게 우리 몸을 지키는 방법에 대해 이야기 나눈다.

　–무더운 여름 날씨일 때, 어떻게 하면 우리 몸을 지킬 수 있을까요?

　–우리나라의 한여름 농촌 마을이나, 동남아시아 그리고 스페인 같은 나라에서는 가장 더운 시간에 집에서 쉼을 가져요.

　–시원하게 옷을 입을 수 있어요. 부채와 같이 햇볕을 가리는 도구나 장비를 사용해요. 시원한 곳에서 물놀이를 해요. 시원한 음식을 먹어요. 물을 마셔요. 나무 그늘에서 쉬어요.

　–여러 가지 방법으로 하나님이 주신 우리 몸을 안전하게 지켜요.

출처: 질병관리본부(http://cdc.go.kr) 특집기사 '무더운 여름 온열질환 조심하세요.'

• 마무리　7. 우리를 지켜 주시는 하나님께 감사한 마음을 갖는다.

　　–하나님은 광야에서 이스라엘 백성과 함께 하셨듯이, 지금도 우리와 함께 하셔서, 더위를 이겨 낼 지혜와 환경을 주셨어요. 우리는 하나님이 주신 지혜를 사용하여 건강한 여름 나기를 해요.

| 활　동 유 의 점 | • 광야에서 이스라엘 백성과 함께 하신 하나님이 지금은 어떻게 우리와 함께 하시고 지켜 주시는지 생각해 볼 수 있도록 한다.

• 여름철 유아가 일상생활 속에서 경험한 더위와 관련된 다양한 소재를 찾아보도록 한다. 이 과정을 통해 폭염에 지혜롭게 대처하는 방법들에 대해 충분히 이야기를 나눌 수 있도록 한다.

| 확장활동|
- 미술영역: 무더운 여름 바다, 강, 산에서 시원하게 보낸 경험들을 그림으로 그려보고 감상하기
- 과학영역: 여름 날씨 온도 재 보고 그래프로 만들어 보기
- 바깥놀이: 물총 놀이하기

[신나는 물놀이]
실외에서 다양한 방법으로 물놀이를 해 본다. 거품 놀이, 비누방울 놀이 등은 물놀이를 더욱 흥겹게 해 주어 여름철 더위를 즐길 수 있도록 도와준다.

[물총 놀이]
더운 여름을 시원하게 보내기 위해 물총 놀이를 해 본다.

| 활동평가|
- 여름의 특징인 폭염에 대해 이해하는지 평가한다.
- 여름철 폭염을 대처하는 방법을 알고 있는지 평가한다.
- 하나님이 더운 날씨 속에서도 우리를 지켜 주심을 느끼고 표현할 수 있는지 평가한다.

■ 4주 · 맛있는 음식과 영양.
■ 주간통합목표: 하나님은 우리에게 일용할 양식을 주시는 분이심을 안다.

식사기도의 노래

활동형태: 대소집단활동/영역: 음악

7 · 8월

|통합목표| • 영양을 고루 갖춘 식사가 성장에 중요하다는 사실을 안다.

• 음식과 영양을 공급해 주시는 하나님께 감사한 마음을 갖고 식사기도를 한다.

|누리과정 관련요소| • 신체운동 · 건강: 건강하게 생활하기-바른 식생활하기

• 예술경험: 예술적 표현하기-음악으로 표현하기

|인성요소| • 절제: 자신의 욕심을 따르지 않고 하나님의 말씀에 따르기

• 기쁨: 즐겁고 감사한 마음을 잘 표현하기

|활동자료| • 성경이야기(장면 8), 노랫말판, 광야 사진

|활동방법| 1. 광야는 어떤 땅인지 생각해 본다.

• 도 입   －(광야 사진을 보여 주며) 어떤 사진인가요? 광야는 어떤 땅인 것 같나요?

－이곳의 땅은 너무 메말라서 식물이 잘 나지 않아요. 그래서 먹을 음식과 물이 부족해요. 많은 아이들이 굶주리고 깨끗한 물을 마시지 못하는 땅이에요.

〈먹을 것을 구하기 어려운 광야 사진〉

• 전 개   2. 우리에게 필요한 음식을 공급해 주시는 하나님에 대해 이야기 나눈다.

－(성경이야기 장면 8을 보여 주며)이스라엘 백성의 광야생활을 들어봐요.

8

광야는 먹을 것도 나지 않는 땅이었어요. 하나님은 먹을 것을 구할 수 없었던 이스라엘 백성에게 날마다 만나라고 하는 양식을 내려 주셨어요.

−광야생활 동안 이스라엘 백성의 먹을 것은 어떻게 해결되었나요?

−하나님이 만나를 내려 주셨어요.

−하나님께서 만나를 공급해 주지 않으셨다면 어떻게 되었을까요?

−우리에게 음식을 주시는 분은 누구일까요?[1]

−하나님께서 우리에게 음식을 주시는 이유는 무엇인가요?

−하나님이 주신 음식을 어떻게 먹어야 할까요?[2]

−우리에게 음식을 주시는 하나님께 감사한 마음을 어떻게 표현할 수 있을까요?[3]

−내가 별로 좋아하지 않는 음식이라도 모든 음식에 감사하고, 한 입은 먹고 '감사합니다!' 라고 하나님께 말해요.

3. 식사기도 노래를 소개한다.

  −노랫말을 읽어 보자. 어떤 노래인 것 같나요?

  −음식을 주셔서 우리를 건강하게 자라도록 해 주신 하나님께 감사한 마음을 표현했어요.

  −광야에 사는 친구와 같이 먹을 것을 구하기 어려운 친구들을 위해 기도하는 노래란다.

4. 노랫말을 보면서 식사기도 노래를 함께 불러 본다.

  −식사기도 노래를 불러 보니 어떤 생각이 드나요?

1), 2), 3) 351쪽 '교사를 위한 도움말' 참조.

－식사기도 노래를 언제 불러보면 좋을까요?

· 마 무 리   5. 식사기도 노래를 부른 소감에 대해서 이야기를 나눈다.

　　　　－맛있는 음식을 주신 분들, 그리고 하나님께 감사해요.

　　　　－먹을 것이 없는 친구들을 위해서도 기도하겠어요.

　　　　－편식하지 않고 하나님이 주신 나의 몸을 건강하게 만들겠어요.

7 · 8월

| 활 동 |
| 유 의 점 |

- 식사시간 전에 본 활동을 함으로써 식사시간과 연계되도록 한다.
- 식사기도를 하고 있는 기관에서는 식사 노래를 부르는 의미에 대해서 생각해 보는 활동으로 적용할 수 있다.
- 활동과 연계하여 주기도문의 '하늘에 계신 우리 아버지여, 오늘날 우리에게 일용할 양식을 주시고' 부분의 의미에 대해서 알아볼 수 있다.

| 확장활동 |

- 쌓기영역: 식품 구성 탑 구성하기
- 역할영역: 건강한 밥상 차리기
- 요리활동: 다양한 재료로 만든 건강한 음식 만들기

| 활동사진 |

[점심시간에 식사기도하기]
유아들이 식사시간이나 간식시간에 감사기도를 한다. 만 5세 유아들은 음식을 주신 하나님께 감사한 마음을 가지고 구체적인 언어로 기도를 한다.

[건강한 음식 만들기]
하나님이 주신 다양한 음식 재료를 이용해서 만들어 보는 건강한 음식을 만들어 볼 수 있다. 음식을 만드는 즐거움을 경험하면서 음식을 만들어 주신 분들께도 감사한 마음을 표현한다.

| 활동평가 |

- 영양을 고루 갖춘 식사가 성장에 중요하다는 사실을 아는지 평가한다.
- 하나님이 주신 음식에 대해 감사하는 마음을 기도로 표현하는지 평가한다.

■ 4주 · 맛있는 음식과 영양.

■ 주간통합목표: 건강한 성장을 위해 하나님이 주신 음식을 안전하게 먹는다.

음식을 적당히 먹어요

활동형태: 대소집단활동/영역: 게임

| **통합목표** | • 우리 몸의 건강을 위하여 적당한 양의 음식을 균형 있게 먹어야 함을 안다.
• 활동을 통해 우리 몸의 건강을 위하여 음식을 절제하는 것을 연습해 본다.

| **누리과정 관련요소** | • 신체운동 · 건강: 건강하게 생활하기–바른 식생활하기
• 사회관계: 나와 다른 사람의 감정 알고 조절하기–나의 감정 조절하기

| **인성요소** | • 절제: 음식의 양을 조절하기
• 기쁨: 즐겁고 감사한 마음을 잘 표현하기

| **활동자료** | • 성경이야기(장면 9, 11), 넓은 쟁반 또는 깨끗한 넓은 비닐, 강냉이 한 봉지, 종이컵

| **활동방법**
• **도 입** | 1. 성경이야기를 회상하면서, 하나님과의 약속에 대해 이야기 나눈다.

9  하나님께서는 만나를 거둘 때 먹을 수 있는 양만큼만 거두고 아침까지 남겨 두지 말라는 명령을 내리셨어요. 하나님 말씀을 듣지 않고 아침까지 남겨 둔 것은 어떻게 되었을까요? 벌레가 생기고 썩은 냄새가 나서 먹을 수 없게 되었어요.

11  만나를 통해 일용할 양식을 주셨듯이, 하나님은 우리에게도 매일매일의 양식을 주세요.

–하나님께서 매일 이스라엘 백성에게 양식을 주신 이유가 무엇이었나요?

–하나님께서는 만나를 하루에 얼마만큼 거두라고 하셨나요?

–이스라엘 백성들은 하나님 말씀에 순종하였나요?

–다음 날 아침까지 남겨 둔 만나는 어떻게 되었나요?

–*하나님께서는 왜 하루에 먹을 수 있는 양 만큼만 만나를 거두고 내일 아침까지 남겨 두지 말라고 하셨을까요?[4]

___

4) 351쪽 '교사를 위한 도움말' 참조.

－이스라엘 백성이 자신의 말에 순종하는지 그렇지 않은지를 보시기 위해서예요.

7·8월

• 전 개　2. 먹고 싶은 음식의 양과 건강에 관해서 이야기 나눈다.

　　　　－맛있는 음식을 더 많이 먹고 싶어서 욕심을 부린 적이 있나요?

　　　　－자신에게 적당한 양보다 더 많이 먹게 되면 우리 몸은 어떻게 될까요?

　　　　－좋아하는 반찬만 많이 먹게 되면 우리 몸은 어떻게 될까요?

　　　　－음식을 필요한 양만큼 적당히 먹어야 하는 이유는 무엇일까요?

　　　3. 이야기나누기 시간에 배운 식품 구성 자전거를 보여 주며, 어떻게 먹는 것이 하나님이 주신 몸을 건강하게 돌보는 것인지 회상한다(352쪽 마주이야기 참조).

　　　4. 음식을 정해진 양만큼 먹는 활동을 한다.

〈활동 순서〉

① 쟁반에 간식을 펼쳐 놓는다.
② 게임 방법을 설명한다: 종이컵을 나눠 주면, 단 한 번만 과자를 담아서 먹을 수 있다.
③ 유아들에게 종이컵을 나눠주고 한 컵 이내에서 자신이 원하는 만큼 담는다.[5]
④ 간식으로 맛있게 먹는다.

　　　　－(활동 순서를 설명한 후) 선생님과 약속한 양만큼만 간식을 먹을 수 있나요?

　　　　－간식을 적당히 먹기 위해서는 어떤 약속을 정할 수 있을까요?

　　　　－한 컵 이내에서 적당히 담아요. 담은 것은 다 먹어요.

　　　5. 재료를 나눠 주고 간식 담기 활동을 진행한다.

• 마 무 리　6. 정해진 양만큼 음식을 먹은 후, 느낀 것을 이야기 나눈다.

　　　　－정해진 양만큼 간식을 먹었나요?

　　　　－더 먹고 싶었나요?

　　　　－더 먹고 싶은 것은 어떻게 참을 수 있었나요?

5) 351쪽 '교사를 위한 도움말' 참조.

7. 바른 식습관으로 자신의 몸을 돌보는 것이 하나님께 순종하는 일임을 이야기 나눈다.

   –골고루 먹는 것은 하나님이 주신 우리 몸을 건강하게 돌보기 위한 것 이예요.

   –너무 많이 먹고 싶을 때도 적당히 먹는 것이 하나님의 말씀에 순종하는 것 이예요.

| 활 동
유 의 점 | • 간식시간 전에 본 활동을 함으로써 간식시간과 연계되도록 한다.
• 어릴 때부터 적당한 양을 먹는 것은 건강을 위해 좋은 습관이므로 유아들이 음식 양을 조절하여 먹을 수 있도록 지도한다.
• 더 먹고 싶어 하거나 먹고 싶어하지 않는 유아들이 있으면 성경이야기를 다시 한 번 들려주며 어떻게 하는 것이 하나님이 기뻐하는 식습관인지에 대해 이야기를 나눈다.
  –하나님이 주신 몸을 소중히 다루기 위해 더 먹고 싶지만 참을 수 있어요. 먹기 싫어도 딱 한 입이라도 먹어 보고 감사할 수 있어요.
• 간식은 종이컵에 적당한 양이 들어갈 수 있는 것으로 선택한다(본 활동에서는 강냉이를 사용하였다). |

| 확장활동 | • 이야기나누기: 여름철 음식을 보관하는 방법
• 과학영역: 식품 영양탑 5대 영양소 알아보기
• 언어영역: 음식 조절을 위한 나의 다짐표 만들기 |

| 활동사진 |

[과자 한 컵만 먹기]

넓은 쟁반에 강냉이를 꺼내 놓고, 유아들에게 한 컵 이내에서 자신이 원하는 만큼만 담게 한다. 음식을 양을 직접 조절하도록 경험해 봄으로써 음식 조절의 어려움과 먹는 습관의 중요함을 이야기할 수 있다.

[만나와 메추라기 벽화 꾸미기]

성경이야기 장면을 재구성한 활동이다. 유아들이 만나를 줍기 위한 다양한 자세를 취해 본 후, 사진을 찍고 좋아하는 과자를 붙여서 벽화를 완성한다. 교실 벽면에 붙여 벽화를 보면서 성경이야기와 연계하여 이야기를 나눌 수 있다.

| 활동평가 | • 식사시간이나 간식시간에 적당한 양의 음식을 균형 있게 먹는지 평가한다.
• 식사시간이나 간식시간에 음식을 조절하여 먹는지 평가한다. |

| 교사를 위한 도움말 |

1) 우리에게 음식을 주시는 분은 누구일까요?

하나님께서는 이스라엘 백성이 광야생활을 하던 당시 그 처한 상황에 맞게 직접 만나를 내려 주신 것과 같이, 지금은 그와는 또 다른 우리의 상황에 맞게 음식을 공급해 주신다. 직접 음식을 만들어 먹을 수 없는 유아들에게는 주위에 유아들을 도와주시는 어른들을 통하여, 필요한 음식을 공급해 주신다. 궁극적으로 하나님께서 우리의 모든 상황을 아시고 그 상황에 맞게 음식을 공급해 주신다는 것을 알도록 한다.

2) 하나님이 주신 음식을 어떻게 먹어야 할까요?

하나님이 우리에게 음식을 주시는 이유는 하나님이 주신 몸과 정신을 건강하게 관리하도록 하기 위한 것이다. 그러므로 우리는 하나님이 맡기신 우리의 몸을 하나님 뜻에 맞게 관리할 책임이 있다.

3) 우리에게 음식을 주시는 하나님께 감사한 마음을 어떻게 표현할 수 있을까요?

유아들과 이야기를 나눌 때는 우리에게 먹을 것을 주시는 주위 어른들에게 자연스럽게 마음을 표현하도록 하되, 궁극적으로 하나님을 향한 것이 되도록 한다. 하나님에 대한 마음의 표현은 이러한 것들을 인지한 후에 나오는 자발적인 마음의 표현이 되도록 한다.

4) 일용할 만나

하나님께서는 이스라엘 백성이 자신의 말에 순종하는지 그렇지 않은지를 보셨다. 만나를 거두는 지침은 음식은 꼭 필요한 양만큼 적당하게 먹어야 한다는 것(조절)과 안전하고 위생적인 방법으로 보관해야 한다는 점에 대한 모본이 되기도 한다.

5) 음식을 적당히 먹어요
③ 유아들에게 종이컵을 나눠 주고 한 컵 이내에서 자신이 원하는 만큼 담는다.

이 활동은 출애굽기16: 16-18 말씀에 근거한다.

> 여호와께서 이같이 명령하시기를 너희 각 사람은 먹을 만큼만 이것을 거둘지니 곧 너희 사람 수효대로 한 사람에 한 오멜씩 거두되 각 사람이 그의 장막에 있는 자들을 위하여 거둘지니라 하셨느니라 이스라엘 자손이 그같이 하였더니 그 거둔 것이 많기도 하고 적기도 하나 오멜로 되어 본즉 많이 거둔 자도 남음이 없고 적게 거둔 자도 부족함이 없이 각 사람은 먹을 만큼만 거두었더라

마주이야기: 식품구성자전거 사전 이야기

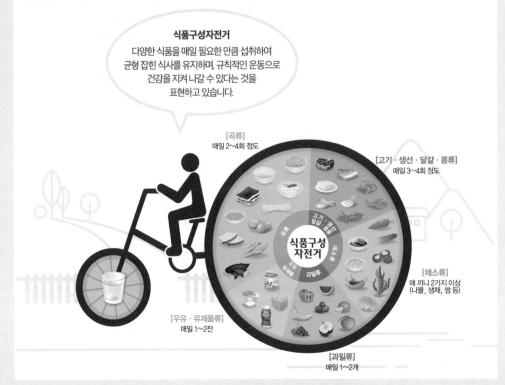

자료출처: 보건복지부 · 한국영양학회, 2015 한국인 영양소 섭취기준.

-어떤 음식들이 있나요? 좋아하는 음식이 무엇인가요?

-식품 구성 자전거는 다양한 식품을 매일 필요한 만큼 적당량 먹어야 한다고 이야기하고 있어요.

-내가 싫어한다고 해서 쌀밥을 안 먹는다면, 어떻게 될까요? 내가 좋아한다고 해서 우유만 많이 먹으면 어떻게 될까요?

-어떻게 먹는 것이 하나님이 주신 몸을 건강하고 소중하게 다루는 걸까요?

-하나님이 주신 몸을 소중히 다루기 위해 더 먹고 싶지만 참을 수 있어요. 먹기 싫어도 딱 한 입이라도 먹어 보고 감사할 수 있어요.

9월 통합유아교육과정

우리나라를 사랑해요

9월 · 우리나라를 사랑해요

I. 성경적 통합유아교육과정 실행을 위한 기초 다지기

'성경적 통합유아교육과정 실행을 위한 기초 다지기'는 9월 유아교육과정에 해당하는 성경본문 배경과 흐름에 따른 주요개념 이해, 교사큐티를 통한 이해 재확인 및 적용과 기도 과정을 순차적으로 제시한다. 이 과정을 통하여 기독교 유아교사는 유아교육과정의 성경적 통합과정 이해 및 성경적 통합교육을 실행하기 위한 역량기반을 다질 수 있다. 성경적 통합역량 기초 다지기 과정을 거치면서 통합된 교육활동 내용을 충실하게 수행할 뿐만 아니라 심화 · 확장 활동으로 자유롭게 연계할 수 있는 역량을 성취해 나갈 수 있다.

1. 주요개념

한 달의 통합교육과정에 대한 이론적 기초로서, 성경본문과 유아교육과정의 주제가 어떤 개념을 근거로 통합되는지에 대한 정보를 제공한다.

2. 성경개관

성경본문의 요점과 배경, 전체 흐름을 살펴보고 통합의 근거가 되는 신학적 개념 및 유아에게 가르칠 핵심개념을 간추린다.

3. 교사큐티

말씀을 통해 하나님과 개인적으로 교제하는 시간으로 한 달간의 성경본문을 각 주별 주제와 관련하여 매주 묵상한다.

주요개념

요 약

유아교육과정은 유아가 대한민국 국민으로서 자신이 속한 국가에 대한 이해와 친숙함 그리고 자긍심을 가지고 대한민국 국민으로서의 분명한 정체성을 세우도록 하는 생활주제이다. 느헤미야는 자신의 나라인 이스라엘을 사랑하며 기도하는 나라 사랑의 바람직한 모델을 제시하고 있다. 성경적 통합은 나라에 대해 기독교 세계관이 보여 주는 분명한 정체성 위에서 나라를 소중히 여기고 나라를 위해 기도하는 자세를 가르쳐 준다.

1) 성경: 나라를 사랑한 느헤미야

이스라엘은 한때 이웃나라 강대국인 바벨론에 의해 수도 예루살렘이 함락된다. 바벨론 왕 느브갓네살에 의해서 유다 백성은 바벨론에 포로로 끌려간다. 하지만 바벨론이 페르시아 제국에 의해 함락당하면서, 페르시아의 왕 고레스는 이스라엘 백성을 고국으로 귀환시킨다. 귀환은 1차에서 3차에 걸쳐 이루어졌고 느헤미야는 3차 귀환 시기의 인물이다. 특별히 느헤미야서에는 파괴된 수도 예루살렘 성벽을 재건하고 이스라엘 공동체를 다시 세우는 역사를 기록한다. 하나님께서는 이스라엘의 총독 느헤미야를 통해 하나님이 택한 이스라엘 백성을 끝까지 지키시고 회복시키시는 구원의 역사를 이루어 가신다.

느헤미야의 성벽 재건 이야기의 전개는 다음과 같다. 느헤미야는 페르시아의 높은 관직에 있는 중, 조국의 백성이 비참한 상황에 놓여 있으며 예루살렘 성이 무너졌다는 안타까운 소식을 듣는다. 이에 느헤미야는 회개하고 성벽 재건을 위해 간절히 기도한다. 결국, 페르시아 왕에게 예루살렘 성벽 재건 사역에 대한 공식적인 허락을 받는다. 느헤미야는 예루살렘으로 와서 이스라엘 백성에게 다시 일어날 수 있다는 용기와 희망을 불러일으키고 하나님이 함께 하신다는 확신을 심어 준다. 이스라엘 민족은 하나가 되어 주변의 대적을 물리치며 성벽을 재건한다. 성벽이 완성된 후 느헤미야는 함께 성경말씀을 읽으며 기도로 이스라엘 백성을 세워 나간다. 이처럼 느헤미야 이야기는 나라를 사랑하는 하나님의 방법을 가르쳐 준다.

2) 유아교육과정: 우리나라

생활주제 '우리나라'는 유아가 대한민국 국민으로서 자신이 속한 국가의 역사와 정치, 사회, 문화에 대한 이해와 친숙함을 통해 자긍심과 정체성을 가지도록 하는 주제이다. 이에 '우리나라' 생활주제의 주요개념에서는 누리과정의 구성 방향을 반영하여 사람과 자연을 존중하고 우리 문화를 이해하는 것을 강조하고 있다. 우리나라의 전통사상은 의식주, 음악, 미술, 놀이 등 모든 하위 문화와 정치, 역사, 경제, 사회에 반영되어 있다.

이에 생활주제 '우리나라'에서는 5,000년간 계승·발전되어 오고 있는 우리나라의 역사와 전통문화에 대해 유아가 관심을 가지고 이해하며, 존중하고 즐기는 태도를 강조하고 있다. 우리 역사와 전통을 바르게 알고 그 좋은 점을 따르며, 새 시대의 필요에 따른다. 또한, 외래문화를 개방적으로 수용하여 정체성 있고 가치 있는 문화를 재창조하는 교육에 중점을 두고 있다. 우리나라의 역사와 전통문화는 과거 특정 시대에만 가치가 있었던 죽은 전통이 아니라 현재와 미래에도 가치가 있으며, 세계 여러 나라와 공존과 번영을 함께 할 수 있는 원동력이다.

3) 성경적 통합: 우리나라를 사랑해요

유아교육과정의 생활주제 '우리나라'는 각각의 소주제를 통해 '우리는 대한민국의 국민이다.'라는 정체성을 나타낸다. 느헤미야가 가진 나라 사랑의 마음은 하나님의 나라인 이스라엘 백성이라는 정체성에 기반을 둔다. 느헤미야는 자신의 국가인 이스라엘을 사랑하고 나라를 구하기 위해 하나님께 기도하는 성경적 모델을 보여 준다. 느헤미야가 보여 주는 모델을 통해 유아들은 나라를 사랑하고, 이 나라의 미래의 주역으로서 기독교 세계관 안에서 자신의 역할을 수행하는 것이 중요하다는 것을 안다. 이를 위하여 우선, 우리나라가 어떤 나라인지 알아보고, 활동을 통하여 성경에 기초한 올바른 국가관을 갖도록 한다.

기초 단계인 유아 수준에서 우리나라 전통의 의식주와 놀이와 예술 등의 문화를 경험하고, 과거 현재 미래로 이어지는 사실들에 관심을 가지며, 역사적 정체성과 자긍심을 갖도록 한다. 이처럼 우리나라에 대한 친밀함과 이해 위에서 느헤미야의 마음과 자세를 성경적으로 적용해 볼 수 있다.

성경개관

| 성 경 말 씀 | 본문제목

나라를 사랑한 느헤미야

성경본문

느헤미야 2:1-20

중심말씀

또 그들에게 하나님의 선한 손이 나를 도우신 일과 왕이 내게 이른 말씀을 전하였더니 그들의 말이 일어나 건축하자 하고 모두 힘을 내어 이 선한 일을 하려 하매(느헤미야2:18)

내용요약

하나님의 선하신 손의 도우심으로 느헤미야는 왕의 은총을 입어 예루살렘 성벽 공사를 착수하게 된다. 이스라엘 공동체는 이 일을 위하여 유다 지도자들을 중심으로 하나되어 일어났다. 하나님의 일을 방해하는 대적들에도 불구하고 하나님은 당신의 백성을 보존하시고 회복시키신다.

| 신학적 개념 | 신 론-삼위일체 하나님(유아수준: 하나님-하나님은 함께 하세요)
　　　　　　　　-창조주 하나님(유아수준: 하나님이 만드신 자연세계-하나님이 만드셨어요)
교회론-교회(유아수준: 나와 사람들-한 가족이에요)

| 핵 심 개 념 | • 하나님은 우리를 사랑하신다.
• 우리가 하나님께 기도하면 들으신다.
• 하나님은 이 세상을 다스리고 돌보고 계신다.
• 하나님은 우리에게 함께 살아갈 사람들을 주셨다.
• 기도와 말씀으로 신앙이 회복되어야 한다.

| 성 경 이 해 | 느헤미야서는 바벨론에 의해 수도 예루살렘이 함락된 후, 바벨론에 포로로 끌려간 이스라엘 백성들이 고국으로 귀환하게 되는 역사의 한 부분을 기록하고 있다. 이스라엘 백성의 귀환은 3차에 걸쳐 이루어졌으며, 느헤미야는 총독 느헤미야가 3차 시기에 귀환(주전 444년)하여 예루살렘 성벽을 재건하고 공동체를 쇄신한 역사를 기록하고 있다. 전반부 1~2장은 느헤미야의 귀환과 예루살렘 성벽 재건을 준비한다. 본문 2장의 내용은 느헤미야가 페르시아 제국 왕에게서 예루살렘 성벽 재건 사역에 대한 공식적인 허락을 받고 예루살렘 성벽의 상태를 일일이 조사한다(2:1-16). 나아가 유다 지도자들을 모으고 재건 사역에 착수하며 맨 처음으로 직면하는 산발랏과 도비야의 방해를 극복한다(2:17-20).

교사큐티

나라를 사랑한 느헤미야

성경본문 느헤미야 2:1-20

하나님의 선하신 손의 도우심으로 느헤미야는 왕의 은총을 입어 예루살렘 성벽 공사를 착수하게 된다. 이 일에 유다 지도자들을 중심으로 이스라엘 공동체가 하나되어 일어났다. 하나님의 일을 방해하는 대적들에도 불구하고 하나님은 당신의 백성을 보존하시고 회복시키신다.

|도움말|

1 제이십 년 니산 월 느헤미야: 1장에서 예루살렘성이 훼파된 소식을 들은 지 4개월 후.

2 얼굴에 수심이 있느냐: 바사 왕들은 자신을 섬기는 사람이 면전에서 개인적으로 근심을 드러내는 것을 금했다. 그것은 음모나 왕에 대한 불경으로 해석될 수 있었다.

3 만세수를 하옵소서: 왕의 장수를 기원하는 의전적 예.

3 조상들의 묘실: 고대의 묘실에 대한 존중심은 고대 민족들, 특히 황제들에게 큰 관심사였다.

4 묵도: 하나님께 도움과 자비를 구하는 긴박한 기도.

7 지난 4개월간 기도와 더불어 성벽을 재건하는 데 필요한 것들을 치밀하게 분석하고 계획을 세워 놓았다.

9 느헤미야는 바사 왕에게 유다 총독으로 공식적으로 임명받았기 때문에 무장한 군사들이 그를 호위했다.

10 호론 사람 산발랏과 그의 수하인 도비야는 사마리아 지역을 관할하던 자들로서 한때 바사 왕실에 적대적이었던 시리아 총독 메가비주스를 측면 지원하여 팔레스타인에서 통치권을 행사하였다. 느헤미야는 바사 왕실의 측근으로서 이

느헤미야가 예루살렘으로 가다

1 아닥사스다 왕 제이십 년 니산 월에 왕 앞에 포도주가 있기로 내가 그 포도주를 왕에게 드렸는데 이전에는 내가 왕 앞에서 수심이 없었더니

2 왕이 내게 이르시되 네가 병이 없거늘 어찌하여 얼굴에 수심이 있느냐 이는 필연 네 마음에 근심이 있음이로다 하더라 그 때에 내가 크게 두려워하여

3 왕께 대답하되 왕은 만세수를 하옵소서 내 조상들의 묘실이 있는 성읍이 이제까지 황폐하고 성문이 불탔사오니 내가 어찌 얼굴에 수심이 없사오리이까 하니

4 왕이 내게 이르시되 그러면 네가 무엇을 원하느냐 하시기로 내가 곧 하늘의 하나님께 묵도하고

5 왕에게 아뢰되 왕이 만일 좋게 여기시고 종이 왕의 목전에서 은혜를 얻었사오면 나를 유다 땅 나의 조상들의 묘실이 있는 성읍에 보내어 그 성을 건축하게 하옵소서 하였는데

6 그 때에 왕후도 왕 곁에 앉아 있었더라 왕이 내게 이르시되 네가 몇 날에 다녀올 길이며 어느 때에 돌아오겠느냐 하고 왕이 나를 보내기를 좋게 여기시기로 내가 기한을 정하고

7 내가 또 왕에게 아뢰되 왕이 만일 좋게 여기시거든 강 서쪽 총독들에게 내리시는 조서를 내게 주사 그들에게 나를 용납하여 유다에 들어가기까지 통과하게 하시고

8 또 왕의 삼림 감독 아삽에게 조서를 내리사 그가 성전에 속한 영문의 문과 성곽과 내가 들어갈 집을 위하여 들보로 쓸 재목을 내게 주게 하옵소서 하매 내 하나님의 선한 손이 나를 도우시므로 왕이 허락하고

9 군대 장관과 마병을 보내어 나와 함께 하게 하시기로 내가 강 서쪽에 있는 총독들에게 이르러 왕의 조서를 전하였더니

10 호론 사람 산발랏과 종이었던 암몬 사람 도비야가 이스라엘 자손을 흥왕하게 하려는 사람이 왔다 함을 듣고 심히 근심하더라

느헤미야가 성벽 재건을 도전하다

11 내가 예루살렘에 이르러 머무른 지 사흘만에

12 내 하나님께서 예루살렘을 위해 무엇을 할 것인지 내 마음에 주신 것을 내가

359

스라엘을 재건함으로써 자신들의 통치력을 약화시킬 수 있었기 때문에 그의 귀환을 근심하여 방해를 하기 시작한다.

17 다시 수치를 당하지 말자: 하나님이 이전에 예루살렘 성읍과 그 주민을 심판하신 사건(예레미야 24:9).

18 하나님의 선한 손: 자기 백성에게 복 주시기 위해 모든 사건을 주관하시고 인도하신다는 것.

19 게셈: 북부 아라비아에서 이집트 국경까지 이르는 광대한 지역인 게달을 다스리는 왕. 바사통치하에 있었지만 막강한 독립적 권한을 행사하고 있었으므로 새로운 경쟁자가 등장하는 것이 달갑지 않았다.

20 느헤미야는 이것을 유다 인들의 사명으로 천명한다. 산발랏, 도비야, 이 사마리아인들은 예루살렘 성에 대한 어떤 소유권도 합법적 권한도, 종교 생활이나 유산의 어떤 지분도 갖고 있지 않다.

아무에게도 말하지 아니하고 밤에 일어나 몇몇 사람과 함께 나갈새 내가 탄 짐승 외에는 다른 짐승이 없더라

13 그 밤에 골짜기 문으로 나가서 용정으로 분문에 이르는 동안에 보니 예루살렘 성벽이 다 무너졌고 성문은 불탔더라

14 앞으로 나아가 샘문과 왕의 못에 이르러서는 탄 짐승이 지나갈 곳이 없는지라

15 그 밤에 시내를 따라 올라가서 성벽을 살펴본 후에 돌아서 골짜기 문으로 들어와 돌아왔으나

16 방백들은 내가 어디 갔었으며 무엇을 하였는지 알지 못하였고 나도 그 일을 유다 사람들에게나 제사장들에게나 귀족들에게나 방백들에게나 그 외에 일하는 자들에게 알리지 아니하다가

17 후에 그들에게 이르기를 우리가 당한 곤경은 너희도 보고 있는 바라 예루살렘이 황폐하고 성문이 불탔으니 자, 예루살렘 성을 건축하여 다시 수치를 당하지 말자 하고

18 또 그들에게 하나님의 선한 손이 나를 도우신 일과 왕이 내게 이른 말씀을 전하였더니 그들의 말이 일어나 건축하자 하고 모두 힘을 내어 이 선한 일을 하려 하매

19 호론 사람 산발랏과 종이었던 암몬 사람 도비야와 아라비아 사람 게셈이 이 말을 듣고 우리를 업신여기고 우리를 비웃어 이르되 너희가 하는 일이 무엇이냐 너희가 왕을 배반하고자 하느냐 하기로

20 내가 그들에게 대답하여 이르되 하늘의 하나님이 우리를 형통하게 하시리니 종들인 우리가 일어나 건축하려니와 오직 너희에게는 예루살렘에서 아무 기업도 없고 권리도 없고 기억되는 바도 없다 하였느니라

|요약/해설|

성벽 재건 착수

느헤미야는 유다에 도착하자 앞으로 감당해야 할 일을 알아보기 위해 밤에 성벽을 조사한다. 그런 다음 유다 지도자들을 모으고 자신의 계획을 알렸고, 이들은 이 일에 의기투합해서 일어난다. 이러한 예루살렘 성벽 재건 과정에서 산발랏과 도비야의 방해도 극심했다. 그러나 그들의 협박은 왕의 재가를 받았을 뿐만 아니라 하나님의 도우심을 확신한 느헤미야의 강력한 공사 추진 앞에서 일단 무력화되어 성벽 재건 공사는 시작된다.

성벽 재건에서 얻는 교훈

본문에서 이스라엘의 재건을 위한 느헤미야의 노력은 우리에게 교훈을 던져준다. 첫째, 그는 바사 왕의 측근으로서 개인의 안녕만을 구하지 않고 민족의 회복과 고국 이스라엘의 재건을 위해 헌신한다. 그의 열정으로 이스라엘의 예루살렘 성이 재건되고 사마리아의 지배에서 벗어나 스스로 자치를 시행하는 국가적 면모를 갖추게 된다. 둘째, 하나님은 이 세상과 역사의 진정한 주관자가 되신다는 사실이다. 느헤미야 이전에 예루살렘 성의 중건을 중단시킨 바 있는 아닥사스다 왕이(에스라 4장) 느헤미야의 간청을 듣고 기꺼이 수락한 것은 그 배후에 세상의 주관자가 되시는 하나님의 손길이 있었다는 것을 알 수 있다. 느헤미야는 그런 하나님을 깊이 신뢰하고 기도함으로 준비하고 왕 앞에 나아갔다. 셋째, 하나님의 일을 하고자 할 때에는 늘 대적들의 방해에 직면하게 된다는 것이다. 하나님의 일은 곧 하나님 나라의 확장을 위한 것이며 역으로 볼 때 이는 곧 사단의 나라의 축소를 의미한다. 그러므로 하나님의 일을 할 때 겪게 되는 방해는 당연한 것이다. 우리는 하나님을 의지하여 대적들의 방해를 물리치며 더욱 힘 있게 하나님의 일을 감당해 나가야 할 것이다.

|찬양과 기도| 주님의 임재 가운데 나아갑니다. 주님 말씀하여 주십시오. 제가 듣겠습니다!

|말씀| 본문을 3번 정도 읽으며 전체적인 뜻을 파악하기/내게 다가오는 말씀들을 기록하기

|묵상| 말씀 묵상, 변화를 위한 적용과 구체적인 실천 찾기, 기도하며 결단하기

- 1주: 느헤미야는 하나님이 택하신 백성으로 조국 이스라엘을 사랑하며 지도자 된 소임을 다했습니다(느헤미야 2:1-20). 오늘 하나님께서 우리에게 주신 나라를 위해 나는 어떤 마음과 자세를 가져야 할까요?

9월

- 2주: 느헤미야는 왕 앞에서 기회를 얻기 위해 4개월 동안을 기도와 금식을 하며 치밀하게 성벽 재건을 위한 계획을 세웠습니다(느헤미야 1:1-11). 하나님은 우리의 기도에 어떻게 응답하십니까? 하나님의 뜻이 이루어지는 것을 보기 위해 우리가 해야 할 일은 무엇입니까?

- 3주: 이스라엘을 사랑하며 기도하는 가운데 하나님의 구원의 도구로 사용된 느헤미야를 보며, 나는 나를 보내신 땅인 우리나라의 현실과 상황에 대해 어떻게 반응할 수 있나요? (느헤미야 2:18)

- 4주: 공동체적인 사역이 이루어지기 위해서 갖추어야 할 개인적인 자질이나 요건은 무엇입니까? 대적의 훼방 속에서도 믿음의 행보를 한 느헤미야에게서 무엇을 배울 수 있나요?

|공동기도| 하나님, 이 시대 그리스도인으로서 하나님이 주신 나라를 사랑하게 하소서. 믿음을 흔드는 여러 가지 상황 속에서도 하나님만을 섬기는 그리스도인으로 살아가게 하소서. 하나님의 다스리심을 궁극적으로 신뢰할 수 있는 믿음을 주시옵소서.

9월 · 우리나라를 사랑해요

II. 성경적 통합과정 이해하기

'성경적 통합과정 이해하기'는 성경본문과 유아교육과정 사이에 다리 놓기 작업으로서 유아교육과정이 성경적으로 통합되는 절차와 단계를 보여 준다. 성경적 통합과정을 구조화함으로써 교사가 통합과정을 보다 쉽게 이해하고 성경적으로 통합할 수 있는 능력을 갖출 수 있도록 지원한다.

1. 월간 성경적 통합의 흐름도

유아교육과정의 주제 및 목표를 성경본문의 주제 및 목표에 근거하여 통합하는 과정을 보여주는 프레임(틀)이다.

2. 월간 성경적 통합과정 해설

개요 수준에서 요약한 성경적 통합의 흐름에 함축된 주요 내용이나 예시들을 자세히 풀어서 설명해 놓은 지침서이다.

3. 월간통합교육계획안

성경주제 및 목표에 근거하여 한 달간 진행되는 통합교육활동들과 그 흐름을 한눈에 볼 수 있도록 요약한 주요 계획이다.

월간 성경적 통합의 흐름도

성경주제	성경목표
나라를 사랑한 느헤미야	• 하나님이 우리에게 나라를 주셨음을 안다. • 하나님은 우리나라를 지키고 돌보심을 안다. • 하나님이 주신 우리나라를 소중히 여긴다. • 기도를 들어주시는 하나님께 나라를 위해 기도한다.

유아교육과정 주제	유아교육과정 목표
우리나라	• 우리나라의 전통 생활문화에 관심을 갖고 체험해 본다. • 우리나라의 놀이와 예술에 관심을 갖고 즐겁게 표현해 본다. • 우리나라의 역사에 관심을 갖고 현재 모습에 자부심을 느낀다. • 우리나라의 자랑거리에 대해 알아보며 우리나라 사람임에 자긍심을 갖는다.

월간통합주제	월간 통합목표
우리나라를 사랑해요	• 하나님이 주신 우리나라의 전통 생활문화에 관심을 갖고 체험해 본다. • 하나님이 주신 우리나라의 놀이와 예술에 관심을 갖고 즐겁게 표현해 본다. • 하나님이 지키고 돌보신 우리나라의 역사에 관심을 갖는다. • 우리나라 사람으로서 나라를 소중히 여기며 기도한다.

인성요소

• 존중: 문화적 차이를 소중하게 여기고 긍정적으로 받아들이기
• 협동: 하나님이 주시는 힘을 모으기
• 사랑: 하나님과 나라를 위한 일 실천하기
• 양선: 어려운 이웃을 불쌍히 여기고 도와주려는 마음 가지기
• 인내: 하나님의 도우심을 바라고 참고 견디기
• 책임: 이웃이나 공동체를 위해 자신의 달란트를 사용하기
• 경건: 하나님께 기도에 힘쓰기
• 기쁨: 즐겁고 감사한 마음 표현하기

월간 성경적 통합과정 해설

| **통합주제** | 우리나라를 사랑해요

| **통합목표** | 하나님이 주신 우리나라의 전통 생활문화에 관심을 갖고 체험해 본다.

하나님이 주신 우리나라의 놀이와 예술에 관심을 갖고 즐겁게 표현해 본다.

하나님이 지키고 돌보신 우리나라의 역사에 관심을 갖는다.

우리나라 사람으로서 나라를 소중히 여기며 기도한다.

9월

| **인성요소** |
- 존중: 문화적 차이를 소중하게 여기고 긍정적으로 받아들이기
- 협동: 하나님이 주시는 힘을 모으기
- 사랑: 하나님과 나라를 위한 일 실천하기
- 양선: 어려운 이웃을 불쌍히 여기고 도와주려는 마음 가지기
- 인내: 하나님의 도우심을 바라고 참고 견디기
- 책임: 이웃이나 공동체를 위해 자신의 달란트를 사용하기
- 경건: 하나님께 기도에 힘쓰기
- 기쁨: 즐겁고 감사한 마음 표현하기

요약

'우리나라를 사랑해요' 주제를 위한 성경적 기초로서 가장 중요한 개념은 '하나님이 주신 우리나라를 소중히 여기고 나라를 위해 기도하는 것'이다. 이에 따라 유아교육과정 소주제를 '우리나라 사람들의 생활' '우리나라의 놀이와 예술' '우리나라의 역사' '우리나라의 자랑거리'로 구성하였다. 이를 위해, 먼저 유아가 성경 이야기를 통해 하나님이 우리를 우리나라에 보내 주셨다는 사실과 하나님이 우리나라를 지키시고 돌보신다는 것에 대해서 함께 알아본다. 또한 유아교육과정과의 소주제와의 통합을 통해 하나님이 주신 우리나라를 소중히 여기고, 기도를 들어주시는 하나님께 나라를 위해 기도하는 자세를 배우도록 한다. 존중, 협동, 사랑, 양선, 인내, 책임, 경건 등의 기독교 인성 덕목을 경험하고 내면화하여 유아들이 실천할 수 있는 것들을 안내한다.

1. 주요 성경개념

페르시아 제국의 관리인 느헤미야는 자신의 나라인 이스라엘이 당한 어려움을 알고 하나님께 간절히 기도했다. 하나님께서는 느헤미야의 기도를 들으셨다. 페르시아 왕에게서 예루살렘 성벽 재건 사역에 대한 공식적인 허락을 받게 하셨다. 적들의 방해 속에서도 이스라엘 공동체는 한 마음이 되어 무너진 성벽을 다시 쌓았다. 이를 통해 하나님의 백성인 이스라엘을 지키시고 보호하시는 하나님의 구원역사를 지속해 나가셨다. 나라를 사랑한 느헤미야가 보여 주는 모습을 통해 우리도 우리나라를 사랑하고 하나님께 우리나라를 위해 기도하는 것을 배우고 실천할 수 있다.

2. 성경적 통합 활동 및 방법

이스라엘의 지도자 느헤미야 이야기를 통해 '나라를 사랑한 느헤미야'라는 성경적 주제를 우리나라에 대한 이해에서부터 시작하여 다음과 같이 적용해 볼 수 있다.

1) 우리나라 사람들의 생활, 놀이와 예술

느헤미야가 갖는 나라를 사랑하는 마음은 먼저 우리나라에 대해 알고 이해함으로써 친밀감을 갖는 것에서부터 시작할 수 있다. 성경이야기에서 유아들은 느헤미야를 통해 하나님께서 예루살렘 성벽을 재건하고 이스라엘을 회복시킨 이야기를 접한다. 유아들 또한 우리 나라에 대해 알아보며 한 나라에 속한 국민된 기본 소양을 갖도록 한다. 나아가 우리나라 국민으로서 하나님이 보내 주신 뜻대로 살아가도록 한다.

먼저, 실생활과 밀접한 관련을 갖는 우리나라 고유의 의식주 전통문화에 관심을 갖고 다양하게 체험해 볼 수 있다. 전통의복인 한복, 화전이나 떡과 같은 우리나라 전통음식, 기와집이나 초가집 같은 전통가옥, 그리고 화롯불이나 볏짚 등 쓰임새가 다양한 전통생활도구 등에 이르기까지 우리나라 사람들의 삶을 돌아보면서 다양한 활동으로 연결할 수 있다.

의식주 전통생활문화에 이어 우리나라의 놀이와 예술 또한 우리 고유의 전통문화로서 우리나라를 이해할 수 있는 좋은 주제이다. 대부분의 전래동요와 민요가 놀이의 형태로 구현되듯이, 노래와 춤은 놀이와 밀접한 연관을 갖기도 한다. 그 속에는 우리 민족 고유의 멋과 여유, 아름다움이 들어 있다. 강강술래나 언놀이, 사방치기, 비석치기, 딱지놀이 등 우리나라의 전통놀이부터 초충도, 민화, 풍속도, 병풍그림과 같은 옛 그림 감상, 그리고 전래동요나 민요와 어우러지는 다양한 춤까지 유아들 수준에서도 이해하기 쉽게 친근하면서도 단순한 형태의 놀이와 예술이 전해져 내려오고 있다.

이처럼 우리나라만의 고유의 생활문화를 경험해 보면서 하나님이 나의 생활의 터전으로 보내주신 나라인 우리나라에 대해 이해하고 지금의 생활양식과 관련지어 봄으로써 친밀함을 갖도록 할 수 있다. 또한 우리 문화가 간직하고 있는 아름다움을 경험해 볼 수 있다. 나아가 이러한 생활방식에 담긴 조상의 지혜와 슬기, 예술성을 느껴 보면서 우리나라의 고유한 문화를 체험하고 우리나라의 문화 이해를 통해 하나님을 알아가는 시간이 되도록 한다.

2) 우리나라의 역사

하나님께서는 느헤미야를 통해 이스라엘을 어려운 상황 가운데서 구해 주셨다. 느헤미야는 이스라엘을 구원하기 위한 하나님의 도구로 사용되어 이스라엘의 위기와 난관을 타개해 나갔다. 우리나라 또한 이스라엘과 같이 수많은 위기와 난관이 있었지만 소망과 비전을 심어 주는 지도자를 통해 그러한 어려움을 극복해 왔다. 이를 통해 우리는 우리나라의 역사 속에서도 간섭하신 하나님의 섭리와 은혜를 볼 수 있다. 우리나라의 역사가 흘러온 시간들에 대해 되돌아보며, 역사 안에서 나라를 지키시고 보호해 주신 하나님을 느껴 볼 수 있다. 우리 고유의 역사뿐만 아니라 기독교 역사가 시작되던 시기의 이야기, 그리고 북한의 현 상황을 포괄하는 역사를 다음과 같이 함께 알아볼 수 있다.

중국 만주지역까지 뻗어 나간 고구려의 기상 광개토대왕 이야기, 고려의 충신 정몽주 이야기, 학문과 문예가 번영했던 세종대왕 시대의 이야기, 훌륭한 어머니의 표상인 신사임당 이야기 등이 있다. 또한 역사의 어두운 그늘, 민족의 위기 가운데서도 나라를 지킨 역사 속 인물들(계백 장군과 5,000결사대, 왜적의 침입에 맞서 우리나라의 바다를 지킨 이순신 장군과 조선 수군 이야기, 권율 장군과 행주산성 이야기, 독도를 수호한 안용복 장군 이야기)을 유아들에게 흥미롭게 제시할 수 있다.

개화기 대한민국 역사에 등장한 초기 기독교 역사도 매우 중요하다. 우리나라에 복음이 처음 전해진 것은 개화기 시대 제너럴셔먼 호를 타고 온 영국의 토마스 선교사에 의해서였다. 그를 통해 성경이 들어오게 되고, 이 후로 외국의 선교사들이 우리나라에 복음을 전하기 시작하면서 기독교가 전파되기 시작했다. 기독교는 학교를 세워서 민중을 계몽시킴으로써 근대적 교육의 선구자적 역할을 했고, 기독교 세계관에 따라 애국운동에도 앞장섰다(천주교인 정약용 선생, 민족대표 33인, 유관순, 토마 안중근 선생, 윤동주 시인 등). 또한 일본 제국주의의 신사참배를 거부하고 신앙을 지키며 순교한 주기철 목사의 이야기는 일본 제국주의에 항거한 우리나라의 역사이자 기독교의 역사로 오랫동안 기억되고 있다.

마지막으로 분단의 아픈 역사 속에서 갈라진 북한과 그 땅의 현실에 대해 알아볼 수 있다. 남한과 다른 북한의 지형이나 문화, 생활방식 등에 대해 알아보고, 북한에 대해 이해하는 시간을 가질 수 있다. 또한 북한은 자유롭게 예수님을 믿기 어려운 땅이라는 것에 대해 알아보며, 북한의 백성을 사랑하며 북

9월

한에도 복음이 전파되길 원하시는 하나님의 마음도 느껴 보도록 한다. 이 과정을 통해 남한과 북한은 복음으로 통일을 이루어야 할 한 민족이라는 것을 되새겨볼 수 있다.

3) 우리나라의 성벽

성벽은 외적의 침입으로부터 우리나라의 주요 도시를 지켜 온 자랑스러운 문화재이다. 느헤미야는 어려움 속에서 하나님께 기도하고 지도자의 역할을 충실히 감당해 냄으로써 성벽을 재건할 수 있었다. 우리나라에도 성벽이 있다. 특히, 서울을 지켜온 성벽은 임진왜란, 병자호란 그리고 일제강점기와 같은 외적의 침입을 거치며 조선 왕조 600년 역사와 함께 해 왔다. 그 과정에서 훼손되고 복원되기를 반복해 오면서 오늘날 서울의 중요 문화재로 보존하고 있다. 느헤미야의 리더십 아래에서 성벽을 재건한 이야기를 알아보면서 우리나라의 한양 도성을 둘러싼 성벽과 4대문을 축조해 나간 이야기를 통합해 볼 수 있다. 성벽이나 4대문이 훼파되고 다시 재건된 이야기, 성벽이나 4대문 복원에 리더십을 발휘한 조선 초기의 왕들이나 왜적을 무찌른 권율 장군과 같이 산성을 끝까지 지킨 장수들의 이야기도 다루어 볼 수 있다.

이처럼, 우리나라의 성벽 역사와 연계하여 성벽의 훼파와 재건에 대한 이야기를 다루며, 성경 속의 지도자 느헤미야를 다시 한 번 생각해 볼 수 있다. 느헤미야는 하나님께 기도하고 계획한 대로 실행하였다. 무너진 성벽을 보수하며 이후로는 나라가 안전하게 보전되기를 하나님께 구했던 것이다. 우리나라와 같은 경우도 잦은 외세의 침입에 대항하고자 성벽을 튼튼히 재건해왔으며, 무너질 때마다 이스라엘과 같이 다시 보수해 온 역사를 반복해 왔다. 성벽 재건에 대해 알아보며 이스라엘 백성이 하나님께 기도하며 나라를 지키고 보존하고자 하였다는 것을 알고, 하나님께 우리나라를 지켜 주시기를 위해서 함께 기도할 수 있다.

| 교사를 위한 도움말 |

한양 도성을 둘러싼 4대문 이야기

한양 도성의 성문은 총 8개로, 성곽의 동서남북에 각각 대문을 짓고, 대문의 사이사이 통행이 편리하라고 문을 하나씩 더 지었다. 4대문과 4소문을 통해 도성과 전국 8도를 상징적으로 연결했으며, 유학에서 말하는 4대 덕목인 인의예지(仁義禮智)를 오행에 맞추어 한 글자씩 넣어 오행의 동쪽을 나타내는 '인(仁)' 자를 포함한 흥인지문, 의(義)는 서쪽을 상징해서 돈의문(서대문), 예(禮)는 남쪽을 상징해서 숭례문(남대문), 북쪽을 상징하는 지(智)는 의미가 상통하는 정(靖)으로 대체해서 숙정문이라는 이름을 지었다. 또 마지막 덕목인 신(信)은 방위상 중앙에 해당하므로 도성의 중심에 위치한 종각의 이름을 보신각

(普信閣)으로 지었다.

• 숭례문(남대문)

국보 1호이며 제일 웅장하고 큰 규모의 숭례문은 한양 도성의 남쪽 문이자 정문의 역할을 했던 문으로 당시 한양의 자부심이자 조선의 자랑이었다. 숭례문은 한양 성곽과 함께 1396년에 만들어졌고, 세종 29년의 대규모 중수에 이르기까지 몇 차례 수리를 거친다. 이후 임진왜란, 한국전쟁을 비롯한 크고 작은 난리에도 수도를 굳건하게 방위한다. 그러다 일제강점기 때에 문 양쪽에 성곽을 허물어 전차와 차들이 다니게 하면서 600년 조선 왕조의 정문 역할을 마감한다. 이후 100여 년 동안 달리는 차들과 높은 빌딩에 둘러싸여 외딴 섬처럼 외롭게 서 있던 숭례문은 2008년 2월 방화 사고로 인해 소실되었고, 한순간에 재로 변하게 되었다. 이후 복원 공사로 2013년 4월 29일 완공되어 우리의 곁에 다시 돌아왔으며, 복원을 통해 일제강점기에 잘려버린 좌우측 성곽을 복구하는 등 조선시대 당시 모습에 더욱 가까워졌다.

• 흥인지문(동대문)

보물 제1호인 흥인지문은 도성의 성문 중 유일하게 옹성으로 쌓았다. 지형이 낮고 평탄해서 외침을 방어하기에는 부족하므로 이를 보완하기 위한 목적이었다. 하지만 성문을 보호하기 위해 옹성을 쌓은 것이 무색하게 정작 임진왜란 때는 왜적이 가장 먼저 쉽게 입성했던 곳이 바로 흥인지문이라는 슬픈 이야기가 있다.

• 돈의문(서대문)

19세기 후반까지 보존되었던 돈의문은 1915년 일제의 경성도시계발계획에 따른 전차 궤도 복선화로 성문과 성곽이 강제 철거되었고 경매를 통해 민간에 판매되면서 역사 속으로 사라져 갔다. 돈의문의 경매 낙찰가는 단돈 205원으로 당시 쌀 17가마 가격밖에 되지 않았는데 나중에 경매 낙찰자가 성문을 헐어 보니 온갖 보물이 나와 횡재했다는 말이 있다.

• 숙정문(북문)

숙정문은 도성의 북문으로 격식에 맞춰 짓다 보니 산 속에 문만 있고 길은 없는 형식적인 문이었다. 또한 풍수지리에 의해 지력을 보호한다는 이유로 태종 13년 폐쇄되었고, 길에 소나무를 심어 통행을 금지하게 된다. 그러나 음양오행 중 물을 상징하는 음(陰)에 해당하는 까닭에 나라에 가뭄이 들 때는 기우를 위해 문을 열고, 비가 많이 내리면 닫았다고 한다. 지금의 숙정문은 1976년에 복원한 것으로, 2006년 4월부터 서쪽 성곽 0.5km, 북쪽의 진입로 0.6km 구간과 함께 일반에 개방되어 있다.

출처: 한양도성 문화재 홈페이지, http://www.hanyangdosung.com/31.

월간 통합교육계획안

- 성경주제: 나라를 사랑한 느헤미야
- 성경목표: 하나님이 우리에게 나라를 주셨음을 안다.
  하나님은 우리나라를 지키고 돌보심을 안다.
  하나님이 주신 우리나라를 소중히 여긴다.
  우리나라를 위해 하나님께 기도한다.

연관주제	우리나라			
통합주제	우리나라를 사랑해요			
통합목표	• 1주: 하나님이 주신 우리나라의 전통 생활문화에 관심을 갖고 체험해 본다. • 2주: 하나님이 주신 우리나라의 놀이와 예술에 관심을 갖고 즐겁게 표현해 본다. • 3주: 하나님이 지키고 돌보신 우리나라의 역사에 관심을 갖는다. • 4주: 우리나라 사람으로서 나라를 소중히 여기며 기도한다.			
인성요소	존중, 협동, 사랑, 양선, 인내, 책임, 경건			

주 활동		1주 우리나라 사람들의 생활	2주 우리나라의 놀이와 예술	3주 우리나라의 역사	4주 우리나라의 자랑거리
실내자유선택활동	쌓 기			• 거북선 만들기	• 성벽을 쌓아요★
	역 할	• 한복 입어 보기 • 전통상 차리기	• 친척 집 방문놀이		
	언 어	• 우리나라 전통문화★	• 우리나라 전통 수수께끼	• 위인전 읽기 • 위인에게 편지 쓰기 • 통일 동시 짓기 • 북한 기도문 쓰기	• 나라를 위한 기도★ • 기도문 녹음하고 들어보기
	수 · 조작		• 실꾸리 감고 풀어보기	• 한글 바느질	
	미 술	• 태극기의 상징 소개와 꾸미기 • 전통문화 감상하기	• 병풍 꾸미기		• 지점토 성벽 만들기 • 재활용품 사대문 만들기 • 태극기 그리기
	음 률		• 실꾸리 감아라★ • 우리나라 악기 연주	• 통일 노래 짓기	• 애국가 부르기
	과 학	• 요리: 송편만들기, 과일 꼬치 만들기			• 나침판 '동서남북'
대소집단활동	이야기 나누기	• 하나님께 감사하는 추석★	• 우리나라의 전통놀이	• 북한을 위해 기도해요★	• 수원성 이야기
	동시 · 동화 · 동극	• 동시) 우리나라		• 우리나라를 사랑한 그리스도인★	
	미술/음악		• 명화 감상) 이중섭 '달밤'		• 음악) 사물놀이 감상
	신체/게임		• 신체) 강강술래★ • 신체) 청어엮기	• 신체) 실꾸리를 감아라! • 게임) 윷놀이	
바깥놀이활동		• 무궁화 꽃이 피었습니다	• 동대문을 열어라	• 사방치기	• 현장체험) 지역의 성벽 또는 성문 방문
성 경 말 씀		또 그들에게 하나님의 선한 손이 나를 도우신 일과 왕이 내게 이른 말씀을 전하였더니 그들의 말이 일어나 건축하자 하고 모두 힘을 내어 이 선한 일을 하려 하매(느헤미야 2:18)			
기 도		하나님 우리나라를 주셔서 감사합니다. 나라를 사랑하는 자랑스러운 우리나라의 어린이가 되게 하여 주시옵소서. 예수님의 이름으로 기도드립니다. 아멘.			

★: 수록된 단위 활동

9월 · 우리나라를 사랑해요

III. 성경적 통합유아교육과정 실행하기

9월

'성경적 통합유아교육과정 실행하기'는 성경주제 및 목표가 반영된 성경이야기를 토대로 지금까지의 모든 통합과정을 활동 속에 집약한 교육 실제를 다룬다. 교사가 성경에 근거한 통합교육활동을 안정된 성경적 기반 위에서 수행할 수 있도록 지원한다.

1. 성경이야기

성경이야기는 성경본문의 내용을 유아들이 쉽게 이해할 수 있는 한편의 이야기로 구성하였다. 특히, 월별 성경이야기는 단위활동과 통합되어, 유아들에게 흥미를 유발하고 성경본문의 전체 흐름과 맥락을 보다 쉽게 이해할 수 있도록 한다.

2. 단위활동계획안

단위활동계획안은 성경적 통합학습 내용을 강화하고 재학습할 수 있도록 제시한 구체적 활동방안이다. 교사는 단위활동계획안을 참고하여 활동 방안에 대한 아이디어와 발문 정보를 얻을 수 있다.

성경이야기

| 본문제목 | 나라를 사랑한 느헤미야

| 성경본문 | 느헤미야 2:1-20

| 중심말씀 | 또 그들에게 하나님의 선한 손이 나를 도우신 일과 왕이 내게 이른 말씀을 전하였더니 그들의 말이 일어나 건축하자 하고 모두 힘을 내어 이 선한 일을 하려 하매(느헤미야 2:18)

| 중심내용 | 느헤미야는 자신의 나라인 이스라엘의 어려움에 마음 아파했어요. 나라를 사랑하는 마음으로 하나님께 간절히 기도했어요. 하나님께서는 느헤미야의 기도를 들으시고 이스라엘의 무너진 성벽을 다시 쌓게 하셨어요. 하나님은 이스라엘을 보호하시고 회복시켜 주셨어요. 나라를 사랑한 느헤미야처럼 우리도 우리나라를 소중히 여기고 나라를 위해 기도해요.

순서	장면	내용
1		이 사람은 이스라엘 사람인 느헤미야라고 해요. 한때 이스라엘은 다른 나라에 의해 멸망당한 적이 있었어요. 그래서 이스라엘의 수도 예수살렘의 성벽이 무너지고 사람들은 어려움과 고통 속에서 살아야 했어요. 그때 느헤미야는 페르시아라는 먼 나라에 포로로 끌려왔어요. 느헤미야는 능력이 많아 왕에게 인정을 받았어요. 그래서 이렇게 페르시아 왕궁에서 왕을 모시는 높은 관직에 있었어요.
2		느헤미야는 비록 먼 나라에 떨어져 있었지만 자신이 이스라엘 사람이라는 것을 잊지 않았어요. 느헤미야는 하나님이 세워 주신 이스라엘 나라가 무너진 것에 마음 아파했어요. 그래서 나라를 위해 하나님께 기도했어요.
3		어느 날 예루살렘에서 형제들이 느헤미야를 찾아왔어요. 느헤미야는 형제들에게 고향 예루살렘 소식을 물었어요. 그러자 형제들이 말해 주었어요. "지금 예루살렘에 남은 백성은 어려움 속에서 고통을 당하고 있습니다. 또 예루살렘성과 성문은 다 불타서 무너졌습니다."

순서	장면	내용
4		나라를 사랑하는 마음이 컸던 느헤미야는 이 말을 듣고 슬퍼했어요. 느헤미야는 오랫동안 기도했어요. "하나님 이스라엘이 하나님께 죄 지은 것을 용서해 주세요." 느헤미야는 음식도 먹지 않고 울면서 하나님께 기도했어요.
5		어느 날, 느헤미야의 슬퍼하는 얼굴표정을 보고 왕이 물었어요. "느헤미야야, 많이 슬퍼보이는구나. 무슨 걱정이라도 있는 것이냐?" "왕이여, 우리나라의 성벽이 무너지고 성문이 불탔다고 합니다. 나를 고향 땅에 보내 주셔서 그 성을 쌓을 수 있게 하여 주소서."
6		왕은 신하인 느헤미야를 아끼고 사랑했어요. 그래서 느헤미야의 호소를 듣고 안전하게 예루살렘까지 갈 수 있게 하라는 편지를 써 주었어요. 성벽을 쌓을 수 있도록 건축 자재들과 군사들도 주었어요.
7		예루살렘에 도착한 느헤미야는 성벽을 둘러보았어요. 그리고 지혜와 용기를 달라고 기도하고, 사람들을 불러 모아서 이야기했어요. "여러분, 하나님이 우리를 도우십니다. 우리 다시 일어나서 예루살렘 성벽을 쌓읍시다!"
8		사람들은 느헤미야가 이끄는 대로 한마음이 되어, 성벽을 쌓아 완성시켰어요.

순서	장면	내용
9		튼튼한 성벽은 주변에 나라들이 쳐들어오지 못하게 예루살렘을 안전하게 지켜 주었어요. 성벽이 완성된 바로 다음, 느헤미야는 무엇을 했을까요?
10		느헤미야 8장에 그 이야기가 나와요. 바로, 이스라엘 백성과 함께 하나님의 말씀인 성경을 읽었어요. 이것을 통해 하나님을 사랑하고 하나님의 뜻을 따르는 마음을 잊지 않도록 했어요.
11		우리나라에도 느헤미야처럼 나라를 사랑하고 나라를 위해 간절히 기도한 사람들이 많이 있습니다. 우리도 우리나라를 사랑해요. 우리나라를 위해 함께 기도해요.

단위활동계획안

단위활동은 월 단위 성경적 통합주제와 학습목표를 유아들이 쉽게 재학습하고 강화할 수 있도록 구성한 활동계획이다. 9월의 주별 단위활동은 다음과 같다. 첫 번째 주에는 하나님이 주신 우리나라의 전통 생활문화에 대해 알아보고, 특별히 추석을 보내며 하나님께 감사한 시간이 되도록 한다. 두 번째 주에는 '실꾸리 감아라'와 '강강술래' 활동을 통해 하나님이 주신 우리나라의 놀이와 예술을 체험한다. 세 번째 주에는 '우리나라를 사랑한 그리스도인'과 '북한을 위해 기도해요' 활동을 통해 하나님이 지키고 돌보신 우리나라의 역사에 관심을 갖는다. 네 번째 주에는 '성벽을 쌓아요' '나라를 위한 기도' 활동을 통해 우리나라 사람으로서 나라를 소중히 여기며 기도하는 태도를 갖도록 한다.

9월

■ 주별 단위활동 안내 ■

주	성경적 기초	주제	활동명	활동유형 (영역)	누리과정 주요 관련 영역	인성 요소
1주		우리나라 사람들의 생활	우리나라 전통문화 (376쪽)	언어	의사소통 사회관계	존중 기쁨
			하나님께 감사하는 추석 (379쪽)	이야기 나누기	의사소통 사회관계	
2주	성경 이야기: 나라를 사랑한 느헤미야 (느헤미야 2:1-20)	우리나라의 놀이와 예술	실꾸리 감아라 (382쪽)	음악	의사소통 사회관계 예술경험	협동 기쁨
			강강술래 (385쪽)	신체	예술경험 사회관계 신체운동·건강	
3주		우리나라의 역사	우리나라를 사랑한 그리스도인 (389쪽)	동화	의사소통 사회관계	사랑 인내 책임 양선
			북한을 위해 기도해요 (393쪽)	이야기 나누기	의사소통 사회관계	
4주		우리나라의 자랑거리	성벽을 쌓아요 (396쪽)	쌓기	자연탐구 사회관계	책임 협동 경건
			나라를 위한 기도 (400쪽)	언어	의사소통 사회관계	

■ 1주 · 우리나라 사람들의 생활.

■ 주간통합목표: 하나님이 주신 나라인 우리나라의 전통 생활문화에 관심을 갖고 체험해 본다.

우리나라 전통문화

활동형태: 자유선택활동/영역: 언어

|통합목표| • 우리나라의 전통 생활 문화(의식주)에 관심을 갖는다.

• 전통 생활문화를 보전할 수 있도록 하신 하나님께 감사한다.

|누리과정 관련요소| • 의사소통: 말하기-낱말과 문장으로 말하기

• 사회관계: 사회에 관심 갖기-우리나라에 관심 갖고 이해하기

|인성요소| • 존중: 문화적 차이를 소중히 여기고 긍정적으로 받아들이기

|활동자료| • 성경이야기(장면 10)

• 우리나라의 전통 문화 관련 사진(가옥: 기와집, 초가집, 너와집 등; 옷: 한복 등; 음식: 밥, 떡, 김치, 한과, 불고기 등)

전통 옷   전통 가옥   전통 음식

출처: 키드키즈 홈페이지, http://www.kidkids.net.

|활동방법|

• 도 입   1. (성경이야기 장면 10을 보여 주며) 이스라엘의 전통에 대해서 이야기를 나눈다.

10

느헤미야 8장에 그 이야기가 나와요. 바로, 이스라엘 백성과 함께 하나님의 말씀인 성경을 읽었어요. 이것을 통해 하나님을 사랑하고 하나님의 뜻을 따르는 마음을 잊지 않도록 했어요.

－성벽을 쌓은 후 예루살렘은 안정이 되었어요.

－이스라엘의 전통은 하나님의 자손으로서 말씀을 읽고 말씀대로 살아가는 것이었어요. 그것은 하나님 말씀대로 살아온 이스라엘의 역사이기도 하지요.

－느헤미야처럼 우리도 우리나라를 사랑하는 마음을 갖고, 우리의 문화를 자랑스러워하고, 보호하도록 노력할 수 있어요.

2. 우리가 태어나고 자란 곳인 우리나라의 문화에 관심을 갖는다.

－하나님께서는 우리를 대한민국 사람으로 태어나고 자라게 하셨어요.

－우리가 태어나기 전 이 땅에 살았던 옛 조상은 어떤 모습으로 살았을까요?

－우리나라도 조상을 통해 고유의 전통이 지금까지 전해져 내려오고 있습니다.

9월

• 전 개

3. 전통 의상, 전통 음식, 전통 가옥에 대해서 차례로 알아본다.

－이것은 무엇일까요?

－옛 조상들은 어떤 목적으로 이것을 사용했을까요?

－(전통 옷 사진을 보여 주며) 우리나라 고유의 전통 옷입니다. 지금은 명절 때나 특별한 잔치가 있을 때 입지만, 옛날 조상들이 일상생활 속에서 편하게 입었습니다. 참 곱고 아름다운 우리의 옷입니다(전통 음식과 전통 가옥도 간략하게 소개한다).

－우리나라 고유의 한복과 음식 그리고 전통 가옥들을 보니까 어떤 생각이 드나요?

－이스라엘 백성은 말씀을 읽고 말씀대로 살아가는 전통을 지켜 가면서 하나님의 백성이라는 것을 잊지 않고 살아갈 수 있었어요. 우리도 이스라엘 백성처럼 우리의 전통문화를 잘 보존하며 우리가 대한민국의 백성이자 후손이라는 것을 잊지 않도록 해요.

4. 조상이 우리에게 자랑스러운 문화를 물려주었음을 안다.

－우리의 문화는 옛날부터 시작하여 우리의 할아버지, 아버지 그리고 우리에게까지 잘 보존되어 내려왔어요.

－우리도 좋은 문화를 잘 지키고 발전시켜서 우리 다음의 세상을 살 사람들에게 전해 줘야 해요.

－우리가 물려줘야 할 소중한 전통문화에는 또 어떤 것들이 있을까요?

－전래동요와 놀이, 품앗이, 설날 세배, 어른에 대한 예절과 효 등은 우리가 아름답게 보존하고 전해 주어야 할 우리의 전통문화예요.

5. 우리의 문화를 다음 세대로 전해 주기 위해서 해야 할 일에 대해 이야기 나눈다.

－우리의 좋은 문화를 전해 주려면 어떻게 해야 할까요?

－우리도 전통문화를 아끼고 돌보아요. 잘 보존해 주어요.

－문화를 전해 주어야 할 우리가 이 역할을 잘하지 못하면 어떻게 될까요?

－잘못 전해지거나 끊겨요. 다음 사람들에게 전해지지 않아요.

　　　　　　－우리의 좋은 문화를 아끼고 돌보는 우리의 책임을 다해요.

・ 마 무 리　6. 전통 생활문화가 지금까지 전해져 내려오게 해 주신 하나님께 감사한다.

　　　　　　－우리에게 이렇게 아름답고 자랑스러운 생활문화를 주신 하나님께 감사해요.

　　　　　　－하나님께 감사하는 마음으로 우리의 좋은 생활문화를 잘 가꾸고 보존해요.

| 활　동 |
| 유 의 점 |

・ 단순히 우리나라의 전통 생활양식에만 관심을 갖는 것이 아니라, 문화를 만들어가는 국민으로서 문화를 보호하고 세대에 전해 주는 역할임을 알 수 있도록 한다.

| 확장활동 |

・ 미술영역: 태극기의 상징 소개와 꾸미기
・ 미술영역: 전통문화 감상하기

[전통문화 감상하기]

유아들이 전통문화를 접할 수 있도록 원내에 옛날 물건을 전시한다. 우리나라의 문화를 소중히 여기기 위해서는 문화에 대한 이해가 필요하므로, 다양한 우리 문화를 경험할 수 있는 기회를 제공해 준다.

[태극기의 상징 소개와 꾸미기]

태극기의 상징을 소개하고 꾸미기 활동을 통해 유아들은 상징물의 의미를 자연스럽게 알게 되고 우리나라를 자랑스럽게 여기게 된다.

| 활동평가 |

・ 우리나라의 전통 생활문화를 의식주 용도에 따라 분류하는지 평가한다.
・ 전통 생활문화(의식주)를 소중히 여기는 마음을 표현하는지 평가한다.
・ 지금까지 우리 전통의 생활문화를 잘 간직할 수 있도록 우리나라를 지켜 주신 하나님께 감사한 마음을 표현하는지 평가한다.

■ 1주 · 우리나라 사람들의 생활.

■ 주간통합목표: 하나님이 주신 나라인 우리나라의 전통 생활문화에 갖고 체험해 본다.

하나님께 감사하는 추석

활동형태: 대소집단활동/영역: 이야기나누기

|통합목표| • 추석에 관심을 갖고, 추석과 관련된 경험을 이야기 한다.

• 추수를 허락하신 하나님께 감사한 마음을 갖는다.

• 추석의 기쁨을 가족, 친구, 이웃들과 나눌 수 있는 마음을 갖는다.

|누리과정 관련요소| • 의사소통: 말하기−낱말과 문장으로 말하기

• 사회관계: 사회에 관심 갖기−우리나라에 관심 갖고 이해하기

|인성요소| • 존중: 문화적 차이를 소중하게 여기고 긍정적으로 받아들이기

• 기쁨: 하나님께 감사하는 마음을 기쁨으로 표현하기

|활동자료| • 추석과 관련된 이야기 파워포인트(한복, 송편, 햇과일; 날씨자료: 해, 비, 바람)

• 사진 자료(봄에 씨 뿌리는 모습, 여름에 곡식이 자라는 모습, 가을에 추수하는 모습 사진)

• 농작물이 잘 자라지 못하는 환경과 결과를 나타내는 그림(흉년, 기근, 가뭄, 홍수, 태풍 등)

|활동방법|

• 도 입   1. 유아들에게 실물 자료(쌀, 사과, 배, 감, 잡곡 등)를 보여 준다.

−선생님이 준비한 것들을 함께 살펴볼까요?

−가을이 되면 맛있는 과일과 곡식들을 먹을 수 있어요.

−우리나라에는 과일과 곡식을 거두는 가을에 추석이라는 명절이 있어요.

• 전 개   2. 추석의 의미에 대해 이야기를 나눈다.

−추석은 어떤 날인가요?

　　　－풍성한 과일과 곡식을 거둘 수 있게 해 주신 것을 가족과 함께 기뻐하고 감사하는 날
　　　이에요.

3. 풍성한 과일과 곡식이 우리에게 오기까지 수고해 주신 분들을 생각해 본다.

　　　－풍성한 과일과 곡식을 우리가 먹을 수 있도록 누가 수고했을까요?

　　　－정성과 노력으로 과일과 곡식을 잘 키워 준 농부에게 어떤 마음을 가져야 할까요?

4. 식물이 자라기 위하여 하나님이 주시는 것들에 대하여 이야기를 나눈다.

　　　－농부가 아무리 노력해도 하나님께서 식물이 자랄 수 있는 날씨를 주시지 않는다면 어
　　　떻게 될까요?

　　　－식물이 잘 자라기 위해서는 무엇이 필요할까요?

　　　－(가뭄 그림을 보여 주면서) 만약에 비가 오지 않고 햇빛만 쨍쨍한 날이 계속 되었다면
　　　식물은 어떻게 되었을까요?

　　　－(태풍 그림을 보여 주면서) 바람이 심하게 불고, 비가 세차게 내리는 태풍이 왔다면, 식
　　　물은 어떻게 되었을까요?

　　　－하나님은 식물들이 풍성한 열매를 맺을 수 있도록 적당한 햇빛과 비를 주셨어요.

5. 풍성한 과일과 곡식을 추수한 것에 감사하는 마음을 갖는다.

　　　－식물이 자라게 하시고, 잘 자랄 수 있도록 좋은 날씨를 주신 하나님께 감사해요.

　　　－봄, 여름, 가을 긴 시간 동안 잘 자라 준 식물들에게는 뭐라고 말해 볼까요?

　　　－이렇게 추수한 곡식과 과일을 나누어 먹는 날이 추석이에요. 우리는 풍성한 과일과
　　　곡식을 허락하신 하나님께 감사해요.

・마 무 리　6. 추석에 음식을 주신 하나님께 감사하며 가족과 이웃과 나누어 먹는 것에 대하여 이야
　　　기를 나눈다.

　　　－풍성한 수확물을 우리는 누구와 나눌 수 있을까요?

　　　－하나님이 우리에게 주신 수확물을 추석날 가족과 나누어 먹으면서 기쁨을 나눌 수 있
　　　어요.

활 동
유 의 점
・각 유아들의 가정마다 고유의 추석 문화가 있다. 추석이 되어서 예배를 드리는 가정도
있고 조상에게 제사를 드리는 가정이 있다. 추석 문화에 대한 접근은 기독교 유아교육
의 통합 정도에 따라 각 유치원의 상황에 맞게 조정할 수 있다.

| 확장활동 |
・요리활동: 송편 만들기 추수 감사, 과일 꼬치 만들기
・역할영역: 친척 집에 추석 인사 드리기 역할놀이

[추수 감사 과일 꼬치 만들기]

가을에 먹을 수 있는 과일에 대해 알아본 후, 과일 꼬치 만들기 활동을 한다. 활동을 진행하면서 풍성한 과일이 우리에게 오기까지의 과정을 유아들과 이야기를 나누어 본다.

[송편 만들기]

송편 만들기를 통해 추석의 고유문화를 이해한다. 송편을 가족, 이웃과 나누어 먹으면서 추석을 맞이한 기쁨을 나눈다. 풍성한 수확물을 나누는 기쁨을 통해서 하나님께 감사한 마음을 갖는다.

| 활동평가 | • 추석에 관심을 갖고, 추석과 관련한 경험을 이야기할 수 있는지 평가한다.

• 사계절과 좋은 날씨를 주셔서 여러 가지 과일과 곡식들을 수확할 수 있도록 도우신 하나님께 감사한 마음을 갖는지 평가한다.

• 풍성한 수확물을 가족, 친구, 이웃들과 함께 나눌 수 있는 마음을 가지고 실천하려는 태도를 보이는지 평가한다.

■ 2주 · 우리나라의 놀이와 예술.

■ 주간통합목표: 하나님이 주신 우리나라의 놀이와 예술에 관심을 갖고, 즐겁게 표현해 본다.

실꾸리 감아라

활동형태: 대소집단활동/영역: 음악 · 신체

|통합목표| • 우리나라 전래놀이에 대해 관심을 갖는다.

• 국악동요를 듣고 부르며, 우리말의 재미를 느낀다.

• 우리 고유의 놀이를 주신 하나님께 감사한다.

|누리과정 관련요소| • 의사소통: 듣기–동요, 동시, 동화 듣고 이해하기

• 사회관계: 사회에 관심 갖기–우리나라에 관심 갖고 이해하기

• 예술경험: 예술적 표현하기–음악으로 표현하기

|인성요소| • 협동: 하나님이 주시는 힘을 모아 협력하기

• 기쁨: 즐겁고 감사한 마음 표현하기

|활동자료| 〈실꾸리 감아라〉 노래 CD(어린이 노래패 소리랑, 2007, '풍뎅아 뺑 뺑 돌아라' 중), 우리나라 전통악기, 실물 실꾸리, 노래말판

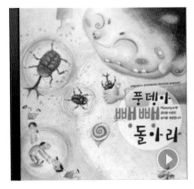 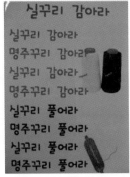

|활동방법|

• 도 입   1. 우리의 전통문화에 대해 이야기 나눈다.

–옛날부터 전해 내려오는 놀이도 전통문화예요.

–우리의 옛 놀이는 요즘 우리의 놀이와 어떤 점이 다를까요?

–옛 친구들은 생활도구들을 놀잇감으로 많이 사용했어요.

• 전 개   2. 국악동요 중 〈실꾸리 감아라〉 노래를 소개한다.

　　　　　 －〈실꾸리 감아라〉라는 국악동요가 있어요.

　　　 3. 노래를 들은 후, 이야기를 나눈다.

　　　　　 －실꾸리는 무엇일까요?

　　　　　 －실꾸리란 실을 동그랗게 감아놓은 뭉치예요. 명주꾸리는 무엇일까요? 명주꾸리란 명
　　　　　 　주라는 실을 동그랗게 감아놓은 뭉치예요.

　　　　　 －이 노래는 우리의 조상이 실을 감고 푸는 모습을 보면서 불렀어요.

　　　 4. 유아들의 노래에 맞추어 교사는 노래에 맞추어 실꾸리를 감거나 푸는 것을 표현해 본
　　　　　 다(양 검지손가락을 펴서 빙글빙글 돌리거나 주먹으로 빙글빙글 돌린다).

　　　　　 －실을 감고, 푸는 모습을 관찰해 볼까요?

　　　　　 －실이 어떻게 풀리나요?

　　　 5. 교사가 전통악기(장구, 소고, 꽹과리 등)를 빠르게 또는 천천히 연주하고, 유아들은 교사
　　　　　 의 장단에 맞추어서 노래를 불러 본다.

　　　 6. 서로 손을 잡고 원을 그리면서 실이 감겨 있다가 풀려 나가는 모습을 표현한다.

9월

· 마 무 리　7. 활동에 대해 평가한다.

　　　　　　−전래놀이를 해 본 느낌이 어땠나요?

　　　　　　−우리나라 악기 연주를 들으면서 노래를 부르니 어떤가요?

　　　　　8. 우리 고유의 놀이를 주신 하나님께 감사한 마음을 갖는다.

　　　　　　−우리가 재미있게 즐길 수 있는 고유의 놀이를 지금까지 전해 주신 하나님께 감사해요.

| 활 동 |
| 유 의 점 |

- 우리나라의 전통 놀이와 노래는 매우 밀접한 연관을 갖고, 전승되어 왔다. 유아가 놀이와 노래를 통해서 우리나라의 전통문화를 흥겹게 익힐 수 있다.
- 교사는 유아들에게 전통놀이를 제시해 줄 때, 주술적인 요소들을 분별하여 선택적으로 제시한다.
- 교사가 전통악기를 다루지 못할 경우, 녹음된 CD나 인터넷 자료를 사용한다.

| 확장활동 |

- 음률영역: 우리나라 악기를 연주하기
- 수 · 조작영역: 실꾸리 감고 풀어 보기

[실꾸리 감기]

실물 자료를 활용하여 노래를 들려주어 유아들이 노래의 내용을 쉽게 이해하도록 한다. 유아들에게 전래동요를 자주 들려주어서 우리나라 특유의 노래의 특징을 느껴 볼 수 있도록 한다.

[우리나라 악기를 연주하기]

우리나라 악기를 연주하면서 유아들이 전통가락의 재미와 흥겨움을 느낀다. 유아들이 전통 악기를 연주하며 즐거움을 느낄 때, 우리 문화에 대한 애착을 가지고 하나님이 주신 전통문화를 즐긴다.

| 활동평가 |

- 예로부터 전해 내려오는 전통 놀이와 노래에 대하여 아는지 평가한다.
- 활동에 적극 참여하여 우리 고유의 놀이를 보전해 올 수 있도록 하신 하나님께 감사하는 마음을 표현하는지 평가한다.

■ 2주 · 우리나라의 놀이와 예술.
■ 주간통합목표: 하나님이 주신 우리나라의 놀이와 예술에 관심을 갖고, 즐겁게 표현해 본다.

강강술래

활동형태: 대소집단활동/영역: 신체

|통합목표| • 국가적 위기 극복에 동참하는 마음이 하나님의 뜻임을 알도록 한다.

• 강강술래의 유래를 알고, 나라를 사랑하는 마음을 갖는다.

• 강강술래 박자에 맞춰 협동하여 움직일 수 있다.

|누리과정
관련요소| • 예술경험: 예술적 표현하기-통합적으로 표현하기

• 신체운동 · 건강: 신체 인식하기-신체를 인식하고 움직이기

• 사회관계: 사회에 관심 갖기-우리나라에 관심 갖고 이해하기

|인성요소| • 협동: 하나님이 주시는 힘을 모아 협력하기

• 기쁨: 즐겁고 감사한 마음 표현하기

|활동자료| • 민속놀이 강강술래 동영상(키드키즈 홈페이지, http://www.kidkids.net), 성경이야기(장면 7, 8)

|활동방법|

• 도 입   1. 느헤미야가 적으로부터 나라를 지키기 위해 백성들과 성벽을 쌓았던 일을 회상한다.

| 7 |  | 예루살렘에 도착한 느헤미야는 성벽을 둘러보았어요. 그리고 지혜와 용기를 달라고 기도하고, 사람들을 불러 모아서 이야기했어요. "여러분, 하나님이 우리를 도우십니다. 우리 다시 일어나서 예루살렘 성벽을 쌓읍시다." |
| 8 |  | 사람들은 느헤미야가 이끄는 대로 한마음이 되어, 성벽을 쌓아 완성시켰어요. |

－느헤미야는 나라를 지키기 위해 어떤 일을 했나요?

－적으로부터 나라를 지키기 위해서 백성과 함께 성벽을 쌓았어요.

9월

· 전 개   2. 우리나라에도 적으로부터 나라를 지키기 위해 백성과 협력한 일에 대해 이야기 나눈다.

 −우리나라에도 적을 쳐들어온 적이 있어요. 우리나라 사람들은 어떻게 적을 물리쳤을까요?

 −임진왜란 때, 이순신 장군은 일본이 쳐들어오자 적에게 우리나라 사람의 수가 많아 보이도록 전쟁에 나가지 않은 여자들을 모아 손을 잡고 빙빙 돌게 했어요. 멀리서 이 것을 본 적은 우리나라 사람들이 많은 것으로 착각하고 우리나라에 쳐들어오지 않았어요.

 3. 강강술래 동영상을 감상한다.

 −강강술래는 어떻게 하는 것인가요?

 −한복을 입고, 빙빙 도는 모습을 보는 모습을 보니 어떤가요?

 4. 적을 지키기 위해서 협력했던 강강술래가 민속놀이로 전해져 왔음을 안다.

 −강강술래는 어떤 마음으로 시작이 되었을까요?

 −백성이 나라를 사랑하는 마음으로 강강술래를 하였어요.

 −그 이후로 추석에는 사람들이 모두 모여 흥겹게 강강술래를 즐겨요.

 5. 강강술래 노래를 따라서 함께 불러 본다.

 −강강술래 노래를 잘 듣고, 우리도 따라 불러 봐요.

 −강강술래 노래는 앞소리와 받는 소리로 나누어서 부를 수 있어요.

〈강강술래 노랫말〉

강강술래 강강술래
전라도 우수영은 강강술래
우리 장군 대첩지라 강강술래
장군의 높은 공은 강강술래
천추만대 빛날세라 강강술래

6. 강강술래를 하는 방법을 알아보고 해 본다.

　－친구와 손을 잡고 흥겹게 활동을 해 봐요.

〈활동 방법〉

① 유아들이 모여 동그랗게 손을 잡는다.
② 손을 잡고 빙빙 돈다.
③ 강강술래 노래를 서로 주고받으면서 부른다. 앞부분은 교사가 부르고, 뒷부분은 유아가 불러 본다.
④ 천천히 걷거나 점점 빨리 뛰는 형식으로 돈다.

[강강술래]

강강술래는 많은 유아가 함께 참여할 수 있는 활동이다. 강강술래 노래의 리듬에 자신의 몸을 움직여 봄으로써 즐겁게 활동에 참여할 수 있다. 활동 후 강강술래가 생긴 유래를 회상하면서 나라가 위기에 처했을 때 협력했던 활동임을 안다.

• 마무리　7. 강강술래를 한 후 활동을 평가한다.

　　　－친구와 손을 잡고 강강술래를 해 본 기분이 어떤가요?

　　　－빙빙 돌아가는 모습을 보면서 무엇을 떠올렸나요?

8. 강강술래는 우리가 지켜야하는 전통놀이임을 이야기 나눈다.

　　　－강강술래는 우리에게 내려온 소중한 전통놀이예요. 전통놀이를 소중히 여겨서 우리
　　　의 동생들에게 물려주는 게 우리의 역할이에요.

| 활　동
유의점 | • 강강술래 노래가 어려울 경우, '강강술래' 부분만 선택하여 불러 보도록 한다.
• 한복을 입고 강강술래를 할 경우에는 옷에 걸려 넘어지지 않게 조심히 활동을 하도록
한다. |

387

| 확장활동|　　• 게임: 윷놀이(추석에 할 수 있는 전통놀이)

　　　　　　　• 언어영역: 우리나라 전통 수수께끼

　　　　　　　• 신체활동: 청어엮기(다른 강강술래 놀이)

[윷놀이]

전통놀이 중에는 협력하여 할 수 있는 놀이가 있다. 윷놀이 활동은 유아들이 팀으로 나누어서 해 볼 수 있는 활동이다. 유아들은 전통놀이의 재미를 느끼며 우리나라를 소중히 여길 수 있다.

| 활동평가|　　• 국가적 위기 극복에 동참하는 마음이 하나님의 뜻임을 아는지 평가한다.

　　　　　　　• 강강술래의 유래를 알고, 나라를 사랑하는 마음을 표현하는지 평가한다.

　　　　　　　• 강강술래 박자에 맞춰 협동하여 참여하는지 평가한다.

■ 3주ㆍ우리나라의 역사.

■ 주간통합목표: 하나님이 지키고 돌보신 우리나라의 역사에 관심을 갖는다.

우리나라를 사랑한 그리스도인

활동형태: 대소집단활동/영역: 동화

| 통합목표 |
- 우리나라를 빛낸 자랑스러운 사람들에 대해 알아본다.
- 위인의 이야기를 통해 나라를 사랑하는 마음을 갖는다.
- 우리나라를 사랑한 기독교인의 마음가짐을 알아본다.

| 누리과정 관련요소 |
- 의사소통: 듣기-이야기 듣고 이해하기
- 사회관계: 사회에 관심 갖기-우리나라에 관심 갖고 이해하기

| 인성요소 |
- 사랑: 하나님과 나라를 위한 일 실천하기
- 인내: 하나님의 도우심을 바라고 참고 견디기
- 책임: 이웃이나 공동체를 위해 자신의 달란트를 사용하기

| 활동자료 |
- 성경이야기(장면 1)
- 우리나라를 사랑한 그리스도인 파워포인트자료(유관순, 윤동주, 민족대표 33, 주기철 위인과 관련된 내용으로 구성된 동화 자료, 위인전 동화(유관순, 주기철, 윤동주)

| 활동방법 |

• 도 입
1. (성경이야기 장면 1을 요약해서 들려주며) 느헤미야가 자신의 나라가 아닌 다른 나라에서 살게 된 배경에 대해 이야기를 나눈다.

－느헤미야는 자신이 살던 나라가 멸망하여 페르시아라는 나라에 포로로 끌려왔어요.

9월

1

이 분은 이스라엘 사람인 느헤미야라고 해요. 한때 예루살렘은 다른 나라에 의해 멸망당한 적이 있었어요. 그때 느헤미야도 페르시아라는 먼 나라에 포로로 끌려왔어요. 느헤미야는 능력이 많았기 때문에 왕궁에서 높은 관직에 있었어요.

－만약 우리나라가 없어진다면 우리는 어떻게 될까요?

• 전 개   2. 우리나라가 일본의 지배를 받았던 일제강점기에 대해 이야기를 나눈다.

－우리도 나라를 빼앗겨 우리나라가 없었던 때가 있었어요. 할아버지, 할머니가 어린 시절에 일본에게 나라를 빼앗겼어요.

－어떤 일이 벌어졌을까요?

－일본의 왕이 우리나라를 빼앗고 오랫동안 지배했어요. 우리나라 말과 글도 못 쓰게 할 정도였어요.

－지금 우리에게 이런 일이 일어나면 어떤 기분이 들까요?

3. 우리나라를 일본으로부터 해방시키기 위해 노력한 위인들에 대해 이야기를 나눈다.

－훌륭한 업적을 이룩한 뛰어난 사람을 '위인'이라고 해요. 우리나라를 일본으로부터 찾기 위해 노력한 위인들이 있어요.

－그분들 중에 하나님을 믿는 사람들이 있었어요.

－어떤 사람들이 있었는지 우리 함께 책을 보기로 해요.

4. '우리나라를 사랑한 그리스도인' 이야기를 동화책으로 만들어 유아들에게 들려준다.

－어떤 분이 기억에 남나요?

－그분이 나라를 위해서 어떤 일을 했나요?

6. 동화 속 인물 모두 하나님을 잘 믿는 사람들이었음을 이야기 나눈다.

－우리나라를 사랑한 그리스도인 중에 어떤 분들이 궁금한가요?

－유관순, 윤동주, 이분들의 같은 점은 무엇일까요?

－모두 하나님을 믿는 그리스도이고, 일본으로부터 나라를 되찾기 위해 노력했던 분들이에요.

• 마 무 리   7. 하나님이 우리나라를 지키신 방법에 대하여 이야기를 나눈다.

－만약 느헤미야나 우리나라의 위인들 같이 나라를 위해 노력하고 희생하는 사람이 없었다면 나라는 어떻게 될까요?

－하나님은 느헤미야와 같이 우리나라를 사랑하는 사람을 통해서 우리나라를 돌봐주세요.

9월

| 활 동 유 의 점 | • 교사는 우리나라를 위해 기도한 위인들에 대하여 안다.
• 하나님은 (하나님을) 믿는 사람들을 통해서 우리나라를 지키고 보호하셨다는 것을 알도록 한다.

| 확장활동 | • 쌓기영역: 이순신 장군의 거북선 만들기
• 언어영역: 위인에게 편지 쓰기, 위인전 읽기, 윤동주 시인의 시 '서시' 읽어 보기

[위인들에게 편지 쓰기]

나라를 위해 희생하신 분들께 감사의 편지를 써 본다. 지금의 우리나라가 되기까지 나라를 위해 애쓰신 분들을 생각해 본다. 하나님께서는 우리나라를 사랑하는 한 사람을 통해서도 우리나라를 돌봐 주신다는 것을 안다.

[거북선 만들기]

이순신 장군이 만든 거북선을 다양한 블록을 활용해서 구성해 본다. 훌륭한 위인들에 대해 배우며 유아들은 나라를 소중히 여기고 사랑하는 마음을 가질 수 있다.

| 활동평가 | • 우리나라 위인들에 대해 관심을 가지고 표현하는지 평가한다.
• 하나님을 믿는 사람들을 통해 하나님께서 우리나라를 지키시고 보호하심을 느끼고 감사하는 마음을 표현하는지 평가한다.

| 교사를 위한 도움말|

나라를 사랑한 그리스도인

유관순
(1902~1920)

모태신앙을 가진 독실한 기독교인으로서 계몽 운동가였던 아버지의 신앙과 민족 의식에 영향을 받았다. 유관순은 삼일 운동 후, 체포가 되었을 때 감옥에서 매일 같이 나라와 감옥에 갇힌 사람들을 위해서 기도하였다.

식민지 때 민족에 대한 사랑과 독립에 대한 소망을 시로 표현한 시인이다. 기독교 집안에서 자라난 윤동주는 어릴 때부터 신앙심을 갖게 되었다. 학교를 다니면서 민족의식을 갖게 된 윤동주는 민족문화의 소중함을 깨달았다. 식민지 시절의 민족의 상황을 시로 표현하였으나 일제의 탄압으로 인해 시집을 출간하지 못하고, 광복 이후 시집이 출판되었다. 윤동주 시인은 항일 운동을 했다는 혐의로 체포되어 후쿠오카 형무소(교도소)에 복역 중 옥사하였다.

윤동주
(1917~1945)

주기철 목사
(1897~1944)

일제강점기에, 신사참배를 강요를 거부하여 신앙을 지키며 신사참배 반대 운동을 하였다. 점점 구속되는 시간이 길어지고 형무소(교도소)에 있는 동안 일제는 주기철 목사에게 신사참배를 하면 풀어 주겠다고 회유하고 엄청난 고문을 자행했지만, 주기철 목사는 끝까지 믿음을 지키다가 형무소(교도소)에서 순교하였다.

민족대표 33인은 천도교, 기독교, 불교의 각 대표들이 1919년 3.1일 운동 때 기미 독립선언서에 서명한 33명이다. 기독교인 16명이 포함되어 있으며, 대부분 목사와 장로들이다. 기미 독립선언서는 조선의 독립을 국내외 선언한 글이다.

민족대표 33인

출처: 위키백과 한국어판 홈페이지, https://ko.wikipedia.org, 두산백과 http://www.doopedia.co.kr.

■ 3주 · 우리나라의 역사.

■ 주간통합목표: 하나님이 지키고 돌보신 우리나라의 역사에 관심을 갖는다.

북한을 위해 기도해요

활동형태: 대소집단활동/영역: 이야기나누기

| 통합목표 |
- 남한과 북한은 한 민족임을 알고 북한생활에 관심을 가진다.
- 북한의 상황을 알고 북한을 위해 기도한다.

| 누리과정 관련요소 |
- 의사소통: 말하기-느낌, 경험, 생각 말하기
- 사회관계: 사회에 관심 갖기-우리나라에 관심 갖고 이해하기

| 인성요소 |
- 사랑: 하나님과 나라를 위한 일 실천하기
- 양선: 어려운 이웃을 불쌍히 여기고 도와주려는 마음 가지기

| 활동자료 |
- 7 · 8월 성경이야기(장면 4)
- 북한 생활에 관한 파워포인트 자료, 우리나라 지도, 스티커(빨강, 파랑)

  (키드키즈 홈페이지, http://www.kidkids.net/eduinfo_new/activity_view.htm?act_id=13076)

| 활동방법 |

· 도 입
1. 우리나라 지도를 보면서 남한의 수도 서울과 북한의 수도 평양에 대해 이야기 나눈다.
   - 우리가 살고 있는 도시의 이름은 무엇인가요?
   - (파란 스티커를 붙이면서) 선생님이 지금 파란 스티커를 붙이고 있는 곳이 어디인지 알고 있나요?
   - 이곳은 평양이에요. 이곳은 어느 나라일까요?
2. 검은 펜으로 우리나라 지도 한가운데 휴전선을 그린다.
   - 지금은 평양에 갈 수 없어요. 우리나라는 이렇게 나누어졌어요.
   - 선 밑으로는 남한이고 선 위로는 북한이에요.

· 전 개
3. 남한과 북한의 생활 모습 파워포인트 그림을 보면서 이야기 나눈다.
   - (언어, 음식 등의 파워포인트 그림을 보면서) 북한은 어떻게 생활할까요?
   - 남한과 같은 점은 무엇이인가요? 다른 점은 무엇인가요?
4. 북한의 어려운 상황에 대해 이야기 나눈다.

−북한은 무엇인가를 자유롭게 할 수가 없는 나라예요. 하고 싶은 말을 할 수 없고, 쓰고 싶은 글도 쓸 수 없어요. 늘 감시를 받기 때문에 어떤 목적을 갖고 모이는 것도 할 수 없어요. 그래서 마음에 맞는 사람들끼리 하고 싶은 일을 할 수가 없어요. 만약 이 것을 어기면 핍박과 처벌을 받고 목숨을 잃을 수도 있어요.

−북한에서는 마음대로 기도할 수도 예배를 드릴 수도 없어요.

−북한의 유아들은 하나님을 알지 못해요.

−하나님의 말씀을 마음대로 듣거나 읽을 수도 없어요.

−북한에서는 자유롭게 예수님을 믿을 수 없어요.

5. 북한을 위해 기도하는 마음을 갖는다.

　　−이스라엘 사람들이 애굽 땅에서 어려움을 당했던 성경이야기(7 · 8월 성경이야기 장면 4) 기억나나요?

이스라엘 백성은 한때, 애굽이라고 하는 나라에서 노예생활을 하며 고통스럽게 살았어요. 하나님은 그런 이스라엘 백성을 불쌍히 여겨 구해 주셨어요.

　　−하나님께서 이스라엘 백성들을 불쌍히 여기셨어요.

　　−우리도 하나님과 같은 마음을 갖고 북한 사람들을 불쌍히 여겨요.

　　−하나님께 북한 사람들을 구해 주시길 기도할 수 있어요.

• 마 무 리　6. 북한을 위해 함께 기도한다.

　　−하나님, 북한은 지금 어려운 상황에 있어요. 하고 싶은 말을 하고, 쓰고 싶은 글을 쓸 수 없어요. 그리고 자유롭게 모임을 갖고 활동하는 것도 할 수가 없어요. 하나님, 북한 사람들을 불쌍히 여겨 주세요. 그들에게 평화를 주셔서 이제는 고통당하지 않고 행복하게 살게 해 주세요. 그곳에도 복음이 전파되어서 북한 사람들도 예수님 믿고 구원받게 해 주세요. 우리나라가 자유와 복음으로 통일이 되게 해주세요. 예수님으로 기도합니다. 아멘!

| 활 동
| 유 의 점 | • 북한에서 예수님을 믿는 것은 단순한 어려움이 아니기 때문에 핍박이라는 단어를 그대로 사용하였으므로 이 단어에 대한 부연 설명이 필요하다. 핍박의 사전적 정의는 '바싹 죄어서 몹시 괴롭게 구는 것'이다.

• 북한 선교를 위한 각 교회나 선교단체의 활동을 유아들에게 소개하면서 북한 선교의 의미에 대해서 알려 주면 유익하다.

　•유아들이 북한 주민들에 대해 부정적인 인식을 갖지 않고, 같은 동포임을 인식할 수 있
도록 한다.

|확장활동|　•언어영역: 통일에 관한 동시 짓기, 북한을 위한 기도문 쓰기

　•음률영역: 통일 노래 짓기

|활동사진|

[북한에 대해 관심 갖기]
지도를 관찰하면서 분단된 우리나라의 상
황에 관심을 갖는다. 2주 활동과 연계하여
일제강점기 후, 북한과 남한이 분단된 상황
에 대해 이야기를 나누어 볼 수 있다.

[북한 아이들을 위한 동시 짓기]
동시 짓기를 통해 유아들은 북한에 대한 자
신의 생각을 표현하고, 북한의 친구들에게
관심을 갖도록 한다.

|활동평가|　•북한이 우리와 같은 한 민족임을 알고 있는지 평가한다.

　•북한의 상황을 알고 평화통일에 대하여 기도로 표현하는지 평가한다.

■ 4주 · 우리나라의 자랑거리.

■ 주간통합목표: 우리나라 사람으로서 나라를 소중히 여기며 기도한다.

성벽을 쌓아요

활동형태: 자유선택활동/영역: 쌓기

|통합목표| • 성벽에 관심을 갖고 성벽의 기능을 알아본다.

• 여러 종류의 블록을 이용하여 친구와 협력하여 성벽을 만든다.

• 하나님께서 성벽을 쌓아 나라를 지키는 지혜를 주셨다는 사실을 안다.

|누리과정 관련요소| • 자연탐구: 수학적 탐구하기-공간과 도형의 기초 개념 알아보기

• 사회관계: 사회에 관심 갖기-우리나라에 관심 갖고 이해하기

• 신체운동 · 건강: 신체조절과 기본운동하기-신체조절하기

|인성요소| • 책임: 이웃이나 공동체를 위해 자신의 달란트 사용하기

• 협동: 하나님이 주시는 힘을 모아 협력하기

| 활동자료| • 성경이야기(장면 5, 7, 8)

• 한양도성 4대문 사진(파워포인트 자료를 인쇄하여 유아들에게 소품으로 제시해 주기), 다양한 블록, 재활용품(다양한 크기의 상자)

| 숭례문(남대문) | 흥인지문(동대문) | 숙정문(북대문) | 돈의문(서대문) |

| 활동방법|

· 도 입   1. (느헤미야 성경이야기 장면 5, 7, 8을 보여주면서) 느헤미야가 백성들과 성벽을 재건한 이유에 대해 이야기 나눈다.

    –느헤미야는 예루살렘에 있는 성벽이 무너졌다는 소식을 들었을 때 왜 슬퍼했을까요?

    –느헤미야는 왜 성벽을 쌓으려고 했을까요?

5  　어느 날, 느헤미야의 슬퍼하는 얼굴표정을 보고 왕이 물었어요. "느헤미야야, 많이 슬퍼 보이는구나. 무슨 걱정이라도 있는 것이냐?" "왕이여, 우리나라의 성벽이 무너지고 성문이 불탔다고 합니다. 나를 고향 땅에 보내 주셔서 그 성을 쌓을 수 있게 하여 주소서."

| 7 |  | 예루살렘에 도착한 느헤미야는 성벽을 둘러보았어요. 그리고 지혜와 용기를 달라고 기도하고, 사람들을 불러 모아서 이야기했어요. "여러분, 하나님이 우리를 도우십니다. 우리 다시 일어나서 예루살렘 성벽을 쌓읍시다." |
| 8 |  | 사람들은 느헤미야가 이끄는 대로 한마음이 되어, 성벽을 쌓아 완성시켰어요. |

• 전 개   2. 우리나라 수원 화성 성벽의 사진을 보면서, 성벽의 기능에 대해 알아본다.

   –(수원 화성 성벽의 사진을 보면서) 이것은 무엇인가요?

   –우리나라 수원에 있는 성벽이에요.

   –이 성벽은 언제 무엇 때문에 세워졌을까요?

   –수원 화성은 옛날 조선시대에 외적으로부터 침입을 막기 위해 만들어진 성벽이에요.

   3. 성벽을 쌓았을 때, 사람들의 마음을 생각해 본다.

   –사람들은 이 성벽을 어떻게 쌓았을까요?

   –사람들은 성벽을 쌓으면서 어떤 마음으로 쌓았을까요?

   –내가 쌓은 돌맹이 하나가 튼튼한 성벽을 쌓게 하고, 외부의 침입을 막아 준다는 생각으로 쌓았어요.

   4. 친구와 협동하여 다양한 블록과 폐품을 활용하여 성벽을 만든다.

   –수원성을 쌓았던 사람들처럼 느헤미야와 같이 성벽을 쌓았던 이스라엘 사람들처럼 우리도 블록으로 성벽을 만들어 보아요.

   –성벽을 누구와 함께 만들어 볼 수 있을까요?

   –성벽을 쌓을 때 내가 맡은 일이 있다면 어떻게 해야 할까요?

   –느헤미야와 이스라엘 백성들이 성벽을 쌓을 때처럼 우리도 하나님께 기도하고 책임

을 다해 성벽을 완성할 수 있어요.

5. 성벽이 완성되면 성벽 안으로 들어가서 놀이를 한다.

• 마 무 리   6. 활동 후 평가한다.

－성벽을 만들 때 어떤 마음으로 만들었나요?

－우리가 만든 성벽 안에 들어가 보았을 때 어떤 느낌이 들었나요?

－혼자서 쌓지 않고 협력하면서 성벽을 만들어 보니 어떤 느낌이 들었나요?

| 활 동 |
| 유 의 점 |

• 『4세 누리과정 교사용지도서 8』(교육과학기술부, 2013) 202~203쪽 참고

• 느헤미야는 성벽을 건축할 때 역할분담을 하면서 성벽을 완성하게 한다.

• 유아들이 서로 협력할 때도 역할을 분담해서 각자의 책임을 감당하도록 한다.

| 확장활동 |

• 과학영역: 나침판으로 '동서남북'

• 미술영역: 지점토로 성벽 만들기, 재활용품으로 사대문 만들기

• 현장체험: 지역의 성벽 또는 성문 방문하기

[블록으로 성벽 쌓기]

블록으로 성벽을 쌓기 전, 성벽의 모양을 친구들과 협의하여 설계한다. 함께 협동하여 성벽을 쌓을 때, 더 크고 튼튼한 성벽을 쌓을 있다는 것을 통해 경험을 한다.

[찰흙으로 성벽 쌓기]

성벽을 만드는 원리에 대해 생각해 보고, 찰흙으로 벽돌을 만들어서 성벽을 쌓아 본다. 유아들이 각자의 역할에 맞게 책임을 다하여 성벽을 만들어 보도록 한다.

| 활동평가 |

• 우리나라의 성벽과 성문의 역할에 대해 이해하고 친구들과 협력하여 성벽을 쌓는지 평가한다.

• 하나님께서 조상에게 우리나라를 지킬 수 있도록 튼튼한 성벽을 쌓을 지혜를 주셨음을 아는지 평가한다.

9월

서울의 4대문 4소문

출처: 두산백과사전 두피디아(www.doopedia.co.kr).

■ 4주 · 우리나라의 자랑거리.
■ 주간통합목표: 우리나라 사람으로서 나라를 소중히 여기며 기도한다.

나라를 위한 기도

활동형태: 대소집단활동 / 영역: 언어

|통합목표|
• 나라를 위해 우리도 기도할 수 있음을 안다.
• 나라를 위한 기도를 글과 그림으로 표현한다.

|누리과정
관련요소|
• 의사소통: 쓰기 −쓰기 도구 사용하기
• 사회관계: 사회에 관심 갖기−우리나라에 관심 갖고 이해하기

|인성요소|
• 협동: 하나님이 주시는 힘을 모아 협력하기
• 경건: 하나님께 기도에 힘쓰기

|활동자료|
• 성경이야기(장면 2, 9), 연필, 색연필, 색도화지, 편지지 등

|활동방법|

• 도 입
1. (성경이야기를 들려주며) 느헤미야는 나라를 위해 항상 기도한 사람임을 이야기 나눈다.
    −느헤미야는 나라가 어려운 상황일 때, 나라를 위해서 무엇을 하였나요?
    −느헤미야는 항상 기도를 했어요.
    −하나님께 왜 기도를 드렸을까요?
    −느헤미야는 나라를 생각하면서 하나님께 지켜 달라고 기도했어요.

2
느헤미야는 비록 먼 나라에 떨어져 있었지만 자신이 이스라엘 사람이라는 것을 잊지 않았어요. 느헤미야는 하나님이 세워 주신 이스라엘 나라가 무너진 것에 마음 아파했어요. 그래서 나라를 위해 하나님께 기도했어요.

9
튼튼한 성벽은 주변에 나라들이 쳐들어오지 못하게 예루살렘을 안전하게 지켜 주었어요. 성벽이 완성된 바로 다음. 느헤미야는 무엇을 했을까요?

• 전 개   2. 느헤미야처럼 우리나라를 위해 기도한 사람들에 대해 이야기 나눈다.

　　　　　　－우리나라도 느헤미야처럼 나라를 위해 기도한 사람이 많아요.

　　　　　　－유관순, 주기철 목사님과 같은 나라를 일본에게 빼앗긴 우리를 되찾게 해 달라고 기

　　　　　　　도했어요.

　　　　　　－지금도 대통령과 국민을 위해서 사회와 경제를 위해서 많은 사람들이 기도하고 있

　　　　　　　어요.

　　　　　　－우리 어린이들도 나라를 위하여 기도할 수 있어요.

　　　　3. 유아들과 함께 나라를 위해 어떻게 기도할 수 있을지 이야기 나눈다.

9월

　　　　　　－우리도 나라를 위해 기도할 수 있어요.

　　　　　　－우리는 나라를 위해서 어떤 기도를 할 수 있을까요?

　　　　　　－우리가 함께 마음을 합해서 기도할 때 우리의 기도는 더욱 힘 있는 기도가 됩니다.

　　　　4. 유아들과 함께 나라를 위한 기도문을 만들어 본다.

〈기도문 예시〉

느헤미야처럼 우리나라를 위해 기도할 수 있도록 도와주세요.
우리나라를 보호해 주세요.
우리나라 사람들이 서로 사랑하게 해 주세요.
우리나라가 하나님을 잘 섬기는 나라가 되게 해 주세요.
예수님의 이름으로 기도드립니다. 아멘

　　　　5. 각자 완성한 기도를 한 사람씩 읽으며 기도한다.

• 마 무 리   6. 활동을 평가한다.

　　　　　　－나라를 위해 기도하니까 어떤 마음이 들었나요?

　　　　　　－다른 친구의 기도문을 들으며 어떤 생각이 들었나요?

　　　　　　－우리의 기도를 들으시는 하나님의 마음은 어떠실까요?

| 활 동
유 의 점 | • 기도문을 전시하여 유아들이 다른 친구들의 기도에도 관심을 가지도록 한다.

　　　　　• 글자를 잘 쓰지 못하는 유아의 경우에는 그림이나 상징물로 표현하도록 한다.

| 확장활동 | • 음률영역: 우리나라 노래 애국가 불러 보기

　　　　　• 미술영역: 우리나라 국기 태극기 그려 보기

　　　　　• 언어영역: 유아들의 기도문 녹음하여 들어 보기

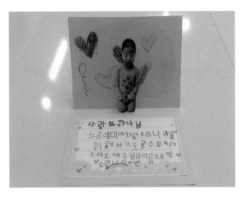 

[기도문 작성하기]

나라를 사랑하는 마음을 갖고, 기도문을 작성한다. 1주부터 활동한 내용들을 회상하고, 기도문을 작성하면 유아들이 다양한 주제(복음화, 문화의 발전과 교류, 통일 등)를 가지고 기도할 수 있다.

[애국가 불러 보기]

유아들이 한복을 입고, 나라를 사랑하는 마음으로 애국가를 불러 본다. 대한민국 국민으로서 자긍심을 가지고 불러 볼 수 있도록 한다.

| 활동평가 |

• 우리나라를 사랑하는 마음을 가지고 강건한 나라, 평화로운 나라, 세계평화에 기여하는 나라가 될 수 있도록 기도하는 데 참여하는 태도를 가지고 있는지 평가한다.

• 나라를 위한 기도를 글과 그림으로 표현할 수 있는지 평가한다.

10월 통합유아교육과정

세계 여러 나라를 이루었어요

10월 · 세계 여러 나라를 이루었어요

I. 성경적 통합유아교육과정 실행을 위한 기초 다지기

10월

'성경적 통합유아교육과정 실행을 위한 기초 다지기'는 10월 유아교육과정에 해당하는 성경본문의 배경과 흐름에 따른 주요개념 이해, 교사큐티를 통한 이해 재확인 및 적용과 기도 과정을 순차적으로 제시한다. 이 과정을 통하여 기독교 유아교사는 유아교육과정의 성경적 통합과정 이해 및 성경적 통합교육을 실행하기 위한 역량기반을 다질 수 있다. 성경적 통합역량 기초 다지기 과정을 거치면서 통합된 교육활동 내용을 충실하게 수행할 뿐만 아니라 심화 · 확장 활동으로 자유롭게 연계할 수 있는 역량을 성취해 나갈 수 있다.

1. 주요개념

한 달의 통합교육과정에 대한 이론적 기초로서, 성경본문과 유아교육과정의 주제가 어떤 개념을 근거로 통합되는지에 대한 정보를 제공한다.

2. 성경개관

성경본문의 요점과 배경, 전체 흐름을 살펴보고 통합의 근거가 되는 신학적 개념 및 유아에게 가르칠 핵심개념을 간추린다.

3. 교사큐티

말씀을 통해 하나님과 개인적으로 교제하는 시간으로 한 달간의 성경본문을 각 주별 주제와 관련하여 매주 묵상한다.

주요개념

요 약

하나님께서는 흩어짐을 면하고 자신들의 도성을 쌓고자 했던 인류를 강제적으로 흩으심으로 하나님의 창조명령대로 땅에 충만하여 정복해 나가도록 하셨다. 유아교육과정은 유아가 어릴 때부터 세계 여러 나라 및 문화에 대하여 관심을 갖도록 하고 세계 시민으로서의 소양과 역량을 기르도록 하는 데 의미가 있다. 성경적 통합교육과정에서는 세계 여러 나라의 역사와 문화 등에 대해 알아보며 오늘날까지도 지속되어 오는 하나님의 창조사역을 살펴볼 수 있다. 이러한 과정을 통해, 세계 여러 나라에 복음이 전파되지 않은 나라를 위해 유아들이 할 수 있는 것들을 알아보며 마무리한다.

1) 성경: 온 땅에 흩으시다

"인류의 모든 족속을 한 혈통으로 만드사 온 땅에 살게 하시고 그들의 연대를 정하시며 거주의 경계를 한정하셨으니 이는 사람으로 혹 하나님을 더듬어 찾아 발견하게 하려 하심이로되 그는 우리 각 사람에게서 멀리 계시지 아니하도다(사도행전 17:26-27)." 바울이 선교여행 중 헬라인들에게 전한 복음의 메시지 중의 일부이다. 사도 바울의 선교적 메시지 속에는 하나님은 특정 민족이나 나라의 하나님이 아니라, 열국의 하나님이심을 강조한다. 바울은 이처럼 한 혈통, 즉 하나님이 창조하신 아담으로부터 파생된 후손이라는 점을 단언한다. 오늘날 다양한 인종 집단은 결국 한 사람 아담에게서 나온 것이므로 인종주의를 경계한다. 하나님은 인간의 연대를 정하시고 거주의 경계를 한정하심으로써 민족들의 역사에 대해서도 하나님의 개입과 주권을 보여주신다.

단편적으로 바벨 사건은 하나님의 개입을 나타냄과 동시에 타락한 인간 본성을 보여 준다. 하나님은 천지를 창조하시고, 그 창조하신 사람이 땅에 충만히 퍼져 나가며 생육하고 번성하길 원하셨다. 그러나 창세기 11장에서 사람은 흩어짐을 면하기 위한 도시를 건설하고, 하나님보다 자신들의 이름을 높이기 위한 탑을 쌓기 시작한다. 사람들은 하나님이 주신 것들을 가지고 하나님의 뜻을 수행하는 것이 아니라 자신들이 주인된 그들만의 왕국을 쌓다가 결국 하나님의 강권적인 개입과 심판을 받게 된다. 이 심판 중에도 인류를 향한 하나님의 사랑을 엿볼 수 있다. 하나님께서는 이들의 언어를 나누심으로써 흩어짐을 면하고 자신들의 도성을 쌓고자 했던 인류를 강제적으로 흩으셨지만, 인간을 향한 사랑을 거두지 않으시고 오히려 이를 통해 창조명령대로 땅에 충만하여 정복해 나가도록 하셨다.

2) 유아교육과정: 세계 여러 나라

현대는 국제화, 세계화 시대이다. 교통 및 정보통신 기술의 발달은 세계를 시공간적으로 더욱 가깝게 만들어, 세계는 하나의 커다란 동네, 즉 지구촌이 되었으며, 각 나라는 활발하게 교류하고 있다. 어린 유아들이 경험하는 세상 역시 자신이 속한 지역이나 우리나라에 국한되는 것이 아니라 직간접적 경험에 의해 세계 여러 나라로 확장된다. '세계 여러 나라' 생활주제는 세계화 시대를 사는 유아에게 아주 가까운 주제로 다가와 있다.

현대 사회에서는 다른 사람의 문화를 이해하고 존중함으로써 타인을 배려하고 더불어 살아가는 태도가 요구된다. 따라서 생활주제 '세계 여러 나라'는 유아가 어릴 때부터 세계 여러 나라 및 문화에 대하여 관심을 가지도록 하고 세계 시민으로서의 소양과 역량을 기르도록 하는 데 의미가 있다. 이에 따라 유아교육과정은 세계 여러 나라 사람들의 생활과 문화유산, 세계 여러 나라와의 교류, 그리고 세계의 자연과 사회 현상을 다룸으로써 세계 여러 나라 생활주제를 통해 다른 사람과 더불어 생활하는 능력과 태도를 기르도록 하였다.

유아교육과정의 생활주제 '세계 여러 나라'는 다문화 신념이나 세계 시민 의식 형성을 강조하며, 자민족 중심주의의 그릇된 편견을 벗어나는 것이 중요함을 보여 준다. 이방에 대한 편견, 개인적 · 국가적 이해관계 및 선입견을 버리는 것이 세계화 속의 복음전파의 첫 걸음이 될 수 있다(김성욱, 2013).

그러나 그리스도인으로서 분별할 것은 유아교육과정이 지니는 '문화적 상대주의'이다. 세상을 보는 바른 기준인 성경의 세계관으로 볼 때, 세계 여러 나라의 다양한 문화는 하나님의 창조명령의 결과로서 인정할 수 있다. 그러나 그 가운데서 인간의 죄성으로 인해 왜곡된 주술적이며 비윤리적인 요소들, 물질주의 가치관들은 분별할 필요가 있다. 이에 대해 성경의 복음 진리를 전함으로서 원래의 창조질서로 회복시키는 것이 그리스도인의 사명인 것이다.

3) 성경적 통합: 세계 여러 나라를 이루었어요

오늘 날 세계 문명을 이루기까지 직접적인 출발점이 된 성경의 바벨탑 이야기를 먼저 다룰 수 있다. 바벨탑을 쌓음으로써 하나님보다 높아지려했던 인간의 죄를 알아보며, 하나님이 우리에게 주신 것을 하나님이 기뻐하는 뜻대로 사용하는 기독교적 인성을 다룰 수 있다. 또한, 사람이 하나님께 순종하지 않음으로 인해 흩어짐을 당했지만 여기에는 하나님의 사랑이 담겨 있다. 하나님은 인류를 향한 창조의 목적을 거두지 않으시고 흩으심을 통해 창조의 계획을 계속해서 유지하신다.

이처럼, 오늘날까지도 지속되어 오는 하나님의 창조사역을 '세계 여러 나라' 주제와 연계하여 살펴볼 수 있다. 우선, 사람들의 오늘날의 생활모습과 이전부터 계승 · 발전시켜 온 문화유산들에 대해 알아보고, 그들이 하나님이 주신 자원들을 활용하여 교류하는 모습들을 살펴볼 수 있다. 이 과정에서 바벨탑과 같이 하나님이 기뻐하지 않는 문화 요소들에 대해 알아보는 시간을 가질 수 있다. 하나님의 절대진리인 말씀을 통해 문화 속에 침투되어 있는 오염된 요소들을 분별하고 성경에 나타난 변화의 역사가 오늘날 열방에도 일어나기를 위해 착념해야 한다.

마지막으로, 하나님이 만드신 세계의 아름다운 자연을 감상하며 한편으로는 오늘날 자주 발생하는 자연재해로 인해 어려움을 당한 나라를 위해 기도하고 그들을 도울 수 있는 방법을 생각해 볼 수 있다. 이와 연계하여 세계 여러 나라에 아직 복음이 전파되지 않은 나라를 위해서도 복음이 전파될 수 있도록 기도하며 이들을 돕기 위한 방법을 알아보는 것이 성경적 통합의 결론이 될 수 있다. 복음만이 세계 열방을 그들의 인습과 죄의 문화에서 온전히 해방시킬 수 있기 때문이다(로마서 1:16-17, 10:17).

성경개관

| 성 경 말 씀 | 본문제목

온 지면에 흩으셨더라

성경본문

창세기 11:1-9

중심말씀

그러므로 그 이름을 바벨이라 하니 이는 여호와께서 거기서 온 땅의 언어를 혼잡하게 하셨음이니라 여호와께서 거기서 그들을 온 지면에 흩으셨더라(창세기 11:9)

내용요약

바벨은 이름을 후세에 남기려는 '교만'과 흩어짐을 면하려는 '불순종'이 만들어낸 결과이다. 하나님은 하나님을 떠난 인간의 계획과 활동이 악함을 보시고 인류의 언어를 혼잡케 하심으로 강제적으로 온 지면에 흩어지게 하신다.

| 신학적 개념 | 신론-삼위일체 하나님(유아수준: 하나님-하나님은 함께 하세요)

창조주 하나님(유아수준: 하나님이 만드신 자연세계-하나님이 만드셨어요)

인간론-죄(유아수준: 죄-우리는 죄를 지었어요)

교회론-교회의 사역(유아수준: 나와 사람들-복음을 전파해요)

| 핵 심 개 념 |
- 하나님은 이 세상을 다스리고 돌보시고 계신다.
- 하나님은 만드신 세상을 사람들에게 맡기셨다.
- 죄는 하나님께 불순종하는 것이다.
- 하나님은 우리를 사랑하신다.
- 하나님은 모든 사람들이 하나님을 믿기 원하신다.

| 성 경 이 해 | 바벨 사건은 이스라엘의 역사로 들어가기 직전 창세기 1~11장에서 다루는 인류보편의 역사 가운데 마지막 사건이다. 곧, 천지창조, 선악과 심판, 노아의 대홍수와 함께 4대 역사로 기록되고 있다. 바벨 사건은 그 과정이나 결과에 있어 앞의 세 사건들처럼 큰 규모를 차지하고 있지는 않다. 또한 가장 마지막에 짧게 소개되고 있는 점도 다른 사건들과는 달리 상대적으로 무거운 느낌은 덜해 보일 수 있다. 그러나 선악과 사건 이후 타락한 인간의 악한 본성을 보여 주는 대표적인 사건이다. 특히 홍수 후 인간이 다시 번성하기 시작하면서 인간 안에 존재하는 하나님의 뜻을 거스르고자 하는 의지를 드러내 주고 있다.

10월

교사큐티

온 지면에 흩으시다
성경본문 창세기 11:1-9

바벨은 이름을 후세에 남기려는 '교만'과 흩어짐을 면하려는 '불순종'이 만들어 낸 결과이다. 하나님은 하나님을 떠난 인간의 계획과 활동이 악함을 보시고 인류의 언어를 혼잡케 하심으로 강제적으로 온 지면에 흩어지게 하신다.

|도움말|

1 언어가 하나: 한 입술, 인류초기에는 '한 종류의 언어'만이 존재했다. 따라서 상호 의사소통이 용이하였고 근본적인 사고 방식이 유사하여 전 인류가 하나로 집결되기 쉬웠음을 보여 준다.

2 시날: 유프라테스 강과 티그리스 강 사이에 위치한 바벨론 지역.

5 여호와께서 바벨탑과 관계된 사항들을 세밀히 살피시는 것을 실감나게 묘사한다

7 우리: 하나님께서 삼위일체로 존재하심을 반영한다.

9 바벨: '혼란스럽게 하다', '서로 뒤죽박죽이 되게 섞다' 등을 의미. 구약 성경의 도시 '바벨론'을 가리키기도 한다. 바벨론은 하나님의 주권을 인정하지 않고 스스로 이 땅을 지배하고자 하는 인간의 야망을 상징하기도 한다(요한계시록 17-18장)

바벨

1 온 땅의 언어가 하나요 말이 하나였더라

2 이에 그들이 동방으로 옮기다가 시날 평지를 만나 거기 거류하며

3 서로 말하되 자, 벽돌을 만들어 견고히 굽자 하고 이에 벽돌로 돌을 대신하며 역청으로 진흙을 대신하고

4 또 말하되 자, 성읍과 탑을 건설하여 그 탑 꼭대기를 하늘에 닿게 하여 우리 이름을 내고 온 지면에 흩어짐을 면하자 하였더니

5 여호와께서 사람들이 건설하는 그 성읍과 탑을 보려고 내려오셨더라

6 여호와께서 이르시되 이 무리가 한 족속이요 언어도 하나이므로 이같이 시작하였으니 이후로는 그 하고자 하는 일을 막을 수 없으리로다

7 자, 우리가 내려가서 거기서 그들의 언어를 혼잡하게 하여 그들이 서로 알아듣지 못하게 하자 하시고

8 여호와께서 거기서 그들을 온 지면에 흩으셨으므로 그들이 그 도시를 건설하기를 그쳤더라

9 그러므로 그 이름을 바벨이라 하니 이는 여호와께서 거기서 온 땅의 언어를 혼잡하게 하셨음이니라 여호와께서 거기서 그들을 온 지면에 흩으셨더라

|요약/해설|

교만과 불순종의 상징, 바벨

바벨에서의 건축에는 두 가지 목적이 있다. 첫째는 도시를 건설하여 사람들이 온 땅으로 흩어지는 것을 막으려는 것이다. 둘째는 탑을 세워 꼭대기가 하늘에 닿게 함으로써 스스로 자신들의 명예를 추구했던 것이다. 한마디로 바벨탑을 세우려는 의도는 하나님 없이 인간이 스스로 결정하고 판단하여, 인간을 위한 세상을 만들어 흩어짐 없이 만족을 도모하자는 것이다. 이 행위는 하나님이 세상을 창조하신 의도에 명백하게 어긋나는 것이다. 하나님의 계획은 피조물인 인간이 창조주 하나님께 순종하며 땅에 충만하여 땅을 정복하는 것이다(창세기 1:22, 28, 9:1, 7). 결국 하나님은 바벨을 산산히 흩으심으로써 인간의 생각이 얼마나 교만하고 악한지를 보여 주셨다. 또한, 사용하는 언어를 서로 마구 섞이게 하셔서 그들이 하는 말을 서로 이해할 수 없게 하심으로 사람들이 온 땅으로 흩어지게 하셨다.

|찬양과 기도| 주님의 임재 가운데 나아갑니다. 주님 말씀하여 주십시오. 제가 듣겠습니다!

|말씀| 본문을 3번 정도 읽으며 전체적인 뜻을 파악하기/내게 다가오는 말씀들을 기록하기

|묵상| 말씀 묵상, 변화를 위한 적용과 구체적인 실천 찾기, 기도하며 결단하기

- 1주: 하나님을 떠난 인간이 행하는 모든 계획과 활동이 결국 무가치하게 끝나는 것을 봅니다(창세기 11:4). 나는 나의 계획과 활동을 온전히 하나님께 맡기고 그 분의 뜻에 순종하는지 돌아봅시다.

10월

- 2주: 바벨탑 사건을 통해 우리는 하나님께 겸손하고 진실한 태도를 가져야 한다는 도전을 받게 됩니다. 내 삶에서 하나님의 간섭과 개입을 기억하게 하는 바벨 사건이 있다면 무엇인가요?

- 3주: 인류를 흩으시면서 까지 인간을 향한 하나님의 계획을 완성해 가시는 하나님의 사랑을 묵상해 봅시다 (창세기 11:9). 내 삶에 어려움이 올 때도 하나님의 계획을 신뢰할 수 있나요?

- 4주: 오늘날 온 지면으로 흩어진 인류 가운데는 아직까지 하나님을 모른 채, 죄 중에 고통하고 있습니다(로마서 3:23). 이들을 위해 우리는 어떠한 것들을 할 수 있을까요?

|공동기도| 하나님, 인간이 스스로 안전히 거하고 만족하고자 했던 견고한 아성을 하나님께서 무너뜨리심을 보았습니다. 유일한 참된 안전은 하나님 말씀에 대한 순종과 그 말씀대로 사는 것이라는 것을 깨닫게 해 주셔서 감사합니다.

10월 · 세계 여러 나라를 이루었어요

II. 성경적 통합과정 이해하기

'성경적 통합과정 이해하기'는 성경본문과 유아교육과정 사이에 다리 놓기 작업으로서 유아교육과정이 성경적으로 통합되는 절차와 단계를 보여 준다. 성경적 통합과정을 구조화함으로써 교사가 통합과정을 보다 쉽게 이해하고 성경적으로 통합할 수 있는 능력을 갖출 수 있도록 지원한다.

1. 월간 성경적 통합의 흐름도

유아교육과정의 주제 및 목표를 성경본문의 주제 및 목표에 근거하여 통합하는 과정을 보여주는 프레임(틀)이다.

2. 월간 성경적 통합과정 해설

개요 수준에서 요약한 성경적 통합의 흐름에 함축된 주요 내용이나 예시들을 자세히 풀어서 설명해 놓은 지침서이다.

3. 월간통합교육계획안

성경주제 및 목표에 근거하여 한 달간 진행되는 통합교육활동들과 그 흐름을 한눈에 볼 수 있도록 요약한 주요 계획이다.

월간 성경적 통합의 흐름도

성경주제	성경목표
온 땅에 흩으셨어요	• 하나님은 이 세상을 다스리고 돌보시는 분이심을 안다. • 하나님은 이 세상을 우리에게 맡기셨음을 안다. • 하나님의 뜻에 순종하지 않는 것은 죄라는 것을 안다. • 하나님의 뜻대로 이 세상을 돌보는 방법에 대해 알아본다. • 이 세상에 예수님을 전하기 위한 방법을 알아본다.

유아교육과정 주제	유아교육과정 목표
세계 여러 나라	• 세계 여러 나라 사람들의 모습에 관심을 갖는다. • 세계의 다양한 의식주 생활을 알아본다. • 세계 여러 나라의 미술 작품, 건축물, 음악과 춤 등의 예술을 경험한다. • 세계 여러 나라는 서로 교류하며함께 지낸다는 것을 안다. • 세계 여러 나라의 날씨와 특징적인 자연에 대해 알아본다. • 세계의 자연재해에 관심을 갖고 우리가 도울 수 있는 방법을 알아본다.

월간 통합주제	월간 통합목표
세계 여러 나라를 이루었어요	• 세계 여러 나라 사람들의 모습에 관심을 가지며 사람들과 함께 하신 하나님의 사랑을 안다. • 각 나라의 세상의 의식주 생활을 알아본다. • 하나님이 맡기신 세상의 미술 작품, 건축물, 음악과 춤 등의 예술을 경험한다. • 세계 여러 나라와 교류를 통해 하나님의 뜻대로 화목하게 지낸다. • 하나님이 만드신 세계의 날씨와 자연의 특징을 알아본다. • 세계의 자연재해에 관심을 갖고 하나님의 사랑을 전한다.

인성요소

• 존중: 문화적 차이를 소중하게 여기고 긍정적으로 받아들이기
• 사랑: 하나님의 사랑 알고 감사하기, 하나님과 이웃을 위한 일을 실천하기
• 배려: 다른 사람에게 친절하게 대하기
• 화평: 이웃과 사이좋게 지내기
• 협동: 서로 같은 마음으로 힘을 합하기, 협력하는 것을 기뻐하심 알기, 어려운 일을 힘을 모아 해결하기
• 절제: 자신의 욕심을 따르지 않고 하나님의 말씀을 따라 생활하기, 환경에 따라 자신의 행동을 적절히 조절
　　　하기
• 경건: 하나님께 바르게 예배하기
• 기쁨: 어떤 상황이 있어도 긍정적인 마음과 태도 갖기
• 정직: 하나님의 말씀에 따라 바른 선택하기
• 책임: 공동체를 위하여 자신의 일 하기
• 양선: 어려운 이웃을 불쌍히 여기고 도와주려는 마음 갖기

월간 성경적 통합과정 해설

| **통합주제** |　세계 여러 나라를 이루었어요

| **통합목표** |　세계 여러 나라 사람들의 모습에 관심을 가지며 사람들과 함께 하신 하나님의 사랑을 안다.

각 나라의 의식주 생활을 알아본다.

하나님이 맡기신 세상의 미술 작품, 건축물, 음악과 춤 등의 예술을 경험한다.

세계 여러 나라와 교류를 통해 하나님의 뜻대로 화목하게 지낸다.

하나님이 만드신 세계의 날씨와 자연의 특징을 알아본다.

세계의 자연재해에 관심을 갖고 하나님의 사랑을 전한다.

| **인성요소** |　• 존중, 사랑, 배려, 화평

• 존중, 배려, 화평, 협동, 존중, 절제, 경건

• 존중, 화평, 협동, 기쁨, 정직

• 절제, 책임, 양선, 협동, 사랑

요 약

'세계 여러 나라를 이루었어요' 주제를 위한 성경적 기초로서 가장 중요한 개념은 '세계 여러 나라에서 계속되고 있는 하나님의 창조사역'이다. 이에 따라 유아교육과정 소주제를 '세계 여러 나라 사람들의 생활' '세계 여러 나라의 문화유산' '세계 여러 나라와의 교류' '세계의 자연과 사회 현상'으로 구성하였다. 먼저, 유아가 성경 이야기를 통해 오늘날 인류를 온 지면으로 흩으신 사건인 성경의 바벨탑 이야기를 다룬다. 이를 유아교육과정 소주제와의 통합을 통해 오늘날 세계 여러 나라의 역사와 문화로 퍼져 나간 하나님의 창조사역이 어떻게 진행되어 오고 있는지를 배워 보도록 한다. 존중, 사랑, 배려, 화평, 협동, 존중, 절제, 경건,기쁨, 정직, 절제, 책임, 양선, 협동, 사랑 등의 기독교 인성 덕목을 경험하고 내면화하여 유아들이 실천할 수 있는 것들을 안내한다.

1. 주요 성경개념

인류가 땅에 번성하자 사람들은 동쪽으로 이동하기 시작했고, 시날 평지에 이르러서 바벨탑을 쌓기 시작한다. 하나님이 세상을 창조한 의도에 완전히 벗어나는 인간의 교만과 불순종의 죄로 인해 하나님은 하나였던 언어를 나누심으로 사람들을 온 세상으로 흩으신다.

2. 성경적 통합 활동 및 방법

인류가 세상에 퍼져 나가게 된 직접적 사건이 된 바벨탑 이야기를 통해 '온 땅으로 흩으셨어요' 라는 성경적 주제를 유아교육과정 소주제와 통합하여 다음과 같이 적용해 볼 수 있다.

1) 세계 여러 나라 사람들의 생활

성경이야기를 통해, 유아들은 하나님께서 도시를 건설하고 탑을 쌓은 사람들을 흩으심으로써 하나님이 창조하신 목적대로 지금의 세계 여러 나라를 이루셨다는 것을 배운다. 오늘날 유아들이 외국인을 쉽게 만나기도 하며, 다양한 매체를 통해 듣는 세계 여러 나라의 소식을 들을 수 있는 것은 하나님이 인류를 흩으시고 세계 여러 나라를 이루게 하심으로 나타난 현상이기도 하다. 따라서 '세계 여러 나라 사람들의 생활' 주제를 다룰 때는 먼저 세계 여러 나라를 이루게 된 성경적 배경인 바벨탑 이야기를 다루도록 한다. 이러한 성경적 이해 위에서 먼저 세계 여러 나라 사람들의 모습에 관심을 갖고, 이들의 의식주 생활을 알아봄으로써 세계 여러 나라에 대해 이해하고 관심을 갖도록 한다.

구체적으로, 유아들이 사람마다 피부색과 생김새가 다양하다는 것을 알면서 동시에 생김새는 달라도 같은 느낌과 생각을 가진 사람이라는 것도 느낄 수 있도록 한다. 이와 마찬가지로 세계 여러 나라의 의식주 생활에 관심 갖고 경험해 보면서 의식주 생활문화의 공통점과 차이점을 찾아 비교해 볼 수 있다. 유아들이 세계 여러 나라 사람들의 생활에 대해 알아보며, 하나님이 우리를 만드셨듯이 이들 또한 다양하게 만드셨으며, 하나님이 우리를 사랑하듯이 세계 여러 나라의 사람들 또한 사랑한다는 것을 느껴 보도록 한다.

2) 세계 여러 나라의 문화유산

하나님이 세계 여러 나라로 흩으신 사람들은 그 곳에서 고유한 문화를 형성하며, 하나님의 창조명령을 수행해 나갔다. 하나님께서 흩으신 사람들이 세계 각지로 흩어져 나라를 이루었으며, 그곳에서 저마다의 독특한 문화유산을 남기며 오늘까지 이르고 있다. 이와 관련하여 유아교육과정은 유아가 세계 여러 나라의 고유하고 독특한 문화에 관심을 가지며, 우리의 문화뿐 아니라 다른 나라의 문화도 소중히 여기는 태도를 기르도록 하고 있다. 성경적 통합활동을 위하여 유아들과 함께 세계 여러 나라의 문화유산에 대해 알아보며, 하나님이 인간을 통해 수행하신 창조사역을 알아보는 시간이 되도록 한다.

구체적으로, 오늘날 세계 여러 나라의 미술 작품, 건축물, 음악과 춤을 감상해 보고 저마다의 독특한 특징과 형태를 탐색해 보며 공통점과 차이점을 찾아보고, 다양한 음악과 춤을 즐기는 경험을 제공할 수 있다. 세계 여러 나라의 유명한 건축물, 미술관, 유명한 화가의 그림이나 전통 춤과 민속 음악 등은 다양한 소재이다. 그 가운데 하나님보다 높아지려 하는 인간의 죄성이 담긴 문화적 요소들도 찾아볼 수 있다. 예를 들어, 세계의 탑에 대해 알아보며 성경의 바벨탑 이야기와 세계의 탑 이야기를 비교해 볼 수 있다. 바벨탑 이후 탑의 문화가 어떻게 발전되어 왔는지 혹은 바벨탑처럼 하나님이 기뻐하지 않는 요소를 담고 있는 이야기는 없는지 알아보는 시간도 갖도록 한다.

3) 세계 여러 나라와의 교류

문명의 발달과 함께 인류는 이제 국가 간 협력이나 경제적·문화적 교류가 오가는 글로벌 네트워크를 이루게 되었다. 전 세계가 일일 생활권 안에 들어가는 놀라운 발전을 이룬 것에는 하나님의 흩으시는 역사가 함께 있었다. 전 세계로 흩어진 인류는 그곳에서 하나님이 창조하신 세상을 개발하고 보존하며 문화를 확장해 나갔으며, 이제는 국가 간 경계를 넘어서 교류하고 협력한다. 이에 대해 유아교육과정은 교류하고 협력하며 살아가는 세계 여러 나라의 교류 방법에 관심을 갖도록 하고 있다.

구체적으로, 유아들이 나라끼리 교류하는 방법이나 내용에 관심을 갖도록 세계여행, 세계 여러 나라 사람들이 함께 즐기는 올림픽, 나라 간의 물건 사고팔기 등을 경험해 볼 수 있는 소주제들이 있다. 유아들과 세계 여행을 통해 경험할 수 있는 각 나라의 대표적인 문화에 대해 알아보며, 오늘날은 이웃나라뿐 아니라 먼 나라까지 언제든 여행할 수 있는 시대라는 것을 느낄 수 있다. 또한, 생활 속에서 경험하는 사고파는 경험을 국가 간으로 확장시켜 무역과 경제의 기초 개념을 이해할 수 있는 시간이 될 수 있다. 세계인의 축제라고 할 수 있는 올림픽이나 장애인 올림픽, 그리고 피겨스케이팅이나 리본체조, 펜싱, 구기 종목 등 각종 스포츠 종목을 경험하며, 세계인이 스포츠를 통해 교류한다는 것을 알도록 한다. 이를 통해 유아들은 하나님의 뜻대로 세계 여러 나라 사람들이 화목하게 지내는 방법을 경험한다.

4) 세계의 자연과 사회 현상

유아교육과정은 유아가 자신이 살고 있는 세계의 아름답고 특징적인 자연, 세계에서 일어나는 환경문제 및 사회 현상에 대해 관심을 갖도록 한다. 세계의 아름답고 특징적인 자연을 감상하기도 하고, 각

10월

417

나라의 자연재해나 사건 등과 같은 소식을 접하며 여러 나라 사람과 함께 협력할 수 있는 일에는 무엇이 있는지 관심을 갖고 알아볼 수 있는 소주제를 선정한다.

성경적 통합활동을 위해서 먼저 우리가 살고 있는 세계의 아름다운 자연에 대해 알아본다. 특별히 10월임을 고려하여, 우리나라를 비롯한 세계의 다양한 가을 풍경에 대해 알아볼 수 있다. 또한, 커다란 지구에서 우리나라가 가을일 때 반대편 나라는 봄이라는 것을 다루어 보며, 지구 공전에 따라 북반구와 남반구의 계절이 다르다는 것을 유아들 수준에서 이해하기 쉽게 가르쳐 줄 수 있다. 이를 통해 하나님이 창조하신 세계의 다양한 가을 풍경을 감상하고 하나님을 찬양하는 시간으로 보낼 수 있다.

유아교육과정은 세계의 재해에 대해 알아보면서 세계 여러 나라의 협력과 지원을 연계한다. 먼저, 자연재해 등으로 어려움을 겪고 있는 나라에 대해 알아보고 위로하는 마음을 갖도록 한다. 각 나라의 자연 재해나 사건 등의 소식을 사진 자료나 뉴스 자료를 이용해서 유아들에게 전해 줄 수 있다. 이들을 위해 세계 여러 나라에서는 서로 협력하고 지원한다는 것에 대해 알아보면서, 유아 수준에서 할 수 있는 일들이 무엇인지 함께 생각해 본다. 편지 쓰기나 구호물품을 보내는 활동을 통해 자연재해를 당한 사람들을 위해 위로하고 기도하는 시간을 가질 수 있다. 무엇보다 자연재해를 겪으며 하나님을 모른 채 죽어가는 사람들에게 복음을 전하는 방법을 생각해 볼 수 있다. 아직까지 예수님을 믿지 않는 나라 사람들이 예수님을 믿음으로 구원받기를 위해 도울 수 있는 것들을 알아본다. 세계 복음화를 위해 함께 기도하는 것이 세계 여러 나라에 대한 성경적 통합의 궁극적 결론이 될 수 있다.

월간 통합교육계획안

- 성경주제: 온 땅에 흩으셨어요
- 성경목표: 하나님은 이 세상을 다스리고 돌보시는 분이심을 안다.

　　　　　하나님은 이 세상을 우리에게 맡기셨음을 안다.

　　　　　하나님의 뜻에 순종하지 않는 것은 죄라는 것을 안다.

　　　　　하나님의 뜻대로 이 세상을 돌보는 방법에 대해 알아본다.

　　　　　이 세상에 예수님을 전하기 위한 방법을 알아본다.

10월

연관주제	세계 여러 나라			
통합주제	세계 여러 나라를 이루었어요			
통합목표	• 1주: 세계 여러 나라 사람들의 모습에 관심을 가지며 사람들과 함께 하신 하나님의 사랑을 안다. 　　　 각 나라의 의식주 생활을 알아본다. • 2주: 하나님이 맡기신 세상의 미술 작품, 건축물, 음악과 춤 등의 예술을 경험한다. • 3주: 세계 여러 나라와 교류를 통해 하나님의 뜻대로 이 세상을 돌보는 방법을 알아본다. • 4주: 하나님이 만드신 세계의 날씨와 자연특징을 알아본다. 　　　 세계의 자연재해에 관심을 갖고 하나님의 사랑을 전한다.			
인성요소	존중, 사랑, 배려, 화평, 협동, 존중, 절제, 경건, 기쁨, 정직, 절제, 책임, 양선			

주		1주	2주	3주	4주
활동	주제	세계 여러 나라 사람들의 생활	세계 여러 나라의 문화유산	세계 여러 나라와의 교류	세계 여러 나라의 자연과 사회 현상
실내자유선택활동	쌓 기		• 세계 여러 나라의 건축물★	• 세계 여행을 떠나요★	
	역 할	• 세계 여러 나라 의상 패션쇼 • 세계 여러 나라 인사나누기		• 여행사 놀이	
	언 어	• 가보고 싶은 나라의 친구에게 편지 쓰기	• 세계 여러 나라의 탑★	• 올림픽 선수 이야기 듣기	• 북극곰을 지켜요★ • 샤샤에게 편지 쓰기
	수 · 조작	• 세계의 인사말 보드게임		• 세계 여러 나라 국기 꽂기 게임	
	미 술	• 세계 여러 나라 사람들의 의상 꾸미기	• 다양한 재료로 건축물 만들기	• 여권 만들기	• 북극곰 포스터 • 얼음 발자국 붙이기
	음 률		• 세계전통음악 감상하기	• 세계 나라 악기로 연주하기	
	과 학	• 요리: 세계 여러 나라 음식 만들기		• 세계 여러나라 날씨	• 다큐멘터리 시청 〈북극의 곰〉
대소집단활동	이야기 나누기	• 세계로 퍼져 나간 사람들★	• 세계 여러나라 문화유산	• 올림픽 영상 보기	• 사랑의 나눔박스★ • 가정연계) 가정실천카드
	동시 · 동화 · 동극		• 동시) 세계 여러 나라 사람들	• 동화) 아기악어의 세계여행	
	미술/음악	• 음악) 세계 여러 나라 인사를 나누어요★			
	신체/게임	• 신체) 세계 여러 나라 인사★	• 세계 여러 나라 전통 춤추기	• 세계인의 축제, 올림픽★	
바깥놀이활동		• 지구 한바퀴 돌기	• 콩쥬놀이(중국전통놀이)	• 현장체험: 아인스월드, 다문화박물관	• 여러 나라의 팽이 돌리기
성 경 말 씀		그러므로 그 이름을 바벨이라 하니 이는 여호와께서 거기서 온 땅의 언어를 혼잡하게 하셨음이니라 여호와께서 거기서 그들을 온 지면에 흩으셨더라(창세기 11:9)			
기 도		하나님, 우리를 흩으신 뜻대로 하나님이 맡기신 세상을 잘 돌보며 복음을 전파하겠습니다. 예수님의 이름으로 기도드립니다. 아멘.			

★: 수록된 단위 활동

10월 · 세계 여러 나라를 이루었어요

III. 성경적 통합유아교육과정 실행하기

'성경적 통합유아교육과정 실행하기'는 성경주제 및 목표가 반영된 성경이야기를 토대로 지금까지의 모든 통합과정을 활동 속에 집약한 교육 실제를 다룬다. 교사가 성경에 근거한 통합교육활동을 안정된 성경적 기반 위에서 수행할 수 있도록 지원한다.

1. 성경이야기

성경이야기는 성경본문의 내용을 유아들이 쉽게 이해할 수 있는 한편의 이야기로 구성하였다. 특히, 월별 성경이야기는 단위활동과 통합되어, 유아들에게 흥미를 유발하고 성경본문의 전체 흐름과 맥락을 보다 쉽게 이해할 수 있도록 한다.

2. 단위활동계획안

단위활동계획안은 성경적 통합학습 내용을 강화하고 재학습할 수 있도록 제시한 구체적 활동방안이다. 교사는 단위활동계획안을 참고하여 활동 방안에 대한 아이디어와 발문 정보를 얻을 수 있다.

성경이야기

| 본문제목 | 온 땅에 흩으셨어요

| 성경본문 | 창세기 11:1-9

| 중심말씀 | 그러므로 그 이름을 바벨이라 하니 이는 여호와께서 거기서 온 땅의 언어를 혼잡하게 하셨음이니라 여호와께서 거기서 그들을 온 지면에 흩으셨더라(창세기 11:9)

| 중심내용 | 사람들은 모여 하나님께 순종하지 않고 하나님보다 높아지려는 바벨탑을 쌓기 시작했어요. 이것은 하나님이 기뻐하지 않는 죄였어요. 그래서 하나님은 하나였던 언어를 나누심으로 사람들을 온 세상으로 흩으셨어요. 사람들은 흩어져서 각자의 역사와 문화를 이루어 갔습니다. 그리고 그곳에 하나님의 복음도 함께 전파되었습니다.

순서	장면	내용
1		선생님과 함께 아침 인사해요! 안녕하세요! 세계 여러 나라 친구들은 어떻게 아침인사를 할까요? 미국친구는? (굿모닝!) 독일친구는? (쿠텐 모르겐!) 프랑스친구는? (봉주르!) 중국 친구는? (쟈오 샹 하오!) 와, 정말 다양해요. 그러면 왜 이렇게 세계 여러 나라 사람들이 쓰는 언어가 다를까요?
2		하나님께서 사람을 만드신 이후 이 땅에는 사람들이 많이 생겨났고, 넓은 평지에 모여들어 살게 되었어요. 그때에 온 땅의 모든 사람들은 지금과는 달리 다 한 가지 언어만을 사용해서 서로 말이 잘 통했답니다.
3		평지에 모여든 사람들은 도시를 건설하고 탑을 쌓기 시작했어요. "자, 우리 탑 꼭대기는 하늘에 닿게 합시다. 그래서 우리의 이름을 세상에 널리 알립시다!" "탑이 높아지면, 우리도 하나님처럼 높아질 수 있을 거예요!" 탑을 쌓던 사람들은 하나님을 믿지 않고 자신들만의 도시를 세우려고 했어요.

순서	장면	내용
4		하나님은 사람들이 온 땅으로 퍼져 나가 하나님이 만드신 세상을 잘 돌보고 관리하길 원하셨어요. 그런데 사람들이 그런 하나님께 순종하지 않고 점점 교만해져 가는 것을 보고 화를 내셨어요. 그것은 하나님이 기뻐하지 않으시는 죄였기 때문이에요.
5		"사람들이 서로 말이 통하니까 이렇게 악한 일을 계획하는구나." 하나님께서는 거기서 사람들이 알아듣지 못하게 언어들을 다르게 하셨어요. 말이 통하지 않게 되니 어떻게 되었을까요? 사람들은 서로의 말을 알아들을 수 없게 되었고 더 이상 탑도 쌓을 수가 없었어요.
6		사람들은 탑을 쌓고 도시를 건설하는 것을 그만두고 각자 온 땅으로 흩어지게 되었어요. 그 후로 하나님을 떠나 자기 마음대로 살기 위해 지었던 이 탑의 이름은 바벨탑이라고 불렸어요.
7	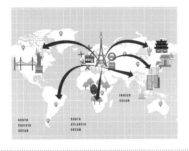	하나님은 비록 사람들을 흩으셨지만 여전히 그들을 사랑하셨어요. 사람들은 하나님이 주신 지혜로 세계 곳곳에 나라를 이루고 그 나라만의 고유한 역사와 문화를 만들었습니다. 이제 하나님의 사랑과 뜻을 깨달아 하나님의 사랑이 가득한 세상을 만들어 나가야 하겠습니다.
8		이렇게 사람들이 퍼져 나가면서 세계 곳곳에 나라들이 만들어졌을 때 사도들과 선교사님들이 복음을 전하여 온 나라에 믿는 사람들이 가득하게 되었습니다.

10월

단위활동계획안

　　단위활동은 월 단위 성경적 통합주제와 학습목표를 유아들이 쉽게 재학습하고 강화할 수 있도록 구성한 활동계획이다. 10월의 주별 단위활동은 다음과 같다. 첫 번째 주에는 하나님이 언어를 흩으심으로 세계로 사람들을 퍼져 나가게 하셨다는 것에 대해 알아보고, 세계 여러 나라의 인사와 관련된 활동을 한다. 두 번째 주에는 하나님이 맡기신 세상의 문화유산에 대하여 알아보며, 세계 여러 나라의 건축물과 세계 여러 나라의 탑에 대해서 알아본다. 세 번째 주에는 세계 여행과 올림픽을 통해 세계 여러 나라가 교류하고 화목하게 지내는 방법을 알아본다. 네 번째 주에는 지구 온난화에 대해 알아보며 피조세계를 돌보는 활동을 해 보고, 나눔상자 활동을 통해 어려움 가운데 있는 사람들에게 예수님의 사랑을 실천하고 복음을 전하는 활동을 한다.

■ 주별 단위활동 안내 ■

주	성경적 기초	주제	활동명	활동유형 (영역)	누리과정 주요 관련 영역	인성 요소
1주		세계 여러 나라 사람들의 생활	세계로 퍼져 나간 사람들 (425쪽)	이야기 나누기	사회관계 의사소통	존중 사랑 배려 화평
			세계 여러 나라 인사를 나누어요 (429쪽)	음악	사회관계 예술경험	
			세계 여러 나라 인사 놀이 (433쪽)	신체	사회관계 신체운동 · 건강	
2주	성경 이야기: 온 땅에 흩으셨어요 (창세기 11:1-9)	세계 여러 나라의 문화유산	세계 여러 나라의 건축물 (437쪽)	쌓기	사회관계 자연탐구 예술경험	협동 존중 절제 경건
			세계 여러 나라의 탑 (441쪽)	언어	사회관계 예술경험	
3주		세계 여러 나라와의 교류	세계 여행을 떠나요 (446쪽)	쌓기	사회관계 자연탐구	존중 화평 협동 기쁨 정직
			세계인의 축제, 올림픽 (449쪽)	신체 · 게임	사회관계 신체운동건강	
4주		세계 여러 나라의 자연과 사회현상	북극곰을 지켜요 (453쪽)	언어	사회관계 의사소통 자연탐구	절제 책임 양선 협동 사랑
			사랑의 나눔상자 (457쪽)	이야기 나누기	사회관계 의사소통	

■1주 · 세계 여러 나라 사람들의 생활.

■주간통합목표: 세계 여러 나라 사람들의 모습에 관심을 가지며 사람과 함께 하신 하나님의 사랑을 안다.
하나님이 맡기신 세상의 의식주 생활을 알아본다.

세계로 퍼져 나간 사람들

활동형태: 대소집단 활동/영역: 이야기나누기

|통합목표|
- 하나님이 세계 여러 나라를 만드신 이유를 안다.
- 세계 여러 나라에 관심을 갖고, 나라별 의식주 생활을 알아본다.
- 하나님은 세계 여러 나라를 사랑하심을 안다.

10월

|누리과정
관련요소|
- 사회관계: 사회에 관심 갖기−세계와 여러 문화에 관심 가지기
- 의사소통: 말하기−느낌, 생각, 경험 말하기

|인성요소|
- 존중: 문화적 차이를 소중하게 여기고 긍정적으로 받아들이기
- 사랑: 하나님의 사랑 알고 감사하기

| 활동자료| 성경이야기 자료, 세계지도, 각 나라별 의식주 관련 사진 자료

| 활동방법|

·도 입   1. 세계 여러 나라 지도를 보여 준다.
- −(지도를 보여 주며) 이것은 무엇인가요?
- −우리나라는 어디에 있을까요?
- −내가 알고 있는 나라에는 어떤 나라가 있나요?

·전 개   2. 성경이야기를 회상하며 세계 여러 나라가 생기게 된 이유를 생각해 본다.

- −이렇게 많은 나라들이 생기게 된 이유는 무엇일까요?
- −사람들이 바벨탑을 쌓은 이유는 무엇인가요?

　　　　－하나님께서는 왜 사람들을 흩으셨을까요?

3. 하나님이 사람들을 흩어지게 하여 나라를 만들게 하신 이유에 대해 생각해 본다.

　　　－하나님은 왜 사람들을 흩으셔서 나라를 만들게 하셨을까요?

　　　－한곳에 모여 살던 사람들이 하나님께 순종하지 않았어요. 그래서 하나님은 우리가
　　　　모두 한곳에 모여 살지 않고 넓은 세계로 퍼져 나가 살게 하셨어요.

　　　－하나님께서 사람들을 세계 곳곳에 흩으시고 나라마다 고유한 문화를 만들었어요.

　　　－자신의 나라와 문화에서 하나님을 사랑하고 순종하기를 바라셨어요.

4. 사진 자료를 보면서 각각 나라(멕시코, 중국, 미국, 영국, 아프리카 등)의 문화에 대해 이야
　　기 나눈다.

출처: 구글 이미지 검색.

　　　　　－사람들은 번성하면서 각 나라의 문화들을 만들었어요.

　　　　　　어떤 문화들이 있는지 살펴볼까요?

　　　　　－(각 나라 국기와 전통의상을 입은 사람들을 살펴보면서) 어떤 나라일까요? 어떤 옷을 입고

　　　　　　입나요?

　　　　　－서로 다른 문화를 가지고 살아가는 세계 모든 사람들을 하나님은 사랑하셔요.

• 마무리　5. 세계 여러 나라 사람들이 각기 다른 문화환경 속에서 어떻게 살아가기를 원하시는지

　　　　　이야기 나눈다.

　　　　　－하나님은 세계 여러 나라 사람들이 서로 다른 인종, 외모, 언어, 문화를 가지고 어떻

　　　　　　게 살아가길 원하실까요?

　　　　　－세계 여러 나라에 있는 사람들이 서로 돕고 사랑하길 원하세요.

10월

│활　동│　• 하나님이 사람들을 흩으셨으나 사람은 자신이 속한 문화 안에서 하나님의 형상에 따라
│유의점│　　창조된 창조의 목적을 회복시켜야 한다는 것을 깨닫도록 한다.

　　　　　• 세계 여러 나라 사람들이 생김새와 문화가 다르지만 모두 하나님이 창조신 사람들이

　　　　　　며, 하나님이 사랑하시는 나라임을 알도록 한다.

│확장활동│　• 미술영역: 세계 여러 나라 사람들의 의상 꾸미기

　　　　　• 역할놀이: 세계 여러 나라 의상 입고 패션쇼 하기

　　　　　• 요리활동: 세계 여러 나라 음식 만들기(피자, 월남 쌈, 햄버거 등)

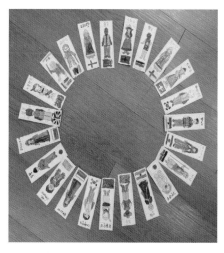

[세계 여러 나라 의상 꾸미기]

세계 여러 나라의 의상을 꾸며 보면서 유아들은 각 나라마다 고유의 특색이 있는 전통의상이 있음을 알 수 있다. 우리와 다른 외모를 가지고 다른 특색을 지닌 복장을 하고 있으나 우리와 동일하게 하나님께서 만드신 사람임을 알고, 존중하는 태도를 기르도록 한다.

[햄버거 만들기]

세계 여러 나라의 음식 문화를 경험하기 위해 나라별 대표 음식을 만들어 본다. 다른 나라의 음식문화를 접하며 문화의 다양성을 경험해 본다.

[세계 여러 나라 의상 입고 패션쇼 하기]

유아들이 세계 여러 나라의 의상을 직접 입어 보고 레드카펫 위에서 패션쇼를 해 본다. 각 나라 전통의상의 특징을 알고 패션쇼에 즐겁게 참여한다.

| 활동평가 |
- 세계 여러 나라가 만들어진 성경적 배경에 알고 있는지 평가한다.
- 하나님께서 세계 여러 나라를 사랑하심을 알고, 온 세상에 하나님의 뜻이 이루어지는 것을 기뻐하는지 평가한다.
- 세계 여러 나라에 관심을 갖고 나라별 생활문화에 관심을 갖는지 평가한다.

■ 1주 · 세계 여러 나라 사람들의 생활.
■ 주간통합목표: 세계 여러 나라 사람들의 모습에 관심을 가지며 사람들과 함께하신 하나님의 사랑을 안다.
　　　　　　　각 나라의 의식주 생활을 알아본다.

세계 여러 나라 인사를 나누어요

활동형태: 대집단활동/영역: 음악

|통합목표| • 세계 여러 나라의 언어에 관심을 갖는다.
　　　　　 • 여러 나라의 언어를 배우는 것은 서로 뜻을 같이 하는 하나님의 나라를 만들기 위함이
　　　　　　 라는 것을 안다.
　　　　　 • 노래를 통해 세계 여러 나라의 인사를 즐겁게 부른다.

|누리과정
관련요소| • 사회관계: 사회에 관심 갖기−세계와 여러 문화에 관심 가지기
　　　　　 • 예술경험: 예술적 표현하기−음악으로 표현하기

|인성요소| • 존중: 문화적 차이를 소중하게 여기고 긍정적으로 받아들이기
　　　　　 • 배려: 다른 사람에게 친절하게 대하기
　　　　　 • 화평: 이웃과 사이좋게 지내기

|활동자료| 〈세계의 아침인사〉 노래말판(각 나라의 국기와 전통의상도 함께 제시한다), 성경이야기 자
　　　　　 료, 언어가 달라진 상황 그림자료

|활동방법|
• 도 입　1. 성경이야기를 회상하며, 이야기를 나눈다.
　　　　　 −하나님이 바벨탑을 세우려 했던 사람들이 하는 말을 서로 알아듣지 못하게 하셨어요.

10월

5  "사람들이 서로 말이 통하니까 이렇게 악한 일을 계획하는구나." 하나님께서는 거기서 사람들이 알아듣지 못하게 언어들을 다르게 하셨어요. 말이 통하지 않게 되니 어떻게 되었을까요? 사람들은 서로의 말을 알아들을 수 없게 되었고 더 이상 탑도 쌓을 수가 없었어요.

－(언어가 달라진 상황 그림자료를 보며) 바벨탑을 짓다가 갑자기 언어가 달라졌을 때, 어떤 일이 일어났을지 생각해 봅시다.

－그림을 보니까 어떤 일이 일어나고 있나요?
－다양한 언어가 생기게 되면서 사람들은 말이 통하는 사람들끼리 모여 나라를 만들었어요.

· 전 개   2. 세계 여러 나라 인사에 대하여 생각해 본다.
　　　　－인사하는 방법과 언어는 모두 다르지만 같은 점이 있어요. 무엇일까요?
　　　　－인사는 반가움과 관심을 표현하는 방법이에요.
　　　　－세계 여러 나라 사람들이 어떤 말로 인사할까요?
　　　　－어떤 방법으로 인사할까요?
　　　3. 세계 여러 나라의 아침 인사말을 배워 본다.
　　　　－우리나라 사람들은 어떻게 인사를 나누나요?
　　　　　허리를 숙이면서, "안녕하세요?"라고 인사해요.
　　　　－세계 여러 나라 사람들은 어떻게 인사를 나눌까요?
　　　4. 인사말을 배운 대로 〈세계의 아침인사〉(윤현진 작사 · 작곡) 노래를 배워 본다.

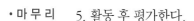

세계의 아침인사

윤현진 작사·작곡

세 계 의 친 구 들 과 – 아 침 인 사 해 보 자 –

세 계 의 친 구 들 은 – 어 떻 게 인 사 할 까 –

미 국 친 구 는 굿 모 닝 일 본 친 구 는 오 하 이 오

프 랑 스 친 구 는 봉 주 르 독 일 친 구 는 구 텐 몰 겐

· 마 무 리 5. 활동 후 평가한다.

-어떤 나라 인사말이 재미있었나요?

-서로 사용하는 말이 다르지만 인사를 나누어 보니 어떤 느낌이 들었나요?

-다른 나라 사람들을 만나 인사를 하게 된다면 어떻게 인사할 수 있을까요?

6. 사람들이 흩어져 서로 다른 언어를 사용하게 되었지만 우리는 하나님께서 주신 지혜를 사용하여, 다른 나라 언어를 배움으로써 하나님의 뜻을 이루어 나가야 한다는 것을 나눈다.

활 동
유 의 점
· 노랫말을 배울 때, 노래말판에 해당하는 나라 사람과 국기를 가리키거나 직접 붙여 보도록 하며 배울 수 있다.

· 활동에 익숙해지면 아프리카나 동남아시아 등 여러 나라의 인사말로 확장해 볼 수 있다.

· 세계 여러 나라의 인사방법은 다르지만, 모든 인사는 반가움과 관심, 예의를 표시하는 방법이라는 것을 알도록 한다.

확장활동
· 수 · 조작영역: 세계의 인사말 보드 게임하기

· 역할영역: 세계 여러 나라의 인사를 나누기

[세계의 인사말 보드 게임]

주사위를 던져서 나오는 칸만큼 이동하다 나라 이름과 인사가 적혀 있는 칸에 도착하면 따라서 인사를 해 본다. 유아들은 세계 여러 나라의 인사말을 배우며 반갑게 인사를 나눈다.

[세계 여러 나라의 인사를 나누기]

역할영역에 있는 세계 여러 나라 의상을 입은 손인형에 손을 집어 넣고 인사를 나눈다. 세계 여러 나라 활동을 진행하며 자신의 손인형이 해당하는 나라에 대해 새롭게 알게 된 것을 인사를 나눈 후 소개해 본다.

| 활동평가 |

- 세계 여러 나라 인사말에 관심을 갖고, 즐겁게 참여하는지 관찰한다.
- 다른 나라 언어를 배우는 것은 서로 뜻을 같이하는 하나님의 나라를 만들어 나가도록 하기 위함이라는 것을 인지하는지 평가한다.
- 노래를 통해 세계 여러 나라의 인사를 즐겁게 부르고, 다른 나라 사람들을 환영하는 태도를 가지게 되었는지를 평가한다.

■1주 · 세계 여러 나라 사람들의 생활.

■주간통합목표: 세계 여러 나라 사람들의 모습에 관심을 가지며 사람들과 함께 하신 하나님의 사랑을 안다.
각 나라의 의식주 생활을 알아본다.

세계 여러 나라 인사 놀이

활동형태: 대집단활동/영역: 신체

10월

|통합목표|
- 세계 여러 나라 사람들의 다양한 인사 문화에 관심을 갖는다.
- 하나님께서 세계 여러 나라 사람들을 사랑하심을 안다.
- 신체표현 활동에 즐겁게 참여한다.

|누리과정
관련요소|
- 사회관계: 사회에 관심 갖기−세계와 여러 문화에 관심 가지기
- 신체운동 · 건강: 신체 조절과 기본 운동하기−신체 조절하기

|인성요소|
- 존중: 문화적 차이를 소중하게 여기고 긍정적으로 받아들이기
- 배려: 다른 사람에게 친절하게 대하기
- 화평: 이웃과 사이좋게 지내기

|활동자료|
- 인사 그림카드, 인사말 목걸이 카드(미국, 중국, 스페인, 한국, 에스키모인, 이스라엘인), 지구본 머리띠 2개

|활동방법|

• 도 입
1. 지난 시간 배운 〈세계의 아침인사〉 노래를 부르며 모여 앉는다.
   −독일 사람은 어떻게 인사했나요?
   −오늘은 어느 나라말로 인사를 나눠 볼까요?

• 전 개
2. 노래를 확장해서 세계 여러 나라의 다양한 인사말과 방법에 대하여 알아본다.
   −미국 사람은 서로 손을 흔들며 '굿모닝!'이라고 인사해요.
   −중국 사람은 허리를 약간 숙이며, '니하오마'라고 인사해요.
   −에스키모 사람들은 코를 부비며 '부댄니'라고 인사해요.
   −이스라엘 사람들은 상대방의 어깨를 주무르며 '샬롬'이라고 인사해요.
   −스페인 사람들은 정답게 껴안으며 '부에노스디아스'라고 인사해요.

우리나라 "안녕하세요"　　　미국 "굿모닝"　　　에스키모인 "부낸니"

이스라엘 "샬롬"　　　중국 "니하오마"　　　스페인 "부에노스디아스"

그림 출처: 키드키즈 홈페이지, www.kidkids.net.

4. 친구와 짝을 지어 세계 여러 나라의 인사로 사랑을 표현해 본다.

- 인사는 반가움과 관심의 표시라고 했어요. 세계 여러 나라의 인사방법으로 친구에게
  사랑과 관심을 표현해 보아요.
- 하나님이라면 나에게 어떤 인사 방법을 사용할 것 같나요?
- 하나님이라면 미국(에스키모인, 이스라엘, 중국, 스페인) 사람들에게 어떤 인사방법을
  사용할 것 같나요?
- 하나님은 세계 여러 나라 사람들이 알아들을 수 있게 말씀하시는구나.
- 하나님은 세계 여러 나라 사람들의 인사방법을 모두 알고 계세요. 하나님은 세계 여
  러 나라 사람들을 사랑하세요.

〈짝과 함께 세계 여러 나라의 인사를 나누어요〉

434

5. 세계 여러 나라의 인사 나누기 놀이를 소개한다.

　－세계 여러 나라의 인사를 신체활동으로 해 볼 수 있어요.

〈신체활동 방법〉

① 세계 여러 나라(예: 미국, 중국, 스페인, 한국, 에스키모, 이스라엘 등)의 언어카드 목걸이를 유아의 수만큼 만든다.
② 유아는 원하는 나라의 인사말 카드를 선택한 후, 목에 건다.
③ 2명의 유아는 머리에 지구본 머리띠를 쓰고, 손을 잡고 문을 만든다(전래놀이 '대문놀이'와 같은 모양으로).
④ 나머지 유아들은 친구의 허리를 잡고 한 줄 기차를 만든다.
⑤ 유아들은 〈세계의 아침인사〉(윤현진 작사 · 작곡) 노래를 부르면서 2명의 유아가 만든 문을 동그랗게 돌면서 지나간다.
⑥ 노래가 끝날 때, 대문 안에서 잡힌 친구는 자신의 나라의 인사로 친구들에게 인사를 하고, 유아들도 친구의 나라의 언어로 인사를 한다. 이때, 신체로도 인사를 표현하도록 한다.

10월

6. 신체활동을 할 때, 지켜야 하는 약속을 정한다.

　－어떤 약속이 필요할까요?

　－문을 지나는 친구들은 어떻게 지나가야 할까요?

　－(천천히 돌아요. 친구의 허리를 살짝 잡아요. 노래가 끝나면 그 자리에 멈추어요.)

7. 친구와 함께 '세계의 인사놀이' 활동을 한다.

〈세계의 인사놀이〉

• 마 무 리　8. 활동 후, 평가를 한다.

　－세계 여러 나라 인사법으로 친구에게 관심과 사랑을 표현해 보니 어떤 느낌이 들었나요?

　－세계 여러 나라의 인사를 나누며, 세상 여러 나라 사람 모두를 사랑하시는 하나님의 마음을 느낄 수 있었나요?

| 활 동 유 의 점 | • 사전에 〈세계의 아침인사〉 노래를 배울 수 있도록 한다.
• 다양한 신체활동을 위하여 기존 노래의 인사말을 특징적인 인사 동작을 가진 다른 나 |

라의 언어 표현으로 확장해 볼 수 있다.

- 활동을 마무리하며 '세계 여러 나라와의 교류'로 확장활동을 진행할 수 있다.
- 활동이 익숙해지면, 좀 더 빠르고 경쾌한 리듬의 다른 곡을 활용할 수 있다(예: 〈아침에 일어나면 굿모닝〉 이요섭 작사 · 작곡)

| 확장활동|
- 언어영역: 가 보고 싶은 나라의 친구에게 편지 쓰기
- 신체활동: 세계 여러 나라 전통춤 추기

[세계 여러 나라 전통춤 추기]

동그랗게 원을 그리며 짝을 바꿔 가면서 폴카를 춰 보기도 하고 다른 나라의 전통의상을 만들어 입어 보고, 전통춤을 추는 활동도 해 본다. 유아들이 다른 나라의 문화를 경험함으로써 각 나라의 문화를 이해하고, 긍정적인 인식을 가질 수 있다.

| 활동평가|
- 세계 여러 나라 인사말에 관심을 가지고 즐겁게 인사 나누기 활동에 참여하는지 평가한다.
- 다른 외모와 언어를 가진 사람들도 하나님이 창조하신 인간임을 알고, 사랑을 나누며 함께 잘 지내야 한다는 사실을 알게 되었는지 평가한다.
- 신체활동에 즐겁게 참여하는지 평가한다.

■ 2주 · 세계 여러 나라의 문화유산.

■ 주간통합목표: 하나님이 맡기신 세상의 미술 작품, 건축물, 음악과 춤 등의 예술을 경험한다.

세계 여러 나라의 건축물

활동형태: 자유선택활동/영역: 쌓기

|통합목표|
- 세계 여러 나라의 건축물에 관심을 가지고 감상한다.
- 다양한 블록을 이용하여 함께 건축물을 만들어 본다.
- 하나님은 환경을 파괴하지 않으면서 좋은 건축물을 발전시켜 나가길 원하신다는 사실을 알게 한다.
- 다른 나라의 문화를 소중히 여긴다.

|누리과정 관련요소|
- 사회관계: 사회에 관심 갖기−세계와 여러 문화에 관심 가지기
- 자연탐구: 수학적 탐구하기−공간과 도형의 기초 개념 알아보기
- 예술경험: 예술 감상하기−다양한 예술 감상하기

|인성요소|
- 협동: 서로 같은 마음으로 힘 합하기
- 존중: 문화적 차이를 알고 긍정적으로 받아들이기

|활동자료|
- 성경이야기 자료, 세계 여러 나라의 건축물 사진(대한민국 '숭례문', 중국의 '만리장성', 이집트 '스핑크스와 피라미드', 미국 '자유의 여신상'), 나무블록, 레고블록 등 여러 가지 블록, 소품용 인형 등

대한민국 숭례문

중국 만리장성

이집트 스핑크스와 피라미드

미국 자유의 여신상

출처: 구글 이미지 검색.

437

|활동방법|

· 도 입　1. 성경이야기(장면 7)의 세계 여러 나라가 생기게 된 이유에 대해 이야기 나눈다.

7　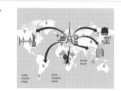　하나님은 비록 사람들을 흩으셨지만 여전히 그들을 사랑하셨어요. 사람들은 하나님이 주신 지혜로 세계 곳곳에 나라를 이루고 그 나라만의 고유한 역사와 문화를 만들었습니다. 이제 하나님의 사랑과 뜻을 깨달아 하나님의 사랑이 가득한 세상을 만들어 나가야 하겠습니다.

　　　－세계 여러 나라가 어떻게 해서 생겨나게 되었나요?

　　　－하나님이 사람들을 흩으셔서 여러 나라가 생기게 되었어요.

· 전 개　2. 세계로 퍼져 나간 사람들이 나라를 세우고, 고유한 문화를 만들어 왔음을 안다.

　　　－사람들은 나라를 세우고, 어떤 일을 하였을까요?

　　　－하나님은 우리가 세계에 흩어져서 번성하길 원하셨어요.

　　　－사람들은 각자가 살아가는 환경에 맞게 문화를 만들어갔어요.

　　3. 세계 여러 나라의 건축물 사진을 보면서 특징에 대해 이야기 나눈다.

　　　－이런 건축물을 본 적이 있나요?

　　　－어떤 모양인가요? 어떻게 지었을까요?

　　　－이런 건축물을 만든 이유가 무엇일까요?

　　• 대한민국 숭례문과 중국의 만리장성: 외적의 침입으로부터 나라를 보호하기 위해서 만든 성문과 성벽
　　• 이집트 스핑크스와 피라미드: 이집트 고대 왕국 시대의 스핑크스는 왕을 상징하는 조각상이며, 피라미드는 왕과 왕족들의 무덤
　　• 미국 자유의 여신상: 미국 독립 100주년을 기념하여 프랑스가 미국에 선물한 기념상

4. 하나님이 우리에게 창조명령을 주셨으므로, 사람들은 문화를 만들어 가면서 창조명령을 수행해 나감을 안다.

　　-하나님은 우리가 하나님이 만드신 세상을 하나님의 사랑과 정의가 가득하게 발전시키기를 원하세요.

5. 건축물 사진을 전시하고 블록으로 건축물을 구상해 보도록 한다.

　　-어떤 건물을 만들어 보고 싶나요?

　　-어떤 블록을 이용해서 건축물을 만들면 좋을까요?

　　-어떤 소품을 이용해서 꾸미면 좋을까요?

　　-친구와 함께 협력해서 만들어 봐요.

6. 세계 여러 나라 건축물을 구성한 후, 전시된 건축물을 감상한다.

　　-완성된 건축물을 보니 어떤 생각이 드나요?

　　-이 건물은 어떤 특징이 있나요?

　　-우리나라 건물과 다른 점은 무엇일까요?

10월

| ・마무리 | 7. 만든 건축물들의 보존에 대해서 이야기 나눈다. |

　　-우리가 정성스럽게 만든 건축물들을 망가뜨리면 기분이 어떨까요?

　　-우리가 만든 것들을 어떻게 보존할 수 있을까요?

8. 건축물의 보존과 관리에 대해서 이야기를 나눈다.

　　-세계 여러 나라 사람들은 문화적 가치가 있는 건축물들을 보존하기 위해서 오랫동안 관리하고 수리하며 가꾸어 왔어요.

　　-하나님이 만든 세상을 발전시키고 그것을 잘 보존하는 것은 하나님의 뜻입니다.

| 활　동
유의점 | ・『4세 누리과정지도서 9』(교육과학기술부, 2013) 81쪽, 118쪽 활동을 참고할 수 있다.
・유아들이 만든 작품은 한 주간 직접 관리해 보도록 하고, 추후 사용을 위해 정리할 수 있도록 안내한다. |

| 확장활동 | ・미술영역: 다양한 재료로 건축물 만들기 |

[다양한 재료로 건축물 만들기]

건축물 만들기 활동을 통해서 유아들은 하나님이 우리에게 창조능력을 주셨음을 경험할 수 있다. 건물을 설계하고 여러 가지 재료로 지어 봄으로써 지혜를 활용하여 다양한 문화를 만들어 갈 수 있음을 느낄 수 있다.

[건축물 감상하기]

건축물을 감상할 때, 건물의 보이는 모습에만 초점을 맞추는 것이 아니라, 건물을 지은 목적이나 방법 등을 생각해 보도록 한다. 특히 세상을 발전시켜 나가길 원하시는 하나님의 뜻에 따라 지어진 건물인지 생각해 보도록 한다.

| 활동평가 | • 세계 여러 나라의 건축물에 관심을 갖고, 다양한 블록을 이용하여 건축물을 구성할 수 있는지 평가한다.
• 하나님은 환경을 파괴하지 않으면서 좋은 건출물을 발전시켜 나가길 원하신다는 사실을 아는지 평가한다.
• 다른 나라의 문화도 소중히 여기는 마음을 가지고 있는지 평가한다.

440

■ 2주 · 세계 여러 나라의 문화유산.

■ 주간통합목표: 하나님이 맡기신 세상의 미술 작품, 건축물, 음악과 춤 등의 예술을 경험한다.

세계 여러 나라의 탑

활동형태: 자유선택활동 / 영역: 언어

|통합목표| • 세계의 문화유산인 탑에 관심을 갖는다.

• 세계 여러 나라 사람들은 탑을 통해 문화를 발전시켜 왔음을 안다.

• 문화 속에 있는 하나님이 기뻐하지 않는 요소를 구분해 본다.

10월

|누리과정 관련요소| • 사회관계: 사회에 관심 갖기−세계와 여러 문화에 관심 가지기

• 예술경험: 아름다움 찾아보기−미술적 요소 탐색하기

|인성요소| • 절제: 자신의 욕심을 따르지 않고 하나님의 말씀을 따라 생활하기

• 경건: 하나님께 바르게 예배하기

|활동자료| 성경이야기(장면 3, 4), 세계 여러 나라의 탑 사진(피사의 사탑, 에펠탑, 앙코르 유적의 돌탑 '크메르의 미소')

|활동방법|

• 도 입   1. 탑을 본 경험에 대해 이야기 나눈다.

−탑을 본 적이 있나요?

−탑은 이떻게 생겼나요?

• 전 개   2. 세계 여러 나라의 탑에 대하여 이야기를 나눈다.

−세계 여러 나라에서 만든 탑 중에 유명한 탑들이 있어요.

−어떤 탑들이 있는지 함께 알아봐요.

피사의 사탑   파리의 에펠탑   캄보디아 앙코르 유적 돌탑
                                              '크메르의 미소'

　　　　－이 탑은 어떻게 생겼나요?

　　　　－어떻게 만들었을까요?

　　　　－이 탑들의 이름은 무엇일까요?

　3. 에펠탑과 피사의 사탑[1]에 대하여 이야기해 본다.

　　　　－이 탑을 만든 목적은 무엇일까요?

　　　　－무슨 일에 사용되었을까요?

　　　　－모두 특별한 목적을 갖고 만들어졌어요.

　　　　－모두 예술적인 아름다움을 추구하기도 했어요.

　4. 탑에 하나님이 기뻐하지 않은 요소가 있다면 찾아보고 그 이유를 생각해 본다.

　　　　－하나님은 탑을 만드는 것은 기뻐하세요. 그것을 통해 우리가 이 세상에서 편리함과
　　　　　예술을 추구하여 하나님을 위해 살기를 원하세요. 하지만 우리가 만든 것들을 하나
　　　　　님보다 더 높이고 더 좋아한다면, 어떨까요?

　　　　－이 가운데 하나님이 기뻐하지 않는 목적으로 지어진 탑이 있나요? 무엇일까요?

　　　　－'크메르의 미소' 라는 돌탑은 매우 훌륭한 문화유산이지만, 사람들은 이것을 하나님
　　　　　보다 더 높은 신으로 여기며 만들었고, 그 앞에서 절을 했어요. 하나님은 그것을 기뻐
　　　　　하지 않아요.

　　　　－피사의 사탑이나 에펠탑도 훌륭한 문화유산이에요. 하지만 우리가 이것을 하나님보
　　　　　다 더 높이고 그 앞에서 절한다면, 하나님은 기뻐하지 않으세요(출애굽기 20:3-6)[2]. 하
　　　　　나님의 마음을 매우 아프게 하는 일이 될 거예요.

　5. 바벨탑 이야기를 회상해 본다.

| 3 |  | 평지에 모여든 사람들은 도시를 건설하고 탑을 쌓기 시작했어요. "자, 우리 탑 꼭대기는 하늘에 닿게 합시다. 그래서 우리의 이름을 세상에 널리 알립시다!""탑이 높아지면, 우리도 하나님처럼 높아질 수 있을 거예요!"탑을 쌓던 사람들은 하나님을 믿지 않고 자신들만의 도시를 세우려고 했어요. |
| 4 |  | 하나님은 사람들이 온 땅으로 퍼져 나가 하나님이 만드신 세상을 잘 돌보고 관리하길 원하셨어요. 그런데 사람들이 그런 하나님께 순종하지 않고 점점 교만해져 가는 것을 보고 화를 내셨어요. 그것은 하나님이 기뻐하지 않으시는 죄였기 때문이에요. |

　　　　－사람들이 바벨탑을 지을 때, 하나님은 기뻐하지 않았어요. 이유가 무엇이었나요?

　　　　－인간이 하나님보다 더 높아지려는 목적으로 만들어졌기 때문이라는 것을 기억해요.

---

1) 444쪽 '교사를 위한 도움말' 세계의 탑 이야기 참조.
2) 445쪽 '교사를 위한 도움말' 우리의 예배대상 참조.

· 마 무 리   6. 탑을 만드는 목적에 대해서 이야기를 나눈다.

–탑에 대해 알아보며 어떤 것을 느꼈나요?

–만약에 탑을 짓는다면, 어떻게 하나님을 기쁘게 해 드릴 수 있을까요?

–오색 빵끈을 이용해서 반짝이는 에펠탑을 만들어 볼 거예요. 동생의 생일 선물로 생일 탑을 만들어 줄 거예요. 어른이 되면 많은 사람들이 들어와서 쉬었다 가는 휴식 탑을 만들어 볼래요.

| 활   동 |
| 유 의 점 |

· 교사를 위한 도움말과 함께 관련된 내용을 추가로 알아보고, 유아들이 문화를 분별할 수 있도록 탑이 지어진 이야기를 들려준다.

· 일반적인 문화적 차원에서 접근할 때, 유아들이 신앙을 이유로 소중한 문화재에 대한 편견을 갖지 않도록 유의한다.

10월

| 확장활동 |

· 쌓기영역: 탑 쌓기 놀이

· 현장학습: 세계의 탑 현장학습 다녀오기

[탑 쌓기 놀이]

쌓기영역에서 다양한 블록으로 돌탑을 쌓아 본다. 개별적으로 어떤 탑을 쌓고 싶은지도 나눠 보면서 하나님을 기쁘시게 하는 방법에 대해서도 생각해 본다.

[아인스 월드 견학]

주변에 모형탑을 볼 수 있는 곳으로 현장학습을 다녀온다. 자세히 탐색하고 관찰해 보며 탑이 얼마나 정교해졌으며, 다양한 형태와 용도로 발전되어 왔는지 알 수 있다.

| 활동평가 |

· 세계의 다양한 탑 건축물에 대하여 관심을 가지고 탐색하는지 평가한다.

· 하나님이 주신 지혜를 사용하여 사람들의 삶을 유익하게 하고 하나님의 말씀을 실천하고자 하는 마음을 가지고 있는지 평가한다.

· 탑이 지어진 목적이나 탑 속에 담긴 의미를 통해서 하나님이 기뻐하는 것과 그렇지 않은 것을 알 수 있는지 평가한다.

| 교사를 위한 도움말|

세계의 탑 이야기

• 이탈리아 피사의 사탑

이탈리아 피사라는 지방에 있는 피사 대성당에 속해 있는 로마네스크 양식의 종탑으로서 하얀색 대리석으로 만들어졌다. 이 탑은 1173년에 착공할 당시부터 탑의 한쪽 지반이 가라앉으면서 기울어지기 시작했으며, 당시 3층까지 진행되던 공사는 중단되었다가 14세기에 이르러 8층으로 겨우 완성되었다. 이탈리아는 오랜 문화와 역사적 가치를 지니고 있는 이 탑이 더 이상 기울어지지 않도록 하기 위해 전 세계 건축가들의 도움을 요청했다. 11년 동안 계속되던 보수 작업은 2001년에야 완료되어, 지금의 기울기를 계속 유지하게 되었다. 종탑은 교회의 권위를 상징적으로 보여 주기도 하고, 교회의 예배시간을 알려 주는 데 사용되기도 했다(탑을 만든 목적). 또, 12세기부터는 마을 사람들에게 적의 공격이나 긴급 사태 또는 시각을 알려 주기 위한 수단으로 사용되었다(탑의 부가적인 사용 용도).

• 참고 사이트:

두산백과(http://terms.naver.com/entry.nhn?docId=1188621&cid=40942&categoryId=32339)

두산백과(http://terms.naver.com/entry.nhn?docId=1279783&cid=40942&categoryId=33736)

• 프랑스 파리의 에펠탑

프랑스 혁명 100주년을 기리기 위해 세워진 기념탑(탑을 만든 목적)으로 한 때 전 세계에서 가장 높은 탑이기도 했다. 1889년 3월 31일 준공되었고, 1889년 5월 6일 개관하였다. 이것을 세운 프랑스의 교량기술자 구스타브 에펠의 이름을 따서 명명되었다. 지금은 파리의 상징이자 전 세계적으로 많은 사람들이 찾는 탑이지만 처음 지어질 당시에는 파리의 경관을 헤치는 고철 덩어리라고 해서 많은 사람들이 해체하려고 했다. 지금은 TV 안테나에 전파를 보내 주는 송수신 탑으로 사용되고 있고, 밤에는 파리의 야경을 아름답게 채색하는 '빛의 탑'으로도 사람들을 매료시키고 있다(오늘날 사용 용도). 전망대는 세 군데 있으며, 다리 4개의 동쪽 코너와 서쪽 코너에서 들어갈 수 있다.
지상 57m의 제1전망대, 115m의 제2전망대까지 엘리베이터로 올라간 다음 거기서 엘리베이터를 갈아타고 지상 274m의 제3전망대까지 올라간다.

• 참고사이트:

네이버 지식백과(http://terms.naver.com/entry.nhn?docId=962779&cid=42864&categoryId=50859)

두산백과(http://terms.naver.com/entry.nhn?docId=1125590&cid=40942&categoryId=40464)

• 캄보디아 앙코르 유적의 돌탑 '크메르의 미소'

앙코르(Angkor) 유적은 동남아시아에서 가장 중요한 고고학 유적 가운데 하나이다. 현재 캄보디아의 상징처럼 되면서 국기에도 그 문양이 그려져 있다. 산림 지역을 포함해 400km² 이상 퍼져 있는 이곳은 9세기부터 15세기까지 크메르 제국의 수도로서 크고 아름다운 건축물은 당시 수준 높은 건축 기술이 잘 표현하고 있다. 400년 동안 밀림 속에 방치되어 오다 1860년 프랑스 탐험가에 의해 세상에 알려졌다. 유적에는 힌두교사원인 앙코르와트(Angkor Wat)의 사원들과 불교사원인 앙코르 톰의 바욘 사원(Bayon Temple)이 있는 앙코르 톰(Angkor Thom)이 유명하다. 앙코르 톰의 바욘 사원 주변에는 54개의 탑에 200여 개의 관음보살 얼굴이 조각되어 있다. 사면에 새겨져 있는 얼굴에는 '크메르의 미소'라 불리며 온화하면서도 다정한 미소를 머금고 있어, 자비로운 부처의 이미지를 담아내고자 했다. 관음보살은 불교의 대표적 경배 대상으로서 갖가지 재앙으로부터 중생을 구원하는 보살로 알려져 있다(탑을 만든 목적).

• 참고사이트 및 서적:

네이버 지식백과(http://terms.naver.com/entry.nhn?docId=1391917&cid=50407&categoryId=50408)

문화재청(http://www.cha.go.kr/korea/heritage/search/Culresult_Db_View.jsp?mc=NS_04_03_01&VdkVgwKey=12,09270000,11)

이희수(2009).『처음 만나는 세계 문명』. 주니어김영사.

10월

우리의 예배 대상

너는 나 외에는 다른 신들을 네게 두지 말라 너를 위하여 새긴 우상을 만들지 말고
또 위로 하늘에 있는 것이나 아래로 땅에 있는 것이나 땅 아래 물 속에 있는 것의 어떤
형상도 만들지 말며 그것들에게 절하지 말며 것들을 섬기지 말라
나 네 하나님 여호와는 질투하는 하나님인즉 나를 미워하는 자의 죄를 갚되
아버지로부터 아들에게로 삼사 대까지 이르게 하거니와 나를 사랑하고 내 계명을 지키는
자에게는 천 대까지 은혜를 베푸시느니라(출애굽기 20:3-6)

■ 3주 · 세계 여러 나라와의 교류.

■ 주간통합목표: 세계 여러 나라와 교류를 통해 하나님의 뜻대로 이 세상을 돌보는 방법을 알아본다.

세계 여행을 떠나요

활동형태: 자유선택활동/영역: 쌓기

|통합목표|
- 세계지도에 관심을 갖고 여러 나라의 위치와 특징을 연결해 본다.
- 세계 여러 나라 사람들이 서로 교류하며 돕는 것을 하나님이 기뻐하심을 안다.
- 세계 여행 놀이에 즐겁게 참여한다.

|누리과정
관련요소|
- 사회관계: 사회에 관심 갖기−세계 여러 나라의 문화에 관심가지기
- 자연탐구: 탐구하는 태도 기르기−탐구과정 즐기기
- 자연탐구: 수학적 탐구−공간과 도형의 기초개념 알기

|인성요소|
- 존중: 문화적 차이를 소중하게 여기고 긍정적으로 받아들이기
- 화평: 하나님, 이웃과 사이좋게 지내기

|활동자료|
- 세계지도 벽지(자체 제작이 어려운 경우, 시판 중인 세계지도 벽지를 활용할 수 있음, 이야기 나누기 시간 바닥에 미리 붙여 놓는다), 돋보기, 유아 개별 스티커

출처: http://m.blog.naver.com/sos_one11/220006234035.

|활동방법|

· 도 입　　1. 세계 여러 나라를 여행해 본 경험에 대해 이야기 나눈다.

　　　　　　　－TV나 책에서 다른 나라의 모습을 본 적이 있나요?

　　　　　　　－세계 여러 나라에는 무엇이 있을까요?

　　　　　　　－○○는 ○○을 보았구나. 그것을 보니까 어떤 기분이 들었니?

· 전 개　　2. 세계지도를 따라 다니며 자세히 알아보는 활동을 소개한다.

　　　　　　　－(바닥에 깔아 놓은 지도를 보며) 바닥에 무엇이 있나요?

　　　　　　　－우리가 알아본 나라들은 어디에 있나요?

　　　　　　　－TV나 책에서 보았던 강이나 산은 어디쯤에 있을까요?

　　　　　　　－가 보고 싶은 새로운 나라는 어디인가요?

　　　　　　3. 자유롭게 다니면서 지도를 탐색하고 관찰하는 시간을 갖는다.

　　　　　　　－가장 큰 나라는 어느 나라인가요? 바닷가에 있는 나라는 어느 나라인가요?

　　　　　　　－나만의 색깔 스티커로 가고 싶은 나라에 붙여 보자.

　　　　　　　－돋보기를 이용하니까 좀 더 크게 볼 수 있구나.

　　　　　　4. 놀잇감을 이용해 세계지도 위를 자유롭게 다녀 본다.

　　　　　　　－지도 위에서는 걸어 다니지만, 실제로 가야 할 때는 어떻게 갈 수 있을까요?

　　　　　　　－배를 타거나 비행기를 타고 갈 수 있어요.

　　　　　　　－우리나라에서 가고 싶은 나라로 장난감 비행기나 배를 움직여 봐요.

· 마 무 리　5. 활동 후 느낀 것을 이야기 나눈다.

　　　　　　　－이렇게 지도를 통해 세계 여행을 하니까 기분이 어떤가요?

　　　　　　6. 하나님은 각기 다른 자연환경 속에서 그 나라만의 문화를 만들어오게 하신 것에 대해
　　　　　　　이야기를 나눈다.

　　　　　　　－세계 여러 나라는 저마다 다른 자연환경을 가지고 있어요.

　　　　　　　－하나님은 사람이 각기 다른 자연 환경 속에서 그 환경을 누리고 개발하며 살도록 하
　　　　　　　　셨어요.

활　동
유 의 점

　　　　　· 세계지도 벽지는 다음을 참고할 수 있다.

　　　　　　http://blog.daum.net/photointerior/602

　　　　　　http://m.blog.daum.net/chsong97/18196154

　　　　　· 유아들이 세계지도를 다양하게 탐색하면서, 대륙별 지도로 심화·확장해 볼 수 있다.

　　　　　· 해외 여행 사진을 전시해 준다.

| 확장활동| 　• 쌓기영역: 세계 지도에 건축물 놓아 보기(세계지도 벽지를 쌓기영역 바닥 전체에 깔아서 적 목 블럭에 세계의 유명한 건축물들을 붙여 배치하는 활동을 할 수 있다)

　　　　　• 미술활동: 여권 만들기

　　　　　• 현장학습: 아인스월드 견학하기, 다문화박물관 견학하기

[여권 만들기]　　　　　　　　　　　　　[다문화박물관 견학]

여권은 다른 나라를 여행하는 국민에게 정부가 발　　세계의 문화유산 모형을 체험할 수 있는 견학지에
급하는 증명 서류이다. 유아는 여권을 가지고 세계　　가 본다. 다양한 문화유산을 간접적으로 경험해 봄
여러 나라를 다니며 안전하게 여행한다.　　　　　　으로써 세계 여러 나라의 문화를 이해한다.

| 활동평가| 　• 세계 지도에 관심을 갖고 여러 나라의 위치와 특징을 연결하는지 평가한다.

　　　　　• 세계 여러 나라 사람들이 서로 교류하며 돕는 것을 하나님이 기뻐하신다는 사실을 아 는지 평가한다.

■ 3주 · 세계 여러 나라와의 교류.
■ 주간통합목표: 세계 여러 나라의 교류를 통해 하나님의 뜻대로 이 세상을 돌보는 방법을 알아본다.

세계인의 축제, 올림픽

활동형태: 대소집단활동 / 영역: 신체 · 게임

|통합목표|
- 올림픽의 의미와 경기 종목에 대해 안다.
- 규칙을 잘 지키며, 경기에 정정당당히 참여한다.
- 하나님께서는 스포츠를 통해 세계인이 교류할 수 있도록 하셨음을 안다.

10월

|누리과정 관련요소|
- 사회관계: 사회에 관심 갖기-세계와 여러 문화에 관심 가지기
- 사회관계: 다른 사람과 더불어 생활하기 -사회적 가치 알고 지키기
- 신체운동 · 건강: 신체활동에 참여하기-자발적으로 신체활동에 참여하기

|인성요소|
- 협동: 협력하는 것을 기뻐하심 알기
- 기쁨: 어떤 상황이 있어도 긍정적인 마음과 태도 갖기
- 정직: 하나님의 말씀에 따라 바른 선택하기

|활동자료|
- 금 · 은 · 동 메달, 미니 올림픽(월드컵) 규칙판, 과녁, 고깔 반환점, 양궁, 농구공, 농구 골대, 올림픽 이야기 자료

[월드컵 규칙]

[리우올림픽]

|활동방법|

· 도 입
1. (올림픽 자료를 보여 주며)사전 이야기나누기 활동을 회상한다.

〈이야기나누기 내용〉

① 하나님은 우리가 다른 사람들과 서로 교류하며 살기를 원하신다.
② 올림픽은 세계인들이 서로 모여 교류할 수 있는 방법이다.
③ 올림픽 종목에는 육상, 수상, 구기 종목 등 여러 가지가 있다.
④ 올림픽 정신은 세계평화이며, 이것을 실천하기 위해 결과에 관계없이 정정당당하게 임하는 것이다.

　

－하나님은 세계 여러 나라 사람들이 평화롭게 지내기 원하세요.

－올림픽은 세계인 모여 정정당당하게 경기하는 축제예요.

－우리가 세계 여러 나라의 운동선수가 되어 올림픽 경기를 해 보기로 해요.

· 전 개　　2. 경기를 하기 전에 규칙을 정한다.

　　　　　－올림픽 정신에 따라서 경기에 참여하려면 어떻게 해야 할까요?

　　　　　－최선을 다해 경기를 해요.

　　　　　－친구와 함께 협력을 해요.

　　　　　－규칙은 모두에게 공평해야 해요.

　　　　　－즐겁게 경기해요.

　　　3. 미니 올림픽 종목을 정한다.

　　　　　－어떤 경기를 해 볼 수 있을까요?

　　　　　－우리 원에서 해 보았던 것들로 정해 볼까요? (예: 달리기, 양궁, 농구)

　　　　　－미니 올림픽 규칙을 함께 정해요.

〈규칙 정하기의 예(양궁)〉

① 과녁에만 쏘아요(사람, 다른 물건에 쏘면 위험해요).
② 순서는 화살을 끼운다 → 활시위를 당긴다 → 활시위를 놓는다.
③ 차례를 지켜 자기 순서에 쏜다.

[양궁 경기]

4. 유아들을 3개 팀으로 나누고 토너먼트로 경기를 한다.

5. 달리기, 공 던지기 등 유아들이 흥미로워하는 종목으로 변형할 수 있다.

6. 미니 올림픽 경기 후 메달 수여를 한다.

　　−메달을 수상한 친구들 축하해요.

　　−비록 이기지 못했더라도 열심히 참여한 친구들 축하해요.

• **마 무 리**　　7. 올림픽 경기 후, 평가를 한다.

　　　　−어떤 경기가 재미있었나요?

　　　　−경기에서 이기고 질 때 어떤 마음이 들었나요?

　　　　−규칙을 잘 지키면서 참여하였나요?

　　　　−실제로 세계 여러 나라가 모여서 경기를 한다면 어떨 것 같아요?

8. 올림픽 경기에서 하나님이 기뻐하시는 것들이 무엇인지 이야기 나눈다.

　　−하나님이 기뻐하시는 올림픽은 어떤 모습일까요?

　　−하나님은 세계 여러 나라 사람들이 서로 싸우고 분쟁하는 것이 아니라 평화롭게 살아　　가기를 원하세요.

　　−우리는 다양한 문화나 스포츠를 통해서 세계 여러 나라 사람들 서로 화합하면서 평화　　롭게 살아갈 수 있어요.

활 동 유 의 점	• 올림픽의 유래는 고대 그리스인들이 제우스신에게 바치는 종교 행사로 이루졌으나 1894년 근대 올림픽이 쿠베드랭에 의해 시작되면서 올림픽은 종교적 · 정치적 차별을 이겨 내고 국제 사회의 갈등을 푸는 평화의 장으로 변화되었음을 숙지한다. • 교사는 활동을 전개 시 하나님이 세계 여러 나라 사람들과 평화롭게 지내는 것을 기뻐한다는 것에 초점을 맞춘다.

확장활동	• 이야기 나누기: 올림픽 관련 영상 시청하기 　① 올림픽 정신을 보여 주는 선수들의 영상 보여주기(리우 올림픽 시 여자육상 5,000m 예선 경기 때 서로 걸려 넘어진 뉴질랜드 니키 햄블리 선수와 미국 애비 다고스티노 선수가 서로 일으켜 주고 격려하며 결승전에 들어온 이야기; https://www.youtube.com/watch?v=E1WyRQg00V0) 　② 〈불의 전차〉(휴허드슨, 2016) 1924년 파리 올림픽 400M 금메달리스트 '에릭 리델' 이야기 　③ 〈우리 생애 최고의 순간〉(임순례, 2008) 2004년 아테네 올림픽 때 대한민국 여자 핸드볼 선수 이야기 • 언어영역: 우리나라 올림픽 선수 이야기 듣기 • 부모참여수업: 가족운동회

[단체 경기]
줄다리기, 함께 공넣기, 배구, 농구 등 함께하는 경기를 통해 협력의 기쁨을 나눈다.

[가족운동회]
부모참여수업으로 가족운동회를 개최하여, 가족 간의 화합을 도모하고, 가족과 기관이 교류할 수 있는 기회를 제공한다.

활동평가	• 올림픽의 의미와 경기 종목에 대해 알고 있는지 평가한다. • 올림픽 정신에 따라 규칙을 잘 지키며, 경기에 정정당당히 참여하는지 평가한다. • 하나님께서는 우리가 스포츠를 통해 세계인이 함께 교류하도록 하셨음을 알고 있는지 평가한다.

■ 4주 · 세계 여러 나라의 자연과 사회현상.
■ 주간통합목표: 하나님이 만드신 세계의 날씨와 자연특징을 알아본다.
　　　　　　　세계의 자연재해에 관심을 갖고 하나님의 사랑을 전한다.

북극곰을 지켜요

활동형태: 대소집단활동/영역: 언어

|통합목표| • 북극에 관심을 갖고, 지구 온난화에 대해 알아본다.
　　　　　 • 하나님이 만드신 세계의 자연 환경을 보존해야 함을 안다.
　　　　　 • 자연환경을 보존하기 위해 내가 할 수 있는 일을 알아보고 실천한다.

10월

|누리과정
관련요소| • 사회관계: 사회에 관심 갖기−세계와 여러 문화에 관심 가지기
　　　　　 • 의사소통: 말하기 −느낌, 생각, 경험 말하기
　　　　　 • 자연탐구: 과학적 탐구하기−자연현상 알아보기

|인성요소| • 절제: 환경에 따라 자신의 행동을 적절히 조절하기
　　　　　 • 책임: 공동체를 위하여 자신의 일 하기

|활동자료| • 북극곰 멀티자료(키드키즈 홈페이지, http://www.kidkids.net. '북극곰의 집을 지켜 주세요'),
　　　　　 파란색 전지, 하얀색 종이, 색연필

|활동방법|

• 도 입　1. 얼음 조각 위에 북극곰이 서 있는 사진을 파란 전지 위에 붙인 후, 유아들에게 보여 준다.
　　　　　 −북극곰의 모습이 어떤가요?
　　　　　 −어떤 환경이 북극곰이 살기 좋은 환경인가요?

· 전 개　　2. 북극에 대해 알아본다.

　　　　　　 ─하나님이 세상을 창조하실 때, 사람과 동물들이 살기에 좋은 환경을 만들어 주셨어요.

　　　　　　 ─북극곰이 사는 북극은 얼마나 추울까요?

　　　　　　 ─북극은 영하 34도예요. 우리나라 겨울의 가장 추운 날보다 3배는 더 추워요.

　　　　　　 ─북극은 눈이 녹지 않고 계속 쌓여서 빙하가 된 곳이에요. 그래서 땅이 모두 얼음으로
　　　　　　　 덮혀 있어요.

　　　　3. 북극의 얼음이 녹으면 동물들은 어떻게 될지 이야기 나눈다.

출처: 구글 이미지 검색.

　　　　　　 ─지금 북극에는 얼음이 녹고 있어요. 만약 다 녹아 버리면 어떻게 될까요?

　　　　　　 ─북극 얼음이 녹으면 북극곰 같은 동물들은 살 수가 없어요.

　　　　　　 ─이유가 무엇일까요?

　　　　　　 ─얼음이 녹으면 쉴 수도 없고 살 곳도 없어져요. 그리고 먹이도 점점 줄어요.

　　　　4. 지구 온난화에 대해서 알아본다.

　　　　　　 ─북국의 얼음이 녹는 이유는 무엇일까요?

　　　　　　 ─우리가 생활하면서 나오는 유해물질들이 대기 환경을 오염시켜요. 그것이 지구의 온
　　　　　　　 도를 높여서 북극의 얼음을 녹여요.

　　　　5. 지구 온난화가 미치는 영향에 대해서 알아본다.

　　　　　　 ─북극의 얼음이 모두 녹으면 바다는 어떻게 될까요?

　　　　　　 ─바닷물의 높이가 높아져서 땅이 점점 잠기게 돼요.

　　　　　　 ─극심한 가뭄, 지진, 태풍 등 자연재해가 일어나고 있어요.

　　　　　　 ─그래서 북극곰 외에 다른 동물도 죽게 돼요.

　　　　　　 ─우리는 어떤 영향을 받게 될까요?

〈태풍〉

〈가뭄〉

출처: 네이버 이미지 검색.

10월

6. 세상을 만드신 하나님을 생각해 본다.

　－하나님께서 처음에 세상을 만드실 때 북극은 어떤 모습이었을까요?

　－얼음벌판이 넓게 펼쳐져 있고, 그곳에서 동물들은 행복하게 지냈을 것 같아요.

　－지금 북극의 모습을 보고 계신 하나님의 마음은 어떠실까요?

7. 하나님의 뜻대로 이 세상의 자연 환경을 돌보기 위해 유아가 실천할 수 있는 것에 대해 알아본다.

　－하나님은 처음에 세상을 완벽하게 만드셨어요. 하나님께서는 환경을 잘 보존하기 원하세요.

　－우리는 어떤 것을 실천할 수 있을까요?

　－교실에서 실천할 수 있는 것은 어떤 것이 있을까요?

　－집에서 실천할 수 있는 것은 어떤 것이 있을까요?

8. '얼음 발자국 붙이기' 활동으로 마무리한다.

　－(도입할 때 제시한 파란 전지를 가리키며) 약속을 잘 실천하면, 파란 전지 위에 얼음 발자국을 붙여 볼 수 있어요.

· 마 무 리　9. 파란 전지를 보면서 하루 동안 북극곰을 살리기 위해 약속했던 규칙들을 실천했는지 평가한다.

　－북극곰을 살리기 위해 어떤 일을 실천했나요?

　－우리가 물과 전기를 절약하자, 파란 전지 위에 얼음 발자국이 많이 생겼네요.

10. 하나님이 만드신 세계를 보호하는 것이 우리의 역할임을 안다.

　－우리의 작은 실천이 하나님이 만드신 세상을 보호할 수 있어요.

| 활 동
| 유 의 점

· 『4세 누리과정지도서 4』(교육과학기술부, 2013) 185쪽을 참고할 수 있다.

· 환경오염과 지구 온난화가 동물뿐만 아니라 인간의 생활에도 영향을 미친다는 것을 강조한다.

| 확장활동 | • 언어영역: MBC 다큐멘터리 〈북극의 눈물〉 영상 시청 후 소감 나누기

• 가정연계활동: 가정실천카드(예: 세제 적게 사용하기, 쓰레기 줄이기, 전기 및 물 절약하기)

• 미술영역: 북극곰 포스터 만들기, 얼음 발자국 붙이기

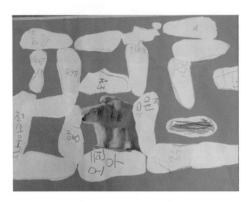

[얼음 발자국 붙이기]

유아는 환경을 보존하기 위해 지키기로 한 약속을 실천하고 자신의 발바닥을 하얀 종이에 그린 후, 오려서 파란 전지 북극곰 주변에 붙인다. 나의 작은 실천이 북극을 보호할 수 있음을 안다.

[생활 속에서 절약 실천하기]

하나님이 만드신 자연을 보호할 책임이 있는 내가 생활속에 할 수 있는 일들이 있음을 알도록 한다. 또한 유아가 지속적으로 물, 전기, 물건 등을 절약하는 습관을 일상생활에서 실천 할 수 있도록 한다.

| 활동평가 | • 북극의 빙하가 녹는 것과 관련하여 지구 온난화에 대해 이해하고 있는지 평가한다.

• 자연을 보존하는 것이 하나님의 뜻임을 알고 어떤 일을 할 수 있는지에 대하여 표현할 수 있는지 평가한다.

■4주 · 세계 여러 나라의 자연과 사회 현상.

■주간통합목표: 하나님이 만드신 세계의 날씨와 자연의 특징을 알아본다.
　　　　　　　세계의 자연재해에 관심을 갖고 하나님의 사랑을 전한다.

사랑의 나눔상자

활동형태: 대소집단활동/영역: 이야기나누기

|통합목표| 　• 자연재해로 어려움을 겪는 사람들은 도움이 필요함을 안다.

　　　　　　• 하나님 말씀을 순종하여 세계 여러 나라에 이웃 사랑을 실천한다.

10월

|누리과정　　• 사회관계: 사회에 관심 갖기—세계와 여러 문화에 관심 가지기
관련요소|
　　　　　　• 사회관계: 더불어 생활하기—공동체에서 화목하게 지내기

　　　　　　• 의사소통: 말하기 —느낌, 생각, 경험 말하기

|인성요소| 　• 양선: 어려운 이웃을 불쌍히 여기고 도와주려는 마음 갖기

　　　　　　• 협동: 어려운 일을 힘을 모아 해결하기

　　　　　　• 사랑: 하나님과 이웃을 위한 일을 실천하기

|활동자료| 　• 편지 자료, 세계 여러 나라의 특징 사진(날씨, 지형, 재난 사진 등), 나눔상자

|활동방법| 　1. 필리핀에서 온 편지를 유아들에게 소개하고 읽어 준다.
　• 도　입　　　—필리핀에 있는 친구에게서 편지가 왔어요.
　　　　　　　　　(사진과 함께 편지를 소개한다.)

> **By air mail**
> **Par avion**
>
> 안녕? 난 필리핀에서 사는 샤샤야
>
> 나는 일 년 내내 더운 나라에서 살아.
> 우리나라는 크고 작은 섬으로 이루어졌어.
> 산과 호수가 많이 있어. 맛있는 바나나가 열리는 나라야.
> 우리나라는 비가 오랫동안 와. 또 태풍이 불거나 화산이 폭발하고
> 지진이 일어나기도 해. 이런 자연재해 때문에 나는 집도 잃어 버렸고,
> 유치원(어린이집)도 가지 못해. 입을 옷도 없고,
> 가지고 놀 장난감과 책도 없어.
> 먹을 것도 다 떨어져서 굶을 때가 많단다.

• 전 개 2. 자연재해의 피해에 대해서 이야기 나눈다.

　　　－샤샤의 나라에는 어떤 일이 일어났나요?

　　　－자연재해를 입은 샤샤의 애기를 들으니까 어떤 마음이 들었나요?

　　3. 자연재해를 입은 나라에 어떤 도움이 필요한지 이야기 나눈다 (나눔상자 소개).

　　　－샤샤가 사는 필리핀과 같이 자연재해를 입은 나라의 모습이에요.

〈화산폭발〉

〈지진〉

〈해일〉

〈토네이도〉

출처: 네이버 이미지 검색.

　　　－샤샤와 같이 어려움에 처한 친구들에게 어떻게 관심과 사랑을 전해 줄 수 있을까요?

　　　－우리 반에 나눔상자를 만들려고 해요. 무엇을 넣어 주면 좋을까요?

　　　－우리가 잘 입지 않는 옷, 신발, 장난감을 깨끗하게 해서 보내 줄 수 있어요.

　　　－우리의 물건을 받은 친구들의 마음을 생각해 보아요.

　　　－샤샤와 같은 상황의 친구들에게 나누어 주고 싶은 물건이 있으면 이곳에 담아 주세요.

　　4. 단체를 통해서 도움을 줄 수 있는 방법에 대해 이야기 나눈다.

　　　－이렇게 모아진 물건들을 어떻게 전달할 수 있을까요?

　　　－세계에 도움이 필요한 친구들에게 도움을 주는 단체들이 있어요. 특히, 예수님의 사
　　　　랑을 함께 전하는 기독교 구호 및 기부 단체가 있어요. 국제기아대책기구, 월드비전,
　　　　밀알복지재단, 다일공동체, 지구촌사랑나눔, 한국기독교연합봉사단 등이 있어요.

　　　－이 단체들은 예수님의 사랑의 마음을 가지고 피해를 입은 친구들에게 필요한 도움을
　　　　주고 예수님의 복음도 전해요.

–구체적으로 어떤 도움을 줄까요?

–물과 필요한 양식을 주어요. 학교를 지어서 친구들이 배울 수 있게 도와주세요. 병원을 지어서 아픈 친구들을 치료해 줘요. 하나님의 말씀을 전해 주어요. 이런 모든 것이 예수님의 복음을 전하는 방법이에요.

· 마 무 리　5. 활동을 돌아보고 마무리한다.

–하나님은 서로 사랑하라고 하셨어요. 하나님이 말씀하신 대로 세계 여러 나라 사람들에게 사랑을 전하고 실천해요.

| 활 동 유 의 점 | · 기독교 구호 및 기부 단체와 협력하여 활동을 계획할 수 있다.
· 교사가 선교활동을 할 경우, 선교 활동을 준비하는 과정에 아이들을 동참시켜 유아들이 선교(예: 교사가 방문하는 선교지 친구들에게 편지 쓰기, 선물 만들어 주기 등)를 경험해 볼 수 있도록 할 수 있다.

10월

| 확장활동 | · 언어영역: 필리핀 친구 샤샤에게 편지 쓰기
· 이야기나누기: 유아들이 기부한 물건들이 피해지역 친구들에게 전달되는 과정에 대해 이야기 나누기

필리핀 친구들에게 전달된 물건

고마운 편지를 써 준 필리핀 친구들

[샤샤에게 편지 쓰기]

샤샤의 이야기를 듣고 자연재해로 고통 받는 친구들에게 해 주고 싶은 말을 편지로 작성한다. 어려운 상황에 처한 친구를 위로하고, 격려하는 마음을 갖는다.

[세계를 위해 기도하기]

자연재해로 고통받는 사람들을 생각해 보고, 그들을 위해 하나님께 기도하는 활동을 해 본다. 우리가 어려움을 겪는 사람들을 도와주는 방법에는 물질만 있는 것이 아니고, 마음으로 기도를 하는 방법이 있음을 알도록 한다.

| 활동평가 |
- 자연재해로 어려움을 겪는 사람들을 왜 돕고, 어떤 도움을 필요로 하는지 아는가를 평가한다.
- 하나님 말씀을 순종하여 세계 여러 나라에 자연재해로 인해 어려움에 처한 사람들에게 사랑을 전하는 방법을 알고 실천하려 하는지 평가한다.
- 세계 곳곳에 복음을 전하는 단체와 하는 일에 대해 아는지 평가한다.

11월 통합유아교육과정

하나님이 만들어 주신
환경과 우리의 생활

11월 · 하나님이 만들어 주신 환경과 우리의 생활

I. 성경적 통합유아교육과정 실행을 위한 기초 다지기

11월

'성경적 통합유아교육과정 실행을 위한 기초 다지기'는 11월 유아교육과정에 해당하는 성경본문 배경과 흐름에 따른 주요개념 이해, 교사큐티를 통한 이해 재확인 및 적용과 기도 과정을 순차적으로 제시한다. 이 과정을 통하여 기독교 유아교사는 유아교육과정의 성경적 통합과정 이해 및 성경적 통합교육을 실행하기 위한 역량기반을 다질 수 있다. 성경적 통합역량 기초 다지기 과정을 거치면서 통합된 교육활동 내용을 충실하게 수행할 뿐만 아니라 심화·확장 활동으로 자유롭게 연계할 수 있는 역량을 성취해 나갈 수 있다.

1. 주요개념

한 달의 통합교육과정에 대한 이론적 기초로서, 성경본문과 유아교육과정의 주제가 어떤 개념을 근거로 통합되는지에 대한 정보를 제공한다.

2. 성경개관

성경본문의 요점과 배경, 전체 흐름을 살펴보고 통합의 근거가 되는 신학적 개념 및 유아에게 가르칠 핵심개념을 간추린다.

3. 교사큐티

말씀을 통해 하나님과 개인적으로 교제하는 시간으로 한 달간의 성경본문을 각 주별 주제와 관련하여 매주 묵상한다.

주요개념

요 약

다윗은 창조주 하나님의 영광을 선포하는 대자연을 보며 하나님을 찬양한다. 유아교육과정은 생활 주변의 자연환경에 대해 올바른 지식과 관심을 가짐으로써 인간과의 관계를 발견하고 소중함을 느끼며 환경을 올바르게 이용하고 보존하는 것을 경험하도록 한다. 성경적 통합교육과정에 유아의 생활 주변의 다양한 자연환경을 느끼고 체험하며 이 모든 것들을 만드신 하나님을 찬양하도록 한다. 나아가, 하나님이 만드신 자연을 생활 속에서 이용하고 보존하도록 함으로써 하나님의 영광을 드러낸다. 이러한 창조목적을 유지하며 완성하는 방법은 바로 하나님의 말씀을 통하여 가능하다.

1) 성경: 하나님이 창조하신 아름다운 세상

창세기 1장에서 하나님이 인간을 창조하시고 만물의 으뜸으로 삼으신 내용이 다윗의 시편 찬양을 통해 반복된다. 특별히, 시편 8편과 19편은 하나님이 창조하신 아름다운 자연세계를 바라보며 그 가운데 나타난 하나님의 영광을 찬양하는 내용이다. 시편 8편은 하나님이 창조하신 순서를 따라 다윗이 하늘과 달과 별, 그리고 각종 생물이 어우러지는 아름다운 자연 세계를 앞에 두고 인간의 피조물 됨을 겸손히 고백하는 내용을 담고 있다. 그리고 이러한 모든 만물을 인간이 다스리게 하심으로써 인간을 더욱 특별한 위치에 두셨다는 사실에 감격하며 하나님의 은혜를 찬양한다.

나아가, 시편 19편 1~6절에서는 아름다운 자연을 만드신 목적은 그 존재 자체로 창조주 하나님의 영광을 선포하는 것임을 밝히고 있으며, 이와 마찬가지로 인간의 창조목적도 하나님의 영광을 드러내는 것임을 전하고 있다. 후반 절인 7~8절은 창조세계뿐만 아니라 말씀으로 나타나신 하나님의 영광을 찬양하고 있다. 하나님이 우리를 창조하신 목적을 유지하며 완성하는 방법은 완전하신 하나님의 말씀대로 살아가며 하나님을 경외하는 삶이라는 것을 가르쳐 준다.

2) 유아교육과정: 환경과 생활

인간은 인적 · 물적 환경, 자연적 · 인위적 환경에 둘러 싸여 살아가고 있다. 이는 인간이 환경의 영향을 받고 살아가면서도 환경을 만들어 간다는 것을 의미한다. 유아가 주변 환경을 탐색하고 적응해 가는 과정은 사회생활에 필요한 기초적인 지식을 형성하는 데 매우 중요하다. 또한 생활환경을 쾌적하게 만들고 소중하게 보전하는 태도를 길러 줄 필요가 있다.

유아는 물, 흙·돌, 바람·공기, 빛, 소리 등으로 구성된 자연환경과 더불어 살아간다. 자연환경을 구성하는 물체와 물질은 유아의 생활과 밀접한 관련을 맺으며 실생활 속에서 자원으로 활용된다는 것을 알고, 자원의 소중함과 에너지 절약의 필요성도 깨닫게 된다. 따라서 생활주제 '환경과 생활'은 생활 주변의 자연환경에 대해 올바른 지식과 관심을 가짐으로써 인간과의 관계를 발견하고 소중함을 느끼며 환경을 올바르게 이용하고 보존하는 것을 경험하도록 한다.

3) 성경적 통합: 하나님이 만들어 주신 환경과 우리의 생활

대자연을 바라보며 그 가운데 나타난 하나님의 영광을 찬양한 다윗의 노래를 유아가 삶에서 의미 있게 체험해 보도록 한다. 유아들이 자신을 둘러싼 자연세계로 나아가 하나님이 만드신 아름다운 자연을 감상하고 경험해 보도록 한다. 유아에게 친숙한 자연환경에서 탐색할 수 있는 주요 환경요소는 물, 흙·돌, 공기·바람, 빛, 소리 등이 있다. 자연환경을 감상하고 이를 구성하는 자연물을 오감으로 느껴 보는 등 다양한 방법으로 탐색하고, 자연의 특성과 변화에 관심을 가지며 이 모든 것이 하나님의 높고 크심을 나타내고 있음을 느껴 볼 수 있다.

또한, 다윗은 하나님의 대자연을 미약한 인간에게 다스리게 하신 은혜에 감격하며 하나님을 찬양한다. 인간의 창조목적은 하나님의 영광을 드러내는 것이며, 이것이 인간이 살아가는 중요한 목적이다. 시편의 다윗의 찬양은 그것이 바로, 하나님이 맡기신 자연세계를 하나님의 뜻대로 다스리며 하나님을 기쁘시게 하는 삶이라는 것을 고백하고 있다. 이를 유아교육과정의 환경과 생활과 관련하여 일상생활 속에서 실천할 수 있는 방법을 생각해 본다. 그것은 물, 흙·돌, 공기·바람, 빛, 소리 등 하나님이 우리에게 주신 자연만물을 일상생활 속에서 지혜롭게 이용하고, 하나님이 맡기신 것을 충실하게 보존해 나가는 것이다.

나아가, 자연세계뿐만 아니라 말씀을 통해 자신을 나타내신 하나님을 묵상하는 시간을 갖도록 한다. 하나님께서는 완전하신 말씀을 우리에게 주심으로써 의로우신 하나님을 나타내 주셨다. 우리가 하나님이 창조하신 목적대로 이 세상을 살아가기 위해서는 하나님이 우리에게 주신 말씀대로 살아가야 한다는 것을 가르쳐 주고 있다. 유아들과 함께 우리가 창조해 주신 목적대로 살아갈 수 있도록 말씀을 주신 하나님께 감사하며, 말씀대로 따라 살며 하나님을 경외하는 어린이가 되도록 한다.

성경개관

| 성경말씀 | 본문제목

하나님이 창조하신 아름다운 세상

성경본문

시편 8:1-9, 19:1-8

중심말씀

여호와 우리 주여 주의 이름이 온 땅에 어찌 그리 아름다운지요 주의 영광이 하늘을 덮었나이다(시편 8:1)

내용요약

시인은 하나님의 천지 창조 가운데 드러난 영광을 찬양한다. 아름다운 자연의 목적은 그 존재 자체로 창조주 하나님의 영광을 선포하는 것이다. 이와 함께 인간의 창조 목적도 하나님의 영광을 드러내는 것에 있다.

| 신학적 개념 | 신 론―창조주 하나님(유아수준: 하나님이 만드신 자연세계―하나님이 만드셨어요)

　　　　　―성경(유아수준: 하나님이 말씀하세요)

인간론―하나님의 형상(유아수준: 나와 사람들―하나님을 닮았어요)

| 핵심개념 | • 하나님은 이 세상의 모든 것을 만드셨다.

• 하나님은 만드신 세상을 사람들에게 맡기셨다.

• 우리는 하나님에게 가장 소중한 존재이다.

• 성경은 하나님의 말씀이다

• 성경은 하나님과 예수님에 대해 알려 준다.

| 성경이해 | 시편 8편과 19편은 이스라엘의 왕이며 이스라엘의 아름다운 시편 작사가인 다윗의 시이다. 역사적 배경은 정확히 알려져 있지 않지만, 다윗이 광대한 하늘을 올려다보면서 하나님의 위대하심을 묵상하던 순간에 마음에서 우러나오는 감사와 찬양을 기록하고 있다. 하나님께서 지으신 하늘과 땅과 바다를 바라보면서 그 곳에 펼쳐진 하나님의 영광과 권능을 마음껏 찬양하였다. 특히, 시편 8편에서는 그 속에는 광대한 자연을 작고 연약한 인간에게 다스리도록 위임하신 하나님의 은혜에 대한 감사를 담고 있다. 또한, 시편 19편 전반부를 통해 하나님이 지으신 창조세계에 나타난 하나님의 영광을 찬양하고, 후반부는 말씀을 통해 자신을 드러내시는 하나님의 영광과 위엄을 찬양하고 있다.

교사큐티

하나님이 창조하신 아름다운 세상

성경본문 시편 8:1-9, 19:1-8

시인은 하나님의 천지 창조 가운데 드러난 영광을 찬양한다. 아름다운 자연의 목적은 그 존재 자체로 창조주 하나님의 영광을 선포하는 것이다. 이와 함께 인간의 창조목적도 하나님의 영광을 드러내는 것에 있다.

|도움말|

8:1 아름다운지요: 주의 이름의 장엄하고 영광스러움이 그분이 창조하신 세상 만물 가운데 명백히 나타났음을 표현한다.

2 강력한 세력을 무너뜨리기 위해 연약한 자들을 사용하심으로 하나님의 위대하심을 드러낸다.

3 손가락: 하나님의 창조의 권능을 상징하는 표현이며, 작품은 하나님의 사역의 결과물을 의미한다.

4 하나님은 인간을 당신의 형상을 따라 창조하심으로 모든 피조물보다도 특별한 위치에 두셨다.

5 고대 근동에서 누군가를 발아래 둔다는 것은 그에 대한 완전한 지배권을 행사함을 의미한다.

19:1-6 하늘이 세계의 모든 사람에게 하나님의 영광을 선포함을 묘사하였다.

다윗의 시, 인도자를 따라 깃딧에 맞춘 노래

8:1 여호와 우리 주여 주의 이름이 온 땅에 어찌 그리 아름다운지요 주의 영광이 하늘을 덮었나이다

2 주의 대적으로 말미암아 어린 아이들과 젖먹이들의 입으로 권능을 세우심이여 이는 원수들과 보복자들을 잠잠하게 하려 하심이니이다

3 주의 손가락으로 만드신 주의 하늘과 주께서 베풀어 두신 달과 별들을 내가 보오니

4 사람이 무엇이기에 주께서 그를 생각하시며 인자가 무엇이기에 주께서 그를 돌보시나이까

5 그를 하나님보다 조금 못하게 하시고 영화와 존귀로 관을 씌우셨나이다

6 주의 손으로 만드신 것을 다스리게 하시고 만물을 그의 발아래 두셨으니

7 곧 모든 소와 양과 들짐승이며

8 공중의 새와 바다의 물고기와 바닷길에 다니는 것이니이다

9 여호와 우리 주여 주의 이름이 온 땅에 어찌 그리 아름다운지요

다윗의 시, 인도자를 따라 부르는 노래

19:1 하늘이 하나님의 영광을 선포하고 궁창이 그 손으로 하신 일을 나타내는도다

2 날은 날에게 말하고 밤은 밤에게 지식을 전하니

3 언어가 없고 들리는 소리도 없으나

4 그 소리가 온 땅에 통하고 그 말씀이 세계 끝까지 이르도다 하나님이 해를 위하여 하늘에 장막을 베푸셨도다

5 해는 그 방에서 나오는 신랑과 같고 그 길을 달리기 기뻐하는 장사 같아서

6 하늘 이 끝에서 나와서 하늘 저 끝까지 운행함이여 그 온기에서 피하여 숨은 자 없도다

11월

7-8 하나님께서는 자연세계 뿐만 아니라 그분의 기록 된 말씀을 통해 인간에게 자신을 가장 온전하게 나 타내신다.	7 여호와의 율법은 완전하여 영혼을 소성케 하고 여호와의 증거는 확실하여 우둔한 자로 지혜롭게 하며 8 여호와의 교훈은 정직하여 마음을 기쁘게 하고 여호와의 계명은 순결하여 눈을 밝게 하도다

|요약/해설|

하나님께 영광과 존귀를!

시편 8편은 온 우주를 창조하신 크고 위대한 분이 그 가운데 먼지 같은 존재인 인간을 기억하고 돌보신다는 사실 앞에 감격한다. 하나님께서는 만물을 인간의 발아래 두심으로써 그에게 자신의 통치권을 대신 행사하게 하셨다. 여기에 인간의 존엄성이 있다. 다윗은 창세기 1장의 인간 창조에 나타난 하나님의 축복과 명령을 상기하면서 대자연을 인간에게 위임하신 하나님의 은혜를 찬양한다. 한편, 시편 19편에서는 하나님의 창조를 인간에게 드러내시는 두 가지 수단을 선언한다. 하나는 하나님이 창조하신 피조세계를 통해 하나님 자신을 나타내신다(시편 19:1-6). 또 한 가지는 영감어린 하나님의 말씀인 성경을 통해 사람들에게 하나님의 위대하심을 밝히 드러내시는 것이다(시편 19:7-8). 즉, 다윗은 하나님의 세계와 말씀을 통해 인간에게 자신을 드러내셨음을 선포하고 있다. 이를 통해 인간은 자연에 나타난 하나님의 영광을 묵상하며 피조물 된 인간의 창조는 하나님의 영광을 드러내는 데 있다는 것을 보여 주고 있다. 또한, 이러한 창조의 목적은 궁극적으로 하나님의 말씀 안에서 온전히 이루어질 수 있다는 것을 가르쳐 준다.

|**찬양과 기도**| 주님의 임재 가운데 나아갑니다. 주님 말씀하여 주십시오. 제가 듣겠습니다!

|**말씀**| 본문을 3번 정도 읽으며 전체적인 뜻을 파악하기/내게 다가오는 말씀들을 기록하기

|**묵상**| 말씀 묵상, 변화를 위한 적용과 구체적인 실천 찾기, 기도하며 결단하기

- 1주: 하나님은 인간을 위하여 아름다운 대자연과 광활한 우주를 창조하셨습니다. 지극히 작은 우리에게 베풀어 주신 하나님의 창조물들을 바라보며 다윗처럼 하나님의 크심과 사랑을 묵상해 봅시다 (시편 8:1-3, 19:1; 창세기 1:1).

- 2주: 다윗의 찬양과 같이 우리의 말과 생각, 행동 그리고 삶을 돌아보며 나는 삶의 모든 순간마다 하나님을 온전히 찬양하고 있는지 돌아봅시다(시편 8:4).

- 3주: 하나님은 광활한 우주 앞에 선 작은 인간에게 온 세상을 맡기셨습니다. 나는 비록 작고 연약하지만 하나님께서 특별한 목적을 갖고 만든 존귀한 존재임을 묵상해 봅시다(시편 8:5-6).

- 4주: 매일 하나님의 말씀을 묵상하며 하나님의 영광을 드러내는 삶을 충실히 살고 있는지 최근의 삶을 돌아보고 새롭게 정리해 봅시다.

|**공동기도**| 하나님, 오직 하나님만이 찬양을 받기에 합당하신 분이십니다. 믿음의 눈을 들어 모든 곳에 가득한 하나님의 위엄을 봅니다. 하나님의 말씀 안에 있는 나의 삶을 통해 하나님의 영광을 드러내며 살게 하소서.

11월 · 하나님이 만들어 주신 환경과 우리의 생활

II. 성경적 통합과정 이해하기

'성경적 통합과정 이해하기'는 성경본문과 유아교육과정 사이에 다리 놓기 작업으로서 유아교육과정이 성경적으로 통합되는 절차와 단계를 보여 준다. 성경적 통합과정을 구조화함으로써 교사가 통합과정을 보다 쉽게 이해하고 성경적으로 통합할 수 있는 능력을 갖출 수 있도록 지원한다.

1. 월간 성경적 통합의 흐름도

유아교육과정의 주제 및 목표를 성경본문의 주제 및 목표에 근거하여 통합하는 과정을 보여주는 프레임(틀)이다.

2. 월간 성경적 통합과정 해설

개요 수준에서 요약한 성경적 통합의 흐름에 함축된 주요 내용이나 예시들을 자세히 풀어서 설명해 놓은 지침서이다.

3. 월간통합교육계획안

성경주제 및 목표에 근거하여 한 달간 진행되는 통합교육활동들과 그 흐름을 한눈에 볼 수 있도록 요약한 주요 계획이다.

월간 성경적 통합의 흐름도

성경주제	성경목표
아름다운 세상을 만들어 주셨어요	• 자연세계는 그것을 만드신 하나님을 보여 준다는 것을 안다. • 우리를 위해 세상을 만드신 하나님을 찬양한다. • 세상을 돌보는 방법을 알아보고 실천함으로써 하나님께 영광을 돌린다. • 하나님이 말씀하신 것을 알고 실천함으로써 하나님께 영광을 돌린다.

유아교육과정 주제	유아교육과정 목표
환경과 생활	• 흙 · 돌에 대하여 알아보고, 생활 속에서 보호한다. • 공기 · 바람에 대하여 알아보고, 공기를 깨끗이 보전한다. • 빛에 대하여 알아보고, 생활 속에서 유용하게 사용한다. • 소리에 대하여 알아보고, 소리와 함께 즐겁게 생활한다.

월간 통합주제	월간 통합목표
하나님이 만들어 주신 환경과 우리의 생활	• 하나님이 만드신 흙 · 돌에 대하여 알아보고, 자연을 보호하려는 마음을 가진다. • 하나님이 만드신 공기 · 바람에 대하여 알아보고 공기를 깨끗이 보전한다. • 하나님이 만드신 빛에 대하여 알아보고, 생활 속에서 유용하게 사용한다. • 하나님이 만드신 소리에 대하여 알아보고, 소리와 함께 즐겁게 생활한다.

인성요소

• 기쁨: 하나님께 감사한 마음을 잘 표현하기
• 배려: 환경을 살펴 돌보기
• 절제: 환경에 따라 자신의 행동 적절히 조절하기
• 존중: 자연을 창조하신 하나님을 높이기, 하나님을 최고로 높여 드리기
• 책임: 하나님이 맡기신 창조물에 대한 책임 다하기
• 경건: 우리 몸을 이용해 하나님을 예배하기

월간 성경적 통합과정 해설

| **통합주제** | 하나님이 만들어 주신 환경과 우리의 생활

| **통합목표** | 하나님이 만드신 흙·돌에 대하여 알아보고, 자연을 보호하려는 마음을 가진다.

하나님이 만드신 공기·바람에 대하여 알아보고, 공기를 깨끗이 보전한다.

하나님이 만드신 빛에 대하여 알아보고, 생활 속에서 유용하게 사용한다.

하나님이 만드신 소리에 대하여 알아보고, 소리와 함께 즐겁게 생활한다.

| **인성요소** | • 기쁨: 하나님께 감사한 마음을 잘 표현하기

• 배려: 환경을 살펴 돌보기

• 절제: 환경에 따라 자신의 행동 적절히 조절하기

• 존중: 자연을 창조하신 하나님을 높이기, 하나님을 최고로 높여 드리기

• 책임: 하나님이 맡기신 창조물에 대한 책임 다하기

• 경건: 우리 몸을 이용해 하나님을 예배하기

11월

요 약

'하나님이 만들어 주신 환경과 우리의 생활' 주제를 위한 성경적 기초로서 가장 중요한 개념은 '하나님이 창조하신 아름다운 세상은 하나님의 높고 크심을 보여 주고 있다.'는 것과 '인간은 그것을 돌보며 하나님께 영광을 돌리며 살도록 창조되었다.'는 것에 있다. 이에 따라 유아교육과정 소주제를 '흙·돌과 우리 생활' '공기·바람과 우리 생활', '빛과 우리 생활' '소리와 우리 생활'로 구성하였다. 먼저 성경 이야기를 통해 다윗이 대자연을 만드시고 그것을 인간에게 맡기신 하나님을 찬양한 것에 대해 알아본다. 이를 유아교육과정 소주제와의 통합하여, 오늘날 우리 주변의 아름다운 자연을 탐색하며, 그 속에서 하나님의 높으심과 크심을 느껴 본다. 또한, 하나님이 아름답게 창조하신 자연을 생활 속에서 어떻게 활용하고 보존해 갈지에 대해 알아본다. 이를 통해 유아들이 궁극적으로 하나님 말씀대로 살아가며 하나님께 영광을 돌리는 삶을 살도록 한다. 기쁨, 존중, 배려, 절제, 책임, 경건 등의 기독교 인성 덕목을 경험하고 내면화하여 유아들이 실천할 수 있는 것들을 안내한다.

1. 주요 성경개념

다윗은 광활한 대자연 앞에 서서 이 모든 것을 만드신 하나님의 영광을 느낄 뿐만 아니라, 이것을 인간에게 맡기신 하나님께 찬양하고 감사한다. 우리에게 자연을 맡겨 주신 하나님께 감사하며 아름답게 돌보고 지켜 나가도록 한다. 또한, 우리에게 보내주신 말씀을 통해서도 자신을 나타내 주신 하나님께 감사하며 하나님 말씀대로 살아가는 어린이가 되도록 한다.

2. 성경적 통합 활동 및 방법

자연과 모든 만물을 만드시고 그것을 인간에게 맡기신 하나님을 찬양하는 성경이야기를 통해 '아름다운 세상을 만들어 주셨어요' 라는 성경적 주제를 유아교육과정의 생활주제인 '환경과 생활'의 소주제[1]와 통합하여 적용할 수 있다. 매주 소주제를 성경이야기와 통합할 때 다음의 순서를 따른다. 먼저, 하나님이 만드신 각각의 환경과 이를 구성하는 자연물을 통해 하나님의 높고 크심을 느껴 보고 하나님을 찬양하는 시간으로 보낼 수 있다. 다음으로 매주 소주제의 자연물을 탐색해 보며 우리에게 잘 돌보라고 맡겨 주신 자연을 우리 생활에서 활용하고 보존할 수 있는 방법을 알아보도록 한다. 마지막으로, 하나님께서는 자연세계 뿐만 아니라 말씀으로 자신을 보여 주셨음을 알고, 말씀을 보며 하나님 말씀대로 살아가며 하나님께 영광을 돌리는 삶을 살도록 한다. 자연물을 탐색하고 활용하는 과정은 다음과 같은 내용을 다룰 수 있다.

1) 흙 · 돌과 우리 생활

하나님이 만드신 자연 가운데 흙 · 돌과 우리의 생활에 대해 알아보는 주제이다. 먼저, 생활 주변에서 흔히 접할 수 있는 돌과 흙을 가지고 놀이하면서 성질과 변화를 탐구하고, 다양한 흙 · 돌의 공통점과 차이점을 알아보며 하나님이 흙 · 돌을 어떻게 만들었는지 탐색한다.

또한, 다윗과 같이 하나님이 만드신 자연을 사람에게 맡겨 주신 것에 감사하며 흙 · 돌을 생활에 어떻게 이용할 수 있는지 알아보고, 우리가 흙 · 돌을 보호하고 보존할 수 있는 방법을 알아본다. 이를 통해, 우리 생활에 꼭 필요한 흙을 주신 하나님께 감사한다.

---

1) 소주제 가운데 '물과 우리 생활'은 7 · 8월 주제인 '하나님이 함께하는 여름' 가운데 3주 소주제로서 '안전한 놀이와 생활'과 내용이 중복되므로 11월 소주제에서는 이를 제외하여 구성하였다.

2) 공기 · 바람과 우리 생활

하나님이 만드신 자연 가운데 공기 · 바람과 우리의 생활에 대해 알아보는 주제이다. 먼저, 공기와 바람을 이용한 놀이를 즐기며, 공기가 움직여서 바람이 생겨남을 알고, 바람에 물체를 움직이는 힘이 있음을 알아보며, 하나님이 공기 · 바람을 어떻게 만들었는지 탐색한다.

또한 다윗과 같이 하나님이 만드신 자연을 사람에게 맡겨 주신 것에 감사하며, 우리도 공기 · 바람을 깨끗이 보존하는 방법을 알아본다. 이를 위하여 먼저, 생활 속에서 바람과 공기의 필요성을 알고 이용해 본다. 다음으로 공기 오염의 원인을 알고, 공기 오염이 사람과 동식물에게 나쁜 영향을 줌을 안다. 마지막으로, 인간과 생태계에 심각한 문제를 유발하므로 맑은 공기의 소중함을 인식하고 보호하는 태도를 기름으로서 우리가 쾌적하게 숨을 쉬고 살아갈 수 있는 공기를 주신 하나님께 감사한다.

11월

3) 빛과 우리 생활

하나님이 만드신 자연 가운데 빛과 우리의 생활에 대해 알아보는 주제이다. 먼저, 빛의 특성 및 빛과 그림자의 관계를 이해하고, 빛을 이용한 놀이를 즐기며 하나님이 만드신 빛의 아름다움을 느껴 본다.

또한 하나님이 만드신 자연을 사람에게 맡겨 주신 것에 감사하며, 우리도 하나님이 주신 빛을 생활 속에서 유용하게 사용할 수 있는 방법을 알아본다. 이를 위하여 일상생활 속의 다양한 빛에 관심을 가지고 생활 속에서 빛이 필요함을 이해하며 빛을 이용하여 아름다움을 표현한다. 또한 빛은 생명체에 필요함을 이해하고 빛을 이용하는 방법을 알아봄으로써 우리가 살아가는 데 필요한 빛을 주신 하나님께 감사한다.

4) 소리와 우리 생활

하나님이 만드신 자연 가운데 소리와 우리의 생활에 대해 알아보는 주제이다. 하나님이 만드신 소리와 우리의 생활에 대해 알아본다. 자연 속의 다양한 소리를 듣고 특성을 알아보고, 일상생활에서 나는 소리와 친숙한 사물의 소리를 듣고 구분해 보며, 하나님이 만드신 소리의 다양함과 아름다움을 경험한다.

또한, 하나님이 만드신 자연을 사람에게 맡겨 주신 것에 감사하며, 우리도 하나님이 주신 소리를 생활 속에서 이용하여 즐겁게 지낼 수 있다. 유아들과 함께 신체를 이용하여 소리를 만들어 보기도 하고, 소리를 표현하는 다양한 방법도 알아볼 수 있다. 생활에서 필요한 소리를 알아보고, 다양한 소리를 생활에서 활용해 봄으로써 우리의 생활을 더욱 즐겁게 해 주는 소리를 주신 하나님께 감사한다.

월간 통합교육계획안

- 성경주제: 아름다운 세상을 만들어 주셨어요
- 성경목표: 자연세계는 그것을 만드신 하나님을 보여 준다는 것을 안다.
  우리를 위해 세상을 만드신 하나님을 찬양한다.
  세상을 돌보는 방법을 알아보고 실천함으로써 하나님께 영광을 돌린다.
  하나님이 말씀하신 것을 알고 실천함으로써 하나님께 영광을 돌린다.

연관주제	환경과 우리생활			
통합주제	하나님이 만들어 주신 환경과 우리생활			
통합목표	• 1주: 하나님이 만드신 흙 · 돌에 대하여 알아보고, 자연을 보호하려는 마음을 가진다. • 2주: 하나님이 만드신 공기 · 바람에 대하여 알아보고, 공기를 깨끗이 보전한다. • 3주: 하나님이 만드신 빛에 대하여 알아보고, 생활 속에서 유용하게 사용한다. • 4주: 하나님이 만드신 소리에 대하여 알아보고, 소리와 함께 즐겁게 생활한다.			
인성요소	기쁨, 존중, 배려, 절제, 책임, 경건			
주	1주	2주	3주	4주
활동 \ 주제	흙 · 돌과 우리생활	공기 · 바람과 우리생활	빛과 우리생활	소리와 우리생활
실내자유선택활동 — 쌓기	• 돌로 구성물 만들기		• 그림자 무대 만들기	
역할		• '햇님과 바람' 역할극	• 그림자 놀이	
언어	• 땅 속 여행을 떠나요		• 햇빛의 색★	• 소리를 듣지 못한 천재 음악가 베토벤
수 · 조작		• 깨끗한 공깃게임		
미술		• 명화감상) 모네의 〈하늘풍경〉 • 바람을 느끼는 도구	• 무지개 그리기	• 자연의 소리 그림으로 표현하기
음률	• 지은 시 노래하기		• 무지개를 타고서	• 자연의 소리 감상 • 난타 연주하기
과학	• 샌드 아트	• 공기의 연소 • 바람으로 움직이는 배	• 빛이 있으라 ★ • 프리즘 관찰 • 라이트 테이블로 탐색하기	• 실전화기 • 소음측정기 관찰하기 • 귀의 구조와 기능 알아보기
대소집단활동 — 이야기나누기	• 하나님이 주신 땅★	• 우리가 숨쉬는 공기★	• 빛이 하는 일	• 우리 주변의 다양한 소리
동시 · 동화 · 동극	• 동시: 다윗처럼 노래해요★	• 동화) 바람이 불었어		
미술/음악			• 무지개 협동화 그리기	• 악기로 하나님 찬양하기★
신체/게임		• 신체) 태초에 하나님이		• 우리 몸에 주신 소리★ • 〈내가 만약 나비라면〉 노래극
바깥놀이활동	• 가을 동산산책하기 • 돌 탐색하기	• 바람으로 찬양해요★	• 돋보기로 빛 모으기 • 빛의 사진 찍기	• 현장체험: 소리체험 박물관
성 경 말 씀	여호와 우리 주여 주의 이름이 온 땅에 어찌 그리 아름다운지요 주의 영광이 하늘을 덮었나이다(시편 8:1)			
기 도	우리에게 아름다운 세상을 주신 하나님 감사합니다. 다윗처럼 하나님을 찬양하는 사람이 되게 하여 주시옵소서. 예수님 이름으로 기도합니다. 아멘.			

★: 수록된 단위 활동

11월 · 하나님이 만들어 주신 환경과 우리의 생활

III. 성경적 통합유아교육과정 실행하기

'성경적 통합유아교육과정 실행하기'는 성경주제 및 목표가 반영된 성경이야기를 토대로 지금까지의 모든 통합과정을 활동 속에 집약한 교육 실제를 다룬다. 교사가 성경에 근거한 통합교육활동을 안정된 성경적 기반 위에서 수행할 수 있도록 지원한다.

1. 성경이야기

성경이야기는 성경본문의 내용을 유아들이 쉽게 이해할 수 있는 한편의 이야기로 구성하였다. 특히, 월별 성경이야기는 단위활동과 통합되어, 유아들에게 흥미를 유발하고 성경본문의 전체 흐름과 맥락을 보다 쉽게 이해할 수 있도록 한다.

2. 단위활동계획안

단위활동계획안은 성경적 통합학습 내용을 강화하고 재학습할 수 있도록 제시한 구체적 활동방안이다. 교사는 단위활동계획안을 참고하여 활동 방안에 대한 아이디어와 발문 정보를 얻을 수 있다.

성경이야기

| 본문제목 | 아름다운 세상을 만들어 주셨어요

| 성경본문 | 시편 8:1-9, 19:1-8

| 중심말씀 | 여호와 우리 주여 주의 이름이 온 땅에 어찌 그리 아름다운지요 주의 영광이 하늘을 덮었나이다(시편 8:1)

| 중심내용 | 다윗은 크고 넓은 대자연 앞에 서서 이 모든 것을 만드신 하나님을 느낄 수 있었어요. 이 모든 것을 사람에게 맡기신 하나님을 높였습니다. 우리에게 자연을 맡겨 주신 하나님께 감사하며 아름답게 돌보고 지켜 나가요. 또한, 우리에게 알려주신 하나님 말씀대로 살아가는 어린이가 되어요. 그것이 하나님을 높이고 찬양하는 것입니다.

순서	장면	내용
1		지금은 어떤 계절인가요? 가을풍경은 어떤가요? 색깔로 물든 단풍은 참 아름답습니다. 하나님은 우리가 살아가는 세상을 참 아름답게 만드셨어요. 성경에 보니까 다윗이라는 사람이 세상을 보며 하나님의 높고 위대하심을 느끼고 찬양합니다. 우리도 함께 들어봐요.
2		다윗은 양치기 소년이었어요. 하나님을 사랑한 다윗은 언제나 하나님을 찬양했습니다. 하나님이 만드신 세상을 보면 그것을 만드신 하나님을 느낄 수가 있었어요. 들판의 하얀 양떼와 푸른 풀밭을 바라보며 자연을 만드신 하나님의 크심을 찬양했습니다. "우리의 주님, 주님의 이름이 온 땅에 어찌 그리 아름다운지요."
3		다윗은 커서 이스라엘의 왕이 되었어요. 왕이 된 이후에도 항상 하나님을 찬양했어요. 별빛이 총총히 박힌 밤하늘을 보면서도 하나님을 찬양했어요. "이 밤하늘도 만들어 주시고 환하게 비춰주는 달과 별들도 달아 주셨군요!"

순서	장면	내용
4		아침에 찬란한 태양빛이 온 땅을 환하게 비추는 것을 볼 때도 잊지 않고 하나님을 찬양했어요. "하나님, 이 크고 아름다운 자연에 비하면, 사람은 정말 너무나 작고 보잘 것 없습니다. 그런데도 이렇게까지 생각해 주시고 돌보아 주셔서 감사합니다."
5		하나님은 하나님의 손으로 만드신 이 세상의 모든 것들을 우리에게 맡겨 주셨습니다. 하나님이 주신 세상에서 생활하면서 식물과 짐승들, 새와 물고기까지 모든 것을 다스리게 하셨습니다. 다윗은 바로 이렇게 아름다운 자연을 만드신 하나님을 찬양하고 그 자연을 우리에게 맡기신 것을 감사하고 있습니다.
6		우리도 시원하게 흐르는 물, 땅을 이루는 돌과 흙, 세상을 비춰 주는 빛, 자연에서 들리는 소리를 느낄 수가 있어요. 그러면 이 모든 것을 만드신 하나님을 느낄 수가 있어요. 우리는 하나님이 만들어 주신 자연환경을 즐겁게 누리며 생활하고 있어요.
7		또한 우리처럼 작은 사람들에게 자연을 맡겨 주신 하나님께 감사하며 아름답게 돌보고 지켜 나가요.
8		하나님은 하나님의 말씀을 통해서도 하나님을 느끼고 알 수 있게 해 주셨어요. 우리 하나님이 보내 주신 말씀대로 살아가요. 그것이 하나님을 높이고 찬양하는 것입니다.

11월

"아름다운 자연을 통해서 하나님을 느낄 수 있게 해 주셔서 감사해요.
하나님이 맡기신 자연을 잘 돌보고 다스리겠습니다.
하나님 말씀대로 살아가겠습니다."

단위활동계획안

단위활동은 월 단위 성경적 통합주제와 학습목표를 유아들이 쉽게 재학습하고 강화할 수 있도록 구성한 활동계획이다. 11월의 주별 단위활동은 다음과 같다. 첫 번째 주에는 '흙·돌과 우리 생활'과 연계하여 '다윗처럼 노래해요' '하나님이 주신 땅' 활동을 한다. 두 번째 주에는 '공기·바람과 우리 생활'과 연계하여, '우리가 숨 쉬는 공기' '바람으로 찬양해요' 활동을 한다. 세 번째 주에는 '빛과 우리 생활'과 연계하여 '빛이 있으라' '햇빛의 색' 활동을 한다. 네 번째 주에는 '소리와 우리 생활'과 연계하여 '하나님이 주신 우리 몸의 소리' '악기로 하나님을 찬양해요' 활동을 한다.

■ 주별 단위활동 안내 ■

주	성경적 기초	주제	활동명	활동유형 (영역)	누리과정 주요 관련 영역	인성 요소
1주		흙·돌과 우리 생활	다윗처럼 노래해요 (481쪽)	동시·음률	의사소통 예술경험 과학탐구	기쁨 존중 배려 절제
			하나님이 주신 땅 (485쪽)	이야기 나누기	의사소통 자연탐구	
2주	성경 이야기: 아름다운 세상을 만들어 주셨어요 (시편 8:1-9, 19:1-8)	공기·바람과 우리 생활	우리가 숨 쉬는 공기 (488쪽)	이야기 나누기	의사소통 과학탐구	존중 기쁨 책임
			바람으로 찬양해요 (491쪽)	바깥놀이	예술경험 신체운동·건강 과학탐구	
3주		빛과 우리 생활	빛이 있으라 (495쪽)	과학	예술경험 자연탐구	존중 기쁨
			햇빛의 색 (498쪽)	언어	자연탐구 예술경험 의사소통	
4주		소리와 우리 생활	우리 몸에 주신 소리 (503쪽)	신체	예술경험 신체운동·건강	존중 기쁨 경건
			악기로 하나님을 찬양해요 (507쪽)	음률	예술경험 자연탐구	

■1주 · 흙 · 돌과 우리 생활.

■주간통합목표: 하나님이 만드신 흙 · 돌에 대하여 알아보고, 자연을 보호하려는 마음을 가진다.

다윗처럼 노래해요

활동형태: 대소집단활동/영역: 동시 · 음률

|통합목표|
- 다윗의 시를 듣고, 감상한다.
- 자연을 감상하고, 아름다움을 느낀다.
- 땅을 만들어 주신 하나님께 감사한 마음을 동시로 표현해 본다.

|누리과정 관련요소|
- 의사소통: 듣기−동요, 동시, 동화 듣고 이해하기
- 예술경험: 아름다운 요소 탐색하기−미술적 요소 탐색하기
- 과학탐구: 과학적 탐구하기−생명체와 자연 환경 알아보기

11월

|인성요소|
- 기쁨: 하나님께 감사한 마음을 잘 표현하기
- 존중: 온 땅을 창조하신 하나님을 찬양하기

| 활동자료|
- 다윗의 시(시편 8편), 가을 풍경 그림, 유아용 동시판, 사인펜

|활동방법|

• 도 입

1. 다윗의 시 시편 8편(성경버전−개역개정)을 유아들에게 들려준다.

  여호와 우리 주여 주의 이름이 온 땅에
  어찌 그리 아름다운지요
  주의 영광이 하늘을 덮었나이다

  주의 손가락으로 만드신 주의 하늘과
  주께서 베풀어 두신 달과 별들을 내가 보오니

  사람이 무엇이기에 주께서 그를 생각하시며
  인자가 무엇이기에 주께서 그를 돌보시나이까

2. 다윗의 시(시편 8편)의 느낌에 대해 이야기를 나눈다.
  −다윗의 시는 어떤 내용인가요?
  −다윗의 시를 감상하면서 무엇이 떠올랐나요?
  −'온 땅'의 의미는 무엇인가요?

－온 땅은 우리가 사는 지구를 말해요.

－다윗은 무엇을 보고 온 땅 위에서 하나님을 느낄 수 있을까요?

· 전 개   3. 가을 풍경 사진을 보면서 땅 위에 있는 자연물에 대해 생각해 본다.

사진출처: http://blog.naver.com/gmjslee/220185514327.

－(가을 풍경 사진을 보여 주며) 어떤 풍경인가요?

－풍경을 감상한 느낌이 어떤가요?

－아름다운 풍경은 어떻게 만들어졌을까요?

－땅 위에 꽃과 나무들이 자라면서 아름다운 풍경이 만들어졌어요.

4. 가을 풍경 사진을 감상한 후, 감상한 느낌을 다윗의 시로 재구성해 보는 활동을 소개한다.

－다양한 풍경을 감상해 보고, 다윗처럼 우리도 감상한 느낌을 시로 표현해 볼까요?

－다윗이 자연을 보고 하나님의 능력을 발견하고, 하나님을 찬양한 것처럼 우리도 자연을 통해 하나님을 느낄 수 있어요.

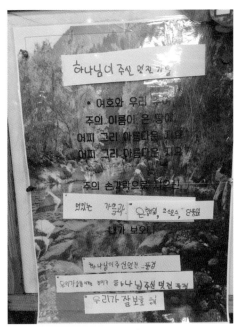

여호와 우리 주여
주의 이름이 온 땅에
어찌 그리 아름다운지요
어찌 그리 아름다운지요

주의 손 가락으로 지으신
멋있는 가을과 은행잎, 코스모스,
단풍잎

하나님이 주신 멋진 풍경
우리가 숲을 지키는 청지기
하나님이 주신 멋진 풍경
우리가 잘 보호해

11월

〈시편 8편 재구성〉

• 마 무 리   5. 유아들이 지은 시를 낭독하고 감상한다.

－우리가 지은 시를 감상해 보니 어떤 느낌이 드나요?

－무엇을 통해서 하나님을 느낄 수 있었나요?

－시로 하나님을 찬양한 느낌이 어떤가요?

| 활 동
| 유 의 점

• 유아가 감상한 느낌과 생각을 존중한다.

• 글을 잘 쓰지 못하는 유아는 그림으로 표현할 수 있도록 돕는다.

• 유아의 수준을 고려하여 노랫말을 붙이기 쉬운 부분에 빈칸을 만들어 두도록 한다.

• 시를 혼자 혹은 소집단 활동으로 친구들과 함께 지어 볼 수 있다

• 어린 연령 유아에게 적용할 경우 시의 부분만 활용할 수 있다.

|확장활동|

• 음률영역: 재구성한 시 노래로 불러 보기: 유아들이 지은 시에 음을 붙여서 노래로 만들기('시편 8편' 찬양 곡 활용)

• 바깥놀이: 가을동산 산책하며 자연의 아름다움 느끼기

483

[다윗의 시 재구성 후, 노래로 불러보기]
찬양곡 '시편 8편'의 음에 유아들이 재구성한 다윗의 시를 불러 본다. 다윗처럼 유아들 또한 하나님을 찬양하는 시간으로 보낸다.

[가을동산 산책하기]
가을동산을 산책하면서 가을의 햇살과 바람, 하늘을 느껴 본다. 동산 위에 낙엽과 들풀들의 다양한 모양을 관찰한다. 여러 가지 곤충을 찾아본다. 이러한 시간을 통해서 하나님이 만드신 가을동산의 아름다움을 경험한다.

| 활동평가 |
- 다윗의 시를 듣고, 내용을 이해하는지 평가한다.
- 땅 위의 자연을 감상하고 아름다움을 느끼고 표현하는지 평가한다.
- 땅을 만들어 주신 하나님께 감사한 마음을 표현하는지 평가한다.

■ 1주 · 흙 · 돌과 우리 생활.
■ 주간통합목표: 하나님이 만드신 흙 · 돌에 대하여 알아보고, 자연을 보호하려는 마음을 가진다.

하나님이 주신 땅

활동형태: 대소집단활동/영역: 이야기나누기

|통합목표|
• 흙과 동식물의 관계를 통해 흙의 소중함을 느낀다.
• 땅을 만들어 주신 하나님께 감사한 마음을 갖는다.
• 땅을 보호하는 방법을 알아본다.

|누리과정
관련요소|
• 의사소통: 말하기 느낌, 생각, 경험 말하기
• 자연탐구: 과학적 탐구하기−자연현상 알아보기
• 자연탐구: 과학적 탐구하기−생명체와 자연환경 알아보기

|인성요소|
• 배려: 환경을 살펴 돌보기
• 절제: 환경에 따라 자신의 행동 적절히 조절하기

|활동자료|
• 성경이야기(장면 5), 막대인형 자료(곡식류, 채소류, 나무 열매, 동물, 사람), 오염된 땅 그림 자료
• 실물자료: 여러 종류의 흙(모래, 고운 흙, 진흙)

|활동방법|
• 도 입
1. 성경이야기(장면 5)를 들려준다.

하나님은 하나님의 손으로 만드신 이 세상의 모든 것들을 우리에게 맡겨주셨습니다. 다윗은 아름다운 자연을 만드신 하나님을 찬양하고 그 자연을 우리에게 맡기신 것을 감사하고 있습니다.

−하나님께서 우리에게 자연을 맡겨 주셨어요. 그중에는 땅도 있어요.

• 전 개
2. 하나님이 땅을 만드신 이유에 대해서 이야기를 나눈다.
−하나님이 세상을 만드실 때 땅을 왜 만드셨을까요?
−(꽃 막대, 동물 막대, 사람 막대를 꽂으면서) 땅 위에 식물, 동물, 사람들이 살아갈 수 있어요.
−하나님은 우리에게 무엇을 맡기셨나요?
−(꽃, 동물, 사람 막대를 가리키면서) 하나님께서는 땅에서 살아가는 모든 것을 우리에게

맡기셨어요.

3. 오염된 땅의 사진을 보여 준다.

　－땅의 모습이 어떤가요?

　－왜 땅이 오염되었을까요?

　－사람들이 버린 쓰레기, 공장 폐수 등으로 인해 땅이 더러워지고 있어요.

〈땅 위에 하나님이 만드신 것을 꽂아 보기〉

4. 땅이 오염되면, 우리에 생활에 어떤 영향을 주는지 이야기 나눈다.

　－땅이 오염되면, 꽃과 나무와 같은 식물은 어떻게 될까요?

　－식물들도 오염되어 제대로 자랄 수가 없어요.

　－오염된 땅에서 우리는 살 수 있을까요?

5. 하나님이 주신 땅을 보호하는 방법에 대해 생각해 본다.

　－땅을 보호할 수 있는 방법에는 무엇이 있을까요?

　－쓰레기를 함부로 버리지 않아요.

　－분리수거를 잘해요.

　－샴푸나 세제를 적게 사용해요.

• 마 무 리　6. 하나님께서 땅 위에 있는 모든 것을 우리에게 맡기셨으므로, 땅을 보존하는 것이 우리
　　　　　　의 역할임을 이야기 나눈다.

　　　　　－땅은 우리가 살아가는 터전이에요. 땅을 만들어 주신 하나님께 감사해요. 땅을 잘 보
　　　　　　존하고 가꾸어요.

| 활 동
유 의 점 | • 4월 성경이야기 '세상을 만드신 하나님'과 연계하여 활동할 수 있다. 하나님께서 땅을 만드신 후, 동식물, 인간을 만드셨으므로 땅은 동식물과 인간이 살아가는 삶의 터전임을 유아들이 알 수 있다.
• 땅이 오염되는 원인 중에는 음식물 쓰레기 침출수, 공장오폐수, 폐식용유, 동물분뇨, 생활오폐수, 쓰레기 매립 등이 있다는 것을 인지하고 유아들이 이해하기 쉽게 알려준다. |

| 확장활동 | • 바깥놀이: 여러 가지 돌 탐색하기
• 과학영역: 샌드 아트 |

[여러 가지 돌 관찰하기]

하나님이 만드신 여러 가지 돌(조약돌, 거친돌 등)을 제시한다. 다양한 감각(색깔, 냄새, 감촉, 소리 등)을 이용해 알아보고 특징을 관찰한다.

[샌드아트]

라이트 책상 위에 모래를 이용해 다양한 그림을 그려 본다. 유아들은 모래놀이를 통해 감각적 경험을 즐길 뿐 아니라 모래를 이용하여 창의적으로 표현한다.

| 활동평가 | • 흙과 동식물의 관계를 통해 흙의 소중함을 알고 있는지 평가한다.
• 하나님께서 동식물과 우리의 삶의 터전인 땅을 만들어 주셨음을 알고, 감사한 마음을 가지고 있는지 평가한다.
• 땅을 보호해야 함을 알고, 실천하는지 평가한다. |

■ 2주 · 공기 · 바람과 우리 생활.

■ 주간통합목표: 하나님이 만드신 공기 · 바람에 대해서 알아보고, 공기를 깨끗이 보존한다.

우리가 숨 쉬는 공기

활동형태: 대소집단활동/영역: 이야기나누기

|통합목표| • 공기의 역할과 필요성을 안다.

• 공기 오염이 사람과 자연에 미치는 영향을 안다.

• 하나님이 만드신 공기를 깨끗하게 보존하는 방법을 찾아본다.

|누리과정
관련요소| • 의사소통: 말하기–느낌, 생각, 경험 말하기

• 과학탐구: 과학적 탐구하기–생명체와 자연 환경 알아보기

|인성요소| • 존중: 자연을 창조하신 하나님을 높이기

• 책임: 하나님이 맡기신 창조물에 대한 책임 다하기

|활동자료| • 성경이야기(장면 2, 3, 4), 뿌연 매연 연기가 그려져 있는 OHP 필름(OHP 필름 위에 검은
색 색연필로 칠하여 매연 표시) 맑은 하늘 사진, 오염된 하늘 사진

|활동방법|

• 도 입　　1. 다윗의 시 성경이야기(장면 2, 3, 4)를 보면서 하늘에 대해 이야기 나눈다.

장면 2　　　　　　　　장면 3　　　　　　　　장면 4

　　　　　 –(장면 3을 보면서) 다윗은 밤하늘을 보면서 누구를 찬양했나요?

　　　　　 –(장면 2, 4를 보면서) 다윗은 낮과 아침 하늘을 보면서 누구를 찬양했나요?

　　　　　 –우리는 하늘을 바라보면서 무엇을 느끼나요?

　　　　　 –하나님을 느낄 수 있나요?

• 전 개　　2. 성경이야기 장면 2, 3, 4 그림 위에 뿌연 매연 연기가 그려진 OHP 필름을 올려 놓는다.

–하늘과 햇빛이 보이나요?

–이 모습은 어떤 느낌인가요?

〈맑은 하늘 사진〉

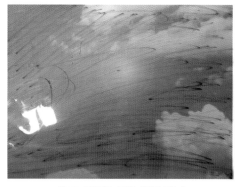

〈OHP 필름을 덮은 뿌연 하늘〉

3. 깨끗한 하늘 사진과 공기가 오염된 하늘 사진을 보면서 이야기를 나눈다.

   –깨끗한 하늘의 모습은 어떤가요?

   –오염된 하늘의 모습은 어떤가요?

   –하늘이 깨끗하게 보이지 않는 이유는 무엇일까요?

   –공기가 오염된 이유는 무엇일까요?

출처: 구글 이미지 검색.

4. 오염된 공기가 자연과 사람들에게 어떤 영향을 미치는지 이야기 나눈다.

   –공기가 오염이 되면 우리에게 어떤 영향을 줄까요?

   –(마스크를 쓴 사람의 모습) 마스크를 쓴 이유는 무엇일까요?

   –공기가 오염이 되면 새, 동물, 식물 등 자연도 제대로 숨을 쉴 수 없어요.

5. 깨끗한 공기를 보존하기 위해 우리가 해야 할 일은 무엇인지 알아본다.

   –드라이기와 스프레이를 덜 써요. 난방기 사용 시 온도를 적절하게 유지해요(23℃ 이하). 가까운 거리는 걸어 다녀요.

   –하나님이 우리에게 주시는 맑은 공기는 우리가 쾌적하고 건강하게 살아갈 수 있도록 해 줘요.

마 무 리	6. 다윗이 하나님을 찬양했을 때의 모습을 상상해 보며 마무리한다.
	－우리에게 맑은 하늘을 주신 하나님을 찬양하며 살아요.
	－하나님이 주신 세상, 맑은 공기를 보존해요.

활 동 유 의 점	• 사전활동으로 4월 성경이야기 '세상을 만드신 하나님'의 이야기를 들려주고, 하나님이 하늘을 창조하신 과정을 알아본다.
	• 최근 우리나라는 미세먼지, 황사 등으로 인하여 공기의 상태가 매우 좋지 않으므로, 쾌 적한 공기 만들기의 필요성과 함께 자신의 건강을 지킬 수 있는 방법을 알도록 한다.

확장활동	• 미술영역: 모네의 〈하늘풍경〉 감상하기
	• 과학영역: 공기의 연소

[모네의 〈하늘풍경〉 감상하기]

하나님이 주신 맑은 하늘을 아름다운 그림으로 표현한 인상파 화가 모네의 그림을 감상해 본다. 하나님이 주신 세상이 얼마나 아름다운지 예술적 심상을 가지고 공감한다. "사람들은 하나님이 만드신 세상이 너무 아름다워서 그 아름다움을 창조적으로 표현해 보고 싶어 했어요."

[공기의 연소]

성냥개비에 불을 붙이고, 유리병 안에 넣으면 성냥불은 유리병 안에서 공기를 태우고 검은 연기를 피우며 타들어 간다. 연기가 꺼진 후 병 안에 냄새를 맡아본다. 공기가 없으면 더 이상 불도 탈 수 없고 숨쉬기에도 불편하다는 것을 안다. 하나님이 만드신 공기는 우리 주변에 흔하지만 매우 소중하다는 것을 느껴 본다.

활동평가	• 공기의 역할과 필요성을 알고 있는지 평가한다.
	• 공기 오염의 원인을 알고, 공기의 오염이 사람과 동식물에게 해가 된다는 것을 아는지 평가한다.
	• 하나님이 만드신 공기를 깨끗하게 보존하는 방법을 아는지 평가한다.

■ 2주 · 공기 · 바람과 우리 생활.
■ 주간통합목표: 하나님이 만드신 공기 · 바람에 대해서 알아보고, 공기를 깨끗이 보존한다.

바람으로 찬양해요

활동형태: 대소집단활동/영역: 바깥놀이

|통합목표|
- 바람에 관심을 갖는다.
- 다양한 방법으로 바람을 느껴 본다.
- 바람을 만드신 하나님을 찬양한다.

|누리과정
관련요소|
- 예술경험: 예술적 표현하기–움직임과 춤으로 표현하기
- 신체운동 · 건강: 신체활동 참여하기–바깥놀이 참여하기
- 과학탐구: 과학적 탐구하기–생명체와 자연 환경 알아보기

|인성요소|
- 존중: 하나님을 최고로 높여 드리기
- 기쁨: 하나님께 즐겁고 감사한 마음을 표현하기

|활동자료|
- 자료: 성경이야기(장면 2), 사진기, 리본막대
- 음원: 〈태초에 하나님이〉(전효성 작사 · 작곡, 파이디온, 2014)
- 영상: 대관령 목장 동영상(https://www.youtube.com/watch?v=LQkg1cDtWIo)

|활동방법|
- 도 입
  1. 대관령 목장의 동영상을 감상한다.
     - 이곳은 어디인가요?
     - 목장의 풍경을 감상해 보니 어떤가요?
     - 볼 수 있는 자연은 어떤 것들이 있었나요?
     - 풍차가 돌아가는 이유는 무엇일까요?

2. 성경이야기(장면 2) 다윗의 시를 회상하면서 바람을 만드신 하나님을 생각한다.

 다윗은 양치기 소년이었어요. 하나님이 만드신 세상을 보면 그것을 만드신 하나님을 느낄 수가 있었어요. 들판의 하얀 양떼와 푸른 풀밭을 바라보며 자연을 만드신 하나님의 크심을 찬양했습니다. "우리의 주님, 주님의 이름이 온 땅에 어찌 그리 아름다운지요."

  −다윗도 양들을 돌보는 목동이었어요.

  −다윗도 목장에서 자연의 아름다움을 느꼈어요.

  −바람이 부는 것을 느끼며 하나님을 찬양했어요.

3. 바람에 대해 이야기 나눈다.

  −우리는 어떻게 바람이 부는 것을 느낄 수 있나요?

  −봄, 여름, 가을, 겨울에 느끼는 바람은 어떤가요?

  −하나님은 바람을 다양하게 불게 하셨어요.

  −이제 바깥에서 바람을 직접 느껴 보아요.

• 전 개 4. 바깥으로 나가서 바람을 느껴 본다.

  −바람의 소리가 들리나요?

  −어떻게 들리나요?

  −바람의 냄새도 맡아 봐요.

  −바람이 모습이 눈으로 보이나요?

  −(리본 막대를 들고 바람이 부는 방향과 세기를 느껴 본다) 양손을 흔들어볼까요? 바람이 어디로 부나요?

  −양손을 들고 달려 볼까요? 바람이 느껴지나요?

5. 리본 막대를 흔들면서 바람을 만드신 하나님을 찬양해 본다(〈태초에 하나님이〉 음악에 맞추어 표현해 본다).

  −바람을 만들어 주신 하나님께 어떤 마음이 드나요?

  −리본 막대를 흔들면서 하나님을 찬양해 볼까요?

  −우리가 즐겨 부르는 노래를 부르면서 리본을 흔들어 볼까요?

  −리본을 위아래로 흔들면서 하나님이 주신 바람을 느껴 볼까요?

태초에 하나님이

전효성 작사 · 작곡

태초에 하나님이 – 세상 모든 만물을 –
말씀으로 만드시고 그만물 보고 기뻐하네 – 이모든
만물은 하나님위하여 – 찬양하게만드셨네 – 목소리
높여서 하나님찬양해 – 모든만물이주찬양해 –

11월

• 마무리 6. 바람을 느껴 본 경험에 대해 이야기 나누면서 활동을 마무리한다.

　　　　　－바람을 손에 잡을 수 있나요? 눈에 보이나요?

　　　　　－우리는 바람이 보이지는 않지만 바람이 있는 것을 알아요.

　　　　　－우리는 바람을 만드신 하나님을 느낄 수 있어요.

　　　　　－하나님은 바람과 같이 우리 눈에 보이지 않지만 우리와 항상 함께 계세요.

| 활 동 유 의 점 |
• 이 활동은 기상예보를 참고하여 바람이 부는 날 실행한다.

• 유아들이 리본 끈을 달고 바람을 느끼면서 하나님을 찬양하는 모습을 사진으로 찍어서 전시해 준다.

• 유아들이 리본이 엉키거나 밟아서 넘어지지 않도록 유의한다.

| 확장활동 |
• 미술영역: 바람을 느낄 수 있는 다양한 도구를 만들기

• 과학영역: 바람으로 움직이는 배 만들기

• 바깥놀이: 공원에서 산책하며 바람 느끼기

• 동화: 『바람이 불었어』 (팻 허친스 글 · 그림, 1997)

바람이 불었어

그림작가 **팻 허친즈**
글작가 **팻 허친즈**
번역 **박현철**
페이지 **29 쪽**
출판사 **시공주니어**
발행일 **1997-09-30**
시리즈 **네버랜드 세계걸작 그림책**

[공원에서 바람 느끼기]

넓은 공원에 가서 하나님이 만드신 바람을 느껴 본다. 바람 따라 움직이면서 하나님을 찬양하는 억새의 모습을 감상한다. 바람에 따라 움직이는 억새의 모습에서 자연의 아름다움을 느낀다.

[바람으로 움직이는 배]

입으로 바람을 불어 돛단배를 움직여 본다. 바람의 힘으로 움직이는 돛단배의 원리를 생각해 본다. 바람이 우리의 실생활에 도움을 주는 자연 에너지임을 안다.

| 활동평가 | • 바람의 특성을 알고 표현하는지 평가한다.

• 다양한 방법으로 바람을 느끼며, 바람을 만드신 하나님을 찬양하는지 평가한다.

■3주 · 빛과 우리 생활.

■주간통합목표: 하나님이 만드신 빛에 대하여 알아보고, 생활 속에서 유용하게 사용한다.

빛이 있으라

활동형태: 자유선택활동/영역: 과학

|통합목표|
- 빛의 소중함을 느껴 본다.
- 낮과 밤이 생기는 원리를 이해한다.
- 낮과 밤을 만드신 하나님을 찬양한다.

|누리과정 관련요소|
- 예술경험: 아름다운 요소 탐색하기–미술적 요소 탐색하기
- 자연탐구: 탐구하는 태도 기르기–호기심을 유지하고 확장하기
- 자연탐구: 수학적 탐구하기 –공간과 도형의 기초 개념 알아보기

11월

|인성요소|
- 존중: 하나님을 최고로 높여 드리기
- 기쁨: 하나님께 즐겁고 감사한 마음을 표현하기

| 활동자료|
- 성경이야기(장면 4), 큰 암막상자, 손전등(스탠드), 지구본

| 활동방법|

• 도 입
1. 과학영역에 비치한 큰 암막상자에 소집단으로 들어간다.
    –깜깜하니까 기분이 어때요?
    –선생님과 친구들이 잘 보이나요?
    –어둠이 계속된다면 어떨까요?
2. 교사가 '빛이 있어라' 하면서 손전등(스탠드)로 불을 비춘다.
    –빛이 생기니 환해졌어요.
    –어두운 곳에 빛이 생기니까 어떤가요?

• 전 개
3. 암막 상자에서 성경이야기 장면 4의 이야기를 간단히 들려준다(그림자료 대신 이야기만 들려주어도 좋다).

4
(다윗은 깜깜한 어둠 후에) 아침에 찬란한 태양빛이 온 땅을 환하게 비추는 것을 볼 때도 잊지 않고 하나님을 찬양했어요.

　　　　－다윗은 캄캄한 밤에도 양떼를 지키다가 아침에 떠오르는 태양을 보면서 빛을 주신 하
　　　　　나님을 찬양했어요.

　　4. 하나님이 낮과 밤을 만든 이유에 대해 생각해 본다.

　　　　－하나님은 빛을 만드시고 빛을 낮이라 부르시고 어둠을 밤이라고 부르셨어요.

　　　　－빛은 우리가 살고 있는 지구에 낮과 밤이 생기게 해요.

　　5. 지구본의 한쪽 면에 손전등을 비추면서 이야기를 나눈다.

　　　　－우리가 살고 있는 지구예요.

　　　　－(손전등을 지구본의 한쪽 면에 비추고) 어느 쪽이 낮이고 어느 쪽이 밤일까요? 왜 그럴
　　　　　까요?

　　　　－빛을 비추는 손전등은 무엇일까요?

　　　　－(손전등은 그대로 두고 지구본을 돌리면서) 이번에는 어느 쪽이 낮이고 어느 쪽이 밤 인
　　　　　가요? 왜 그럴까요?

　　　　－지구가 돌아가기 때문에 낮과 밤이 생기는군요.

〈낮과 밤이 생기는 원리〉

• 마 무 리　　6. 빛을 만들어 주신 하나님께 감사한 마음을 갖는다.

　　　　　　－빛은 우리가 하나님이 만드신 아름다운 세상을 볼 수 있게 해 주어요.

　　　　　　－다윗처럼 낮에도 밤에도 하나님을 찬양해요.

| 활　동 유 의 점 | • 어두운 공간을 두려워하는 유아가 있으면, 교사가 미리 활동을 안내해 주어 자유롭게 선택할 수 있게 한다.
• 빛과 연계하여 어둠 속에 있는 우리에게 생명의 빛으로 오신 예수님을 소개해본다.
• 암막상자는 큰 박스의 틈새를 테이프로 붙여 바깥에서 빛이 들어오지 않도록 만든다. |

| 확장활동 | • 과학영역: '빛이 있으라' 교구 활동하기
• 바깥놀이: 빛을 이용한 그림자놀이 |

[빛이 있으라! 교구]

[빛을 이용한 그림자놀이]

다음과 같이 이야기 나눌 수 있다.

–이 상자 안에는 무엇이 들어 있을까요?

–깜깜해서 상자 안이 아무것도 보이지 않아요. 상자 속을 보려면 무엇이 필요 할까요?

–빛이 필요해요. 상자 위에 있는 구멍에 손전등을 비추어 보세요.

–빛이 비추니 상자 속에 무엇이 있는지 관찰할 수 있어요.

–아름다운 자연의 모습들이 상자 속에 그려 있어요.

햇빛이 비치는 날, 바깥에서 빛을 이용한 그림자 놀이를 한다. 함께 모여 다양한 포즈를 취하며 생기는 그림자의 형태를 감상한다. 놀이를 통해 그림자가 생기는 원리를 이해한다.

11월

| 활동평가 |
- 빛의 소중함을 느끼고 표현하는지 평가한다.
- 낮과 밤이 생기는 원리를 이해하는지 평가한다.
- 낮과 밤을 만드신 하나님을 찬양하고 감사하는 마음을 표현하는지 평가한다.

'빛이 있으라' 교구 제작 방법

- 준비물: 손전등, 빈상자
- 제작방법:
1. 상자의 위와 옆에 구멍을 만든다.
2. 위쪽 구멍에 손전등을 끼운다.
3. 옆의 구멍으로 안을 들여다 본다.
4. 상자의 바닥에는 하나님이 창조하신 아름다운 자연환경의 사진을 끼운다.

- 손전등을 구멍에 끼운다.
- 손전등을 켜서 빛을 비춘다.

- 유아는 이곳을 통해 상자의 내부를 들여다본다.

497

■ 3주 · 빛과 우리 생활.

■ 주간통합목표: 하나님이 만드신 빛에 대하여 알아보고, 생활 속에서 유용하게 사용한다.

햇빛의 색

활동형태: 자유선택활동/영역: 과학 · 언어

|통합목표| · 프리즘을 통해 빛을 관찰한다.

· 햇빛에는 여러 가지 색깔이 있음을 안다.

· 빛을 통해 밝은 세상을 보게 해 주신 하나님을 찬양하고 감사한다.

|누리과정
관련요소| · 자연탐구: 탐구하는 태도 기르기—호기심을 유지하고 확장하기

· 예술경험: 예술적 표현하기—미술활동으로 표현하기

· 예술경험: 아름다움 찾아보기—미술적 요소 탐색하기

· 의사소통: 쓰기 —쓰기

|인성요소| · 존중: 하나님을 최고로 높여 드리기

· 기쁨: 하나님께 즐겁고 감사한 마음을 표현하기

|활동자료| · 프리즘, 흰 종이, 색연필

|활동방법|

· 도 입   1. 등원하면서 보았던 해에 대해서 이야기를 나눈다.

   —아침에 원에 오면서 햇빛을 보았나요?

   —햇빛은 무슨 색일까요?

· 전 개   2. 빛의 색깔을 볼 수 있는 프리즘을 소개한다.

   —이것은 무엇일까요?

   —어떻게 생겼나요?

   —이것은 프리즘이라고 해요. 빛이 어떤 색으로 이루어졌는지 알아볼 수 있는 도구에요.

   —프리즘으로 통해서 햇빛을 보면 어떻게 보일까요?

   3. 교실의 햇빛이 있는 곳에서 여러 장소(천정, 교실벽, 유아의 옷, 손등, 교실 바닥 등) 프리즘
   을 비춰 본다.

–교실 벽에 무엇이 생겼나요? 친구의 옷에는 어떤 무늬가 생겼나요?

〈프리즘의 원리〉

4. 프리즘을 통해서 나오는 빛을 자세히 알아본다.

　–프리즘에서 나오는 색을 더 자세히 보려면 어떻게 할까요?

　–하얀 종이 위에 프리즘을 놓고, 종이에 무엇이 생기는지 관찰해 보아요.

　–어떤 색깔이 보이나요? 보이는 색을 말해 볼까요?

5. 프리즘에서 나오는 빛의 색을 흰 종이에 그려 본다.

　–프리즘에서 나오는 빛을 종이에 표현해 볼까요?

　–우리 눈에는 보이지 않는 빛의 여러 가지 색이 숨어 있었네요.

6. 자연을 통해 자신을 드러내시는 하나님에 대하여 이야기를 나눈다.

　–자연을 보면서 하나님이 생각난 적이 있었나요?

　–비록 우리가 보지 못하지만 그곳에도 아름다움이 있구나.

　–색이 없는 것처럼 보이는 햇빛 속에도 하나님이 이렇게 많은 색을 넣어 주셨구나.

　–하나님은 하나님이 만드신 자연을 통해서 우리가 하나님을 알아 가기를 원하세요.

7. 프리즘을 그린 종이 위에 하나님께 감사 그림 편지를 써 본다.

　–하나님을 알려 주셔서 감사한 마음으로 하나님께 편지를 써 보자.

〈프리즘에서 나온 빛 그리기〉

〈무지개 그림 위에 쓴 감사편지〉

· 마 무 리   8. 유아들이 그린 감사편지를 전시하고 함께 감상한다.

　　　　　　　－하나님께 무엇을 감사하고 있나요?

　　　　　　　－아름다운 빛의 모습을 감상해 보니 어떤가요?

| 활 동 유 의 점 | • 유아들이 프리즘의 모서리에 유의하며 안전하게 사용하도록 한다.
 • 햇빛을 오랫동안 쳐다보면 눈에 좋지 않은 영향을 미칠 수 있으므로, 주의하도록 한다.
 • 교사는 프리즘을 통한 빛의 분산을 이해하기 위해서 네이버 TV '빛의 분산'을 시청하면 도움이 된다. |

| 확장활동 | • 바깥놀이: 돋보기로 빛 모으기, 빛의 사진 찍기
 • 음률영역: 〈무지개를 타고서 윙윙〉(변규정 작사 · 전경희 작곡) 부르기
 • 과학영역: 라이트테이블로 탐색하기 |

[돋보기를 이용하여 빛 모으기]

프리즘이 빛을 여러 가지 색으로 분산시킨다면, 돋보기는 빛을 한 곳으로 모아 준다. 종이를 대고 태양 에너지를 모으면 점차 뜨거워져서 종이는 타들어가게 된다. 빛의 다양한 성질을 탐구하며, 과학적 사고를 기른다.

[빛의 사진 찍기]

빛의 사진기로 찍으면 빛줄기를 관찰 수 있다. 시간대별로 햇빛이 어디서 비치는지 사진을 찍어 둔 후, 빛이 움직이는 방향을 예측해 볼 수 있다. 사진작가들이 찍은 빛의 사진을 감상하면서 하나님이 만드신 빛의 아름다움을 경험할 수 있다.

[라이트테이블에서 탐색하기]

라이트테이블 위에 빛이 투과하는 셀로판지 등을 올려놓고 선명하게 관찰을 해 본다. 빛의 통과가 주는 예술적 아름다움을 감상해 볼 수 있다.

| **활동평가** | • 프리즘을 통해 빛을 관찰하고 빛에 여러 가지 색깔이 있음을 알고 어떤 색깔의 빛을 표현하는지 평가한다.
• 빛의 아름다움을 감상하며 빛을 창조하신 하나님을 기쁘게 찬양하는지 평가한다.
• 빛을 통해 밝은 세상을 보게 해 주신 하나님께 감사한 마음을 가지고 있는지 평가한다.

■ 4주 · 소리와 우리 생활.

■ 주간통합목표: 하나님이 만드신 소리에 대하여 알아보고, 소리와 함께 즐겁게 생활한다.

우리 몸에 주신 소리

활동형태: 대소집단활동/영역: 신체

|통합목표|
- 자연의 소리를 감상하며 하나님을 느껴 본다.
- 몸으로 낼 수 있는 소리에 관심을 갖고 표현해 본다.
- 우리 몸의 다양한 소리로 연주하며 하나님을 찬양한다.

|누리과정 관련요소|
- 예술경험: 아름다움 찾아보기–음악적 요소 탐색하기
- 예술경험: 예술적 표현하기–음악으로 표현하기
- 신체운동 · 건강: 신체 인식하기–신체를 인식하고 움직이기

11월

|인성요소|
- 존중: 하나님을 최고로 높여 드리기
- 기쁨: 하나님께 즐겁고 감사한 마음을 표현하기
- 경건: 우리 몸을 이용해 하나님을 예배하기

| 활동자료|
- 음향: 새소리, 빗소리, 바람소리, 동물소리 등 자연에서 들을 수 있는 소리
- 악기: 소고나 작은 북
- 배경음악: 체코 민속음악 〈노병들의 행진〉, 오스트리아 민속음악, 고섹의 〈가보트〉 등
- 영상: 케냐 지라니 합창단 〈하쿠나마타타〉(출처: https://www.youtube.com/watch?v=AEWJEzbP97Q.)

| 활동방법|

• 도 입
1. 우리 주변에서 들을 수 있는 다양한 소리에 대해 이야기 나눈다.
   - 우리 주변에서 어떤 소리를 들을 수 있나요?
   - 자연의 소리를 들어 본 적이 있나요?

• 전 개
2. 자연의 소리(새소리, 빗소리, 바람 소리, 동물소리 등)를 유아들에게 들려준다.
   - 어떤 소리가 들리나요?
   - 이 소리의 느낌은 어떤가요?
   - 이 소리를 흉내내 볼까요?

3. 하나님이 만드신 자연의 소리에 대해서 이야기 나눈다.

  –하나님이 만드신 자연은 저마다 소리를 가지고 있어요.

  –이 소리들은 무엇을 말하고 있는 것 같나요?

  –아름다운 소리를 내며 하나님을 찬양하고 있어요.

  –자연의 소리를 들으며 그것을 만드신 하나님을 느낄 수 있어요.

4. 우리 몸에서 나는 소리를 탐색해 본다.

  –하나님은 사람에게도 소리를 내게 해 주셨어요.

  –내고 싶은 소리로 목소리를 내어 볼까요?

  –몸(입술, 발바닥, 손바닥)을 이용해서 소리를 만들어 볼까요?

  –친구와 함께 짝을 지어서 소리를 만들어 볼까요?

5. 영상 속 친구들이 내는 소리를 들어 본다.

  –영상 속에 아프리카 친구들은 어떤 소리를 내고 있나요?

  –아프리카 노래, 입술을 떨며 내는 다양한 신호음, 듣는 사람들의 박수 소리, 짝을 지
    어 부르는 소리, 북소리 등 여러 가지 소리를 내고 있구나.

케냐 지라니 합창단 〈하쿠나마타타〉

출처: https://www.youtube.com/watch?v=AEWJEzbP97Q.

6. 배경 음악에 맞추어서 몸을 이용해 소리를 내서 연주해 본다.

  –하나님이 만들어 주신 우리 몸의 소리를 다양하게 표현해요(몸의 다른 기관으로 표현하
    기, 짝을 지어서 표현하기).

  –북소리를 잘 듣고 빠르게 느리게, 세게 약하게 소리를 내 보세요.

7. 찬양에 맞추어서 몸을 이용해 소리를 내어 연주해 본다.

  (〈나의 발은 춤을 추며〉 〈주 우리 아버지〉).

※ 〈주 우리 아버지〉 중 후렴구 발췌.
(후렴구의 노래 말을 손이나 발 등을 이용해 다양하게 소리 낼 수 있도록 개사해 본다)

• 마 무 리	8. 몸에서 나는 소리로 연주해 본 소감을 나눈다.

        –몸으로 다양한 소리를 내 본 기분이 어떤가요?

        –우리 몸을 통해 다양한 소리를 내게 해 주신 하나님 감사해요.

        –우리에게 다양한 소리를 듣게 해주신 하나님 감사해요.

        –우리는 언제든지 나의 몸을 가지고 하나님을 찬양할 수 있어요.

활 동 유 의 점	• 교사는 몸으로 내는 소리로서 '비트박스' '아이리시 탭댄스' 등의 영상을 참고할 수 있다.

        • 4월 성경이야기 '세상을 만드신 하나님', 10월 생활주제 '세계 여러 나라'에서 '여러 나라의 음악과 춤', 2월 생활주제 '예수님처럼 자라가요'에서 '우리가 예수님처럼 자라려면'의 활동과 연계할 수 있다.

        • 교사는 북소리를 활용하여 유아들이 몸으로 내는 소리를 다양하게 표현할 수 있도록 안내한다.

| 확장활동 | • 음률영역: 자연의 소리 감상하기, 난타 연주하기

• 미술영역: 자연의 소리 그림으로 표현하기

• 현장학습: 소리체험박물관(www.soundmuseum.kr) 방문하기

[자연의 소리 감상하기]

바다 속에서 의사소통하는 돌고래의 소리, 가을에서 겨울로 바람이 바뀌는 소리, 흙길이나 낙엽이 쌓인 길들을 걸을 때 나는 소리 등, 자연에서 나는 소리를 감상하는 활동으로 연계한다. 하나님이 만드신 자연 속에서 휴식을 취할 수 있음을 경험한다.

[난타 연주하기]

일상생활에서 볼 수 있는 냄비, 식판, 그릇, 주걱 등의 생활도구를 악기 연주에 활용할 수 있다. 악기를 연주하며 다양한 소리의 특성을 탐색해 본다. 또한 하나님을 찬양하는 리듬 합주를 할 수 있다.

| 활동평가 | • 자연의 소리를 감상하며 하나님을 느끼고 표현하는지 평가한다.

• 몸으로 낼 수 있는 소리에 관심을 갖고 표현하는지 평가한다.

• 우리 몸으로 연주하여 내는 다양한 소리로 즐겁게 찬양하는지 평가한다.

■4주 · 소리와 우리 생활.

■주간통합목표: 하나님이 만드신 소리에 대하여 알아보고, 소리와 함께 즐겁게 생활한다.

악기로 하나님을 찬양해요

활동형태: 대소집단활동/영역: 음악

|통합목표|
• 일상의 재료를 이용해서 악기를 만들어 본다.
• 악기를 연주하면서 하나님을 찬양한다.

|누리과정 관련요소|
• 예술경험: 아름다움 찾아보기–음악적 요소 탐색하기
• 예술경험: 예술적 표현하기–음악으로 표현하기
• 자연탐구: 과학적 탐구하기–간단한 도구와 기계 활용하기

|인성요소|
• 존중: 하나님을 최고로 높여 드리기
• 기쁨: 하나님께 즐겁고 감사한 마음을 표현하기

|활동자료|
• 성경이야기(장면 2)
• 길이가 다른 빨대 8개, 아이스크림 막대 2개, 오공본드, 색연필이나 스티커 등 꾸미기 재료

|활동방법|

• 도 입
1. 팬플룻 연주 소리 영상을 본다.
　–(영상을 보고 난후) 어떤 소리가 들렸나요?
　–소리를 어떻게 냈나요?
　–영상에 나오는 연주자처럼 다윗도 자연에서 하나님을 찬양했어요.
　–(성경이야기 장면 2를 들려주며) 다윗은 찬양할 때 수금이라는 악기를 연주했어요.
　–우리도 다윗처럼 악기를 이용해서 하나님을 찬양할 수 있어요.

〈팬플룻 연주 영상 by David Döring〉

출처: https://www.youtube.com/watch?v=Dy3h6—fMBA&list=PLioXcSd79VdOgnEavkT2Gl4OMnfRyQtFi.

11월

2  다윗은 양치기 소년이었어요. 하나님을 사랑한 다윗은 언제나 하나님을 찬양했습니다. 하나님이 만드신 세상을 보면 그것을 만드신 하나님을 느낄 수가 있었어요. 들판의 하얀 양떼와 푸른 풀밭을 바라보며 자연을 만드신 하나님의 크심을 찬양했습니다. "우리의 주님, 주님의 이름이 온 땅에 어찌 그리 아름다운지요."

〈수금: 세계기독교박물관〉

출처: 세계기독교 박물관 홈페이지(http://www.segibak.or.kr).

· 전 개   2. 빨대피리 만들기 활동을 소개한다.

－악기 연주에는 어떤 방법이 있을까요?

－입으로 불어서 악기의 소리를 낼 수가 있어요.

－어떤 악기들이 있을까요? 피리, 클라리넷, 플룻 등 입으로 불 수 있는 다양한 악기가 있어요.

－빨대피리를 만들어 볼 거예요.

〈빨대피리 제작 방법〉

① 짧은 빨대부터 차례대로 길어지는 빨대 8개를 잘라 놓는다.
② 아이스크림 막대를 꾸민다.
③ 아이스크림 막대 1개에 빨대를 짧은 것부터 긴 순서로 일렬로 붙인다.
④ 빨래를 붙인 후, 그 위에 다른 아이스크림 막대를 마주 대어 붙여서 완성한다.

3. 악기를 만든 후, 소리를 내 본다.

－빨대피리를 불어 보니 어떤 소리가 났나요?

－짧은 빨대와 긴 빨대의 소리는 어떤가요?

－각자 만든 악기를 가지고 함께 연주해 보세요.

－무슨 소리가 들렸나요?

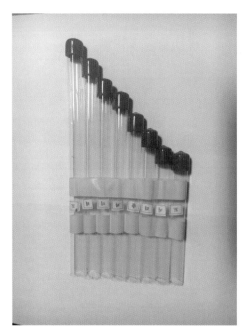

〈유아가 만든 빨대피리〉

• 마 무 리	4. 악기로 찬양을 한, 느낌을 이야기 나눈다.
	−악기로 하나님을 찬양해 보니 기분이 어떤가요?
	−다양한 악기를 연주하며 하나님께 찬양할 수 있어요.

| 활　　동
유 의 점 | • 유아가 악기 소리 내는 것을 어려워할 수 있으므로 찬양 또는 음원을 틀어 주고 다양한
악기와 함께 연주해 볼 수 있다. |
| | • 일상의 다양한 이용하여 요구르트병 마라카스, 분유통 젬베, 고무줄 하프, 곡식 카바
사, 사발면 장구 등을 만들어 기악 합주를 해 볼 수 있다. |

확장활동	• 언어영역: 소리를 듣지 못한 천재 음악가 베토벤 이야기
	• 과학영역: 실전화기 만들기, 소음측정기 관찰하기
	• 과학영역: '어떻게 소리를 들을 수 있을까?' 귀의 구조와 기능 알아보기
	• 음률 · 신체영역: 〈내가 만약 나비라면〉에 맞춰 노래극하기

[실전화기]

실전화기 활동을 통해 소리가 전달되는 과정에 관심을 갖는다. 소리가 공기를 통해 전달되는 과정을 생각하면서 하나님께서 만드신 공기의 또 다른 역할을 알아본다.

[소음측정기]

소리 중에도 공해가 되는 소리가 있다. 소음측정기로 교실 안의 소음을 측정해 본다.

| **활동평가** | • 일상의 재료를 이용해서 악기를 용도에 맞게 만들 수 있는지 평가한다.
• 소리를 표현하는 다양한 방법에 대하여 알고 어떻게 표현하는 것이 좋은지에 대하여 이야기할 수 있는지 평가한다.

12월 통합유아교육과정

복음으로 행복한 겨울

12월 · 복음으로 행복한 겨울

I. 성경적 통합유아교육과정 실행을 위한 기초 다지기

'성경적 통합유아교육과정 실행을 위한 기초 다지기'는 12월 유아교육과정에 해당하는 성경본문 배경과 흐름에 따른 주요개념 이해, 교사큐티를 통한 이해 재확인 및 적용과 기도 과정을 순차적으로 제시한다. 이 과정을 통하여 기독교 유아교사는 유아교육과정의 성경적 통합과정 이해 및 성경적 통합교육을 실행하기 위한 역량기반을 다질 수 있다. 성경적 통합역량 기초 다지기 과정을 거치면서 통합된 교육활동 내용을 충실하게 수행할 뿐만 아니라 심화 · 확장 활동으로 자유롭게 연계할 수 있는 역량을 성취해 나갈 수 있다.

1. 주요개념

한 달의 통합교육과정에 대한 이론적 기초로서, 성경본문과 유아교육과정의 주제가 어떤 개념을 근거로 통합되는지에 대한 정보를 제공한다.

2. 성경개관

성경본문의 요점과 배경, 전체 흐름을 살펴보고 통합의 근거가 되는 신학적 개념 및 유아에게 가르칠 핵심개념을 간추린다.

3. 교사큐티

말씀을 통해 하나님과 개인적으로 교제하는 시간으로 한 달간의 성경본문을 각 주별 주제와 관련하여 매주 묵상한다.

주요개념

요 약

하나님의 아들이신 예수님께서 인간의 몸으로 이 땅에 오셨다. 예수님의 오심은 죄로 인해 죽을 수밖에 없는 인간을 구원하신 가장 기쁘고 복된 소식이다. 유아교육과정은 추운 겨울을 건강하게 날 수 있는 방법과 크리스마스의 의미에 대해 알아보고 온정의 손길이 필요한 주위의 이웃을 돌아보도록 한다. 성경적 통합유아교육과정에서는 겨울의 계절적인 특징에 대해 알아보며, 우리에게 새 생명을 주신 예수님의 오심을 되새겨 보는 크리스마스가 되도록 한다. 그리고 복음의 기쁜 소식을 주변의 도움이 필요한 어려운 이웃들에게 전하도록 한다.

1) 성경: 우리를 위해 이 땅에 오신 예수님

하나님의 아들이신 예수님께서 인간의 몸으로 이 땅에 오셨다. 예수님은 육체로 오신 하나님이신 것이다. 창조주 하나님께서 그토록 낮아진 이유는 무엇일까? 성경은 "그가 자기 백성을 그들의 죄에서 구원할 자"(마태복음 1:21)라고 밝히고 있다. 예수 그리스도는 죄인된 인간을 구원하시기 위해 하나님께서 보내 주신 구세주이신 것이다. 예수 그리스도는 이 땅에 오셨고 죽으셨으며 부활하심으로 우리의 구원을 이루어주셨다.

죄의 결과는 사망이다(로마서 6:23). 인간은 한 사람도 예외 없이 영원히 죽을 수밖에 없었다. 그러나 하나님은 독생하신 예수 그리스도를 보내셔서 생명을 지불하게 하심으로 인간을 살리셨다. 예수님의 대속사역을 통하여 사망에 이를 인간이 하나님과 영원히 함께할 수 있는 길을 열어 주신 것이다. 예수님의 오심은 죽을 수밖에 없는 인간이 구원을 얻게 하시는 가장 기쁘고 복된 소식인 것이다.

그리스도를 믿고 주로 삼는 것은 그리스도를 따르는 삶을 말한다. 주님을 내 삶의 주인으로 모시는 것이다. 우리의 생각과 자아, 삶의 모든 영역을 그리스도께 전적으로 드리는 것이다. 그것은 우리 안에 예수님이 주시는 기쁨, 예수님과 함께 사는 기쁨을 다른 사람들에게 전하는 것으로 확장된다. 그리스도인은 세상의 빛으로서 예수님의 복음으로 전하며 그분을 따라가는 삶을 살아간다.

2) 유아교육과정: 겨울

눈이 내리고 얼음이 어는 겨울이다. 인간은 겨울의 추위와 어려움을 극복하기 위해 여러 가지 지혜를 구해 왔다. 추위를 덜기 위해 보온성 높은 의류를 입고 따뜻한 음식을 먹었으며 거주지에 난방을 하였다. 추위 속에서도 생산 활동을 높이기 위해 노력하였으며, 건강한 신체를 유지하기 위해 추운 날씨에도 규칙적으로 실외활동을 하는 것이 유익하다는 것을 인지하였다. 주로 실내에서 보호받는 영아기와는 달리, 유아기 아동은 추운 날씨를 본격적으로 경험하게 되면서 겨울의 계절적 특징을 직접 체험해 보고, 겨울의 추위를 극복하기 위해 필요한 것이 무엇인지 알아보도록 한다.

유아가 추운 겨울을 슬기롭게 지낼 수 있는 방법을 알고 눈이나 고드름 등과 같이 겨울철에만 볼 수 있는 것들을 경험해 본다. 활발한 실외활동을 통해 겨울의 특징을 알고 계절의 재미를 느낄 수 있도록 한다. 또한 겨울은 일 년이 끝나는 시점으로 연말연시를 보내며 사회의 어려운 이웃을 생각하고 서로 돕기 위해 온정과 도움을 나누는 시기이기도 하다. 주변의 친숙한 사람들과 사랑의 마음을 나눔으로써 선물을 주고받는 기쁨을 경험하고 다른 사람들에게 감사하는 태도를 형성하도록 도울 수 있다. 크리스마스와 선물 주고받기, 카드 꾸미기 등은 유아가 자연스럽게 주변사람들과 성탄의 기쁨과 사랑을 함께 나누도록 한다.

12월

3) 성경적 통합: 복음으로 행복한 겨울

유아교육과정은 겨울철 날씨에 대하여 알아보며 겨울철 추위에 대비하고 추위를 이기는 다양한 내용을 교육활동으로 전개한다. 이처럼 겨울의 계절적 특징을 알아보는 가운데, 성경적 통합과정에서는 복음의 의미를 더욱 깊게 새겨 볼 수 있다. 겨울, 그중에서도 12월이 특별한 이유는 예수님께서 오신 크리스마스가 있기 때문이다. 12월에 있는 크리스마스는 이 세상에 복된 소식으로 오신 예수님과 그분의 구원의 은혜를 더 깊이 묵상할 수 있는 기회를 제공한다. 복음에 담긴 핵심 메시지인 구원은 죽을 수밖에 없는 우리를 예수님을 통해 영원한 생명으로 옮겨 주셨다는 것을 의미한다(로마서 1:1-2). 크리스마스는 예수님의 오심을 세상의 모든 사람이 함께 기뻐하는 특별한 날이다.

그러나 유아교육과정에서는 크리스마스를 산타클로스와 결부하여 일반적인 축제 가운데 하나로 보고 이를 주변 사람들과 즐기는 것에 초점을 맞추고 있다. 기독교 세계관으로 가르치는 교사는 그 기쁨의 근원은 어디서부터 오는 것인지에 대한 명확한 이해가 필요하다. 크리스마스를 누리는 기쁨은 크리스마스의 주인인 예수님이 나를 구원하시기 위해 이 땅에 오셨다는 그 기쁨에서 시작한다. 그리고 그 기쁨을 주변 사람들과 함께 나누는 것이, 축제로서의 크리스마스의 진정한 의미이다. 특별히 우리 주변의 불우이웃을 돌아볼 때, 낮고 소외된 사람들을 위해 이 땅에 오신 예수님의 복음은 더욱 의미 있는 주제가 된다. 예수님의 오심은 어려움에 처한 사람들의 마음을 따뜻하게 감싸 주는 복된 소식이다.

성경개관

| 성 경 말 씀 | 본문제목

우리를 위해 이 땅에 오신 예수님

성경본문

누가복음 2:1-14

중심말씀

오늘 다윗의 동네에 너희를 위하여 구주가 나셨으니 곧 그리스도 주시니라(누가복음 2:11)

내용요약

예수님은 하나님의 아들이자 구원의 복된 소식을 전하는 메시아로서 이스라엘이 기다린 참된 위로와 평안의 근원이시다. 예수님이 탄생하심으로 인간을 향한 구속사역이 시작된다.

| 신학적개념 | 기독론-그리스도의 인격(유아수준: 예수님-예수님은 사람이 되셨어요)

　　　　　　-그리스도의 사역(유아수준: 예수님-예수님은 죽으시고 다시 살아나셨어요)

교회론-교회의 사역(유아수준: 나와 사람들-복음을 전파해요)

종말론-하나님 나라(유아수준: 예수님-예수님과 함께 영원히 살아요)

| 핵 심 개 념 | • 예수님은 하나님의 아들이시다.

• 예수님은 사람으로 태어나셨다.

• 예수님은 우리를 구원하신다.

• 예수님을 믿으면 죽지 않고 영원히 산다.

• 우리의 친구와 이웃들에게 예수님을 전한다.

| 성 경 이 해 | 마태복음은 유대인 독자를 대상으로 기록되었다면, 누가복음은 이방인들을 대상으로 기록되었다. 마태는 예수 탄생을 유대 왕이었던 헤롯과 예루살렘을 배경으로 기록하였으나(마태복음 2:1-12), 누가는 그 당시 세계를 지배하고 있던 가이사 아구스도와 로마를 배경으로 한다. 가이사 아구스도(가이우스 옥타비우스)는 탁월한 통치 능력과 행정력을 가진 정치가였으며, 그의 치정 기간 동안 로마에 평화와 번영이 지속되었다. 이러한 그가 로마 제국 통치 영역의 각 지역에 영을 내려 대대적인 인구 조사를 시행했다. 이에 따라 요셉이 다윗의 동네인 베들레헴으로 감으로써 그가 다윗의 후손이며 유다 지파라는 것이 증명된다. 메시아 탄생의 장소에 관한 예언(미가 5:2)도 성취된다. 표면상 로마가 세계를 지배하고 있지만, 세상의 모든 역사와 구원을 주관하시고 계획하시는 이는 하나님이시다. 이러한 배경은 예수님의 초자연적인 탄생이 신화가 아닌 역사적 사실임을 확증한다.

교사큐티

우리를 위해 이 땅에 오신 예수님
성경본문 누가복음 2:1-14

예수님은 하나님의 아들이자 구원의 복된 소식을 전하는 메시아로서 이스라엘이 기다린 참된 위로와 평안의 근원이시다. 예수님이 탄생하심으로 인간을 향한 구속사역이 시작된다.

|도움말|

4. 이스라엘을 다스리는 목자가 나오리라는 베들레헴(미가 5:2)과 다윗 언약의 핵심어인 다윗의 집의 언급은 베들레헴에서 예수가 탄생하는 사건이 구속사적인 사건임을 명확히 한다.

4 베들레헴: 다윗이 자란 곳(사무엘상 16:4, 13), 다윗의 동네라 불린다(사무엘하 23:15). '떡집'을 의미. 예루살렘에서 남쪽으로 8km, 나사렛에서 약 145km 거리에 위치. 예수님은 자신을 생명의 떡(요한복음 6:35)이라 말씀하셨다.

6 해산할 날이 차서: 예수께서는 성령으로 잉태되어 죄와는 전혀 상관없으신 분이시나 어머니의 복중에서부터 출산 때까지의 모든 날들을 다 채움으로써 인간의 출생과정을 모두 겪으셨다.

7 첫아들: 모든 창조물보다 먼저 나신 자(골로새서 1:15), 죽은 자들 가운데서 '먼저 나신 자(골로새서 1:18; 요한계시록 1:5)', 모든 성도들이 본받을 '첫'의 의미(로마서 8:29). 하나님의 외아들로서 성육신하신 유일한 구원자라

10 온 백성: 이방인을 포함한 모든 사람에게와 모든 민족에게

1 그 때에 가이사 아구스도가 영을 내려 천하로 다 호적하라 하였으니

2 이 호적은 구레뇨가 수리아 총독이 되었을 때에 처음 한 것이라

3 모든 사람이 호적하러 각각 고향으로 돌아가매

4 요셉도 다윗의 집 족속이므로 갈릴리 나사렛 동네에서 유대를 향하여 베들레헴이라 하는 다윗의 동네로

5 그 약혼한 마리아와 함께 호적하러 올라가니 마리아가 이미 잉태하였더라

6 거기 있을 그 때에 해산할 날이 차서

7 첫아들을 낳아 강보로 싸서 구유에 뉘었으니 이는 여관에 있을 곳이 없음이러라

8 그 지역에 목자들이 밤에 밖에서 자기 양 떼를 지키더니

9 주의 사자가 곁에 서고 주의 영광이 그들을 두루 비추매 크게 무서워 하는지라

10 천사가 이르되 무서워하지 말라 보라 내가 온 백성에게 미칠 큰 기쁨의 좋은 소식을 너희에게 전하노라

11 오늘 다윗의 동네에 너희를 위하여 구주가 나셨으니 곧 그리스도 주시니라

12 너희가 가서 강보에 싸여 구유에 뉘어 있는 아기를 보리니 이것이 너희에게 표적이니라 하더니

13 홀연히 수많은 천군이 그 천사들과 함께 하나님을 찬송하여 이르되

14 지극히 높은 곳에서는 하나님께 영광이요 땅에서는 하나님이 기뻐하신 사람들 중에 평화로다 하니라

|요약/해설|

구유에 뉘었으니

하나님의 아들이신 예수님을 믿는 사람들을 구원하시기 위해 친히 구유와 같은 가장 낮고 초라한 자리로 오셨다. 예수님의 나심으로 하나님의 백성이 구원의 소망을 품을 수 있게 되었을 뿐만 아니라(마태복음 1:21; 누가복음 1:68-69), 죄와 사망으로부터 구원을 얻게 되었다(누가복음 4:18, 40, 5:20, 7:15). 주님의 나심은 그를 기다리던 백성에게 큰 기쁨을 주는 좋은 소식이었다.

하나님께 영광 땅에는 평화

셀 수 없이 많은 천사들이 목자들 주위에 내려와 탄생하신 아기 예수를 찬양하는 장엄한 광경이 묘사된다. 성육신(요한복음 1:14)은 죄와 사망의 늪에 빠진 인간에게 구원의 기쁨과 영광이 되었다. 하나님의 아들이 구세주로 이 땅에 오신 것은 하나님께 영광이요, 그의 은혜를 입은 사람들에게는 평화를 가져다준다. 이 평화는 죄와 불순종으로 인해 하나님과 관계가 단절된 인간을 하나님께로 이어 주는 구원이다(로마서 5:1, 10).

|찬양과 기도| 주님의 임재 가운데 나아갑니다. 주님 말씀하여 주십시오. 제가 듣겠습니다!

|말씀| 본문을 3번 정도 읽으며 전체적인 뜻을 파악하기/내게 다가오는 말씀들을 기록하기

|묵상| 말씀 묵상, 변화를 위한 적용과 구체적인 실천 찾기, 기도하며 결단하기

- 1주: 창조주 하나님 근본 본체이신 예수님이 친히 낮은 인간의 모습으로 오셨습니다. (누가복음 2:7) 오늘을 살아가는 우리에게 예수님의 오심이 어떤 의미인지 묵상해 봅시다.

- 2주: 예수님을 구주로 영접한 이후 예수님의 사랑을 나의 삶에 어떻게 구체적으로 적용하여 영광을 돌리며 살아가고 있는지 돌아봅시다. (요한복음 13:34)

- 3주: 나의 주변에 있는 사람들에게 그리스도의 사랑을 실천하고 나눕시다. 그리스도의 사랑의 실천과 복음을 함께 전달할 수 있는 방법을 생각해 보고 실현해 봅시다.

|공동기도| 오늘 나의 구주로 오셔서 내 삶과 인생을 구원해 주셔서 감사합니다. 제가 부족할지라도 예수님의 구원의 소식과 사랑을 많은 사람들에게 전하는 삶을 살게 하소서.

12월 · 복음으로 행복한 겨울

II. 성경적 통합과정 이해하기

'성경적 통합과정 이해하기'는 성경본문과 유아교육과정 사이에 다리 놓기 작업으로서 유아교육과정이 성경적으로 통합되는 절차와 단계를 보여 준다. 성경적 통합과정을 구조화함으로써 교사가 통합과정을 보다 쉽게 이해하고 성경적으로 통합할 수 있는 능력을 갖출 수 있도록 지원한다.

1. 월간 성경적 통합의 흐름도

유아교육과정의 주제 및 목표를 성경본문의 주제 및 목표에 근거하여 통합하는 과정을 보여주는 프레임(틀)이다.

2. 월간 성경적 통합과정 해설

개요 수준에서 요약한 성경적 통합의 흐름에 함축된 주요 내용이나 예시들을 자세히 풀어서 설명해 놓은 지침서이다.

3. 월간통합교육계획안

성경주제 및 목표에 근거하여 한 달간 진행되는 통합교육활동들과 그 흐름을 한눈에 볼 수 있도록 요약한 주요 계획이다.

월간 성경적 통합의 흐름도

성경주제	성경목표
우리를 위해 예수님이 태어나셨어요	• 예수님은 우리를 구원하시기 위해 이 땅에 오셨음을 안다. • 크리스마스의 의미를 안다. • 크리스마스를 기쁘게 맞이하고 보낸다. • 우리 주변의 어려운 이웃에게 예수님을 전한다.

유아교육과정 주제	유아교육과정 목표
겨울	• 겨울을 따뜻하게 지낼 수 있는 방법에 관심을 가지고 알아본다. • 크리스마스의 유래와 의미에 대해서 알아본다. • 크리스마스를 기쁘게 맞이하고 보낸다. • 우리 주변의 어려운 이웃에게 관심을 갖는다.

월간 통합주제	월간 통합목표
복음으로 행복한 겨울	• 예수님이 이 땅에 오신 이유를 알고, 겨울을 따뜻하게 보낸다. • 크리스마스의 유래와 의미에 대하여 알아본다. • 크리스마스를 기쁘게 맞이하고 보낸다. • 우리 주변의 어려운 이웃에게 관심을 갖고 예수님을 전한다.

인성요소
• 기쁨: 예수님이 오신 것 기뻐하기 • 사랑: 하나님의 사랑을 알고 감사하기, 하나님의 사랑으로 이웃과 교제하기 • 협동: 친구와 함께 하여 선한 일 실천하기 • 화평: 하나님 안에서 이웃과 사이좋게 지내기 • 양선: 어려운 이웃을 도와주려는 마음 갖기, 이웃에게 내 것 나누어 주기

월간 성경적 통합과정 해설

| 통합주제 |　　　복음으로 행복한 겨울

| 통합목표 |　　　예수님이 이 땅에 오신 이유를 알고 겨울을 따뜻하게 보낸다.

　　　　　　　　크리스마스의 유래와 의미에 대하여 알아본다.

　　　　　　　　크리스마스를 기쁘게 맞이하고 보낸다.

　　　　　　　　우리 주변의 어려운 이웃에게 관심을 갖고 예수님을 전한다.

| 인성요소 |　　　• 기쁨: 예수님이 오신 것 기뻐하기

　　　　　　　　• 사랑: 하나님의 사랑 알고 기뻐하기, 하나님의 사랑으로 이웃과 교제하기

　　　　　　　　• 협동: 친구와 함께 하여 선한 일 실천하기

　　　　　　　　• 화평: 하나님 안에서 이웃과 사이좋게 지내기

　　　　　　　　• 양선: 어려운 이웃을 도와주려는 마음 갖기, 이웃에게 내 것 나누어 주기

요약

'복음으로 행복한 겨울' 주제를 위한 성경적 기초로서 가장 중요한 개념은 추운 겨울을 나면서 복음의 의미를 되새겨 보고, 우리 주변에 어려운 이웃에게 예수님의 사랑을 전하는 것에 있다. 이에 따라 유아교육과정 소주제를 '추운 겨울나기' '크리스마스' '이웃과 함께 보내는 겨울'로 구성하였다. 먼저, 성경 이야기를 통해 우리를 구원하기 위해 오신 예수님의 오심을 기뻐하는 시간을 갖도록 한다. 이를 유아교육과정 소주제와의 통합하여, 겨울의 계절적 특징에 대해 알아보고, 우리를 구원하시기 위하여 오신 예수님을 묵상해 본다. 또한, 예수님의 오심을 축하하는 크리스마스를 기쁘게 맞이하고 보내며, 우리 주변의 어려운 이웃에게 복음의 기쁜 소식을 전하도록 한다. 기쁨, 사랑, 협동, 양선, 화평 등의 기독교 인성 덕목을 경험하고 내면화하여 유아들이 실천할 수 있는 것들을 안내한다.

12월

1. 주요 성경개념

예수그리스도께서 태어나셨다. 예수님은 하나님의 독생자이시나 낮은 인간의 모습으로 오셨다. 예수님의 오심은 가장 기쁘고 복된 소식이다. 크리스마스의 의미를 알고 예수님의 오심을 함께 축하하며 주위 사람들에게 전할 수 있다.

2. 성경적 통합 활동 및 방법

오랫동안 기다려 온 예수님의 탄생과 이를 기뻐하는 사람들의 이야기를 통해 '우리를 위해 예수님이 태어나셨어요'라는 성경적 주제를 유아교육과정의 생활주제인 '겨울'의 소주제와 통합하여 다음과 같이 적용할 수 있다.

1) 추운 겨울 나기

유아교육과정의 추운 겨울 나기 주제를 다루기 위하여 우선, 눈이 오고 얼음이 어는 겨울철 기후 현상에 대해 알아본다. 이러한 겨울의 계절적 특징을 이용하여 겨울에 대한 다양한 내용을 교육활동으로 전개할 수 있다. 겨울에 적합한 옷차림과 겨울철에 주로 먹는 음식에 대해 알아보고, 눈과 얼음을 이용한 바깥놀이나 산책활동을 할 수 있다.

이처럼 하나님이 만드신 아름다운 겨울을 경험하며 창조주 하나님을 느끼고 감사하는 시간이 되도록 한다. 또한, 이 겨울이 더욱 특별한 이유를 소개할 수 있다. 그것은 예수 그리스도를 기다리며 맞이하는 크리스마스라는 특별한 시간을 포함하고 있기 때문이다. 겨울을 보내며 예수 그리스도께서 우리를 구원하시기 위해 오셨다는 가장 기쁘고 복된 소식을 다룰 수 있다.

2) 크리스마스

유아교육과정은 크리스마스를 일반적인 축제일로 다루고 있다. 산타클로스 이야기나 크리스마스 트리가 주요 소재가 되고, 서로를 위한 선물을 주고받기, 카드 꾸미기 등의 활동을 통해 주변 사람과 축제의 기쁨을 나누는 것에 중점을 두고 있다. 크리스마스는 누구나 기다리고 기뻐하는 축제일이지만, 본질적인 의미에서 크리스마스의 진정한 주인이 누구이며, 무엇으로 기뻐하고 축하하는지에 대한 올바른 이해가 필요하다. 유아들과 크리스마스에 대해 다룰 때 먼저 생일날 주인공은 생일을 맞은 사람이며, 주위의 사람들이 그의 생일을 함께 기뻐해 주는 날이라는 정의가 요구된다. 이를 통해 크리스마스의 주인은 예수 그리스도이시며, 우리가 기뻐하는 본질은 예수 그리스도의 오심에 대한 기쁨에서 비롯한다는 것을 강조할 수 있다. 또한, 크리스마스가 보다 특별한 이유로서, 예수님이 우리를 죄에서 구원하시기 위해 오신 분이시며 사람들이 오랫동안 간절히 기다려 온 구세주라는 것을 알 수 있도록 한다.

크리스마스를 맞아 크리스마스 트리를 꾸미고 크리스마스 카드를 주고받으며 예수님이 오신 기쁨을 나누어 보도록 한다. 크리스마스를 축하하는 다양한 활동과 더불어 성탄의 진정한 의미를 느껴 보는 요소들을 활동 속에 내포해야 한다. 유아들이 맞이하고 보내는 크리스마스의 기쁨을 구원의 기쁨과 연결함으로써 의미 있는 시간을 보내도록 한다.

3) 이웃과 함께 보내는 겨울

우리를 구원하시기 위해 오신 예수님을 맞이하는 것은 온 세상에 전해져야 할 기쁜 소식이다. 이에 대하여 유아교육과정은 겨울철 연말연시에 이웃이나 사회의 불우이웃을 돕고 주변 사람과 감사와 사랑의 마음을 나누고자 하는 태도를 길러 주기 위한 내용을 주요 활동으로 구성하고 있다. 어려움 속에서 예수님을 알지 못하는 사람들에게 주는 선물은 일시적인 기쁨을 주지만, 구원의 복된 소식을 전해 주는 것은 영원한 기쁨을 주는 선물이다.

연말연시 양로원이나 요양원, 장애인 시설 등의 사회복지기관을 방문하거나, 동네의 어려운 이웃을 위문하는 시간을 가질 수 있다. 추위에도 나라를 지키는 국군장병이나 경찰관, 소방관들에게 편지를 써 보는 시간을 가질 수 있다. 이때 복음과 함께 마음이 담긴 작은 편지를 전달하거나 직접 복음을 전하는 기회를 가질 수 있다면 더욱 좋다. 복음은 선물을 주는 아이들이나 받는 어려운 이웃들 모두 따뜻하고 행복하게 감싸 주는 선물이 될 것이다. 유아교육과정의 생활주제인 '겨울'을 맞이하고 보내며, 하얀 눈 속에 별처럼 빛나는 복음의 의미를 다시 한 번 되새겨 본다.

월간 통합교육계획안

- 성경주제: 우리를 위해 예수님이 태어나셨어요
- 성경목표: 예수님은 우리를 구원하시기 위해 이 땅에 오셨음을 안다.
  크리스마스의 의미를 안다.
  크리스마스를 기쁘게 맞이하고 보낸다.
  우리 주변의 어려운 이웃에게 예수님을 전한다.

연관주제	겨울		
통합주제	복음으로 행복한 겨울		
통합목표	• 1주: 예수님이 이 땅에 오신 이유를 알고 겨울을 따뜻하게 보낸다. • 2주: 크리스마스의 유래와 의미에 대하여 알아본다. 　　　크리스마스를 기쁘게 맞이하고 보낸다. • 3주: 우리 주변의 어려운 이웃에게 관심을 갖고 예수님을 전한다.		
인성요소	기쁨, 사랑, 협동, 양선, 화평		

주		1주	2주	3주
활동	주제	추운 겨울 나기	크리스마스	이웃과 함께 보내는 겨울
실내자유선택활동	쌓 기	• 이글루 만들기		• 선물가게 만들기
	역 할	• 김장 놀이	• 예수님 생일을 축하해요★	• 사랑의 선물가게 놀이
	언 어	• 이웃에게 전하는 크리스마스 카드 쓰기	• 예수님의 생일을 알리는 편지 쓰기	
	수 · 조작			• 염소 세어 보기
	미 술	• 겨울 풍경 그리기 • 눈에 물들이기	• 눈 결정체 모빌 만들기 • 크리스마스 맞이하기★	• 이웃에게 사랑의 그림 편지쓰기
	음 률	• 겨울바람 표현하기	• 크리스마스 캐럴 연주	
	과 학	• 요리: 김장김치를 나누어요★ • 얼음 관찰하기 • 눈 결정 현미경으로 관찰하기		• 열 발생시키기 • 겨울 실내외 운동 알아보기
대소집단활동	이야기 나누기	• 특별한 겨울★	• 예수님의 생일을 축하해요 • 가정연계: 포트락 파티	• 빨간 염소를 보내요★
	동시 · 동화 · 동극	• 동화) 눈오는날		• 동시) 사랑을 나누어요
	미술/음악		• 크리스마스 맞이하기★	
	신체/게임	• 신체) 실내 눈 놀이하기 • 신체) 겨울바람 표현하기		• 자선냄비게임
바깥놀이활동		• 신나는 눈 놀이★	• 겨울나무 탐색하기	
성 경 말 씀	오늘 다윗의 동네에 너희를 위하여 구주가 나셨으니 곧 그리스도 주시니라(누가복음 2:11)		
기 도	우리를 위해 이 땅에 오신 예수님 감사합니다. 예수님의 사랑을 이웃과 나누는 사람이 되게 해 주세요. 예수님의 이름으로 기도드립니다. 아멘.		

★: 수록된 단위 활동

12월 · 복음으로 행복한 겨울

III. 성경적 통합유아교육과정 실행하기

'성경적 통합유아교육과정 실행하기'는 성경주제 및 목표가 반영된 성경이야기를 토대로 지금까지의 모든 통합과정을 활동 속에 집약한 교육 실제를 다룬다. 교사가 성경에 근거한 통합교육활동을 안정된 성경적 기반 위에서 수행할 수 있도록 지원한다.

1. 성경이야기

성경이야기는 성경본문의 내용을 유아들이 쉽게 이해할 수 있는 한편의 이야기로 구성하였다. 특히, 월별 성경이야기는 단위활동과 통합되어, 유아들에게 흥미를 유발하고 성경본문의 전체 흐름과 맥락을 보다 쉽게 이해할 수 있도록 한다.

2. 단위활동계획안

단위활동계획안은 성경적 통합학습 내용을 강화하고 재학습할 수 있도록 제시한 구체적 활동방안이다. 교사는 단위활동계획안을 참고하여 활동 방안에 대한 아이디어와 발문 정보를 얻을 수 있다.

성경이야기

| 본문제목 | 우리를 위해 예수님이 태어나셨어요

| 성경본문 | 누가복음 2:11

| 중심말씀 | 오늘 다윗의 동네에 너희를 위하여 구주가 나셨으니 곧 그리스도 주시니라(누가복음 2:11)

| 중심내용 | 예수님이 태어나셨어요. 오래 전 사람들은 세상을 구원할 예수님이 오시기를 간절히 기다렸어요. 사람들은 무척 기뻐하며 예수님의 탄생을 축하했어요. 우리도 예수님이 오심을 함께 축하해요!

순서	장면	내용
1		하나님은 우리를 향한 특별한 계획을 가지고 우리를 이 땅에 보내 주었어요. 그래서 생일날이 되면 주변에 많은 사람들이 기뻐해 주고 함께 축하해 줘요. 하나님이 보내 주신 뜻대로 살아가도록 축복해 주는 것이지요.
2		우리 예수님도 하나님의 특별한 뜻을 가지고 이 땅에 태어났습니다. 많은 사람들이 예수님이 이 땅에 태어났을 때, 무척 기뻐했어요. 예수님께서 이 세상에 태어난 이야기를 함께 들어봐요.
3		오래전 이스라엘이라는 나라가 있었어요. 이스라엘 사람들은 로마라고 하는 나라의 압제 아래에서 어렵고 힘들게 살고 있었어요. 하나님께서는 이들을 압제로부터 구해 줄 뿐만 아니라 그들의 죄에서 건져 줄 구원자를 보내 주시겠다고 약속했어요.

순서	장면	내용
4		하나님께서는 그 약속을 지키셔서 이 땅에 예수님을 보내주셨어요. 예수님은 마구간에서 태어나셨어요. 오랫동안 자신들을 구원해 줄 이를 기다려 온 사람들에게 예수님의 탄생은 정말 기쁜 소식이었어요.
5		천사들도 기뻐했어요. 이스라엘의 목자들에게 나타나 소식을 전했어요. "우리는 온 백성에게 큰 기쁨이 될 소식을 전하러 왔어요. 오늘 베들레헴에서 우리를 구원해 주실 분이 태어나셨어요. 그분이 바로 예수님이세요."
6		천사들의 말을 들은 목자들은 베들레헴으로 달려가 예수님을 낳은 마리아와 요셉과 구유에 누워 있는 아기를 찾았어요. "이분이 바로 하나님이 약속하신 우리를 구원해 주실 분이신가요?" 목자들은 아기예수를 높이고 하나님을 찬양했어요.
7		별을 연구하는 동방의 박사들도 예수님의 탄생을 알게 되었어요. 별을 보고 따라와 예수님이 계신 마구간까지 왔어요. 예수님께 귀한 선물(황금, 유향, 몰약)을 드리고 경배했어요.
8		이스라엘 사람들은 예수님이 오심을 정말 기뻐했어요. 예수님이 이스라엘과 우리를 구원하실 분이시기 때문이에요. 그 일을 이루기 위해 이 땅에 태어나셨어요.
9		우리의 구세주이신 예수님이 탄생하신 날이 바로 크리스마스에요. 우리도 예수님의 오심을 함께 기뻐해요.

12월

단위활동계획안

　　단위활동은 월 단위 성경적 통합주제와 학습목표를 유아들이 쉽게 재학습하고 강화할 수 있도록 구성한 활동계획이다. 12월의 주별 단위활동은 다음과 같다. 첫 번째 주에는 추운 겨울을 맞이하여 겨울을 신나고 즐겁게 보내며 예수님의 오심을 기다리는 활동을 한다. 두 번째 주에는 크리스마스를 맞이하고 준비하는 가운데 성탄의 진정한 의미를 되새겨 본다. 다함께 예수님의 생일을 축하해 주고 성탄의 기쁨을 나누는 시간을 갖는다. 세 번째 주에는 국내외를 돌아보며, 예수님의 뜻에 따라 불우이웃을 돕는 활동을 해 보고, 나눔과 함께 예수님의 복음을 전하는 활동을 한다.

■ 주별 단위활동 안내 ■

주	성경적 기초	주제	활동명	활동유형 (영역)	누리과정 주요 관련 영역	인성 요소
1주	성경 이야기: 우리를 위해 예수님이 태어나셨어요 (누가복음 2:1-14)	추운 겨울 나기	특별한 겨울 (529쪽)	이야기 나누기	의사소통 자연탐구	기쁨 사랑 협동 양선
			김장김치를 나누어요 (532쪽)	요리	자연탐구 사회관계	
			신나는 눈 놀이 (537쪽)	바깥놀이	의사소통 자연탐구	
2주		크리스마스	크리스마스 맞이하기 (540쪽)	미술	의사소통 예술경험	기쁨 사랑
			예수님의 생일을 축하해요 (543쪽)	역할	예술경험 사회관계	
3주		이웃과 함께 보내는 겨울	빨간 염소를 보내요 (547쪽)	이야기 나누기	의사소통 사회관계	화평 협동 양선

■1주 · 추운 겨울 나기.

■주간통합목표: 예수님이 이 땅에 오신 이유를 알고 겨울을 따뜻하게 보낸다.

특별한 겨울

활동형태: 대소집단활동/영역: 이야기나누기

|통합목표| • 겨울이 되어 바뀐 계절 변화에 관심을 갖고, 겨울날씨의 특징을 알아본다.

• 크리스마스의 의미를 안다.

|누리과정
관련요소| • 의사소통: 말하기−느낌, 생각, 경험 말하기

• 자연탐구: 과학적 탐구하기−자연현상 알아보기

|인성요소| • 기쁨: 예수님이 오신 것 기뻐하기

• 사랑: 하나님의 사랑을 알고 감사하기

| 활동자료| • 성경이야기(장면 4), 겨울 상자, 겨울에 볼 수 있는 풍경카드(눈 오는 풍경, 얼음 들판, 겨울
나무, 겨울철 옷차림을 한 친구, 아기예수가 그려진 크리스마스 카드)

| 활동방법|

• 도 입   1. 겨울 상자를 소개한다.

−이 상자는 겨울이 온 것을 알려 주는 겨울 상자예요.

−겨울 상자 안에는 무엇이 들어 있을 것 같나요?

· 전 개   2. 상자에 있는 카드를 하나씩 꺼내면서, 이야기 나눈다.

－(눈 오는 풍경을 보여 주며) 겨울이 되어 눈이 내리고 있어요.

눈 오는 풍경을 보니 어떤 느낌이 드나요?

눈이 오는 날 무엇을 하고 싶나요?

－(얼음) 들판에 얼음이 얼었어요.

얼음이 언 길을 다녀 본 적이 있나요?

얼음 위에서 할 수 있는 겨울 놀이는 어떤 것들이 있나요?

－(겨울나무) 나무의 모습이 어떤가요?

봄, 여름, 가을과 다른 점은 무엇인가요?

－(겨울철 옷차림을 한 친구) 사람들의 모습은 어떻게 달라졌나요?

3. 겨울 상자 속에 들어 있는 마지막 카드에 대해 이야기 나눈다.

－겨울 상자 안에는 특별한 시간을 알려 주는 카드가 있어요.

－가장 기쁘고 복된 소식을 담고 있는 카드예요.

－겨울이 되면 우리는 이 날을 기다려요. 어떤 카드일까요?

4. 아기예수님이 그려진 카드를 꺼낸 후 이야기 나눈다.

(카드 가장자리에 은종을 달아서 꺼낼 때 크리스마스를 연상하는 소리가 함께 들릴 수 있도록 한다)

－무엇을 나타내는 카드인가요?

－크리스마스가 어떤 날인지 알고 있나요?

－겨울에는 아기예수님이 태어나신 특별한 날이 있어요.

〈겨울 상자를 소개해요〉

〈겨울을 특별하게 하는 크리스마스 카드〉

5. 성경이야기(장면 4)를 들려준다.

4  하나님께서는 이 땅에 예수님을 보내 주시겠다는 약속을 지켜 주셨어요. 예수님은 마구간에서 태어나셨어요. 오랫동안 자신들을 구원해 줄 이를 기다려온 사람들에게 예수님의 탄생은 정말 기쁜 소식이었어요.

　　　　　　　　－오래전 많은 사람들은 예수님이 오시기를 기다렸어요.

　　　　　　　　－예수님을 기다린 이유가 무엇일까요?

　　　　　　　　－예수님이 오시는 크리스마스를 함께 기다리며 맞이해요.

• 마무리　　6. 겨울을 특별하게 보낼 수 있는 방법에 대해 이야기한다.

　　　　　　　　－지나온 봄, 여름, 가을은 모두 하나님이 특별하게 만드셨어요.

　　　　　　　　－겨울이 특별한 이유는 무엇일까요?

　　　　　　　　－겨울이 되면 아기예수님을 맞이할 수 있어요.

　　　　　　　　－겨울철 놀이도 하고 겨울철 음식도 먹으며 아기예수님이 오신 날을 맞이해요.

| 활　동
유의점 | • 겨울 상자에서 카드를 꺼낼 때, 유아가 꺼내도록 할 수 있다.

　　　　　• 카드의 내용을 수수께끼 형태로 내서 맞춰 보도록 할 수 있다.

　　　　　• 그림카드는 유아들이 그린 것으로 활용하여 보다 다양한 내용으로 이야기를 나눌 수
　　　　　　있다.

| 확장활동 |　• 미술영역: 겨울 풍경 그리기

　　　　　• 신체영역: 실내 눈놀이하기

[다양한 실내 눈놀이]

스펀지 눈(좌)이나 종이 눈(우) 놀이를 통해 겨울에 할 수 있는 눈놀이에 대한 기대감을 갖게 해 준다. 스펀지의 부드럽고 폭신한 질감과 종이를 찢어 던지고 모아서 뭉치는 등 오감을 활용하여 다양하게 놀이하여 정서적 만족감을 준다.

| 활동평가 |　• 겨울이 되어 바뀐 계절 변화의 특징들을 표현할 수 있는지 평가한다.

　　　　　• 겨울 상자 활동을 통하여 알게 된 크리스마스의 의미를 알고 선생님과 친구들에게 활
　　　　　　동 내용을 표현하는지 평가한다.

12월

■ 1주 · 추운 겨울 나기.

■ 주간통합목표: 예수님이 이 땅에 오신 이유를 알고 겨울을 따뜻하게 보낸다.

김장김치를 나누어요

활동형태: 대소집단활동/영역: 요리

|통합목표| • 김장을 담가 본다.

• 이웃들에게 김장김치를 나누어 주며 예수님의 사랑을 실천한다.

|누리과정
관련요소| • 자연탐구: 과학적 탐구–물체와 물질 알아보기

• 사회관계: 다른 사람과 더불어 생활하기–공동체에서 화목하게 지내기

• 사회관계: 사회와 관심 갖기–지역사회에 관심 갖고 이해하기

|인성요소| • 협동: 친구와 함께 하여 선한 일 실천하기

• 양선: 이웃을 위해 내 것을 나누어 주기

• 사랑: 하나님의 사랑을 경험함으로 이웃과 교제하기

|활동자료| • 이야기나누기 자료: 김장 나눔과 관련된 신문 기사나 뉴스 자료, 요리 순서도

• 요리재료: 배추, 파, 무, 마늘, 생강, 고춧가루, 배즙, 소금, 새우젓

• 요리도구: 도마, 빵칼, 숟가락, 비닐장갑, 접시, 깍두기 담을 용기

• 유아 준비물: 앞치마, 머릿수건

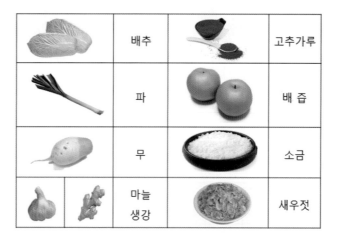

	배추		고추가루
	파		배 즙
	무		소금
	마늘
생강		새우젓

| 활동방법|

• 도 입　1. 김장에 대해 이야기 나눈다.

　　　　　 －김치를 만들어 본 경험이 있나요?

　　　　　 －'김장'이라는 말을 들어 본 적이 있나요? 무엇일까요?

　　　　　 －김장은 옛날부터 전해 오는 우리나라 고유의 풍습이에요.

　　　　　 －김장은 겨우내 먹기 위하여 김치를 한꺼번에 많이 담그는 일을 말해요. 추운 겨우 내 내 오래 두고 먹기 위해서지요.

• 전 개　2. 겨울 나기가 힘든 어려운 이웃에 대해 이야기 나눈다.

　　　　　 －우리 주변에는 김장김치를 담그기 어려운 형편에 있는 이웃이 있어요. 어떤 분들이 있을까요?

　　　　　 －이 분들에게는 우리가 살아가는 데 꼭 필요한 집이나 입을 것, 먹을 것이 부족해요. 우리의 사랑이 필요한 분들이에요.

〈우리 주변의 어려운 이웃들: 소년소녀 가장, 조손가정, 독거노인, 장애인 등〉

출처: 구글 이미지 검색.

　　　　　3. 예수님의 사랑을 실천 하는 방법에 대해서 이야기를 나눈다.

　　　　　 －예수님은 이처럼 소외된 분들에게 찾아가셔서 그들을 사랑하시고 복음을 전해 주셨어요(누가복음 7:22). 예수님께서는 어려운 이웃을 돕고 사랑하는 것이 자신에게 하는 것이라고 말씀하셨어요(마태복음 25:40).

　　　　　 －김장김치를 나누는 것은 예수님처럼 주변에 사랑을 전하고, 실천하는 좋은 방법이에요.

4. 유아들에게 김장김치 만들기 활동을 소개한다.

　－우리가 만든 김장김치를 먹어 보아요.

　－우리의 작은 정성을 모아 이웃에게 전해 줄 김장을 할 수 있어요.

　－만들어서 유치원/어린이집 주변의 어려운 이웃들에게 전해 주어요.

　－요리 순서도를 보고 김장하기 순서를 알아봐요.

〈김장하기 순서〉

① 배추를 잘라 손질 한다.　② 배추를 소금물에 절인다.　③ 김치소 재료들을 다듬는다.

④ 김치소를 만든다.　⑤ 양념을 만든다.　⑥ 소금에 절인 배추를 물로 씻는다.

⑦ 배추 속에 양념을 발라 버무린다.　⑧ 맛있는 김장김치가 완성　⑨ 이웃에게 나누어 줄 용기에 담는다.

사진출처: 키드키즈 홈페이지, www.kidkids.net.

5. 김장하기를 위해 지켜야하는 규칙에 대해 이야기 나눈다.

　－위생적이고 깨끗한 김치를 담기 위해서는 어떤 준비를 해야 할까요?

　－손을 깨끗이 씻어요. 앞치마와 머리 수건을 준비해요. 비닐장갑을 껴요.

　－음식을 만든 손으로 눈을 비비지 않아요.

6. 즐겁게 김장을 한다.

12월

〈이웃에게 전해 줄 즐거운 김장하기〉

| • 마 무 리 | 7. 이웃에게 나눌 김장김치를 한 소감을 이야기 나눈다.

　　　　－김장김치를 담그고 난 기분이 어떤가요?

　　　　－우리가 만든 것을 받은 사람들은 기분이 어떨까요?

　　　8. 크리스마스카드 만들기 활동으로 연계한다.

　　　　－예수님은 이 땅에 태어나셔서 우리를 구원해 주셨어요.

　　　　－우리에게 전해 준 예수님의 사랑을 우리도 이웃들에게 전해요. 추운 겨울날 이웃들
　　　　　이 예수님의 따뜻한 사랑을 느낄 수 있도록 크리스마스 카드를 써서 함께 전해요.

| 활　동
| 유의점 | • 배추를 소금에 절이는 것은 전날 미리 절여 놓거나, 편의상 절임 배추를 사용할 수 있
　　　다.

　　　• 교사는 지역아동센터나 주민센터, 복지관과 연계하여 김장김치를 이웃에게 전달해 줄
　　　　수 있다. 유아교육기관 주변에 있는 어려운 이웃들을 미리 섭외하여 유아들과 소집단
　　　　으로 직접 방문할 수도 있다. 또는 학부모님들의 협조를 받아 원 행사로 이웃사랑 김장
　　　　행사를 실천해 볼 수 있다.

| 확장활동 | • 언어영역: 이웃에게 전하는 크리스마스 카드 쓰기

　　　• 역할영역: 김장 놀이하기

[이웃에게 전하는 크리스마스 카드]

이웃들에게 김장김치 담근 것을 전해 줄 때 크리스마스 카드를 만들어서 함께 전해 준다.

유아에게는 김장김치와 함께 예수님의 사랑을 전하며 이웃 사랑을 실천할 수 있는 기회가 된다.

| **활동평가** | • 김장을 담그는 방법을 아는지 평가한다.

• 김장김치 나누기 활동을 통하여 예수님의 사랑을 나누는 기쁨을 느끼고 기쁨의 내용을 표현하는지 평가한다.

■ 1주 · 추운 겨울 나기.

■ 주간통합목표: 예수님이 이 땅에 오신 이유를 알고 겨울을 따뜻하게 보낸다.

신나는 눈 놀이

활동형태: 자유선택활동/영역: 바깥놀이 · 실내놀이

|통합목표|
- 눈으로 하는 겨울철 놀이를 즐긴다.
- 눈을 탐색하면서 하나님이 만드신 눈의 특징을 안다.
- 눈을 활용하여 다양한 모양을 만들어 본다.

|누리과정 관련요소|
- 의사소통: 말하기-느낌, 생각, 경험 말하기
- 자연탐구: 과학적 탐구하기-물체와 물질 알아보기
- 자연탐구: 과학적 탐구하기-간단한 도구와 기계 활용하기

|인성요소|
- 기쁨: 예수님이 오신 것 기뻐하기
- 사랑: 하나님의 사랑을 알고 감사하기

| 활동자료|
- 눈 오는 날 바깥에 쌓인 눈
- 오감놀이 비닐 또는 목욕 대야, 돋보기, 모래놀이 세트, 역할놀이 세트, 물컵, 수수깡, 바구니 등

| 활동방법|

• 도 입
1. (눈 오는 날 바깥으로 나가서) 눈의 다양한 특징을 탐색한다.
   - 눈을 보세요. 색깔은 어떤가요? 눈은 어떻게 내리나요?
   - 눈을 뭉쳐 보세요. 어떤 느낌인가요? 어떤 소리가 나나요?
   - 눈을 밟아 보세요. 미끄럼을 타 보세요. 기분이 어떤가요?
2. 눈을 이용한 다양한 바깥놀이를 즐긴다.
   - 눈을 하늘로 뿌려 보세요. 어떻게 날리나요?
   - 친구와 함께 놀이해요. 어떤 놀이를 하고 싶나요?
3. 눈의 변화에 대해 생각해 본다.
   - 눈이 따뜻한 곳에 있으면 어떻게 변할까요?
   - 눈 놀이를 따뜻한 실내에서 할 수 있을까요?
   - 교실에서 가지고 놀이한다면 어떤 놀이를 할 수 있을까요?

12월

〈눈으로 하는 신나는 놀이〉

• 전 개

4. 실내에서 눈을 이용해서 자유롭게 놀이한다.

 −하나님은 흙으로 사람을 지으신 예술가예요. 우리도 눈을 이용해 다양한 것을 만들 며 놀이할 수 있어요.

 −교실에 있는 여러 도구와 다양한 재료를 활용해서 재미있게 놀아 보세요.

 −눈사람 마을을 만든다면 어떤 것들을 만들 수 있을까요? (성이나 집, 도로, 나무, 산 등)

 −(식용 색소를 이용하여) 하얀 눈을 다양한 색깔 눈으로 만들어 볼 수 있어요.

6. 만든 것은 전시하고, 나머지 눈과 놀이 도구는 정리한다.

7. 시간이 지난 후 유아들이 만든 것들이 변화되는 과정을 관찰한다.

 −눈이 시간이 지나면서 어떻게 변화되었나요?

 −녹으면서 물이 되기도 하고, 부드러웠던 눈이 뭉쳐서 딱딱해졌어요. 색깔이 하얀 색 에서 회색으로 바뀌었어요.

• 마 무 리

8. 눈 놀이 후, 활동을 평가한다.

 −눈으로 어떤 놀이를 해 보았나요?

 −바깥에서 눈을 가지고 놀이한 기분이 어떤가요?

 −교실에서 놀이하니까 바깥에서 놀이할 때와 어떻게 다른가요?

9. 하나님이 창조하신 눈으로 즐겁게 놀이할 수 있게 해 주신 하나님께 감사한 마음을 갖 는다.

 −겨울이 되어 눈이 내렸어요.

 −눈을 가지고 겨울철 놀이도 해 보았어요. 여러 가지 모양틀을 이용해서 만들기도 해 보았어요. 겨울을 즐길 수 있게 해 주신 하나님께 감사해요.

| 활 동 |
| 유 의 점 |

• 눈 놀이 활동 전에 유아들과 미리 규칙을 정한다(바깥에서 눈 놀이할 때, 실내에서 눈 놀이 할 때).

- 실외에서는 유아들이 눈을 가지고 눈사람 만들기, 눈싸움 등의 놀이를 했다면, 실내에 서는 눈을 가지고 구성물을 창의적으로 만들 수 있도록 안내한다.
- 교사는 보조 교사의 도움을 받아 대야나 욕조에 눈을 담아 교실에 미리 준비해 두거나 치울 수 있도록 한다.

|확장활동|
- 신체활동: 겨울 바람 표현하기
- 미술영역: 눈에 물들이기
- 과학영역: 얼음 관찰하기, 눈 결정 현미경으로 관찰하기
- 쌓기영역: 이글루 만들기

[눈에 물들이기]

다양한 색 물감 물을 분무기별로 담아서 자유롭게 눈 위에 뿌려 본다. 눈에 색깔이 퍼져 나가는 과정 과 물들여진 곳에 눈이 녹는 과정을 관찰한다.

[이글루 만들기]

벽돌 모양 블록을 하얀 종이를 쌓아서 제공한다. 얼 음 벽돌을 쌓아서 만든 이글루를 만들어 본다. 놀이 를 통해 눈과 얼음의 세계에 더 많은 관심과 호기심 을 갖게 된다.

|활동평가|
- 눈을 탐색하면서 눈의 특징을 알고 있는지 평가한다.
- 눈은 하나님이 만드셨음을 알고, 눈으로 즐거운 놀이를 할 수 있음에 감사하는 마음을 가지는지 평가한다.
- 눈으로 다양한 모양을 표현하는지 평가한다.

12월

■ 2주 · 크리스마스.

■ 주간통합목표: 크리스마스의 유래와 의미에 대하여 알아본다.

　　　　　　　 크리스마스를 기쁘게 맞이하고 보낸다.

크리스마스 맞이하기

활동형태: 자유선택활동/영역: 미술

|통합목표| • 크리스마스의 의미를 이해하고, 기쁨으로 맞이한다.

　　　　　 • 다양한 재료를 창의적으로 활용하여 크리스마스 환경을 꾸민다.

|누리과정
관련요소| • 예술경험: 예술적 표현하기-미술활동으로 표현하기

　　　　　 • 의사소통: 쓰기-쓰기에 관심 가지기

|인성요소| • 기쁨: 예수님이 오신 것 기뻐하기

　　　　　 • 사랑: 하나님의 사랑을 알고 감사하기

|활동자료| • 크리스마스 장식 만들기 재료(색도화지, 펠트지, 반짝이 풀, 스팽글, 가위, 풀, 종이컵, 물감,

　　　　　 전지 등 다양한 꾸미기 재료)

|활동방법|

• 도 입　　1. 크리스마스 풍경 사진을 보면서 대해 이야기 나눈다.

출처: 구글 이미지 검색.

　　　　　 -사람들이 크리스마스를 기다리며 왜 장식으로 꾸밀까요?

　　　　　 -크리스마스는 아기예수님이 태어나신 날, 기쁜 날이에요.

－크리스마스 풍경을 보니 어떤 마음이 드나요?

• 전 개   2. 크리스마스 교실 꾸미기 방법에 대해 이야기를 나눈다.

　　　　－크리스마스의 기쁨을 느낄 수 있도록 교실을 꾸며 보아요.

　　　3. 교실을 어떻게 무엇으로 꾸밀지 이야기 나눈다.

　　　　－크리스마스 분위기로 우리 교실을 꾸며 볼까요?

　　　　－어떤 방법으로 교실을 꾸며 볼까요?(눈 모빌, 가랜드, 리스, 크리스마스 트리에 카드 달기 등)

〈크리스마스 장식 꾸미기〉

　　　4. 유아들이 만든 작품을 전시하여 교실을 크리스마스 분위기로 꾸민다(교실을 꾸미는 동
　　　　안 캐럴을 들려준다).

〈크리스마스 분위기로 꾸민 교실〉

12월

· 마 무 리　　5. 교실을 다 함께 감상한다.

　　　　　　 −교실을 꾸며 보니까 기분이 어때요?

　　　　　　 −아기예수님의 탄생인 크리스마스가 다가옴을 느낄 수 있어요.

　　　　　 6. 크리스마스를 맞이하면서 우리에게 가장 큰 기쁨은 아기예수님이 태어나신 것임을 이
　　　　　　 야기 나눈다.

　　　　　　 −우리 교실을 누구에게 보여 주고 싶나요?

　　　　　　 −예수님이 우리 교실에 오신다면 어떠실까요?

　　　　　　 −우리가 예수님을 기쁨으로 기다렸다는 것을 아실 거예요.

　　　　　　 −크리스마스를 기다리면서 교실에서 행복하게 지내요.

| 활　동
　유의점 | • 크리스마스 모빌, 가랜드, 트리 등을 유아들이 자유롭게 만들 수 있도록 자유선택활동
미술영역에 자료를 제시해 준다.

• 단회기 활동으로 끝내는 것이 아니라 1주일 동안 만들며 예수님의 오심을 준비하는 시
간을 갖는다.

| 확장활동 | • 미술영역: 눈 결정체 모빌 만들기
• 음률영역: 크리스마스 캐럴 연주해 보기

[선물양말(장갑) 바느질하기]
부직포를 양말 모양으로 만들어 두장을 포갠 후 가
장자리를 따라 펀치로 구멍을 낸다. 플라스틱 바늘
을 이용해서 구멍에 실을 끼워 가며 완성해 본다.

[크리스마스 캐럴 연주해 보기]
예수님의 탄생을 알리는 캐럴을 들어 보고 즐겁게
따라서 부른다. 익숙해지면 다양한 리듬악기를 연
주하며 부른다. 아기예수님이 오시는 것을 기쁨으
로 맞이하도록 한다.

| 활동평가 | • 크리스마스의 의미를 이해하고, 기쁨으로 맞이하는지 평가한다.
• 다양한 재료를 창의적으로 활용하여 크리스마스 환경을 꾸밀 수 있는지 평가한다.

■ 2주 · 크리스마스.

■ 주간통합목표: 크리스마스의 유래와 의미에 대하여 알아본다.

　　　　　크리스마스를 기쁘게 맞이하고 보낸다.

예수님의 생일을 축하해요

활동형태: 자유선택활동/영역: 역할

|통합목표| • 크리스마스는 예수님의 생일임을 안다.

　　　　 • 예수님이 이 땅에 오심을 기뻐한다.

　　　　 • 친구들과 함께 예수님의 생일을 축하한다.

|누리과정
관련요소| • 예술경험: 예술적 표현하기-극놀이로 표현하기

　　　　 • 사회관계: 나와 다른 사람의 감정을 알고 조절하기-나와 다른 사람의 감정을 알고 표현하기

12월

|인성요소| • 기쁨: 예수님이 오신 것 기뻐하기

　　　　 • 사랑: 하나님의 사랑으로 이웃과 교제하기

|활동자료| • 케이크, 식탁보, 여러 가지 음식 모형, 작은 책상(혹은 보자기), 아기 인형, 선물

　　　　 • 성경이야기(장면 7, 8)

|활동방법|

• 도 입　1. 생일에 대해 이야기 나눈다.

　　　　　　-생일은 어떤 날인가요?

　　　　　　-친구가 생일을 맞으면 어떻게 축하해 주나요?

　　　　　　-누가 생일을 축해해 주나요?

　　　　　　-생일 축하를 받으면 기분이 어떤가요?

　　　　　　-생일을 축하해 줄 때 기분이 어떤가요?

　　　　　　-생일은 모두가 기분이 좋은 날이에요.

• 전 개　2. 크리스마스에 대하여 이야기 나눈다.

　　　　　　-사람들은 크리스마스에 무엇을 하면서 보내나요?

　　　　　　-크리스마스는 어떤 날인가요?

−크리스마스는 예수님의 생일이에요.

3. 성경이야기(장면 8)을 읽어 준다.

−많은 나라 사람들이 예수님이 태어나신 것을 축하하는 날이에요. 그래서 탄생의 기쁨과 사랑을 서로에게 나누어요.

8

이스라엘 사람들은 예수님이 오심을 정말 기뻐했어요. 예수님이 이스라엘과 우리를 구원하실 분이시기 때문이에요. 그 일을 이루기 위해 이 땅에 태어나 셨어요.

4. 예수님의 생일을 축하하는 방법에 대하여 이야기 나눈다.

−예수님의 생일을 함께 축하해요.

−(성경이야기 장면 7을 보며) 동방박사는 예수님의 생일을 어떻게 축하해 주었나요?

7

별을 연구하는 동방의 박사들도 예수님의 탄생을 알게 되었어요. 별을 보고 따라와 예수님이 계신 마구간까지 왔어요. 예수님께 귀한 선물(황금, 유향, 몰약)을 드리고 경배했어요.

−크리스마스에 어떻게 예수님의 생일을 축하해 줄 수 있을까요?

−예수님이 기뻐하실 일들을 해요. 예수님을 위해 생일파티를 열어요. 예수님께 선물을 드려요. 예수님이 태어나신 기쁨을 친구들과 함께 나누어요.

5. 예수님의 생일 파티를 준비한다.

−역할영역에서 예수님이 기뻐하시는 생일 파티를 열어 볼까요?

−생일 파티를 하기 위해서는 무엇이 필요할까요?

−생일 음식은 무엇으로 차릴까요?

−예수님께 드리고 싶은 선물을 골라 보세요(소품으로 다양한 크기의 선물상자를 준비해 놓는다).

6. 생일 파티를 진행한다.

−예수님의 생일 축하 노래를 불러 볼까요?

−예수님께 해 드리고 싶은 말이 있나요?

−다른 방법으로 축하해 주고 싶은 친구가 있나요?(찬양 불러 드리기, 예수님 생일 축하 기도해 드리기 등)

−준비한 선물을 예수님께 드려요.

〈예수님의 생일을 축하해요〉

• 마 무 리　7. 생일 파티 후, 활동을 평가한다.

　　　　　　−예수님의 생일을 축하해 줄 때 기분이 어떤가요?

　　　　　　−예수님 생일인 크리스마스는 하나님께서 우리를 사랑하셔서 아기예수님을 보내 주
　　　　　　　신 날이에요.

　　　　　　−크리스마스의 기쁨을 가족들과 친구와 함께 나누어요.

| 활　동 |　• 크리스마스는 예수님이 태어나신 날로, 산타 할아버지나 선물은 예수님 탄생의 기쁨을
| 유 의 점 |　　나누기 위함이라는 것을 알도록 한다.

　　　　　　• 역할영역에 있는 소품을 활용하면서 예수님의 생일을 마음을 담아 축하해 주는 것에
　　　　　　　초점을 맞추도록 한다.

| 확장활동 |　• 가정연계활동: 포트락 파티하기

　　　　　　• 언어영역: 예수님의 생일을 알리는 편지 쓰기

[예수님의 생일을 알리는 편지 쓰기]

크리스마스의 주인이신 예수님의 생일을 알리는 편지를 쓰고 가족이나 주변의 친구들에게 전하면서 예수님
오신 기쁨을 함께 나눈다. 우리를 구하러 오신 예수님에 대한 복된 소식도 함께 나눌 수 있다.

[포트락 파티하기]

예수님의 생일을 친구들과 함께 기뻐하기 위해 가정에서 준비한 음식들을 나누어 먹어 본다. 다른 반 선생님, 동생, 형님들에게 음식을 나누어 주면서 예수님의 탄생 소식을 전할 수 있다.

| **활동평가** |
- 크리스마스는 예수님의 생일임을 알고 있는지 평가한다.
- 예수님이 이 땅에 오심을 기뻐하는지 평가한다.
- 친구들과 즐겁게 예수님의 생일을 축하하는지 평가한다.

■3주 · 이웃과 함께 보내는 겨울.

■주간통합목표: 우리 주변의 어려운 이웃에게 관심을 갖고 예수님을 전한다.

빨간 염소를 보내요

활동형태: 대소집단활동/영역: 이야기나누기

|통합목표|
- 이웃에게 관심을 갖고 사랑하는 방법을 알아본다.
- 아프리카 친구를 도와줌으로써 예수님의 사랑을 실천한다.

|누리과정 관련요소|
- 의사소통: 듣기−이야기 듣고 이해하기
- 사회관계: 다른 사람과 더불어 살기−공동체에서 화목하게 지내기

|인성요소|
- 화평: 하나님 안에서 이웃과 사이좋게 지내기
- 협동: 이웃과 함께 하여 선한 일 실천하기
- 양선: 어려운 이웃을 도와주려는 마음 갖기
- 양선: 하나님을 믿음으로 이웃에게 내 것 나누어 주기

| 활동자료|
- 활동자료: 지구본, 빨간 염소 모금함, 빨간 염소 스티커, 빨간 염소 보내기 실천판
- 음원: 〈염소 4만원〉(옥상달빛)
- 동영상 자료
  −세이브더칠드런 염소 캠페인(https://www.youtube.com/watch?v=zOjBsvQEcIg)
  −세이브더칠드런 빨간염소 보내기 뮤직 비디오 감상하기(https://www.youtube.com/watch?v=eJnG3DsIf8c)

| 활동방법|
- 도 입
  1. 아프리카 어린이에게 관심을 갖는다.
     −(지구본을 보며) 우리가 살고 있는 지구 반대편에는 아프리카가 있어요. 아프리카는 어떤 곳일까요? 사람들은 어떻게 지낼까요?
     −이곳의 친구들은 어떻게 지낼까요?
     −(세이브더칠드런 염소 캠페인 동영상을 처음부터 1분 15초 지점까지 보고 나서) 친구들의 모습이 어떤가요? 어떤 마음이 드나요?
     −예수님은 아프리카 친구들을 보시고 어떤 마음이 드실까요?
     −아프리카 친구들에게 예수님의 사랑을 실천할 수 있어요.

〈세이브더칠드런 염소 캠페인 동영상〉

• 전 개

2. 아프리카 친구들을 도와줄 수 있는 방법을 생각해 본다.

　－아프리카 친구들을 어떻게 도와줄 수 있을까요?

　－필요한 물품들을 보내요. 힘내라고 편지를 써 줘요. 기부해요.

　－아프리카 친구들을 도울 수 있는 또 하나의 방법이 있어요.

3. '세이브더칠드런' 단체의 '빨간 염소 보내기' 활동을 소개한다.

　－(동영상 나머지 부분을 보며) 아프리카 친구들을 도와주는 활동을 소개할게요.

〈세이브더칠드런 염소 캠페인 동영상〉

－아프리카의 친구들에게 빨간 염소를 보내는 활동을 하려고 해요.

－아프리카 친구들에게 왜 빨간 염소를 보내 줄까요?

〈염소가 주는 유익〉

• 염소는 아프리카와 같이 건조한 날씨에도 적은 먹이로도 살아남을 수 있다.
• 1년에 3~4마리의 새끼를 낳아서 가정의 경제에도 보탬이 된다.
• 아이들은 매일 신선한 염소의 젖을 먹고 영양을 보충할 수 있다.
• 염소의 새끼를 팔아 돈을 모을 수 있고 학교에도 갈 수 있다.

4. 아프리카 친구들을 위해서 염소를 보낼 수 있는 방법을 생각해 본다.

　－(세이브더칠드런 빨간 염소 보내기 뮤직비디오 시청 후) 영상을 보니까 어떤 생각이 드
　　나요?

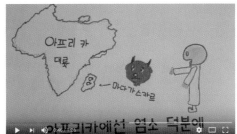 

〈세이브더칠드런 빨간 염소 보내기 뮤직 비디오〉

〈염소 4만 원〉

－옥상달빛

너희들은 염소가 얼만지 아니 / 몰라 몰라
아프리카에선 염소 한 마리 / 4만 원 이래
하루에 커피 한 잔 줄이면 / 한 달에 염소가 네 마리
우리가 옷 사는 것 아끼면 / 여기선 염소가 여러 마리
지구의 반대편 친구들에게 / 선물하자
아프리카에선 염소 덕분에 / 학교 간단다
지구의 반대편 친구들에게 / 선물하자
아프리카에선 염소 덕분에 / 학교 간단다 / 학교 보내자

12월

－우리도 아프리카에 염소를 보낼 수 있어요. 어떻게 보낼 수 있을까요?

－어떻게 하면 4만 원을 모을 수 있을까요?(부모님 도와드리고 용돈 얻기, 장난감 구입 · 군 것질 줄이기, 용돈 절약하기 등)

5. 용돈을 모을 수 있도록 돕는 자료를 소개한다(빨간 염소 모금함, 빨간염소 스티커, 빨간염 소 보내기 실천판).

－용돈을 모을 수 있도록 돕는 자료예요. 부모님과 약속한 일을 하고 염소 칭찬스티커 를 받으면, 실천판에 붙이세요. 염소 스티커는 1마리당 100원이에요. 염소가 10마리 되면 얼마가 될까요?

－일주일 동안 염소 스티커를 모으고, 용돈을 받아오면 친구들과 함께 모은 돈으로 염 소 한 마리를 사서 아프리카 친구들에게 보내요.

〈빨간 염소 모금함〉

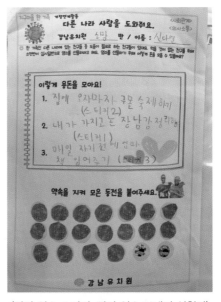

〈빨간 염소 스티커, 빨간 염소 보내기 실천판〉

6. 아프리카 친구를 위해 내가 할 수 있는 일들이 있음을 알고, 어떤 일을 실천할 수 있는 지 생각해 본다.

－집에서 어떤 일을 실천할 수 있을까요?

－나를 위한 선물이 아닌 아프리카 친구에게 염소를 보내기 위해 일주일 동안 염소 스 티커를 모아 보세요.

• 마 무 리 7. 아프리카 친구를 도와줌으로써 예수님의 사랑을 실천할 수 있음을 안다.

－우리의 작은 도움이 아프리카의 친구들에게는 큰 도움이 돼요. 예수님은 우리가 어 려운 친구를 도울 때 기뻐하세요. 예수님이 우리에게 큰 선물을 주신 것처럼 우리도 다른 사람들에게 예수님의 사랑을 실천하는 선물을 전해 주어요.

활 동 유의점	• 세이브더칠드런 기관은 국내 아동과 세계 아동을 돕는 국제 구호개발 NGO 단체임을 설명한다.

• 사전에 '빨간 염소 보내기' 활동과 관련된 가정통신문을 보내 가정과 연계될 수 있도록 한다. 활동이 끝난 후 스티커를 용돈으로 환산해서 유아가 기부를 할 수 있도록 한다.

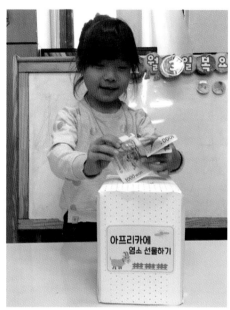

〈용돈 모으기〉

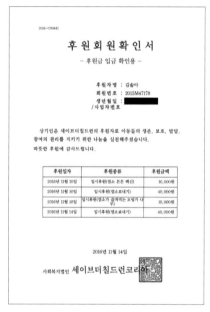

〈후원회원확인서〉

확장활동	• 수ㆍ조작영역: 염소 세어 보기

• 역할놀이: 사랑의 선물 가게 놀이

활동평가	• 이웃에게 관심을 가지고 사랑을 표현하는지 평가한다.

• 아프리카에 있는 가난한 친구 혹은 도움이 필요한 사람들을 돕는 것이 예수님의 사랑 을 실천하는 것임을 아는지 평가한다.

1·2월 통합유아교육과정

예수님처럼 자라요

I.

1 · 2월 · 예수님처럼 자라요

성경적 통합유아교육과정 실행을 위한 기초 다지기

'성경적 통합유아교육과정 실행을 위한 기초 다지기'는 1 · 2월 유아교육과정에 해당하는 성경본문 배경과 흐름에 따른 주요개념 이해, 교사큐티를 통한 이해 재확인 및 적용과 기도 과정을 순차적으로 제시한다. 이 과정을 통하여 기독교 유아교사는 유아교육과정의 성경적 통합과정 이해 및 성경적 통합교육을 실행하기 위한 역량기반을 다질 수 있다. 성경적 통합역량 기초 다지기 과정을 거치면서 통합된 교육활동 내용을 충실하게 수행할 뿐만 아니라 심화 · 확장 활동으로 자유롭게 연계할 수 있는 역량을 성취해 나갈 수 있다.

1. 주요개념

한 달의 통합교육과정에 대한 이론적 기초로서, 성경본문과 유아교육과정의 주제가 어떤 개념을 근거로 통합되는지에 대한 정보를 제공한다.

2. 성경개관

성경본문의 배경과 전체 흐름을 살펴보고 통합의 근거가 되는 성경의 요점을 개요 수준에서 간추린다.

3. 교사큐티

말씀을 통해 하나님과 개인적으로 교제하는 시간으로 한 달간의 성경본문을 각 주별 주제와 관련하여 매주 묵상한다.

주요개념

요 약

　예수님의 지혜와 키가 자라가며 하나님과 사람들에게 더욱 사랑스러워 가셨다. 어린 시절에 예수님은 경건, 인지, 신체, 사회정서 측면에서 전인적인 발달을 보이셨다. 새해가 되어 한층 자란 유아는 예수님의 성장과정과 자신의 성장 모습을 비교하여 살펴봄으로써 예수님처럼 성장하고 싶은 내적 동기를 가질 수 있다. 이러한 바람을 가지고 하나님과 인격적인 관계를 맺고 성장하면서 이웃과 더불어 살아가는 데 기여할 수 있는 실천적인 활동들을 수행하여 본다.

1) 성경: 예수님처럼 자라요

　성경은 이 세상에 연약한 아기로 오신 예수님이 성인이 되어 공생애 사역을 마치시기까지 전인적으로 성장 · 발달하신 것으로 기록한다. 영아기의 예수님은 자라며 강하여지고 지혜가 충만하며 하나님의 은혜가 그의 위에 있고(누가복음 2:40) 하나님과 사람에게 사랑스러워 가시는 모습이었다(누가복음 2:52).

　유아교육의 발달 목표는 신체, 인지, 언어, 사회정서 발달을 포함하고, 기독교 교육은 경건발달을 동시에 강조한다(잠언 9:10). 예수님은 이 모든 발달과제들을 성취하셨다. 예수님의 성장은 하나님의 은혜와 하나님과의 인격적인 관계를 기반으로 하여 '키(신체)가 자라며' '지혜(언어 · 인지)가 충만하셨고' '사람에게 사랑스러워(사회정서)지셨다.' 그러므로 성경은 예수님처럼 발달 · 성숙해 갈 것을 제시하고 있다(에베소서 4:13).

2) 유아교육과정: 한 살 더 자랐어요

　'한 살 더 자랐어요' 주제는 유아 자신이 신체적으로 자랐다는 것을 알고 어린 동생을 보호하고 돌봐주며 보다 의젓하게 행동할 수 있을 정도로 자랐다는 것을 인식하도록 하는 데 목표를 둔다. 또한 새로운 학기를 시작하기 전에 유아가 즐거웠던 지난 한 해를 되돌아보도록 함으로써 이전보다 더욱 슬기롭게 사고하고 행동할 수 있는 태도와 역량을 기르도록 한다.

　'한 살 더 자랐어요' 주제를 배움으로써 유아가 자신의 성장을 점검하면서 자신감을 가지고 새로운 과정에 임하려는 태도와 역량을 갖추도록 돕는다. 또한 자신을 기준으로 동생, 형님으로서 행동해야 할 바람직한 역할들을 생각하고 실천할 수 있도록 한다.

3) 성경적 통합: 예수님처럼 자라요

새로운 해가 되면서 유아들의 활동주제는 자연스럽게 '한 살 더 먹었어요' '한 살 더 자랐어요'로 이어진다. 유아는 신체와 인지 능력이 발달하면서 발달주기에 맞게 말하고 행동할 수 있어야 한다. 실제로 유아교육기관에서 상급반이나 혹은 초등학교로 자연스러운 연계를 돕는 다양한 활동들을 제시한다.

이러한 시기에 유아가 예수님이 어떻게 자랐는지 성경이야기를 듣고 예수님처럼 자라는 것에 대하여 이야기를 나누고 예수님처럼 자라가기 위하여 실천할 수 있는 활동을 수행해 본다면 의미가 있을 것이다. 아기로 오신 예수님이 하나님의 은혜 속에서 성장해 가시는 모습을 살펴보고 유아 자신의 성장을 비교하여 예수님과 닮은 모습으로 성장하려면 무엇을 어떻게 해야 하는지 구체적으로 생각해 보도록 한다.

나아가, 예수님처럼 자라가기 위하여 유아들이 배운 내용들을 실천활동에 담아 적용해 볼 수 있다. 예를 들어, 예수님처럼 지혜가 자라기 위하여 기도하기, 성경 듣고 읽기, 찬양하기를 수행해 본다면 의미가 있을 것이다. 또한 예수님처럼 사랑을 실천하여 사람들에게 더욱 사랑스러워지도록 갖추어야 할 사회정서 기술 및 기본생활습관에 대하여 알아보고 수행해 본다. 이를 위하여 바람직한 기본생활습관 및 사회정서 기술이 형성될 수 있도록 지원하는 다양한 환경을 구성하여 예수님의 입장에서 찾아보고 이를 실천하도록 한다.

1 · 2월

성경개관

| **성경말씀** | 본문제목

예수님처럼 자라가요

성경본문

누가복음 2:21-52

중심말씀

예수는 지혜와 키가 자라가며 하나님과 사람에게 더욱 사랑스러워 가시더라(누가복음 2:52).

내용요약

인간의 몸을 입고 이 땅에 오신 예수님은 성장과정을 거치셨으며, 예수님의 성장과정은 경건, 인지, 신체, 사회정서 발달의 전인적인 측면을 포함하고 있으며, 장성한 분량에 이르기까지 지속적으로 성장하셨다.

| **신학적 개념** | 기독론-그리스도의 인격(유아수준: 예수님-예수님은 사람으로 태어나셨다.)

| **핵심개념** | 예수님은 어린아이였던 시절이 있었다.

예수님은 성장과정을 거치셨다.

예수님의 성장과정은 전인적인 발달을 포함하고 있다.

유아는 그리스도의 장성한 분량까지 성장해야 한다.

| **성경이해** | 신이신 예수님은 아기의 몸을 입고 이 땅에 오셨고 인간과 마찬가지로 성장의 과정을 거치셨다. 예수님의 성육신(incarnation)은 단순히 사람의 몸을 입으신 것에 그치는 것이 아니라 어린아이로서의 연약함을 경험하시고 사람과 같은 성장과정을 거치셨음을 의미한다. 예수님은 출생 후 영아기에 부모와 함께 하나님과 예배하였으며, 하나님을 사랑하며 예수님을 기다리는 사람들과 만났다. 또한 나사렛이란 동네에서 어린 시절을 보내신 예수님은 성전의 올라갔을 때 성전에 있는 선생들과 지혜롭게 묻고 답하였다.

예수님의 어린 시절은 경건발달을 토대로 전인적인 발달을 보이고 계시다. 예수님을 닮은 모습으로 성장하는 것을 목표로 하는 유아에게 예수님처럼 자라도록 지도한다.

교사큐티

자라가신 예수님
성경본문 누가복음 2:21-52

인간의 몸을 입고 아기로 오신 예수님은 하나님의 계획에 따라 성장의 과정을 거치신다. 예수님의 성장과 정은 경건의 깊이와 더불어 그리스도의 장성한 분량이 충만한 데까지 이르도록 전인적인 발달이 점진적으로 이루어지고 있음을 드러내고 있다.

|도움말|

22 정결예식의 날이 차매 아기를 데리고 예루살렘에 올라가니: 예수님이나 그의 모친이나 다 정결예식이 필요 없었다. 그러나 그것은 그가 낮아지시고 완전케 되실 때 그가 거치게 된 것들 중에 하나였다. 즉, 헌물로서의 자발적인 헤렘이었으며, 정결예식을 유대인의 관습으로서가 아니라 하나님의 규례로서 언급한 것이다. 이 여행은 예수님의 예루살렘으로 향한 첫 여행이었으며, 장래에 십자가에 못 박히시기 위한 여행의 시작이다.

25 시므온: 그리스도가 오신 것을 말한 최초의 선지자이고 그들 통하여 하나님은 나타나신 분이 그의 독생자이신 것을 입증하셨다. 그는 성령으로 인해서 의롭고 경건하였다는 특징을 가지고 있다. 야곱과 같이 〈창세기 49:18〉, 멀리 떨어진 것으로 기다릴 뿐만 아니라 지금 다가온 것으로 기다렸다(38절).

26 주의 그리스도: 하나님의 기름 부음 받은 자

36 또 아셀 지파 바누엘의 딸 안나라 하는 선지자가 있어 나이가 매우 많았더라: 안나의 남편 대신에 그의 아버지의 이름이 기록되었다. 아셀: 〈역대하 30:11〉을 보라.

38 하나님께 감사하고 예루살렘의 속량을 바라는 모든 사람에게 그에 대하여 말하니라: 이 아기에 대하여 예수님이 구주이심을 말하니라. 다른 사람들은 메시아가 오실 것은 믿었으나 그를 바라고 있지는

할례와 작명, 아기 예수의 성전 봉헌

21 할례 할 팔 일이 되매 그 이름을 예수라 하니 곧 잉태하기 전에 천사가 일컬은 바러라

22 모세의 법대로 정결예식의 날이 차매 아기를 데리고 예루살렘에 올라가니

23 이는 주의 율법에 쓴 바 첫 태에 처음 난 남자마다 주의 거룩한 자라 하리라 한 대로 아기를 주께 드리고

24 또 주의 율법에 말씀하신 대로 산비둘기 한 쌍이나 혹은 어린 집비둘기 둘로 제사하려 함이더라

예수님의 가족에 대한 시므온의 축복

25 예루살렘에 시므온이라 하는 사람이 있으니 이 사람은 의롭고 경건하여 이스라엘의 위로를 기다리는 자라 성령이 그 위에 계시더라

26 그가 주의 그리스도를 보기 전에는 죽지 아니하리라 하는 성령의 지시를 받았더니

27 성령의 감동으로 성전에 들어가매 마침 부모가 율법의 관례대로 행하고자 하여 그 아기 예수를 데리고 오는지라

28 시므온이 아기를 안고 하나님을 찬송하여 이르되

29 주재여 이제는 말씀하신 대로 종을 평안히 놓아 주시는도다

30 내 눈이 주의 구원을 보았사오니

31 이는 만민 앞에 예비하신 것이요

32 이방을 비추는 빛이요 주의 백성 이스라엘의 영광이니이다 하니

33 그의 부모가 그에 대한 말들을 놀랍게 여기더라

34 시므온이 그들에게 축복하고 그의 어머니 마리아에게 말하여 이르되 보라 이는 이스라엘 중 많은 사람을 패하거나 흥하게 하며

않았다. 그녀는 하나님께서 베푸신 호의를 갚아드리기 위하여 공개적인 시인을 하였다.

40 아기가 자라며: 유아의 신체적 성장을 말한다. 그러나 52절에서는 소년으로서 키가 자랐다. 40절은 그가 태어나서 열두 살 때까지의 기간을 포함하고 52절은 열두 살 때부터 서른 살까지이다.

40 강하여지고: '심령이'가 생략되어 있다.

40 지혜가 충만하여 하나님의 지혜가 그 위에 있더라: 지혜는 영혼의 자질 중 최고의 것이다. 예수님의 어리셨을 때의 경건에 대해서는 〈시편 22:10〉을 보라.

46 그가 선생들 중에 앉으사 그들에게 듣기도 하시며 묻기도 하시니: 예수님의 지혜와 언어적 능력을 엿볼 수 있는 부분이다. 질문들을 던지시고는 그것들을 그의 대답으로써 풀어 주고 계셨으나 가르치시지는 않았다. 예수님의 어린 시절을 질서의 하나님이 계획하셨기 때문에 아이가 어른들을 가르친다는 것은 상상할 수가 없다.

49 내 아버지 집에 있어야: '내 아버지께 속한 것들' '내 아버지의 일' 내 아버지의 집' 등으로 볼 수 있다. 예수님의 고백을 통해서 하나님의 일이 예수님에게 가장 우선권을 차지한다는 것을 어린 시절부터 이해하고 있었는지를 말해 준다고 볼 수 있다.

51 나사렛에 이르러 순종하여 받드시더라: 사람들이 아무 선한 것도 존재하지 않는다고 생각한 곳이지만 유일하게 선하신 사람이 그때 살고 계셨다. 만물이 그에게 복종하실 분의 놀라운 순종이다.

52 예수는 지혜와 키가 자라가며: 이것은 그의 인성에 대한 이야기로써, 그의 몸, 즉 키와 체구가 자랐음을 뜻한다. 그는 성장기에 따라서 자라났던 것이다. 또한 지혜의 면에서, 그리고 인간 영혼의 모든 재능적인 면에서 그의 영혼은 성장하였다. 성숙됨에 따라 그의 인간적인 영혼이 신성으로부터 부어빋은 은사들도 점점 확산되었다.

52 하나님과 사람에게 더욱 사랑스러워 가

비방을 받는 표적이 되기 위하여 세움을 받았고

35 또 칼이 네 마음을 찌르듯 하리니 이는 여러 사람의 마음의 생각을 드러내려 함이니라 하더라

하나님께 감사하는 안나

36 또 아셀 지파 바누엘의 딸 안나라 하는 선지자가 있어 나이가 매우 많았더라 그가 결혼한 후 일곱 해 동안 남편과 함께 살다가

37 과부가 되고 팔십사 세가 되었더라 이 사람이 성전을 떠나지 아니하고 주야로 금식하며 기도함으로 섬기더니

38 마침 이 때에 나아와서 하나님께 감사하고 예루살렘의 속량을 바라는 모든 사람에게 그에 대하여 말하니라

예수님의 영아기 성장과 시간의 경과

39 주의 율법을 따라 모든 일을 마치고 갈릴리로 돌아가 본 동네 나사렛에 이르니라

40 아기가 자라며 강하여지고 지혜가 충만하며 하나님의 은혜가 그의 위에 있더라

성전을 방문한 예수님

41 그의 부모가 해마다 유월절이 되면 예루살렘으로 가더니

42 예수께서 열두 살 되었을 때에 그들이 이 절기의 관례를 따라 올라갔다가

43 그 날들을 마치고 돌아갈 때에 아이 예수는 예루살렘에 머무셨더라 그 부모는 이를 알지 못하고

44 동행 중에 있는 줄로 생각하고 하룻길을 간 후 친족과 아는 자 중에서 찾되

45 만나지 못하매 찾으면서 예루살렘에 돌아갔더니

46 사흘 후에 성전에서 만난즉 그가 선생들 중에 앉으사 그들에게 듣기도 하시며 묻기도 하시니

47 듣는 자가 다 그 지혜와 대답을 놀랍게 여기더라

48 그의 부모가 보고 놀라며 그의 어머니는 이르되 아이야 어찌하여 우리에게 이렇게 하였느냐 보라 네 아버지와 내가 근심하여 너를 찾았노라

49 예수께서 이르시되 어찌하여 나를 찾으셨나이까 내가 내 아버지 집에 있어야 될 줄을 알지 못하셨나이까 하시니

50 그 부모가 그가 하신 말씀을 깨닫지 못하더라

시더라: 영혼과 육체를 받아 은혜로 제한되셨을 때부터 해마다 더 상냥하여지도록 권면받으셨다. 하나님이 기뻐하시는 일을 하면서(요한복음 8:29) 하나님과 사람의 사랑을 받으면서 성장하였다. 하나님의 형상은 그가 유아였을 때와 어린이였을 때보다. 자라서 청년이 되었을 때 그 안에서 더욱 밝게 빛났다.

51 예수께서 함께 내려가사 나사렛에 이르러 순종하여 받드시더라 그 어머니는 이 모든 말을 마음에 두니라

예수님의 유년기 성장과 시간의 경과

52. 예수는 지혜와 키가 자라가며 하나님과 사람에게 더욱 사랑스러워 가시더라

|요약/해설|

예수님의 성육신

완전한 인간이요 완전한 신이신 예수님은 육신의 한계를 지닌 작은 아기로 인간으로서의 삶을 시작하셨다. 예수님은 단순히 육신을 입은 의미의 성육신이 아니라 인간의 원초적인 연약함을 친히 경험하시고 인간과 마찬가지로 동일한 성장과정을 거치셨다. 완전한 신이신 예수님이 인간으로서의 한계를 가지셨던 것과 성장과정을 거치셨던 것이 마치 예수님의 신성을 약화시키는 것으로 오해하여 불편해하기보다는 도리어 성령으로 잉태되고 죄가 없으신 하나님의 아들이신 예수님이 연약한 인간을 완전히 이해하시기 위해 행하신 지극히 크신 사랑의 자발적 행위로 보아야 한다.

예수님의 영유아기

예수님 태어난 지 40일 되던 날(누가복음 2:22) 예루살렘으로 올라가신다. 그곳에서 예수님은 또 다른 사람들을 만난다. 의롭고 경건하여 이스라엘의 위로를 기다리는 자였으며, 성령의 지시를 받았던(누가복음 2:26-27) 시므온을 만난다. 시므온은 아기를 알아보고 안고, 하나님을 찬송하며, 축복을 한다(누가복음 2:28-35). 또한 84세로 성전을 떠나지 아니하고, 주야로 금식하며, 기도함으로 섬기던 과부인 안나 선지자를 만난다. 예수님의 영유아기 기사는 40절에서 완성된다. 이 구절은 예수의 영유아기의 발달에 한 문장으로 정리하고 있으며 12세까지의 성장 공백을 채워 주고 있다.

예수님의 유년기

누가복음 2장 52절의 '자라가며'로 번역된 προκόπτω(프로콥토: 전진하다, 나아가다)는 '밤이 깊고(로마서 13:12)' '지나치게 믿어(갈라디아서 1:14)' '점점 나아가나니(디모데후서 2:16)' '더 나아가지(디모데후서 3:9)' '더욱(악하)여져서(디모데후서 3:13)'로 사용되었다. 예수의 자라감은 멈추어 있는 것이 아니고 점점 더 나아가는 것을 의미한다. 즉, 발달이 끝이 아니라 다음 발달로 점층적 진행인 것이다. 이 문장 속에는 청소년기 및 청년기의 발달을 포함하고 있으며, '우리가 다 하나님의 아들을 믿는 것과 아는 일에 하나가 되어 온전한 사람을 이루어 그리스도의 장성한 분량이 충만한 데까지 이르리니(에베소서 4:13)'의 '그리스도의 장성한 분량이 충만한 데까지' 인 기독교 교육의 궁극적 목표를 향해 가고 있는 것이다.

561

|찬양과 기도| 주님의 임재 가운데 나아갑니다. 주님 말씀하여 주십시오. 제가 듣겠습니다!

|말씀| 본문을 3번 정도 읽으며 전체적인 뜻을 파악하기/내게 다가오는 말씀들을 기록하기

|묵상| 말씀 묵상, 변화를 위한 적용과 구체적인 실천 찾기, 기도하며 결단하기

- 1주: '사람의 모양으로 나타나사 자기를 낮추시고 죽기까지 복종하셨으니 곧 십자가에 죽으심이라(빌립보서 2:6-8)'의 의미를 생각해 봅시다.

- 2주: 예수님께서 어린 아이가 오는 것을 금하지 말라고 하시며 어린 아이를 천국의 주인이라고 가르치신 것을 예수님의 어린 시절과 연관하여 묵상해 봅시다(누가복음10:21, 마태복음 19:13-15, 마가복음 10:13-16, 누가복음 18:15-17).

- 3주: 예수님의 어린 시절에 주변 인물(인적 환경)은 누가 있었나요? 그들은 무엇을 하였나요?(누가복음 2:26-27, 누가복음 2:28-35, 누가복음 2:41-51) 나는 유아에게 어떤 선한 영향력을 줄 수 있을까요?

- 4주: 예수님의 성장과정은 어떠하였으며, 예수님의 성장에서 가장 중요한 것은 무엇이었나요?(누가복음 2:40, 누가복음 2:52) '그리스도의 장성한 분량'의 의미는 무엇일까요?(에베소서 4:13)

|공동기도| 우리를 위하여 예수님을 보내 주신 하나님 감사합니다. 사람의 몸을 입으시고 이 땅에 오셔서 죽기까지 복종하신 예수님을 찬양합니다. 예수님을 닮아 그리스도의 장성한 분량이 충만한 데까지 이르도록 도와주시옵소서. 우리가 지도하고 있는 아이들을 예수님을 닮은 어린이로 성장하도록 돕는 데 저희를 사용하여 주시옵소서.

1·2월 · 예수님처럼 자라요

II. 성경적 통합과정 이해하기

'성경적 통합과정 이해하기'는 성경본문과 유아교육과정 사이에 다리 놓기 작업으로서 유아교육과정이 성경적으로 통합되는 절차와 단계를 보여 준다. 성경적 통합과정을 구조화함으로써 교사가 통합과정을 보다 쉽게 이해하고 성경적으로 통합할 수 있는 능력을 갖출 수 있도록 지원한다.

1. 월간 성경적 통합의 흐름도

유아교육과정의 주제 및 목표를 성경본문의 주제 및 목표에 근거하여 통합하는 과정을 보여주는 프레임(틀)이다.

2. 월간 성경적 통합과정 해설

개요 수준에서 요약한 성경적 통합의 흐름에 함축된 주요 내용이나 예시들을 자세히 풀어서 설명해 놓은 지침서이다.

3. 월간통합교육계획안

성경주제 및 목표에 근거하여 한 달간 진행되는 통합교육활동들과 그 흐름을 한눈에 볼 수 있도록 요약한 주요 계획이다.

월간 성경적 통합의 흐름도

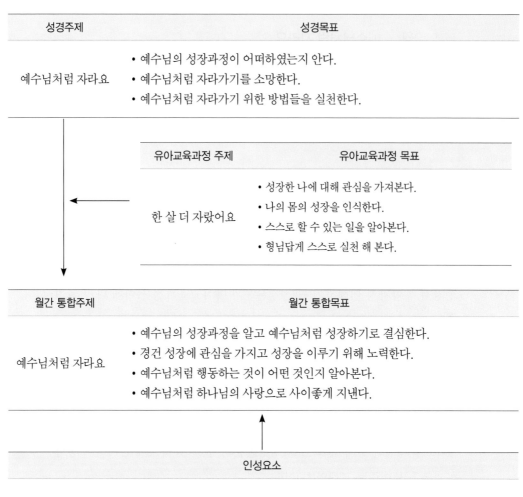

성경주제	성경목표
예수님처럼 자라요	• 예수님의 성장과정이 어떠하였는지 안다. • 예수님처럼 자라가기를 소망한다. • 예수님처럼 자라가기 위한 방법들을 실천한다.

유아교육과정 주제	유아교육과정 목표
한 살 더 자랐어요	• 성장한 나에 대해 관심을 가져본다. • 나의 몸의 성장을 인식한다. • 스스로 할 수 있는 일을 알아본다. • 형님답게 스스로 실천 해 본다.

월간 통합주제	월간 통합목표
예수님처럼 자라요	• 예수님의 성장과정을 알고 예수님처럼 성장하기로 결심한다. • 경건 성장에 관심을 가지고 성장을 이루기 위해 노력한다. • 예수님처럼 행동하는 것이 어떤 것인지 알아본다. • 예수님처럼 하나님의 사랑으로 사이좋게 지낸다.

인성요소

- 경건: 하나님의 말씀을 생활 속에서 순종하기
- 협동: 힘을 모아 해결하기
- 사랑: 하나님의 사랑을 알고 기뻐하기, 다른 사람을 위한 일 실천하기
- 기쁨: 하나님의 자녀가 된 것 기뻐하기, 즐겁고 감사한 마음을 잘 표현하기
- 배려: 다른 사람에게 친절하게 대하기
- 양선: 너그러운 마음 갖기
- 인내: 화가 날 때도 예수님의 마음으로 참기
- 절제: 자신의 마음과 감정을 조절하기
- 화평: 사이가 좋지 않을 때에도 좋은 관계 만들기, 가족과 사이좋게 지내기

월간 성경적 통합과정 해설

| **통합주제** |　예수님처럼 자라요

| **통합목표** |　예수님의 성장과정을 알고 예수님처럼 성장하기로 결심한다.

　　　　　　　경건 성장에 관심을 가지고 성장을 이루기 위해 노력한다.

　　　　　　　예수님처럼 행동하는 것이 어떤 것인지 알아본다.

　　　　　　　예수님처럼 하나님의 사랑으로 사이좋게 지낸다.

| **인성요소** |　• 경건: 하나님의 말씀을 생활 속에서 순종하기

　　　　　　　• 협동: 힘을 모아 해결하기

　　　　　　　• 사랑: 하나님의 사랑을 알고 기뻐하기, 다른 사람을 위한 일 실천하기

　　　　　　　• 기쁨: 하나님의 자녀가 된 것 기뻐하기, 즐겁고 감사한 마음을 잘 표현하기

　　　　　　　• 배려: 다른 사람에게 친절하게 대하기

　　　　　　　• 양선: 너그러운 마음 갖기

　　　　　　　• 인내: 화가 날 때도 예수님의 마음으로 참기

　　　　　　　• 절제: 자신의 마음과 감정을 조절하기

　　　　　　　• 화평: 사이가 좋지 않을 때에도 좋은 관계 만들기, 가족과 사이좋게 지내기

1 · 2월

요 약

'예수님처럼 자라요' 주제를 위한 성경적 기초로서 가장 중요한 개념은 성육신하신 예수님의 성장과정은 전인적인 성장과 발달이 이루어졌다는 것을 아는 것이다. 구원과 교육의 대상자인 유아는 그리스도의 장성한 분량에 이르기 위하여 하나님과의 관계와 예수님을 아는 지식을 바탕으로 유아가 속한 사람들과의 관계 속에서 성장하고 발달하며 실천할 수 있어야 한다. 유아교육과정에서 신체적인 성장과 경건의 성장에도 관심을 가지고 경건, 사랑, 협동, 기쁨, 배려, 사랑, 양선, 인내, 절제, 화평 등의 기독교 인성 덕목을 경험하고 내면화하여 유아들이 실천할 수 있는 것들을 안내하는 것이 중요하다. 다음으로 신체, 인지, 사회정서적으로 고르게 성장하였을 때 갖추어야 할 기본생활습관과 사회정서 기술을 습득하게 함으로써 예수님을 닮은 하나님의 자녀로 살게 지원한다.

1. 주요 성경개념

'예수님처럼 자라요' 주제는 사람을 위하여 이 땅에 오시고 죽기까지 복종하신 예수님에 대하여 알아가는 것을 통하여 우리에게 본을 보이신 예수님을 닮아 가도록 하는 데 목적이 있다. 예수님은 사람의 몸을 입고 이 땅에 오셨으며, 사람과 같은 성장의 과정을 거치심으로 사람의 필요와 연약함을 직접 경험하셨다. 뿐만 아니라 성장에 따른 발달단계를 거치면서 전인적인 성장과 발달을 성취하셨다. 예수님의 성장과정에서 드러나는 전인적인 성장과 발달을 이해하여 기독교교육의 목표인 그리스도의 장성한 분량(에베소서 4:13)에 이를 때 까지 성장 · 발달하게 하시는 하나님의 은혜를 경험하게 한다.

따라서 유아에게 전달할 성경적 주요 개념과 활동은 다음과 같다. 첫째, 예수님의 성장과정을 알고 예수님처럼 성장할 것을 결심하는 데 필요한 내적 동기를 갖는다. 둘째, 유아가 자신의 경건 성장에 관심을 가지고 하나님과 인격적 관계를 맺는다. 셋째, 예수님을 닮아 발달주기에 맞게 일상생활에서 말하고 행동한다. 넷째, 하나님과 인격적 관계를 맺은 결과로 또래, 교사, 부모와도 사랑과 애착 관계를 유지하도록 돕는 적절한 사회정서 기술을 배우고 활용한다.

2. 성경적 통합 활동 및 방법

1) 자라가신 예수님

유아교육과정에서는 유아로 하여금 자신의 신체 성장과 더불어 바람직하게 말하고 행동하는 것의 중요성을 깨닫고 실천하도록 돕는 교육을 중요하게 다루고 있다. 성경에서도 아기로 오신 예수님이 성장 · 발달 과정을 거치셨다는 것을 중요하게 제시하므로 유아교육과정과 예수님의 성장과 발달을 연계하여 소개하기에 적절하다.

예수님의 어린 시절 성장과정을 소개하여 성장과 발달의 의미를 가르칠 수 있다. 더 나아가 성경이야기와 더불어 예수님의 어린 시절과 관련한 활동을 해 봄으로써 예수님에 대한 이야기를 좀 더 내면화해 보는 기회를 가질 수 있다.

2) 우리가 예수님처럼 자라려면

유아교육과정에서는 성장의 의미를 나이, 키 등의 외형적인 성장에 초점을 맞추고 있다. 지난 1년을 돌이켜 보고, 앞으로 이루어져야 할 변화에 대하여 이야기를 나눈다. 진급과 관련한 다양한 활동을 수행하여 생물학적인 성장과 더불어 행동의 자연스러운 변화가 일어나도록 교육과정을 통해 지원한다.

III. 성경적 통합유아교육과정 실행하기

'성경적 통합유아교육과정 실행하기'는 성경주제 및 목표가 반영된 성경이야기를 토대로 지금까지의 모든 통합과정을 활동 속에 집약한 교육 실제를 다룬다. 교사가 성경에 근거한 통합교육활동을 안정된 성경적 기반 위에서 수행할 수 있는 있도록 지원한다.

1. 성경이야기

성경이야기는 성경본문의 내용을 유아들이 쉽게 이해할 수 있는 한편의 이야기로 구성하였다. 특히, 월별 성경이야기는 단위활동과 통합되어, 유아들에게 흥미를 유발하고 성경본문의 전체 흐름과 맥락을 보다 쉽게 이해할 수 있도록 한다.

2. 단위활동계획안

단위활동계획안은 성경적 통합학습 내용을 강화하고 재학습할 수 있도록 제시한 구체적 활동방안이다. 교사는 단위활동계획안을 참고하여 활동 방안에 대한 아이디어와 발문 정보를 얻을 수 있다.

성경이야기

| 본문제목 |　예수님처럼 자라가요

| 성경본문 |　누가복음 2:21-52

| 중심말씀 |　예수는 지혜와 키가 자라가며 하나님과 사람에게 더욱 사랑스러워 가시더라 (누가복음 2:52)

　　　　　아기가 자라며 강하여지고 지혜가 충만하여 하나님의 은혜가 그의 위에 있더라(누가복음 2:40)

| 중심내용 |　예수님은 우리를 위하여 이 땅에 오실 때 아기로 태어나셨어요. 그리고 하나님과 사람들 앞에서 지혜와 키가 자라갔어요. 하나님과 사람들을 사랑하고 사랑받으며 자라갔어요. 우리도 예수님처럼 하나님이 원하시는 모습대로 자라가요.

순서	장면	내용
1		성탄절(크리스마스)을 기억하나요? 우리는 함께 예수님이 오신 것을 기뻐하고 축하했어요! 아기였던 예수님은 어떻게 되셨을까요?
2		아기 예수님은 하나님과 사람들 앞에서 건강하고 튼튼하게 자랐어요. 지혜도 자랐어요. 예수님이 어떻게 자랐는지 좀 더 자세히 알아볼까요?
3		예수님은 키가 자랐어요. 아기로 태어났을 때는 아주 작았지만 점점 키도 자라고 몸도 튼튼해졌어요. 마치 우리가 아기였을 때보다 키가 자라고 몸무게도 늘게 된 것과 같아요.

순서	장면	내용
4		예수님은 지혜가 뛰어났어요. 열두 살이 되던 해에는 성전에서 하나님의 말씀을 가르치는 선생님들과 성경말씀을 나누었습니다. 이야기를 듣던 사람들은 예수님의 지혜에 놀랐어요.
5		예수님은 사람들을 사랑하고 사랑을 받았어요. 먼저, 부모님을 사랑하고 그 말씀에 순종했어요. 목수였던 아버지의 심부름도 잘 했어요. 어머니 말씀도 잘 듣고 따랐어요. 예수님을 만나서 기뻐했던 시므온 할아버지, 안나 할머니, 이웃 사람들, 동네 친구들 모두하고 사이좋게 지냈어요.
6		예수님은 하나님을 사랑하고 사랑을 받았어요. 예수님은 하나님을 사랑했어요. 하나님을 '아버지'라고 불렀어요. 하나님은 예수님을 사랑으로 돌보아 주셔서 건강하고 지혜롭게 자라났어요.
7		우리도 예수님처럼 자라요. 하나님과 사람들 앞에서 키와 지혜가 자라나요. 사람들을 사랑하고 사람들에게 사랑을 받으면서 자라요. 그리고 하나님을 사랑하고 하나님의 사랑을 받으면서 자라가요.

1·2월

단위활동계획안

    단위활동은 월 단위 성경적 통합주제와 학습목표를 유아들이 쉽게 재학습하고 강화할 수 있도록 구성한 활동계획이다. 1월과 2월의 주별 단위활동은 다음과 같다. 첫 번째 주에는 새노래 '사랑의 아이' 배우기와 '나는 자라요' 게임을 통해 예수님처럼 자란다는 의미가 무엇인지 안다. 두 번째 주에는 '말씀 북아트', 명화감상 '하나님께 이야기해요' 그리고 음률·신체 활동 '찬양을 해요' 활동에 참여하여 경건생활을 실천해 보도록 한다. 세 번째 주에는 역할극 '친구들과 사이좋게', 이야기 나누기 '예수님이라면 어떻게 하실까'로 또래와 사이좋게 지내는 생활이 익숙해지도록 한다. 네 번째 주에 역할극 '나를 소중하게 대해 줘', 언어활동 '부모님을 기쁘게 해요'는 가족·이웃에게 사랑받는 생활습관을 형성하도록 한다.

■ 주별 단위활동 안내 ■

주	성경적 기초	주제	활동명	활동유형 (영역)	누리과정 주요 관련 영역	인성 요소
1주		자라가신 예수님	사랑의 아이 (573쪽)	음악	의사소통 사회관계	경건 사랑 협동
			나는 자라요 (576쪽)	게임	신체운동·건강 사회관계	
2주	성경 이야기: 예수님처럼 자라요 (누가복음 2:52)	우리가 예수님처럼 자라려면	말씀 북아트 (579쪽)	언어	의사소통 사회관계 예술경험	경건 사랑 기쁨
			하나님께 이야기해요 (583쪽)	미술	의사소통 예술경험 사회관계	
			찬양을 해요 (587쪽)	음률	예술경험 신체운동·건강	
3주		예수님을 닮은 우리	친구들과 사이좋게 (591쪽)	역할극	의사소통 사회관계	사랑 양선 인내
			예수님이라면 어떻게 하실까 (595쪽)	이야기나누기	의사소통 사회관계	
4주		더불어 사랑해요	나를 소중하게 대해 줘 (599쪽)	역할극	의사소통 사회관계	절제 인내 화평 배려
			부모님을 기쁘게 해요 (604쪽)	언어	의사소통 사회관계	

■ 1주 · 자라가신 예수님
■ 주간통합목표: 예수님의 성장과정을 이해하고 예수님 닮아가기로 결심한다.

사랑의 아이

활동형태: 대집단활동/영역: 음악

| 통합목표 |
- 예수님을 닮아가기로 결심한다.
- 노래 부르기 활동에 즐겁게 참여한다.

| 누리과정
관련요소 |
- 의사소통: 느낌, 경험, 생각 말하기
- 사회관계: 나를 알고 존중하기

| 인성요소 |
- 경건: 하나님의 말씀을 생활 속에서 순종하기
- 사랑: 하나님 사랑 알고 기뻐하기

| 활동자료 |
- 유아의 아기 때 사진과 지금의 사진
- 〈사랑의 아이〉(출처: 파이디온 선교회, 송세라 작사/작곡) 악보, 노래말판

| 활동방법 |

· 도 입
1. 아기였을 때 사진과 현재의 사진을 보여 주며 이야기를 나눈다.

－우리가 아기였을 때 사진이에요. 지금은 이렇게 많이 자랐어요.

－새해가 되어서 한 살 만큼 자랐어요.

－어떻게 달라졌나요?

· 전 개
2. 새노래를 소개한다.

－우리가 자라는 모습을 노래로 만들었어요. 어떤 노래인지 들어보세요.

1 · 2월

573

사랑의 아이

파이디온 선교회

키가 쑥쑥 몸도 튼튼 지혜와 사랑가 득 예

수님닮은 사 랑의아이로 자라게하소 서

3. 멜로디로 들어본다.

　−노랫말 없이 조용히 멜로디로 들어보세요.

　−어떤 느낌이 드나요?

4. 노랫말을 따라 불러본다.

5. 노랫말을 소개한다.

　−'키가 쑥쑥 몸도 튼튼'의 의미는 무엇일까요?

　−몸 전체가 건강하게 자란다는 의미예요.

　−'지혜와 사랑 가득'의 의미는 무엇일까요?

　−제일 좋은 해결방법을 생각하고 실천하는 거예요.

　−예수님을 닮는다는 것은 무엇일까요?

　−예수님도 우리처럼 자라나셨어요.

　−예수님은 어떻게 자라났나요?

　−이 노랫말처럼 키가 쑥쑥, 몸이 튼튼하게 그리고 지혜와 사랑이 가득하게 자랐어요.

　−무엇보다 하나님께 사랑을 받고 주변의 사람들에게도 사랑을 받으면서 자랐어요.

6. 다양한 방법으로 노래를 불러본다(허밍, 한 단어, 돌림노래, 쉼표 부분에 캐스터네츠 치기 등).

· **마 무 리**　7. 활동을 돌아보고, 예수님처럼 자라기로 결심한다.

　−노래를 부르니까 어떤 느낌이 들었나요?

　−하나님은 우리가 키와 몸이 자라는 것처럼 지혜가 자라길 원하세요. 또한 하나님과 사람을 사랑하고 사랑받기를 원하세요.

　−한 살 더 성장한 우리는 예수님처럼 자라기로 해요.

사 랑의 아이

키가 쑥쑥

몸도 튼튼

지혜와

사랑 가득

예수님 닮은

사랑의

아이로

자라게 하소서

출처: 대한예수교장로회총회공과 『생명의 빛』 유치부.

활 동 유 의 점	• 교사는 예수님의 성장은 경건, 신체, 인지, 사회정서의 전인적인 성장임을 기억한다. • 노랫말 설명에 중점을 두기보다는 음악적 즐거움을 충분히 경험하도록 한다. • 유아의 나이와 몸의 성장에만 집중하지 않도록 유의한다. • 예수님처럼 자라도록 강요하지 않는다.

활장활동	• 미술영역: 두루마리 성경 만들기 • 언어영역: '예수님처럼 자라요' 약속 책에 내용을 적어 본다.

[두루마리 성경 만들기]

예수님이 자나나신 이야기를 두루마리 형태의 성경으로 만들어 봄으로써 성경책에 대한 흥미를 가지고, 성경이야기의 내용을 다시 한 번 기억한다.

[예수님처럼 자라요 약속 책]

약속(결심) 책을 통하여 예수님처럼 자라기로 결심한다. 약속 책을 언어영역에 비치하여 이후 4주까지 연계되는 활동에서 예수님처럼 자라기 위해 내가 실천할 수 있는 내용을 기록해 본다.

활동평가	• 예수님 닮기로 결심한 내용을 실천하는지 평가한다. • 노래 부르기 활동에 즐겁게 참여하는지 평가한다.

1 · 2월

575

■ 1주 · 자라가신 예수님.

■ 주간통합목표: 예수님의 성장과정을 이해하고 예수님 닮아가기로 결심한다.

나는 자라요

활동형태: 대소집단활동/영역: 게임

|통합목표| • 예수님을 닮아간다는 의미를 안다.

• 친구들과 협동하여 즐겁게 게임에 참여한다.

|누리과정 관련요소| • 신체운동 · 건강: 신체 조절과 기본 운동하기

• 사회관계: 다른 사람과 더불어 생활하기

|인성요소| • 경건: 하나님의 말씀을 생활 속에서 순종하기

• 협동: 힘을 모아 해결하기

|활동자료| • 지시카드(각 2세트): 각 카드에는 지혜, 몸, 하나님 사랑, 친구들 사랑, 부모님 사랑, 이웃 사랑이 적혀 있음, 성경이야기(장면 7)

• 지시카드의 내용을 붙인 블록(각 2세트), 지시카드 바구니, 반환점

|활동방법|

• 도 입　1. 게임을 소개하기 전에 두 팀으로 나누어 앉는다.

2. 성경이야기 전체를 교사가 말은 하지 않고 그림만 보여 준다.

7

우리도 예수님처럼 자라요. 하나님과 사람들 앞에서 키와 지혜가 자라나요. 사람들을 사랑하고 사람들에게 사랑을 받으면서 자라요. 그리고 하나님을 사랑하고 하나님의 사랑을 받으면서 자라가요.

−그림으로만 성경이야기를 보여 줄게요. 말은 하지 않고 마음으로만 내용을 생각해 보세요.

−무슨 내용이었나요?

−예수님은 어떻게 자랐나요?

3. 유아들이 대답할 때마다 글씨가 적힌 블록을 한 개씩 유아 앞에 쌓는다.

1·2월

－지혜가 자랐구나! 키와 몸이 자랐구나! 하나님 사랑도 자랐구나! 이웃 사랑도 자랐구나!

－예수님은 모든 것이 함께 자랐구나!

• **전 개**　4. 쌓인 블록을 가리키며 게임을 소개한다.

－이 블록들로 무엇을 할 수 있을까요?

－블록을 가져와서 우리의 키보다 높이 쌓아 보는 게임이에요.

5. 게임의 방법을 알려 주고 규칙을 정해 본다.

－우리가 재미있게 게임하려면 어떤 규칙을 정할 수 있을까요?

〈게임 방법 및 규칙〉

1. 두 팀으로 나눈다.
2. 각 팀에서 한 명씩 나올 때 순서를 지킨다.
3. 두 명의 친구가 바구니 속에서 지시카드를 뽑고 확인한다.
4. 출발선에 서서 출발 신호에 따라 출발한다.
5. 같은 내용이 적힌 블록을 찾는다.
6. 가지고 돌아와서 높이 쌓아 본다.

6. 유아 2명 또는 교사가 게임의 시범을 보이고 게임을 시작한다.

7. 게임이 끝난 후 각 팀별로 쌓은 블록 탑을 보고 격려한다.

－이렇게 높이 쌓았어요.

－'예수님처럼 잘 자라가요'라고 말하며 서로를 격려해요.

• **마 무 리**　8. 게임을 한 후의 느낌을 나눈다.

－블록을 친구들과 함께 쌓아 보니 어떠했나요?

－예수님처럼 자란다는 의미는 무엇인가요?

활 동 유 의 점	• 게임의 규칙을 지키도록 미리 안내한다. • 팀으로 협력할 수 있도록 촉진한다. • 블록이 넘어지지 않도록 안전하게 쌓도록 한다.

확장활동	• 쌓기영역: 블록으로 키보다 높이 쌓기, 늘어놓아 보기 등 • 수학영역 : 나의 키 재기, 키 그래프 만들기 • 언어영역 : 〈예수님처럼 자라요 설명카드〉 읽어보기

[예수님처럼 나도 자라가요]

예수님의 성장과정을 적힌 블록을 쌓아 보는 게임에서 잘 자라기 위해서는 키, 지혜, 하나님 사랑, 이웃 사랑 등의 모든 것이 다 자라야 함을 안다. 친구와 협력하여 한 단계씩 쌓아 본다.

[쌓기영역 확장활동]

쌓기영역에 블록을 제시해 주어 키보다 높이 쌓거나 바닥에 길에 늘어놓아 본다. 쌓은 블록을 자신의 키와 비교하여 자라는 것의 의미를 눈으로도 확인해 본다.

활동평가	• 하나님 사랑, 이웃 사랑 실천이 예수님을 닮아가는 것이라는 점을 잘 이해하고 있는지 평가한다. • 활동에 참여할 때 질서를 지키며 협동하는 모습을 보였는지 평가한다.

■ 2주 · 우리가 예수님처럼 자라려면.
■ 주간통합목표: 경건 성장에 관심을 가지고 성장을 이루기 위해 노력한다.

말씀 북아트

활동형태: 자유선택활동/영역: 언어

|통합목표| • 성경말씀 읽기에 즐겁게 참여한다.
• 두루마리 성경이야기를 듣고 내용을 북아트로 구성한다.

|누리과정
관련요소| • 의사소통: 쓰기−쓰기에 관심가지기
• 사회관계: 나를 알고 존중하기−나를 알고, 소중히 여기기
• 예술경험: 예술적으로 표현하기−미술활동으로 표현하기

|인성요소| • 경건: 하나님의 말씀을 생활 속에서 순종하기
• 사랑: 하나님의 사랑을 알고 기뻐하기

|활동자료| • 여러 가지 성경 그림, 성경책, 도화지, 색연필
• 두루마리 성경이야기(1년 성경이야기 주제 장면 7장)

|활동방법|

• 도 입 1. 일 년 동안 달라진 나의 모습에 대해 이야기 나눈다.
  −유치원/어린이집을 다니면서 얼마만큼 자랐나요?
  −내 키는 얼마만큼 자랐나요?
  −전에는 스스로 할 수 없었지만 이제는 스스로 할 수 있는 것이 무엇인가요?(스스로 정리하기, 스스로 규칙 지키기, 생각하고 결정하기 등)

• 전 개 2. (성경이야기 장면 4를 보면서) 예수님은 어린 시절부터 성경말씀을 읽으면서 자라나셨음을 이야기 나눈다.

4

예수님은 지혜가 뛰어났어요. 열두 살이 되던 해에는 성전에서 하나님의 말씀을 가르치는 선생님들과 성경말씀을 나누었습니다. 이야기를 듣던 사람들은 예수님의 지혜에 놀랐어요.

1 · 2월

　　　－예수님은 성전에서 선생님들과 어떤 이야기를 나누었나요?

　　　－성경말씀을 나누었어요.

　　　－예수님은 매일 성경을 읽고 들으면서 놀라운 지혜가 생겼어요.

　　　－하나님께서는 예수님께 지혜를 주셨어요.

3. 성경말씀을 듣는 생활을 돌아보도록 한다.

　　　－우리는 언제 성경말씀을 들을 수 있나요?

　　　－선생님과 예배를 드릴 때, 성경이야기를 듣기도 하고, 언어영역에서 성경책을 읽을
　　　　수 있어요.

　　　－우리도 예수님처럼 지혜가 자라고 하나님과 교제할 수 있어요.

4. 그동안 들었던 성경이야기를 회상해 본다.

　　　－그동안 어떤 이야기를 들었는지 살펴보자.

　　　－어떤 내용이 가장 기억이 나나요?

5. 북아트로 만든 성경책을 소개한다.

　　　－이것은 무엇인가요?

　　　－성경을 보고 만든 말씀 북 아트예요.

　　　－이 책에 입이 있는 이유는 무엇일까요?

　　　－하나님의 입으로 말씀하신 것을 적었기 때문이에요.

　　　－일 년 동안 하나님은 우리에게 많은 이야기를 들려주셨어요.

　　　－기억에 남는 성경이야기를 그려서 성경책을 만들어 볼까요?

6. 성경 북아트를 만드는 방법을 소개한다.

제작방법

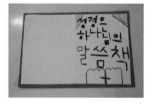

① 하얀색 도화지(A4 크기)를 반으로 접고, 성경책 앞면을 꾸민다.

② 뒷면은 색깔배지를 대어 성경책 겉표지로 꾸민다.

③ 반으로 접고, 가운데를 3cm 가량 자른다.

④ 자른 부분을 속으로 집어넣는다.

⑤ 도화지를 펴면 다이아몬드 모양으로 팝업된다.

⑥ 다이아몬드 모양을 입술로 꾸민다.

⑦ 입술 주변에 일 년 동안 기억에 남는 성경이야기를 그린다.

⑧ 말풍선을 그린 후, 기억에 남는 성경구절이나 성경말씀을 적어 본다.

1 · 2월

7. 제작 방법에 따라 말씀 북아트를 만들어 본다.

8. 유아들이 만든 말씀 북아트를 발표하고 전시한다.

· 마 무 리 9. 느낀 점을 나누고 활동을 평가한다.

　　　　　　－북아트를 하면서 성경이야기가 기억이 났었나요?

　　　　　　－일 년 동안 성경이야기를 들으면서 우리는 무엇이 자랐을까요?

　　　　　　－예수님처럼 지혜가 자랐고, 하나님께 사랑을 받았어요.

　　　　　　－하나님이 우리를 사랑하듯이 우리도 하나님을 사랑하는 마음이 더욱 자랐어요.

| 활　동
유의점 | • 말씀 북아트 만들기 순서를 유아가 이해하기 쉽도록 단계적으로 안내해 준다.
• 유아가 성경을 재미있는 책으로 느끼도록 한다. |

| 확장활동 | • 과학영역: 옛날과 오늘날의 성경, 세계 여러 나라의 성경 관찰하기
• 신체영역: 성경 이야기 몸으로 표현해 보기 |

[식빵으로 성경책 만들기]

식빵으로 성경책을 만들어 본다. 식빵 2장을 신약과 구약으로 나누고, 초코펜이나 딸기펜으로 그림이나 글을 쓴다. 식빵을 합쳐서 성경책 모양의 샌드위치를 만든다. 흥미롭게 활동에 참여하고, 말씀은 달콤하다는 것을 경험할 수 있다.

| 활동평가 | • 성경말씀 읽기에 적극 참여하는지 평가한다.
• 북아트 활동에서 두루마리 성경이야기를 적절하게 구성하는지 평가한다. |

■ 2주 · 우리가 예수님처럼 자라려면.

■ 주간통합목표: 경건 성장에 관심을 가지고 성장을 이루기 위해 노력한다.

하나님께 이야기해요

활동형태: 자유선택활동/영역: 미술

| 통합목표 |
- 기도는 하나님과의 대화임을 안다.
- 기도할 때의 올바른 자세를 알고, 실천해 본다.

| 누리과정
관련요소 |
- 의사소통: 말하기−상황에 맞게 바른 태도로 말하기
- 예술경험: 아름다움 찾아보기−미술적 요소 탐색하기
- 사회관계: 다른 사람과 더불어 생활하기

| 인성요소 |
- 경건: 하나님의 말씀을 생활 속에서 순종하기
- 사랑: 하나님의 사랑을 알고 기뻐하기

| 활동자료 |
- 기도하는 유아들의 모습 사진, 명화(밀레 〈만종〉, 마스 〈기도하는 할머니〉), 실 전화기 2개

| 활동방법 |

· 도 입
1. 실전화기를 유아들에게 소개한다.
    −이건 무엇일가요?
    −실전화기를 이용해서 친구에게 이야기를 전해 볼까요?
    −친구의 이야기가 잘 들리나요?
2. 주위 사람들과 어떤 대화를 나누는지 이야기 나눈다.
    −우리는 어떤 사람들과 이야기를 나누나요?
    −어떤 이야기를 나누나요?

· 전 개
3. 하나님과 기도로 대화할 수 있음을 이야기 나눈다.
    −언제나 우리와 이야기를 하고 싶어 하는 분이 계세요. 누구일까요?
    −하나님과 어떻게 대화할 수 있을까요?
    −하나님은 보이지는 않지만 언제나 우리와 함께 하세요.
    −우리는 기도를 통해서 하나님과 대화할 수 있어요.

1 · 2월

583

4. 명화를 감상한다.

　－어떤 그림인 것 같나요?

　－사람들이 무엇을 하고 있는 것 같나요?

　－어디서 기도를 하고 있나요?

　－밭에서요. 부엌에서요.

　－언제 기도하고 있는 것 같나요?

　－해가 질 때요. 식사하기 전에요.

　－어떻게 기도하고 있나요?

　－서서 기도할 수 있어요. 앉아서도 기도할 수 있어요. 함께 기도할 수 있고, 혼자서 기도할 수 있어요.

　－이 사람들은 무슨 기도를 하고 있을까요?

　－이 그림에 제목을 붙여 볼까요?

〈밀레 '만종'〉
농촌에서 일하는 농부들이 일을 하다가 교회에서 종이 울리면 일을 멈추고, 하나님께 기도했어요.

〈마스 '기도하는 할머니'〉
음식을 주시는 하나님께 감사의 기도를 드리는 모습을 그림을 그렸어요.

5. (명화를 감상하며) 기도하는 방법에 대해 이야기를 나눈다.

　－명화를 보니 기도는 어떻게 하는 것 같나요?

　－예배시간이나 식사시간 뿐만 아니라 언제든지 할 수 있어요(시간).

　－교회나 집에서 뿐만 아니라 어느 곳에서든 할 수 있어요(장소).

　－앉아서 뿐만 아니라 서서도 할 수 있어요(방법).

6. (명화를 감상하며) 기도하는 자세에 대해 이야기를 나눈다.

　－두 그림의 기도하는 모습에서 같은 점은 무엇인가요?

　－손을 모으고 기도해요. 눈을 감고 기도해요. 모두 간절하게 기도해요.

　－눈을 뜨고 기도하면 어떨까요?

　　　　　-사람들이나 주변을 보여서 기도에 집중하기 어려워요

　　　　　-손을 모으지 않고 기도하면 어떨까요?

　　　　　-손을 가지고 장난을 치게 돼요.

　　　　　-손을 모으는 것은 마음을 간절히 모으는 거예요.

　　　　　-명화에는 없지만 무릎을 꿇고 기도하는 이유는 무엇일까요?

　　　　　-하나님 앞에서 겸손히 기도하는 거예요.

· **마 무 리**　　7. 기도는 언제 어디서나 하나님과 이야기하는 것임을 알고 기도로 마무리한다.

　　　　　-하나님께 어떤 기도를 드리고 싶나요?

　　　　　-하나님은 언제나 우리의 옆에서 우리의 말을 들어 주세요.

　　　　　-하나님께서는 우리의 기도를 기쁘게 받아주세요.

　　　　　-기도하는 바른 자세를 하고 각자 하나님께 기도해요.

|활　동|　　· 성경에는 머리를 숙이거나 땅에 엎드리거나(창세기 24:26; 출애굽기 4:31, 34:8), 손을 들
|유의점|　　　고(열왕기상 8:22; 디모데후서 2:8), 가슴을 치거나(누가복음18:13), 하늘을 쳐다보거나(요
　　　　　한복음 11:41) 등 다양한 기도의 자세를 설명하고 있다. 형식적인 기도의 모습보다는 마
　　　　　음을 다해서 기도를 하는 것이 중요함을 알도록 한다.

　　　　· 두 손을 모으고, 눈을 감고, 무릎을 꿇고 기도하는 것은 마음을 다해서 기도하기 위한
　　　　　방법의 하나라는 것을 알려 주고, 유아에게 기도하는 외형적인 자세만을 강조하지 않
　　　　　는다.

1 · 2월

┃확장활동┃
- 미술영역: 나의 기도하는 사진에 OHP 필름 덮어 그려 보기
- 과학영역: 실전화기 만들기
- 이야기 나누기: 기도의 내용에 대해 이야기 나누기(찬양, 회개, 감사)

[아침마다 기도하기]

올바른 기도습관을 형성하기 위해서는 정해진 시간에 매일 기도하는 것이 중요하다. 유아들과 하루 일과를 시작하기 전에 하나님께 기도를 드리고, 귀가할 때, 하루 동안 지켜 주신 것에 대한 감사기도를 드려 본다.

[눈을 뜨고 손을 흔들며 기도해 보기]

눈을 뜨고, 손을 흔들고 발을 움직이면서 하나님을 생각해 보고 기도도 해 본다. 다음으로 눈을 감고 손을 모으고, 바르게 앉아서 기도해 본다. 나의 마음이 하나님만 생각할 수 있었던 자세는 어떤 자세인지 이야기를 해 본다. 유아 스스로 어떤 자세로 기도하는 것이 하나님과 이야기하는 것에 더욱 집중할 수 있는지 비교하고 선택한다.

┃활동평가┃
- 기도는 하나님과 인격적으로 대화하는 것이라는 점을 아는지 평가한다.
- 하나님께 드리는 기도의 태도에 관심을 가지는지 평가한다.
- 기도할 때 올바른 자세를 알고 실천해 보는지 평가한다.

■ 2주 · 우리가 예수님처럼 자라려면.

■ 주간통합목표: 경건 성장에 관심을 가지고 성장을 이루기 위해 노력한다.

찬양을 해요

활동형태: 자유선택활동 / 영역: 음률

|통합목표|
- 찬양은 하나님을 높여 드리는 것임을 안다.
- 다양한 방법으로 하나님을 찬양하며 기뻐한다.

|누리과정 관련요소|
- 예술경험: 예술적으로 표현하기–움직임과 춤으로 표현하기
- 예술경험: 예술적으로 표현하기–음악으로 표현하기
- 신체운동 · 건강: 신체활동에 참여하기–자발적으로 신체활동에 참여하기

|인성요소|
- 기쁨: 하나님의 자녀가 된 것 기뻐하기
- 기쁨: 즐겁고 감사한 마음을 잘 표현하기

| 활동자료|
- 〈내가 만약 나비라면〉 찬양 노래말판, 여러 가지 찬양 방법 사진
- 찬양하는 데 사용되는 여러 가지 악기, 동물머리띠(동물 의상 등)
- 동영상: 웨스트민스터 예배 찬양(https://www.youtube.com/watch?v=lZN1mryHEnQ), 〈내가 만약 나비라면〉(CTS TV 사료)

| 활동방법|

· 도 입
1. 〈내가 만약 나비라면〉 쏠티 찬양을 들려주고 찬양에 등장하는 동물들에대하여 이야기를 나눈다.
   –찬양에 등장하는 동물들은 하나님을 어떻게 찬양했나요?
   –우리는 어떻게 하나님을 찬양하나요?
2. 노래말판을 보여 주며 찬양에 대해 이야기 나눈다.

1 · 2월

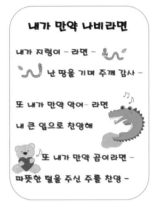

—하나님을 감사하고 사랑하는 마음을 어떻게 표현할 수 있을까요?

• 전 개

3. 다양한 방법(예: 난타, 워십댄스, 오케스트라, 합창, 수화, 태권도, 카드섹션, 예배 찬양)으로 하나님을 찬양하는 사람들을 소개한다.

　—어떻게 찬양을 하고 있나요?

　—하나님은 찬양을 받으실 때, 어떤 기분일까요?

　—하나님께 지음받은 우리는 하나님을 마땅히 찬양해야 해요.

　—하나님이 주신 재능으로 다양하게 찬양할 수 있어요.

| 난타 | 워십댄스(한국무용) | 오케스트라 |
| 카드섹션 | 수화 | 태권도 |

예배

출처: 웨스트민스터 사원 홈페이지 / https://www.youtube.com/watch?v=IZN1mryHEnQ.

〈다양한 찬양 방법〉

4. 친구들과 함께 다양한 방법으로 하나님을 찬양할 수 있는 방법을 생각해 본다.

　　－우리도 다양한 방법으로 찬양을 해 볼까요?

　　－어떤 방법으로 찬양할까요?(예: 여러 가지 악기, 리본끈이나 스카프, 동물의 몸짓 등)

5. 찬양의 방법을 세 가지로 나누어 원하는 방법을 선택하도록 한다.

　　－친구들이 가장 많이 하고 싶어 하는 리듬악기, 동물소리, 목소리 중에 원하는 것을 선택해 보세요.

　　－무대 배치에 따라 맡은 역할 위치에 서 보자.

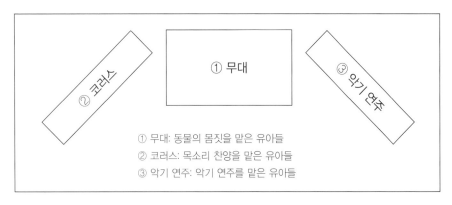

① 무대: 동물의 몸짓을 맡은 유아들
② 코러스: 목소리 찬양을 맡은 유아들
③ 악기 연주: 악기 연주를 맡은 유아들

6. 다양한 방법으로 하나님을 찬양한다(맡은 역할대로 찬양할 수 있도록 배경음악을 틀어 준다).

　　－동물 몸짓으로 찬양해 보자.

　　－목소리로 찬양하자.

　　－악기 연주로 찬양하자.

　　－다 함께 맡은 역할로 찬양하자.

·마 무 리	7. 활동을 돌아보며, 다함께 찬양한 소감을 나눈다.

·마 무 리 7. 활동을 돌아보며, 다함께 찬양한 소감을 나눈다.

－친구들이 어떤 방법으로 찬양을 했나요?

－찬양할 때 나의 마음은 어땠나요?

－하나님께서 우리의 찬양을 보시고 어떤 마음이 드실까요?

8. 우리는 언제든지 하나님을 찬양할 수 있음을 이야기 나눈다.

－우리는 언제 하나님을 찬양할 수 있을까요?

－예배시간, 등원할 때, 기쁠 때든 슬플 때든 언제든지 찬양드릴 수 있어요.

－하나님은 우리가 온 마음을 다해 찬양할 때, 우리의 찬양을 기쁘게 받아 주세요.

활 동
유 의 점

• 인터넷 사이트 유튜브의 찬양 동영상을 활용한다.

• 하나님이 우리에게 주신 재능을 이용해서 다양하게 찬양하는 경험을 해 본다.

• 동물 몸짓으로 표현하기 등 무대에 나오기 어려워하는 유아들은 자유롭게 코러스 파트
(노래)나 악기 연주 파트에서 하나님을 찬양할 수 있다.

확장활동

• 미술영역: 악기로 연주한 찬양곡을 듣고 느낌을 그림으로 표현하기

• 노래극: 〈내가 만약 나비라면〉

• 역할영역: 〈내가 만약 나비라면〉에 등장하는 동물처럼 찬양하기

동영상 출처: CTS TV 자료 〈내가 만약 나비라면〉

[내가 만약 나비라면 노래극]

도입활동 〈내가 만약 나비라면〉을 노래극으로 확장한다. 반주에 맞춰서 찬양을 부르며 하루 일과 안에서 활
용한다. 익숙해지면, 음악에 맞춰서 자유롭게 동물의 몸짓으로 하나님을 찬양한다. 노래말 중에 맡은 역할이
나오면 해당하는 동물의 몸짓으로 찬양한다.

활동평가

• 찬양은 하나님을 높여 드리는 것임을 아는지 평가한다.

• 하나님을 찬양할 때 진실하게 찬양하려는 태도를 가지고 실천하는지 평가한다.

■ 3주 · 예수님을 닮은 우리.

■ 주간통합목표: 예수님처럼 행동하는 것이 어떤 것인지 알아본다.

친구들과 사이좋게

활동형태: 대소집단활동/영역: 역할극

|통합목표|
- 예수님을 닮은 어린이로서 친구에게 친절하게 말한다.
- 친구들과 놀이할 때 친절하게 말하는 방법을 안다.
- 친구와 함께하는 역할극에 즐겁게 참여한다.

|누리과정
관련요소|
- 의사소통: 말하기—상황에 맞게 바른 태도로 말하기
- 사회관계: 다른 사람과 더불어 생활하기
- 예술경험: 예술적 표현하기—극놀이로 표현하기

|인성요소|
- 배려: 다른 사람에게 친절하게 대하기
- 사랑: 하나님의 사랑으로 이웃과 교제하기

|활동자료|
- 손인형 2개, 사회적 상황 이야기(고마워, 미안해), 성경이야기(장면 5)
- 노래: 〈예수님 닮아서 사이좋게〉 (영어인사노래, 이요섭 곡 개사)

|활동방법|

• 도 입
1. 교사가 유아들에게 손인형을 소개한다.

   – 우리 반에 놀러온 두 친구들이 있어요. 바로 준희와 슬기예요. 이 친구들은 예수님을 사랑하고 예수님께 사랑받는 친구들이에요.

   – 이 친구들도 예수님의 어릴 적 이야기를 들었어요(성경이야기 장면 5를 들려준다).

5 예수님은 사람들을 사랑하고 사랑을 받았어요. 먼저, 부모님을 사랑하고 그 말씀에 순종했어요. 예수님을 만나서 기뻐했던 이웃 사람들, 동네 친구들 모두하고 사이좋게 지냈어요.

   – 그리고 결심했어요. '우리도 예수님처럼 친구들이랑 사이좋게 지내자!'

   – (손인형으로 인사하며) '안녕? 나는 준희야. 만나서 반가워!' '나는 슬기야. 만나서 반가워!'

   – (교사의 목소리로) 과연 우리 반에 놀러온 준희와 슬기에게 어떤 일이 일어났을까요?

· 전 개   2. 유아들에게 인형극을 들려준다.

〈고마워 대본〉

준희: 오늘 예쁜 꽃을 그려서 엄마한테 선물 해야지 어! 그런데 크레파스가 없네! 어쩌지?

슬기: 준희야, 왜 그래?

준희: 엄마 선물 그리려고 하는데 크레파스가 없어.

슬기: 준희야, 내가 도와줄까? 내꺼 같이 쓰자.

준희: 정말? 엄마 선물 그릴 수 있겠다. 고마워.

　-준희는 무엇을 하고 싶었나요?

　-크레파스가 없을 때 누가 도와주었나요?

　-슬기의 도움을 받은 준희의 마음은 어떨까요?

　-준희에게 도움을 준 슬기의 마음은 어떨까요?

〈미안해 대본〉

슬기 : (준희가 길을 걷다가 실수로 슬기의 발을 밟았다)

준희: 아야! 발 아파!

슬기: 준희야, 미안해! 일부러 그런 게 아니야! 괜찮니?

준희: 응, 괜찮아!

　-슬기가 준희의 발을 밟았을 때 슬기 마음이 어땠나요?

　-슬기가 '미안해! 괜찮니?'라고 했을 때 준희 마음은 어땠을까요?

3. 인형극을 실제 역할극으로 해 본다(시범 보이기, 역할 바꾸어서 해 보기 등).

· 마 무 리	4. 역할극을 해 본 느낌을 말해 본다.

        –역할극을 해 본 느낌이 어떤가요?

        –실제 상황에서 친절하게 말해 보아요.

    5. 〈예수님 닮아서 사이좋게〉 노래를 부르며 마무리한다.

        –〈예수님 닮아서 사이좋게〉 노래를 부르면서 어떤 말을 할지 기억해요

※본 활동 내용에 맞게 노래말을 수정하였음.

활 동 유 의 점	• 〈예수님 닮아서 사이좋게〉 노래는 한 주간 자주 부르며 유아들에게 익숙할 경우 본 활동처럼 마무리할 때 사용할 수 있으며 혹은 도입활동으로 대체할 수 있다. • 교사는 역할극에서 가방, 놀잇감, 먹을 것 등과 같이 도와주기와 나누어 주기를 도울 수 있는 소품을 준비한다.

확장활동	• 자유선택활동시간이나 전이 시간에 직접 실행해 보기 • 역할극: 상황카드 보고 역할극하기 • 바깥놀이: 예수님을 닮은 말 보물찾기 • 게임: 예수님이 슬퍼하시는 말 떼어내기

친구가 넘어져 다쳤어요

친구가 몸이 불편해서 가방을 들 수가 없어요

맛있는 과자가 생겼어요

친구의 놀잇감도 갖고 놀고 싶어요

[상황카드 보고 역할극 하기]

-어떤 상황인가요?

-이럴 때 예수님이라면 친구에게 어떤 말을 했을까요?(예: '도와줘' '고마워' '미안해' '괜찮아' 등)

-우리는 친구에게 어떤 말을 하면 좋을까요?

-각 상황을 우리가 역할극으로 해 봐요.

| **활동평가** | • 친구들과 놀이할 때 친절하게 말하는 방법을 알고 실천하는지 평가한다.

• 친구와 함께하는 역할극에 참여하여 협동하는지 평가한다.

■ 3주 · 예수님을 닮은 우리.

■ 주간통합목표: 예수님처럼 행동하는 것이 어떤 것인지 알아본다.

예수님이라면 어떻게 하실까

활동형태: 대소그룹활동/영역: 이야기나누기

|통합목표|
- 어려운 상황에서 예수님이라면 어떻게 해결할까 생각해 본다.
- 감정을 조절하는 방법을 안다.
- 문제를 해결하는 방법을 안다.

|누리과정
관련요소|
- 의사소통: 말하기−상황에 맞게 바른 태도로 말하기
- 사회관계: 다른 사람과 더불어 생활하기−공동체에서 화목하게 지내기
- 사회관계: 다른 사람과 더불어 생활하기−사회적 가치를 알고 지키기

|인성요소|
- 사랑: 하나님의 사랑으로 이웃과 교제하기
- 양선: 너그러운 마음 갖기
- 인내: 화가 날 때도 예수님의 마음으로 참기

|활동자료|
- 안아 주시는 예수님(부직포, 글루건, 벨크로 테이프), 성경이야기(장면 5)
- 문제해결 단계 그림, 부적응 행동이 일어나는 상황 그림

|활동방법|

• 도 입
1. (성경이야기 장면 5를 보며) 예수님은 친구와 어떻게 지냈을지 생각해 본다.

　－예수님은 친구들이나 어른들과 어떻게 지냈나요?

5　예수님은 사람들을 사랑하고 사랑을 받았어요. 먼저, 부모님을 사랑하고 그 말씀에 순종했어요. 예수님을 만나서 기뻐했던 이웃 사람들, 동네 친구들 모두하고 사이좋게 지냈어요.

　－친구들과 사이좋게 지내기 위해서 어떻게 해야 할까요?

　－어른들에게는 어떻게 행동해야 할까요?

• 전 개
2. 화가 난 것을 알고, 화가 났을 때 어떻게 하는지 이야기 나눈다.

-언제 화가 나거나 속상했나요?

-그럴 때 어떻게 했나요?

-화를 낼 때 좋은 생각을 할 수 있었나요?

-화를 내면 어떤 일이 벌어지나요?

-화를 내는 것은 나쁜 것일까요?

3. 화가 날 때 문제해결 방법에 대해 이야기 나눈다.

    -'화'는 하나님이 우리에게 주신 여러 감정 가운데 하나예요. 하나님께서는 이 감정을 잘 사용하길 원하셨어요. 화를 잘못 내면 나도 상대방도 몸과 마음이 상할 수 있어요. 화를 낸 상태에서는 생각을 잘할 수가 없어요. 화를 다스릴 수 있는 방법을 알아보기로 해요.

4. 교실의 한 영역에 마련된 '안아 주기 영역'을 소개한다.

    -누구나 슬프고 힘들고 화가 날 때가 있어요. 그럴 때 예수님이 안아 주고 위로해 주는 '안아 주기 영역'에 갈 수 있어요. 우리가 화를 진정하고, 생각을 더 잘해서 문제를 해결할 수 있도록 도와준답니다.

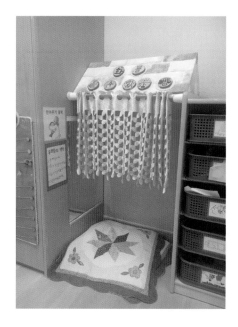 

5. '안아 주기 영역'의 사용 방법을 알아본다.

    -먼저 마음을 가라앉혀요.

    -예수님은 우리에게 문제를 해결할 지혜를 주세요.

    -예수님 안에서 문제를 해결할 수 있는 방법 4단계를 소개해 줄게요.

〈예수님 안에서 문제해결하는 방법〉

1단계: 문제가 뭐지?	2단계: 어떻게 해결할까?	3단계: 예수님이라면 어떤 방법을 사용했을까?	4단계: 해 보자!

- 1단계: 화가 났음을 안다. (문제인식)
    "나 화났어!"
- 2단계: 어떻게 할까 가능한 방법을 생각, 생각, 또 생각!
    "한 번 봐 줄까?" "선생님한테 도와달라고 할까?"
- 3단계: 예수님의 방법 생각하기 – 공평하고 안전한 방법인지 생각하기
    (지혜로운 해결책이 생각나도록 기도하기)
    "예수님이라면 어떤 방법을 사용하실까?"
    "사용하면 어떻게 될까?" "안전한가?" "공평한가?"
- 4단계: 예수님의 방법을 시도해 본다.
    "그래! 해 보는 거야! 한 번 해 보자!"

1·2월

6. 유아들의 부적응 행동이 있는 그림을 보여 주면서 [예수님께 안겨서 생각하기]를 이용하는 규칙을 정한다.
 −어떤 상황에서 예수님께 안기고 싶나요?
 −'안아 주기 영역' 이용 규칙은 무엇이 있을까요?
 −예수님의 방법으로 문제를 해결하는 방법이 생각나면 나와서 시도해 보기로 해요.

〈'안아주기 영역' 이용 규칙〉

1. 이럴 때 필요해요(화가 나고 속상해서 놀이를 할 수 없을 때, 소리를 지르고 싶을 때, 하나님이 기뻐하시지 않는 말이 나오려고 할 때 등).
2. 한 번에 한 명씩 이용해요. 친구가 먼저 들어가 있으면 기다려요.
3. 영역 안의 장난감은 놓고 가요.
4. 지혜를 주시도록 기도해요.
5. 해결책이 생각나면 나와서 실행해 보아요.

7. 유아 중 한 명이 시범을 보일 수 있도록 한다.

- 마무리　8. 문제를 활동과 같이 해결한다면 우리 교실이 어떻게 변할지 이야기를 나눈다.
    −예수님 안에서 생각하고 지혜롭게 행동하는 친구들이 많아진다면 우리 교실이 무엇이 좋아질 것 같나요?

597

　　　　　-예수님처럼 행동한다면 어떤 기분일까요?

|활　동|
|유 의 점|
• 안아 주기 영역: 예수님께 안겨서 생각하기 활동에서 장난스럽게 되지 않도록 유의한다.

• 장난감을 가지고 가서 놀이하는 공간이 되지 않도록 유의한다.

• 안아 주기 영역에 문제해결 카드를 놓아 문제를 해결할 수 있는 방법을 찾아본다.

• 벽걸이용 거울을 비치하여 감정에 따른 자신의 얼굴을 보고 감정을 인식하도록 한다.

|확장활동|
• 언어영역: 안아 주기 영역의 이용 규칙 만들기

• 언어영역: 문제해결 카드 사용하기

• 미술영역: 〈예수님께 안겨요〉 액자 만들기

|활동사진|

[예수님께 안겨요]

일회용 접시에 예수님을 붙인 후 유아 자신의 얼굴을 붙인다. 접시의 주변을 다양한 재료를 이용해 꾸민 후, 잘 보이는 곳에 액자처럼 걸어 놓을 수 있다. 유아는 예수님 품 안에 있는 자신의 모습을 보며 정서적 만족감을 얻고, 언제나 함께 하시고 위로해 주시는 예수님을 느낄 수 있다.

[문제해결 방법 카드]

문제해결 방법이 생각나지 않는 경우, 문제해결 카드를 이용할 수 있다. 사전에 다양한 상황에서 가능한 해결방법을 카드로 만들어 묶어 놓는다. 유아가 해결방법이 생각나지 않을 때, 문제해결 카드를 한 장씩 넘겨 본다. 카드의 내용으로는 선생님의 도움 구하기, 나누어 쓰기, 신경 쓰지 않기(무시하기), "그만해 줄래?"라고 말하기, 함께 놀이하기, 놀잇감을 바꾸어 쓰기, 기다리고 차례가 되면 하기, 친절하게 요청하기 등이 있다.

|활동평가|
• 감정을 조절하는 방법을 아는지 평가한다.

• 문제를 해결하는 방법을 아는지 평가한다.

• 문제해결 단계에서 예수님의 방법을 생각하는지 평가한다.

■ 4주 · 더불어 사랑해요.

■ 주간통합목표: 예수님처럼 하나님의 사랑으로 사이좋게 지낸다.

나를 소중하게 대해 줘

활동형태: 대소집단활동/영역: 역할극

|통합목표| • 자신의 마음과 감정을 조절하는 방법을 안다.

• 놀리거나 방해하는 행동에 대한 대처 방법을 알고 사용한다.

• 친구가 싫어하는 행동이나 말의 사용을 주의한다.

|누리과정
관련요소| • 의사소통: 말하기−상황에 맞게 바른 태도로 말하기

• 사회관계: 나와 다른 사람의 감정알고 조절하기−나와 다른 사람의 감정 알고 표현하기

• 예술경험: 예술적 표현하기−극놀이로 표현하기

|인성요소| • 절제: 자신의 마음과 감정을 조절하기

• 인내: 화가 날 때도 예수님을 생각하며 참기

• 화평: 사이가 좋지 않을 때에도 좋은 관계 만들기

| 활동자료| 손인형 2개, '나를 소중히 대해 줘' 방패

| 활동방법|

• 도 입   1. 일 년 동안 친구들과 지낸 일을 회상해 본다.

−친구들과 놀이도 하고, 견학도 다녀오고 즐겁게 지냈어요.

−친구와 생활하면서 기뻤던 적은 언제였나요?

−친구에게 속상했던 적은 언제였나요?

1 · 2월

• 전 개   2. '나를 소중히 대해 줘' 방패를 소개하고 사용하는 방법에 대하여 이야기 나눈다.

               −이것은 특별한 방패예요. 어떻게 쓰는 것일까요?

         3. 손인형 동화를 통하여 방패를 사용하는 방법에 대하여 이야기 나눈다.

〈동화: 나를 소중히 대해 줘!〉

해설: 다솜이가 쌓기영역에서 자동차를 가지고 놀고 있어요.

      현우가 다솜이에게 왔어요.

현우: 다솜이 자동차는 똥 자동차래요. 똥똥똥 자동차래요.

다솜: 하지마, 내 자동차 똥 자동차 아니야.

현우: (더 큰 소리로) 다솜이 차는 똥 자동차!

다솜: (다솜이가 방패를 현우에게 보여 주면서 단호한 소리로)

      그만해 줘! 나를 소중히 대해 줘.

해설: 다솜이는 현우가 하는 말을 더 이상 신경 쓰지 않기로 마음 먹었어요.

      (현우가 몇 번 더 다솜이를 놀리지만 다솜이는 반응을 하지 않는다)

현우: 어? 이제 안 쳐다 보네, 에이 재미없어! (뒤돌아 퇴장한다)

해설: 현우는 다솜이가 방패를 보이며 반응을 보이지 않자 놀리기를 그만두었어요.

4. 손인형 동화 내용을 한 번 더 짚어 준다.

　　－다솜이는 언제 방패를 사용했나요?

　　－다솜이는 친구가 놀릴 때 방패를 사용했어요.

　　－현우가 놀리자 다솜이는 방패를 들고 현우에게 무엇이라고 말했나요?

　　－다솜이는 '그만해! 나를 소중하게 대해줘!'라고 단호한 목소리로 이야기했어요. 다솜이
　　　가 그렇게 말한 것은 자신의 생각과 느낌을 용감하고 당당하게 표현한 행동이에요.

　　－친구가 나에게 방패를 보여 주는 것은 나의 말이나 행동 때문에 속상하다는 것을 표현
　　　하는 거예요. 친구와 사이좋게 지내기 위해서는 친구의 마음을 소중히 대해 줘야 해요.

　　－현우는 왜 다솜이를 더 이상 놀리지 않았을까요?

　　－다솜이가 아무런 반응을 보이지 않으니까 친구를 놀리는 것이 더 이상 재미없어졌어요.

　　－방패를 든 친구 모습을 보고, 친구 마음을 상하게 했다는 것을 알았기 때문이에요.

　　－그러면 현우는 어떤 행동을 해야 할까요?

　　－놀리는 행동을 멈춰요. 다시는 친구를 놀리지 않아요. 미안하다고 말해요.

5. 예수님을 닮은 어린이는 친구와 어떻게 지내는지 이야기 나눈다.

　　－예수님도 어릴 적에 친구들과 사이좋게 지내셨어요.

　　－하나님은 친구를 놀리거나 괴롭히는 것을 기뻐하지 않으세요. 친구를 소중히 여기고
　　　사이좋게 지내기를 바라세요.

　　－친구가 놀릴 때 우리는 어떻게 할까요?

　　－방패를 사용할 수 있어요. 우리 한 번 연습해 봐요.

6. 두 명씩 짝이 되어 역할극으로 재연해 본다.

　　－손바닥을 방패라고 생각하고, 손바닥을 앞으로 쭉 펴세요. 단호한 목소리로 '그만해
　　　줘. 나를 소중히 대해 줘.'라고 이야기 해보세요.

　　－직접 해 보니 어떤가요?

· 마무리　7. 방패를 사용하는 방법에 대한 약속을 정한다.

　　－우리 반 방패를 교실 어디에 놓으면 좋을까요?

　　－방패는 언제 사용할까요?

　　－친구가 방패를 사용하면 어떻게 할까요?

　　－바로 그 행동을 멈추고 친구의 마음을 생각해 보아요.

| 활　동 |
| 유의점 |
· 방패가 없을 때에는 유아들이 손을 활용해서 방패 기술을 사용할 수 있도록 한다.

· 유아들이 방패 기술을 장난처럼 활용하지 않도록, 방패 사용 규칙에 대해 자주 상기시
　켜 준다(예: 단호하게 말하고 더 이상 반응하지 않는다).

1 · 2월

601

|확장활동| • 미술영역 : 나만의 방패 만들기

• 역할영역: 상황에 따라 방패 사용해 보기
• 음악: 방패 송(방패 노래를 배워요)

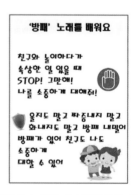

[상황에 따라 방패 사용해 보기]

친구들과의 갈등 상황에서 방패를 자연스럽게 사용한다. 방패가 없을 때는 손을 사용하여 자신의 감정을 표현해 본다. 방패 활동이 잘 이루어지기 위해서는 친구가 방패를 들었을 때, 자신의 행동을 조절하여 바로 멈추기를 약속하고 실천한다.

[방패 송 부르며 신체활동하기]

'즐겁게 춤을 추다가' 노래를 개사하여, 방패 송을 만들어 불러 본다. 유아가 방패로 인해 자신이 거부를 당했다는 느낌보다는 상대방을 소중히 여기도록 노래와 신체를 활용해서 즐겁게 활동한다.

| 활동평가 |
  - 자신의 마음과 감정을 조절하는 방법을 아는지 평가한다.
  - 놀리거나 방해하는 행동에 대하여 방패를 활용해 자신의 감정을 표현하되 친구를 소중하게 여기는 방법으로 대처하는지 평가한다.
  - 친구와 사이좋게 지내기 위해서 친구가 싫어하는 행동이나 말을 절제하려 하는지 평가한다.

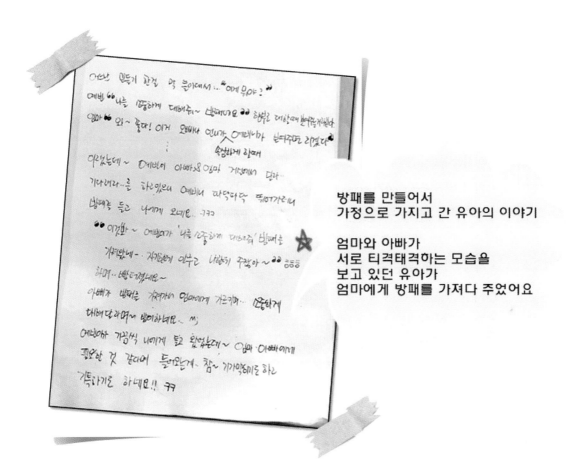

방패를 만들어서
가정으로 가지고 간 유아의 이야기

엄마와 아빠가
서로 티격태격하는 모습을
보고 있던 유아가
엄마에게 방패를 가져다 주었어요

■4주 · 더불어 사랑해요.

■주간통합목표: 예수님처럼 하나님의 사랑으로 사이좋게 지낸다.

부모님을 기쁘게 해요

활동형태: 자유선택활동/영역: 언어영역

|통합목표|
• 부모님께 순종하는 것이 하나님의 뜻임을 안다.

• 순종은 부모님의 마음을 기쁘시게 해 드리는 것임을 안다.

• 부모님께서 나에게 원하시는 것을 알고 실천한다.

|누리과정
관련요소|
• 의사소통: 듣기−이야기 듣고 이해하기

• 의사소통: 쓰기−쓰기

• 사회관계: 가족을 소중히 여기기−가족과 화목하게 지내기

|인성요소|
• 사랑: 가족을 위한 일 실천하기

• 화평: 가족과 사이좋게 지내기

• 배려: 가족에게 친절하게 대하기

|활동자료|
• 성경이야기(장면 5), '부모님을 기쁘게 하는 우리 집 규칙'

• 가정에서 보낸 동영상: 부모님이 자녀에게 바라는 것 구체적으로 말한 내용(예: 밥 잘 먹기, 동생이 화나게 해도 세 번 참기, 자기 전에 양치질하기 등)

|활동방법|

• 도 입
1. 성경이야기 장면 5를 보면서 어린 시절의 예수님을 생각해 본다.

−예수님은 어릴 때, 어떤 어린이였을까요?

5  예수님은 사람들을 사랑하고 사랑을 받았어요. 먼저, 부모님을 사랑하고 그 말씀에 순종했어요. 목수였던 아버지의 심부름도 잘했어요. 어머니 말씀도 잘 듣고 따랐어요.

−순종은 말씀하시는 것을 잘 듣고, 바로 실천하는 행동이에요.

−예수님께서 부모님께 순종한 이유는 무엇일까요?

• 전 개   2. 하나님이 부모님께 순종하기를 원하시는 것에 대하여 이야기를 나눈다.

　　　　　　 –부모님께 순종하는 예수님을 보면서 하나님은 어떤 마음이었을까요?

　　　　　　 –하나님은 우리가 부모님께 순종하는 것을 기뻐하세요.

　　　　 3. 부모님이 우리를 사랑하시는 것에 대하여 이야기를 나눈다.

　　　　　　 –우리 부모님은 우리를 어떻게 사랑하나요?

　　　　　　 –엄마와 아빠가 우리를 사랑하는 것처럼 하나님도 우리를 사랑하세요.

　　　　 4. 예수님처럼 우리가 부모님께 순종할 수 있는 방법을 생각해 본다.

　　　　　　 –부모님께 순종한다는 것은 무엇일까요?

　　　　　　 –순종은 부모님을 기쁘시게 하는 거예요.

　　　　　　 –우리가 부모님을 기쁘게 해 드리는 것에는 어떤 것들이 있나요?

　　　　 5. 부모님들이 보내신 동영상을 보며 부모님이 우리에게 원하시는 것이 무엇인지 알아
　　　　　　본다.

　　　　　　 –부모님이 우리에게 무슨 말씀을 하고 싶어 하시는지 함께 보아요.

　　　　　　 –부모님이 말씀하시는 것을 들으니 기분이 어떤가요?

　　　　　　 –부모님이 원하시는 것이 무엇인가요?

　　　　　　 –부모님이 말씀하신 것을 잘 지킨다면 부모님 기분이 어떠실까요?

　　　　 6. 내가 지킬 수 있는 '부모님이 원하시는 것'을 정한다.

　　　　　　 –부모님 말씀하신 것 중에 나는 집에서 무엇을 지킬 수 있을까요?

• 마무리   7. 부모님이 원하시는 것을 실천할 수 있는 방법에 대하여 알아본다.

　　　　　　 –부모님이 원하시는 것을 어떻게 실천할 수 있을까요?

　　　　　　 –집에서 무엇을 실천할지 약속을 정하기로 해요.

| 활 동
유의점 | • 가정에 칭찬판을 보내어, 유아들이 부모님 말씀에 순종했을 때, 칭찬 스티커를 붙여서
긍정적인 행동을 촉진한다. |

| 확장활동 | • 가정연계활동: 우리 집 규칙을 실천해요.
• 미술영역: 부모님께 감사편지 쓰기
• 언어영역: 말씀 카드에 빈칸 글씨 찾아 붙이기 |

> 자녀들아 주 안에서 너희 부모에게 순종하라(엡 6:1)
> 네 부모를 공경하라(출 20:12)

| 활동사진 |

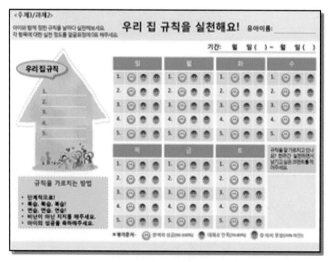

[우리 집 규칙을 실천해요]

유아들이 정한 규칙을 한 주간 가정에서 실천할 수 있도록 돕는 체크리스트에 표기한다. 규칙의 각 항목마다 실천 정도를 얼굴표정에 ○표 한다. 유아들이 구체적으로 실천함으로써 부모님을 기쁘게 한다.

〈가정에서의 규칙〉

① 내 물건이나 놀잇감
은 스스로 정리해요.

② 텔레비전 시청 시간
을 지켜요.

③ 형제들과 싸우지 않
고 말로 해결해요.

④ 옷은 스스로 입어요.

[우리 가족 규칙 정하기]

가족 규칙판을 가정으로 보내어 가족들이 함께 규칙을 만들어 본다. 규칙을 잘 지키며 행동하는 것이 순종임
을 안다.

| **활동평가** | • 하나님은 부모님을 사랑하고 부모님의 바른 가르침에 대하여 존중하고 기뻐하신다는
사실을 아는지 평가한다.
• 부모님과 함께 정한 규칙을 지키는지 평가한다.

1·2월

참고문헌

◎ 이론 및 사용지침

강현석(2003). 통합교육과정의 이론과 실제. 서울: 양성원.

교육과정개정연구위원회(1996). 통합교과의 교육과정: 교과서 구조 개선. 한국교육개발원.

교육과학기술부(2013). 3~5세 누리과정 해설서. 교육과학기술부 · 보건복지부.

교육부(2000). 총론. 대한교과서주식회사.

김만형(2013). 예수님의 교육방법과 설교에서의 적용. 신학정론, 31(1), 161-190.

김재춘, 부재율, 소경희, 채선희(2005). 예비 · 현직 교사를 위한 교육과정과 교육평가. 경기: 교육과학사.

김진홍(2009). 경건훈련으로서 QT의 기원에 대한 역사적 연구. 개혁주의 교회성장, 1-46.

김희자(1998). 교사론. 서울: 대한예수교장료회총회.

박은혜(2015). 유아교사론. 서울: 창지사.

박혜경, 방은경, 심은희, 원계선, 윤복희, 장영미, 조인경, 최일선(2014). 유아교사를 위한 유아교과교육론. 서울: 교육아카데미.

소진희(2007). 기독교학교교육. 강용원 외. 기독교교육학. 서울: 생명의 양식. 273-298.

송영란, 오영희(2004). 기독교 유아교육: 성경 프로젝트 접근을 중심으로. 서울: 동문사.

신국원(2005). 니고데모의 안경. 서울: IVP.

양승훈(1999). 기독교적 세계관. CUP.

우수경, 채미영, 최미화, 남옥자, 고정리, 유영의 , 강민정, 이정미, 김호, 임진형(2009). 유아교과교육론. 서울: 창지사.

이규민, 고원석, 김도일, 박상진, 양금희, 장신근(2013). 기독교교육개론. 장로회신학대학교기독교교육연구.

이기숙(2000). 유아교육과정 (2판). 서울: 교문사.

이기숙, 김정원, 이현숙, 전선옥(2008). 영유아교육과정. 경기: 공동체

이정미(2008). 기독교 세계관을 지향하는 기독초등학교 교사의 교육과정 재구성 사례연구. 이화여자대학교 대학원 박사학위논문.

이태영, 양은주(2015). 듀이의 철학적 어린이 이해와 '아동중심'의 교육적 의미. 교육사상연구, 29(1), 107-135.

정희영, 최영해, 장은희, 홍은주, 신현정(2000). 주제중심의 기독교 유아교육과정. 서울: 다음세대.

정희영(2004). 기독교 유아교육론. 경기: 교육과학사.

정희영(2014). 누리과정의 교육철학에 대한 기독교적 조명. 기독교교육논총, 38, 27-54.

정희영, 최영해, 정희정, 방승미, 이정규, 유희진(2014). 기독교 유아 인성교육의 이론과 실제. 서울: 꿈을 이루는 사람들.

최용준(2008). 세계관은 삶이다. CUP.

Berkhof, L. (2006). 벌코프 조직신학(*Systematic Theology*). (권수경 · 이상원 역.) 경기: 크리스챤다이제스트. (원저는 1941년에 출판).

Bredkamp, S., Rosegrant, T. (Eds.). (1995). *Reaching potentials: Transforming early childhood curriculum and assessment* (vol. 2). Washington, DC: NAEYC.

Brummelen, V. (2006). 기독교적 교육과정 디딤돌(*Steppingstones to Curriculum*). (이부형 역). 서울: IVP. (원저는 2002년에 출판).

De Jong, N. (1985). 진리에 기초를 둔 교육(*Education in the truth*). (신청기 역). 서울: 생명의 말씀사. (원저는 1969년에 출판).

Fogarty, R. (1991). *How to integrate the curricula*. Skylight Pub.

Miller, D. (1997). 기독교교육 개론. 서울: 한국장로교출판사.

Gaebelein, F. E. (1991). 신본주의 교육(*The pattern of God's truth: the integration of faith and learning*). (이창국 역). 서울: 기독교문서선교회. (원저는 1954년에 출판).

Gangel, K. O., Hendricks, H. G. (2005). 교수법 베이직(*The Christian Educator's Handbook on Teaching*). (유명복 · 홍미경 역). 서울: 디모데. (원저는 1990년에 출판).

Greene, A. E. (2000). 기독교세계관으로 가르치기(*Reclaining the future of Christian education: a transforming vision Association of Chrisian Schools International*). (현은자, 정희영, 황보영란 역). 서울: CUP. (원저는 1998년에 출판).

Grudem, W. (2004). 성경핵심교리(*Bible Doctrine*). (김광열, 곽철근 역). 서울: CLC. (원저는 1999년에 출판).

Hoekema, A. A. (1990). 개혁주의 인간론(*Created in Gods Image*). (류호준 역). 서울: 기독교문서선교회. (원저는 1986년에 출판).

Holmes, A. F. (1985). 기독교세계관(*Contours of a world view*). (이승구 역). 서울: 도서출판 엠마오. (원저는 1983년에 출판).

Knight, R. G. (2000). 철학과 기독교 교육(*Philosophy and education*). (박영철 역). 대전: 침례신학대학교 술판부. (원저는 1989년에 출판).

Overman, C. & Johnson, D. (2007). 진리와 하나된 교육(*Making the Connections*). (김성훈 역.) 서울: 예영커뮤니케이션. (원저는 2003년에 출판).

Richards, L. O., Bredfeldt, G. J. (2010). 창조적 성경교수법(*Creative Bible Teaching*). (안영역 · 이순옥 역). 서울: 그리심. (원저는 1970년에 출판).

Volt, J. (2006). 이야기가 있는 학교(*The Christian Story and the Christian School*). (이정순 역). 서울: IVP. (원저는

1993년에 출판).

Middelton, J. R., Walsh, B. (1987). 그리스도인의 비전(*The Transforming vision: shaping a Christian world view*). (황영철 역). 서울: IVP. (원저는 1984년에 출판).

Wolters, A. M. (1992). 창조·타락·구속(*Creation Regained: Bibilcal Basics For a Reformational Woldview*). (양성만 역). 서울: IVP. (원저는 1985년에 출판).

Wolterstorff, N. P. (2014). 샬롬을 위한 교육(*Educating for Salom: Essays on Christian Higher Education*). (신영순, 이민경, 이현민 역). 서울: SFC. (원저는 2004년에 출판).

Uland, Z. (1984). *Bible teaching for preschoolers*. Convention Press.

◎ 활동의 실제

교육과학기술부(2013). 3-5세 연령별 누리과정 해설서. 교육과학기술부·보건복지부.

교육과학기술부(2013). 4세 누리과정 교사용지도서 1. 총론, 유치원/어린이집과 친구. 교육과학기술부·보건복지부.

교육과학기술부(2013). 4세 누리과정 교사용지도서 2. 나와 가족. 교육과학기술부·보건복지부.

교육과학기술부(2013). 4세 누리과정 교사용지도서 3. 우리동네. 교육과학기술부·보건복지부.

교육과학기술부(2013). 4세 누리과정 교사용지도서 4. 동식물과 자연. 교육과학기술부·보건복지부.

교육과학기술부(2013). 4세 누리과정 교사용지도서 5. 건강과 안전. 교육과학기술부·보건복지부.

교육과학기술부(2013). 4세 누리과정 교사용지도서 6. 생활도구. 교육과학기술부·보건복지부.

교육과학기술부(2013). 4세 누리과정 교사용지도서 7. 교통기관. 교육과학기술부·보건복지부.

교육과학기술부(2013). 4세 누리과정 교사용지도서 8. 우리나라. 교육과학기술부·보건복지부.

교육과학기술부(2013). 4세 누리과정 교사용지도서 9. 세계여러나라. 교육과학기술부·보건복지부.

교육과학기술부(2013). 4세 누리과정 교사용지도서 10. 환경과 생활. 교육과학기술부·보건복지부.

교육과학기술부(2013). 4세 누리과정 교사용지도서 11. 봄, 여름, 가을, 겨울. 교육과학기술부·보건복지부.

김성욱(2013). 개혁주의 선교신학. 서울: 이머징북스.

목회와신학편집부(2008). 창세기 어떻게 설교할 것인가: 두란노HOW주석시리즈01. 서울: 두란노.

목회와신학편집부(2008). 출애굽기 어떻게 설교할 것인가: 두란노HOW주석시리즈02. 서울: 두란노.

목회와신학편집부(2008). 에스라. 느헤미야 어떻게 설교할 것인가: 두란노HOW주석시리즈14. 서울: 두란노.

목회와신학편집부(2008). 시편1 어떻게 설교할 것인가: 두란노HOW주석시리즈19. 서울: 두란노.

목회와신학편집부(2007). 마가복음 어떻게 설교할 것인가: 두란노HOW주석시리즈35. 서울: 두란노.

목회와신학편집부(2008). 누가복음 어떻게 설교할 것인가: 두란노HOW주석시리즈36. 서울: 두란노.

목회와신학편집부(2008). 사도행전 어떻게 설교할 것인가: 두란노HOW주석시리즈38. 서울: 두란노.

생명의 삶 플러스(2013). 창세기편: 2013년 2월호. 서울: 두란노.

성경버전: 개역개정, 우리말 성경, 표준새번역, NIV.

임용섭(2008). 3·3·4 성경가이드. 서울: 생명의 말씀사.

임용섭(2014). 하이라이트 성경1·2. 경기: 넥서스CROSS.

정희영, 최영해, 정희정, 방승미, 이정규, 유희진(2014). 기독교 유아 인성교육의 이론과 실제. 서울: 꿈을 이루는 사람들.

제자원기획편집(1998). 옥스퍼드 원어성경대전1: 창세기1-11. 서울: 제자원바이블네트.

제자원기획편집(1999). 옥스퍼드원어성경대전6: 출애굽기12b-24장. 서울: 제자원바이블네트.

제자원기획편집(1999). 옥스퍼드원어성경대전7: 출애굽기25-40장. 서울: 제자원바이블네트.

제자원기획편집(2004). 옥스퍼드원어성경대전38: 느헤미야1-7장. 서울: 제자원바이블네트.

제자원기획편집(2005). 옥스퍼드원어성경대전44: 시편1-2제1장. 서울: 제자원바이블네트.

제자원기획편집(2006). 옥스퍼드원어성경대전105: 마가복음10-16장. 서울: 제자원바이블네트.

제자원기획편집(2006). 옥스퍼드원어성경대전106: 누가복음1-8장. 서울: 제자원바이블네트.

제자원기획편집(2006). 옥스퍼드원어성경대전112: 사도행전1-7장. 서울: 제자원바이블네트.

크로스웨이 ESV 스터디바이블편찬팀(2014). ESV스터디바이블(개역개정/한글번역). (신지철, 김귀탁, 이용중, 정옥배, 윤석인 역). 서울: 부흥과개혁사. (원저는 2012년에 출판).

Bangel, J. A., Bangel's New Testment Commentary, 라형택 · 김철해 역(1992). 벵겔 신약주석 「누가복음」, 서울: 로고스.

Bangel, J. A., Bangel's New Testment Commentary, 오태용 역(1992). 벵겔 신약주석11권 「에베소서 ~ 빌레몬서」, 서울: 로고스.

Butler, T. C. 저, 장미숙 역(2003). Main Idea로 푸는 누가복음. 디모데.

Cooper, R. L. 저, 정현 역(2004). Main Idea로 푸는 마가복음. 디모데.

Gangel, K. O. 저, 장미숙 역(2002). Main Idea로 푸는 사도행전. 디모데.

Gangel, K. O. 저, 김진선 역(2009). Main Idea로 푸는 창세기. 디모데.

Grudem, W. (1999). Bible Doctrine. Zondervan, 김광열 · 곽철근 역(2004). 성경핵심교리. 서울: CLC.

Larson, K. 저, 김진선 역 (2008). Main Idea로 푸는 에스라 · 느헤미야 · 에스더. 디모데.

Lawson, S. J. 저, 김진선 역 (2008). Main Idea로 푸는 시편 vol.1. 디모데.

Martin, J. The Bible Knowledge Commentary, 두란노 BKC 강해주석 「누가복음」, 이명준역 (2011). 서울: 두란노.

Martin, G. S. 저, 김진선 역 (2009). Main Idea로 푸는 출애굽기 · 레위기 · 민수기, 디모데.

Vanderwaal, C. 저, 명종남 역 (1999). 반더발 성경연구 1 · 2. 솔라피데.

저자 소개

허계형(Heo, Kayheoung, Ph.D.)
오리건 대학교 박사
전 우석대학교 유아특수교육과 교수
현 기독교 유아교육 · 사회정서교육 자문 교수
　　서울시여성가족재단 보육교직원 역량강화 교육자문 교수
　　총신대학교 유아교육과 교수

손병덕(Sohn, Byoungduk, Ph.D.)
옥스퍼드 대학교 박사
전 중앙정부 직영보육시설 위탁심의위원
　　UN아동권리협약이행 국가보고서 집필 및 자문 위원
현 한국아동복지협회 · 한국아동단체협의회 자문교수
　　한국아동복지학회 연구위원장
　　총신대학교 사회복지학과 교수

〈기독교 유아교육 연구팀〉
김남임(Kim, Namim, M.Ed.)
사회정서 부모교육 전문강사, 아동문학가
김소희(Kim, Sohee, M.Ed.)
서울시 서초구립 성분도 어린이집 원장
마은희(Ma, Eunhee, M.A.)
오산 보듬이나눔이 어린이집 원장

감수자 소개

신국원(Shin, Kukwon, Ph.D.)
총신대학교 신학과 교수
기독교세계관 학술 동역회 이사
기독교세계관 전문도서 『니고데모의 안경』 저자

기독교 세계관으로 가르치는
유아교육과정
Teaching Young Children through a Christian Worldview

2017년   5월 25일 1판 1쇄 인쇄
2017년   5월 30일 1판 1쇄 발행

지은이 • 허계형 · 손병덕 · 김남임 · 김소희 · 마은희
감수자 • 신국원
펴낸이 • 김진환
펴낸곳 • ㈜**학지사**
　　　　 04031 서울특별시 마포구 양화로 15길 20 마인드월드빌딩
대표전화 • 02-330-5114   팩스 • 02-324-2345
등록번호 • 제313-2006-000265호

홈페이지 • http://www.hakjisa.co.kr
페이스북 • https://www.facebook.com/hakjisa

ISBN 978-89-997-1275-3 93370

정가 29,000원

이 도서의 국립중앙도서관 출판시도서목록(CIP)은 서지정보유통지
원시스템 홈페이지(http://seoji.nl.go.kr)와 국가자료공동목록시스템
(http://www.nl.go.kr/kolisnet)에서 이용하실 수 있습니다.
(CIP 제어번호: CIP2017011388)

교육문화출판미디어그룹 **학지사**

심리검사연구소 **인싸이트** www.inpsyt.co.kr
원격교육연수원 **카운피아** www.counpia.com
학술논문서비스 **뉴논문** www.newnonmun.com